Até os limites da política
A "Revolução Liberal" de 1842 em São Paulo e Minas Gerais

Até os limites da política

A "Revolução Liberal" de 1842 em São Paulo e Minas Gerais

Erik Hörner

Copyright © 2014 Erik Hörner

Grafia atualizada segundo o Acordo Ortográfico da Língua Portuguesa de 1990,
que entrou em vigor no Brasil em 2009.

Publishers: Joana Monteleone/ Haroldo Ceravolo Sereza/ Roberto Cosso
Edição: Joana Monteleone
Editor assistente: João Paulo Putini
Assistente acadêmica: Danuza Vallim
Projeto gráfico, capa e diagramação: Gabriel Patez Silva
Revisão: João Paulo Putini

Litografias da capa: Sisson, Sebastien Auguste.
Francisco de Paula Souza e Mello
Francisco Machado de Vasconcellos
Rafael Tobias de Aguiar
Nicolau Pereira de Campos Vergueiro
José Clemente Pereira
Marquês de Caxias
Jozé Antonio Marinho
Theophilo B. Ottoni

Este livro foi publicado com o apoio da Fapesp.

CIP-BRASIL. CATALOGAÇÃO NA PUBLICAÇÃO
SINDICATO NACIONAL DOS EDITORES DE LIVROS, RJ

H789a

Hörner, Erik
ATÉ OS LIMITES DA POLÍTICA: A "REVOLUÇÃO LIBERAL"
DE 1842 EM SÃO PAULO E MINAS GERAIS
Erik Hörner - 1. ed.
São Paulo : Alameda, 2014
374p. ; 23 cm

Inclui bibliografia
ISBN 978-85-7939-261-0

1. Brasil - História - Movimentos liberais, 1842. I. Título.

14-10866

CDD: 981.04
CDU: 94(81)

ALAMEDA CASA EDITORIAL
Rua Conselheiro Ramalho, 694 – Bela Vista
CEP 01325-000 – São Paulo – SP
Tel. (11) 3012-2400
www.alamedaeditorial.com.br

Aos meus pais, Marlene e Martin,
norte e lastro ao longo desses anos.
Ao meu avô, Tonico,
professor das coisas simples.

Sumário

Lista de Quadros 9

Lista de Siglas 11

Prefácio 13

Introdução 15

Capítulo I – Dos conceitos e das práticas: prelúdios 29
para a "Revolução"

Capítulo II – A *Maioridade*: época de definições 73

Capítulo III – Uma província "infestada 115
de rebeldes": a Guerra Civil em São Paulo

Capítulo IV – Os "brasileiros leais" contra os 187
"malvados sediciosos": Minas Gerais vai à guerra

Capítulo V – A guerra por outros meios: 277
vitórias e derrotas no universo da política

Considerações finais 327

Fontes 339

Bibliografia 347

Apêndice – Cronologia da "Revolução" 361

Agradecimentos 371

Lista de Quadros

Quadro 1: Representações enviadas à Assembleia Provincial de São Paulo em 1842   133

Quadro 2: Câmara dos Deputados (Bancada Paulista)   324

Quadro 3: Câmara dos Deputados (Bancada Mineira)   325

Lista de Siglas

AEL – Arquivo Edgard Leuenroth

AESP – Arquivo do Estado de São Paulo

AN – Arquivo Nacional

APM – Arquivo Público Mineiro

BN – Biblioteca Nacional

FFLCH – Faculdade de Filosofia, Letras e Ciências Humanas

GN – Guarda Nacional

IEB – Instituto de Estudos Brasileiros

MP – Museu Paulista

USP – Universidade de São Paulo

Prefácio

Elaborada originalmente como tese de doutorado, defendida em outubro de 2010, a obra de Erik Hörner em nada se assemelha aos estereótipos que quase sempre cercam trabalhos acadêmicos. Ao lado da escrita envolvente, da agilidade na argumentação e das adequadas escolhas de epígrafes e citações, o livro não só provoca o leitor a acatar ou interrogar afirmações como propõe interpretação que questiona versões amplamente divulgadas sobre a formação histórica da sociedade brasileira, sobretudo, a do período imperial.

Se não há dúvidas sobre o sucesso alcançado por publicações ou produções visuais e culturais que buscam satisfazer os diferentes níveis de interesse, criados contemporaneamente em torno da História do Brasil, é preciso reconhecer, também, o enorme espaço que podem ocupar, dentro e fora das universidades, contribuições inovadoras, especialmente quando formuladas por meio de extensa investigação e apresentadas de modo cativante.

Assim, é desejável que o leitor não espere encontrar mais um livro sobre o Brasil monárquico a externar, de forma edulcorada e palatável, o saber já sabido, reproduzido e banalizado até a exaustão. Nada disso. Sem perder os encantos da comunicação clara e fluída, este livro confronta tanto a suposição de que todas as teses acadêmicas são herméticas quanto, especialmente, as imagens segundo as quais a política no Brasil da primeira metade do século XIX limitava-se a arranjos e negociações entre elites supostamente arcaicas, em função da escravidão e de tradições coloniais.

Ao eleger como tema as revoluções liberais de 1842, em Minas Gerais e em São Paulo, Erik Hörner mobilizou fontes, experiências de pesquisa, bem como reflexões históricas e historiográficas que vinha desenvolvendo há pelo menos uma década, quando da iniciação científica realizada durante o Curso de Graduação em História na Universidade de São Paulo. Ao longo desse período – sempre com o apoio da FAPESP – o jovem historiador foi sofisticando argúcia e perspicácia, assim como aprofundando o amplo leque de referenciais que selecionou, o que lhe permitiu o necessário amadurecimento para enfrentar os fundamentos políticos da memória e da história construídas em torno de

1842. Interrogando registros da política e da guerra que projetavam, em meados do século XIX, confrontos polarizados e simplificados entre rebeldes e governistas, foi possível reconstituir a trama militar e de luta pelo poder que dividiu os cidadãos de uma sociedade complexa e matizada assim como, ao mesmo tempo, evidenciar fundas articulações entre projetos políticos e o universo da produção.

Este trabalho amplia e detalha as circunstâncias nas quais a revolução se forjou e se inscreveu, contribuindo sobremaneira para alterar as versões historiográficas correntes, nas quais tais episódios aparecem como manifestações isoladas e pontuais de descontentamentos nutridos por grupos restritos às duas províncias, dispostos a tomar em armas contra medidas que, em 1841, poderiam cercear suas ambições, tanto na esfera local quanto no da Corte do Rio de Janeiro. Acompanhando os movimentos em torno do poder e os modos pelos quais agiam e pensavam cidadãos que ocupavam lugares diversos, no âmbito das decisões políticas e no mundo dos negócios, o leitor descortina outra possibilidade de compreensão daquele período, defrontando-se com protagonistas e situações que destroem, ponto a ponto, a representação pasteurizada com a qual aprendemos a conhecer a sociedade que se constituiu a partir da Independência e da separação de Portugal. A pesquisa de Hörner traz elementos históricos e metodológicos para que repensemos o escopo dessas revoluções liberais, a emergência de campos político-partidários à época e as significações dos enfrentamentos entre projetos de Estado que, conforme o título da obra, extrapolaram a palavra e a persuasão chegando à luta armada.

É uma enorme satisfação ver, em formato de livro, uma pesquisa que oxigena e modifica a interpretação sobre eventos colocados geralmente à sombra, por serem tidos como inexpressivos. Nos limites de seus propósitos, é um trabalho que, entretanto, agrega novos argumentos e evidências à compreensão da sociedade imperial, o que lhe confere especial profundidade e importância historiográfica.

São Paulo, abril de 2013.
Cecilia Helena L. de Salles Oliveira
Profa. Titular do Museu Paulista da USP

Introdução

Quando, por ocasião do mestrado, comecei a pesquisar a respeito da "Revolução Liberal" de 1842, fiz o mais detalhado levantamento bibliográfico que me foi possível. Busquei as narrativas testemunhais, as memórias, as análises específicas e as obras que apenas abordavam o movimento dentro de circunstâncias maiores. Qual não foi minha surpresa em constatar que se toda esta produção fosse reunida em uma única biblioteca talvez ocupasse uma prateleira. O contraste com temas como o processo de Independência ou a Farroupilha é nítido, ainda mais por sabermos que investigações em torno desses marcos continuam a ser produzidas. Mas, a despeito da parca produção disponível, a rebeldia paulista e mineira surge relativamente cristalizada: evento pontual de contestação do grupo político dominante, sem antecedentes significativos e restrito em suas consequências.

Esse reducionismo e simplificação levantaram a suspeita de alguns historiadores, que não se debruçaram diretamente sobre o próprio movimento. Alcir Lenharo enfatizou 1842 como um ponto de inflexão nas relações de poder entre setores mineiros e a política da Corte. Cenário ainda dilatado por Ilmar Mattos, para quem a "Revolução" faz parte do movimento de definição dos campos políticos do Segundo Reinado. Antes disso, tivemos observações importantes de Sérgio Buarque de Holanda, Paulo Pereira de Castro, Arnaldo Contier, entre outros. Mas os últimos estudos específicos datam da década de 1940, motivados em parte pela rememoração do centenário daqueles episódios. Martins de Andrade, ressaltando Minas Gerais, e Aluisio de Almeida, preferindo São Paulo, são, de fato, as últimas pesquisas especificamente sobre "Revolução".[1]

---

1   Alcir Lenharo. *As tropas da moderação: o abastecimento da Corte na formação política do Brasil, 1808-1842.* Ilmar R. de Mattos. *O tempo saquarema.* Sérgio Buarque de Holanda. "São Paulo". In: Sérgio Buarque de Holanda (org.). *História geral da civilização brasileira.* Paulo Pereira de Castro. *"A 'experiência republicana', em 1831-1840".* In: Sérgio Buarque de Holanda (org.). *História geral da civilização brasileira.* Arnaldo D. Contier. *Imprensa e Ideologia em São Paulo (1822-1842): matizes do vocabulário político e social.* Martins de Andrade. *A Revolução de 1842.* Aluisio de Almeida. *A Revolução Liberal de 1842.*

Não podemos dizer que esta bibliografia é feita de uma repetição sem fim, meras variações sobre o mesmo tema. Há singularidades, abordagens e mesmo fontes de informações originais, especialmente quando se fala de São Paulo. Porém, o cerne da questão, a base sobre a qual cada autor ergueu seu edifício argumentativo ecoa o mesmo autor. A narrativa do mineiro José Antonio Marinho, testemunha do movimento, sobrevive até mesmo nas análises de autores que levantam suspeitas quanto à sua credibilidade. De tal modo, optei por principiar a discussão proposta neste trabalho justamente por uma aproximação em relação ao texto formulado por Marinho. Reconheço sua importância documental para além do relato factual e acredito que avaliar seu legado é também um modo de aprofundar a compreensão das múltiplas dimensões da "Revolução", objeto central deste livro.

Nesse sentido, esta Introdução não contém apenas uma exposição breve daquilo que o leitor irá encontrar nos capítulos que seguem. Mais do que isto apresenta uma problematização necessária e preliminar daquela que se tornou narrativa de consulta obrigatória para os que desejam se aproximar do tema, desde o século XIX, já evidenciando, por outro lado, alguns dos caminhos que percorri no delineamento da interpretação aqui desenvolvida.

*

A despeito do relativo empenho de historiadores e memorialistas mineiros da primeira metade do século XX reunidos em torno da *Revista do Arquivo Público Mineiro*, o Cônego José Antonio Marinho não faz parte, na atualidade, das personalidades mais lembradas do período monárquico. Posição semelhante ocupa o próprio movimento político no qual se envolveu como liderança rebelde e "maior historiador". Sua *história do movimento político que no ano de 1842 teve lugar na Província de Minas Gerais,* apesar das inúmeras críticas e ressalvas feitas ao longo do tempo, constituiu-se em leitura sempre citada ou servindo de referência mesmo àqueles que optaram por condenar a tomada em armas por parte dos grupos de Minas e São Paulo.[2] Diante disso, cabe indagar de que modo o político e a testemunha ocular encontram-se no historiador.

Por considerar que alguns elementos de sua trajetória pessoal lançam luz sobre sua obra, principiarei traçando em linhas gerais o perfil biográfico de Marinho. Nascido em 1803 na freguesia de Nossa Senhora do Amparo de Brejo do Salgado, às margens do Rio S. Francisco, no norte de Minas Gerais, Marinho era de família de poucas

---

2   Considerando-se que Marinho aborda muito tangencialmente a face paulista da "Revolução", é significativo que sua obra tenha permanecido como referência também para São Paulo.

posses e mulato.[3] Segundo alguns de seus comentadores, dentre eles Alfredo Valladão, em virtude da inteligência pouco comum José Antonio Marinho foi enviado por seu padrinho ao seminário em Olinda.[4]

Independente do elogio, fato é que Marinho seguiu o caminho comum àqueles que pretendiam estudar, mas não tinham recursos suficientes para ir a Portugal. Provavelmente também não teria ido a Coimbra se tivesse meios, pois na época de seus estudos a situação política não era nada tranquila, sendo que em 1824 o jovem seminarista, então subdiácono do bispo, tomou em armas pela primeira vez engajando-se na Confederação do Equador. Findo o conflito, no qual chegou ao posto de alferes, recebeu punição não oficial: foi impedido pelo bispo de retornar ao seminário. Marinho pôs-se a voltar para Minas Gerais, contudo, sem dinheiro, seguiu a pé. Depois de curta estadia na Vila da Barra onde exerceu o cargo de professor de primeiras letras, o então ex-seminarista seguiu para o Colégio do Caraça, onde pôde completar seus estudos e ordenar-se padre em 1º de março de 1829.

Pouco tempo depois, em 1831, Marinho fixou residência em Ouro Preto, desempenhando, além de suas funções religiosas, o cargo de juiz de paz. Nesta posição, acabou envolvido no segundo movimento armado de sua vida: a "Revolta do Ano da Fumaça", em 1833. Estando ao lado da legalidade, atuou no julgamento e punição dos insurgentes durante o ano seguinte.[5] Tendo em vista que os conflitos de 1833 deixaram cicatrizes duradouras[6] e que o envolvimento no julgamento dos envolvidos cobrava naturalmente uma tomada de posição, é lícito considerar que foi nesta ocasião que o jovem padre entrou em contato de forma direta com o universo político.

Sem um motivo explicitado por seus biógrafos, Marinho mudou-se da capital da província para S. João del Rei em 1835. Nesta cidade iniciou sua atuação como escritor público, sendo redator de *O Americano* e depois de *Astro de Minas*. Posteriormente, também fez parte da redação do *Correio Mercantil*, na Corte, entre 1847 e 1848, no

---

3 Francisco Iglésias. "O Cônego José Marinho e 1842". In: José Antonio Marinho. *História do Movimento Político de 1842, p.* 14.

4 Alfredo Valladão. "José Antonio Marinho: dos Sertões do São Francisco ao alto cenário nacional". *RIHGB*, vol. 213, out.-dez. 1951, p. 177. Todos os dados biográficos encontram-se reunidos neste artigo e repetidos em outros tantos. Segundo o autor, as principais fontes consultadas foram as obras de Sisson, Joaquim Manuel de Macedo, José Pedro Xavier da Veiga e a oração fúnebre pronunciada no IHGB por Francisco de Paula Menezes.

5 Francisco Iglésias. *Op. cit.,* p. 17. Alfredo Valladão. *Op. cit.,* p. 181.

6 Quase dez anos depois, por ocasião da "Revolução Liberal", a revolta de 1833 ainda era lembrada de modo inflamado nos periódicos mineiros.

entanto é pouco provável que tenha se restringido a escrever apenas nestes três periódicos, haja vista o intenso periodismo mineiro.[7]

Sua estreia na imprensa mineira foi concomitante à sua eleição para a recém-criada Assembleia Provincial, em 1835. Essa simultaneidade não é mera coincidência, posto que a vida pública desta época dificilmente separava uma e outra atividade, sendo o jornal o veículo por excelência da mensagem política. Marinho elegeu-se também para a segunda legislatura, de 1838 a 1839, sendo que neste último ano iniciou sua atividade parlamentar na Câmara dos Deputados como suplente em exercício até 1841.[8] O padre, nomeado pregador da Capela Imperial e Cônego Honorário da mesma em 1840, foi eleito ainda para a legislatura que principiaria em 1842 sob a polêmica "eleição do cacete". No entanto, a Câmara foi dissolvida previamente em 1º de maio daquele ano.

Nas páginas do periodismo mineiro, Marinho manteve-se como apoiador do Regente Feijó até 1837, passando a combater o governo de Araújo Lima. Em 1840, então deputado, foi decidido defensor da *Maioridade,* discursando regularmente na Câmara em defesa do projeto de antecipação da idade legal do monarca em oposição a Honório Hermeto Carneiro Leão. Com o sucesso da "campanha" Maiorista, o Cônego se tornou por curto período deputado governista, voltando à oposição em março de 1841, ano em que as denúncias sobre as fraudes das eleições ocorridas no ano anterior começavam a sinalizar as dificuldades que os eleitos para 1842 encontrariam.

O ano de 1841 terminou com as Leis da Reforma do Código do Processo e do Conselho de Estado aprovadas, além do debate aberto a respeito da provável dissolução da Câmara em 1842. Quando a Câmara foi, afinal, previamente dissolvida poucos dias depois de terem começado os trabalhos preparatórios, a tensão política em Minas e São Paulo atingiu seu ponto máximo após gradativa escalada ao longo do ano anterior. Nos meses que se seguiram, São Paulo e depois Minas Gerais tiveram parte de seus territórios transformados em campo de batalha, envolvendo a Guarda Nacional de lado a lado e a ação "pacificadora" do Exército imperial sob o comando do Barão de Caxias, como será tratado nos capítulos deste trabalho.

Importa, por ora, destacar que Marinho foi sem dúvida um dos homens mais engajados no movimento, tendo participado desde a primeira reunião em Barbacena, em 4 de

---

7   Este assunto será abordado no Capítulo 3.

8   A bancada mineira da legislatura de 1838-1841 reuniu homens que poucos anos depois se enfrentariam fora da Assembleia Geral. Candido José de Araújo Viana e Honório Hermeto Carneiro Leão, por exemplo, ocuparam em 1842 os cargos de ministro do Império e Presidente da Província do Rio de Janeiro, respectivamente. Dentre os que estariam posteriormente com Marinho nas fileiras rebeldes encontravam-se José Feliciano Pinto Coelho da Cunha, Teófilo Otoni e José Pedro Dias de Carvalho, Presidente rebelde, vice-Presidente e o secretário de governo, respectivamente.

junho, seis dias antes do rompimento da luta armada propriamente. O Cônego desempenhou papel mais político que militar, tendo viajado por diversos pontos de Minas na tentativa de costurar um apoio mais eficaz à causa insurgente. Foi em parte sua iniciativa a reunião dos deputados provinciais em S. João del Rei em meio à "Revolução", a fim de legitimar o nome de José Feliciano Pinto Coelho da Cunha como Presidente *Interino*. Dificilmente teremos como avaliar o sucesso das articulações de Marinho, ainda mais pelo caráter não público típico dos planos de insurgência. No entanto, é inegável sua dedicação à causa, significativamente maior que a do próprio Presidente *Interino*, cautelosamente criticado em seu livro.

Com a derrota do movimento tanto nos campos de batalha quanto no que tange à articulação interna aos rebeldes, inúmeros chefes foram presos e processados. Ao contrário do que aconteceu em São Paulo, onde não há registro de processos que chegaram a ser encerrados até a anistia, em Minas Gerais algumas das lideranças mais significativas foram despronunciadas ou levadas a júri e absolvidas antes de 1844. Este foi o caso do Cônego Marinho que, sendo advogado provisionado, proferiu sua própria defesa perante o júri de Piranga. Ironicamente, o padre, Otoni e outros foram absolvidos sob o recém-reformado Código do Processo contra o qual tomaram em armas.

Temos, então, contando entre o fim do movimento armado em agosto de 1842 e a anistia em 14 de março de 1844, um período de menos de dois anos durante os quais os revoltosos permaneceram afastados formalmente da vida política, impedidos de se candidatarem a qualquer cargo eletivo. Não puderam participar da nova eleição para a Câmara dos Deputados em substituição àquela dissolvida previamente e, eleitos para a Assembleia Provincial, estavam impedidos de tomar assento, como foi o caso do Cônego Marinho.

Também nesta mesma época tiveram início as publicações a respeito do ocorrido, ou seja, imediatamente após o fim das escaramuças e durante a "punição" dos insurgentes. Excetuando-se os relatórios ministeriais e as *Falas* de abertura dos trabalhos legislativos provinciais, podemos considerar como a primeira obra específica uma compilação documental envolta em dúvidas quanto à sua exata autoria e data de publicação. Segundo Lúcio José dos Santos, foi publicado em 1842, no Rio de Janeiro, um livro intitulado *História da Revolução de Minas Gerais em 1842, exposta em um Quadro Cronológico, organizado de peças oficiais das autoridades legítimas; dos Atos revolucionários da liga facciosa; de artigos publicados nas folhas periódicas, tanto da legalidade como do partido insurgente; e de documentos importantes e curiosos sobre a mesma revolução; com o retrato do general Barão de Caxias e a planta do Arraial de Santa Luzia.* É muito provável que a data seja 1843, tratando-se da primeira edição, publicada na capital do Império, da *História da*

20   Erik Hörner

Revolução de Minas Gerais, em 1842, de Bernardo Xavier Pinto de Souza. Como o próprio Santos menciona, esta obra foi reeditada em Minas Gerais em 1844.[9]

Apesar de ser, a princípio, mera compilação de documentos oficiais e rebeldes postos em ordem cronológica, a "origem" da obra é de relevância quando pensamos em suas possíveis implicações. Pinto de Souza foi secretário do governo da Província de Minas Gerais, posição que lhe permitiu acesso tanto aos atos oficiais quanto à documentação apreendida junto com os rebeldes, especificamente o arquivo rebelde que estivera aos cuidados de Teófilo Otoni. Poderíamos dizer que os legalistas ou os vitoriosos na guerra de 1842 largaram na frente no que diz respeito ao registro dos eventos e suas repercussões para a construção da memória. Não por acaso, o título da obra em suas duas edições, mas principalmente a primeira, coloca em xeque a suposta neutralidade existente por trás de uma compilação documental, pois qualifica como revolução o movimento daquele ano, ao contrário do Cônego Marinho.

O título ainda propõe uma genérica delimitação dos grupos em luta quando faz menção à documentação relacionada no volume. A redundância utilizada ao tratar os documentos *oficiais* como sendo das *autoridades legítimas* em oposição aos *atos revolucionários* de uma *liga facciosa* denuncia a intenção de enfatizar o crime, a infração da lei cometida pelos insurgentes e a ação "totalmente" legal executada pelos agentes do governo na tentativa de manter a ordem.

No entanto, a obra de Pinto de Souza não conseguiu se perpetuar como leitura básica ou obrigatória sobre a "Revolução Liberal", a despeito, inclusive, do valor conferido à publicação dos documentos ao longo do século XIX e parte do XX. Tomando como termômetro as raras referências feitas a Pinto de Souza, ficam sugeridas duas questões: a reunião de documentos por si só seria capaz de se constituir em *História* como declarado no título? Qual o "valor" desta obra se comparada à do Cônego Marinho?

Apesar de sabermos que era valorizada e estimulada a compilação de documentos capazes de subsidiar a escrita da história nacional como preconizado pelo recém-fundado Instituto Histórico e Geográfico Brasileiro,[10] cabe-nos interrogar os limites destas reuniões documentais. É provável que outra variável tenha interferido nesta equação. A despeito do apreço por compilações documentais e do *status* que as fontes escritas possuíam para a escrita da história oitocentista, a proximidade temporal do

---

9 O autor ainda afirma que o mesmo conjunto documental foi publicado posteriormente pela *Revista do Arquivo Público Mineiro*, vol. XV, 1916. Cf.: Lúcio José dos Santos. "A Revolução de 1842 em Minas Gerais". *RIHGB*, vol. 180, p. 117-166, jul.-set. 1943, p. 126.

10 Cf.: Manoel Salgado Guimarães. "A disputa pelo passado na cultura histórica oitocentista no Brasil." In: José Murilo de Carvalho (org.). *Nação e cidadania no Império: novos horizontes.* Rodrigo Turin. "Uma nobre, difícil e útil empresa: o *ethos* do historiador oitocentista". In: *História da Historiografia.*

evento em relação aos leitores pode ser encarada como fator de "desinteresse". Em tempos de formulação de uma história nacional e envoltos em processos políticos nem sempre tranquilos, a "história antiga" do Brasil era mais confortável que um debate envolvendo os contemporâneos.

De acordo com Rodrigo Turin, três *topoi* eram recorrentes no século XIX e indicavam os contornos que qualificavam a "restrição do sujeito enunciante": a sinceridade, a cientificidade e a instrumentalidade.[11] No contexto brasileiro, era esperado de um *historiador* engajamento no "projeto" de Estado-nação, conhecimento dos procedimentos historiográficos e ciência quanto aos usos e utilidade da História para este mesmo Estado-nação.

É difícil não reconhecer em Pinto de Souza estes três *topoi* muito bem exemplificados. Sua obra reverencia a monarquia constitucional ao se posicionar contra a desordem ou a contestação da autoridade, obedece ao princípio de imparcialidade ao reunir documentos de um e outro lado da contenda e, por fim, responde ao princípio de que reuniões documentais são instrumentos de análises posteriores e, portanto, fundamentais para a preservação da memória e escrita da história.

No entanto, diante do lugar ocupado pela *História* de Pinto de Souza em comparação à de Marinho, cabe-nos interrogar se os três *topoi* são suficientes, ou ainda, se mesmo o questionamento de cada um deles seria capaz de invalidar o objetivo maior de uma obra e de seu autor. Pinto de Souza tem sua cientificidade e a utilidade da compilação chancelada inclusive pelo Cônego Marinho, seu leitor declarado, enquanto o padre terá seu escrito questionado inúmeras vezes e com ênfase variada quanto à sua sinceridade, sua cientificidade e instrumentalidade.

Publicada em 1844, a obra intitulada *História do movimento político que no ano de 1842 teve lugar na Província de Minas Gerais* foi redigida provavelmente entre a absolvição de Marinho e a anistia concedida naquele mesmo ano aos envolvidos com a guerra de 1842. Internado no "coração das virgens florestas" onde viveu por quatorze meses, segundo suas palavras[12] (ou isolado na Fazenda São Gonçalo, como prefere Moreira de Azevedo),[13] Marinho se propôs a consignar os acontecimentos com verdade, narrando-os com "escrupulosa exatidão", a fim de levá-los ao conhecimento da posteridade.

No prólogo, sob o título de "Ao público", o Cônego expõe suas motivações e objetivos, afirmando logo nas primeiras linhas que originalmente não pretendia publicar o que seria

---

11   Rodrigo Turin. *Op. cit.*, p. 14.

12   José Antonio Marinho. *Op. cit.,* p. 41.

13   Manuel Duarte Moreira de Azevedo. "Movimento político de Minas Gerais de 1842". *RIHGB*, t. XLVII, parte II, p. 5-37, 1884, p. 27-28.

a coordenação em sua memória dos "fatos de que havia sido testemunha". No entanto, os artigos, publicações e declarações que leu durante seu "exílio" o incitaram a vir a público para apresentar *a verdade* sobre o *movimento político*. Em suas palavras, "o Movimento Político de 1842 fora uma necessidade de circunstância, uma consequência forçada dos desmandos do governo". Contudo, apenas o "leitor imparcial" se convenceria, diante dos fatos apresentados, que a causa primeira do ocorrido fora um "verdadeiro temor pelas liberdades públicas".[14]

A nomeação do "leitor imparcial" como o único capaz de ser convencido pelos fatos não é fortuita. A polarização de opiniões, o ressentimento gerado pelo conflito e o ostracismo político – real ou temido – dificultariam a lucidez dos leitores em geral. No entanto, a imparcialidade que Marinho desejava do leitor ele mesmo declara não poder oferecer.

> Reconheço que serei tido como um historiador suspeito; tem-se mesmo procurado de antemão prevenir o juízo público a respeito deste trabalho (…). Confesso que essa prevenção tem fundamento razoável; mas na atualidade, o meu fim é por diante dos olhos de quem está acima de todas as paixões um quadro, que mesmo desenhado por pincel suspeito, não deixará de parecer verdadeiro a quem desprevenido o considere (…). Os que entenderem que tenho faltado à verdade histórica, podem, como eu, publicar os fatos, de quem tenham conhecimento; podem contrariar minhas asserções, e será deste modo que uma crítica esclarecida poderá formar um juízo seguro sobre a verdade dos acontecimentos.[15]

Fica evidente a busca da *verdade* como objetivo central de sua *História*. Apesar de reconhecer a parcialidade de seu escrito, posto que resgatado da memória de um "insurgente de 1842", Marinho acredita que a distorção dos fatos aconteça aos olhos do apaixonado, e não exatamente do relato dos acontecimentos em si. O valor do testemunho de quem viu e viveu se sobreporia às acusações de parcialidade que sabidamente viriam. E vieram.

Moreira de Azevedo, falando ao Instituto Histórico e Geográfico Brasileiro em 1884, criticou o amargor e paixão política com que o padre mineiro escreveu sua obra. Mas, apesar da ressalva, o autor ainda destacou a minúcia dos fatos e rendeu sua homenagem

---

14 José Antonio Marinho. *Op. cit.*, p. 41 [o breve prólogo encontra-se nas páginas 41 e 42 da citada edição].

15 José Antonio Marinho. *Op. cit.*, p. 42.

a Marinho apelidando-o de "o Xenofonte da revolução de 1842".[16] Xenofonte, no *Anábasis*, relata a ação militar de seu grupo de mercenários a serviço dos persas, indiferente ao subjetivismo contido neste procedimento. Ao compará-lo ao general e historiador grego, Moreira de Azevedo releva a parcialidade em nome da visão particular da testemunha, de quem possui uma posição privilegiada na coleta de informações.[17]

Bem menos condescendente foi José Pedro Xavier da Veiga em suas *Efemérides mineiras*, de 1897. O verbete relativo à data da morte do Cônego é dividido em duas partes, uma descrevendo a biografia e a importância do padre, político e educador, e uma segunda, nada elogiosa, a respeito da *História do movimento político*.

> Sem método, confusa, desordenada, destituída de qualquer sistema a não ser a apologia sistemática dos amigos e seus atos, dos atos do próprio autor, com vitupério ferino, também continuado da primeira à última página, sob todas as formas, aos adversários, ao procedimento deles, até mesmo às suas intenções![18]

Como se não bastassem estas ácidas considerações, Veiga ainda afirma que as "leis inflexíveis da crítica histórica" ordenam que se desconfie das narrações "citadas pelo interesse pessoal", do historiador dado à sátira ou que narra "contaminado pelo interesse" por uma seita, partido ou facção.

No entanto, como bem lembra Santos, Veiga também não seria o autor mais indicado à defesa da "sagrada" imparcialidade histórica. Além de sobrinho de Bernardo Jacinto da Veiga, Presidente da Província de Minas em 1842 e responsável pela repressão ao movimento, José Pedro Xavier da Veiga militava no Partido Conservador no último quartel do século XIX,[19] de modo que seus interesses e sua paixão política também poderiam ser identificados.

O método empregado por Marinho, ou a falta dele, na opinião de Veiga, também é alvo da breve análise de Francisco Iglésias: "sem formação de historiador, o estudo não tem arquitetura que denuncie atento preparo. O autor concatenou os fatos em ordem cronológica, o que lhes dá sentido e facilita a compreensão".[20] E era uma com-

---

16 Manuel Duarte Moreira de Azevedo. *Op. cit.*, p. 28.

17 É importante destacar que o epíteto não vai além da comparação superficial entre o soldado-historiador grego com seu correlato mineiro. Não há por parte de Moreira de Azevedo qualquer intuito de relacionar características metodológicas de um e outro trabalho.

18 José Pedro Xavier da Veiga. *Efemérides mineiras (1664-1897).* Ver "13 de março de 1853".

19 Lúcio José dos Santos. *Op. cit.*, p. 125-126.

20 Francisco Iglésias. *Op. cit.*, p. 30.

preensão fácil que desejava o padre feito historiador. De modo simples, o Cônego Marinho pretendeu expor o movimento e justificá-lo no sentido estrito do termo. Mais que expor o contexto e as motivações que levaram à luta armada, bem como as decisões tomadas ao longo do curto movimento, o autor pretendia que sua *História* fosse capaz de explicar a justiça contida nos atos rebeldes ou, ao menos, evitar as injustiças cometidas contra eles.

Apesar do empenho de Marinho em reunir documentos – inclusive os anteriormente relacionados por Pinto de Souza –, citando muitos na íntegra, e estabelecer uma ordenação da narrativa que caminha da descrição dos antecedentes nacionais e provinciais para o relato detalhado do movimento e finalizando com a situação pós-conflito, sua *História* possui um claro caráter de obra-defesa. Considerando que o padre e advogado provisionado redigiu o livro de dois volumes quase simultaneamente ao seu julgamento, é possível imaginar que haja algum tipo de contaminação dos estilos. Como apontado anteriormente, sua formação tinha muito de mérito pessoal, de empenho próprio e autodidatismo, mas estava longe do cultivado por aqueles que estudaram em Portugal ou nas Academias de São Paulo e Olinda. O seminário foi a alternativa à impossibilidade de chegar a uma universidade e o púlpito lhe exercitou a oratória necessária à vida política. Apesar de ter feito parte do IHGB com apenas esta obra, dificilmente poderíamos considerá-lo, sequer sob os critérios da época, um historiador.

Poderíamos imaginar, ademais, que caso ele tivesse dado ao seu livro o título de *Memória do movimento político,* o tom das críticas teria abrandado. No entanto, devemos nos perguntar se isto era do interesse de Marinho, se uma *memória* cumpriria com a necessidade explicitamente declarada. Aos olhos do ex-rebelde, era fundamental a força da verdade histórica, única capaz de convencer o espírito desprevenido acerca das injustiças cometidas pelos homens que ocupavam o poder em 1842 e contra as quais os mineiros e paulistas honrados tomaram em armas.

Mas, se Marinho e muitos de seus companheiros de luta já haviam sido inocentados nos tribunais e anistiados com a clemência imperial, a quem ele se dirigia? Em 1844, quando o livro foi publicado, seu grupo político se encontrava próximo do poder e, no ano seguinte, a maior parte das lideranças insurgentes de 1842 ocuparia uma cadeira na Assembleia Geral. Marinho seria eleito deputado geral para as legislaturas de 1845-1847 e para a seguinte, que, dissolvida em 1848, encerrou sua carreira política. Desiludido, restringir-se-ia à imprensa periódica e se dedicaria à criação do Colégio Marinho.

O ensino sempre esteve presente na vida do Cônego. Afora sua atuação direta como professor, Marinho defendeu vários projetos em prol da educação em Minas e no Império. E não podemos desconsiderar este traço biográfico quando refletimos acerca dos objetivos, do uso esperado de sua *História*. É plausível considerarmos um apelo pedagógico não exatamente para com os seus contemporâneos, mas com as gerações seguintes. O Cônego Marinho não esconde sua intenção de "deixar para o futuro um testemunho da pureza de intenções, da moralidade do procedimento dos Insurgentes de 1842, e para que digam os vindouros: 'os nossos antepassados amavam tanto a Monarquia quanto a Liberdade'".

A lista dos subescritores da *História do movimento político...* encartada ao fim da primeira edição sugere também que não só o autor acreditava na importância de defender aqueles que pegaram em armas e, assim, justificá-los. Líderes rebeldes, ex-combatentes, famílias inteiras de correligionários financiaram o livro: foram comprados, apenas segundo esta listagem, 3.078 exemplares. Apesar de quase 76% de este montante ter sido adquirido por mineiros, há subescritores de quase todas as províncias. Nomes pouco suspeitos compõem a lista, tais como Odorico Mendes, Januário da Cunha Barbosa e Francisco de Lima e Silva, ex-Regente e pai do Barão de Caxias. Porém, são os nomes de José Feliciano Pinto Coelho da Cunha, com 16 exemplares, Rafael Tobias de Aguiar, com mais 20, Olimpio Carneiro Viriato Catão, com outros 32, os Otoni, Teixeira de Carvalho, Cerqueira Leite, Werneck, por exemplo, é que saltam aos olhos.

Para estes homens, que participavam da construção do Estado Nacional e, principalmente, eram cientes do papel de agentes individuais do processo histórico, a História era mais que simples mestra da vida. Neste caso, por meio da obra de Marinho, pretendia-se apelar ao tribunal histórico visando uma absolvição futura, independente da conseguida por meio da anistia em 1844. Utilizando-se de imagem semelhante, José Pedro Xavier da Veiga entendia ser risível alguém (no caso, Marinho) figurar "simultaneamente como réu e juiz no mesmo processo". No entanto, o que se pretendia com a *História do movimento político* era apresentar um processo com as provas *verdadeiras* aos leitores imparciais feitos juízes a fim de se conseguir a absolvição dos réus.

Apesar das críticas e censuras que Marinho declara saber que viriam, sua obra atingiu em parte seus objetivos. A despeito da parcialidade ou das imprecisões é seu livro, e não a coletânea documental de Pinto de Souza, que figura como leitura obrigatória sobre os eventos de 1842. Atualmente, a "absolvição" dos insurgentes não nos interessa e pouco atentamos para a pretensa superioridade moral dos vencidos sobre os vencedores. Dentro do universo político da primeira metade do século XIX, quando da construção dos espaços de participação política, a tomada em armas em 1842 constituiu uma manifestação, veemente contra práticas e grupos específicos. Vencidos os manifestantes restou a delimitação da arena política restrita às instituições do Estado.

Transcorrido o tempo, superados os embates, até mesmo as lideranças mais engajadas realizaram *mea culpa* ou relativizaram o confronto armado. Teófilo Otoni, em sua *Circular* de 1860, considerou que a oposição mineira poderia ter tentado outros meios de resistência, mas sem especificar quais seriam estes. Em parte retórica, vinte anos depois os ônus e bônus advindos da "Revolução" já haviam sido superados, e reconhecer o movimento armado como erro fundado no apego à liberdade e ao monarca parecia politicamente vantajoso aos herdeiros dessa memória.

Apesar da opinião do Conselheiro Homem de Mello, para quem a obra do Cônego Marinho "é em grande parte antes uma discussão política escrita sob a impressão do momento, do que uma verdadeira história",[21] é necessário considerar a eficiência desta discussão quando realizada com as ferramentas do discurso histórico tais como a prova documental e o testemunho ocular. Em todo caso, cabe ao historiador, leitor do Cônego Marinho ou de outros "Xenofontes", diferir a discussão política da história, ou antes, identificar na discussão política a fonte para a reflexão histórica.

Será, portanto, a partir deste cenário que avançaremos na análise da "Revolução Liberal". Como nossas questões e motivações não são as mesmas do Cônego Marinho, não principiaremos pelos antecedentes políticos ou pelas conjunturas provinciais. Antes disso, é imprescindível que discutamos dois conceitos caros à história política do Brasil Império: *revolução* e *partido político*.

No primeiro capítulo abordo, primeiramente, a conceituação de *revolução*, seus usos e entendimentos, buscando delimitar em que termos o título consagrado ao movimento armado pode ser utilizado atualmente. Ao mesmo tempo, e mais importante, discuto a percepção da *revolução* por parte dos próprios rebeldes no intuito de iluminar os limites da ação política. O desenrolar inevitável desta discussão é justamente o debate a respeito da formação dos partidos políticos nos anos finais da Regência e início do Segundo Reinado. Se a *revolução* contém em si a luta por direitos, ou seja, a luta política, o fenômeno partidário diz respeito a outra face deste embate. E é justamente no limite entre a ação partidária institucionalizada e o processo revolucionário que ocorre a *Maioridade*, objeto do segundo capítulo. A inauguração do Segundo Reinado por meio da antecipação da idade do monarca configura-se como prévia da luta de 1842, expondo práticas e protagonistas que, dois anos depois, pegariam em armas.

Os capítulos 3 e 4 são responsáveis por apresentar a "Revolução Liberal" propriamente dita. Daí decorre sua extensão, bem maior que os demais. Optei por uma ordenação cronológica, iniciando a análise por São Paulo e deixando para o capítulo seguinte

---

21 Conselheiro Homem de Mello. *Notícia das principais obras relativas à História do Brasil. Apud* "Monsenhor José Antonio Marinho – Nº em 1804 - M. em 1853". *Revista do APM*, vol. 14, p. 499-507, 1909, p. 506.

os acontecimentos em Minas Gerais. Porém, há nesta disposição um pequeno jogo de paradoxos. Apesar de dividida entre São Paulo e Minas, meu intuito é mostrar como a guerra possui sincronia e diálogo. Por outro lado, apesar de podermos (e devermos) entender a "Revolução" como um evento único, é fundamental que se compreenda as particularidades de cada uma das províncias. Portanto, estes dois capítulos não se resumem a uma sequência de batalhas e movimentos militares. A violência só é interessante enquanto oferecer subsídios para a reflexão a respeito do significado do "pegar em armas" no contexto do início do Segundo Reinado, inserindo-se assim no plano da política. Complementarmente, esmiuçar as conjunturas provinciais permite lançar luzes sobre as bandeiras de combates consagradas pelos autores que anteriormente se debruçaram sobre o tema e, simultaneamente, colaborar com a desconstrução de oposições simplistas como heróis pacificadores e rebeldes derrotados.

No quinto e último capítulo, procuro discutir as decorrências da "Revolução". No campo legal encontramos os debates a respeito do enquadramento criminal – rebelião, conspiração, sedição – e as punições possíveis. Entre o hipotético e o realizado, o pós--guerra envolve uma série de enfrentamentos jurídicos e políticos, seja nos tribunais, seja na Assembleia Geral, por ocasião do julgamento dos senadores rebeldes. No entanto, a vitória do campo de batalha não mantém uma simetria direta com o espaço institucionalizado da política, e os derrotados logo veriam seus destinos revistos diante da possibilidade da anistia.

Cabe, então, às Considerações finais, a responsabilidade de apresentar um quadro organizado e coerente das disputas neste constante jogo de ação e reação ocorrido entre 1838 e 1844. Ademais, os confrontos políticos e extrapolíticos fazem da "Revolução" evento inaugurador de uma prática política específica do Segundo Reinado: a *revolução* (enquanto princípio) é reavaliada e a ação ganha os limites do espaço parlamentar. Consolidado o regime monárquico constitucional, os embates pelo e com o governo não mais se dariam na praça pública, mas restritos aos espaços determinados no texto da lei e chancelados pela "Revolução Liberal".

Capítulo I

Dos conceitos e das práticas: prelúdios para a "Revolução"

A relação entre as palavras e seu uso é mais importante para a política do que qualquer outra arma.

Reinhart Koselleck

Uma experiência e o nome que se dá a ela costumam ser coisas diferentes e raramente ocorrem de modo simultâneo. A experiência de escrever um livro, por exemplo, é anterior à definição de seu título, e mesmo quando achamos que finalmente encontramos a melhor forma de batizar a obra – um nome que sintetize, explique e instigue –, ainda mudamos de ideia algumas vezes. Mais delicado é, portanto, a definição não de um simples título, mas um nome carregado de significado (ou significados). Não mera referência, mas um conceito, que como tal pode ser (e frequentemente é) ressignificado ao longo do tempo e das práticas humanas, contendo em si múltiplas faces, aplicações e entendimentos. Assim se dá com o termo *revolução*, talvez uma das palavras mais representativa do nosso tempo e, ao mesmo tempo, tão polissêmica.

Originalmente concebida como vocábulo da astronomia e da física, os sentidos pelos quais *revolução* é mais popularmente entendida seria, para os lexicógrafos, uma derivação ou sentido figurado. A ideia de *revolução* no universo da história ou da política hoje pouco lembra o significado original de movimento descrito por um corpo celeste retornando ao seu ponto inicial. Contudo, os entendimentos coloquiais de revolução cultural, sexual, musical etc. também não guardam necessariamente relações com o conceito das ciências humanas. Como então apreender o significado e o valor dado ao vocábulo *revolução* ao longo dos séculos XIX e XX diante de tantos "acontecimentos" diferentes? Uma alternativa possível é compreender os "conflitos sociais e políticos do passado por meio das delimitações conceituais e da interpretação dos usos da linguagem feitos pelos contemporâneos de então".[1]

Em nosso caso específico o desafio é duplo, pois se trata de entender se houve e qual foi a *revolução* ocorrida em 1842 e, ao mesmo tempo, refletir a respeito do fato de seu nome como o conhecemos hoje ter surgido tempos depois. O movimento político conhecido e referido pela bibliografia como "Revolução Liberal" não foi assim batizado no instante de seu nascimento, mas num momento posterior e um tanto impreciso. Poderíamos evitar estas questões, resumi-las a uma nota de rodapé de caráter quase semântico e simplesmente sinalizar a delicadeza do tema com aspas? Na verdade, já o fizemos em alguns artigos e apresentações[2] que, devido ao espaço diminuto para explicações, não nos permitiam ir mais a fundo. Agora, este expediente nos interessa, pois compreender os sentidos da palavra *revolução* para os homens de 1842 significa nos aproximarmos dos sentidos do próprio movimento no que diz respeito às suas motivações e consequências.

Por ocasião de minha pesquisa de mestrado, o conceito de *revolução* aplicado ao movimento aqui estudado já havia sido alvo de reflexão.[3] No entanto, a ampliação do objeto – antes apenas São Paulo, agora Minas Gerais – e o detalhamento da trama política que envolve o tema nos obrigam a retornar àquela discussão e, a partir dela, ir além.

1842 e o conceito de *revolução*

Como comentado na Introdução, a primeira obra escrita a respeito do movimento de 1842 foi a do Cônego José Antonio Marinho, intitulada *História do movimento político que no ano de 1842 teve lugar na Província de Minas Gerais*. Editada em 1844, sua "obra-defesa" se tornou uma referência obrigatória para o assunto. Apesar de escrita dentro de circunstâncias políticas muito específicas – em meio ao processo de anistia e retorno dos ex-rebeldes à vida pública –, a *História* de Marinho acabou por se tornar a história do movimento, lastreada por referências a documentos e citações textuais como mandavam as regras do trabalho do historiador. Porém, é ao mesmo tempo resultado da observação de uma testemunha ocular, de um envolvido até o último tiro no campo de batalha. Esta posição *sui generis* do autor exige do historiador atual muita

---

1   Reinhart Kosellek. "História dos conceitos e história social". In: *Futuro Passado,* p. 103.

2   Ver: Erik Hörner. *A tribuna em praça pública: o debate político na imprensa periódica paulistana (1828-1842). Idem. Memória seletiva: usos e leituras de um episódio da "Revolução Liberal" de 1842 em São Paulo.*

3   Erik Hörner. *Guerra entre pares.* Ver capítulo 1.

atenção, contudo oferece-nos um material muito rico, afinal é mais fácil compreender quem muito fala.

O Cônego Marinho transita por diversas significações acerca do ocorrido em Minas Gerais e São Paulo. No título da obra, ele optou por "movimento político", repetindo a expressão algumas outras vezes, mas ao longo de sua narrativa os termos "revolução" e "insurreição" assumem diversos sentidos, costurando uma complexa rede de significados. A intenção mais explícita é transferir a agressão inicial para aqueles que ocupavam e dirigiam o governo naquele momento, de modo que a tomada em armas figurasse como reação legítima. É nesse sentido que "revolução" surge em seu texto. Após as perseguições políticas encetadas contra a oposição (*lócus* político do qual falava),

> a indignação transbordou, já não era possível contê-la, uma *revolução* tornou-se para os espíritos os mais refletidos e prudentes o *único meio, bem que desesperado*, de que podiam os oprimidos lançar mãos, não já para reivindicar direitos políticos, mas para protegerem suas vidas com tanta probabilidade ameaçadas.[4]

Nós próximos capítulos serão melhor discutidas essas perseguições aludidas por Marinho, assim como as chamadas "leis opressoras" – Leis da Reforma do Código do Processo e de Criação do Conselho de Estado – sancionadas sob os auspícios do Gabinete 23 de Março.[5] Estes elementos formariam a base da insatisfação da oposição rebelada e seriam as bandeiras mais visíveis do movimento.

Em todo o caso, nota-se no excerto acima uma grande cautela ao se falar em *revolução*. Ela seria a última saída e o único meio possível àquele momento, sendo, contudo, uma opção desesperada justificável apenas por se tratar da defesa de suas vidas, um bem muito mais valioso, a propriedade primordial.[6] Ou seja, "revolução", antes de ter significado positivo em si, é justa diante das circunstâncias. Não poucas vezes o autor repete que o movimento era antes de qualquer coisa uma manifestação de espírito, a fim de exigir o fim do Gabinete, libertar o Monarca e garantir o cumprimento da Constituição. Mais adiante, ao comentar a Reforma do Código do Processo, Marinho refere-se à "execução revolucionária da reforma judiciária".[7] Então

---

4   José Antonio Marinho. *História do movimento político de 1842, p.* 60. Grifos meus.

5   O Gabinete em questão foi nomeado em 23 de março de 1841, vigorando até 22 de janeiro de 1843, sendo responsável inclusive pela "pacificação" do movimento armado. A partir do Capítulo 3 este Ministério será mais bem conhecido.

6   Ver a este respeito: Maria Sylvia de Carvalho Franco. *All the world was America.*

7   José Antonio Marinho. *Op. cit.,* p. 85.

"revolucionária" aparece como sinônimo de "criminosa", com um claro sentido negativo. Comparando-se as duas passagens pode-se ver, *grosso modo,* que, para o autor, o movimento armado foi positivamente uma *revolução* apenas dentro de uma conjuntura bem específica, pois do contrário ela seria repreensível.

O *Diccionário de Lingua Portugueza* de Antonio de Moraes Silva,[8] de 1877, traz *revolução* e *rebelião* como sinônimas, sendo que "a revolução é uma sublevação injusta e criminosa contra o soberano, suas leis e autoridade legítima, que tende a desorganizar toda a máquina política, e às vezes social".[9] O significado aceito oficialmente continuava a considerar a ação revolucionária como algo condenável em consonância com a legislação vigente à época. O Código Criminal do Império,[10] ao tratar dos crimes "contra a segurança interna do Império e pública tranquilidade", estabelece quatro diferentes crimes: conspiração, rebelião, sedição e insurreição. As definições dependem da articulação de dois fatores, o número de criminosos envolvidos e a motivação para o crime.

A insurreição diz respeito exclusivamente ao levante escravo, questão menor no momento. O crime de conspiração, por sua vez, difere do crime de rebelião apenas quanto ao número de envolvidos, ou seja, a caracterização e a motivação do crime continuam as mesmas, tendo sido aplicado a alguns poucos indivíduos presos na Corte, como veremos no capítulo 5. Desse modo, nosso interesse recai sobre as definições de rebelião e sedição. Uma rebelião deveria envolver mais de 20 mil pessoas e atentar contra a integridade do Império, ou contra a Constituição, ou, ainda, contra o Imperador, enquanto a sedição resumia-se a reunir mais de vinte pessoas armadas dispostas a impedir a posse de autoridades legais. Os envolvidos no movimento de 1842 foram processados por crime de rebelião, apesar de todos negarem categoricamente haverem atentado contra os pilares da Nação. Contudo, dificilmente poderiam ser enquadrados no crime de sedição devido às dimensões dos confrontos bélicos. O que não impediu Diogo Antonio Feijó de argumentar em diversas cartas ao Presidente da Província de São Paulo[11] e em discurso no Senado[12] que se tratava de uma sedição, pois o foco da contestação residiria nas novas autoridades criadas pela Reforma do Código do Processo.

De fato, sua argumentação possuía respaldo. Paulo Pereira de Castro, concordando com a posição de Marinho, afirma que "não se pretendia derrubar o governo pela

---

8   Antonio de Moraes Silva. *Diccionário da Lingua Portugueza.*

9   *Idem, ibidem,* verbete.

10   Lei de 16 de dezembro de 1830, Código Criminal do Império do Brasil.

11   *O Governista,* 9 de jul. de 1842.

12   Eugênio Egas. *Diogo Antônio Feijó (Documentos).*

força das armas. A demonstração armada era uma forma de compelir o Imperador a medidas apaziguadoras que implicariam a demissão do Ministério e a suspensão das reformas [Conselho de Estado e Código do Processo]".[13] O que dificulta muito uma conciliação com as conceituações de *revolução* utilizadas no século XX.

Um exemplo dessa dificuldade é a definição apresentada por Gianfranco Pasquino, para quem

> a Revolução é a tentativa, acompanhada do uso da violência, de derrubar as autoridades políticas existentes e de as substituir, a fim de efetuar profundas mudanças nas relações políticas, no ordenamento jurídico-constitucional e na esfera sócio-econômica.[14]

O autor italiano enfatiza, portanto, a violência e as mudanças na ordem estabelecida. É evidente que há no horizonte destas palavras as chamadas "Grandes Revoluções" como a Americana, a Francesa, a Russa ou a Chinesa, para citar apenas alguns exemplos. Ao mesmo tempo, essa definição se propõe ampla, tentando eliminar as particularidades e destacar as semelhanças. Não parece ser o melhor caminho em nosso caso.

De modo semelhante, Hannah Arendt correlaciona a ideia de liberdade à experiência de um novo começo como elementos cruciais para a compreensão das revoluções modernas, juntando-se a isso o uso da violência.[15] Porém, é importante salientar que Arendt traça um itinerário muito mais cuidadoso e elucidativo. Resgatando a origem do termo *revolução* da astronomia, a autora chama a atenção não exatamente para o movimento descrito pela órbita dos planetas e seu retorno ao ponto inicial, mas ao princípio de que este trajeto é "irresistível". Não seria uma opção, mas uma força incontrolável a impulsionar os astros. Esta imagem seria, então, articulada ao seu conteúdo moderno, qual seja, a noção de que o "decurso da história começa subitamente de novo".[16]

É importante dizer que a *revolução* moderna a que Arendt se refere, enquanto conceito, é profundamente marcada por duas revoluções, a Americana e a Francesa, sendo ambas herdeiras do Iluminismo, tanto filosófica quanto politicamente. Não é sem razão que a autora afirma categoricamente que "a finalidade da revolução era e sempre foi a liberdade", não exatamente a invenção da liberdade, mas a manutenção,

---

13   Paulo Pereira de Castro. *A "experiência republicana", 1831-1840*, p. 66.

14   Gianfranco Pasquino *et al. Dicionário de Política.*

15   Hannah Arendt. *Sobre a Revolução, p.* 21.

16   *Idem, ibidem,* p. 24.

a garantia dela. Em outros termos, as revoluções do final do século XVIII não inventaram a liberdade, mas ocorreram em nome dela. Para Arendt, a *revolução* não tem como resultado simplesmente "vida, liberdade e propriedade", e sim a transformação desta tríade em direitos inalienáveis do homem. Portanto, a partir do momento que se estabelece que determinado governo ou grupo avança sobre esses direitos bem arraigados dá-se o princípio da *revolução*.[17]

Devemos observar que, segundo esta perspectiva, retira-se a ênfase da mudança radicalmente nova para se destacar a luta por um bem já adquirido. Uma nova ordem poderá ser, então, consequência, mas não a motivação primeira. Hannah Arendt nos lembra que os *pais fundadores* não se acreditavam inovadores, e sim garantidores do que entendiam por sagrado e conquistado ao longo do tempo. O ineditismo da Revolução Americana se deu no decorrer do processo irreversível e irresistível.

No que diz respeito ao movimento de 1842, algumas de suas peculiaridades criam dúvidas e suspeitas quanto ao seu conteúdo *revolucionário*. Evento de curta duração, aparentemente não vitorioso, autodeclarado como manifestação de força não preparada para a luta, são algumas das características que comumente geram desconforto aos olhos acostumados com as "grandes revoluções". Como, então, caracterizar os acontecimentos de 1842 em São Paulo e Minas Gerais, considerando que os combates armados não duraram mais de quatro meses e que a relação entre as mudanças desejadas e as efetivamente concretizadas exigem certo relativismo?

A argumentação ampla de Pasquino dificilmente nos servirá. As referências às mudanças socioeconômicas nos engessam e impedem a aplicação a uma manifestação violenta que, ao ser derrotada, manteve seu conteúdo *revolucionário* no plano das intenções. No entanto, Hannah Arendt, ao colocar a tônica sobre a garantia de direitos e o recomeço – não das relações sociopolíticas, mas da percepção da história –, nos oferece uma chave particularmente interessante.

Uma interpretação sugerida por Lawrence Stone poderia constituir uma saída para este impasse. Em seu *Causas da Revolução Inglesa*,[18] Stone ocupa-se inicialmente em definir um entendimento de *revolução* a partir de diversos estudiosos do tema a fim de delimitar seu objeto e poder analisar, então, as causas da Revolução Inglesa. Inicialmente, o autor sugere que *revolução* é uma mudança "efetuada por meio da violência no governo, e/ou regime, e/ou *sociedade*".[19] Entendendo-se por governo as instituições políticas e administrativas específicas, e desprezando a necessidade de mudanças no regime e na

---

17   *Idem, ibidem*, p. 36-37.

18   Lawrence Stone. *Causas da Revolução Inglesa 1529-1642.*

19   *Idem, ibidem*, p. 37.

sociedade, até poder-se-ia entender 1842 como uma *revolução*. Entretanto, como o próprio autor destaca, as definições demasiadamente amplas pouco definem, pois permitem abarcar inúmeros eventos, desqualificando-os.

Segundo Stone, uma das grandes dificuldades reside em se separar com clareza o *golpe de Estado* da *revolução*. É esta preocupação que vai guiá-lo ao apresentar as seis tipologias propostas por Chalmers Johnson, interessado em diferenciar os tipos a partir dos alvos do ataque, da natureza dos revolucionários e, particularmente, dos objetivos e ideologias. Stone salienta que o trabalho com tipologias e modelos é em si simplificador e pouco propício aos estudos históricos, mas que seria possível conciliar-se um tipo a outro, tornando-os mais complexos e, assim, mais aplicáveis. Desse modo, visando nosso problema, seria possível associar dois tipos. Primeiro, o *golpe de Estado conspirativo*, entendido como "ação programada por uma minúscula elite movida por uma ideologia oligárquica e sectária", destacando-se que este tipo só pode ser entendido como revolucionário caso antecipe um movimento de massa e inaugure mudanças. O segundo tipo seria a *rebelião anarquista*, como "reação nostálgica à mudança progressiva, acompanhada de uma idealização romântica da velha ordem".[20] Os termos usados podem parecer muito perigosos se transpostos ao universo ideológico do século XIX, no entanto, feitas algumas concessões, podemos articulá-los ao menos como estímulo à reflexão.

O movimento de 1842 foi realmente "pensado" por um grupo político, ou melhor dizendo, por dois grupos, posto que não considero possível separar a ação da reação. Como será mostrado nos capítulos seguintes, a situação e a oposição ao governo se atritam e se armam simultaneamente, explodindo em uma insatisfação comum e recíproca. Estes grupos estavam longe de representar diversos estratos sociais, tendo como ponto de contato o *status* proprietário definidor da cidadania. O dilema está em considerar que os ditos rebeldes pretendiam ou não antecipar um movimento de massa e inaugurar mudanças. A primeira motivação deve ser relativizada. A que massa nos referimos quando pensamos no século XIX brasileiro? Se considerarmos que os aderentes à luta armada eram em sua grande maioria cidadãos – em sua definição censitária, ou seja, dotados de uma renda mínima que os fazia atores políticos constitucionalmente reconhecidos –, pois pertencentes à Guarda Nacional, haveria sim uma massa representativa para os padrões da época e da região. Por sua vez, a segunda motivação pode ser confrontada à definição de *rebelião anarquista*.

Teríamos, então, um grupo desejoso de inaugurar mudanças e, ao mesmo tempo, reagindo a transformações progressivas e clamando por uma ordem anterior. Este aparente paradoxo pode ser revelador se pensarmos no choque de dois processos de mudança, de

---

20 *Idem, ibidem*, p. 43.

dois projetos de Estado: um inaugurado "oficialmente" com a Abdicação, mas com raízes anteriores, e outro surgido como reação ao primeiro resultado de divergências aos rumos tomados nos primeiros anos da década de 1830 e cujo ponto de viragem é sinalizado *grosso modo* com a Lei de Interpretação do Ato Adicional. O Primeiro Reinado permitiu uma ampliação significativa dos setores proprietários mineiros e paulistas e, consequentemente, da possibilidade de se ingressar na cena política, como mostrou Alcir Lenharo.[21] Este ingresso na política, nas esferas decisórias do governo, se fez a partir do âmbito local e poderia ser identificado à criação de uma "burocracia" influenciável a partir de baixo, como o Juizado de Paz e sua possibilidade de ingerência na Justiça e nas eleições,[22] reforçada com as Assembleias provinciais criadas pelo Ato Adicional de 1834. O que teria sido conseguido de modo satisfatório após 1831, sofrendo, contudo, um revés com a queda de Feijó, evidenciando a dificuldade de concretização de um projeto de Estado e a manutenção do (e no) poder. Vem a lume, assim, o choque com outros grupos, defensores de um Estado mais centralizado e mais disciplinado, pois seus representantes já se encontravam mais próximos do topo da administração e da economia nacionais.

A caracterização deste período como um tempo *revolucionário* envolto em choques de concepções diferentes de Estado e de prática política está conscientemente presente na obra de Marinho, preocupado em enfatizar que o grupo do qual fazia parte, o seu Partido Nacional, era fautor e resultado de uma longa *revolução*. Adotando um procedimento quase idêntico ao realizado por Francisco Sales Torres Homem em seu *Libelo do povo*,[23] de 1849, o padre mineiro iria estabelecer um longo encadeamento pontuando a Confederação do Equador (1824), a Abdicação (1831) e a luta decorrente até a promulgação do Ato Adicional (1834), uma fase de conquistas questionadas a partir da reação "antinacional" pós-queda do Regente Feijó. Assim, o movimento político de 1842 não era uma *revolução*, mas parte da *Revolução* que, seguindo o trajeto de Torres Homem, culminaria na Praieira, de 1848.

O paralelismo entre Torres Homem e Marinho merece atenção, pois ambos estiveram envolvidos com 1842. O padre mineiro fora preso e processado como "cabeça de rebelião" após a derrota rebelde em Santa Luzia, enquanto que Torres Homem foi preso na Corte e extraditado para Portugal por crime de conspiração por envolvimento com a *Sociedade dos Patriarcas Invisíveis*, espécie de comitê pré-rebelião. Além disso, ambos também estiveram diretamente envolvidos com a *Maioridade*. Como tratado

---

21 Alcir Lenharo. *As tropas da moderação: o abastecimento da Corte na formação política do Brasil, 1808-1842.*

22 Thomas Flory. *El juez de paz y el jurado em el Brasil Imperial, 1808-1871: control social y estabilidad política em el nuevo Estado.*

23 In: Raimundo Magalhães Júnior. *Três Panfletários do Segundo Reinado*, p. 47-ss.

por Izabel Marson, o publicista, ao reconstituir "em forma de drama a história da revolução do Brasil"[24] entre a independência e 1849, por ocasião da Praieira, cria um processo indistinto, uma luta constante e uma crítica ácida aos mandos e desmandos da "oligarquia" e do Poder Moderador usado para intervir e manipular a representação nacional. Vale lembrar que o uso deste poder foi inaugurado com a dissolução prévia da Câmara em 1º de maio de 1842[25] – estopim do levante armado –, de modo que o termo *revolução* acaba por significar a luta contra a tirania e a opressão por parte do que tanto Marinho quanto Torres Homem chamariam de "oligarquia", dotada de desejos recolonizadores e autoritários.

Outro envolvido que iria se manifestar a respeito dos acontecimentos de 1842 seria Otoni, em sua *Circular dedicada aos eleitores de senadores pela província de Minas Gerais*. A conjuntura política por trás desta obra é muito diversa da escrita por Torres Homem. Escrita em 1860, o autor do *Libelo* já havia passado para o lado de seus antigos adversários, enquanto Otoni continuava mais ou menos próximo às suas posições originais. Ao menos era isso que desejava mostrar aos eleitores que o haviam feito o candidato ao Senado mais votado por duas vezes seguidas e, após não ser aceito pelo Monarca, tentava novamente um lugar na Câmara. Otoni opta por simplificar o termo *revolução* apresentando quase um aforismo: "Mas eu não compreendo revolução senão quando o povo se levanta em massa para dizer aos seus opressores: 'basta'".[26] Atrás de si o político mineiro tinha a Abdicação, a *Maioridade*, 1842, a Praieira (como espectador) e a Conciliação. Não é de se espantar que visse a luta armada em Minas Gerais e São Paulo como um excesso, cheio de comprometimento com o Império e a Constituição, mas ainda assim um conflito que talvez pudesse ser evitado.[27]

A despeito dos pontos em comum entre as trajetórias dos três autores e a proximidade pessoal sugerida pelo tratamento que os três dispensam uns aos outros em suas obras, Otoni acrescenta à sua visão de *revolução*, também de longa duração, o caráter republicanizador.[28] Sua luta pessoal era em nome da concessão de maior autonomia política às províncias e menor controle direto por parte do Governo Central sobre as instituições políticas, sendo a mais sagrada a representatividade. Fora a crise na representação do

---

24 Izabel Andrade Marson. *Política, história e método em Joaquim Nabuco: tessituras da revolução e da escravidão*, p. 30.

25 Os deputados eleitos em 1840 tomariam assento em 3 de maio de 1842, porém, sob a alegação de que as fraudes e violências teriam comprometido aquelas eleições, o Ministério pediu ao Imperador que usasse de sua atribuição constitucional e dissolvesse a Câmara.

26 Teófilo B. Otoni. *Circular dedicada aos eleitores de senadores pela província de Minas Gerais*, p. 104.

27 *Idem, ibidem*, p. 103.

28 Izabel A. Marson. *Op. cit.*, p. 41-50.

cidadão junto ao governo (em diversos níveis) decorrente da Lei de Interpretação do Ato Adicional e, posteriormente, do avanço da Reforma do Código do Processo, que fez com que Otoni se engajasse decididamente na luta contra a "oligarquia" que se rebelou contra a Constituição em 1841 e 1842.[29] Isso mesmo, para o político mineiro foram os ministros do Gabinete 23 de Março de 1841, ou seja, o governo que havia se rebelado contra a Constituição retomando aquela dualidade expressa pelo dicionário e alimentada pelo Código Criminal. Assim, a *rebelião* era negativa – negava a lei, o Estado, a Constituição e as liberdades daí derivadas –, enquanto a *revolução* era essencialmente positiva, pois lutava a favor do que a *rebelião* destruía.

Compreensível, portanto, que para Otoni a "Revolução de Minas" ou a "Revolução de 10 de junho de 1842" fosse inevitável, apesar de lamentável o apelo às armas. Era necessário gritar "basta!". No entanto, essa avaliação era mais simples de ser realizada quase 18 anos depois do ocorrido. Marinho, em 1844, ainda esforçava-se para afastar dos seus correligionários o estigma da *rebelião*, optando por intitular sua "obra-defesa" *História do movimento político*, porém Otoni escolheu deliberadamente – é improvável que seja um engano – chamar o livro do Cônego de *História da revolução de Minas*[30] em sua *Circular*. Na verdade, só dois tipos de indivíduos, ou no caso, de cidadãos, poderiam se "comprometer" e aceitar o termo *revolução*: ou aquele que, passados os anos, já superara qualquer tipo de "sequela política" – a principal seria a necessidade de reorganizar seu campo de ação –, ou aquele que se encontrava envolvido com a própria luta.

Este é o caso de dois importantes jornais rebeldes que, ao contrário dos periódicos paulistas, ainda continuaram a circular após o início dos confrontos. O *Echo da Rasão* era publicado em Barbacena e, na sua edição de 27 de junho, espantava-se com orgulho da energia e da adesão generalizada dos mineiros à *revolução*:

> Nós tínhamos a mais decidida convicção de que a inconstitucionalidade das leis da reforma, o golpe d'estado da dissolução da Câmara dos Deputados, o adiamento sem causa da Assembleia Provincial de Minas, e em fim os terríveis precedentes dos ministros absolutistas de 1842, e que foram igualmente em 1828,[31] tinham alienado do

---

29 Teófilo Otoni. *Op. cit.,* p. 103

30 *Idem, ibidem,* p. 103. É interessante notar que a Editora da Universidade de Brasília, juntamente com o Senado Federal, preferiu editar a obra de Marinho usando uma versão "modernizada" do título: *História da Revolução de 1842.* Brasília: Senado Federal/Ed. UnB, 1978.

31 Não houve, de fato, um Ministério formado em 1828, mas uma série de alterações no Gabinete 20 de novembro de 1827, aumentando a crise do Primeiro Reinado. Fizeram parte do Ministério em 1828 e em

governo a grande maioria dos Mineiros; nós víamos nesse partido que se diz anarquista a maior ilustração, independência, e riqueza; prevíamos por consequência o resultado de uma luta infalível; mas o que nunca pensamos o que jamais podíamos prever, foi esse entusiasmo, essa quase unanimidade que caracterizam a presente revolução.[32]

No dia seguinte, em S. João del Rei, o jornal *O Despertador Mineiro* fazia coro ao seu companheiro barbacenense. Reforçava a agressão sofrida pela Constituição pelas mãos de um Ministério traidor responsável por extinguir a maior parte das "instituições populares e liberais, roubado os mais preciosos e sagrados direitos dos cidadãos e corporações". Como se não bastasse comprometer as bases do Império, ainda haviam "escravizado nosso adorado Imperador". Diante da violência sofrida pela "maior parte da nação" o redator perguntava:

> Que recursos lhe restava para tirar-se a si mesma e a seu prezado Imperador da dura e abjeta escravidão, em que esses ferozes mandões os haviam arrojado? Nenhum outro, se não [*sic*] o de que usou a França em 1789, o Brasil mesmo em 1822 e 1831, se não o de que tem usado todos os povos em iguais circunstâncias, e de que lançou mão a heroica Província de S. Paulo, o das armas, o de uma revolução para deitar por terra esse colosso de oligarquia; recurso legítimo, justo e santo no caso dado; porque os povos têm direito de resistir, e aniquilar os governos, que os oprimem e escravizam.[33]

Ficam evidentes a inevitabilidade e a justiça da resistência à tirania descritas por Otoni, o longo processo de lutas formadoras da nação brasileira e o combate à oligarquia tão caros a Marinho e Torres Homem. Há um fundo comum de compreensão dos acontecimentos dos quais os três foram testemunhas.

Estas considerações ficarão mais claras ao longo dos próximos capítulos, apesar da limitação do estudo ao "momento" entre 1838 e 1844, quando o choque de projetos atinge um ponto sem volta. Esta encruzilhada nos caminhos da política exigiu

---

1842 apenas José Clemente Pereira (Império/Guerra) e Miguel Calmon Du Pin e Almeida, Marquês de Abrantes (Fazenda/Fazenda). Coincidência ou não, Marquês de Abrantes foi um dos dois Conselheiros de Estado que votou contra a anistia aos rebeldes em 1844. Ver a respeito o capítulo 4.

32 *Echo da Rasão*, 27 jun. de 1842. *Apud* História da Revolução de Minas Gerais, em 1842, *RAPM*, vol. XV, 1916, p. 231-233.

33 *O Despertador Mineiro*, 28 jun. de 1842. *Apud História da Revolução de Minas Gerais, em 1842, RAPM*, vol. XV, 1916, p. 238-242.

definições e opções mais claras, de tal modo que podemos considerar a época como palco de um "processo revolucionário" muito particular. Revolucionário, portanto, porque cobra mudanças, não na *sociedade* e muito menos no regime, mas no governo, mais especificamente no modo de governar e na prática política.[34] Visão que vai ao encontro da argumentação conciliatória de Ilmar R. Mattos, segundo a qual

> os movimentos de 1842 eram vividos pelos liberais de modo intenso, como verdadeira *revolução*. Uma revolução porque objetivava, de um lado, livrar o Brasil da "Oligarquia turbulenta e pretensora" que o oprimia, além de garantir "Liberdade e Segurança ao Povo, respeito e Liberdade para a Coroa". Uma revolução porque, de outro lado, abria a possibilidade de concretização de um propósito: o início de um tempo novo![35]

Fundamentado nas declarações do Cônego José Antonio Marinho, Mattos defende que estes homens de ideias liberais acreditavam estarem defendendo uma mudança significativa, que acreditavam na total diferença entre eles e os outros, entre os que seriam depois entendidos como *luzias* e *saquaremas*, como dito por Ilmar R. Mattos. Esta consciência "revolucionária" de quem é agente político, de quem faz (ou fez) parte dos círculos decisórios é particularmente importante para os comprometidos com o movimento de 1842. Ao fim e ao cabo, este (auto)conhecimento será também responsável pelo fim da guerra quando, cientes dos limites da ação armada as deserções esvaziam as fileiras da *revolução*. Ao menos para as lideranças, o movimento é de fato eminentemente político, exatamente por isso o chamam de *revolução*.

O autor de *O Tempo Saquarema* realiza, ademais, a conciliação entre a definição de Pasquino e Arendt, por exemplo, e as particularidades do movimento. Apesar de

---

34 Quanto à prática política, talvez a abordagem teórico-metodológica mais instigante seja a de Ilmar R. Mattos, ao definir dois tipos de atuação política: o "governo da casa" e o "governo do Estado". Para o autor, os dois grupos opostos, denominados por eles, de "luzias" e "saquaremas" consideravam dois atributos fundamentais para o entendimento da *sociedade*, a liberdade e a propriedade, derivados de três objetivos maiores: a busca da felicidade, a restauração de monopólios e a expansão da riqueza. Vê-se que há um fundo comum Liberal cuja diferença reside na compreensão diversa da ação política, no governo da "casa" e do "Estado". Governar a "casa" significa exercer o monopólio da violência no âmbito do assim denominado poder privado, enquanto governar o "Estado" implicava em elevar cada um dos governantes da Casa à concepção de vida estatal. De tal modo que os conflitos surgiriam da relação dessas duas esferas e que, em momentos de crise, seriam resolvidos na "Rua", ou seja, fora do espaço legalmente instituído para a prática política. Estas concepções norteiam parte da análise aqui pretendida. Cf.: Ilmar R. Mattos. *Op. cit.*, p. 109-113, entre outras.

35 Ilmar R. de Mattos. *Op. cit.*, p. 99.

ser quase unânime na bibliografia a não radicalidade do movimento no que se refere às mudanças propostas – ou seja, não havia a finalidade de "efetuar profundas mudanças nas relações políticas, no ordenamento jurídico-constitucional e na esfera sócio-econômica", devido à prática política do grupo insurgente –, os envolvidos se viam imbuídos desta disposição para alterar o *status quo*, única salvação para seu projeto e, logo, para o Império.

Exatamente esta conciliação feita por Mattos é que justifica minha escolha em tratar o ocorrido em 1842 como *revolução*. Pois não acredito na viabilidade de se compreender um movimento como este apenas pelas definições contemporâneas e tampouco por meio das designações oficiais da época. Qualquer um destes caminhos isoladamente levaria ao reducionismo e ao anacronismo, eliminando a complexidade característica do Império brasileiro, quer no âmbito político quer no concernente à trama socioeconômica. Não estou sugerindo que o Brasil de 1842 tenha presenciado uma Revolução nos moldes da Francesa, mas também não subestimo as intenções dos envolvidos, que acreditavam na bandeira política revolucionária que defendiam. Todavia, saliento o uso das aspas no intuito de lembrar as especificidades do movimento, do período e da política brasileira. As aspas devem sempre remeter o leitor a esta discussão preliminar e, ao mesmo tempo, estimular a reflexão sugerida. *Revolução* é, neste trabalho, um termo em aberto, é muito mais uma proposta de análise que uma definição.

Por fim, vale mencionar que, apesar da abordagem da guerra civil e de sua significativa presença ao longo das páginas deste trabalho, não é a violência em si que norteia a reflexão. Apesar da íntima relação entre *revolução* e violência, a predominância desta significa que a *revolução* se deu fora do campo da política:[36] o momento em que o conflito extrapola o território da fala, do debate. Meu intuito é justamente utilizar este evento extraordinário para iluminar o desenrolar ordinário da política do período. E é neste contexto ordinário da prática política e da delimitação de seu campo de ação que se opera o desenvolvimento histórico dos partidos. Se, por um lado, não há uma relação de causa e efeito entre *revolução* e partidos políticos, por outro, a institucionalização da política com suas "normas de conduta" e limites definidos sofre com o efeito catalisador de eventos extraordinários como as *revoluções*. Seria possível considerar a revolução como decorrência de mais um confronto entre "liberais" e "conservadores", entre os dois partidos que teriam atravessado a história do Império, como simplificadamente vem sendo tratado? Seria pertinente, ao invés disso, tomar 1842 como um dos momentos de configuração

---

36 Hannah Arendt. *Op. cit.*, p. 21.

42   Erik Hörner

de campos partidários que se cristalizam na luta armada para logo depois se desfazerem e refazerem sob contornos outros?

Apontamentos sobre a formação dos partidos e a prática política

As reflexões teórico-conceituais mais conhecidas a respeito do fenômeno partidário relacionam partidos e democracia, ou seja, identificam a formação dos partidos políticos ditos modernos com o final do século XIX e início do XX, quando do surgimento do sufrágio universal. Frequentemente "organizações" ditas imperfeitas tem seu surgimento assinalado no segundo quartel do oitocentos, em especial para o caso britânico. No entanto, a sensação de que o sistema constitucional representativo só permitiria a organização de partidos quando o voto censitário saísse de cena transparece em grande parte dos estudos.[37]

Apresenta-se mais enriquecedora aos nossos olhos a abordagem do cientista político italiano Giovanni Sartori a respeito dos primórdios do partido político.[38] Não obstante sua proposta de analisar os partidos e seus sistemas no século XX, Sartori preocupa-se em resgatar a trajetória histórica do partido e sua conceituação por meio da compreensão etimológica e semântica dos termos *partido* e *facção*.

Sartori prefere buscar as origens dos partidos modernos no século XVIII, considerando-os como protopartidos, ao invés de traçar comparações conceituais com guelfos e gibelinos, ou com a Antiguidade, como fez Max Weber.[39] Em virtude da sua opção em considerar o partido como uma noção dinâmica no tempo e no espaço, fruto de uma necessidade política e, portanto, consequência da ação e não da teorização prévia, o fio condutor é uma *história do conceito*, próxima (e não igual) à proposta por Reinhart Koselleck.[40]

O itinerário de Sartori tem início na constatação dos usos conflitantes e, por vezes, semelhantes de *partido* e *facção*, que tendo origens e significados etimológicos

---

37   Cf.: Max Weber. *Economia e sociedade: fundamentos de sociologia compreensiva.* Robert Michels. *Os partidos políticos.* Antonio Gramsci. *Maquiavel, a Política e o Estado Moderno.* Maurice Duverger. *Os partidos políticos.* Anna Oppo. "Partidos políticos". In: Norberto Bobbio Nicola Mateucci; Gianfranco Pasquino (orgs.). *Dicionário de Política.* Daniel-Louis Seiller. *Os partidos políticos.* Serge Bernstein. "Os partidos". In: René Rémond. *Por uma história política.*

38   Giovanni Sartori. *Partidos e sistemas partidários.*

39   Max Weber. *Op. cit.* O autor alemão figura como um dos primeiros a sugerir a existência de partidos políticos na Antiguidade e na Idade Média, em contraste com os partidos modernos surgidos em fins do século XIX.

40   Reinhart Koselleck. "História dos conceitos e história social". In: *Futuro Passado: contribuição à semântica dos tempos históricos.* Ver também: *Idem.* "Uma história dos conceitos: problemas teóricos e práticos". *Estudos Históricos*, Rio de Janeiro, vol. 5, nº 10, 1992, p. 134-146.

diferentes acabam por se encontrar no mesmo campo da ação política. A superação de um termo por outro e sua decorrente aceitação, no caso da palavra *partido*, expressaria a paulatina alteração de significação paralela às profundas mudanças no fazer político.

Facção tem como origem o verbo latino *facere*, fazer, agir. O *Dicionário Houaiss*[41] acrescenta ainda o substantivo *factio*, como "poder de fazer, direito de fazer", o que, aos autores que escreviam em latim, passou a indicar "um grupo empenhado em um *facere* perturbador e danoso".[42] Desse modo, a origem de facção aponta um significado negativo, pejorativo, denotando um excesso ou uma arbitrariedade. Por sua vez, *partido* deriva do verbo latino *partire* ou sua declinação *partitus*, dividir ou que partilhou, dividiu.[43] No entanto, Sartori salienta que *partido* não está presente de forma expressiva no vocabulário político do século XVII, o que significaria que sua entrada no discurso político teria se dado em um momento posterior e menos latinizado da política.

Muito próxima ao sentido de *partido* está a palavra *seita*, mais usada que *partido* e que também significa separar, cortar (lembremos do verbo seccionar). O *Dicionário Houaiss*, mais uma vez, aponta como etimologia de *seita* tanto a palavra *secare* quanto *secta*. A primeira é também sugerida por Sartori enquanto a segunda apresenta um significado já transformado – partido, causa, princípio, escolha filosófica, fileira – e relacionada ao termo *sequi*, seguir, ir atrás (presente do substantivo séquito).

Entretanto, a entrada de *partido* no discurso político se deu simultaneamente ao gradativo desuso de *seita*, por demais vinculada à religião e ao sectarismo protestante. Ocorre então uma contaminação, *seita* empresta parte de sua significação a *partido*, remetendo a "separação" e "divisão". Portanto, se originalmente *partido* não possuía um sentido negativo em si, posteriormente o adquire e apenas a experiência política viria a reabilitar o termo e seu objeto concreto.

Ainda no campo etimológico, é interessante destacar que *partido* compartilha da mesma raiz de *participação*, o que sugeriria uma aceitação de duas práticas no interior do ideário Liberal. *Participação* de quem e em qual espaço? E, consequentemente, *partido* formado por quem? Duas perguntas que devem ser levadas em conta ao se analisar a recepção dos termos na prática política do século XIX.

Giovanni Sartori avança, então, para um segundo momento, posterior à definição etimológica de partido. De Maquiavel e Montesquieu, o autor chegará aos britânicos Bolingbroke, Hume e Burke. Não nos interessa para esta discussão específica toda a trajetória de Sartori, mas as considerações a respeito dos três últimos autores são

---

41   *Dicionário Houaiss da Língua Portuguesa.*

42   Giovanni Sartori. *Op. cit.*, p. 24.

43   *Dicionário Houaiss da Língua Portuguesa.*

altamente pertinentes. Com exceção de David Hume, os outros dois pensaram a política a partir de dentro; apesar de reputados como filósofos ou pensadores, eles foram primeiramente políticos atuantes e influentes no Parlamento britânico. Suas obras são, na maior parte, discursos e análises de conjunturas específicas, assim como respostas a situações definidas. Hume, por sua vez, como filósofo empirista, manteve-se sempre próximo às discussões políticas e históricas.

Lord Bolingbroke atuou no Parlamento na primeira metade do século XVIII e suas reflexões sobre os partidos se referem a questões do envolvimento do rei com determinado grupo. De fato, Lord Bolingbroke posicionava-se contra os partidos, pois a seu ver somente um seria possível: o "partido do país", defensor do bem comum. Para Sartori, trata-se da defesa de um "partido não-partido", pois o argumento caminha no sentido de afirmar uma única posição, a correta, em contraste com aquela adotada pelo rei que estava, naquele momento, em erro, governando com um partido contrário ao bem comum.

> Como o governo pelo partido acaba sempre em governo pela facção, e como os partidos nascem da paixão e do interesse, e não da razão e da equidade, segue-se que os partidos enfraquecem e colocam em perigo o governo pela constituição. E o governo pela constituição era o preferido de Bolingbroke, cujo ideal era o de unidade e harmonia.[44]

A posição de Bolingbroke é especialmente valiosa para o caso brasileiro, primeiro porque esta compreensão do "papel" do partido será vista no Parlamento brasileiro na primeira metade do século XIX. Não só a experiência britânica seria recriada pelos brasileiros do Primeiro Reinado e das Regências, como também o entendimento do governo ideal harmônico e "unitário" com base em uma constituição – destacando que "unitário" refere-se aqui a um só governo de brasileiros empenhados no bem comum do Império do Brasil. Desse modo, a concepção negativa de partido encontraria eco no Brasil oitocentista, mas também seria superada por correntes mais favoráveis à organização partidária, sob possível influência de Hume e Burke.

O filósofo escocês David Hume possui obra vasta e uma biografia das mais envolventes. Entretanto, interessa-nos aqui seus *Ensaios morais e políticos*, editados em 1741 e 1742, em especial *Da independência do Parlamento, Dos partidos em geral, Dos*

---

44 Giovanni Sartori. *Op. cit.*, p. 27.

partidos da Grã-Bretanha e *Da coalizão dos partidos*.[45] Hume difere de Bolingbroke por aceitar os partidos como inevitáveis, contudo aceitar não significa considerá-los positivos. Pelo contrário, a analogia feita por Hume equipara partidos a ervas daninhas. Estas surgem em todo terreno, se espalham rapidamente e dificilmente podem ser extirpadas. Ademais, o filósofo escocês é interessante exemplo da indefinição quando ao vocabulário, pois se utiliza de "partido", "facção" e "seita" indistintamente.

Apesar de sua visão negativa, Hume se propôs a tipificar os partidos, dividindo-os em *pessoais* ou *reais*, e entre estes de *interesses*, *princípios* ou de *afeições*. De modo geral, a negatividade dos partidos reside na sua origem, na ambição humana que tudo quer e tudo compromete. No entanto, se são inevitáveis, ao menos se espera que prevaleçam os "menos ruins". Por exemplo, um partido pessoal cuja motivação primeira é a desavença entre pessoas representa o que pode haver de pior. Portanto, os partidos reais, ou seja, calcados não em questões subjetivas (antipatia, desavença pessoal etc.), mas em questões objetivas, são melhor aceitos. Por sua vez, deve-se escolher entre o partido de interesse e o de princípio, posto que o de afeições é pouco expressivo.[46]

Ao discutir um caso específico, os partidos da Grã-Bretanha, Hume conclui que os partidos são em geral mistos, motivados por interesses – identidade de grupos econômicos e defesa de vantagens – e princípios – desde religiosos até concepções de liberdade.[47] Esta constatação, somada a de que os partidos são típicos do governo livre, ou seja, constitucional, evidenciam a relevância da questão partidária no funcionamento do jogo político parlamentar. Mesmo assim, o desejo de um governo harmônico permanece presente por conta da esperança de se ver realizada a "tendência" de se abolirem as distinções dos partidos por meio de coalizões.

As coalizões podem ser entendidas como o princípio da conciliação, nos moldes tentados no início dos anos de 1850 no Parlamento brasileiro pelo Marquês do Paraná. Ou seja, "evitar toda e qualquer injúria ou excessiva preponderância de um partido sobre o outro, encorajar as opiniões moderadas, encontrar um justo meio-termo em todas as disputas", entre outros pontos que devem ser estimulados por "todos os que amam seu país".[48]

Para Sartori, "Hume aceitou os partidos como uma consequência desagradável, mas dificilmente como uma condição, do governo livre".[49] Serem típicos em um governo

---

45   In: David Hume. *Hume*. Col. Os Pensadores.

46   *Idem, Ibidem*, p. 273-278.

47   *Idem, ibidem*, p. 279-280.

48   *Idem, ibidem*, p. 285.

49   Giovanni Satori. *Op. cit.*, p. 29.

constitucional não faz dos partidos algo indispensável. Este próximo passo seria dado por Edmund Burke. O político e pensador irlandês tinha 22 anos quando Lord Bolingbroke faleceu e era apenas 18 anos mais novo que Hume. Atuou como secretário particular do Primeiro Ministro Lord Rockingham entre 1765 e 1766, sendo neste meio tempo eleito para a Câmara dos Comuns por Wendover e anos depois por Bristol.[50]

As questões que preocupavam o político irlandês guardavam certa semelhança com os problemas abordados por seus antecessores, evidenciando uma permanência de temas com ênfase na governabilidade. Afora suas reflexões sobre a Revolução Francesa,[51] talvez o texto mais citado seja *Pensamentos sobre a causa do atual descontentamento*,[52] de 1770, no qual estão presentes suas considerações sobre a política no interior do Parlamento, a relação da Câmara dos Comuns com a Coroa e o jogo de influências e corrupção responsáveis pelo aludido descontentamento.

A motivação de Burke ao escrever seus *Pensamentos* foi a constatação da existência da ação de grupos não institucionalizados no terreno do poder constitucionalmente resguardado. Os "Gabinetes duplos" ou "secretos" comandados pelos "amigos do Rei" estariam influenciando as decisões da Coroa em prejuízo do Parlamento e, portanto, do bem comum. Neste contexto, membros da Câmara dos Comuns ou se tornavam inúteis ou se deixavam levar pelas ofertas de benefícios. Em outras palavras, decorrente do tráfico de influências, o equilíbrio entre os poderes preservado pela Constituição inglesa corria risco. Cabia à Câmara dos Comuns reagir e exercer seu controle sobre as demais partes do governo, posto que ela desempenharia no mais alto estrato governamental o mesmo papel que os júris desempenhavam no mais baixo. Na concepção de Burke, "a Casa dos Comuns fora concebida originalmente *não para ser uma parte do governo deste país*. Ela fora considerada como um *controle* emanando *diretamente* do povo".[53]

Se o Parlamento enfrentava uma crise, fruto da corrupção e da ingerência da Coroa, cabia aos próprios parlamentares resgatarem a força da Câmara dos Comuns por meio das eleições, isto é, reforçando sua legitimidade e promovendo a união dos opositores. Esta união dos contrários à influência dos "amigos do Rei" seria em nome da eficácia da ação, pois um bom homem sozinho no Parlamento seria um desperdício,

---

50   Edmund Burke. *Textos políticos*, p. 10-14.

51   Edmund Burke. *Reflexões sobre a Revolução em França*. Ver também: Modesto Florenzano. *Reflexões sobre a Revolução em França de Edmund Burke*. Tese (doutorado).

52   Edmund Burke. "Thoughts on the cause of the present discontents". In: *Select Works of Edmund Burke: a new imprint of the Payne edition*.

53   *Idem, ibidem*, p. 117. Grifos no original.

não teria utilidade nem serviria a seu país, por mais que suas ideias fossem favoráveis ao bem comum.[54]

Burke, então, define o partido como "um grupo de homens unidos para a promoção, pelo seu esforço conjunto, do interesse nacional com base em algum princípio com o qual concordam".[55] Ampla e conciliadora, sua proposição demarca a fronteira entre partido e facção, esta definida agora como um grupo envolto em uma luta mesquinha por cargos e emolumentos. Para Sartori, Burke reconhece que os fins exigem meios e os partidos são o "meio adequado" dentro do Estado.

> Bolingbroke justificara o "partido" apenas como a oposição (quando necessária) do país ao soberano inconstitucional. Burke, em lugar disso, colocou o "partido" dentro do âmbito do governo, reconcebendo-o como uma divisão que já não se fazia entre súditos e soberanos, mas entre soberanos. Havia, em sua época, um consenso sobre a constituição, mas pouco entendimento e consenso ainda menor quanto à maneira pela qual o governo constitucional devia ser conduzido e por quem. Burke propôs que isso poderia caber aos partidos, desde que se tornassem partidos.[56]

Burke teria lançado a ideia, proposto o partido em oposição à facção. O que é, de fato, diferente da constituição dos partidos, da formação como organizações efetivas. Por outro lado, podemos entender esta proposta como a identificação de um meio ao mesmo tempo favorável e carente de tal organização. Neste sentido, os partidos seriam "correlatos com a *Weltanschauung* do liberalismo"[57] e dela dependente, ou seja, eles seriam um elemento da prática Liberal assim como da participação política. Contudo, considerando-se como ambiente gerador dos partidos o constitucionalismo representativo Liberal, não há uma simultaneidade de origens. Seja na Inglaterra ou na Europa continental, seja nos EUA ou na Ibero-América, os partidos tiveram um nascimento difícil e conturbado. É sintomática a hipótese de Sartori de que, no mundo ocidental, provavelmente nenhum sistema partidário tenha tido papel na criação do Estado-nação. Eles teriam se tornado operativos apenas quando o governo constitucional deixou de ser questionado, formando um consenso em torno de questões fundamentais

---

54 *Idem, ibidem,* p. 150.

55 *Idem, ibidem,* p. 150.

56 Giovanni Sartori. *Op. cit.,* p. 31.

57 *Idem, ibidem,* p. 34.

legitimadoras do regime. Em outros termos, a organização dos partidos só poderia ocorrer após a cristalização de um entendimento comum sobre as regras do jogo ou, nas palavras de Sartori, a aceitação de uma "unidade pluralista".[58]

Estas ponderações necessitam, obviamente, de aprofundamento tanto conceitual quanto empírico. Considerar que o estabelecimento dos partidos dependeu da mudança da concepção de parte *contra* o todo para partes *do* todo esclarece, mas não explica toda a trajetória dos partidos para o caso brasileiro, por exemplo. No entanto, mostra-se muito valiosa a qualquer estudo histórico sobre os partidos a lembrança de Sartori ao fato de que a utilidade dos partidos, função, posição ou peso no sistema político "não foram questões fixadas por uma teoria, mas uma decorrência de acontecimentos concorrentes".[59] Assim, qualquer construção teórica muito rígida com enfoque à organização ou existência de programas partidários correrá o risco de decretar a política do século XIX como pré-partidária.

É claro que devemos diferenciar um governo partidário de um governo responsável, assim como permanece aceitável a ideia de partidos parlamentares e os de origem externa, como proposto por Duverger e que Sartori, de certa maneira, reafirma. Ambos os autores igualmente convergem na questão do aumento do sufrágio e da representatividade como ponto de virada na constituição dos partidos. Para o cientista político italiano, os movimentos foram simultâneos: em busca de fortalecer suas posições, os grupos parlamentares buscaram aumentar o sufrágio e, com isto, outros grupos e outras forças viram-se aptos a reconsiderar a representação e a atuação políticas.

Independente da dimensão do corpo de eleitores ou da real participação nos rumos do governo, o partido é visto por Sartori como um canal de expressão: seja como instrumento ou como agência, os partidos representam setores da população manifestando suas reivindicações.[60] No início representavam setores diminutos e expressavam reivindicações mais específicas, diferentemente do que viria a ocorrer no século XX. De coadjuvante mal visto a ator principal, o partido mudou significativamente, porque também a ação política não era mais a mesma.

As problematizações posteriores a Maurice Duverger e Giovanni Satori, no campo das ciências sociais, fatalmente os tomam como ponto de partida ou mesmo guia e, por mais que acrescentem novas e interessantes questões, não chegam a comprometer de modo algum o que já foi dito. Um exemplo significativo é o verbete *Partidos*

---

58   *Idem, ibidem*, p. 37.

59   *Idem, ibidem*, p. 39.

60   *Idem, ibidem*, p. 48.

políticos[61] do *Dicionário de Política* organizado por Norberto Bobbio, Nicola Mateucci e Gianfranco Pasquino. Como é de se esperar de um verbete, a autora apresenta uma conceituação sintética na intenção de abranger o maior espectro possível. Partindo de Weber, Anna Oppo problematiza o partido político como "associação livre com objetivo definido" por meio da questão da participação política e das necessidades do jogo político presentes em Duverger e Sartori.

Apesar de realizar o mesmo itinerário, Daniel-Louis Seiler[62] formula suas proposições com maior detalhamento. Seu livro não deixa de ter caráter de síntese, no entanto não está preso ao formato de verbete. O mérito de *Os partidos políticos* reside na disposição do tema e na proposta de realizar quase o mesmo que se está fazendo aqui: pôr lado a lado as questões mais importantes para a compreensão dos partidos e do fenômeno partidário. Contudo, a ênfase de Seiler recai sobre o século XX europeu e o esquadrinhamento da organização burocrática, das práticas eleitorais, da relação eleitor-eleito.

Ciente das armadilhas do modelo rígido, Daniel-Louis Seiler principia sua "colocação do problema", subtítulo do capítulo inaugural, com uma formulação cautelosa:

> Encarados sob o ângulo dos objetivos, do projeto, os partidos surgem como um fenômeno antigo. Encarados como organizações, seu nascimento parece recente. Definitivamente, o fenômeno partidário participa dessas duas *lógicas*: na ordem dos fins, corresponde a um *invariante* nascido do surgimento histórico das massas no jogo político, na ordem dos meios, constitui uma variável que depende da dinâmica das instituições políticas.[63]

Comungando das ideias de Max Weber, conclui que o que define um partido é sua organização, no entanto, o entendimento do tipo de organização respeita demandas históricas. Portanto, o estudo partidário por meio da lógica organizacional encontra seus limites no tipo de organização, na sua adequação às necessidades. O problema se mostra mais sério àqueles que se propõem a realizar análises comparativas. Neste caso, aceitar como premissa as inúmeras possibilidades de organização mais ou menos burocratizadas limitaria as comparações a tempos e espaços determinados. O que não

---

61   Anna Oppo. *Op. cit.*

62   Daniel-Louis Seiler. *Op. cit.*

63   *Idem, ibidem*, p. 21.

parece ser propriamente um empecilho ao pesquisador focado nas repúblicas centro-europeias na segunda metade do século XX, por exemplo.

Mais interessante é partir da constatação de que os partidos políticos "constituem emanações dos conflitos sociais; portanto, produtos da *sociedade* e do conflito",[64] o que nos permite destacar as particularidades e perseguir os pontos de contato na perspectiva comentada por Serge Bernstein,[65] para quem o enriquecimento da história política se dá no cruzamento da longa duração com o acontecimento singular. Nesta perspectiva, a existência e a ação dos partidos implica no ponto de convergência de dados múltiplos e complexos, como "o peso da tradição e do jogo das mentalidades, a cultura e o discurso, os grupos sociais e a ideologia, a psicologia social, o jogo dos mecanismos organizacionais e a importância das representações coletivas".[66]

O risco destas inúmeras colocações conciliadoras e amplas, fruto das reflexões realizadas no interior da história política dos anos de 1980 e 1990, é, fugindo da conceituação restritiva, cairmos no "partido é tudo que una indivíduos em busca de representação". E se partido é *tudo,* facilmente ele se torna *nada.*

Uma saída particularmente pertinente é a proposta por Alan Ware.[67] Seu livro é um manual acadêmico, muito comum no meio universitário anglo-saxão, e como tal propõe-se a apresentar uma possibilidade de entendimento dos partidos de modo didático sem, contudo, cair em esquematismos simplistas.

Declaradamente focado nos fenômenos partidários britânico, francês, alemão, japonês e estadunidense, Ware defende cinco pontos como definidores de partidos. Herança weberiana (ou até mesmo burkeana), os partidos são instituições que reúnem pessoas com o propósito de exercer poder dentro do Estado buscando usar meios legítimos para conseguir seus fins. Como instituição, representam grupos de crenças, atitudes e valores semelhantes e encabeçam propostas para toda a *sociedade.* Ademais, sendo possível a conquista de eleições, os partidos agirão neste sentido.[68]

Resta, então, como sugestão do autor, optar entre três caminhos para a análise dos partidos. Ou melhor, considerar o partido como tendo três faces: o "partido-no-eleitorado", "organização partidária" e o "partido-no-governo".[69] Assim, pensando o caso brasileiro do século XIX, por exemplo, diante de uma organização partidária pouco definida

---

64   *Idem, ibidem*, p. 21.

65   Serge Bernstein. *Op. cit.*

66   *Idem, ibidem*, p. 58.

67   Alan Ware. *Political parties and party systems.*

68   *Idem, ibidem*, p. 02-05.

69   *Apud* Anthony King. "Political parties in western democracies". *Polity*, nº 2, inverno 1969, p. 111 - 141.

ou, em alguns casos, discutível, ainda seria possível enfatizar o "partido-no-governo" ou "no-eleitorado". Em outros termos, a ação dentro das esferas governamentais de homens ligados entre si por pensamentos comuns e (ou) sua outra extremidade, estes homens em contato com aqueles que os elegem, a ação na base do Estado. Esta ênfase não é aleatória. Ao se refazer os nexos existentes entre eleitorado, parlamento e governo a partir do partido em formação, questões referentes à compreensão da cena política e do funcionamento do aparato estatal poderão vir a lume. O foco recairia sobre duas faces: a compreensão que o grupo político tem de si e de seus objetivos, e o entendimento do Estado-nação do qual faz parte. Estas dimensões não são dissociáveis, pois se mostra impossível separar o pensar do fazer político.[70] Cabe agora aprofundar as questões propostas, tendo como horizonte a revolução de 1842.

Os partidos no horizonte de 1842

No caso brasileiro, este itinerário também é verificável, tendo-se como período quase consensual da formação dos partidos a Regência, em especial em seus anos finais. Autores do século XIX, imersos na política monárquica (ou críticos dela), já apontavam os anos finais da década de 1830 como o "início" dos partidos, e os trabalhos mais recentes indicam o mesmo caminho. Todavia, a bipolarização partidária tida como característica da política imperial nem sempre se mostra viável, contrastando com a complexidade do jogo político, do embate de grupos com interesses mais diversos do que poderia ser simplesmente contido em rótulos como *liberais* e *conservadores*. Assim, pretendo refazer, em linhas gerais, o itinerário das discussões a respeito do desenvolvimento dos partidos brasileiros direcionando a discussão justamente para a "aceitação" da formação partidária na prática política.

A questão do surgimento dos partidos políticos no Brasil, ou em outros termos, os partidos políticos no período imperial, é alvo de diversos trabalhos. Alguns mais específicos, versando exclusivamente sobre o tema e com uma perspectiva mais "teórica", outros mais abrangentes, inserindo os partidos no contexto da vida política brasileira. Entre as obras específicas podemos citar o trabalho pioneiro de Américo Brasiliense de Almeida e Melo, *Os programas dos partidos e o Segundo Império,*[71] cuja primeira edição data de 1878[72] e acaba por se misturar à militância política do próprio

---

70 Raymundo Faoro. "Existe um pensamento político brasileiro?". *Estudos Avançados.*

71 Américo Brasiliense de Almeida e Melo. *Os programas dos partidos e o Segundo Império.*

72 Há uma dúvida com relação a esta data. O autor cita a obra de Pereira da Silva, *História do Brasil, 1831-1840,* publicada em 1879, como atesta Célio Ricardo Tasinafo na introdução a João Manuel Pereira da Silva.

autor. Distante setenta anos, temos *História e teoria dos partidos políticos no Brasil*,[73] de Afonso Arinos de Melo Franco e, posteriormente, *História dos partidos brasileiros: discursos e práxis dos seus programas*,[74] de Vamireh Chacon. Quanto aos autores que trataram do fenômeno partidário dentro de análises mais amplas, poderíamos começar citando Joaquim Nabuco,[75] e a lista seria razoavelmente extensa tendo à frente Caio Prado Júnior, Nestor Duarte, Oliveira Vianna, Raymundo Faoro, Nelson Werneck Sodré, João Camilo de Oliveira Torres, José Murilo de Carvalho,[76] entre outros.

Não é minha intenção esmiuçar a contribuição de cada autor referido acima, o que demandaria facilmente um estudo para cada um. Mais interessante seria mostrar pontos relevantes que aqui e ali colaboraram tanto para a constituição de um entendimento acerca dos partidos brasileiros quanto para uma visão do fenômeno partidário como elemento constitutivo da política do período imperial. Em virtude do balizamento desta pesquisa, compreender os anos entre 1838 e 1844, privilegiarei este período em detrimento do período monárquico como um todo. Neste sentido, gostaria de principiar com a análise, meramente introdutória, de um pequeno livro publicado há pouco mais de dez anos.

De autoria de Rodrigo Patto Sá Motta, *Introdução à história dos partidos políticos brasileiros*[77] possui sua proposta explícita no título. Destinado a um público universitário e a professores do Ensino Médio, o pequeno livro apresenta a história dos partidos no Brasil de forma sucinta e direta em seis capítulos, abarcando desde o Império até o ano de 1998. Como manual introdutório, o livro de Motta tem seu mérito, e é exatamente como resultado de uma síntese da produção historiográfica que ele se mostra interessante a esta discussão em especial.

Em sua introdução, Motta apresenta uma conceituação de partido tendo como balizas Duverger e Sartori. Assim, são destacados os objetivos dos partidos (conquistar

---

Memórias do Meu Tempo. Brasília: Senado Federal, 2003. A não ser que Américo Brasiliense tenha tido acesso aos manuscritos de Pereira da Silva, há uma incongruência de datas que necessita de maiores averiguações.

73 Afonso Arinos de Melo Franco. *História e teoria dos partidos políticos no Brasil* [1ª ed. 1948].

74 Vamireh Chacon. *História dos partidos brasileiros: discurso e práxis dos seus programas*.

75 Joaquim Nabuco. *Um estadista do Império* [1ª ed. 1897-1899].

76 Caio Prado Júnior. *Evolução política do Brasil*. Nestor Duarte. *A ordem privada e a organização política nacional: contribuição à sociologia política brasileira*. Francisco José de Oliveira Vianna. *Instituições políticas brasileiras*. Raymundo Faoro. *Os donos do poder: formação do patronato político Brasileiro*. Nelson Werneck Sodré. *História da burguesia brasileira*. João Camilo de Oliveira Torres. *Os construtores do Império: ideais e lutas do Partido Conservador brasileiro*. José Murilo de Carvalho. *A construção da ordem: a elite política imperial. Idem Teatro de sombras: a política imperial*.

77 Rodrigo Patto Sá Motta. *Introdução à história dos partidos políticos brasileiros*.

ou conservar o poder), o surgimento relacionado à representatividade Liberal, inicialmente por via parlamentar, e a gradual formação de estrutura organizada. O autor também lembra a visão pejorativa que recaía sobre o partido como fragmentação do poder e terreno fértil às ambições individuais em detrimento do bem comum.

Tendo em vista o entendimento consensual a respeito da origem dos partidos no bojo do constitucionalismo parlamentar, o primeiro capítulo do livro (e da história dos partidos brasileiros) diz respeito ao Império. O título é significativo – *Período Imperial: Luzias x Saquaremas* –, remetendo aos partidos Liberal e Conservador (pós-1842) como essência das disputas políticas durante a monarquia. Assim, diante da inexistência de partidos durante o processo de Independência e o Primeiro Reinado, quando apenas "grupos de opinião, pessoas que partilhavam determinados pontos de vista políticos, por exemplo, republicanos, absolutistas e liberais"[78] figuravam no cenário político, o batismo dos partidos teria se dado no Período Regencial.

Os *Luzias*[79] teriam como maior feito o Ato Adicional de 1834, ou seja, responsáveis pela abdicação de D. Pedro I, governante autoritário, e propugnadores de uma descentralização política. Na visão do autor, os *Luzias* reuniam todos aqueles que desde a dissolução da Constituinte, dez anos antes, estavam insatisfeitos com a centralização política na Corte e seus delegados. Em contraposição às medidas liberalizantes, os *Saquaremas* surgiram no final da década de 1830 ante as rebeliões que grassavam o território nacional. No nascimento dos *saquaremas* estaria Bernardo Pereira de Vasconcelos, com seu "sistema do regresso" e o imortalizado discurso "fui Liberal, então a liberdade era nova no país…", congregando os descontentes com as políticas dos "liberais".[80]

Diante deste quadro polarizado, Motta salienta que "*luzias* e *saquaremas* eram essencialmente partidos parlamentares, formados em função do sistema eleitoral",[81] e como tais não possuíam organização consistente ou formal,[82] articulando-se de acordo com os pleitos. Por este caminho se chega à corrupção e à fraude, comuns ao período e que acabavam por falsear os resultados. Levanta-se, então, uma questão: se os resul-

---

78   *Idem, ibidem*, p. 27.

79   Observe-se o uso indiscriminado de um termo pós-1842 para o período regencial.

80   *Idem, ibidem*, p. 28-33. Nunca é demais destacar, como bem lembrou José Murilo de Carvalho na introdução ao volume dedicado aos textos de Vasconcelos, que a autenticidade no discurso nunca foi comprovada, apesar de figurar na biografia do político mineiro escrita por José Pedro Xavier da Veiga nas *Ephemérides mineiras (1664-1897)* e por Joaquim Nabuco, ambas as obras de 1897. Cf.: José Murilo de Carvalho (org. e introd.). *Bernardo Pereira de Vasconcelos*.

81   *Idem, ibidem*, p. 34.

82   O autor lembra que esta "falta" de organização mudaria a partir de 1870 (*idem, ibidem*, p. 36).

tados eram manipulados, como se dava a alternância dos partidos no poder? Para o autor a resposta está no papel desempenhado pelo Imperador via Poder Moderador, que decidia quem montaria os ministérios.[83] Essa alternância seria possível sem grandes problemas porque pouca diferença havia entre liberais e conservadores, tanto na prática política quanto na composição social.[84]

Voltemos agora aos autores citados inicialmente e que ecoam no texto de Rodrigo Patto Sá Motta e em outros, muitos dialogando entre si. Talvez o mais evidente, contanto que não citado pelo autor, seja Américo Brasiliense. Sua presença é perceptível em diversos trabalhos, de modo que sua leitura nem sempre é direta. O conhecido republicano realizou, em 1878, a primeira reunião de programas dos partidos brasileiros quando já existiam textos de fundação de partidos ou manifestos[85] e mesmo a organização com diretórios se iniciava. Entretanto, sua obra remete à origem dos partidos do Império e seus "programas", mesmo no tempo em que estes não possuíam uma existência oficial, tendo como norte a recém-organização de agremiações republicanas no Rio e em São Paulo.

O "programa" do Partido Liberal apresentado é o projeto de Reforma Constitucional aprovado na Câmara dos Deputados em 13 de outubro de 1831,[86] sensivelmente diferente do texto final de 1834 do Ato Adicional. Contextualizando o programa, o autor evoca vagamente os "escritores, que se têm ocupado dos acontecimentos políticos do Brasil" e que dizem ter surgido com a Abdicação três partidos: o *Restaurador*, defensor da volta de D. Pedro I; o *Republicano*, propugnador do fim da monarquia; e o *Liberal*, que defendia as reformas para a manutenção da monarquia e acabou dividido em *Moderado* e *Exaltado*, sendo este mais "democrático" e partidário do federalismo.[87] Esta disposição mantém-se presente em quase todas as interpretações a respeito da formação partidária no início das Regências, sendo acrescida de mais informações ou questionada apenas para o período a partir de 1840.

É importante salientar que Américo Brasiliense possuía como horizonte de ação a política do final da década de 1870 e não lhe parecia interessar o detalhamento da cena regencial. Não à toa remete ao trabalho de J. M. Pereira da Silva, *História do Brasil de*

---

83 A respeito do Poder Moderador ver: Silvana Mota Barbosa. *A sphinge monárquica.* Tese (doutorado). José Murilo de Carvalho. *A construção da ordem: a elite política imperial. Idem. Teatro de sombras: a política imperial.*

84 Esta síntese se mostra bem arriscada e imprecisa, o que somada à proposta pedagógica do livro colabora para a perpetuação dos esquemas vagos a respeito da política imperial.

85 O primeiro programa foi o elaborado pelo Partido Progressista em 1864.

86 Nos *Anais da Câmara dos Deputados*, o projeto consta como aprovado e enviado à Comissão de Redação no dia 12 de outubro.

87 Américo Brasiliense de Almeida e Melo. *Op. cit.*, p. 17-20.

1831-1840, como estudo específico. Em vista do desaparecimento dos *Restauradores* com a morte de D. Pedro I e a inexpressividade dos *Republicanos*, nenhum outro programa é apresentado até o surgimento do *Partido Conservador* no bojo da renúncia de Diogo Antonio Feijó do cargo de Regente Uno. O programa deste partido seria composto pela Lei de Interpretação do Ato Adicional de 1840 e pelas leis de 1841 referentes à Reforma do Código do Processo e do Conselho de Estado. Em outros termos, Américo Brasiliense apresenta como princípios dos *Conservadores* a centralização política, a preservação da ordem e da paz e "a resistência a inovações políticas, que não fossem maduramente estudadas". Em nota, concluindo sua exposição, acrescenta: "o Partido Conservador não apresenta até hoje outro programa, parecendo, portanto, que mantém as mesmas ideias políticas inscritas na sua bandeira daquele tempo".[88] Depreende-se desta apreciação que o *Partido Liberal*, mais questionador e mais inquieto, mudou constantemente de programa ao longo do período, enquanto o *Conservador* manteve-se fiel ao seu "programa" de 1840-1841.

Em parte reforçando esta interpretação, mas também apresentando novo balizamento, temos o sempre influente Joaquim Nabuco. Para o autor de *Um estadista do império,* o período de 1831 a 1837 foi governado pelo *Partido Moderado*,[89] apesar da "revolução de 7 de abril" ter contado também com os *Exaltados* e os contrários *Restauradores*. Em oposição a Américo Brasiliense e em sintonia com Justiniano José da Rocha,[90] Nabuco estabelece a origem dos Partidos *Liberal* e *Conservador* em 1838: "formam-se então os dois partidos que hão de governar o país até 1853, e disputar o terreno da lealdade à monarquia constitucional".[91] Contudo, o *Liberal* permanece como herdeiro do *Moderado*, enquanto o *Partido Conservador* surgia como "reação monárquica" aos abalos gerados pelas Regências.

Cabe aqui uma ressalva sobre *Um estadista do Império*. Na questão dos partidos políticos no Império e especialmente no Segundo Reinado, Nabuco aparentemente utiliza a mesma medida usada no balanço histórico realizado no Livro Oitavo, por exemplo. Sob o tópico "A linha política do reinado", o autor confere à pessoa de D. Pedro II preponderância na condução do Império, unindo monarquia e monarca desde o início, em 1840, quando o Imperador era ainda um adolescente, até 1889, quando do então ancião é tirado de cena. Apesar de se propor a realizar um apanhado de todo o reinado, Nabuco acaba focando muito mais a *linha política* pós-1857. O resultado

---

88 *Idem, ibidem*, p. 22.

89 Joaquim Nabuco. *Op. cit.*, p. 57.

90 Justiniano José da Rocha. "Ação, Reação, Transação". In: R Magalhães Júnior. *Três panfletários do Segundo Reinado*.

91 Joaquim Nabuco. *Op. cit.*, p. 66.

parece-se um pouco com o imaginário popular a respeito da figura do Imperador: quando se fala do monarca lembra-se do senhor de barbas longas e brancas e feições paternais, mesmo quando o período comentado é a *Maioridade*. Assim também são por vezes os comentários a respeito dos partidos políticos, projetando-se o *modus operandi* de um Centro Liberal, como proposto por Nabuco de Araújo em 1869, nas disputas político partidárias do final da Regência e início do Segundo Reinado. Os partidos são lembrados já com as feições das décadas posteriores.[92]

Há uma diferença relevante a ser apontada entre as posições de Nabuco e Américo Brasiliense. Retomando a discussão de caráter mais teórico realizada anteriormente, poderíamos dizer que Joaquim Nabuco enxerga os partidos na luta política, a partir de uma ótica próxima ao "partido-no-governo". É no interior das instituições, no Parlamento e, em especial, nos ministérios que ele delimita os grupos partidários. Por sua vez, Américo Brasiliense foca sua exposição nos programas, ou em uma "organização partidária".[93] Esta opção só seria reproduzida *ipsis litteris* por Vamireh Chacon, para quem

> é importante registrar que, enquanto o Partido Liberal tem a sua semente lançada no projeto de reforma da Constituição, em 13 de outubro de 1831, com propostas se repetindo, de modo mais ou menos extremado em programas seguintes, o Partido Conservador apenas assume um comportamento, que se transforma em imutável compromisso, a partir da queda do Regente Feijó. Por outras palavras, os liberais apresentavam vários projetos partidários e os conservadores nenhum... Aqueles teimaram, até o fim, em modificar o "status quo", obtendo êxito gradativo, e estes se limitaram a preservar na resistência, cedendo aos poucos.[94]

Crítico de Américo Brasiliense, Afonso Arinos de Melo Franco comunga das afirmações de Joaquim Nabuco sem, contudo, acrescentar nova data de nascimento ao

---

92 É importante destacar que a obra de Joaquim Nabuco é a princípio a biografia de seu pai, Nabuco de Araújo, contada *pari passu* com a "biografia" do Império. Em virtude do auge da carreira do Conselheiro Nabuco se dar pós-década de 1850, Joaquim Nabuco não se detém aos detalhes da formação partidária durante a Regência. A respeito da obra e do legado de Joaquim Nabuco, ver o já citado trabalho de Izabel Andrade Marson. *Política, história e método em Joaquim Nabuco: tessituras da revolução e da escravidão.*

93 Vale salientar, a fim de repelir o fantasma do anacronismo, que "partido-no-governo", "organização partidária" e "partido-no-eleitorado" são apenas categorias analíticas sugeridas por Alan Ware a partir de artigo de Anthony King.

94 Vamireh Chacon. *Op. cit.*, p. 35.

Partido Liberal. Para o autor de *História e teoria dos partidos políticos no Brasil,* o surgimento dos *Liberais* se deu com a vitória do Ato Adicional em 1834, resultado do fortalecimento da ideia da reforma constitucional e da criação da maioria da Câmara.[95] Enquanto que o *Partido Conservador,* inaugurado com as eleições de 1836, responsável pela Legislatura de 1838-1841, teria como "primeiro manifesto" o já citado discurso de Bernardo Pereira de Vasconcelos no qual declara que fora Liberal, passando a ser contra não à liberdade, mas ao excesso e ao descaminho gerado por ideias democráticas.

Se, por um lado, Franco mantém-se longe da tentação de buscar um programa partidário, por outro, arrisca-se ao tentar delimitar as bases sociais de ambos os partidos, como fizeram os demais autores que trabalharam o tempo em uma perspectiva mais ampla. Com este mesmo propósito, José Murilo de Carvalho revê a historiografia relativa ao tema e tenta comprovar suas hipóteses quanto às origens das elites políticas imperiais aplicando-as aos partidos políticos em *Os partidos políticos imperiais: composição e ideologia.*[96] Discutirei em outro momento as hipóteses de Carvalho quanto à composição dos partidos, origens sociais e ideologias; por ora cumpre destacar que a cronologia utilizada quanto à origem do fenômeno partidário e seu desenvolvimento, em linhas gerais, é a mesma estabelecida por Joaquim Nabuco.

Antes que surja qualquer dúvida sobre as colocações de Joaquim Nabuco ou por aqueles que o seguiram, não sugiro que datar a origem dos partidos políticos em 1838 seja equivocado. Pelo contrário, neste aspecto e tendo em vista a complexidade da ação política, a data é pertinente. Paulo Pereira de Castro[97] também sugere o final da "experiência republicana" como época do surgimento dos primeiros partidos, assim como Ilmar R. de Mattos[98] e outros autores posteriores. Entretanto, estes autores preferem pontuar as mudanças ocorridas com a queda de Feijó e ascensão de Araújo Lima a determinar uma data. A verdade talvez seja que dificilmente encontraremos as certidões de nascimento destes partidos, não porque não existiram, mas porque estamos procurando pelos nomes de períodos posteriores projetados nos últimos anos da Regência.

Como foi exposto no artigo "'A luta já não é hoje a mesma': as articulações políticas no cenário provincial paulista, 1838-1842"[99] para o caso paulista não foi possível encon-

---

95   Afonso Arinos de Melo Franco. *Op. cit.,* p. 32.

96   José Murilo de Carvalho. "Os partidos políticos imperiais: composição e ideologia". In: *A construção da ordem: a elite política imperial. Teatro de sombras: a política imperial.*

97   Paulo Pereira de Castro. "A 'experiência republicana', 1831-1840". In: Sérgio Buarque de Holanda (org.). *História geral da civilização brasileira.*

98   Ilmar R. Mattos. *Op. cit.*

99   Erik Hörner. "'A luta já não é hoje a mesma': as articulações políticas no cenário provincial paulista, 1838-1842". *Almanack Braziliense.*

trar um *Partido Conservador* e outro *Liberal*. Suas identidades não eram essas e mesmo o entendimento a respeito do "formato" partidário não era consensual. Tentemos realizar para este período o proposto por Sartori, delimitando os significados semânticos e seus desdobramentos práticos.

Ao longo da década de 1830, as visões, positivas e negativas, a respeito de *partido* e *facção* oscilaram, com uma tendência à superação da negatividade do *partido* e sua transferência à *facção*, como o cientista italiano já apontara. A respeito desta fronteira tênue, é de interesse analisar as declarações de Diogo Antonio Feijó entre os anos de 1834 e 1835, em seu periódico *O Justiceiro*. Apesar de estar fora do balizamento proposto por este trabalho, as declarações do ex-Ministro da Justiça e futuro Regente possuem especial significado neste contexto.

Em artigos escritos nos meses finais do ano de 1834, Feijó debruça-se sobre a questão partidária interrogando a existência dos partidos, sua função e, em especial, a presença do *Partido Restaurador*. Este, caracterizado com os piores adjetivos e desejoso do retorno de D. Pedro I, logo ficaria órfão de sua motivação primeira.[100] Nas palavras do redator d'*O Justiceiro*:

> Só este [o *Partido Restaurador*] afasta-se do voto nacional, só este pretende a ignomínia dos brasileiros, e pouco se importa com a sua liberdade, contanto que consiga entrar outra vez na carreira das honras, títulos e empregos, viver à custa do Estado, vingar-se dos que censuram sua vileza e perfídia, e deleitar-se com um aceno, um sorriso de seu *senhor*. Este partido infame indubitavelmente existe.[101]

O período final, afirmando peremptoriamente a existência do *Partido Restaurador*, possui papel importante na estrutura retórica do artigo. Primeiramente, confirma o que se era sugerido: não se tratava de uma paranoia, tal partido era real apesar de ser difícil de acreditar. Além disso, indica o desenrolar do argumento: o *Partido Exaltado* não existe, ao menos Feijó não o (re)conhece.

Alguns "estourados, destituídos de consideração", apoiados em força militar, tentaram depor a Regência e ministros ou presidentes e governadores de armas para colocarem em seu lugar "criaturas suas". Ambicionavam o poder, simplesmente. "Sem

---

100 Segundo Paulo Pereira de Castro, o falecimento de D. Pedro I, ocorrido em 23 de setembro de 1834, só foi conhecido no Brasil a partir de 28 de novembro. (Paulo Pereira de Castros. *A "experiência republicana", 1831-1840*, p. 37).

101 Diogo Antonio Feijó. Extraído de *O Justiceiro*, nº 2, 13 nov. 1834. In: Jorge Caldeira (org. e intro.). *Diogo Antonio Feijó, p.* 117.

sistema, sem plano, sem fim, de ninguém mereceu aplauso"[102] este *partido*. Alguns que não concordavam com esta anarquia e dela se distanciavam foram intitulados *rusguentos* e procuraram se aproximar dos *moderados*.

No entanto, os *moderados* não são um partido, pois representam os votos e a opinião nacional:

> A Regência, o ministério, os eleitores, a Câmara dos Deputados, os Conselhos Gerais, as Câmaras Municipais, as Guardas Nacionais, todas em sua maioria são moderados: detestam excessos; querem o bem, mas sem tumulto, com ordem e prudência. *Ora, a nação não é um partido; partido é aquele que dela separa-se.*[103]

Afora a declaração explícita do que seria sua concepção de *partido*, Feijó acaba por justificar o título de partido aos restauradores. Eles não representavam a nação e sim uma fração, uma parte, aliás, a pior parte. É necessário salientar também a preferência por adjetivos como *exaltado* e *moderado* para designar um grupo, ou antes uma postura. Neste artigo, duas perspectivas se cruzam: o modo de agir – sem excessos, sem tumulto e com prudência – e a necessidade de um fim consoante a todos – o bem comum.

Sete dias depois, no terceiro número do periódico, Feijó intitula seu artigo com duas interrogações: "Interessa o Brasil na conservação do Partido Moderado? Poderá ele sustentar-se?".[104] O desconforto gerado pela aparente contradição não dura muito. Aqui há um *Partido Moderado*, pois é o *Partido Nacional*. Ele defende a prosperidade pública dentro da ordem: como poderia o Brasil "deixar de interessar-se na sua conservação"? A discussão então adentra o Parlamento e o próprio Estado. Diante da assertiva de que a nação não se governa por si, dependendo de seus escolhidos, os questionamentos devem ser feitos a estes mesmos escolhidos, a suas atitudes e trabalhos em prol da pátria. Se agirem mal e prejudicarem o público, então o *Partido Moderado* deverá acabar, pois o *Partido Nacional* não mais existiria.

É possível ver nesta argumentação uma proximidade com Lord Bolingbroke e seu *partido do país*. Ao nobre inglês, assim como a Feijó, não interessava defender a organização partidária. O partido era fruto da paixão e incorria em fragmentação. O importante, a ambos, era a defesa do governo pela constituição fundado na harmonia. Retomando a

---

102 *Idem, ibidem*, p. 118.

103 *Idem, ibidem*, p. 118. Grifo meu.

104 *O Justiceiro*, nº 3, 20 nov. 1834. In: *Op. cit.*, p. 119-121.

expressão de Sartori, o *Partido Nacional* de Feijó era um "partido não-partido".[105] Quando então a notícia da morte do primeiro Imperador chega ao conhecimento de todos, Feijó declara que os "dois partidos que se espreitavam" desapareceram: "o governo hoje está só".[106] Note-se que quem ficou só não foi o *Partido Moderado*, mas o governo, a reunião dos brasileiros empenhados no progresso público. Não havendo perigo comum, ficam os brasileiros "divididos em opiniões e desejos abundando cada um no seu senso".[107] Este perigo comum, mais imediato, parecia terminado.

Podemos ainda ampliar as possibilidades de entendimento se pensarmos na questão da legitimidade do regime, ou melhor, da aceitação das regras estabelecidas para o jogo político. Feijó deixa clara sua visão a respeito do governo representativo, e para ele e boa parte dos envolvidos, o *7 de abril* foi uma grande mudança, uma revolução. A Constituição de 1824 continuava sendo o pacto fundamental, no entanto, a reforma instituída com o Ato Adicional em 1834 gerara discordâncias, fragilizando o consenso (se é que ele existia de forma consistente) em torno dos fundamentos institucionais da ação política. Retomando Sartori, a criação de sistemas partidários reclama o *status* consensual do constitucionalismo, um dos pilares do Estado-nação Liberal.[108] Vencida esta fase de fragilidade, seria possível aceitar que a "partição" das opiniões em grupos coesos e organizados não põe necessariamente em risco toda a nação.

Depreende-se também da visão de Feijó o *locus* do *partido*, mesmo sendo ele o *Partido Nacional*. Todos os espaços políticos relacionados eram eletivos e representativos, sendo a Guarda Nacional uma exceção relativa, visto que naquele momento a escolha dos oficiais era feita diretamente pelos demais alistados. No mais, ganham relevo as assembleias de todos os níveis, desde a Câmara Municipal até a dos deputados. Chama a atenção o fato de, mesmo após a aprovação de Ato Adicional, Feijó continuar a usar o termo Conselhos Gerais em lugar das novas Assembleias provinciais. Além disso, o Senado não parece figurar como ambiente de indivíduos moderados. É provável que a exclusão da câmara vitalícia esteja ligada às opiniões vencidas durante os debates que levaram ao Ato Adicional e propunham o fim da vitaliciedade e da indicação pelo Poder Moderador, causas de um caráter não eletivo do Senado. Esta discordância permanecerá por todo o regime monárquico, com mais ou menos força.

Pensando no ambiente institucional do plenário, temos outras questões que ensejam interpretações delicadas a respeito da constituição dos partidos brasileiros. Como

---

105 Giovanni Sartori. *Op. cit.*, p. 27.

106 *O Justiceiro*, nº 12, 29 jan. 1835. In: Jorge Caldeira (org. e intro.). *Diogo Antonio Feijó*, p. 162-164.

107 *Idem, ibidem.*

108 Giovanni Sartori. *Op. cit.*, p. 37.

mencionado em pesquisa anterior,[109] era da prática parlamentar dividir o plenário em *maioria* e *minoria*, sendo raro e mesmo motivo de estranheza que se dividisse em mais de duas partes. Observe-se que a divisão implica, inclusive etimologicamente, na formação de dois *partidos*. No entanto, isto não conduzia necessariamente à existência de apenas dois grupos de opinião.

Esta divisão decorre da tradição parlamentar britânica acostumada a uma *maioria* e uma *oposição*. Outra classificação possível seria a nascida da Revolução Francesa com *direita* e *esquerda*, e posteriormente um *centro*.[110] A presença desta classificação britânica é perceptível nas Assembleias provinciais, como no caso da paulista, e na Câmara brasileira ao longo da década de 1830 e seguintes. De fato, a divisão representa o reconhecimento de uma base aliada ao governo, um partido governista que dentro do Legislativo coadjuvará o Executivo. Os poderes são independentes ao não permitirem ingerências de parte a parte, mas devem (ou deveriam) trabalhar juntos em nome do famigerado bem comum. É, mais uma vez, a harmonia no interior do Estado.

A existência de uma maioria-governo e uma minoria-oposição não representa mais que uma identificação interna ao plenário, intimamente ligada ao cotidiano dos trabalhos parlamentares. Quando o então deputado Bernardo Pereira de Vasconcelos, em 1837, discursou rebatendo as críticas do Ministro da Justiça, Francisco Gê Acaiaba de Montezuma, que reclamara das dificuldades criadas pelo Legislativo, os argumentos referiam-se exatamente à presença ou não de uma base de apoio ao Ministério, essência do parlamentarismo:

> Quando o governo explica ao corpo legislativo as necessidades do país, e os meios pelos quais pretende satisfazer estas necessidades, cada um dos deputados avalia esta exposição e decide se lhe convém, ou se está de acordo com suas ideias, com os seus sentimentos, o adotar a marcha, o sistema governativo que se lhe apresenta. Então se formam as maiorias conscienciosas, as maiorias compactas e invencíveis.[111]

O discurso insinua a ausência de interesses anteriores ao Parlamento. O deputado é eleito e toma assento, mas se posicionará apenas quando se inteirar dos planos do governo. Se levarmos ao pé da letra estas palavras de Vasconcelos, será forçoso esvaziar

---

109 Erik Hörner. *Guerra entre pares.*

110 Daniel-Louis Seiler. *Op. cit.*, p. 40-41.

111 Bernardo Pereira de Vasconcelos. "Discurso na Câmara dos Deputados, sessão de 9 de agosto de 1837". In: José Murilo de Carvalho (org. e intro.). *Bernardo Pereira de Vasconcelos.*

o sentido das eleições, pois faria do deputado um defensor de seu exclusivo interesse e não um representante. Entretanto, este argumento segundo o qual cada um é passível de convencimento e realizará seu juízo de valor relaciona-se diretamente ao postulado individualista do liberalismo, ele próprio um inibidor do *partido*.[112]

Mas este posicionamento pode ser mantido por outra ótica, quando se está mais próximo ao governo ou falando em defesa de uma governabilidade desejada:

> Esta vacilação de um ministério produz confusão, a desordem nas câmaras; os partidos se decompõem (falo dos partidos legítimos, do partido da maioria e do partido da oposição); e os mesmos ministérios, que se tornam tão vacilantes na sua marcha, umas vezes se arrastam perante a coroa, e outras vezes a invadem.[113]

Vasconcelos, então senador, continuava na defesa dos dois partidos legítimos, porém condicionando suas decomposições às fraquezas dos ministérios. Mas onde estariam então os partidos ilegítimos? Os partidos bastardos estariam, provavelmente, comprometendo o futuro do Império. Lembremos que este discurso é muito posterior às primeiras defesas do *regresso*. Em 1840, Vasconcelos há muito era *regressista*.

É curioso notar que naquele discurso apresentado por Joaquim Nabuco, sem data ou referência,[114] o político mineiro declara "ser regressista". É pertinente perguntar: ele poderia ter dito "pertenço ao Partido regressista" ou ao "Partido do regresso"? Dificilmente. Não à toa, Vasconcelos declara repetidas vezes defender, esposar o *sistema do regresso*.[115] Ainda em resposta ao Ministro da Justiça, em 1837, que teria dito "eu não sou progressista, nem regressista. Deus me livre dessa versatilidade, imprópria, ou indigna do caráter de um homem de Estado", o deputado mineiro defendeu tanto seu *sistema* como o homem de caráter que está aberto a aprender com seus erros e reconhecer ideias novas e melhores.

O uso de *sistema* não era raro e estava ligado frequentemente à ideia de sistema filosófico. Sua raiz latina remete a reunião, juntura, enquanto o vocábulo grego significa conjunto, multidão, reunião de tropas, ou ainda conjunto de doutrinas, sistema filosófico. O *Dicionário Houaiss* aponta ainda que o termo na língua portuguesa é proveniente do francês, tendo seu primeiro registro em 1702 significando "conjunto

---

112 Giovanni Sartori. *Op. cit.*, p. 34.

113 *Anais do Senado*, 16 de maio de 1840.

114 Joaquim Nabuco. *Op. cit.*, p. 65.

115 Bernardo Pereira de Vasconcelos. *Op. cit.*, p. 238.

de elementos, concretos ou abstratos, intelectualmente organizados". Esta organização intelectual remete a uma reflexão apurada e convicção fundamentada de tal modo que pode significar também uma doutrina, ideologia, teoria ou tese. Portanto, esposar um *sistema* seria fruto da razão, ao contrário da paixão partidária.

Mais adiante Vasconcelos, que passara a carregar a pecha de trânsfuga, argumenta:

> Chamarei homem de caráter aquele que rende culto aos princípios, só por amor dos princípios; e que, por consequência, quando a observação, o estudo, a experiência mostram que esses princípios absurdos devem ser modificados, que alguns deles devem ser renunciados em obséquio à verdade, não hesita em sacrificar o erro, em lugar de persistir, mantendo opiniões errôneas.[116]

Três anos depois, o deputado José Antonio Marinho respondia à acusação de ter mudado de ideia. Teria anteriormente atacado um projeto de 1837 que propunha declarar o Imperador maior por lei ordinária e em 1840 defendia a declaração da *Maioridade* exatamente por este expediente. Em um discurso longo que contou até mesmo com um preâmbulo e acabou tomando toda a sessão, o Cônego mineiro declarou com o auxílio de seu colega paulista:

> *Marinho*: Pois se um homem pode mudar de princípios...
> *Álvares Machado*: De sistema.
> *Marinho*: Sim, de sistema, que é sempre resultado de reflexões, que é sempre resultado de uma convicção esclarecida, como não será dado a um homem mudar de pensamento a respeito da inteligência de um artigo da constituição, ou de uma lei? Seria a mais horrível de todas as tiranias.[117]

Poderíamos arriscar dizer que o aparte de Álvares Machado referia-se ao antigo discurso de Vasconcelos. Irônica, oportunista ou não, a argumentação de Marinho mostra haver receptividade a tal concepção, um entendimento comum. No entanto, *sistema* continua carregando uma conotação individualista – uma opção pessoal, mesmo quando de muitas pessoas – em oposição à discutível concepção de *partido* ou *facção*.

A época era de mudanças e agitações, assim era sentido por vários segmentos. A troca de opinião política, independente de se tratar de uma consequência de estudos

---

116 *Idem, ibidem*, p. 238-239.

117 *Anais da Câmara dos Deputados*, sessão de 15 de julho de 1840.

profundos, aparentava ser comum, posto que não havia campos políticos nítida e rigidamente definidos. Ainda no ano de 1840, o jornal paulista *A Phenix* publicou um discurso do deputado provincial Joaquim José Pacheco no qual comenta a cena política:

> Os partidos moderados e caramuru hoje estavam para assim dizer refundidos, membros do partido moderado, e membros mui distintos faziam parte d'esse partido, que dominara em 19 de Setembro [de 1837, ministério nomeado após a abdicação de Feijó], assim como outros membros do mesmo partido moderado se achavam nas fileiras adversas, e assim vice-versa, pois findada a missão daqueles partidos, e mudando-se as circunstâncias, e necessidades do país, outros partidos se foram sucedendo, novos programas e novas bandeiras se levantaram, e assim a luta já não é hoje a mesma.[118]

Afora a significativa constatação de que a luta mudara de acordo com as necessidades do país (ou ainda, conforme as necessidades dos grupos envolvidos nas disputas), Pacheco oferece-nos uma interessante composição política. Como primeiro aspecto, é importante salientar a sugestão de um ponto de viragem. Assim como Américo Brasiliense e Joaquim Nabuco, muitos anos depois, o deputado coloca o fim da regência de Feijó como data chave. O ministério composto por Vasconcelos, Maciel Monteiro, Miguel Calmon du Pin e Almeida, Rodrigues Torres e Rego Barros durou até 1839 e foi considerado por Nabuco o início da "reação monárquica" com o reforço do Poder Central, no mesmo sentido de Justiniano José da Rocha,[119] para quem o "triunfo" se deu então após 1840.

Pacheco, todavia, não se refere ao Gabinete 19 de Setembro como Conservador, enquanto Joaquim Nabuco, em sua relação de gabinetes e partidos, associa este aos *conservadores* e o *Maiorista* de 24 de julho de 1840 aos *liberais*.[120] Seria fortuita a ausência desta nomenclatura na declaração do deputado provincial? Certamente não. Como comentado anteriormente, na imprensa paulistana e nos debates da Assembleia Provincial de São Paulo entre 1838 e 1842, os dois partidos não são nomeados como *Conservador* e *Liberal*. Quando se referiam à Câmara, era preferido o uso de *governistas*

---

118 *A Phenix*, nº 210, 7 mar. 1840.

119 Justiniano José da Rocha. *Op. cit.*

120 Joaquim Nabuco. *Op. cit.*, p. 1167. Talvez julgando de pouca importância, Nabuco não relaciona dois outros ministérios que foram formados no intervalo destes dois.

e *oposicionistas*, e, no tocante à cena provincial, os dois grupos se autointitulavam *Partido da Ordem* e *Partido Paulista.*[121]

Este panorama carece de investigações específicas e mais profundas, contudo há elementos que indicam contextos semelhantes para outras províncias do Império, sugerindo uma diferença clara entre a divisão "partidária" na Corte, ou seja, Câmara e Senado, e as esferas provinciais. Em outros termos, buscar simplesmente conservadores e liberais neste período, nas províncias, pode ser anacrônico, resultado da projeção feita por autores cujos horizontes políticos estavam temporalmente distantes das décadas de 1830 e 1840. Justiniano José da Rocha escreveu em 1855, imerso na política da Conciliação, Teófilo Otoni redigiu sua *Circular* em 1860,[122] os já citados Américo Brasiliense e Pereira da Silva em 1878-1879. Soma-se à armadilha da projeção a prática parlamentar. Como foi exposto, uma partição polarizada da Câmara está mais próxima à dinâmica dos trabalhos da casa que aos espectros políticos e grupos de opinião.

A fim de continuarmos com autores que compartilham do *status* de analistas e fontes do período sobre o qual se debruçaram, citemos o maranhense João Francisco Lisboa. Jornalista, político e historiador, participou da política provincial como deputado e como publicista ao longo do período regencial e da década seguinte.[123] Talvez sua obra mais conhecida seja *Jornal de Timon*,[124] publicada em dez números entre 1852 e 1853. No *Jornal* Lisboa faz, primeiramente, uma apreciação histórica das eleições desde a Antiguidade até a Inglaterra e França contemporâneas, "países e épocas que eram familiares a seu público maranhense".[125] Em uma segunda parte, sua crítica por meio da sátira recai sobre os *partidos e eleições no Maranhão,* abarcando especificamente os anos entre 1846 e 1853, mas remetendo-se também a toda sua experiência política anterior.[126]

Lisboa mistura humor e crítica ácida para compor o cenário político do Maranhão, dividindo-o em inúmeros partidos e chefes que buscavam as benesses do poder central, encarnado no Presidente da Província, no intuito de se fazerem eleger deputados. Maria de Lourdes Mônaco Janotti, em seu cuidadoso estudo sobre o autor maranhense,

---

121 Erik Hörner. *Guerra entre pares.* Pref. Capítulo 2.

122 Teófilo B. Otoni. *Circular dedicada aos Srs. eleitores de senadores pela Província de Minas Gerais no Quatrienio atual e especialmente dirigida aos Srs. eleitores de deputados pelo 2º Distrito Eleitoral da Mesma Província para a próxima legislatura.*

123 Maria de Lourdes Mônaco Janotti. *João Francisco Lisboa: jornalista e historiador.*

124 João Francisco Lisboa. *Jornal de Timon: eleições na Antiguidade, eleições na Idade Média, eleições na Roma Católica, Inglaterra, Estados Unidos, França, Turquia, partidos e eleições no Maranhão.*

125 *Idem, ibidem,* p. 67.

126 *Idem, ibidem,* p. 72-73.

66   Erik Hörner

caracteriza Lisboa como adepto de concepções liberais ao longo de sua vida pública, mudando apenas os partidos aos quais se ligou. Em 1835, defendia o Presidente Barão de Pindaré, o que inseria João Francisco Lisboa no "Partido Liberal", um "grupo heterogêneo" e de difícil classificação que se reuniu em torno da autoridade máxima da Província.[127] Três anos depois, militou na oposição ao Presidente de então e em 1839 já sugeria a necessidade da *maioridade* do monarca.

Segundo Janotti, a situação se alterou nos anos seguintes quando uma cisão em 1843 e outra em 1845 fragmentaram os grupos políticos provinciais, dando origem ao *Partido jansenista*, ao grupo de Ângelo Carlos Muniz, os bem-te-vis de Alcântara e Caxias, todos de cepa Liberal em oposição ao *Partido cabano*. Na tentativa de superar esta proliferação de grupos autônomos e fatalmente fracos eleitoralmente, criou-se a *Liga Liberal Maranhense* sob chefia de Franco de Sá, Presidente da Província entre 1846 e 1847.[128]

Esta pulverização partidária é mostrada por Lisboa no *Jornal de Timon,* designando cada *partido* por um nome de animal, como era comum à época, mas também ironizando serem estes grupos tão numerosos quanto os pássaros no céu ou peixes no mar.[129] Consequentemente, a cada *partido* relaciona-se um jornal como órgão de propaganda, compondo assim o complexo ambiente político. Por entre esta profusão de nomes figura a análise ácida do escritor maranhense:

> Já a mão do tempo e do esquecimento vai pesando sobre as primeiras divisões que entre nós produziram as ideias políticas modernas; é crer porém que nos primeiros tempos os partidos adversos fossem só dois, um em frente do outro. (…)
>
> Com o andar dos tempos, vão as cisões em tal aumento, e multiplicam de maneira que é mister empregar o processo oposto para que não venha tudo por fim a ficar reduzido a simples individualidades; e começam então as ligas, fusões, coalizões, e conciliações, sendo às vezes de pasmar como parecem minguar os partidistas, por mais que os partidos se afiliem, fundam e refundam.[130]

---

127   *Idem, ibidem*, p. 74.

128   *Idem, ibidem*, p. 101.

129   O partido que maior notoriedade alcançou foi o Bem-te-vi, envolvido na Balaiada. Ver também: Maria de Lourdes Monaco Janotti. *A Balaiada*. A respeito desta "fauna política" e sua relação com a imprensa consultar Marco Morel. *As transformações dos espaços públicos: imprensa, atores políticos e sociabilidades na Cidade Imperial (1820-1840)*.

130   João Francisco Lisboa. *Op. cit.*, p. 146-147.

Estes dois excertos são particularmente interessantes, pois sugerem uma grande mudança na prática política. Lisboa carrega consigo duas décadas de observação a partir de uma posição privilegiada, ele mesmo atuou neste processo, passando de situacionista a oposicionista e, posteriormente, dividindo com antigos adversários o mesmo grupo.

No primeiro trecho o autor indica como seria a arena política nos "primeiros tempos", dois polos opostos. Entretanto, esta situação foi se tornando mais complexa, o que não significa ser mais positiva aos olhos de Lisboa, a ponto de fazer-se necessário reagrupar as opiniões. Note-se que não há constrangimento quanto à existência dos *partidos*, mas apenas ao número excessivo de grupos frágeis. O risco da pulverização redundar em individualidades obriga à recomposição, portanto, a organização de grupos seria parte do jogo político.

Como político, a visão analítica de Lisboa era idêntica, talvez menos irônica, mas igualmente sutil. Em discurso na Assembleia Provincial do Maranhão no ano de 1849, ele profere um elaborado discurso no qual traça o panorama dos partidos na província e no Império, agora sem nomes de bichos. Neste discurso, também comentado por Janotti, ele situa a Liga no contexto provincial e a articula com a política imperial, sediada no Parlamento.

> A liga organizou-se com elementos diversos e dispersos de vários grupos, em que preponderava o elemento *bemtevi*, que na província correspondia ao partido *luzia* do império; mas as suas tendências eram sobretudo e especialmente favoráveis às filiações saquaremas que existiam entre nós há muitos anos abandonadas dos seus amigos da Corte, arredadas do país oficial, e por meio da conciliação então apregoada, eram chamadas à vida ativa, e a uma legítima parte de influência. Mas nem todas as ambições ficaram satisfeitas, e o sr. Franco de Sá, chefe da liga, tinha a infelicidade de ser o agente de um governo que os saquaremas combatiam a todo transe; e foi quanto bastou, para que na Corte se declarasse guerra à liga, ao seu chefe, e a todos os seus atos. Como era de se esperar, todos os ligueiros penderam então para os *luzias* em quem encontraram apoio, quaisquer que fossem as suas diversas origens e filiações.[131]

---

131 In: Antonio Henriques Leal. *Obras completas de João Francisco Lisboa*, p. 559.

Duas esferas distintas, mas interligadas, estão presentes nas palavras de Lisboa. Contudo, as ligações entre os grupos provinciais e os *luzias* e *saquaremas*[132] não se faziam de modo direto e natural. Para Lisboa, havia uma política "do Império" e outra do Maranhão, onde homens de perfil saquarema relacionavam-se com luzias quando na Corte. No Parlamento existiam "dois grandes partidos", de existência inegável, apesar do antagonismo se revelar mais nos debates que nas ações.[133] Mas o que valia para o "país oficial" não equivalia ao país real.

Situação muito semelhante, com cisões e alianças aparentemente inesperadas, ocorria na mesma época em Pernambuco, como mostra Izabel Andrade Marson. Os *praieiros*, próximos aos saquaremas na Corte, eram de cepa Liberal e se opunham aos *baronistas* em sua província, identificados aos tradicionais grandes proprietários e comerciantes de grosso trato. Quando da "Revolução Liberal" em São Paulo e Minas Gerais, os "liberais" pernambucanos permaneceram ao lado dos governistas, posição que veio a se inverter no fim da década de 1840.[134]

Para Lisboa, "de todos os grupos do Partido Liberal, o da Praia me era o mais antipático".[135] Se havia um Partido Liberal, ele estava no Parlamento, fruto da divisão entre governistas e oposicionistas, enquanto que nas províncias uma miríade de grupos com demandas e peculiaridades próprias disputava posições, cargos e benefícios. E mais, a afinidade entre grupos provinciais não era automática, e muitas vezes se mostrava improvável ou mesmo impossível.

Apesar da opinião de Joaquim Nabuco, para quem a *Maioridade* abria um período no qual a situação dos partidos *tinha* que se fixar, pois era necessário sair do "provisório revolucionário", não foi isto que se verificou. Segundo ele,

> as considerações locais e pessoais tinham que perder metade de sua importância, a irresponsabilidade dos chefes políticos cessava, era preciso que cada partido se justificasse perante o país no parlamento, se recomendasse à Coroa no governo. Tudo isso importava a valorização das aptidões políticas incontestáveis, das capacidades reconhecidas por todo o Império.[136]

---

132 A leitura do discurso de Lisboa reforça a pertinência da análise de Ilmar R. de Mattos responsável por detalhado estudo das origens e consequências dos dois grupos, privilegiando a atuação saquarema. Cf.: Ilmar R. de Mattos. *Op. cit.*

133 In: Antonio Henriques Leal. *Op. cit.*, p. 559.

134 Izabel Andrade Marson. *O Império do Progresso: a Revolução Praieira em Pernambuco (1842-1855)*.

135 In: Antonio Henriques Leal. *Op. cit.*, p. 561.

136 Joaquim Nabuco. *Op. cit.*, p. 70-71.

É provável que tal opinião expressasse mais o desejo de Nabuco que o ocorrido até a Conciliação promovida pelo Ministério comandado por Honório Hermeto Carneiro Leão em 1853. Curiosamente, ao comentar a eleição senatorial de São Paulo em 1852, sob presidência de Nabuco de Araújo, é a diferença entre os interesses dos grupos locais e seus aliados na Corte que mais uma vez se evidencia. O Presidente provincial se viu obrigado a conciliar as expectativas dos "saquaremas de São Paulo" – que pretendiam eleger Joaquim José Pacheco – com as orientações do Ministério, que esperava a escolha de Pimenta Bueno. Soma-se a isto o fato dos "saquaremas de São Paulo" serem governistas sinceros, mas nesta questão específica não se encontravam afinados.[137] Pacheco encontrava-se alinhado aos *saquaremas* desde os anos finais da Regência, quando redigia o periódico *A Phenix*,[138] em oposição ao grupo capitaneado por Rafael Tobias de Aguiar e pelo senador Vergueiro. Pimenta Bueno, por sua vez, estivera envolvido com estes nomes, mudando de posição posteriormente.

Este cenário político-partidário, como mencionado anteriormente, foi abordado por José Murilo de Carvalho em sua abrangente análise do Estado imperial. Na tentativa de compreender a lógica da política imperial e formação dos partidos, Carvalho buscou determinar a composição dos grupos políticos a partir do perfil socioeconômico de seus "partidários". Pensando numa perspectiva longa, abarcando todo o Império, o autor cristaliza liberais e conservadores diminuindo o peso das mudanças políticas ao longo do decurso da monarquia. A despeito da perceptível influência de Joaquim Nabuco, Carvalho estabelece como ponto nevrálgico do campo político, grosso modo, um substrato ideológico fornecido pela educação formal. Os *conservadores* teriam como fator de agregação a formação coimbrã e a consequente presença na magistratura brasileira, enquanto os *Liberais* tiveram que aguardar a instauração dos cursos jurídicos em São Paulo e Olinda para se inteirarem do mundo formalizado das leis. Esta genealogia coloca os *Conservadores* como herdeiros das "elites" portuguesas e a reunião de grandes proprietários, comerciantes e traficantes de escravos, aliando a defesa de um Estado centralizado às necessidades de um mercado agro-exportador, especialmente do Rio de Janeiro, Bahia e Pernambuco. Em oposição, os *Liberais* estariam relacionados aos mercados internos e setorizados, por isso a defesa do "federalismo".[139]

Esta divisão baseada em homogeneidades ideológicas foi desenvolvida de modo muito semelhante por Roderick Barman, para quem a cena política era dividida inicialmente em Nativistas, Bloco Coimbrão e facções familiares, como os Andrada e os

---

137 *Idem, ibidem*, p. 133-135.

138 Erik Hörner. *Guerra entre pares*. P. 82 e ss.

139 José Murilo de Carvalho. *Op. cit.*

Holanda Cavalcanti. No caso da *Maioridade*, por exemplo, ocorrera uma aliança entre Nativistas, família Andrada e família Cavalcanti.[140] Além de fugir, a princípio, dos rótulos consagrados e diminuir o peso das coerências partidárias muito delimitadas, Barman acrescenta maior fluidez nas disputas políticas, ampliando o número de intercessões ao longo do Império.

Comungando da mesma cronologia de Carvalho – e com a qual concordo –, Barman estabelece como momento decisivo a queda de Feijó e o advento do *Regresso*, não como partido, mas como corrente política agregadora. Entre os simpáticos ao *Regresso* – entendido como um fortalecimento do Estado a partir do Governo Central – estariam os grandes comerciantes do Rio de Janeiro, cafeicultores e oficiais do exército.[141] Um dos maiores desafios encontrados pelo *Regresso*, e aqui identificado ao gabinete de setembro de 1837, seria submeter à sua autoridade "as redes independentes de poder". Isto é, fazer com que os grupos provinciais tidos como Nativistas reconhecessem e obedecessem a direção dos regressistas identificados ao Rio de Janeiro. Um dos modos de se conseguir isto seria substituir os presidentes de província, como de fato foi feito. Porém, em virtude da posição quase isolada deste empregado do Ministério na estrutura provincial, fazia-se necessária sua aliança com algum grupo local.[142]

A análise de Barman, neste sentido, parte do princípio de que o *Regresso* nasceu de dentro das altas esferas decisórias e buscou se espalhar pelo Império. E, justamente por isso, não obteve sucesso. A diferença entre o autor estadunidense e Carvalho reside na ênfase que o primeiro dá ao fracasso do *Regresso*, muito atrelado à figura de Vasconcelos, com a formação de um terceiro partido que iria sepultá-lo. Se a defesa da *Maioridade* iria unir Nativistas, Andradas e Holandas, também nesta época se daria a formação do *Partido Conservador*.

O autor salienta seu marco temporal: entre a *Maioridade* e a anistia aos rebeldes de 1842 teria se dado a formação dos dois campos políticos da maior parte da história do Império. Seria a partir de 1844 que a política brasileira passou a ser dominada por dois partidos organizados, o *Conservador* e o *Liberal*.

O *Partido Conservador* tem, segundo Barman, sua origem nas eleições de 1842, sendo suas lideranças antigos apoiadores do *Regresso*, misturando-se com a ideia do Bloco Coimbrão. Como "princípios" o autor relaciona a defesa do governo monárquico, o poder centralizado e a *sociedade* hierarquizada; acreditavam também num governo ativo e intervencionista, sendo frequentemente contra a Inglaterra e, por isso,

---

140 Roderick J. Barman. *Citizen Emperor: Pedro II and the making of Brazil, 1825-1891*, p. 71.

141 Roderick J. Barman. *Brazil: the forging of a Nation, 1798-1852*, p. 197.

142 *Idem, ibidem*, p. 198.

favoráveis à manufatura nacional e ao tráfico de escravos. O partido seria, ainda, fortemente associado aos cafeicultores fluminenses e aos mercadores de origem portuguesa da Corte, perfil que tendia a se repetir nas províncias, como os donos de engenho em Pernambuco e Bahia.[143]

O *Partido Liberal*, por sua vez, teria nascido das eleições de 1844, reunindo diversos grupos "excluídos", unidos mais pela oposição aos *Conservadores* que por princípios comuns. Dentre estes grupos estavam os Nativistas paulistas, mineiros, cearenses e pernambucanos, assim como os antigos farrapos após 1845, além dos comerciantes de origem brasileira – marcando oposição aos portugueses – da Corte, Minas e São Paulo. Barman afirma que uma pequena, mas significativa porção do Bloco Coimbrão também compunha o *Partido Liberal*, como exemplo cita Aureliano. Para o autor, os princípios liberais eram mais fortes no *Partido Liberal*, em especial na defesa da livre concorrência e na defesa de direitos e liberdades adquiridos.[144] Barman, por fim, destaca que esta estrutura raramente se aplicava às províncias, pois os interesses locais se sobrepunham e favoreciam alianças de acordo com suas necessidades.[145]

Outro brasilianista que também se debruçou sobre o tema – bem entendido, a constituição dos campos políticos ao longo do Império – foi Jeffrey Needell.[146] No entanto, focando especificamente na formação dos *Conservadores*, ou o *Partido da Ordem*, como destacado no título de sua obra, a partir dos entendimentos que estes homens possuíam do Estado e da política, bem como sua relação com a defesa da escravidão. Desse modo, para Needell a formação coimbrã possui relevância relativa diante da importância da expansão da cafeicultura no Vale do Paraíba fluminense e sua relação com traficantes e o mercado financeiro.

Em todo caso, suas balizas para as formações dos partidos mais ou menos definidos são as mesmas de Barman. De modo semelhante, concede destaque à ideia de reação às autonomias provinciais e à ascensão dos grupos locais identificada com o *Regresso*. Esses reacionários, nas palavras de Needell, seriam os responsáveis pelo fortalecimento do aparato repressor e ordenador do Estado, estabelecendo o centro irradiador de políticas e normas.

Seguindo a análise de Ilmar Mattos, Needell também reconhecerá o "estilo" de fazer política dos *conservadores* (ou reacionários ou membros do *Partido da Ordem*). É este estilo que iria corrigir o aparente insucesso do *Regresso* como apresentado por Barman. Estes

---

143 *Idem, ibidem,* p. 224.

144 *Idem, ibidem,* p. 224-225.

145 *Idem, ibidem,* p. 226.

146 Jeffrey D. Needell. *The Party of Order. Op. cit.*

homens, nada mais que os *saquaremas* de Mattos, inovaram ao estabelecer um *partido* mais disciplinado capaz de organizar seus correligionários conforme as necessidades locais, contanto que apoiassem os rumos da política nacional. Essa hierarquização espelhava tanto a concepção de *sociedade* dos *saquaremas* quanto a organização dos poderes políticos. A preeminência da Câmara – instituição representativa e responsável por levar a voz das províncias para a Corte – defendida nos anos da Regência por Feijó, Paula Souza, Vergueiro, Otoni, Evaristo da Veiga, entre outros, seria paulatinamente combatida no intuito de fortalecer o Poder Central pelo apoio do Senado e do Conselho de Estado.

Seria justamente esta oposição de projetos de Estado que se chocou em 1842. Os posteriormente chamados de *Luzias,* enraizados na economia mais voltada para o mercado interno, mas almejando alcançar as altas esferas decisórias, conquistaram espaços significativos a partir da Abdicação em 1831. O apoio político dos cidadãos de forma mais ampla, representada tanto pelo Juizado de Paz quanto pela Guarda Nacional, foi momentaneamente consolidado com o *Ato Adicional* de 1834. Porém, calcados nas particularidades provinciais, não conseguiram fazer frente à oposição disciplinada, e mais eficiente, dos *saquaremas*, em especial a partir de 1841.

Como fica evidente diante deste quadro, o entendimento a respeito dos partidos políticos está intimamente ligado à prática política no interior das esferas decisórias do Estado e mesmo sua compreensão a respeito dos limites do *fazer* político. É neste sentido que os próximos capítulos se desenrolarão, destacando os componentes da luta política, as particularidades de São Paulo e Minas Gerais e efetivos combates extrapolíticos da "Revolução" de 1842.

Contudo, antes de adentrarmos no mais imediato período "pré-revolução", faz-se necessário aprofundarmo-nos no primeiro momento de crise, de exacerbação dos ânimos entre estes dois projetos de Estado e seus partidários. A luta política em torno da *Maioridade* não só colaboraria para a delimitação dos posicionamentos políticos como já sinalizava um enfrentamento. Este momento é emblemático para a interpretação que pretendemos desenvolver, pois não só por seu intermédio é possível evidenciar os protagonistas de 1842, como vislumbra-se igualmente a complexidade dos campos político-partidários que vão se delineando dentro e fora das Assembleias provinciais de Minas e São Paulo, do Parlamento e do governo. Além disso, o movimento da *Maioridade* foi uma das circunstâncias que permitiu problematizar os sentidos da revolução e daquilo que à época os protagonistas da luta entendiam por partido.

Capítulo II

A *Maioridade*: época de definições

> *(...) e vendo com prazer aproximar-se a Maioridade de V.M.I., assegura a V.M.I. que se ocupará oportunamente, com toda a solicitude, deste objeto que o trono se dignou oferecer à consideração da Assembleia Geral.*
>
> Projeto de *Voto de Graças*, 1840

A pesar de termos no horizonte desta pesquisa os acontecimentos de 1842, a maioria (senão a totalidade) dos personagens envolvidos de lado a lado atravessam um longo e significativo percurso político. Uma incursão sobre o período da Regência é inevitável, porém o foco deve, aqui, permanecer sobre o "evento" imediatamente anterior à "Revolução Liberal", evento no qual os posteriormente rebeldes iriam experimentar uma vitória de Pirro:[1] a *Maioridade*.

Como já tratado pela bibliografia, o *Golpe da Maioridade* tem como ponto alto de sua articulação o chamado *Clube da Maioridade*. Contudo, é importante ter em mente sua outra face, sem a qual deputados e senadores não conseguiriam, talvez, organizar com tanta segurança suas ações. Sem uma proximidade com o menino Imperador, sem indivíduos capazes de aproximar os defensores da *Maioridade* e o próprio futuro monarca, é pouco provável que o movimento ocorresse como ocorreu. Portanto, primeiramente trataremos dos palacianos ou cortesãos, tomando por guia a figura camaleônica de Aureliano de Sousa e Oliveira Coutinho.

> A influência pessoal de Aureliano, de 1840 a 1848, constitui um dos enigmas da nossa história constitucional. Aureliano passou quase diretamente do primeiro ministério do reinado, que era Liberal

---

1 No presente caso, uso a expressão no sentido de uma vitória cujo custo político é tão alto ao ponto de questionar as vantagens da vitória em si.

> e Maiorista, para o segundo que era reacionário; foi excluído do terceiro, o de 20 de janeiro de 1843, mas Honório teve de demitir-se, ficando incompatível por algum tempo com o Imperador, por causa da demissão de Saturnino de Oliveira, irmão de Aureliano. Novamente, de 1844 a 1848, foi ele o principal sustentáculo da situação Liberal, seu Presidente no Rio de Janeiro, baluarte que conquistou do partido saquarema. Aureliano levava consigo para onde ia a fortuna política, mas também a fraqueza orgânica, pela crença de que ele representava a inclinação pessoal do Imperador e era no governo o depositário do seu pensamento reservado.[2]

As palavras de Joaquim Nabuco ressoam na maior parte dos trabalhos a respeito deste período da história do Império. Contudo, as afirmações do autor de *Um estadista do Império* por vezes tomam ares de fonte e não de interpretações cuidadosamente elaboradas que são.[3] O excerto acima não foge à regra, apesar de haver certa discordância quanto à vida e atuação política do pouco estudado e muito comentado Aureliano de Sousa e Oliveira Coutinho, depois Visconde de Sepetiba.

Para Nabuco, muitas vezes preocupado em categorizar os políticos do período dentro de cores partidárias mais nítidas para ele que para os próprios protagonistas, inserir Aureliano em um grupo específico consistia um grande enigma. Menos enigmática – mas nem por isso com menos lacunas – é, de fato, sua influência política nos anos que vão da *Maioridade* ao fim do chamado *Quinquênio Liberal*, tendo estado direta ou indiretamente envolvido em todas as decisões, crises ministeriais ou disputas do período.

Nas palavras de Nabuco, Aureliano era um "elemento errático, movediço, fora de toda classificação partidária";[4] para Teófilo Otoni fora o "pontífice da seita palaciana" e "princípio dissolvente"[5] em mais de um Ministério; enquanto que para Firmino Rodrigues Silva tratava-se do líder da "Facção Áulica".[6] Por fim, ainda veremos outros autores nomeando-o "Liberal" sem, entretanto, explicar como ou o porquê desta

---

2   Joaquim Nabuco. *Op. cit,* p. 58-59.

3   Izabel Marson chama a atenção para esta questão (e outras questões) da obra de Joaquim Nabuco em inúmeros trabalhos. Ver, por exemplo, *Política, história e método em Joaquim Nabuco: tessituras da revolução e da escravidão.*

4   Joaquim Nabuco. *Op. cit.,* p. 60.

5   Teófilo B. Otoni. *Op. cit.,* p. 81.

6   Firmino Rodrigues Silva. *A dissolução do Gabinete 5 de Maio, ou A Facção Áulica.*

classificação.[7] Ponto pacífico talvez apenas sua proximidade com o Imperador e suas íntimas relações com o Paço, o que fazem de Aureliano, sem dúvida, um palaciano. Em todo caso, o melhor que podemos fazer é tentar reconstituir a trajetória política deste personagem de primeira linha nos eventos mais relevantes do princípio do Segundo Reinado, em particular a década de 1840, que, exatamente em decorrência de seu estilo pessoal de fazer política, muitas vezes figura como de menor importância.

Aureliano era o primogênito dos dez filhos do Coronel de Engenheiros Aureliano de Sousa e Oliveira, oficial a serviço de D. João VI e, depois, de D. Pedro I. Nascido em 1800, estudou no Seminário S. José e posteriormente na Academia Militar até 1820, quando, após pleitear e conseguir uma bolsa de estudo junto à Coroa, segue para Coimbra, onde realiza seus estudos jurídicos. É interessante notar que o auxílio financeiro por si só denotaria proximidade com os altos círculos da monarquia, entretanto, a isto se soma o fato de sua bolsa ter sobrevivido à Independência,[8] permitindo a conclusão dos estudos em 1825, quando regressou ao Brasil.[9]

No ano seguinte ao seu retorno, o jovem bacharel foi nomeado Juiz de Fora da Vila de São João del Rei e Provedor da Fazenda dos Defuntos, Ausentes, Capelas e Resíduos,[10] iniciando o "período mineiro" de sua vida. Ao longo dos aproximados cinco anos em que residiu e atuou em Minas Gerais, Aureliano casou-se e teve o primeiro de seus filhos com D. Adelaide Guilhermina de Castro Rosa (filha de grande comerciante e depois proprietário em Ilha Grande), foi agraciado com o Hábito de Cristo e eleito deputado geral para a legislatura de 1830 a 1833.

Não temos como precisar se a condição de "palaciano" constituía uma espécie de herança familiar, no entanto, é certo que sua carreira política carecia do impulso adquirido com as relações tecidas em Minas Gerais. Apesar de não termos encontrado maiores detalhes sobre sua atuação na província mineira, não há dúvida de que a projeção social alcançada com o exercício do cargo de Juiz de Fora e com o bom casamento permitiram

---

7   Para Roderick Barman, por exemplo, Aureliano era Liberal. Roderick J. Barman. *Citizen Emperor: Pedro II and the making of Brazil, 1825-1891,* p. 225.

8   Aparentemente a separação política do Brasil foi benéfica à família Sousa Coutinho, pois o pai de Aureliano foi logo nomeado Comandante de Armas da Província de Santa Catarina.

9   Hélio Viana. *Visconde de Sepetiba.* Separata do vol. VII de *Centenário de Petrópolis: Trabalhos da Comissão,* p. 107-112. A maior parte dos dados biográficos encontra-se reunida nesta obra, apesar de citados também por outros autores.

10   Segundo Heitor Moniz, Aureliano teria sido também Ouvidor em Ouro Preto depois de sua passagem por S. João del Rei, mas tal informação não é confirmada por nenhum outros autor, nem mesmo por Viana em seu estudo específico sobre o Visconde de Sepetiba. (Heitor Moniz. *O Segundo Reinado,* p. 160).

a Aureliano alçar voo mais alto rumo à política nacional. Foi justamente a eleição para deputado por Minas Gerais na Assembleia Geral que lhe permitiu sair da província.

Logo nos primeiros dias de 1831, Aureliano foi para São Paulo nomeado Presidente da Província, cargo que ocupou apenas até 17 de abril. Aparentemente, seu nome não se sustentou com a Abdicação, o que, contudo, não implica em dizer que fora contrário ao *7 de abril*. Após voltar para a bancada mineira na Câmara, foi nomeado juiz de órfãos e Intendente Geral da Polícia na Corte, auxiliando diretamente o Ministro da Justiça Diogo Antonio Feijó no controle social dos anos de 1831 e 1832.[11] Nesta empreitada contou com o auxílio de seu irmão e aliado constante, Saturnino, então membro da *Sociedade Defensora da Liberdade e Independência Nacional*, juiz de paz da Freguesia de Sacramento da cidade do Rio de Janeiro, Comandante de Batalhão da Guarda Nacional e redator do periódico *A Verdade*, entre 1832 e 1834, com Paulo Barbosa da Silva.

Antes de avançarmos para um dos períodos mais salientes da trajetória de Aureliano, faz-se necessário um aparte a respeito das relações deste com Paulo Barbosa. Nascido em Sabará no ano de 1790, o militar e futuro mordomo da Casa Imperial fez parte de sua carreira nas Campanhas do Sul, para onde seguiu em 1812, e retornou em 1817 para o Rio, ingressando na Academia Militar, onde cursaria Matemáticas. Já capitão, Paulo Barbosa desempenhou importante papel nas articulações em Minas em prol da permanência de D. Pedro no Brasil, o que lhe rendeu em 1823 o Hábito de Aviz e a transferência para o Batalhão de Engenheiros.[12]

Aureliano e Paulo Barbosa teriam depois, principalmente com a *Maioridade*, atuações conjuntas e constantes, sendo ambos os grandes nomes do chamado *Clube da Joana* ou *A Facção Áulica*. É difícil dizer em que momento ambos se encontraram e desde quando eram amigos. Patente é a amizade dos dois que perdurou mesmo com a ida do Mordomo para a Europa, em meados da década de 1840, como membro das legações brasileiras em São Petersburgo, Berlim e Viena, a fim de se evitar um agravamento de seu desgaste político que culminara no forte boato de que tencionava-se assassiná-lo.

Sendo Aureliano e Paulo Barbosa filhos de militares, é possível que houvesse um contato entre as famílias, mas parece pouco provável, haja vista o pai deste estar estacionado em Minas e o daquele no Rio. Apesar da diferença de idade, ambos estudaram por um período curto na mesma Academia Militar, o que pode tê-los aproximado. Por fim, a "fase mineira" de Aureliano talvez o tenha colocado em contato com a família ou aliados de Barbosa, apesar deste ter permanecido na Europa a estudo entre 1826 e 1832.

---

11   Hélio Viana. *Op. cit.*, p. 120.

12   João Dornas Filho. *Figuras da Província*, p. 23-27.

De volta ao Brasil, no ano seguinte, Paulo Barbosa pôde assistir Aureliano, então Ministro da Justiça, fazer o que Feijó tentara sem sucesso: tirar das mãos de José Bonifácio a tutoria de D. Pedro II e suas irmãs. Como consequência, o ministro conseguiu nomear interinamente o novo tutor – Miguel Ignácio de Andrade Souto Maior, Visconde de Itanhaém –, o preceptor – Frei Pedro de Santa Mariana –, e reintegrar a aia de D. Pedro II, D. Mariana de Verna Magalhães Coutinho, depois camareira-mor e Condessa de Belmonte.

As informações conflitantes que ora aparecem na bibliografia a respeito desta situação palaciana impedem que um quadro mais preciso seja traçado. Para Edmundo da Luz Pinto, por exemplo, as nomeações referidas acima, inclusive a do mordomo interino, Paulo Barbosa,[13] se deveram à influência "mesmo que indireta" de Aureliano.[14] Enquanto que para Octávio Tarquínio de Sousa, foi Barbosa, "homem de dentro do paço" e íntimo do então Ministro da Justiça, quem indicou Frei Pedro para mestre do Imperador.[15] Inquestionável nos parece, contudo, que a queda de José Bonifácio deveu-se tanto às forças políticas representadas no Gabinete e na Assembleia Geral quanto de articulações vindas de dentro do próprio Paço. Evidência disto é o bilhete escrito por Aureliano à D. Mariana de Verna: "Parabéns, minha senhora, custou, mas demos com o colosso em terra".[16]

Opinião diferente tem Hélio Viana, que por mais de uma vez ao longo de sua biografia sobre o Visconde de Sepetiba, tenta isentar Aureliano das acusações menos abonadoras. O recém-alcançado sucesso contra José Bonifácio é assim descrito em suas intenções e consequências: "É então que, provavelmente sem plano preconcebido, instala [Aureliano] no Paço os quatro amigos que lhe proporcionariam, mais tarde, a acusação de chefe da inexistente Facção Áulica".[17]

Afora o caráter fortuito que o autor tenta imprimir às ações de um homem público habilidoso, fica evidente que em 1833 Aureliano fortalece de forma significativa sua posição junto ao Paço. Próximo do jovem D. Pedro II, então com cerca de 8 anos, teria condições de construir uma excelente relação com o monarca, tendo em vista o futuro

---

13   O "factótum da Joana", como Roderick Barman afirma que Barbosa era conhecido, será peça chave em 1843 depois da saída de Aureliano do Ministério. Esse assunto será abordado no capítulo 4. Cf. Roderick J. Barman. *Citizen Emperor: Pedro II and the making of Brazil, 1825-1891*, p. 102.

14   Edmundo da Luz Pinto. *Principais estadistas do Segundo Reinado*, p. 24.

15   Octávio Tarquínio de Sousa. *Três Golpes de Estado*, p. 151.

16   *Apud* Octávio Tarquínio de Sousa. *Op. cit.*, p. 151. Este bilhete é igualmente citado por outros autores, inclusive como evidência das "ironias do destino", pois Aureliano veio posteriormente a se casar em segundas núpcias com uma neta de José Bonifácio.

17   Hélio Viana. *Op. cit.*, p. 121-122.

reinado que principiaria em dez anos, segundo a Constituição. Esta possibilidade não era desconhecida por ninguém à época e suas potencialidades eram vistas com preocupação por aqueles que não se alinhavam aos palacianos.

Uma opinião um pouco diversa, mas bem fundamentada, é a de Roderick Barman, para quem Aureliano era um *outsider* sem relação com os proprietários do Rio de Janeiro, comumente influentes na Corte. Suas ligações e articulações foram resultado da própria e perspicaz movimentação no sentido de garantir influência política, uma vez que o Imperador chegasse à *maioridade*.[18] É neste sentido que a aliança com D. Mariana e com Paulo Barbosa, para Barman dois autênticos cortesãos, foi fundamental para a ascensão de Aureliano. Contudo, este grupo quase sofreu um forte revés em 1835, quando o Ministério do qual fazia parte o futuro Sepetiba caiu e o novo Gabinete tencionou demitir a aia, o mordomo e o tutor, operando nova substituição. Segundo o historiador estadunidense, a mudança não ocorreu em parte por obra do Barão Von Daiser, diplomata a serviço do Imperador austríaco e com bom trânsito junto ao governo brasileiro posto representar o avô de D. Pedro II.[19]

Cabe apontar aqui que Aureliano viria a ocupar a pasta dos Negócios Estrangeiros por três vezes, uma na Regência e duas outras com a *Maioridade*. Apesar de ter projeção e interesse político restritos, esta pasta reunia questões de grande relevância, tais como tratados comerciais, financeiros e a questão das dívidas, assuntos relacionados aos vizinhos do Prata, aos limites territoriais e ao tráfico de africanos. Em especial no início do Segundo Reinado, outra questão se somaria a estas: o casamento do monarca e de duas de suas irmãs que, na opinião de Paulo Pereira de Castro, era tema de grande interesse de Aureliano, posto que implicaria em organização do Paço.[20] No entanto, a passagem do futuro Visconde de Sepetiba pela pasta na Regência já havia lhe aproximado dos ministros plenipotenciários e legações oferecendo-lhe mais um ponto de apoio e influência. O citado Barão Von Daiser o considerava um jovem talentoso,[21] o ministro francês Conde Ney admirava sua capacidade e poder à época da *Maioridade*, bem como o secretário da legação francesa, Saint-Georges.[22]

Esta complexa teia vai paulatinamente sendo tecida encontrando seu auge na primeira década do Segundo Reinado, quando se passa a falar da *Facção Áulica*.

---

18 Roderick J. Barman. *Op. cit.,* p. 48.

19 *Idem, ibidem*, p. 50.

20 Paulo Pereira de Castro. *Política e administração de 1840 a 1848*. In: Sérgio Buarque de Holanda (org). *História geral da civilização brasileira.*

21 Roderick J. Barman. *Op. cit.,* p. 49.

22 Hélio Viana. *Op. cit.,* p. 166-167.

Considerando todo o sentido pejorativo que naquela época carregava o termo *facção*, não demorou muito a se popularizar tal expressão, posteriormente consagrada com o panfleto de Firmino Rodrigues Silva de 1847 e um ataque frontal à influência indiscutível de Aureliano. A pouca clareza quanto aos integrantes deste "grupo" dado à política por "trás do reposteiro" decorre justamente de seu caráter pouco nobre. Para Costa Porto,[23] também fariam parte da *Facção Áulica* Felisberto Caldeira Brant Pontes (Marques de Barbacena),[24] Francisco Vilela Barbosa (Marquês de Paranaguá)[25] e João Vieira de Carvalho (Marquês de Lages).[26] Não fica claro como o autor chegou a estes nomes, em todo caso chama atenção o perfil deste homens: oficiais do Exército, membros da cúpula do Primeiro Reinado e certamente com privilegiado acesso ao Paço.

À *Facção* haveria ainda outro grupo articulado ou sobreposto, o *Clube da Joana*, nome dado às pretensas (e prováveis) reuniões de Aureliano, seu irmão Saturnino, Frei Pedro de Santa Mariana e D. Mariana de Verna na chácara de Paulo Barbosa, por onde passava o córrego da Joana. Se tomarmos como verídicos e atuantes estes grupos, como de fato parecem ser, temos aí uma invejável rede de tráfico de informações e influências fundamentais para a compreensão dos acontecimentos que levariam ao fim da Regência com a antecipação da *maioridade* do Imperador. Pertinente seria, portanto, analisar o processo que culminou no chamado *Golpe da Maioridade* a fim de iluminar a atuação de parte destes personagens até aqui relacionados e que tiveram atuação importante nos episódios de 1842.

A *Maioridade* na bibliografia

A antecipação da *Maioridade* de D. Pedro II constitui mais um marco que propriamente um tema. Pouco estudado, não possui uma bibliografia tão extensa nem tão intensa nos debates quanto o processo de independência, contudo os autores que se debruçaram sobre o início do Segundo Reinado aparentam um certo consenso. Independente de se chamar de "golpe" ou "revolução parlamentar" e de se classificar a motivação do movimento como "sede de mando" ou "aspiração partidária", autores como Tristão Alencar Araripe, Aurelino Leal, e Octávio Tarquínio de Sousa acabam por trilhar um mesmo caminho.

---

23 José da Costa Porto. *O Marquês de Olinda e o seu tempo*, p.135-136.

24 Membro do primeiro Conselho de Estado, marechal do Exército e senador entre 1826 e 1842.

25 Membro do primeiro Conselho de Estado, oficial-general do Exército e senador entre 1826 e 1846.

26 Membro do primeiro Conselho de Estado, oficial-general do Exército e senador entre 1829 e 1847.

Com exceção das obras históricas oitocentistas, que ao tratarem da História do Brasil abordavam a *Maioridade* como marco do fim das Regências[27] (o que significava dizer, em certa medida, início da monarquia parlamentar propriamente dita), o primeiro trabalho específico, formulado como estudo mais aprofundado, é a *Notícia sobre a Maioridade*, de Tristão de Alencar Araripe em 1881.[28] O texto, publicado na *Revista do Instituto Histórico e Geográfico Brasileiro* foi primeiramente lido aos sócios estando presente D. Pedro II. O autor destaca que, apesar de suas preocupações históricas, o trabalho consistia em uma memória, posto que esteve presente à maioria dos eventos, assistindo das galerias os debates no Senado. Estes dados não devem ser desprezados, uma memória de homem atuante na política imperial na época em que fala ao Imperador sobre sua ascensão ao trono. E é justamente Araripe que ecoará nos demais estudos sobre a *Maioridade*, mesmo no caso de Octávio Tarquínio de Sousa, seu crítico pontual.

Tristão de Alencar Araripe define a *Maioridade* como "um ato revolucionário promovido por homens de notória influência do Partido Liberal, posteriormente coadjuvados por personagens do lado adverso".[29] Nesta perspectiva, a antecipação da idade do monarca figura como ato *partidário* e resultante da insatisfação do "Partido Liberal" em permanecer alheio ao governo, como oposição, desde a renúncia de Diogo Antonio Feijó. Assim, a *Maioridade* seria vista como forma de abreviar o governo do Regente Araújo Lima e acelerar o retorno ao poder.

A armadilha deste raciocínio reside no risco da projeção de um embate partidário posterior ao final do período regencial. Ao afirmar que o "Partido Liberal" esteve no poder entre 1831 e 1837, quando então o "lado adverso"[30] alcançou a Regência, Araripe parece mais próximo ao comentado por Américo Brasiliense,[31] para quem o (ou um) Partido Liberal teria surgido com a abdicação de D. Pedro I e o Partido Conservador com a queda de Feijó.

---

27 Ver: J. M. Pereira da Silva. *História do Brazil de 1831 a 1840* [consultar 2ª ed. corrigida]. Manuel Duarte Moreira de Azevedo. *Historia pátria: o Brazil de 1831 a 1840.*

28 In: Tristão de Alencar Araripe e Aurelino Leal. *O Golpe Parlamentar da Maioridade.* É importante comentar-se o caráter desta obra, ou antes, desta edição. Trata-se da reunião de dois textos diferentes sob um mesmo título. A obra de Leal, de 1914, foi apresentada originalmente no Congresso de História Nacional do IHGB e publicada no ano seguinte. O texto de Araripe, uma testemunha ocular da *maioridade*, foi lida em sessão do mesmo IHGB, na presença do Imperador, em 1881, e intitula-se *Notícia sobre a Maioridade.* Soma-se a estes dois textos um rico conjunto documental composto de atas do *Clube Maiorista*, excertos de periódicos, entre outros.

29 Tristão de Alencar Araripe. *Op. cit.*, p. 137.

30 *Idem, ibidem*, p. 138-140.

31 Américo Brasiliense de Almeida e Melo. *Op. cit.*

Mas, talvez, o mais curioso seja o fato de Araripe definir, na presença do monarca, a inauguração do Segundo Reinado como um ato contrário às leis, portanto ilegal *a priori*. Diante da naturalidade do debate no IHGB, a atitude de "homens de notória influência do Partido Liberal" em 1840 de modo algum constrangia os círculos intelectuais e políticos do final do Império. Podemos cogitar como possibilidade para a aceitação (por falta de termo melhor) pela memória histórica do final do oitocentos de um ato ilegal "fundando" uma ordem legal o entendimento de que os benefícios políticos advindos com a *Maioridade* a justificaram frente à imagem "republicana" e "democrática" que caracterizava o período regencial. Estas disputas políticas fariam parte de uma infância do Império, assim como também fariam parte da infância do Imperador: a maturidade de ambos permitia analisar sem constrangimentos aqueles acontecimentos. De qualquer modo, estas questões necessitam de um aprofundamento à parte que, por ora, não está em nosso horizonte.

Ainda a respeito de *Notícia sobre a Maioridade,* é importante salientar um ponto que divide opiniões, sendo mantido por Afonso Arinos de Melo Franco e diretamente questionado por Octávio Tarquínio de Sousa. Para Tristão de Alencar Araripe, o projeto de lei gestado pelo *Clube da Maioridade* e trazido à luz por Holanda Cavalcanti na sessão do Senado em 13 de maio de 1840 surpreendeu a toda a população.[32] Esta suposta surpresa adviria do contexto parlamentar. Segundo a convicção do autor, "nenhum dos partidos pleiteou então pela causa da pátria; mas sim pelos interesses de sua preponderância política".[33] Formulada no interior do Parlamento e do *Clube*, uma *sociedade* secreta, a *Maioridade* contou com elementos populares apenas por estes terem sido estimulados por uma conjuração.[34] Esta posição é um tanto contraditória, visto que o próprio autor comenta a existência de não poucos jornais favoráveis à causa, como *O Despertador,*[35] que vinham ventilando a ideia Maiorista.

Para Sousa, a "verdadeira novidade" e "causa geral de expectação"[36] sugerida por Araripe não procede. A possibilidade da antecipação da idade legal pairava no ar – o projeto de resposta à *Fala do Trono* apresentado no dia 7 de maio comentava a proximidade da *Maioridade* –, de modo que o projeto apresentado no Senado não poderia ser algo surpreendente.[37] E não o era. Para o embaixador britânico William G. Ouseley,

---

32 Tristão de Alencar Araripe. *Op. cit.*, p. 146-148.

33 *Idem, ibidem*, p. 148.

34 *Idem, ibidem*, p. 164.

35 *Idem, ibidem*, p. 141. *O Despertador*, segundo Mascarenhas, era tido como de propriedade de José Martiniano de Alencar e Rafael Tobias de Aguiar, e redigido por Sales Torres Homem. Ver: Nelson Lage Mascarenhas. *Um jornalista do Império (Firmino Rodrigues Silva)*, p. 35.

36 *Idem, ibidem*, p. 147.

37 Otávio Tarquínio de Sousa. *Três Golpes de Estado,* p. 112.

informando seus superiores em julho de 1839, a minoridade do Imperador não iria além de 1841, isto se fosse tão longe.[38]

Independente da surpresa causada na população, a inexistência de uma sincera base popular mencionada por Araripe será retomada por Afonso Arinos de Melo Franco. Em uma conferência proferida por ocasião da inauguração do Departamento de Estudos Brasileiro do Centro Acadêmico XI de Agosto em 1940, centenário da *Maioridade*, Melo Franco chama a elevação de D. Pedro II ao trono de "uma das maiores revoluções da vida política brasileira".[39] Mas, diferente do usual, tratou-se de uma *revolução ao contrário*, "porque foi um movimento cujo fim histórico consistiu em legalizar o poder imperial pela aplicação de um mito",[40] qual seja, o caráter pacificador da imagem do monarca capaz de cessar com as mazelas das Regências. Sem eliminar sua face parlamentar expressa nos interesses dos "liberais", Melo Franco acrescenta a participação dos "áulicos", familiares do Paço, que também estariam interessados em poder ou prestígio. Contando com estes fautores, a *Maioridade* se mostrou um "simples golpe palaciano sem finalidade ideológica e sem participação direta do povo".[41]

A dificuldade em se determinar sob qual epíteto devem ser reunidos os principais promotores da *Maioridade* parece ser comum, guardadas as devidas proporções, a todos os que se debruçaram sobre o tema. Aliás, esta preocupação em alguns casos quase suplanta a análise do processo em si. Essas tentativas de identificação de grupos, que ora é muito restritiva – o *Clube da Maioridade* – ora muito ampla – os liberais –, fatalmente esbarra na formação partidária. Não por acaso esta é a tônica do estudo de Aurelino Leal,[42] apresentado no Congresso de História Nacional do IHGB em 1914.

Do Ato Adicional à *Maioridade* é tributário confesso de Tristão de Alencar Araripe, não só como referência interpretativa como também no trabalho com o mesmo corpo documental: documentos do IHGB e os Anais da Câmara e do Senado. No entanto, imerso em preocupações de seu tempo, Leal busca as causas e as consequências da *Maioridade* na questão partidária. Com frequência o autor comenta que os partidos em seu tempo e na década de 1830 eram fracos e de ocasião, ou ainda que sociedades e alianças, tão comuns na primeira metade do século XIX, "prestariam magníficos serviços"

---

38 *Apud* Roderick J. Barman. *Op. cit.,* p. 68.

39 In: Pedro Brasil Bandechi (org.). *A Maioridade ou a aurora do Segundo Reinado,* p. 31.

40 *Idem, ibidem,* p. 32.

41 *Idem, ibidem,* p. 34.

42 Aurelino Leal. "Do Ato Adicional à *Maioridade* (História Constitucional e Política)". In: Tristão de Alencar Araripe e Aurelino Leal. *O Golpe Parlamentar da Maioridade.*

apesar de fora de moda.[43] Nada mais compreensível que, neste contexto, a afirmação segundo a qual a *Maioridade* fora consequência da ambição dos partidos.[44]

No entanto, seria superficial creditar a insistência de Leal simplesmente a questões contemporâneas. Sua preocupação com a identificação dos protagonistas deve ser ressaltada, mesmo que não oferecendo uma análise profunda das articulações que levaram ao *Golpe da Maioridade*. Nas entrelinhas do entendimento de que a aspiração ao poder é sinônimo de partido político, acaba ficando um tanto relegada a segundo plano a ação política e seus limites. Segundo Leal, diante da falência dos meios legais, não conseguindo os Maioristas vitória nem na Câmara nem no Senado, o "próprio golpe de Estado significa que eles não contavam com o necessário *quorum* para tomar uma deliberação com aparência de legalidade".[45] De tal modo que, apesar de não avançar na identificação de projetos políticos para além da tomada de poder em si, Leal salienta o choque de práticas e caminhos políticos que estavam se formando continuamente.

Acredito que haja pouca dúvida quanto à importância do estudo de Octávio Tarquínio de Sousa, escrito em 1939. *A Maioridade (Revolução Parlamentar de 22 de julho de 1840),*[46] apesar do título, vai bem além do dia 22 de julho, recuperando a antecipação da *Maioridade* como opção política durante toda a Regência e buscando as consequências mais imediatas expressas no Gabinete Maiorista. Como anteriormente dito, Sousa aponta divergências em relação ao trabalho de Araripe, mas mantendo a "tese" principal segundo a qual a *Maioridade* representava no discurso dos proponentes a "salvação do país" diante das instabilidades surgidas com as Regências, sendo aventada por "liberais" e "conservadores" de acordo com o momento político.[47]

A presença da obra de Sousa como referência em trabalhos posteriores não específicos é significativa, representando de certo modo, e apesar de contestações pontuais, uma continuidade desde Araripe, mudando-se apenas o nível de detalhamento, ora maior, ora menor. Caso exemplar é *Da Maioridade à Conciliação, 1840-1857: síntese de história política e bibliografia do período*, de Hélio Vianna.[48] Apresentado como tese de concurso, este estudo de Vianna não chega a ser um trabalho vertical, como o subtítulo indica com clareza. Trata-se de uma boa síntese, mais interessante pelas perguntas que sugere que pelas respostas que tenta oferecer. Seguindo o argumento salvacionista

---

43   *Idem, ibidem*, p. 56 e 60, entre outras.

44   *Idem, ibidem*, p. 86.

45   *Idem, ibidem*, p. 108-109.

46   In: Otávio Tarquínio de Sousa. *Três Golpes de Estado.*

47   *Idem, Ibidem*, p. 112-114.

48   Hélio Vianna. *Da Maioridade à Conciliação, 1840-1857: síntese de história política e bibliografia do período.*

do golpe parlamentar, Vianna divide a cena política em uma minoria Maiorista e os situacionistas sem, contudo, descartar "liberais" e "conservadores".

Em virtude da periodização utilizada, Vianna acaba priorizando o pós-*Maioridade*, o que não deixa de iluminar o processo anterior. O aspecto mais relevante é a discussão a respeito da fraqueza do Ministério Maiorista, que viria a cair menos de um ano depois de sua ascensão. Para Vianna, a heterogeneidade do gabinete, composto pelos irmãos Andrada, os irmãos Cavalcanti, Aureliano Coutinho e Limpo de Abreu, seria um motivo significativo para sua curta duração, além de divergências quanto à questão do Sul e "as eleições do cacete".[49] Ficam, no entanto, sugeridas outras questões como, por exemplo, quanto à origem desta heterogeneidade. Fruto da necessidade de articulações? Seria um indício da inexistência de um "partido" responsável pela *Maioridade*? As respostas não estão em seu estudo, mas nos indicam pistas interessantes a serem seguidas.

Por ora, não interessa exatamente quebrar estas interpretações correntes, e sim conhecer mais a fundo o quadro oferecido, percorrendo os mesmos caminhos, porém realizando outras conexões e tentando não encarar a *Maioridade* como um marco fim-início. *A priori*, este marco acaba por reduzir a força dos acontecimentos e de suas consequências, pois, como ponto de virada, cria blocos internamente coerentes e facilmente rotuláveis: "Regências turbulentas, caos político e social" e "Segundo Reinado pacífico, tranquilidade político-social e progresso econômico".

Ponto de partida: da ideia à ação

A primeira "possibilidade" da antecipação da *Maioridade* surge em 1835, meses antes da posse de Feijó no recém-criado cargo de Regente Uno. Nas palavras de Otávio Tarquínio de Sousa:

> A ideia da antecipação da *Maioridade*, como remédio às crises que se sucediam, estava latente na opinião da gente que queria paz, que queria ordem, que queria seus interesses preservados; mas era uma arma ou um expediente partidário de que os políticos se serviram uns após outros – em 1837, os conservadores, timidamente, encapotadamente – em 1840, com audácia, desenvoltamente, vitoriosamente os liberais.[50]

---

49 *Idem, ibidem*, p. 6-7.

50 Otávio Tarquínio de Sousa. *Op. cit.*, p. 114.

Esclarecendo a questão, temos em 6 de junho de 1835 o projeto do deputado Luís Cavalcanti, membro da Comissão de Constituição, propondo que a *Maioridade* de D. Pedro II se desse aos 14 anos, isto é, a 2 de dezembro de 1839. O projeto lido não foi aceito para discussão. Sousa sugere que o projeto de Cavalcanti tenha sido apenas uma manifestação contra o projeto apresentado na mesma sessão por Antônio Ferreira França, adiando a *Maioridade* para 21 anos, como a Constituição fixava para os demais cidadãos. Apesar deste senão, o autor aponta que a presença destes projetos indicaria a existência do tema no interior da Câmara.[51] Tema este que retornaria no ano seguinte, mas então com a possibilidade de alçar ao trono a Princesa Da. Januária.

Da. Januária, aliás, se tornaria uma "alternativa" recorrente sem nunca ter sido levantada como bandeira mais efetiva. Em 1835, seu nome chegou a ser lembrado como forma de impedir a posse de Feijó como Regente de acordo com carta de Álvares Machado a Costa Carvalho. Segundo esta carta, o "Partido Holandês", sustentador do candidato derrotado Holanda Cavalcanti, pretendia levar a princesa à Regência.[52] Posteriormente, diante do descontentamento com o governo de Feijó, Vasconcelos defenderia a ideia na Assembleia Provincial de Minas Gerais, em 1836.

O jornal *Sete de Abril*, ligado a Vasconcelos, defendeu em artigos dos dias 22 e 24 de abril e 3 de maio de 1837 a *Maioridade* do Imperador assistido por um Conselho de Estado. A 20 de maio do mesmo ano, foi a vez do deputado José Joaquim Vieira Souto apresentar um projeto em favor da redução da menoridade.

Este projeto é interessante por sugerir a necessidade de um Conselho de Estado para auxiliar o jovem Imperador que iria "entrar desde já no exercício dos poderes políticos". Contudo, este exercício dos poderes parece, no projeto, ser bem relativo, pois a tutelagem fica explícita na proposta de criação de um Presidente do Ministério dentre os ministros, a fim de que este, junto ao monarca, tomasse as "resoluções necessárias ao andamento da administração, no despacho das diversas repartições do mesmo Ministério". Tanto esta presidência quanto o Conselho de Estado durariam até o 18° aniversário de D. Pedro II.[53]

O projeto de Vieira Souto foi atacado por Álvares Machado, Calmon e Honório Hermeto. Este último tomou a palavra para negar que o projeto fosse fruto de alguma orquestração partidária. Holanda Cavalcanti defendeu que o projeto deveria ser discutido, e com dez votos – Martim Francisco, Visconde de Goiana, Barreto Pedroso, Maciel Monteiro, Figueira de Melo, Paula Albuquerque, Ibiapina, Pontes, Holanda

---

51 *Idem, ibidem*, p. 113.

52 *Apud Idem, Ibidem*, p. 113-114.

53 *Apud Idem, Ibidem*, p. 115.

Cavalcanti e o próprio Vieira Souto – foi considerado objeto de deliberação, como manda o regimento da casa. Araújo Lima chegou a deixar a presidência da Câmara para votar contra o projeto que, por fim, acabou vencido.

Segundo Otávio Tarquínio de Sousa, a iniciativa de Vieira Souto não foi surpresa, tendo sido com um mês de antecedência ventilada pelo *Sete de Abril*[54] e *O Cronista*,[55] e combatida pelo *Correio Oficial*. A propaganda com cartazes nas ruas defendendo a antecipação da *Maioridade* também ocorreu, de modo que no dia 20 de maio as galerias estavam cheias de curiosos. No entanto, o isolamento parlamentar de Vieira Souto, como aludido por Souza, teria limitado o alcance do projeto.[56] Sem alianças definidas, a proposta de Vieira Souto não passaria de uma ideia excêntrica. Outro ponto relevante e que deriva deste suposto isolamento é justamente o peso do projeto apresentado. Criar, ou recriar, um Conselho de Estado, somando-se a um Presidente do Ministério, seria arriscado, as possibilidades de concentração de poder e de influência seriam grandes demais.

É interessante notar que este projeto, como todos os outros em que a ideia do Conselho de Estado esteve presente, salienta a percepção que estes políticos tinham do jovem monarca. Desconsiderando-se os argumentos que faziam do monarca um salvador e da monarquia o único caminho para o país, temos a consciência, por parte dos grupos políticos, de que o monarca, ainda jovem e apesar de "intelectualmente bem formado", seria altamente influenciável e, portanto, fazia-se imprescindível a presença de "conselheiros" e até mesmo de um "ministro-tutor". Ainda, se tomarmos a (re)criação do Conselho de Estado em 1841 e a instituição do Presidente do Conselho de ministros em 1847, poderíamos entender estas propostas anteriores como interesses bem definidos quanto ao funcionamento da monarquia parlamentar brasileira.

Para Sousa, a agitação causada pelo projeto, em alguma medida até mesmo uma agitação popular, foi semelhante à que depois ocorreria em 1840. Para o autor, o importante é perceber que a proposta ecoava como uma alternativa, aparentemente como uma opção às mãos da oposição. Aurelino Leal, ao comentar os eventos de 1840, afirma:

---

54 O *Sete de Abril* seria redigido ou mantido por Bernardo Pereira de Vasconcelos e, portanto, defendendo uma postura anti-Feijó. Cf.: Nelson Lage Mascarenhas. *Op. cit.*, p. 15; Nelson Werneck Sodré. *História da Imprensa no Brasil*, p. 123.

55 O jornal *O Chronista* surgiu no segundo semestre de 1836, em oposição ao Regente Feijó, sendo redigido por Justiniano José da Rocha (anteriormente redator do *Atlante*), Firmino Rodrigues Silva e Josino do Nascimento Silva, antigos companheiros na Academia de Direito de São Paulo. Em outubro de 1837 Justiniano deixa o *Chronista* para assumir o *Correio Oficial*, com ordenado anual. Cf.: Nelson Lage Mascarenhas. *Op. cit.*, p. 10-18; Nelson Werneck Sodré. *Op. cit.*, p. 183.

56 Otávio Tarquínio de Sousa. *Op. cit.*, p. 116.

> A *Maioridade* de D. Pedro II não teve fundas raízes históricas anteriores aos acontecimentos que a ela levaram em 1840, muito embora se possam citar os projetos que, a respeito, apresentaram em 1835 o deputado Luiz Cavalcanti e em 1837 o deputado Vieira Souto. Também em 1839, Montezuma opinava pela *Maioridade* do segundo Imperador. Só em 1840, porém, a *Maioridade* foi resolvida, propagada, e, afinal, levada a efeito.[57]

Em um primeiro momento, Leal gera um pequeno mal-estar: a *Maioridade* não teve "fundas raízes históricas", mas desde 1835 o assunto ocupava as mentes de diversos parlamentares. No entanto, o autor é contraditório apenas na aparência, estando na verdade em harmonia com a análise de Octávio Tarquínio de Sousa. Para este, a diminuição da menoridade era vista como possível solução aos problemas da Regência por diversos grupos, de acordo com o cenário político. Do mesmo modo, o que Leal afirma é que os acontecimentos de 1840 não possuem ligação com o projeto de 1837 e tampouco com o de 1835. É verdade que temos Martim Francisco e Holanda Cavalcanti defendendo o projeto de Vieira Souto enquanto objeto de discussão, e veremos os dois novamente engajados na causa do *Clube da Maioridade*. Do mesmo modo, temos Calmon e Honório Hermeto atacando o projeto, postura que se repetiria três anos depois. Podemos ver neste caso uma coerência ideológica, uma bandeira duradoura? Dificilmente. Assim como Álvares Machado atacou a *Maioridade* em 1837, em 1840 a defendeu bravamente, sem que nisso lhe parecesse haver alguma incoerência.

Para Sousa, e mesmo para Leal, a *Maioridade* não é uma causa, uma bandeira, trata-se apenas de um argumento conveniente e operacional. E como tal, vingou em 1840 porque as condições eram mais favoráveis. Ou talvez porque em 1840 os grupos políticos estavam mais claramente delimitados e, portanto, capazes de uma ação mais eficaz. Para seguirmos este raciocínio, o mais indicado é recorrer à exposição de Paulo Pereira de Castro.[58] O objetivo do autor no ensaio *A "experiência republicana", 1831-1840* é passar em revista o período regencial por meio da ótica política: alianças, confrontos, criação do arcabouço legal responsável por dar sustentação às Regências e delimitação dos grupos políticos. Desse modo, o foco é sensivelmente ampliado. Não figura como preocupação central a discussão da *Maioridade* com o detalhamento conferido por Leal e Sousa, no entanto este redimensionamento confere maior consistência.

---

57   Aurelino Leal. *Op. cit.,* p. 85.

58   Paulo Pereira de Castro. *A "experiência republicana", 1831-1840.*

Apenas relembrando o percurso traçado por Pereira de Castro, o ponto de partida é o *7 de abril*, mais especificamente suas consequências. Após a abdicação de D. Pedro I, abre-se um vazio legal e de poder que deve ser ocupado pelos grupos responsáveis pelo movimento. Cauteloso, Pereira de Castro expõe as denominações ou identidades dos fautores sem incorrer no risco de chamá-los apressadamente de partidos: os *exaltados* e os *moderados*. Dentre aqueles, o autor ainda salienta a divisão entre *liberais puros*, de inspiração jeffersoniana, e os *agitadores*, que tocavam nos ressentimentos de raça e classe. Todas estas denominações compõem um cenário ainda mais complexo se somarmos os defensores do retorno do Duque de Bragança.

Um dos méritos do texto de Pereira de Castro é a tentativa de evidenciar as necessidades político-administrativas em confronto com os interesses "revolucionários". Passada a fase negativa do *7 de abril* – *não* ao Imperador, *não* ao que remete a ele e seus partidários –, busca-se uma fase positiva – qual projeto será adotado, como engrenar a nova administração. Independente de se concordar ou não com a opinião de Joaquim Nabuco, para quem "a fatalidade das revoluções é que sem os exaltados não é possível fazê-las e com eles não é possível governar",[59] o caminho percorrido por Pereira de Castro leva a um cenário de rearranjos pós-abdicação. Um cenário que, aliás, perdurará por toda a Regência, ao ponto de, se quisermos insistir na ideia de um período conturbado, devemos pensar nas agitadas discussões a respeito da ação política e do governo.

Deixando-se à margem os segmentos mais exaltados, e mesmo questionadores do regime monárquico, temos no centro dos debates o grupo dos chamados *moderados*. Estes também se mostravam divididos em ao menos duas opiniões diferentes. De um lado estava o redator do *Aurora Fluminense*, Evaristo da Veiga, defensor de um Executivo mais forte e capaz de fazer frente aos perigos de agitação e questionamento da ordem constitucional. A outra posição é de Honório Hermeto Carneiro Leão, bem articulado com a nobiliarquia representada no Senado e de família relacionada ao Paço desde os tempos de D. João VI, e que defendia uma preponderância do Parlamento, apesar de seu respeito à ideia monárquica. Para Pereira de Castro, considerando que Evaristo tem como seu "herdeiro político" Aureliano de Sousa Oliveira Coutinho, estas duas vertentes é que se encontrarão ao final da "experiência republicana" na *Maioridade*, confrontando-se *palacianos* e *parlamentares*.[60]

A despeito desta correlação estabelecida pelo autor, unindo 1831 e 1840, cabe aqui destacar a origem comum do que mais tarde serão os partidos políticos no Segundo Reinado. Dentro deste caldeirão de grupos de interesses e posições políticas – reunindo

---

59   Joaquim Nabuco. *Op. cit.* p. 55

60   Paulo Pereira de Castro. *A "experiência republicana", 1831-1840.* p. 15.

inclusive aqueles que questionavam o regime monárquico ou o *7 de abril* –, a matriz que se sobressai é o constitucionalismo Liberal. Independente de se dizer que Honório Hermeto, depois Marquês do Paraná, veio a se tornar o homem forte de um Partido Conservador, seu ponto de partida é, na prática, o mesmo de homens como Vergueiro e Paula Sousa. A mudança se deu ao longo do caminho percorrido.

Num primeiro momento, a posição de Honório Hermeto Carneiro Leão ganhou terreno quando da aprovação da Lei da Regência em 14 de junho de 1831. A lei, cujo projeto foi preparado em comissão formada pelos deputados Costa Carvalho, Paula Sousa e o próprio Honório Hermeto, regulava as eleições para os cargos de Regente dentro da Regência Trina Permanente e suas atribuições. Eleitos pelo Parlamento e com as atribuições do Poder Moderador sensivelmente reduzidas, os Regentes ficavam, de certo modo, sob o controle do Legislativo.[61] Vale lembrar que a Regência Trina não poderia dissolver a Câmara em hipótese alguma.

Na visão de Pereira de Castro, o parlamentarismo de Honório Hermeto perdeu espaço com a ascensão de Diogo Antônio Feijó, primeiro como Ministro da Justiça e depois como Regente Uno, já sob a égide do Ato Adicional.

> Em Feijó podia casar-se o pensamento Liberal com a ideia de um Executivo forte e independente politicamente. Tratava-se, numa palavra, de substituir a Regência tripartida arquitetada por Honório pelo Executivo tal como o concebia Evaristo.[62]

Mas como este itinerário pelos primeiros anos do período regencial pode interessar à compreensão da *Maioridade*? É fundamental termos em mente que os projetos de *maioridade* surgidos em 1835 e 1837 foram respostas, ou antes, tentativas de reação à ação do grupo ligado ao Regente Feijó. Do mesmo modo, o projeto vitorioso de 1840 reagia ao projeto encampado pelos homens articulados à Regência de Araújo Lima.

Apesar do detalhamento apresentado por Pereira de Castro, interessa-nos acompanhar alguns nomes em especial. Honório Hermeto é um deles. Como foi exposto algumas linhas atrás, o futuro Marquês do Paraná originalmente compunha com os chamados moderados, mas mantendo algumas disparidades. A frustrada "Revolução dos Três Padres",[63] em 1832 – cujo fracasso está ligado a ação de Honório Hermeto na Câmara –, e o levante em Minas Gerais, no ano seguinte – ligando seu nome à

---

61 Paulo Bonavides e Roberto Amaral. *Textos Políticos da História do Brasil*, vol.1, p. 904-907.

62 Paulo Pereira de Castro. *A "experiência republicana", 1831-1840*, p. 16.

63 Octávio Tarquínio de Sousa. *Op. cit.*

liderança do movimento e, consequentemente, aos restauradores – acabou por afastar paulatinamente Evaristo, Feijó e Vergueiro do jovem Carneiro Leão.

O distanciamento se aprofundou na discussão do Ato Adicional, quando em oposição às sugestões descentralizadoras, Honório, José Joaquim Rodrigues Torres e Cândido José de Araújo Viana foram circundados pelo "bloco monarquista tradicional".[64] Este bloco carece de investigação mais profunda, no entanto, relembrando a opinião parlamentar de Honório Hermeto, ainda em 1831, faz pensar que o Cônego Marinho possa efetivamente ter razão ao afirmar em seu escrito de 1844 que o deputado por Minas e Torres eram contra o artigo que mudava a Regência de Trina para Una. Apesar de ser um juízo formado dez anos depois do ocorrido, Marinho avalia que a discordância decorria do fato de já intuírem quem ganharia a eleição.[65]

A aprovação do Ato Adicional também agravou os desentendimentos com Vasconcelos, tido como um dos pais do projeto e que depois de aprovado não mais reconhecia sua paternidade devido às alterações feitas. No entanto, o ilustre deputado mineiro seguiu relativamente próximo até a eleição de Feijó e a escolha do Ministério, para o qual foi preterido. Aparentemente, esta preterição considerada injusta era conhecida com certa antecedência a ponto de Vasconcelos ter se aproximado de Calmon e D. Romualdo, arcebispo da Bahia, a fim de especular a respeito da elevação da princesa Da. Januária à Regência pouco antes da conclusão da apuração das eleições, que já apontavam a vantagem do padre ituano sobre o segundo colocado. A posse de Feijó acabou por neutralizar estas especulações, mas a "hipótese Januária" ainda voltou a ser comentada pelo próprio Vasconcelos na Assembleia Provincial de Minas Gerais, em 1836.[66]

É curioso notar que Calmon, considerado chefe caramuru, também se aproximou de Honório Hermeto em 1832 por ocasião do "Golpe dos Três Padres". A proximidade não durou mais que isto. Entretanto, após a morte de D. Pedro I, em 1834, o "perigo" de restauração deixava de existir e o regime, por assim dizer, inaugurado em 1831 deixava de ter opositores relevantes ou realmente preocupantes. Assim, a oposição poderia passar a ser entre projetos para o Estado e entre formas de ação política, propiciando novas alianças e uma nova organização. Paulatinamente, os grupos de identidades amplas – moderados, exaltados e restauradores – foram perdendo força diante da necessidade de maior ação coordenada dentro do próprio Parlamento e nas eleições em geral.

---

64 Paulo Pereira de Casto. *A "experiência republicana", 1831-1840*, p. 38. Ver também: Aldo Janotti. *Marquês do Paraná*.

65 José Antonio Marinho. *Op. cit.*, p. 59.

66 Paulo Pereira de Castro. *A "experiência republicana", 1831-1840*, p. 45.

Quando surgiram então as divergências entre o governo Feijó e a Câmara como expressão das mais diversas posições, o rearranjo político se viu em movimento. Nem mesmo os homens que fizeram a eleição do padre estavam satisfeitos: nomes preteridos, rudeza no tratamento, problemas com a Santa Sé. Pereira de Castro faz uma análise muito pertinente sobre o significado da eleição de Feijó:

> Feijó contou com 2.826 votos. Logo a seguir, com 2.251, veio Holanda. Segue-se uma longa lista de candidatos menos votados, nenhum deles tendo alcançado o milhar de votos. Se se admitir não ser provável que tenha havido muitos eleitores comuns de Feijó e Holanda, os resultados terão revelado uma polarização muito precisa da opinião numa época em que não havia praticamente organização partidária e em que os meios de propaganda eram praticamente inexistentes.[67]

Pode-se concluir desta exposição que havia dois grupos se formando? Não necessariamente, apenas destaca a polarização existente na época e sinaliza a dificuldade que seria o governo do mais votado. Holanda posteriormente se articularia com os Maioristas que anteriormente apoiaram Feijó, portanto não é o nome que nos interessa aqui, e sim o que significa se opor a Feijó neste momento. A base de apoio do padre Regente pode ser encarada como significativamente fortalecida pelo Código do Processo de 1832 e pelo Ato Adicional de 1834. Grupo que de forma alguma deveríamos chamar de liberais ou federalistas, porque não se trata de pensar um corpo coerente de ideias ou práticas. Mas é fundamental destacar, mesmo que ainda um tanto impreciso, que grupos de homens de fortuna que antes estavam alijados de esferas decisórias – locais, regionais e nacionais – passaram a influir e agir em consequência desta nova legislação. Ou antes, viam nesta legislação a possibilidade de se estabelecer no poder e pôr em prática um projeto de Estado.

Como foi apresentado em trabalho anterior,[68] grupos provinciais se fortaleceram e ganharam espaço político na província de São Paulo, entrando em choque, mesmo que a princípio apenas dentro das instituições legais, com outros grupos há mais tempo estabelecidos. De modo semelhante, o mesmo ocorreu em Minas Gerais,[69] Pernambuco[70] e

---

67   *Idem, ibidem,* p. 41.

68   Erik Hörner. *Guerra entre pares.*

69   Alcir Lenharo. *As tropas da moderação.*

70   Izabel Andrade Marson. *O Império do Progresso: a Revolução Praieira em Pernambuco (1842-1855).*

Maranhão,[71] cada qual com sua dinâmica peculiar. O próprio Cônego Marinho, ligado a grupos em ascensão, afirmou que se tratava de um momento "em que os partidos estavam desassombrados no interior; e cada um deles tratava de subir ao poder".[72]

Contudo, na análise apresentada por Paulo Pereira de Castro, o apoio a Feijó não era nem unânime nem constante. O padre Regente assumiu com uma Câmara opositora, conflitos armados em algumas províncias e desentendimentos diplomáticos com a Santa Sé. O quadro não era favorável ao ocupante do Executivo. Soma-se a isso a fissura que ganhava terreno entre seus antigos aliados, que passavam a dar cada vez mais atenção aos movimentos de Vasconcelos, ele mesmo um antigo aliado que começava a se aproximar de nomes anteriormente relacionados aos restauradores como Calmon.

Um provável momento chave neste processo de articulações políticas foi 1837. Na primeira metade deste ano se deu a apresentação do frustrado projeto de Vieira Souto, em cuja discussão Araújo Lima teve fundamental participação. Em 5 de setembro do mesmo ano ocorre a escolha do senador por Pernambuco, compondo a lista tríplice os irmãos Antônio Francisco de Paula e Holanda Cavalcanti de Albuquerque (o Holanda) e Francisco de Paula Cavalcanti de Albuquerque, e Araújo Lima. Este, mesmo sendo o menos votado dos três, foi escolhido por Feijó, sendo poucos dias depois convidado a assumir a pasta do Império, habilitando-o a assumir a Regência no caso de renúncia. O senador por Pernambuco assumiu interinamente a Regência em 19 de setembro.

Interessante é analisar o gabinete formado pelo novo Regente. Para Pereira de Castro, o ministério fora obra de Honório Hermeto como expressão de suas convicções parlamentaristas. Chamado de Gabinete Parlamentar,[73] por se basear na maioria e em resposta aos ministérios de Feijó que nunca contaram com a aprovação do Parlamento, o Ministério 19 de setembro contava com Vasconcelos (Justiça e Império), Calmon (Fazenda), Rodrigues Torres (Marinha), Maciel Monteiro (Estrangeiros) e Sebastião do Rego Barros (Guerra).[74] Com exceção dos dois últimos, pernambucanos e evidência da política pessoal do Regente, os demais nomes mostram uma composição cuidadosa e significativa do ponto de vista das articulações que foram se formando ao longo do período e, em especial, da Regência Feijó.[75]

---

71   Maria de Lourdes Mônaco Janotti. *João Francisco Lisboa: jornalista e historiador.*

72   José Antonio Marinho. *Op. cit.*, p. 60-61.

73   Por vezes chamado também de Gabinete das Capacidades.

74   Paulo Pereira de Castro. *A "experiência republicana", 1831-1840*, p. 54-55.

75   Cf.: Ilmar R. Mattos. *O Tempo Saquarema: a formação do Estado imperial.* Jeffrey D. Needell. *The Party of Order: the conservatives, the State, and slavery in the Brazilian Monarchy, 1831-1871.*

O grupo que apoiara o antigo Regente não chegou a ver com maus olhos sua renúncia. Tudo dependeria da eleição futura. No entanto, o Gabinete formado dava contornos mais nítido às ideias do *regresso*, ou *sistema do regresso*, como o próprio Vasconcelos o chamou.[76] Na prática, o rótulo "regressista" rapidamente tomou as páginas dos jornais para caracterizar um grupo contrário a Feijó e ao "excesso de liberdade" oriundo do Ato Adicional. Identificado como obra do político mineiro em oposição ao padre ituano, o *sistema* ganhou um programa com a *Fala do Trono* de 1838, segundo Pereira de Castro.

Esta *Fala*, proferida em 3 de maio por ocasião da abertura dos trabalhos parlamentares, pede medidas relativas à justiça e à tranquilidade pública, sugerindo nas entrelinhas a reforma do Código do Processo de 1832, de modo que se possa "aliar a maior soma de liberdade com a maior e mais perfeita segurança".[77] Entre outros assuntos sugere também a necessidade de medidas a respeito do Ato Adicional:

> Sobre a inteligência da lei de 12 de agosto de 1834, que reformou a constituição do Império, dúvidas, e dúvidas graves têm sido suscitadas. Eu chamo a vossa atenção para este muito importante objeto.[78]

As críticas ao Código de 1832 e ao Ato Adicional não eram novidade e já se associavam estas opiniões ao grupo que apoiava Araújo Lima. A resposta à *Fala* foi aprovada em sessão do dia 16 de maio, e três dias depois Vasconcelos reforçava a necessidade de uma interpretação exigida em nome do bem público, para que não seja o Ato Adicional em "vez de carta da liberdade, carta de anarquia".[79] O tema estava em pauta e, portanto, não havia surpresa. O que a *Fala* parece ter oferecido foi uma ordenação, algo que fizesse às vezes de um "programa de partido", mais do que um "programa de ministério". Isto, claro, para aqueles que ansiavam por verem os campos de ação redefinidos. Assim, tinha-se uma bandeira, um rótulo e um conjunto de nomes encarados como líderes ou executores desta bandeira. Foi neste grupo que Ilmar Mattos[80] identificou os saquaremas e que, de forma um pouco vaga, Pereira de Castro chamou de oligarquia, reunindo Rodrigues Torres, seu concunhado Paulino José Soares de Sousa,

---

76 José Murilo de Carvalho (org.). *Bernardo Pereira de Vasconcelos*, p. 225.

77 *Falas do Trono: desde o ano de 1823 até o ano de 1889, coligidas na Secretaria da Câmara dos Deputados,* p. 187.

78 *Idem, ibidem,* p. 187.

79 José Murilo de Carvalho (org.). *Bernardo Pereira de Vasconcelos*, p. 253.

80 Ilmar R. Mattos. *Op. cit.*

Eusébio de Queirós e o "paulista" Costa Carvalho.[81] No mesmo sentido, Jeffrey D. Needell apontou neste grupo a origem do Partido da Ordem, destacando a proximidade entre estes nomes e os antigos apoiadores do Primeiro Reinado.[82]

Aqueles que anteriormente estiveram com Feijó também precisaram definir novas posições, ou antes, se agruparem como oposição. Desse modo, mais uma vez os contrários acabaram sendo identificados pela negação. Nomes que já estiveram em confronto encontraram ponto em comum na oposição ao programa "regressista". Isto não significa que possuíam uma proposta de ação coordenada, mas o entendimento segundo o qual os homens que chegaram ao poder com Araújo Lima colocavam em risco ganhos advindos das regências anteriores acabou agregando Holanda Cavalcanti, os Andradas, Alencar, Álvares Machado, Limpo de Abreu, Marinho, Otoni, entre outros, que juntos seriam impensáveis anos antes.

A aprovação da Interpretação ao Ato Adicional, projeto apresentado por Paulino José Soares de Sousa, como relator, e subscrito por Honório Hermeto e Calmon, somando à apresentação do projeto de Reforma do Código do Processo, de autoria de Vasconcelos, exigiram medidas efetivas por parte da então oposição. Uma possível solução, como tentativa de brecar o projeto em curso, era a tantas vezes aventada *Maioridade* do monarca.

O projeto ganha corpo e a ação delineia-se

Neste caso, a cronologia pode ser especialmente interessante a fim de se perceber a velocidade com que os eventos vão se desenrolando. O projeto da Interpretação foi apresentado em 1837, antes da queda de Feijó, mas entrou em discussão apenas no ano seguinte, sendo aprovado em terceira discussão em 17 de novembro de 1838. Apesar de a redação definitiva ter sido apresentada a 27 do mesmo mês, por falta de *quorum* (uma provável manobra), o projeto se arrastou para a sessão de 1839. Embora constasse da *Fala do Trono* deste ano um pedido para que se discutisse a Interpretação do Ato Adicional, o Senado só recebeu o projeto a 2 de julho, lembrando que o ano legislativo se inicia em 3 de maio. Foram necessárias 28 sessões para a aprovação do 1º artigo, de modo que os demais ficaram para 1840. Neste ano houve convocação extraordinária devido ao Orçamento, portanto, os trabalhos tiveram início em 9 de abril.

---

81   Paulo Pereira de Castro. *A "experiência republicana", 1831-1840,* p. 55.

82   Jeffrey D. Needell. *Op. cit.*, ver especialmente o capítulo 2.

Então, na sessão de 14 de abril, todos os sete artigos restantes passaram para a terceira discussão, que durou duas sessões, 6 e 7 de maio.[83]

Lembra Aurelino Leal que este curioso desenrolar dos debates parlamentares que ora arrastavam a discussão, ora a aceleravam provocou o comentário de Paulino José Soares de Sousa, o Visconde do Uruguai, em 1865:

> O extenso Ato Adicional, lei da mais alta importância, em época de paixões e completa inexperiência, passou, somente, por votação na Câmara dos Deputados, em 25 sessões. A lei de interpretação do Ato Adicional, simples, em oito artigos, apresentada em 1837, somente foi adotada em 1840! Em 28 sessões de 1839, apenas passou um artigo, o primeiro! Porque passou essa lei tão rapidamente, logo no princípio da sessão de 1840? A segunda discussão fez-se em um dia. A 3ª em dois. O lado que, até então, se opusera tão violentamente à interpretação do Ato Adicional, que tão violentamente havia de declarar-se em 1842, em São Paulo e Minas, preparava a *Maioridade* que fez. Persuadia-se, talvez, que a interpretação fortificaria seu novo governo no centro, e mal sabia que por oito meses somente ia durar o seu poder![84]

Este excerto é particularmente interessante. Afora o tom de indignação resultante dos pontos de exclamação em dois períodos consecutivos, Uruguai articula a lei de interpretação, a *Maioridade* e os eventos de 1842. Apesar da dúvida expressa pelo uso do "talvez", ele demonstra certeza na acusação que faz: houve uma mudança de planos, o horizonte de 1837 a 1839 não era o mesmo de 1840.

Continuemos seguindo a cronologia. No dia 15 de abril de 1840, ou seja, um dia após o projeto da interpretação ter passado para a terceira discussão, deu-se a primeira reunião oficial do *Clube Maiorista*. Ou, como consta nos estatutos, ficava estabelecida a *Sociedade Promotora da Maioridade do Imperador*, o Senhor D. Pedro Segundo, com o claro intuito de conseguir "que se declare, quanto antes, a *Maioridade* do Imperador, como meio de sustentar a monarquia constitucional, ora ameaçada. Para isto deverá ela [a *Sociedade*] empregar todas as medidas legais e razoáveis, que puder criar, e de que puder dispor".[85] A pressa era grande, afinal a monarquia estava ameaçada exatamente

---

83 Aurelino Leal. *Op. cit.*, p. 37.

84 Visconde de Uruguai. *Estudos práticos sobre a administração das províncias,* vol. 1, p. XXIII-IV. *Apud* Aurelino Leal. *Op. cit.*, p. 37.

85 In: Tristão de Alencar Araripe e Aurelino Leal. *Op. cit.*, p. 175-177.

por aqueles que ocupavam o governo e defendiam a aprovação da lei de Interpretação do Ato Adicional e também a Reforma do Código do Processo que fora apresentada ao Legislativo em 1839.

De acordo com Pereira de Castro, a apresentação do projeto de Reforma do Código do Processo por Vasconcelos apenas em 1839 é sinal de prévia orquestração. Os estudos a respeito da necessidade de mudanças nos códigos de 1832 ocorriam desde 1833, porém, visando não dificultar a aprovação da Interpretação do Ato Adicional, o projeto veio à luz quando aquela lei se encontrava quase aprovada.[86] Tendo em vista que a aprovação da Reforma só veio a ocorrer em 3 de dezembro de 1841, depois da queda do Gabinete Maiorista, o raciocínio do autor mostra-se pertinente. De tal modo que o *Clube Maiorista* passava a ter como preocupação mais a lei da Reforma que estava por ser discutida do que a lei de Interpretação, aparentemente inevitável. É possível que esta constatação seja uma resposta à indagação de Uruguai, ou seja, uma questão de estratégia política.

O *Clube* reuniu-se, segundo as atas, sete vezes entre 15 de abril e 12 de maio, sempre à rua do Conde, 55, residência do senador Alencar. Na primeira reunião, como era de praxe, nomeou-se a direção da *sociedade* secreta: deputado Antonio Carlos Ribeiro de Andrada Machado, Presidente; senador Antonio Francisco de Paula Holanda Cavalcanti, vice-Presidente; senador José Martiniano de Alencar, primeiro-secretário; deputado Carlos Augusto Peixoto de Alencar, segundo-secretário. Faziam parte deste núcleo original ainda os deputados Martim Francisco Ribeiro de Andrada e José Mariano de Albuquerque Cavalcanti, e os senadores Antônio Pedro da Costa Ferreira (depois Barão de Pindaré) e Francisco de Paula Cavalcanti de Albuquerque.

Nas reuniões subsequentes, aderiram ao *Clube da Maioridade* o aenador José Bento Ferreira de Mello, os deputados Teófilo Otoni, José Antonio Marinho, José Feliciano Pinto Coelho, Francisco Gê Acaiaba de Montezuma e Antonio Paulino Limpo de Abreu. Alguns outros nomes foram mencionados, mas nunca tomaram parte oficialmente, como os deputados Francisco Álvares Machado de Vasconcelos, Vicente Ferreira de Castro e Silva, Manuel do Nascimento Castro e Silva, José Ferreira Lima Sucupira, João José Ferreira da Costa e o senador Francisco de Lima e Silva. E há ainda o caso do senador Vergueiro que, convidado, preferiu não fazer parte por não estar "inteiramente disposto a convir na ideia da *Maioridade*".[87]

Tendo como objetivo chegar aos eventos de 1842, vale destacar que se encontravam reunidos neste *Clube* quase os mesmos que depois se encontrariam na *Sociedade*

---

86   Paulo Pereira de Castro. A *"experiência republicana", 1831-1840*, p. 57.

87   Atas das Sessões do *Clube da Maioridade*. In: Tristão de Alencar Araripe e Aurelino Leal. *Op. cit.*, p. 177-183.

dos Patriarcas Invisíveis. Até mesmo o endereço das reuniões é próximo, na mesma rua, mas ao número 35, casa do senador Padre José Bento Ferreira de Mello.[88] Com exceção dos senadores pernambucanos e o Barão de Pindaré, que aparentemente não tomaram parte desta segunda agremiação, os demais compareceram assiduamente à casa do Pe. José Bento dois anos depois.

Mas o contexto de 1840 parece diferir de 1842 em um ponto essencial. O *Clube da Maioridade* possuía um plano de ação muito bem traçado, ficando estabelecidos *a priori* dois objetivos: procurar saber a *vontade do Imperador* a respeito da antecipação da *Maioridade* e aliciar membros do corpo legislativo para comporem o *Clube*. Objetivos, aliás, muito coerentes, posto que uma reunião de legisladores pretendia fazer vingar seus objetivos por via legal (ou o mais próximo disto). Isto é, queria-se por meio da aprovação no Legislativo declarar a *Maioridade* que o próprio monarca desejava. Sem a anuência do jovem D. Pedro II não haveria como sustentar a proposta, e com a declarada *vontade* dificilmente, imaginava-se, alguém se oporia abertamente.[89]

Duas sondagens foram feitas a fim de se chegar à vontade do Imperador. Em sessão de 4 de maio, Antonio Carlos declarou que ele e seu irmão, Martim Francisco, "haviam-se entendido com uma pessoa do paço" que, depois de alguns dias, teria lhes contado que falando ao jovem monarca sobre o assunto este teria dito que "queria e desejava que fosse logo, e muito estimava que partisse isso dos Srs. Andradas e seu partido".[90] Antonio Carlos acrescentou que a pessoa afirmou que foram essas as palavras de D. Pedro II. O curioso destas palavras é que os Andrada não chegavam a representar uma força agregadora e figuravam claramente como parte de um grupo apenas no *Clube*. Sendo este secreto, o Imperador não deveria conhecê-lo, apesar da bandeira da *Maioridade* estar hasteada há algum tempo. Na dúvida, os próprios membros do *Clube* pediram uma segunda sondagem, desta vez por parte de alguém mais próximo do paço: José Feliciano Pinto Coelho, futuro Barão de Cocais e primo do Marquês de Itanhaém, tutor de D. Pedro II. Dois dias depois desta deliberação, Pinto Coelho informara que o monarca era favorável e desejava a antecipação da *Maioridade*.

O passo seguinte era definir o projeto a ser levado ao Parlamento, a forma de se apresentar ao Legislativo uma ideia que era ventilada abertamente em periódicos simpáticos à causa, mas que nem por isso, até então, implicava em maiores consequências.

---

88 Este endereço e a sugestão de que seria a "sede" dos Patriarcas *Invisíveis* constam das cartas endereçadas ao chefe de polícia da Corte, Euzébio de Queiroz, por um de seus informantes, Felix Carboni. Seção de Manuscritos da Biblioteca Nacional.

89 Tristão de Alencar Araripe. *Op. cit.*, p. 142.

90 Atas das Sessões do *Clube da Maioridade*. In: Tristão de Alencar Araripe e Aurelino Leal. *Op. cit.*, p. 180.

Antes mesmo de se redigir o projeto de lei, definiu-se que ele seria encaminhado ao Senado com a assinatura dos cinco membros senadores. Vale ressaltar que este procedimento visava conceder maior autoridade à questão, imaginando-se que uma aprovação no Senado bastaria para dobrar a Câmara.[91] No entanto, o cálculo realizado pelos Maioristas já indicava um cenário pouco promissor. Em nota do secretário do *Clube*, datada de 12 de maio, são listados 16 senadores favoráveis, 18 contrários e Três indecisos.[92] Fazia-se necessário convencer os indecisos e garantir a fidelidade dos favoráveis para se ganhar por apenas um voto.

Dentro do *Clube*, a primeira proposta foi do senador Alencar, um esboço composto por cinco artigos concedendo um "suprimento de idade" a D. Pedro II e criando, caso o Imperador assim quisesse, um Conselho de Estado que duraria até o monarca completar 21 anos. Temos novamente um conselho atrelado à *Maioridade* como visto nos projetos anteriores, independente do grupo político propugnador da ideia. No entanto, os Maioristas preferiram algo mais enxuto, possivelmente pensando em uma discussão mais rápida em plenário e permitindo uma regulamentação futura: dois artigos apenas, declarando o Imperador "maior desde já" e criando um "Conselho Privado da Coroa". É interessante notar a intenção em se desvincular da imagem do antigo Conselho de Estado extinto pelo Ato Adicional, propondo um conselho privado, ou seja, do monarca e não do Estado.

Na reunião seguinte, os deputados e senadores Maioristas mudaram uma última vez de ideia. Desmembraram o projeto de dois artigos dando origem a outros dois projetos, cada qual com artigo único, de tal modo que a aprovação de um não estava condicionada ao outro. Certamente sabia-se da resistência que seria encontrada quanto da criação de um conselho. Esta foi a última reunião do *Clube*, a 12 de maio, ficando estabelecido que os projetos fossem apresentados no dia seguinte.

Neste meio tempo, o tema *Maioridade* foi levado à Câmara pela resposta à *Fala do Trono*. No mesmo dia em que Pinto Coelho informara no *Clube* que seu primo tutor havia lhe garantido o interesse de D. Pedro II no adiantamento da idade legal, era apresentada na Câmara dos Deputados o projeto de *voto de graças* pela comissão composta por Antonio Carlos, Montezuma e Aureliano de Souza Oliveira Coutinho. Apenas este último não fazia parte oficialmente da associação secreta, mas favorável à causa e considerado um "elemento palaciano" estrategicamente importante. Não por acaso veio a ocupar uma pasta no Ministério Maiorista.

---

91   Nas palavras de Araripe, o projeto ganharia "força moral" ao ser aprovado pelos "anciãos professores da monarquia" presentes no Senado. (Tristão de Alencar Araripe. *Op. cit.*, p. 146).

92   Tristão de Alencar Araripe e Aurelino Leal. *Op. cit.*, p. 190-191.

O projeto de *voto de graças* continha apenas uma breve menção à *Maioridade* em meio a um parágrafo a respeito do casamento das princesas Da. Januária e Dna. Francisca, assunto que constava da *Fala* de 1840 e da anterior. Dizia o parágrafo:

> A Câmara dos Deputados, Senhor, profundamente convencida da importância do consórcio das augustas princesas, sobre o qual tem V.M.I. grande interesse pela natureza e pela lei, e *vendo com prazer aproximar-se a Maioridade de V.M.I.*, assegura a V.M.I. que se ocupará oportunamente, com toda a solicitude, deste objeto que o trono se dignou oferecer à consideração da Assembleia Geral.[93]

No mesmo dia, 12 de maio, o deputado Honório Hermeto Carneiro Leão apresentou emenda suprimindo, inicialmente, todo o trecho referente ao "interesse pela natureza e pela lei" do Imperador em relação aos consórcios de suas irmãs e a proximidade da sua *Maioridade*. Junto a outra proposta de emenda do deputado Manuel Vieira Tosta, relativa à mudança de palavras, a discussão se estendeu por sete sessões até aprovar-se em 20 de maio apenas a segunda parte da emenda (o trecho grifado) de Carneiro Leão e a queda da proposta de Tosta.

Temos aí um período de grande atividade parlamentar entre 12 e 20 de maio, no qual é fundamental seguir analisando Câmara e Senado em conjunto a fim de se destacar a sintonia dos debates. De início, ainda no dia 12, é aprovada na Câmara a Interpretação do Ato Adicional. No dia seguinte, os dois projetos do *Clube Maiorista* são apresentados no Senado com as assinaturas dos cinco senadores da *sociedade* secreta e mais a de Manuel Inácio de Mello e Souza, Barão do Pontal. O responsável por apresentar o projeto foi Holanda Cavalcanti, com um discurso um tanto acanhado ou reticente.

Em seu discurso, Holanda Cavalcanti destaca seu respeito a "todos os artigos" da Constituição, o que o "tem em pouco paralisado", mas a conveniência e a necessidade justificam sua atitude. Os "embaraços e dificuldades" resultantes do "estado excepcional", que era a Regência, aliados aos benefícios que a elevação do "augusto órfão" ao trono traria ao país, tornavam conveniente a dispensa de um artigo da Constituição. O senador conclui sua fala afirmando que "quanto ao meu pensamento, a minha palavra é muito fraca para lhe dar o devido desenvolvimento; submetendo-o simplesmente à consideração do Senado".[94]

---

93   *Falas do Trono: desde o ano de 1823 até o ano de 1889, coligidas na Secretaria da Câmara dos Deputados*, p. 204. Grifo meu.

94   *Anais do Senado do Império*, sessão de 13 de maio de 1840.

No Senado, simultaneamente, encontrava-se em discussão um projeto de Lopes Gama, de 1839, sobre o casamento de Dna. Januária e a estipulação do valor da dotação a fim de se buscar junto às casas europeias um príncipe. Na sessão do dia 15 de maio, Vergueiro vincula o casamento da princesa à *Maioridade*, afirmando que deve haver consentimento do Imperador sobre a questão, mas que no momento não há Imperador, apenas um Regente. Segue, então, a proposição de Costa Ferreira pedindo o adiamento da discussão até que se debata a *Maioridade*, proposta defendida igualmente por Holanda Cavalcanti. Este afirmou, por sua vez, que sendo uma questão de governo deveria ser apresentada na Câmara. Do lado oposto estavam o autor do projeto e Melo Mattos, que tentam persuadir o plenário de que não haveria qualquer vinculação obrigatória entre as questões. Diante do argumento de Holanda Cavalcanti, para quem um projeto em que se discute um imposto – a dotação ao príncipe consorte – só pode ter lugar na Câmara dos Deputados a partir de uma indicação do governo, Lopes Gama traz à baila o projeto do "Conselho Privado da Coroa", que também seria um gasto ao erário, e a *Maioridade*, proposta que não saiu do governo.

Para justificar sua posição, Holanda Cavalcanti retoma seu discurso por ocasião da apresentação dos projetos e declara: "eu não queria apresentar aquele projeto [a *Maioridade*] com tanta pressa; fui um pouco violentado a isso, vendo a posição do nosso país".[95] Desse modo, o que parece hesitação também toma forma de um profundo respeito às necessidades do Império: é ele que pede pela elevação do monarca ao trono, é o povo que, esperando por dias melhores, deseja ver D. Pedro II coroado antes dos 18 anos de idade, e não um ou outro indivíduo. Evidencia-se aqui a preocupação em não vincular o projeto a um grupo para não estigmatizá-lo com a pecha de "sede de mando", argumento que estaria presente nas discussões da Câmara.

Vale ressaltar que, estando a *Maioridade* no pensamento de muitos, as referências a ela são várias e nos mais diversos temas, como o casamento da princesa ou a educação do futuro Imperador. Na discussão da resposta à *Fala do Trono* pelo Senado, Bernardo Pereira de Vasconcelos aproveitou-se de um período que tratava da saúde dos "órfãos imperiais" para refletir sobre a instrução dos mesmos, arrematando que pouco se sabe sobre o assunto. A lei da Regência teria limitado o poder do tutor de nomear certos criados, mas na prática as nomeações continuavam a ocorrer.

> Ele [o tutor] reconhece que a lei lhe proibiu a nomeação, mas diz
> que, como são necessários [os criados], pode nomeá-los; e Vossa Exª
> bem vê (dirigindo-se ao Sr. Presidente) que, quando se aproxima

---

95 *Anais do Senado do Império*, sessão de 15 de maio de 1840.

a *Maioridade* do monarca, deixar a revelia a nomeação dos que o cercam, de seus mestres dos diretores de seus estudos a educação, é perigosíssima. Quantas ideias perigosas não procuraram eles inspirar no tenro espírito do Imperador, a fim de se preparar um futuro favorável? Quantos desejos prematuros não se esforçarão de acender os que contam com as graças do monarca?[96]

"Futuro favorável", "desejos prematuros"? Vasconcelos estaria insinuando que alguém, ou algumas pessoas estariam sondando o Imperador a respeito de adiantar a *Maioridade*? Talvez o *Clube da Maioridade* não fosse assim tão secreto e os palacianos não fizessem questão da discrição.

No dia 18 de maio, dois dias depois desta fala de Vasconcelos no Senado, Carneiro Leão apresentou na Câmara um projeto de lei a respeito da *Maioridade*. Temos o tema dominando os debates parlamentares: um projeto no Senado, outro na Câmara e a discussão da resposta à *Fala do Trono*, além de outras referências já citadas. No entanto, o projeto do deputado Carneiro Leão fazia frente ao do senador Holanda Cavalcanti. Tratava-se de trazer a discussão para dentro da Constituição, determinando que a *Maioridade* do monarca, ao ser assunto do artigo 121,[97] tornava-se objeto de uma reforma constitucional, e para tanto era necessário dar poderes reformistas aos deputados que seriam eleitos para a próxima legislatura.

O caráter protelatório do projeto foi prontamente denunciado pelos Maioristas, na pessoa de Montezuma, que passaram a combater a proposta por meio da argumentação de que, apesar de fazer parte da Constituição, este artigo em específico não era constitucional e, portanto, dispensava-se uma reforma.[98] Ou seja, bastaria uma lei ordinária como a que fora proposta no Senado. A acalorada discussão na Câmara manteve sempre em vista os trabalhos do Senado desde a proposta inicial de Carneiro Leão, justificada como fruto da apreensão surgida com a pressa com que alguns pretendiam declarar maior o Imperador. Na opinião do deputado mineiro, o artigo 121 versa sobre as garantias individuais e direitos políticos, portanto indiscutivelmente

---

96 *Anais do Senado do Império*, sessão de 16 de maio de 1840.

97 *Constituição Política do Império do Brasil* – Art. 121. "O Imperador é menor até a idade de dezoito anos completos".

98 *Constituição Política do Império do Brasil* – Art. 178. "É só constitucional o que diz respeito aos limites e atribuições respectivas dos Poderes políticos, e aos direitos políticos e individuais dos cidadãos. Tudo o que não é constitucional pode ser alterado sem as formalidades referidas, pelas legislaturas ordinárias". Este artigo deixa margem a interpretações amplas e vagas que seriam exploradas pelos deputados, quer a favor quer contra o projeto de Carneiro Leão.

constitucional. Para ele, uma lei ordinária como a proposta no Senado seria um golpe contra o governo e contra a Constituição, abrindo precedentes e franqueando o caminho a "gabinetes secretos". É importante notar que a 18 de maio já se começava a falar em golpe de Estado. A discussão da *Maioridade* transforma-se, então, em uma disputa entre mais e menos constitucionais, com acusações de lado a lado sobre desrespeitos à lei maior do Estado brasileiro.[99]

Na tentativa de esvaziar a argumentação quanto à constitucionalidade do artigo 121, Limpo de Abreu retoma os debates do Senado que, ao aceitar discutir o projeto da *Maioridade*, atestaria o contrário do sustentado por Carneiro Leão. No entanto, a vida do projeto Maiorista foi curta. Em 20 de maio entra em discussão e de modo surpreendente ninguém se apresentou para defendê-lo ou atacá-lo; sequer os Maioristas tomaram a palavra. Deixando a cadeira de Presidente do Senado ao vice, o Marquês de Paranaguá foi o único a defender o projeto como meio de se restabelecer o governo monárquico de fato e acabar com a "dolorosa experiência" que era a Regência: a *Maioridade* do monarca equivaleria a pôr "termo a nossos males".[100] Julgou-se a questão discutida e, pondo-se o projeto em votação para passar à segunda discussão, foi derrotado. O resultado poderia ter sido pior para os Maioristas, pois finda a votação compareceram Vasconcelos e D. Nuno, que, pelas contas do *Clube*, votariam contra, engrossando o time dos 18 senadores contrários. Diante deste resultado, fica no ar a pergunta a respeito da ação do *Clube Maiorista*: houve mudança de planos? Pois os senadores Maioristas optaram por não se manifestarem em defesa do projeto e também descuidaram da votação. Se compararmos a listagem elaborada pelo *Clube* apontando os favoráveis, contrários e indecisos com o resultado final, veremos que dois senadores que não estariam certos de seus votos e outro que estaria inclinado a votar com os Maioristas acabaram por votar pela queda do projeto.

No mesmo dia, na Câmara, a emenda de Carneiro Leão à *Fala do Trono* suprimindo a referência à *Maioridade* venceu, reduzindo o debate do tema ao projeto do mesmo deputado, concedendo caráter reformista à legislatura seguinte. As discussões a este respeito se prolongaram até julho, contrapondo-se de um lado Carneiro Leão, Souza Franco, Rodrigues Torres, Silva Pontes, Carneiro da Cunha, Ferreira Penna, Nunes Machado e Ângelo Custódio na defesa da constitucionalidade do artigo 121 em oposição a Álvares Machado, Ribeiro de Andrada, Andrada Machado, Marinho, Limpo de Abreu, Otoni e Quadros Aranha.

---

99 Tristão de Alencar Araripe e Aurelino Leal. *Op. cit.*, p. 235-238.

100 *Idem, ibidem*, p. 240-242.

Curiosamente, a discussão passa a ser sempre sobre a *Maioridade*, seja por uma declaração imediata, seja por uma proposta de reforma constitucional. É importante salientar que a reforma do artigo 121 com sua aura de respeito às leis e compromisso com as instituições do Estado mantinha-se como uma "possibilidade". Ainda era possível que os deputados eleitos deliberassem pela não alteração do artigo, ou mesmo que a eleição fosse fraudada neste sentido, como acusavam os Maioristas. Contudo, não era a reforma em si o mais relevante. Temos que ter em vista a publicidade de todos os discursos parlamentares. No dia seguinte, a fala de um deputado já estava estampada nas páginas de algum do vários periódicos que circulavam na Corte e, mesmo com alguma defasagem, as províncias também se articulavam.

Jornais como *O Maiorista* ou *O Despertador* veiculavam os debates e promoviam desse modo o aumento do público que assistia os debates das galerias. Estes dois periódicos chegaram a circular na mesma época e ambos tinham como redator Francisco de Salles Torres Homem, apesar de serem impressos em tipografias diferentes. A tipografia da Associação do Despertador foi a responsável por imprimir um "documentário sobre os debates parlamentares da *Maioridade*" ainda no ano de 1840.[101]

Do mesmo modo que estes jornais encampavam a causa Maioristas, outros, como *O Brasil,* com Justiniano José da Rocha à frente, professavam as ideias não explicitamente antimaioristas, mas a favor da ordem monárquica e da continuidade da Regência até seu encerramento legal. Esta preocupação também pode ser vista em outras publicações, como o periódico paulistano *A Phenix* ou o mineiro *O Correio de Minas,* que, cientes do perigo de se atacar frontalmente a *Maioridade* sob o risco de ser entendido como um ataque ao monarca optavam por desmoralizar os Maioristas ou criminalizar suas propostas. Tal postura era reflexo da ação dos deputados favoráveis ao ministério, ao Regente e, especialmente, contrários ao reunidos em torno do *Clube da Maioridade.* Agregando ao discurso dos Maioristas a imagem de sectários, revolucionários, golpistas e ambiciosos, buscava-se desacreditar a antecipação da *Maioridade*. Não porque fossem contrários à ascensão do jovem Imperador ao trono, mas por intuírem que junto estariam os fatores da antecipação.

A estratégia dos Maioristas não diferia muito. Apesar da ação se dar no interior do Parlamento e de acordo com uma pretensa legalidade, havia total consciência da força da pressão popular. Não por acaso, no dia 17 de julho, quando o Imperador se encontrava em cerimônia religiosa na Capela Imperial, uma pequena multidão se manifestou

---

101 In: *Idem, ibidem.*

gritando vivas à *Maioridade* e distribuindo panfletos com uma quadrinha Maiorista.[102] No entanto, os debates contrários ao projeto de Carneiro Leão continuavam a ser o centro da ação Maiorista e por meio deles se buscava a mudança da situação.

Vale dizer que a posição do Ministério era especialmente delicada. No ano de 1840, a Assembleia Geral fora convocada extraordinariamente para a conclusão da Lei do Orçamento, como foi dito anteriormente. Esta convocação foi, de certo modo, provocada pelas emendas do Senado à Lei obrigando que a Câmara retomasse as discussões. Era quase consensual entre os deputados que o Orçamento em questão atendia aos pedidos encaminhados pelo Executivo e contemplava todas as necessidades do Estado. Ao ser a Lei enviada para o Senado, várias emendas foram propostas no sentido de aumentar as verbas de algumas pastas ministeriais, em certos casos sem especificar a destinação.[103]

Reunidos os deputados, a discussão versou o tempo todo sobre dois pontos: as emendas em si e a constitucionalidade da atitude do Senado. Para alguns deputados, como os Andrada, Álvares Machado, Marinho e Moura Magalhães, não era uma atribuição do Senado emendar a Lei de Orçamento, pois isto implicava em "iniciativa sobre impostos", o que a Constituição vedava. Esta oposição ergueu-se também contra as emendas por enxergar nelas a ingerência do Ministério, que por meio do Senado pretenderia influir nas decisões parlamentares. Em outras palavras, acusavam o Senado de atuar como braço do Executivo e comprometer a independência dos poderes como estabelecido na Constituição. Apesar de os senadores terem emendado o orçamento em legislaturas anteriores, a oposição se mostrou disposta a relevar o precedente. Ao contrário do que se poderia imaginar,[104] a oposição consegue derrubar todas as emendas, o que acaba provocando a necessidade da fusão das duas Casas.

Com a reunião de Câmara e Senado em finais de abril de 1840, deputados e senadores oposicionistas se viram juntos diante dos ministros que compunham as duas Casas. Habilmente, a discussão que poderia ser meramente técnica – o aumento de verba é necessário ou não – toma o rumo do questionamento da permanência do Ministério. Pedem-se explicações a respeito dos boatos de que os ministros já estariam demitidos ou prestes a deixarem suas pastas e questiona-se a recusa em prestar contas

---

102 Octávio Tarquínio de Sousa. *Op. cit.*, p. 128-129. O agitador responsável teria sido Francisco Antonio Soares, conhecido como "Brasileiro Resoluto", e a quadrinha: *"Queremos Pedro Segundo/ Embora não tenha idade;/ A nação dispensa a lei,/ E viva a Maioridade!"*. O autor desta quadra seria Antonio Carlos.

103 *Anais da Câmara dos Deputados*, sessão de 14 de abril de 1840, e seguintes.

104 O jornal *A Phenix*, de São Paulo, considerava a oposição, já que minoria, incapaz de fazer frente ao Ministério, ecoando as palavras de *O Brasil*.

diante do Legislativo. Lopes Gama, Ministro dos Negócios Estrangeiros, declarou que não pretendia deixar sua pasta e acabou por cometer um ato falho ao dizer que não sairia de forma alguma, lembrando-se tardiamente de ressaltar que deixaria seu posto caso assim quisesse o Regente.[105] Foi o suficiente para que a oposição identificasse nestas palavras desrespeito ao Legislativo e passasse a combater a ausência de base parlamentar que sustentasse o Gabinete.

Mesmo com a fusão das Casas, as emendas não foram apoiadas. Talvez a mais polêmica tenha sido justamente a que aumentava a verba do Ministério dos Negócios Estrangeiros sem especificar a destinação, oferecendo elementos para insinuar a criação de "fundos secretos" e benefícios pessoais. Estas discussões evidenciaram uma certa fraqueza do Gabinete, mostrando um terreno fértil para as investidas dos Maioristas. Vale lembrar que o *Clube* foi criado no mês de abril, em plena sessão extraordinária.

Entretanto, ministérios eram frequentemente trocados. O Gabinete 19 de setembro com que Araújo Lima iniciou sua regência não permaneceu muito tempo, apesar de sua influência e de seu perfil parlamentar, e o Ministério 18 de maio de 1840 substituiu o 1º de setembro de 1839 em plena "crise" Maiorista. Portanto, um ministério enfraquecido não era indício de fraqueza da Regência. Fazia-se necessário mostrar uma suposta fragilidade, uma incapacidade deste sistema excepcional em responder aos problemas do Império. Esta posição está presente, por exemplo, no discurso de Paranaguá no Senado, lembrando que o marquês não era um Maiorista, apesar de ser favorável à *Maioridade*.

Mais eficiente que retomar os sucessos e insucesso na guerra no Sul do país ou as agitações no Maranhão, pareceu aos olhos do deputado Álvares Machado colocar a Regência como ilegal. Seu raciocínio foi puramente "constitucional": segundo o artigo 126 da Constituição, na impossibilidade do Imperador governar, em seu lugar assumiria o trono como Regente o príncipe imperial, sendo ele maior de 18 anos. E mais uma vez Da. Januária, princesa imperial, é posta em cena, pois tendo a idade legal ela deveria assumir a Regência no lugar de Araújo Lima, Regente ilegal.

É fundamental, entretanto, destacar que Álvares Machado realizara uma leitura enviesada da Constituição, pois o artigo referido versa sobre os casos em que há impedimento do Imperador e não da ocupação da Regência durante sua menoridade. Neste caso, a idade do "parente mais chegado ao Imperador" seria de 25 anos, como manda o artigo 122. Mesmo assim, a argumentação causou sensação na Câmara. O deputado paulista, sustentando-se na Constituição, contra-atacava outro argumento

---

105 *Anais da Câmara dos Deputados*, sessão de 24 de abril de 1840.

constitucional, a reforma do artigo 121 proposta por Carneiro Leão. Mas a fala de Álvares Machado era ainda mais explosiva:

> Nós queremos o governo do Senhor D. Pedro II logo e logo, mas por trâmites legais de uma lei ordinária; e enquanto ela se não faz, entregue-se o governo a quem compete pela constituição.[106]

É a defesa da legalidade por aqueles que antes eram acusados de ferirem a lei. Antes se tinha a difícil missão de derrotar uma proposta de *Maioridade* representada na reforma do artigo 121, ou seja, atacar um caminho legal em favor de uma medida aparentemente não legal – os Maioristas como inconstitucionais. Após a acusação de ilegalidade de toda a Regência, o descumprimento da Constituição recaía sobre os governistas. Ao não apoiar a fala de Álvares Machado, deputados governistas que protestaram em plenário foram prontamente acusados pelo deputado paulista de serem contrários à monarquia: "Veja o público o monarquismo destes senhores!"

Com esta inversão no jogo de xadrez da *Maioridade*, era necessária uma reação por parte dos defensores do governo. Coube a Carneiro Leão a primeira tentativa de conter este início de incêndio requerendo urgência para seu projeto.[107] Com a aprovação do caráter reformista da legislatura a ser eleita, fugir-se-ia do embate direto e mantinha-se a imagem de favorável à *Maioridade*, contanto que dentro do estabelecido pela Constituição. Carneiro Leão habilmente resgata em seu discurso os debates de 1837 por ocasião da proposta de *Maioridade* de Vieira Souto, quando Álvares Machado se opôs ao projeto por acreditar inconstitucional declarar a *Maioridade* por lei ordinária. O deputado por Minas utiliza-se de um expediente comum a ambos os lados: acusar o outro de ambicionar o poder, de tentar promover um golpe de Estado.

Não por acaso, este discurso de Carneiro Leão, no qual ele lê a fala de Álvares Machado em 1837, não consta do "documentário" publicado pel'*O Despertador*. Certamente tentava-se evitar a exposição das fraquezas dos discursos, existentes em ambos os lados da contenda, mas que poderiam alimentar as acusações de que o "espírito de partido" entendido como "sede de mando" motivava os Maioristas. A alternativa era chamar a atenção para a resistência dos governistas em deixar o poder a ponto de fazerem "oposição" ao próprio monarca. Álvares Machado, como outros deputados Maioristas, tentaram caminho diverso, pintar a resistência à *Maioridade* como "questão de partido" e o apoio a ela como "uma questão de todos, uma questão nacional".

---

106 *Anais da Câmara dos Deputados*, sessão de 3 de julho de 1840.

107 *Anais da Câmara dos Deputados*, sessão de 4 de julho de 1840.

Até os limites da política   107

O pedido de urgência de Carneiro Leão acaba adiado pela hora e retomado na sessão do dia 6 de julho. Esta sessão foi extremamente atribulada, com discursos longos e acusações de lado a lado.[108] Ao contrário de outras sessões, a do dia 6 foi palco de declarações contrárias à *Maioridade* por parte de dois deputados, Venâncio Henriques de Rezende e Joaquim Manuel Carneiro da Cunha. O primeiro, deputado por Pernambuco, fez questão de frisar seu não pertencimento a nenhum lado da Câmara e por isso mesmo livre para se declarar contra qualquer tipo de antecipação da *Maioridade*, sendo, inclusive, favorável ao aumento da idade para 21 anos. Concluiu seu discurso votando contra o requerimento de urgência ao projeto de Carneiro Leão. Deputado pela Paraíba, Carneiro da Cunha votou a favor da urgência, no entanto questionou a *Maioridade* antecipada por julgar que o monarca precisa aprofundar seus estudos em história, a disciplina que o faria um grande governante. Duas opiniões destoantes e, aparentemente, sem eco na Câmara que, porém, nos lembram a existência de outras posições.

O ponto alto dos debates deste dia em torno do requerimento de urgência foi o discurso do mineiro Teófilo Otoni. Aproveitando que Rodrigues Torres havia acabado de ser recebido na Câmara após ser reeleito, o deputado por Minas pede que, como ministro declare, se o governo é contra ou a favor do projeto de Carneiro Leão, pois era sabido que a posição do governo venceria por ter a maioria dos votos. Otoni prossegue atacando o governo, pedindo que ele se manifeste, afinal há suspeitas fundadas de que a "camarilha que atualmente governa" seria favorável à *Maioridade* caso houvesse garantias de que permaneceriam no poder. Portanto, no momento, o governo adiaria a questão para retomá-la, quando o fim do mandato de Araújo Lima estivesse próximo. Para tanto a "camarilha" já teria algum "delegado" próximo ao monarca para dizer-lhe quem são seus amigos e inimigos.

Por conta da ordem nos trabalhos parlamentares, antes que Rodrigues Torres, Ministro da Marinha, pudesse responder, a palavra foi dada a outro Maiorista, o Cônego Marinho. Retomando a acusação de que o projeto de Carneiro Leão foi proposto apenas para esvaziar o debate no Senado, o deputado inverte mais uma vez a questão: primeiro precisa-se discutir se se deve elevar D. Pedro II ao trono. Marinho e Otoni mostram grande afinação ao se colocarem como advogados da franqueza e exigindo que cada deputado declare se é seu desejo ou não ver o monarca no trono antes da idade estabelecida pela Constituição. Para Marinho, após este exercício de sinceridade é que se deveria, então, discutir se o artigo 121 é constitucional ou não. Mesmo assim, vota contra a urgência por considerá-la apenas uma manobra. Mais uma vez, a percepção da publicidade

---

108 *Anais da Câmara dos Deputados*, sessão de 6 de julho de 1840.

108   Erik Hörner

dos discursos parlamentares e da sua influência na opinião pública marca presença na ação Maiorista.

Fazendo um contraponto interessante a Otoni, mas sem contradizê-lo, Marinho afirma que não é preciso pedir a opinião do Ministro, afinal o Ministério foi organizado apenas após o projeto Maiorista cair no Senado. O deputado se refere não à posse do Ministério em 18 de maio, mas à entrada de Paulino José Soares de Souza e Joaquim José Rodrigues Torres em 23 de maio,[109] três dias depois da votação no Senado. Esta informação não deve passar despercebida. Soares de Souza substituiu o magistrado José Antonio da Silva Maia na pasta da Justiça, e Rodrigues Torres o oficial-general da Armada, Jacinto Roque de Sena Pereira, na da Marinha. Poderíamos dizer que após cinco dias o Ministério foi reformulado, tirando-se dois "técnicos" para dar lugar a dois deputados pelo Rio de Janeiro e tidos como membros da "trindade saquarema".[110]

A sintonia deste Ministério com o Parlamento é significativa. Caetano Maria de Lopes Gama, ministro no Gabinete anterior, acumulava as pastas do Império e dos Negócios Estrangeiros, além de sua cadeira de senador. Silva Maia deixou o Ministério da Justiça, mas continuou no Gabinete ocupando o Ministério da Fazenda, e, por fim, temos o oficial-general do Exército, Salvador José Maciel, na pasta do Exército. Em resumo, dois deputados, um senador remanescente do último Gabinete, um magistrado e um militar de carreira. Este é o Ministério que substituiu aquele que na Sessão Extraordinária os Maioristas davam como findo. A "acusação" de Marinho não parece desprovida de razão.

Após a fala do padre mineiro e do deputado Antunes Correa, Rodrigues Torres finalmente obteve a palavra. O ministro, evitando talvez um confronto aberto, afirma não se sentir obrigado a emitir a opinião do Ministério a respeito do projeto, pois não é esta a questão de ordem. Sobre ter sido acusado por Otoni de ter organizado o Ministério apenas após ter composto uma maioria a seu favor, declara que foi feito o contrário – um Gabinete fruto da maioria –, como manda a teoria constitucional-parlamentar. O curioso é que esta declaração reforça o discurso de Marinho, pois sugere que mesmo tendo entrado para o Gabinete em 23 de maio teria sido ele o responsável pela sua organização. Em outras palavras, sua entrada e a de Soares de Souza seriam sim parte de uma estratégia de enfrentamento aos Maioristas.

Nesta sessão de 6 de julho, o discurso que fez frente ao de Otoni foi o do autor do projeto de reforma do artigo 121. Carneiro Leão, em uma exposição longa, questiona as intenções dos Maioristas por meio de seu modo de agir. A pretensa franqueza seria

---

109   Barão de Javari. *Organizações e programas ministeriais: regime parlamentar do Império.*

110   Ilmar R. de Mattos. *Op. cit.*

artimanha ardilosa. Se desejavam a *Maioridade*, por que votavam contra a urgência do projeto? Estariam fugindo do assunto ou não queriam se declarar constitucionais ou inconstitucionais? Desse modo, os Maioristas é que ficavam com a pecha de proteladores, pois na verdade seu desejo seria um golpe de Estado e não a via constitucional.

A este discurso seguiram-se as falas do deputado paulista Joaquim José Pacheco e do pernambucano Antonio Peregrino Maciel Monteiro, ambos favoráveis à urgência e à *Maioridade* por meio da reforma. O primeiro declarou também que a antecipação da ascensão do Imperador ao trono interessava a todos e seria um meio de conciliação. Contudo, é importante destacar que nas páginas do periódico do qual era um dos redatores, *A Phenix*, a pressa em se declarar a *Maioridade* era condenada e pedia-se o respeito aos três anos que faltavam, assim como se apoiava entusiasticamente o novo Ministério.[111]

Maciel Monteiro, por sua vez, declarando-se ao lado da maioria, questiona o usual argumento da pacificação nacional com a ascensão do monarca, pois o motivo das desavenças não seria a natureza do governo regencial e sim a legislação permissiva. Posição coerente se lembrarmos que o deputado pernambucano fez parte do Gabinete 19 de setembro juntamente com Rodrigues Torres. Em resposta a Marinho, Maciel Monteiro disse não acreditar em congraçamento dos partidos. Isto seria contrário à natureza do sistema representativo, pois implicaria em misturar-se o poder responsável com o poder irresponsável.

Como havia sugerido Otoni, posto o requerimento a votos, a urgência venceu. No entanto, o projeto de reforma só começou a ser discutido na sessão de 10 de julho, pois antes se fazia necessário votar a lei de fixação das forças de mar e terra,[112] arrastando-se a discussão até o dia 17 do mesmo mês.

Neste meio tempo, discutia-se no Senado uma resolução da Câmara enviada no mês de junho, pedindo que as eleições fossem adiadas em ao menos um mês para que se pudessem rever os decretos eleitorais e, em caso de vitória do projeto de Carneiro Leão, os eleitores fossem informados do caráter reformista da nova legislatura.[113] A oposição ao projeto era feita pelos senadores Maioristas, que acusavam o governo de querer manipular as eleições. Afirmavam que votariam a favor do projeto caso a eleição fosse realizada no ano seguinte e a legislação fosse revista. Vergueiro, um dos que mais combateu o pedido da Câmara, esforçou-se em manter a discussão o mais afastada possível do tema da *Maioridade*. E por fim, a oposição venceu, derrubando o adiamento das eleições em 17 de julho.

---

111 *A Phenix*, 4 e 11 de julho de 1840, entre outros números.

112 *Anais da Câmara dos Deputados*, sessão de 10 de julho de 1840. Antes ocorreram sessões nos dias 7, 8 e 9 de julho.

113 *Anais do Senado do Império*, sessão de 16 de junho de 1840.

110   Erik Hörner

Depois de sete dias de debates acalorados (mas pouco profícuos) na Câmara, a votação no Senado fez o que os deputados Maioristas não vinham conseguindo: derrubar o projeto de Carneiro Leão. Sem a possibilidade de ser adiar as eleições, tornava-se inviável a concessão do caráter reformista à nova legislatura. Porém, a este tempo a agitação começava a mostrar forças irreversíveis. No dia 11 de julho, Souza Franco declarara que se não fossem as circunstâncias atuais votaria contra o projeto de reforma,

> Mas hoje que já nas duas câmaras se tem apresentado esta ideia de *Maioridade*, que, espalhada pelas províncias, excita a atenção pública, é minha opinião que ela siga todos os recursos legais a que pode subir, e que sobre ela se ouça a opinião da nação.[114]

A opinião do deputado não prevaleceu. No dia seguinte, Carneiro Leão, vendo seu projeto reduzido a nada, o retira da discussão. A derrota foi dos governistas, que viram imediatamente se levantar Álvares Machado, proclamando não restar alternativa senão declarar a *Maioridade*, sendo apoiado por inúmeras vozes. Talvez o monarca pudesse ter sido declarado maior naquele momento, contudo a posição cautelosa de Limpo de Abreu se fez ouvida. O deputado mineiro havia se declarado claramente favorável à *Maioridade* no dia 16 de junho, argumentando em prol da necessidade da nação e, sendo o Imperador intelectualmente capaz, nada o impedia de tomar as rédeas do Estado imediatamente. Aparentemente, Limpo de Abreu temia a violação escancarada da lei, propondo no dia 18 de julho que a discussão fosse adiada para a seção seguinte. Ter-se-ia um dia de folga, domingo, para se refletir sobre o assunto, e na segunda-feira ele mesmo apresentaria uma indicação que compreendesse "as vistas da câmara a este respeito".[115]

As discussões tomaram um ar fatalista: a *Maioridade* era questão de tempo, restaria saber como e por quem ela seria feita. Esta segunda questão inquietava muito mais. Carneiro Leão, apesar de declarar ver na *Maioridade* a possibilidade de se conciliar os partidos, assim como Ribeiro de Andrada havia afirmado, dificilmente via com bons olhos a marcha dos acontecimentos.

A proposição apresentada por Limpo de Abreu carregava feições conciliatórias e tranquilizadoras. Fora proposto a criação de uma comissão encarregada de analisar a situação e encaminhar uma saída. Aceita a indicação, foram eleitos Nunes Machado, Ramiro e Gonçalves Martins, e encarregados de apresentar um veredicto para o dia seguinte. No dia 21 de julho, abriu-se a sessão e nenhum membro da comissão especial

---

114 *Anais da Câmara dos Deputados*, sessão de 11 de julho de 1840.

115 *Anais da Câmara dos Deputados*, sessão de 18 de julho de 1840.

estava presente. Em meio a acusações de má-fé, Andrada Machado afirma que, diante desta situação, ele apresentaria na próxima sessão um projeto declarando o Imperador maior. Carneiro Leão o instiga a apresentar o dito projeto imediatamente e o deputado paulista acata a sugestão. A sessão que já era tensa tornou-se agitada com a chegada de Nunes Machado, que ao ver o projeto de Andrada Machado, em discussão junto a um requerimento de urgência de Álvares Machado declara que a comissão fora atropelada pela oposição. Esta responde com a acusação de que a comissão especial, em articulação com Carneiro Leão, havia premeditado esta cena. Não parece improvável, mas a fim de evitar maiores complicações Andrada Machado retira seu projeto da pauta, contanto que a comissão apresentasse um parecer.

A comissão declara que, diante da seriedade da questão, dever-se-ia buscar a fusão desta com uma comissão do Senado. A reação é imediata, com manifestações das galerias apontando o parecer como medida protelatória. Além da própria comissão, defenderam este parecer Tosta, Dantas e Souza Franco. Otoni, apoiado por Ribeiro de Andrada, pede a retomada do projeto de Andrada Machado, incendiando definitivamente as galerias. Devido ao avanço da hora a sessão acaba encerrada. Por mais um dia a *Maioridade* estava adiada.

A sessão seguinte, 22 de julho, foi decisiva e particularmente significativa. O governo ainda esperava conter o avanço dos Maioristas que, apesar das supostas medidas protelatórias dos deputados governistas, ganhavam terreno tanto na Câmara quanto na imprensa e nas ruas. Aparentemente não era mais possível calar os debates a não ser que se esvaziasse o Parlamento adiando-o, posto que não havia Poder Moderador capaz de dissolver a Câmara. Para isso, fazia-se necessário substituir também o Ministro do Império, depositando a responsabilidade do adiamento nas mãos de alguém com força política suficiente para arcar com a medida claramente "impopular". Ao menos é o que se pode inferir a partir da substituição de Caetano Maria de Lopes Gama por Bernardo Pereira de Vasconcelos.

No mesmo dia, deu-se a leitura na Câmara da nomeação de Vasconcelos e o decreto de adiamento da sessão para o dia 20 de novembro do mesmo ano. A leitura dos *Anais* não deixa claro o que causou maior reação: o novo ministro, o adiamento ou o adiamento pelas mãos de Vasconcelos. Igualmente imprecisa é a percepção a respeito das possibilidades de sucesso desta medida por parte do governo. A justificativa da atitude é de grande valor:

> havendo as discussões [da *Maioridade*], em lugar do caráter sisudo, refletido e prudente que lhes convinha, em atenção à gravidade da

matéria, tomando outro muito diverso, chegando não só a perturbar-se a ordem dentro da mesma Câmara, mas também a promover-se a agitação no povo desta capital.[116]

Neste jogo de inversões entre acusados e acusadores, mais uma vez os argumentos mudam de lado. Após a leitura do decreto, Álvares Machado discursa em meio aos gritos das galerias:

> Agora, Sr. Presidente, aparece um adiamento da Câmara, e em que circunstâncias? Quando a tranquilidade era a mais absoluta no País; (estrondosos apoiados) quando nenhuma voz apareceu que perturbasse a ordem, aparece o adiamento fundado na caluniosa acusação de perturbações públicas; trata-se de adiar a Câmara; (…) acabo declarando que protesto contra todos os atos praticados por este governo ilegal, *intruso* e usurpador, ao qual é lícito a todo brasileiro resistir: vamos para o campo![117]

Voltemos mais uma vez aos argumentos Maioristas. A antecipação da *Maioridade* do monarca era "vista" como solução para a crise na qual estava mergulhado o Império. Guerras no Sul e no Maranhão justificavam a necessidade de um grande congraçamento nacional a começar pelo Parlamento, segundo alguns deputados. Por sua vez, o governo e seus aliados na Câmara e no Senado esforçaram-se em mostrar que nada disso possuía relevância suficiente para obrigar a uma violação da Constituição. Então, o Gabinete, tendo Vasconcelos à frente, apresenta o adiamento da Câmara como necessário diante das agitações anteriormente negadas. Ao passo que Álvares Machado, que outrora apresentava um cenário calamitoso, passou a proclamar a paz reinante.

Talvez o impacto destes dois atos, particularmente o adiamento, tenha sido mal avaliado pelo governo e seus aliados. deputados que não haviam tomado a palavra durante a sessão legislativa ou apenas discursaram em questões pontuais passaram a se manifestar contra o "ato de conspiração" do governo e "seu caráter de inimigo público", como Cunha Azevedo, Rego Monteiro e Coelho Bastos. Apenas o sempre moderado Limpo de Abreu pregou a obediência ao decreto, sugerindo a resignação como reação ao gesto de força. No entanto, as palavras de Andrada Machado lograram maior

---

116 In: Tristão de Alencar Araripe. *Op. cit.*, p. 358-63

117 *Anais da Câmara dos Deputados,* sessão de 22 de julho de 1840.

repercussão: "Quem é patriota e brasileiro siga comigo para o senado. Abandonemos esta câmara prostituída".[118]

Assim foi feito. Os deputados Maioristas, aqueles que apoiavam a *Maioridade* e, provavelmente, aqueles que apenas eram contrários ao governo, seguiram para o Senado, onde o decreto de adiamento ainda não havia sido lido pelo Presidente da casa e, portanto, continuava em sessão.[119] Qualquer tipo de reunião de parlamentares fora das sessões deveria ter caráter ilegal. A junção das duas Casas no dia 22 de julho e mesmo no dia seguinte, não contando com *quorum* mínimo, não poderia ter legitimidade no sentido estrito do termo. Ou seja, não estava dentro da lei, mas, curiosamente, não apenas seus atos são validados como as atas das reuniões figuram nos *Anais*. Portanto, as medidas tomadas pelos Maioristas – então fortalecidos na queda de braço com o Ministério e a Regência – foram futuramente chanceladas devido ao seu sucesso.

Envia-se, como resultado da reunião da Câmara ao Senado, uma deputação mista para falar ao monarca sobre a conveniência da aclamação da *Maioridade* e perguntar-lhe a respeito da data mais propícia. Sintomaticamente, a comissão era composta exclusivamente de senadores e deputados membros do *Clube*. Apesar da declaração favorável do Imperador, a Sessão Extraordinária de deputados e senadores permaneceu em reunião até o dia seguinte, contando com o apoio do Comandante de Armas do Rio de Janeiro, do da Guarda Nacional e da Escola Militar, além dos populares que permaneciam no Paço do Senado.[120] No dia 23 de julho, às 10h30min, abriu-se a sessão para nomeação das deputações que iriam receber o monarca e suas irmãs, sendo a solenidade da *Maioridade* realizada à tarde, diante de cerca de "8 mil cidadãos".[121]

As consequências desta cerimônia vão muito além, no entanto, deve-se salientar que as articulações nascidas no *Clube da Maioridade* não deixam de representar um projeto específico de um grupo determinado. É importante lembrar que o Gabinete resultante da *Maioridade* não durou mais que oito meses e a maior parte de seus aliados voltou, em 1842, a atacar o governo, levando às últimas consequências as palavras de Álvares Machado, para quem era lícito resistir a um governo tido como ilegal.

Independente dos atritos internos ao Gabinete Maiorista – especialmente entre os irmãos Andrada e Aureliano –, as eleições altamente fraudulentas realizadas para a legislatura que teria início em 1842 enfraqueceram ainda mais o Ministério, que veio

---

118 *Idem, ibidem.*

119 Para Sousa, este teria sido o primeiro ato "propriamente revolucionário". Octávio Tarquínio de Sousa. *Op. cit.*, p. 136.

120 *Idem, Ibidem*, p. 138.

121 Tristão de Alencar Araripe e Aurelino Leal. *Op. cit.*, p. 387.

a cair no começo de 1841, antes da abertura da Assembleia Geral. Em 23 de março de 1841, subiria ao poder o Gabinete que se tornaria o pesadelo dos antigos Maioristas. Tendo em vista a aprovada Interpretação do Ato Adicional e as Leis da Reforma do Código do Processo e do Conselho de Estado em pauta para aquele ano, os debates políticos atingiriam um nível inédito, preparando o terreno para os acontecimentos de 1842. A isso soma-se, ainda, as particularidades de São Paulo e Minas Gerais, onde os decaídos de 1841 tinham seus maiores aliados. Esta conjuntura será objeto dos próximos capítulos.

Capítulo III

Uma província "infestada de rebeldes": a Guerra Civil em São Paulo

> *A guerra é pois um ato de violência desti-*
> *nado a forçar o adversário a submeter-se à*
> *nossa vontade.*
>
> Carl von Clausewitz

O ano de 1842 parece ter começado tenso, ao menos em São Paulo. Ocorreu a mudança do Presidente da Província, insatisfações populares em alguns municípios, o tom dos discursos veiculados pela imprensa ou proferidos no interior da Assembleia Provincial estava elevado. Para alguns grupos, era necessário tomar providências contra as recém-aprovadas leis da Reforma do Código do Processo e da Criação do Conselho de Estado, para outros era de fundamental importância garantir a implementação destas mesmas leis.

Em 20 de janeiro, assumiu a presidência da província José da Costa Carvalho, o Barão de Monte Alegre, homem de confiança do Gabinete 23 de março.[1] Por si só esta nomeação pouco diz, afinal as trocas de presidentes não eram raras, mesmo ao longo de um mesmo Ministério. A relevância política do representante do Governo Central em São Paulo é muito mais significativa, não à toa os periódicos ligados à oposição logo passaram a ventilar impropérios contra o "pró-consul baiano". Ignoravam propositadamente a longa trajetória de Monte Alegre pela província, seja política, econômica ou mesmo social. Tendo se casado com senhora de tradicional família paulista – Genebra de Barros Leite, viúva do Brigadeiro Luis Antônio de Sousa Queiroz –, possuía terras na região de Piracicaba e era bem relacionado com a família Prado.[2] Fora também

---

1   O Ministério nomeado em 23 de março de 1841 contava com os seguintes titulares: Cândido José de Araújo Viana (Império), Paulino José Soares de Sousa (Justiça), Aureliano de Sousa e Oliveira Coutinho (Estrangeiros), Miguel Calmon du Pin e Almeida (Fazenda), Marquês de Paranaguá (Marinha) e José Clemente Pereira (Guerra).

2   Darrel E. Levi. *A Família Prado.*

deputado geral por São Paulo três vezes e diretor da Faculdade de Direito entre 1835 e 1836, mas curiosamente se elegeu senador em 1839 por Sergipe.

Quando chegou para assumir seu cargo, Monte Alegre encontrou a Assembleia Provincial em plena atividade, às voltas com a discussão da Representação ao Imperador, pedindo, ou quase exigindo, a revogação das leis de 23 de novembro e 3 de dezembro de 1841 – Criação do Conselho de Estado e Reforma do Código –, além da dissolução do Gabinete. No dia 29 de janeiro, os debates de uma Assembleia majoritariamente contrária à política do Ministério resultaram na representação conhecida por sua linguagem mais áspera que o usual e por não ter sido recebida pelo Imperador.

A resposta do grupo político contrariado com a negativa do monarca, ou de seus ministros, como preferiam afirmar, veio nas páginas do jornal *O Tebyreçá*. Entre outras referências a agitações e preparos de ambos os lados – do governo e da oposição – lê-se: "Nenhuma Nação no Mundo se elevou sem que passasse por um batismo de sangue: pois bem a sagrada Pia se prepara: a luta mais hoje, ou mais amanhã será travada (…) Paulistas, união e coragem!".[3]

Após onze dias da posse do novo Presidente e dois dias depois do envio do documento redigido pelo legislativo provincial, encontra-se entre as correspondências com militares um ofício ao Coronel José Olinto de Carvalho Silva, então Comandante do Depósito da Cidade de Santos e Inspetor das Fortalezas. Neste ofício, Monte Alegre ordenava que desta data em diante toda correspondência oficial destinada ao governo provincial que chegasse, dia ou noite, fosse remetida imediatamente para a capital por um "pedestre pago com bonificação razoável e orientado a parar o menos possível".[4] A mudança não era pequena, em tempos normais o correio entre Santos e São Paulo seguia a cada cinco dias, periodicidade que só seria retomada em 19 de agosto, sob o governo do Presidente seguinte.[5]

A comunicação constante e periódica é fundamental dentro de todo Estado, independente da esfera administrativa. Maior importância adquire quando dela depende a tomada de decisões rápidas, ou seja, quando se corre contra o tempo na tentativa de se antecipar a algo ou alguém. Neste caso, possivelmente o *algo* se tratava de um movimento armado e o *alguém* a todo um contingente de insatisfeitos e seus aliados, dentro e fora da província. Sintomaticamente, à determinação de um correio rápido somou-se

---

3   *O Tebyreçá*, 22 de fevereiro de 1842.

4   31.01.1842 – E00563, p. 6v-7 (AESP).

5   19.08.1842 – E00563, p. 126-126v (AESP).

em 7 de maio a ordem de se enviar junto aos ofícios vindos da Corte a listagem dos passageiros que vieram nos vapores.[6]

O Coronel José Olinto não apenas cumpriu esta ordem como todas as outras que da presidência partiram. Oficial de confiança e eficiente no cumprimento do que era ordenado, o Coronel logo se tornou Comandante Militar de Santos, posto criado em diversas localidades no decorrer da *pacificação* da província. Dentre toda a documentação referente às correspondências entre Presidente e militares, são os ofícios de Monte Alegre ao Coronel José Olinto que mais se destacam. É por Santos que a maior parte do Exército enviado à Província chegaria, bem como toda correspondência vinda da Corte. Vale lembrar ainda que o principal porto de São Paulo também era escala para o Rio Grande conflagrado e reserva de armamento e munição para a Província.

Escaramuças prematuras e o "armistício"

Seria mera precaução a ordem de Monte Alegre? A julgar pelas informações oferecidas por Joaquim Antonio Pinto Junior, as agitações e insatisfações eram explícitas, e ocorreram bem antes da conflagração no mês de maio. Como anteriormente tratado em *Guerra entre pares*,[7] Pinto Junior manteve-se muito próximo de Rafael Tobias de Aguiar no início de sua "carreira política", com a eleição para a Assembleia Provincial em 1842, e é considerado um dos redatores d'*O Tebyreçá*. No entanto, é em seu opúsculo[8] sobre o movimento armado, escrito em 1879, que informações ignoradas pela bibliografia relativa ao período são abordadas, dando outra dimensão ao cenário paulista pré-"revolução".

Segundo o autor, havia outro "*clube*" além da *Sociedade dos Patriarcas Invisíveis* atuando na cidade de São Paulo em oposição ao governo.[9] Esta segunda organização seria o *Clube dos 170 Exaltados*, uma "vanguarda que por mais de uma vez criaram [*sic*] sérios embaraços à direção do Partido Liberal na realização do movimento político projetado". Certa noite, os 170 percorreram a cidade apedrejando as casas dos indivíduos favoráveis ao governo e roubando as maçanetas de chumbo para converterem em balas, indo se reunir – tropa montada e a pé – em uma chácara, onde Rafael Tobias de Aguiar teria persuadido o grupo a abortar seus planos. Pinto Junior ainda afirma que

---

6   07.05.1842 – E00563, p. 57v (AESP).

7   Erik Hörner. *Guerra entre pares,* capítulo 3.

8   Joaquim Antonio Pinto Junior. *Movimento Político da Província de São Paulo em 1842 (artigos publicados no Diário de Santos).*

9   *Idem, ibidem*, p. 72.

em decorrência dessas agitações o político sorocabano fora chamado a 9 de fevereiro por Monte Alegre para assinar um "armistício", cujos termos obrigariam o Presidente da Província a atender algumas reivindicações:

> 1º Não consentir o Presidente no desembarque de tropa alguma nos portos da província, exceto as que fossem destinadas para o Rio Negro, e por Paranaguá somente.
>
> 2º Conservar todos os empregados existentes, exceto aqueles que desobedecerem formalmente.
>
> 3º Demitir imediatamente o Comandante da guarnição da capital, escolhendo outro oficial de confiança dos paulistas.
>
> 4º Não adiar em hipótese alguma a Assembleia Provincial.
>
> 5º Comprometer-se o Presidente a procurar com eficácia a remoção para fora da província do indivíduo que ocupa a vara de juiz do cível.[10]

Não foi encontrada nenhuma outra referência direta a este "armistício" na bibliografia ou na documentação pesquisada, com exceção do jornal *O Tebyreçá* e algumas poucas palavras esparsas em periódicos oposicionistas mineiros. Na edição de 22 de fevereiro, o periódico contou com um "suplemento", uma página a mais, desmentindo uma declaração veiculada pelo *Jornal do Comércio* no dia 15 do mesmo mês. De acordo com o suplemento, o jornal da Corte teria publicado uma carta de caráter semioficial na qual constava que Rafael Tobias de Aguiar havia pedido tropas para controlar a oposição à Lei da Reforma. A resposta d'*O Tebyreçá* afirma o contrário, o "nobre Barão de Mont'Alegre" teria chamado Rafael Tobias por meio do "honrado Sr. Pimenta Bueno" para acalmar a população em polvorosa diante do boato de que um barco a vapor fora buscar tropas em Santa Catarina para subjugar os paulistas. Rafael Tobias de Aguiar teria então feito algumas exigências, sendo atendido sem maiores problemas.[11] Todavia, considerando-se que Pinto Junior é tido como um dos redatores do jornal, as únicas referências a um suposto acordo político entre o Presidente da Província e o político sorocabano partem da mesma pena.

Tentemos esmiuçar os cinco pontos deste "armistício", considerando, *a priori*, que ele de fato foi estabelecido. Talvez a primeira preocupação deva ser localizar temporalmente este evento, o que curiosamente Pinto Junior não faz. Em todo caso, ele se deu certamente entre o dia 20 janeiro, posse de Monte Alegre, e 9 de fevereiro, quando Rafael Tobias de Aguiar teria sido chamado para assinar o armistício.

---

10 Joaquim Antonio Pinto Junior. *Op. cit.*, p. 75-76.

11 *O Tebyreçá*, 22 de fevereiro de 1842.

O primeiro ponto, a respeito de um desembarque ou envio de tropas em São Paulo, pode ter sido um boato. Não se encontra qualquer menção na documentação, exceto um ofício do Ministro da Guerra, José Clemente Pereira, citado por Affonso de Carvalho. No entanto, não é fornecida a data da correspondência e sequer fica claro a quem é endereçada. O autor afirma que o ministro se dirigia a Monte Alegre, porém ao fim do ofício a forma de tratamento e a referência ao Presidente da Província questionam a identidade do destinatário. Em todo caso merece leitura:

> Não havendo, portanto, urgência reconhecida, mas, apenas uma razão preventiva, julgo muito impolítico que se mandem já tropas para S. Paulo: – si, na ordem natural das coisas não convém antecipar as épocas, menos devem estas precipitar-se na Política; um passo prematuro pode produzir males irremediáveis com o tardio arrependimento. (...) Concluirei, Senhor, estabelecendo o meu programa para com São Paulo; ordene-se ao Presidente que faça executar a lei das reformas, nomeando empregados de sua confiança, sem transigir com a oposição; e si aparecer resistência, bloqueiem-se os portos, e corte-se a comunicação com as províncias do Rio de Janeiro e Minas; devendo marchar o Batalhão Catarinense, o No. 12, e outro do Rio Grande pela Coritiba; por esta forma a revolução será em pouco tempo abafada; si forças pequenas, e fora de tempo se mandarem, a reforma tomará corpo e terá longa duração.[12]

Se havia defensores do envio de tropas para São Paulo, certamente não estava entre eles o Ministro da Guerra. Ao mesmo tempo, vê-se a preocupação em não se acirrar os ânimos, antecipando algo que figurava no horizonte como possível ou mesmo provável ao ponto de o Ministro expor um plano em caso de necessidade. O Batalhão Catarinense de fato marchou para São Paulo, enquanto o 12º Batalhão de Caçadores foi enviado por mar da Corte para a Província sob o comando do Barão de Caxias. Tudo isso após o início declarado do movimento em 17 de maio.

O "armistício" faria referência à chegada de navios da Armada a Santos? Em ofício ao Coronel José Olinto, Monte Alegre acusa o recebimento da notícia da chegada dos esperados "dois vasos de guerra e do Brigue de Guerra francês *Alcyone*", isto em 14 de fevereiro.[13] Talvez a chegada em si dos navios não tenha ligação direta com a reivindicação

---

12 Affonso de Carvalho. *Caxias*, p. 86-87.

13 14.02.1842 – E00563, p. 15-15v (AESP). Sergio Buarque de Holanda indica como data da chegada dos vasos o próprio dia 14, no entanto, considerando-se que Monte Alegre responde a José Olinto nesta data,

dos 170, no entanto, o envio destas embarcações poderia ser esperado há certo tempo, inspirando temores.

Com relação aos cargos e empregos públicos, a discussão é mais relevante e reveladora. As demissões ou substituições continuaram, assim como as nomeações para os novos empregos. É importante lembrar que por ter sido nomeado imediatamente após a Lei da Reforma do Código do Processo, Monte Alegre foi o responsável pela implementação e execução do novo código, o que em parte explica a resistência de certos grupos provinciais ao Presidente da Província. Mais importante que considerar Monte Alegre um mero executor da Lei de 3 de dezembro de 1841 é entender a possibilidade de ação que lhe foi concedida com o Regulamento nº 122, assinado em 2 de fevereiro de 1842. De acordo com este regulamento, os presidentes de Província ficavam autorizados transitoriamente a nomear todas as autoridades estipuladas por lei sem que houvesse indicação do governo geral. Ou seja, delegados, subdelegados e promotores seriam nomeados diretamente pelos ocupantes do Executivo provincial, assim como qualquer substituição poderia ser feita sem a recomendação precisa do Gabinete.

Especialmente em 1842, a presidência da Província teve mais poder em suas mãos que o habitual, poder este potencializado pelo fato de Monte Alegre conhecer intimamente os grupos políticos provinciais. Nos meses que antecederam à "Revolução" e mesmo durante o conflito, Monte Alegre usufruiu desta possibilidade legal, nomeando as novas autoridades ou substituindo aquelas que lhe pareciam de pouca confiança, como atestam as longas relações de ofícios publicadas pelo jornal *O Governista*. Com as novas autoridades criadas, estava em jogo um total de 42 delegados e 101 subdelegados[14] a serem nomeados de uma só vez, afora os juízes de direito e os juízes municipais.

No entanto, estas nomeações não foram tão simples como poderiam parecer. Apesar do esforço em se colocar o quanto antes a nova estrutura judiciária em funcionamento, a resistência encontrada em certas localidades e a incerteza quanto à fidelidade ao governo por parte dos nomes escolhidos fizeram com que substituições acontecessem ao longo do ano. Em vários casos a escolha de Monte Alegre se mostrou "infeliz" e o obrigou à demissão de sua primeira opção.

Soma-se a este quadro a atípica quantidade de elevações/criações de municípios na Província nos meses de fevereiro e março de 1842. As elevações, criações ou desmembramentos e reordenação de limites era incumbência da Assembleia

---

os navios devem ter aportado entre 12 e 14. (Sergio Buarque de Holanda. *São Paulo*, p. 467).

14   Departamento Estadual de Estatística. *Ensaio de um quadro demonstrativo do desmembramento dos municípios.*

Provincial mediante reivindicação das povoações interessadas. Era necessário embasar o pedido e, quando este implicava em criação de novos empregos, comprovar a existência de número suficiente de cidadãos aptos a assumirem estas responsabilidades. Uma vila elevada a cidade representa menor impacto direto sobre seus empregos, posto que não são tão numerosas as alterações na distribuição do poder decisório. Contudo, pode-se alterar a posição dentro do termo ou, ainda, reordenar o mapa da realização e apuração das eleições. Por sua vez, as elevações de freguesias a vilas implicam em criação de Câmara, nomeação de juiz municipal e de órfãos, possível necessidade de subdelegados etc., além do desligamento da antiga subordinação a uma vila.

Assim, temos em 5 de fevereiro de 1842 seis vilas elevadas à categoria de cidade: Campinas, Itu, Sorocaba, Taubaté, Coritiba e Paranaguá. A Lei de 18 de fevereiro elevou à freguesia a capela de Santa Bárbara. Dez dias depois, outra Lei fez da freguesia de Silveiras vila. No dia 4 de março, foram elevadas à freguesia Pirassununga e à vila Queluz. Em 8 de março, à vila as freguesias de Limeira e Pirapora, e à freguesia a antiga capela de São João do Rio Claro. Por fim, no dia 10 de março, foi a vez de São Simão ser elevada à freguesia e Xiririca à vila, deixando esta última de pertencer a Iguape.[15]

Havia uma demanda represada e os pedidos de elevação tinham se acumulado, pois desde a criação da Assembleia Provincial não se alterava o *status* administrativo dos municípios.[16] O curioso e, talvez, preocupante para os deputados provinciais que aprovaram estas mudanças em 1842 foi a "infelicidade" de coincidirem com os novos empregos da Reforma do Código e pouco depois com a inclusão dos subdelegados nas mesas eleitorais. Um exemplo, o mais chamativo, pode ilustrar melhor esta matéria.

Faziam parte da vila de Constituição[17] a freguesia de Limeira e a capela de São João do Rio Claro. Limeira se tornou vila incorporando à sua administração a então Freguesia de S. J. do Rio Claro e a Freguesia de Pirassununga, antiga capela de Mogi Mirim. Desconsiderando as autoridades que deveriam assumir esta nova

---

15 *Idem, ibidem.*

16 A divisão civil, judiciária e eclesiástica passou à competência das Assembleias provinciais com a criação das mesmas pelo Ato Adicional. Ver Art 10, § 1º da Lei nº 16/12.08.1834.

17 Piracicaba era o nome original da povoação, sendo alterada para Vila Nova da Constituição quando de sua elevação. Na documentação encontra-se referência tanto a Piracicaba quanto a Constituição. O mesmo acontece com Campinas, que sendo anteriormente Capela de Nossa Senhora de Campinas e depois Freguesia de Campinas, teve seu nome mudado para Vila de São Carlos, retornando ao antigo nome quando do elevada à cidade.

administração e que foram anteriormente mencionadas, temos ainda uma redistribuição dos votantes e eleitores que deixaram de votar e se candidatarem por Constituição e passaram a disputar poder em Limeira. E mais, esta reorganização se daria possivelmente no ano em que os homens do Partido Paulista, que correspondiam à maioria da Assembleia responsável pela votação das leis de elevação, estavam afastados da presidência da província.

Apesar de não haver nenhuma referência na documentação consultada, poderíamos pensar nas consequências, por exemplo, para os aliados políticos do senador Vergueiro na região de Limeira. Aqueles que contavam com os benefícios de serem "afilhados" do influente senador correriam o risco de ficarem de fora até mesmo da Câmara Municipal caso não pudessem influir sobre as eleições ou diante do acréscimo de votantes que não faziam parte até então de seu "universo eleitoral".

Voltemos à leitura do "armistício". A demissão do Comandante da Guarnição da capital, como exigido no quarto ponto, não pode ser considerada atendida, apesar da substituição do mesmo. Explica-se: o posto era ocupado até 9 de maio pelo Major Francisco Manoel das Chagas quando este foi, então, nomeado Comandante dos Municipais Permanentes.[18] Para o antigo lugar de Chagas foi escolhido o Tenente-Coronel José Joaquim da Luz.[19] A julgar pela diferença de patentes, a substituição dos oficiais visava colocar à frente da Guarnição um Comandante mais experiente, mais um indício da iminência de confrontos mais sérios. Todavia, o antigo Comandante permanecia próximo e atuando em posto relevante.

A quarta exigência diz respeito ao não adiamento da Assembleia Provincial. Não foi encontrada qualquer referência a respeito de alguma ameaça à continuidade dos trabalhos legislativos. A sessão seguiu até sua data usual, sendo encerrada a 7 de março. Entretanto, o mesmo não ocorreu com a Assembleia Provincial de Minas Gerais, e é possível supor que o exemplo mineiro, um precedente perigoso, contaminasse o cenário paulista.

Por último tem-se a exigência da demissão do juiz do cível. A intenção de se extinguir esta função figurava nos debates da Assembleia desde ao menos 1840. Em muitas outras províncias, o fim deste cargo já havia sido decretado e mesmo a Reforma do Código do Processo, em 1841, determinava a sua extinção, transferindo as atribuições do juiz do cível para o juiz municipal, porém era necessário remanejar o ocupante do cargo para que o fim do juizado pudesse se efetivar.

---

18 09.05.1842 – E00563, p. 58v (AESP).

19 09.05.1842 – E00563, p. 58 (AESP).

O indivíduo que ocupava o cargo de juiz do cível em São Paulo era Joaquim José Pacheco, deputado provincial e geral diversas vezes, baiano de nascimento, mas residente em São Paulo havia muitos anos. Pacheco era ferrenho opositor do grupo de Rafael Tobias de Aguiar, tanto na Assembleia Provincial quanto nas páginas de seu periódico *A Phenix*. Entretanto, a insistência para que Pacheco deixasse a Província não encontra qualquer precedente.

Resta-nos agora refletir sobre outro aspecto da ação dos 170 exaltados. Afora o fato de não fazermos ideia da composição deste grupo, salta aos olhos a participação de Rafael Tobias de Aguiar. A princípio, o deputado provincial fora chamado pelo governo, a quem fazia oposição, a fim de demover os 170 que se encontravam em armas. Ou assim se faz crer, pois todo armistício é um acordo que suspende as hostilidades entre dois grupos em luta. Mas por que chamar Rafael Tobias de Aguiar? Sua projeção política e econômica fazia dele um nome acima de qualquer disputa? Mais provável é considerarmos que o eminente sorocabano tinha alguma proximidade com estes exaltados. Estes, possivelmente, seriam uma dissidência do próprio grupo de Aguiar, conhecido dentro da Assembleia Provincial como Partido Paulista.

Contudo, qual seria o interesse das lideranças deste partido em abortar uma explosão de descontentamento que tanto era mencionada em ofícios, cartas e nas páginas dos periódicos? A resposta talvez esteja na representação enviada ao Imperador pela Assembleia. Como dito anteriormente, este texto ficou conhecido por sua linguagem rude, imperativa e, até mesmo, agressiva ao monarca. Porém, a trajetória da representação e seus significados, assim como o discurso nela contida, pode nos dizer muito dos ânimos e intenções da maioria dos deputados provinciais no ano de 1842.

De direito constitucional a manifesto político

Dia 8 de janeiro, primeira Sessão Ordinária. A mesa leu um ofício do deputado eleito Diogo A. Feijó comunicando, ou antes, pedindo para ser dispensado naquele ano por encontrar-se muito doente. De fato, o ex-Regente morreria em 1843, antes de reassumir sua cadeira no legislativo provincial. Junto a este pedido, Feijó pondera a "urgente necessidade em que está esta Assembleia de, usando duma linguagem enérgica e corajosa, acordar as Autoridades Supremas para que retrocedam ou ao menos parem na desagradável marcha em que tem incitado".[20] O ofício foi encaminhado à Comissão de Constituição e Justiça.

Na mesma sessão, o deputado Álvares Machado, orador inflamado e atuante no Partido Paulista, fez uma indicação à Assembleia: os ex-presidentes Rafael Tobias

---

20 *Anais da Assembleia Provincial de São Paulo*, 8 de janeiro de 1842.

de Aguiar e Miguel de Souza Mello e Alvim deveriam ser homenageados, agradecidos pelo "modo constitucional, honroso e justo, porque (…) dirigiram os negócios públicos com tanto proveito do País, que lhes foi confiado". No caso específico de Mello e Alvim, deveria ser destacado que, independente dos azares pelos quais viesse a passar a Província, ele encontraria sempre a "agradecida terra dos Paulistas, como se ela tivesse a fortuna de ser sua Pátria natural".[21] Também foi enviada à Comissão de Constituição e Justiça.

Apenas na superfície as falas dos dois deputados parecem versar sobre assuntos diferentes. No caso da indicação de Álvares Machado, cabe destacar que, no momento em que falava, Mello e Alvim ainda ocupava a presidência da província, mas por apenas mais quatro dias. No dia 12 de janeiro, o Executivo Provincial passou a ser ocupado interinamente pelo vice-Presidente Vicente Pires da Mota, até a chegada, sete dias depois, de Costa Carvalho. Seria sabida por todos tanto a saída de Mello e Alvim quando a vinda de seu sucessor? A julgar pela referência à pátria paulista, sim. Como já fora dito, o Barão de Monte Alegre era baiano de nascimento, enquanto Mello e Alvim era português.

Nas páginas do jornal *O Tebyreçá*, nascido provavelmente em janeiro de 1842 pelas mãos de Rafael Tobias de Aguiar e Gabriel Rodrigues dos Santos, um dos temas prediletos era justamente a denúncia do "cativeiro" no qual se encontravam os paulistas, governados por indivíduos de outras "pátrias". Para o periódico e, antes dele, para *O Observador Paulistano* e *O Noticiador*, os naturais da província estavam sendo preteridos por indivíduos de outras províncias – os *arribados* e *espumas estranhas* – nas nomeações para empregos públicos. Na edição de 21 de abril de 1842, *O Tebyreçá* publicou o *Hymno da Bahianada!*, no qual nomeava os cargos ocupados por baianos.

No entanto, Mello e Alvim, mesmo nascido em outra pátria e outra nação, mas por ter governado de modo "constitucional, honroso e justo", era recebido como se tivesse tido a "fortuna" de ter esta província por sua "Pátria natural". Ou seria mais pertinente salientar o restante do período, "com tanto proveito do País", no caso São Paulo? Um bairrismo, portanto, relativo e circunstanciado.

Articulado ao ofício de Feijó pedindo medidas rígidas por parte da Assembleia contra o governo, Álvares Machado indicava claramente quem apoiava e a quem fazia oposição. Sabedor da nomeação de um Presidente não ligado ao seu grupo e, possivelmente, de fora da província, antes mesmo da chegada do novo indicado já o avisava do que o estava a esperar.

---

21 *Idem, ibidem.*

Até os limites da política   125

É destas duas manifestações, ou melhor, dos pareceres da comissão à qual foram enviados os textos que surgiria a Representação ao Imperador. Era, contudo, previsível o parecer. A Comissão de Constituição e Justiça era composta por Vergueiro, Campos Mello e, justamente, Álvares Machado. O primeiro parecer emitido foi à indicação deste último, na sessão de 12 de janeiro. Seu texto é muito sintomático quanto às reais intenções tanto da manifestação primeira de Álvares Machado quanto do resultado da consulta à Comissão. A homenagem a Rafael Tobias de Aguiar e ao "atual"[22] Presidente da Província é aprovada, no entanto as justificativas enfatizam não as administrações ou os sucessos destes indivíduos à frente da província, mas sim a conjuntura do Império.

> Parece inegável que os tempos calamitosos em que vivemos, quando o Brasil se acha em um estado de extraordinária inquietação, receoso da segurança de suas instituições, feridas pelos atos de um Ministério anormal que tenta com a rudeza despótica, própria só de um Governo Imbecil que desconhece as tendências bem pronunciadas da Nação ir destruindo por partes o edifício glorioso que a maioria dos Brasileiros honrados há vinte anos trabalham por reconstruir à força de grandes sacrifícios e aturada perseverança. (...)
> Os atos realizados no ano passado, aziago [de mau agouro, infeliz] para as instituições liberais do Brasil, elaborados pelo Ministério sob as inspirações do despotismo, e votadas com escândalo flagrante pelas referidas maiorias das Câmaras Legislativas, adulteram profundamente a forma de nosso governo. (...)
> A Comissão pensa que, na situação presente, urge manifestar solenemente a desaprovação que vota a Província à marcha do atual Gabinete, que só sabe praticar atos acintosos, que a continuarem comprometerão sem dúvida a paz geral do Império.[23]

O tom agressivo toma conta de todo o parecer e já poderia ser considerado ameaçador apenas pelas referências às inquietações ou comprometimento da paz do Império. Os deputados, no entanto, vão além e, ao caracterizarem o Ministério como dono de "uma rudeza despótica", a consideram própria de um "Governo Imbecil". Imbecil pode significar tanto tolo, de pouca inteligência ou juízo, quanto fraco, sem

---

22   Vale lembrar que Melo e Alvim deixou a presidência no dia da apresentação deste parecer, mas no texto ainda consta o "atual Presidente".

23   *Anais da Assembleia Provincial de São Paulo*, 12 de janeiro de 1842.

forças. Parece mais sensato acreditar que os autores contavam com esta ambiguidade. Possivelmente o Ministério seria, aos seus olhos, tolo por acreditar-se forte sem sê-lo.

Quatro sessões ordinárias depois, em 17 de janeiro, a mesma Comissão emite suas considerações a respeito do ofício de Feijó:

> sendo em conclusão de parecer que esta Assembleia deve por meio duma Deputação fazer chegar ao Trono de S.M.I e C., os bem fundados receios, de que está possuída a Província de S. Paulo, dum futuro desastroso, tanto para as liberdades públicas, como mesmo à Coroa, no caso de ministros desleais continuarem a influir sobre os destinos do Brasil e reverentemente suplicar à S.M.I e C. digne-se salvar-nos da geral conflagração, que consigo trará a execução das Leis em manifesta oposição com a fundamental do Estado.[24]

Repetidos os receios de conflagração e enfatizando o risco que isto representaria para todo Império, não excetuando a Coroa, Vergueiro, Álvares Machado e Campos Mello agora sugerem que uma deputação deve levar ao trono as insatisfações paulistas e "reverentemente suplicar" por salvação. O parecer não só foi bem recebido como já era possivelmente conhecido por aqueles que apoiavam tal posicionamento.

Na sessão do dia seguinte, 19 de janeiro, a Comissão de Redação apresentou uma proposta de representação ao Monarca. É curioso notar primeiramente o caso, pouco comum, de a Comissão de Redação propor algo sem que tenha sido solicitada. A tarefa desta Comissão era redigir ou verificar a redação final das leis e qualquer outro termo que fosse votado na Assembleia. Se não fosse por si só singular este evento, soma-se a isto o fato de o texto apresentado ser exatamente o mesmo que posteriormente fora aprovado. Não foi feita qualquer alteração, nenhuma emenda foi realizada dentro das três discussões obrigatórias previstas pelo Regimento da casa.

Uma discussão não corresponde exatamente a uma sessão. Temas ou projetos muito polêmicos costumavam se arrastar por várias sessões até que se completassem todos os discursos, apartes e proposições permitidos de lado a lado, entre apoiadores e opositores de um determinado assunto. Considerando que, assim como na Câmara, cada deputado poderia falar duas vezes por sessão, pode-se imaginar qual a duração de uma discussão caso todos os 36 membros da Assembleia Provincial resolvessem, hipoteticamente, discursar. Caso os debates não fossem tão acalorados, o Regimento determinava que decorresse no mínimo três dias entre

---

24 *Anais da Assembleia Provincial de São Paulo*, 17 de janeiro de 1842.

cada discussão, ou três sessões na hipótese de intervalos muito longos entre uma sessão e outra.

Afinados com o Regimento, os deputados que formavam a maioria da Assembleia conseguiram a aprovação da Representação em apenas três sessões e no mínimo tempo possível: entre 19 e 27 de janeiro.[25] O texto proposto por Antonio Carlos Ribeiro de Andrada Machado e Silva, João Crispiniano Soares e Manoel Dias de Toledo foi ao fim da última discussão remetido para a mesma Comissão na qual fora concebido. Restava apenas a escolha da deputação de três membros a ser nomeada no dia 28 de janeiro: Vergueiro, Brigadeiro Bernardo José Gavião Peixoto e Coronel Francisco Antonio de Sousa Queiroz.

Esta deputação merece um aparte devido a seu perfil singular. Composta por um senador de carreira política há muito reconhecida, um ex-Presidente de Província e um deputado provincial eleito sucessivamente desde a primeira reunião da Assembleia, esta comissão sem dúvida alguma causaria impacto ao chegar à Corte. Não era uma comissão de quaisquer. Porém, além de suas carreiras e grupo político em comum, possuíam ainda laços de parentesco curiosos. Gavião Peixoto casara uma filha, Maria Umbelina, com José Vergueiro. Enquanto que Sousa Queiroz era genro do senador, por ter se casado com Da. Antonia Vergueiro. Tendo Vergueiro como vértice, a deputação era também uma ação familiar e, se fôssemos estender estes laços reuniríamos a maior fortuna da província e das maiores do Império. Basta lembrar que estas três famílias também se relacionam com Tobias de Aguiar, Paula Souza e Pais de Barros. Podemos então supor o impacto sofrido por estes homens ao não serem recebidos pelo Imperador.

No entanto, para compreendermos melhor o significado da Representação, faz-se necessário conhecer melhor seu texto. A proposta apresentada em 18 de janeiro, na 9ª Sessão Ordinária da Assembleia Provincial, possuía objetivos claros: pedir a demissão do atual Ministério e sustar a execução da Reforma do Código do Processo. É interessante notar que, apesar do destaque dado à criação do Conselho de Estado pelos autores que trataram da "Revolução" e mesmo em algumas proclamações rebeldes, a preocupação dos deputados provinciais ao redigirem a Representação recaía totalmente sobre a nova organização da Justiça e da Polícia nas províncias. Mas o pedido feito ao Imperador é primeiramente embasado ou defendido a partir de argumentos que não veremos repetidos em outros documentos.

---

25   1ª Discussão – 10ª SO, 19 de janeiro; 2ª Discussão – 13ª SO, 22 de janeiro; e 3 ª Discussão – 16ª SO, 27 de janeiro (enviada para redação).

> O povo, pois, que aumenta em ilustração e prosperidade, de ne-
> cessidade exige maior porção de liberdade, maior ingerência nos
> negócios públicos; é pois um contra senso que se retire ao ilustra-
> do o que se concedeu ao ignorante, que se negue ao rico o que se
> tinha outorgado ao pobre. Isto porém é o que fazem as cerebrinas
> [cerebrais, abstratas, fantasiosas; ou calculistas, oportunistas] re-
> formas do Código.[26]

Neste excerto inicial, salta aos olhos o interessante encadeamento dado à ideia de liberdade. Decorrente da ilustração e da prosperidade de um povo, a liberdade aqui implica na ingerência nos negócios públicos. Ingerência esta que não era pleiteada, mas entendida como um direito adquirido, um fato consumado. Os homens que se levantam contra a "oportunista" Reforma do Código galgaram progressivamente até alcançarem as esferas decisórias do Estado, ao menos no âmbito provincial, e enxergam a Lei de 3 de dezembro como a retirada desta conquista.

Do mesmo modo como participar dos negócios públicos se constitui em direito no sistema constitucional-Liberal, também é direito do "povo" insurgir-se contra a tirania e a opressão.

> Elas [as reformas], uma vez executadas, não nos deixam escolha se-
> não entre o despotismo real, ou despotismo popular; são tão repug-
> nantes às convicções e crenças do povo, são tão hostis à ilustração
> atual, que só um longo sistema de coerção e terror pode sustentar,
> mas o hábito de servilidade [sic], que deve gerar e enraizar seme-
> lhante sistema, por força converterá a Monarquia Constitucional
> em absoluta. Por outro lado o terror perde força à proporção de sua
> duração, e acaba por fim pela insurreição dos oprimidos.[27]

Caso a insurreição dos oprimidos gere um despotismo popular, este não seria pior que sua vertente real, o fim da monarquia constitucional e sua transformação em absoluta. A ameaça aqui possui duas faces: uma que encara o povo ilustrado e próspero de São Paulo e outra que, em resposta à primeira, resistirá à coerção e ao terror. Em outros termos, a não ser que o governo recue e suste o cumprimento da Reforma, o derramamento de sangue seria inevitável a fim de ou impedir a execução da nova Lei ou garantir a implementação da mesma.

---

26 *Anais da Assembleia Provincial de São Paulo*, 18.01.1842.

27 *Anais da Assembleia Provincial de São Paulo*, 18.01.1842.

Poderíamos considerar a Representação suficientemente agressiva se parássemos sua leitura por aqui. No entanto, seu desfecho foi capaz de elevar ainda mais o tom das ameaças:

> Senhor, nem um benefício, que V.M.I. possa fazer à nossa pátria, poderá penhorar tanto a gratidão do povo, como a demissão de tão inepto, quanto atroz Ministério. Nunca abutres tão esfaimados prearam as entranhas do Brasil, nunca tão imundas harpias enxovalharam o solo puro do Império de Santa Cruz.
> Senhor, ainda é tempo, acuda V.M.I. ao Brasil, acuda a Si, arredando de Si semelhante ministério.[28]

Afora a adjetivação violenta, comparando o Ministério a aves de rapina, é singular a presença de uma tentativa de intimidação ao monarca quando justamente se suplica a ele. Destituir o atual Ministério seria, ao mesmo tempo, uma forma de acudir o Brasil e a própria Coroa. Como dito anteriormente, o jovem Imperador não recebeu a deputação, o que não significa de modo algum que não tenha tido conhecimento do conteúdo da Representação. O fato dos três deputados provinciais terem sido barrados pelo Ministro do Império foi uma clara manifestação de força, uma queda de braço política que há muito vinha ocorrendo.

A justificativa do governo veio na forma de um aviso endereçado diretamente a Vergueiro no dia 5 de fevereiro, um dia depois da tentativa de entrega. Além da "linguagem descomedida em que é concebida e a maneira descomposta, e criminosa" a argumentação do Ministro do Império sustenta que a Representação ofende a Constituição no artigo 15, §8º, e nos artigos 71, 83 e 84, bem como a Lei das Reformas da mesma Constituição, nos artigos 9º, 10 e 11.[29]

Dentro do universo constitucional no qual estes homens se movimentam, nada mais esperado que utilizar a própria Constituição para defender uma posição contrária à deputação. Nesta "guerra dentro da lei", a melhor defesa também é o ataque, ou seja, o ministro Araújo Vianna empenha-se em demonstrar a inconstitucionalidade da manifestação *a priori* constitucional. Os artigos arrolados versam, em sua maioria, a respeito das atribuições das Assembleias provinciais e do próprio direito de representação. No entanto, o art. 15 da Constituição, em seu §8º, é aqui um recado bem claro

---

28 *Anais da Assembleia Provincial de São Paulo*, 18.01.1842.

29 O aviso foi consultado em sua cópia que consta nos *Anais da Assembleia Provincial de São Paulo*, 43ª SO, 2 de março de 1842.

e direto. Diz o artigo, parte do capítulo referente à competência da Assembleia Geral, que é atribuição desta "fazer leis, interpretá-las, suspendê-las e revogá-las". Em outros termos, a Reforma do Código do Processo seria absolutamente constitucional por ter passado por todos os trâmites legais e apenas os deputados e senadores poderiam rever a Lei de 3 de dezembro de 1841.

O artigo 71, por sua vez, garante ao cidadão o direito de intervir nos negócios de sua Província, legitimando as preocupações dos paulistas. Todavia, num encadeamento muito astuto, o Ministro do Império relembra o artigo 83 do texto constitucional, no qual é definido o que *não* se pode propor nem deliberar nos Conselhos Gerais de Província, depois transformados em Assembleia Provincial: projetos sobre interesses gerais da Nação, ajustes entre províncias, imposições cuja iniciativa é exclusiva da Câmara dos Deputados, e sobre execução de leis. Este último ponto talvez seja o mais relevante, pois faz menção explícita a respeito do direito de representação. Caso uma Assembleia Provincial quisesse se manifestar contra a execução de determinada lei, deveria se dirigir à Assembleia Geral e ao Poder Executivo *conjuntamente*.

Lendo-se este parágrafo concomitantemente ao artigo 84, teremos uma noção clara do calcanhar de Aquiles apontado pelo aviso. Além da representação conjunta, as resoluções da Assembleia deveriam seguir diretamente ao Poder Executivo por intermédio do Presidente de Província. No caso de São Paulo, o Barão de Monte Alegre não foi acionado neste sentido, assim como a Assembleia Geral também não recebeu a Representação.

Quanto aos artigos do Ato Adicional, é interessante salientar que foram ignoradas as alterações sofridas pela Interpretação à mesma lei. Possivelmente por não mudarem os pontos que interessavam ao Ministério nesta questão em especial, ou ainda, por pretender o Ministério usar justamente a lei apoiada convictamente pelo grupo que agora atacava o governo e que, na visão deste, extrapolava suas atribuições.

Os deputados provinciais rebateram, no parecer da Comissão de Constituição e Justiça de 3 de março, cada um destes artigos, com ênfase na questão da manifestação conjunta ao Legislativo e ao Executivo nacionais. Para a Comissão, não fora representado à Assembleia Geral por esta ainda não estar em funcionamento. No entanto, fez-se silêncio quanto à necessidade de subir ao Executivo pelas mãos do Presidente da Província. Por não reconhecerem a "legitimidade" do atual Ministério, a Representação fora encarada como súplica direta ao Imperador.

> Em fim: sendo o direito de *representar, pedir, queixar-se* um direito natural, não dado, mas reconhecido pela Constituição, ele só

bastava para fundamentar a justiça do nosso procedimento, quando não houvesse (como temos demonstrado) tantos artigos explícitos da Constituição.[30]

Cientes do caráter pré-onstitucional da Representação, uma vez que figurava como direito inquestionável até nas monarquias absolutistas, os deputados provinciais rechaçaram o aviso do Ministro do Império. Para tanto, a Comissão ofereceu, como parte do parecer, três pontos práticos: 1º) o "extravagante ofício" do Ministro deveria ser tratado com o merecido desprezo; 2º) todas as Câmaras Municipais, autoridades e cidadãos que fizeram representações à Assembleia Provincial deveriam ser comunicados que "apesar da conduta do Ministério ainda esperamos remédio da Assembleia Geral"; e 3º) uma cópia deste parecer e do aviso deveriam ser remetidas a todas as Assembleias provinciais do Império.

Apoios locais e suas demandas

Cabe aqui uma discussão de suma importância a respeito do segundo ponto do parecer. A preocupação em comunicar Câmaras, autoridades e cidadãos que se manifestaram por representações seria uma resposta ao apoio destes segmentos à Assembleia Provincial, iniciado quase simultaneamente aos trabalhos legislativos de 1842. No texto apresentado em 18 de janeiro pela Comissão de Redação, já constava uma referência a essas manifestações:

> Senhor, não creia V.M.I. que a Assembleia Provincial inventa fantásticos perigos, sonha males não existentes; não, Senhor, a Província inteira se levanta, como um só homem, contra as denominadas Leis, *algumas das Câmaras já se têm energicamente pronunciado contra elas, receia-se que as restantes sigam o exemplo e que as acompanhem os eleitores, e mais autoridades.*

Nota-se neste excerto a intenção dos autores da Representação (e também de seus apoiadores) em destacar a insatisfação unânime da Província como prova de que a Assembleia não inventava perigos fantásticos. No entanto, apesar da legitimidade do Legislativo Provincial enquanto esfera de deliberação e representação dos cidadãos paulistas, o acréscimo de força reside no apoio das Câmaras e demais instâncias "municipais".

---

30   *Anais da Assembleia Provincial de São Paulo*, 18.01.1842.

Vale lembrar que com frequência se defende que houve um esvaziamento do poder das edilidades se comparado ao período colonial, agravado ainda mais com o Ato Adicional e a consequente criação da Assembleia Provincial. O que fica evidenciado aqui é que, não obstante a diminuição da autonomia das Câmaras, estas permaneciam como espaços políticos de importância e intimamente relacionados à Assembleia, sugerindo uma embrionária ideia de "base política". Os deputados provinciais, guardadas as devidas proporções a fim de se evitar o anacronismo, não agiam sem o conhecimento de seu eleitorado ou aliados em nível local.

Porém, um detalhe muito mais sutil reside nas datas, no cronograma de ação certamente traçado pelos propositores da Representação. O projeto levado a plenário em 18 de janeiro afirma que "algumas das Câmaras já se têm energicamente pronunciado" contra as "Leis opressoras", pedindo providências por parte da Assembleia. Ao consultarmos os *Anais*, entretanto, veremos que apenas duas Câmaras Municipais tinham se manifestado – Taubaté e S. Carlos (depois Campinas) –, além da Guarda Nacional de Guaratinguetá. Ao fim da terceira discussão no dia 27 do mesmo mês, a Assembleia recebeu mais três representações de Câmaras – Bragança, Cunha e Sorocaba –, além de manifestações de juízes de paz, juízes municipais e de órfãos, e eleitores de Atibaia, Queluz, São Bernardo e também Cunha.

Por mais que o termo "algumas" seja indeterminado, significando nem muito nem pouco, cinco Câmaras Municipais parece ser um número relativamente baixo quando a intenção é justamente demonstrar força ao Governo Central. A não ser que se tivesse convicção de que muitas outras ainda se manifestariam em apoio à Assembleia e a uma postura firme perante o Ministério. Quando do parecer em resposta ao aviso do Ministro do Império negando o recebimento da Representação, o quadro era muito diferente: ao todo 15 Câmaras enviaram ofícios, declarações e representações. Qual a origem dessa convicção? Certamente trata-se de uma planejada articulação política.

A fim de se ter uma ideia mais precisa deste cenário, foi montada uma tabela reunindo as diferentes manifestações de apoio ou cobranças de atitude da Assembleia Provincial. As localidades estão agrupadas por Comarcas:

Quadro 1: Representações enviadas à Assembleia Provincial em 1842[31]

	1.	2.	3.	4.	5.	6.	7.	8.	9.
Bananal			X						
Queluz*		X							
S. José do Barreiro (c)	X	X		X					
Guaratinguetá		X							
Cunha		X		X					X
Pindamonhangaba									X
Taubaté*									X
Mogi das Cruzes		X							X
S. Paulo									X
S. Bernardo		X		X					
Nº S. da Conceição de Guarulhos (f)		X		X					
Penha (f)		X		X					
Cotia (f)		X		X					
Paranaíba		X		X	X	X			X
Atibaia		X		X	X		X		
Bragança	X			X					X
Nº S. do Amparo (f)		X	X						
Nº S. do Socorro (f)		X		X					
S. Carlos (Campinas)*									X
Limeira (f)*	X		X						
S. Bárbara (c)*		X		X					
Pirassununga (f)*	X		X	X	X				
S. João do Rio Claro (f)*	X		X	X	X				
Araraquara									X
Itu*									X
Capivari		X							X
Porto Feliz	X								
Tatuí (f)	**X**								
Pirapora (f)*	**X**								
Sorocaba*						X			X
Itapetininga			**X**						**X**
Itapeva									X
Iguape						**X**			
Ubatuba					X				X

1. Habitantes ou povo; 2. Cidadãos; 3. Eleitores; 4. GN ou oficiais da GN; 5. Juiz de paz; 6. Juiz municipal (e de órfãos); 7. Promotor; 8. Vereadores; 9. Câmara. * Localidade elevada em 1842. Processo em andamento nesta legislatura; (c) Capela curada; (f) Freguesia

---

31 Como não foram consultadas diretamente essas representações, e sim por meio dos *Anais da Assembleia Provincial*, pode-se notar uma fragilidade na tabela. Optei por manter, na medida do possível, os termos como constavam do registro nos *Anais*. Desse modo permanecem carentes de explicações a diferenciação entre "vereadores" e "Câmaras", ou ainda, "habitantes", "povo", "cidadãos" e "eleitores". Apesar de poderem ser entendidos como sinônimos, preferi manter como tópicos separados por acreditar na existência de nuances entre os vocábulos.

À luz da tabela acima podemos notar também a diversidade de representações dentro de uma mesma localidade. De Paranaíba, por exemplo, partiram manifestações dos juízes de paz, juiz municipal e de órfãos, promotor, Câmara e eleitores. Estes últimos se destacam no plano geral. Apesar da representatividade indireta encarnada nas Câmaras Municipais e na Assembleia Provincial, os eleitores também exerciam diretamente sua participação política. Ademais, são significativos os casos em que a Câmara não se manifestou, porém as freguesias tomaram a dianteira e representaram diretamente ao Legislativo Provincial, seja pelas autoridades locais seja pelos seus eleitores, como foi o caso da Vila de Constituição ou Piracicaba.

A Câmara de Piracicaba não enviou qualquer representação à Assembleia. Contudo, duas de suas freguesias – Limeira e São João do Rio Claro – e o curato de Santa Bárbara enviaram diversos ofícios abrangendo de "habitantes" a "eleitores", lembrando que a princípio "cidadãos", "eleitores" e "guardas nacionais" podem representar o mesmo grupo, mas são "instituições" diferentes e com poder simbólico diferentes. Curiosamente, e provavelmente não por coincidência, neste mesmo ano Piracicaba perdeu essas duas freguesias que, junto à freguesia de Pirassununga (antes pertencente à Mogi Mirim), passaram a fazer parte da vila de Limeira.

Ainda como resultado do cenário proporcionado pelas representações, é possível perceber a distribuição geográfica do descontentamento que se sobrepõe quase exatamente ao mapa da conflagração que viria a acontecer poucos meses depois. Temos a insatisfação ou "agitação" presente nas 1ª, 2ª, 3ª, 4ª e 6ª Comarcas. Com exceção de Ubatuba, não podemos falar em "Revolução" na 6ª Comarca, porém as tropas imperiais ocuparam esta região como cabeça de ponte para suas operações. A 5ª Comarca, de Curitiba, e a 7ª, de Franca, não aparecem no quadro acima e também não são apontadas como palcos dos confrontos armados deste ano.

O esgotamento das possibilidades legais

Se, contudo, temos aqui indícios de uma articulação política entre grupos e indivíduos de expressão local e a Assembleia Provincial encarnada em seus deputados, essas alianças, que iam sendo costuradas dentro dos trâmites legais, não eram exclusividade da Província. É lícito nos perguntarmos a respeito das possíveis conversas com a *Sociedade dos Patriarcas Invisíveis*, reunindo deputados e senadores, e considerada a mentora do movimento armado de 1842. A deputação partiu para a Corte o mais rápido possível. Segundo consta nos *Anais*, os três deputados provinciais não chegaram a esperar o fim da sessão do dia 29 de janeiro.[32] A negativa por parte do Ministério, mas respaldada por declaração do Imperador, ocorreu no dia 4 de fevereiro, de acordo com o aviso datado do dia seguinte. Apesar de Vergueiro oficiar à Assembleia em 7 de fevereiro, o ofício e o documento assinado pelo Ministro do Império foram lidos em plenário apenas em 14 de fevereiro. A ata desta sessão gera certa dúvida. Neste dia já estaria presente o deputado Souza Queiroz, no entanto Vergueiro e Gavião Peixoto têm seus nomes anotados como ausentes, sendo que é lida nesta mesma sessão uma justificativa de ausência de Vergueiro na qual alega assuntos urgentes a tratar "em casa".

Na ausência de outras referências ao paradeiro destes deputados, só nos resta confiar nos registros dos trabalhos legislativos. Desse modo, enquanto Gavião Peixoto não mais retornaria à Assembleia em 1842, a presença de Vergueiro volta a ser anotada apenas em 23 de fevereiro. Por onde andou o senador e por qual motivo se ausentou são perguntas que dificilmente serão respondidas. No mesmo sentido, por que a Comissão de Constituição e Justiça, tão ágil ao tratar da Representação, demorou até o dia 3 de março para apresentar seu parecer a respeito da documentação recebida em 14 de fevereiro? Temos quase um mês entre a negativa na Corte e a reação da Assembleia Provincial, um tempo que inspira questionamentos. A comunicação era muito mais rápida e mesmo as deliberações do legislativo de São Paulo eram mais dinâmicas quando conveniente. É o caso de considerarmos que a natureza e o teor do aviso já eram conhecidos há tempos, faltaria apenas saber que posicionamento tomar. Retoma-se aqui a articulação política.

Ao que tudo indica, cada movimento foi cuidadosamente planejado, ao menos no que tange ao período pré-conflagração. É importante notar o empenho em seguir até o fim, ou até onde fosse possível, o caminho da legalidade. Considerando-se como bandeira do descontentamento as Leis de 1841, a primeira atitude dentro dos trâmites legais foi a elaboração da Representação. Independente do caráter de seu texto ou das suas intenções reais, representar ao Imperador constituía um direito dos cidadãos como um todo e um dever da Assembleia Provincial como instituição responsável constitucionalmente por representá-los. O parecer da Comissão em resposta ao não recebimento da deputação aprovado em plenário também não extrapola as disposições legais e declarava ainda esperar "remédio" da Assembleia Geral.

É neste contexto que devemos compreender o "armistício" do qual possivelmente participou Rafael Tobias de Aguiar. Um movimento armado a esta altura, em fevereiro de 1842, já tinha seus preparativos em andamento. No entanto, como homens conhecedores do Estado e interessados em influir neste aparelho, entendiam que era

---

32 *Anais da Assembleia Provincial*, 29 de janeiro de 1842.

necessário esgotar os dispositivos legais existentes até mesmo para fortalecer suas reivindicações. Portanto, uma explosão de descontentamento prematura como fora a ação dos 170 Exaltados não interessava aos planos das lideranças articuladas à Corte e a Minas Gerais. Apesar da falta de outras referências aos 170 é possível imaginar até mesmo que após a ação de Rafael Tobias de Aguiar, esta "facção" tenha se retirado da sublevação posterior. Isto ajudaria a explicar porque não foi possível tomar o Quartel da capital como se esperava, a 11 de maio.[33]

A outra face da "insistência na legalidade" foi justamente oferecer ao Governo Central uma data aproximada ou esperada para a eclosão do movimento armado. A esperança na reunião da Assembleia Geral a fim de corrigir ou sustar as "leis opressoras" era alardeada publicamente, assim como também era de conhecimento geral o receio de que a legislatura que iniciaria seus trabalhos neste ano fosse dissolvida. Desse modo, podemos considerar como uma hipótese plausível, mas de difícil comprovação, que o governo poderia até mesmo escolher o momento de acender o pavio da "Revolução". Bastaria decidir se a Câmara seria dissolvida previamente ou após o início de seus trabalhos, por exemplo.

Tomando-se esta hipótese como plausível, que elementos influiriam na decisão do Gabinete em pedir a dissolução ao Poder Moderador? Certamente a garantia de que as presidências das províncias de São Paulo e Minas Gerais se encontravam prontas a enfrentar uma guerra.

É possível pensar que a conjuntura política anunciava o desfecho bélico, ou mais, que foi uma opção tomada conscientemente pelos políticos do Império. Ou seja, fontes e bibliografia sugerem que os dois lados estavam se armando e se mobilizando ao mesmo tempo. Segundo Cônego Marinho, o Ministério e seus partidários queriam o conflito a fim de esmagar a oposição, pois sabendo da exaltação dos ânimos em São Paulo e Minas Gerais, continuaram a provocar uma reação.[34] Enquanto que para situacionistas, era a oposição nas províncias que tinha sede de poder, e com esse intuito pegaria em armas, criando-se uma discussão infindável.

Para os opositores paulistas e mineiros, considerando-se as bandeiras de combate, poucas alternativas pareciam restar: perdiam com as novas leis a suposta autonomia provincial defendida ardorosamente em seus discursos, ou o seu "direito à ingerência nos negócios públicos"; com a dissolução da Câmara, a manutenção do partido no poder estaria definitivamente inviabilizada, e o fim do Gabinete Maiorista e as "eleições do cacete" colaboravam para a sua desmoralização. O apelo às armas era perigoso, a

---

33   Sérgio Buarque de Holanda. *São Paulo*, p. 468.

34   José Antonio Marinho. *História do Movimento Político de 1842*, p. 239.

legislação era rígida, mas não excluía a absolvição, a anistia e o jogo político. Por sua vez, aos membros da situação não havia muito que temer: na Corte, o Gabinete e o Senado lhes "pertenciam", a nova legislação permitia uma intervenção eficiente nas províncias, e em São Paulo, ao menos, as medidas já haviam sido tomadas. Caso esperassem o confronto bélico, as providências para salvaguardar a posição do "partido" estavam a esta altura efetivadas. Esperava-se, então, a dissolução da Câmara?

O jornal *O Tebyreçá* considerava quase certa a dissolução da Câmara, mas acreditava que ocorreria no dia 4 de maio. Talvez por ironia, sugeria que o governo chamaria de volta Vasconcelos, apenas para pôr em prática o plano, como se tentou fazer na *Maioridade*.[35] No entanto, é curioso o relativo silêncio das fontes quanto aos meses de março e abril. Após o encerramento da aguerrida legislatura de 1842, no dia 7 de março, há um período de certa calmaria até os primeiros dias do mês de maio. Isto a julgarmos pelas correspondências militares e mesmo pela imprensa, pois as nomeações das novas autoridades continuavam ocorrendo.

No dia 4 de maio, foi enviado a Atibaia um destacamento de 20 praças e três oficiais inferiores comandados pelo Capitão Manoel de Paula Fernandes.[36] O motivo seria uma agitação popular supostamente motivada pelos empregos decorrentes da Lei de 3 de dezembro. Segundo informa *O Tebyreçá*, a desordem principiou quando, no dia marcado para a posse das novas autoridades, um grupo de 18 ou 20 indivíduos capitaneados por dois indivíduos de nome Chico Jorge e Dantas, de Bragança, passaram a instigar a população local garantindo que agora poderiam se vingar.[37] Estes "boatos", como diz o periódico, teriam chegado à capital no dia anterior à impressão do jornal.

Estava em exercício o vice-Presidente da Província, Pires da Mota, durante uma ausência (não explicada pela documentação) do Barão de Monte Alegre. Junto ao destacamento foi enviada uma carta de orientações ao Capitão Paula Fernandes. As ordens deveriam ser recebidas apenas do "Doutor chefe de polícia interino", na falta deste, do juiz municipal e delegado de polícia de Atibaia, Dr. Diniz Augusto de Araújo Azambuja. Para ambos os casos, quando o objeto fosse grave, a ordem deveria vir por escrito e assinada. Pires da Mota, enfático, reafirma que o capitão não deveria receber ordens de nenhuma outra autoridade: juiz de paz, Câmara Municipal, "ou quem quer que for, e debaixo de qualquer pretexto que seja". Pede-se, ainda, que mantenha a disciplina, a ordem, exercite os soldados à vista da população, em especial aos domingos e dias santos, "para que o povo observando a perícia, e destreza dos mesmos soldados no manejo das armas, lhes

---

35   *O Tebyreçá*, 26 de abril de 1842.

36   04.05.1842 – E00563, p. 55v-57 (AESP).

37   *O Tebyreçá*, 4 de maio de 1842.

tenha maior respeito". Deveria tomar cuidado para que os soldados não frequentassem tabernas nem se envolvessem com os locais a fim de se evitar que recebessem "maus conselhos, sugerindo-lhes princípios de sedição, e de revolta, e excitando-os a desertar." Os soldados, por sua vez, deveriam tratar a todos com "urbanidade", não mostrando "indisposição às pessoas, qualquer que seja o partido a que pertençam, e que antes convençam pelo bom comportamento, que não foram enviados por este governo para fomentar parcialidades, e exercer perseguições, e vinganças, mas sim para manter as leis públicas, e fazê-las respeitar pela maneira a mais branda possível".

Afora a agitação em si, que não fora um evento isolado ou exclusivo a Atibaia,[38] o documento chama a atenção para o modo como o aparato repressor do Estado deveria agir nesta circunstância. Pelas palavras de Pires da Mota, tem-se a impressão de que também o governo estava cauteloso e mais preocupado em mostrar força que exatamente usá-la. Significativo aqui é o fato de que o capitão deveria obedecer às ordens de apenas duas autoridades, ou do chefe de polícia ou do juiz municipal e delegado de Atibaia, ambas criadas pela Reforma do Código e nomeadas pelo atual governo provincial. Mas mesmo assim, em caso grave, a ordem deveria ser por escrito evitando, falsas interpretações e gerando documentação comprobatória.

Em trecho final o vice-Presidente pede o empenho do Capitão Paula Fernandes em desfazer mal-entendidos, uma "boataria" que comprometia a ordem. A missão do militar seria também uma ação de contrapropaganda, se considerarmos que os tais "boatos" partiam certamente da oposição:

> desminta evidentemente os boatos, que mal intencionados fazem circular na Vila de Atibaia, e por outras partes, com manifesta perfídia, e aleivosia, de que o governo Provincial e o governo de Sua Majestade o Imperador são hostis aos habitantes desta Província e procuram sopear [subjugar, golpear] aos Paulistas, quando os desejos do governo de S.M. o Imperador e os do governo da Província se dirigem unicamente o império da Constituição e das leis, a ordem, a tranquilidade pública, e a liberdade.[39]

Por sua vez, a data do envio deste contingente a Atibaia nos remete a outra questão. A 4 de maio, São Paulo ainda não sabia da dissolução prévia da Câmara ocorrida em 1° de maio. Mas quando exatamente a notícia chegou à capital da província?

---

38 Apenas nos *Anais da Assembleia Provincial* constam notícias de perturbações públicas em Campinas, Mogi das Cruzes e Curitiba. 28 de fevereiro de 1842.

39 04.05.1842 – E00563, p. 55v-57 (AESP).

Infelizmente não foi encontrado documento capaz de fornecer esta informação, pois a Assembleia Provincial não mais funcionava, os periódicos consultados não cobrem este pequeno período e a documentação oficial não contempla tal dado.

A tomada em armas: a organização da "ação" e da "reação"

É no mês de maio que os limites da legalidade são transpostos e o que antes eram ameaças veladas ou provocações aparentemente pouco consistentes tomam contorno claro e explícito. Após a dissolução prévia da Câmara dos Deputados em 1º de maio, a eclosão do movimento parecia esperada. No dia 11 de maio, a planejada tomada do quartel da capital não ocorreu, forçando Rafael Tobias de Aguiar e seu cunhado, o Major de 1ª linha Francisco de Castro do Canto e Mello, a partirem para Sorocaba, passando por Itu. Segundo Sérgio Buarque de Holanda, não sabendo do fracasso da operação na capital, os sorocabanos se sublevaram na noite do dia 12 de maio.[40] Entretanto, Aluisio de almeida não faz menção direta ao fato, tomando como início da Revolução a Aclamação de Tobias de Aguiar no dia 17 do mesmo mês, apesar de mencionar os ofícios de Monte Alegre à Corte, onde informa a ocorrência de uma sedição em Sorocaba exigindo auxílio militar.[41] Como pedia o ofício, tropas foram enviadas para São Paulo a vapor, desembarcando em Santos.

Após a sessão pública da Câmara de Sorocaba, na qual o Coronel Rafael Tobias de Aguiar foi nomeado Presidente *Interino* da Província e cuja ata recebeu mais de 300 assinaturas, a "Revolução" teve início oficialmente:

> Ano do Nascimento do Nosso Senhor Jesus Cristo de 1842, 22° da Independência e do Império do Brasil, nos passos da Câmara Municipal desta cidade de Sorocaba, onde se reuniram, em consequência do rebate que o povo e guardas nacionais fizeram tocar, todas as autoridades, civis e militares, o batalhão das ditas guardas nacionais e mais Cidadãos deste município (…)
>
> (…) propuseram como medida de salvação [do Império] a nomeação de um Presidente *Interino* desta Província e unânime e espontaneamente proclamaram o Snr. Coronel Raphael Tobias de Aguiar, para o dito cargo, a quem autorizaram para administrar em nome de Sua Majestade, o Snr. D. Pedro II, Imperador constitucional, até que o Augusto Snr. livre-se da coação em que se acha e nomeie um

---

40   *Idem, ibidem*, p. 468

41   Aluisio de Almeida. *A Revolução Liberal de 1842,* p. 70.

Ministro [ou Ministério?] da confiança nacional, e outrossim que a Assembleia Geral Legislativa tenha derrogado as leis, que tem sido feitas contra a Constituição do Império (…).[42]

O Presidente rebelde tomou no mesmo dia decisões burocráticas, nomeou secretários, requisitou verbas e distribuiu ordens. Segundo João Baptista de Moraes, Rafael Tobias de Aguiar já vinha buscando apoio e estabelecendo uma rede de contatos desde 1° de maio.[43] Moraes afirma que estes apoios previam reunião de homens e o envio de tropas para lugares estratégicos. Faziam parte desta "rede" personalidades influentes em seus respectivos municípios: Major Cintra, de Atibaia; Tristão de Abreu Rangel, de Itu; Dr. João Viegas Muniz, de Porto Feliz; José Rodrigues Leite, de Capivari; Pe. Manoel José de França, de Constituição; Capitão Amaro, de Una; e Paulino Aires de Aguirre, de Itapetininga.

Entretanto, apesar de se estabelecer um objetivo militar – tomar a capital e, portanto, a sede do governo –, as decisões acerca dos rumos do movimento no interior da província parecem ter sido vítimas de uma certa morosidade. Ou ao menos assim nos apresenta a bibliografia. As cidades onde as Câmaras eram de maioria contrária ao governo foram tomando partido, a que tudo indica, voluntariamente, sem um plano pré--estabelecido. Contudo, conforme as obras estudadas, o comando central não foi capaz de canalizar eficazmente os voluntários. Eram partidárias da Revolução as povoações de Tietê (então Pirapora), Capivari, Limeira, Piracicaba, Porto Feliz, Itapetininga, no entanto, com exceção desta última, poucos homens saíram à luta, restando aparentemente para Itu e Sorocaba o ônus da guerra.

Por outro lado, a natureza do movimento político guarda certas peculiaridades que podem explicar essa "morosidade". Como Rafael Tobias de Aguiar foi nomeado Presidente *Interino*, cabia-lhe organizar toda a máquina administrativa nos moldes do que estes homens entendiam por administração pública. Assim, tão importante quanto uma conquista militar era o estabelecimento de diretrizes que visassem uma ação de médio ou longo prazo, dentro dos parâmetros de uma ação armada.

Das palavras da proclamação acima se vê o cuidado em colocar como objetivo do movimento a oposição ao Ministério e às "leis opressoras". Seguindo os mesmos princípios adotados nas discussões e pareceres da Assembleia Provincial e na consequente Representação, procura-se enfatizar um caminho legal mesmo quando em uma ação ilegal como a tomada em armas. O movimento não seria contra o Imperador nem

---

42 *Coleção Raphael Tobias de Aguiar* – Arq. 38, Pr. 27, Pasta 11, Doc. 4727. Acervo Museu Paulista – USP.

43 João Baptista de Moraes. *Revolução de 1842: Memória, acompanhada de documentos e autographos*, p. 132.

contra a monarquia constitucional, e sim em oposição ao Gabinete "responsável" pela legislação de 1841. Destituindo-se os ministros, caberia à Assembleia Geral rever as Leis da Reforma do Código e do Conselho de Estado.

Mais ilustrativo ainda são as *Instruções aos Comandantes Militares, suas obrigações e atribuições*. Trata-se de um documento remetido aos diversos comandantes aliados de Rafael Tobias orientando-os e, indiretamente, evidenciando o funcionamento deste Governo *Interino* em tempos de guerra. O exemplar encontrado é uma cópia enviada pelo Comandante militar José Manoel Arruda à Câmara de Porto Feliz em 25 de maio, porém as *Instruções* datam de 22 do mesmo mês.[44] Ao todo são onze atribuições, dentre elas manter a ordem em seus distritos e passar em revista a força armada. Contudo, alguns itens são de grande interesse e ajudam a iluminar quais poderiam ser as perspectivas desses rebeldes.

De acordo com o segundo ponto das *Instruções*, o Comandante militar deveria proceder um alistamento de todas as pessoas que poderiam pegar em armas, dividindo-as em "esquadras de dez homens". No entanto, estas "esquadras" não deveriam ser confundidas com a Guarda Nacional. Seriam corpos novos, cada um com um chefe escolhido entre eles, instruídos em guerra de guerrilhas e que deveriam permanecer "armados e prontos ao primeiro aviso". Afora o uso de uma estratégia alternativa e não usual dentro da formação militar brasileira, é interessante destacar a ênfase na escolha dos comandantes dentre os próprios soldados segundo a estrutura original da Guarda Nacional, e que há certo tempo era motivo de discussão na Assembleia Geral. No entanto, os oficiais da GN e da Guarda Policial poderiam ser suspensos interinamente pelos comandantes militares e no lugar seria nomeado qualquer cidadão apto à função.

Ao poder de suspender oficiais e outras autoridades do distrito soma-se às atribuições desses comandantes a função de promover a subscrição voluntária entre os mais abastados, a fim de se "fazerem as despesas necessárias aos fins". Por último, ainda cabia ao Comandante prender e encaminhar às autoridades judiciais "quem promova o descontentamento, ou inimizade à Causa que a Província defende". Coerentemente, o juizado de paz era reabilitado como instância judicial, negando a Reforma do Código do Processo.

É curioso pensarmos nessas *Instruções* em paralelo com a própria Reforma. De certo modo, os "revolucionários" eram de fato conservadores no sentido de conservar uma estrutura que sofria uma tentativa de reforma. Ao mesmo tempo, ambos os lados em guerra enfrentavam um rearranjo no interior da máquina administrativa e judiciária, fundamental para o andamento de suas ações. Podemos supor que este seja

---

44   Documentação não numerada pertencente ao acervo do Museu Republicado de Itu, MP-USP.

um ponto fraco dos insurgentes, pois não tendo uma formação militar organizada e independente da estrutura que "criavam", enfrentavam um inimigo que, apesar das dificuldades encontradas nas nomeações dos delegados, subdelegados e juízes de direito, ainda assim tinha à mão um exército para pronto emprego.

Do lado legalista, Monte Alegre comunica o Coronel José Olinto, em ofício do mesmo dia 17 de maio, que fora requisitado ao Ministro da Guerra a remessa de um Batalhão de 1ª Linha e que este deveria chegar "em qualquer dia destes" em Santos.[45] Neste mesmo dia também se encontrava em "comissão" o 2º Tenente Luiz Pedro Moraes Mesquita de Lamar, à frente de 56 praças guardando o "ponto do Rio Pequeno", a fim de

> impedir que das partes desta Cidade [a própria capital], e d'outros lugares aquém do referido ponto passem para o lado da Serra pessoas armadas, ou suspeitas de quererem obstar a subida da Tropa que s'espera da Corte.[46]

A tropa que se aguardava havia sido, portanto, requisitada antes da conflagração iniciada "oficialmente" com a nomeação ou aclamação de Rafael Tobias de Aguiar como Presidente *Interino* da província em 17 de maio. O pedido possivelmente estava ligado à tentativa de tomada do Quartel da capital, episódio em si um tanto nebuloso posto que não foram encontradas referências na documentação consultada. É provável que se tratasse de fomentar uma sublevação ou motim entre os soldados, porém a troca de comando deve ter enfraquecido o movimento e exposto parte dos planos da "Revolução". Ou podemos cogitar ainda que a situação das vilas do interior, a exemplo de Bragança, já tivesse deixado de sobreaviso a presidência, bastando uma fagulha para ameaçar toda uma província que há tempos se assemelhava a um paiol de pólvora.

Ainda na tentativa de armar o governo provincial com tropas de linha, o Presidente oficiou ao comendador Manoel Antonio da Cunha, com o apoio oficial do Presidente de Santa Catarina, para que o Batalhão Catarinense estacionasse na 5ª Comarca. Esta medida, tomada em 18 de maio,[47] era de grande importância e visava evitar qualquer contato com o Rio Grande. Por mais que nenhuma indicação consistente sobre a relação entre farrapos e "liberais" tenha sido encontrada, havia o receio das autoridades que a princípio parecem ter imaginado o pior cenário possível.

---

45 17.05.1842 – E00563, p. 60-60v (AESP).

46 17.05.1842 – E00563, p. 60v-61 (AESP).

47 18.05.1842 – E00563, p. 71 (AESP).

Como reação à movimentação rebelde na capital, Monte Alegre ordenou que as pontes da cidade fossem vigiadas. Os "relatórios" de 19 de maio dão parte das patrulhas nas Pontes de João da Silva Machado [*sic*], do Piques e do Acú.[48] A primeira delas não foi possível identificar a localização exata, mas é provável que também ficasse no Vale do Anhangabaú em um dos caminhos para a região de Sorocaba. Os piquetes, como nomeados nos documentos, eram comandados por oficiais e passaram a madrugada toda em vigília anotando quem e a que horas passou por estes pontos.

Sob o comando do alferes José da Silva Henriques, dez homens permaneceram de guarda na Ponte do Acú entre 21h30min do dia 18 e 6h do dia seguinte. Afora alguns nomes que por falta de outras referências pouco dizem, uma anotação se destaca: "não tendo passado o indivíduo recomendado". Quem seria este indivíduo? De acordo com a data, sabemos apenas que não era Rafael Tobias de Aguiar, este havia sido aclamado em Sorocaba um dia antes. Em todo o caso, esta recomendação destaca mais uma vez a preocupação do governo do Barão de Monte Alegre em se antecipar aos movimentos dos rebeldes. Tal postura foi a responsável pela situação definida por Aluísio de Almeida como um "caso virgem na nossa História antiga, um levante, cuja repressão se prepara no mesmo momento em que surge. Era nati-morto".[49]

O Batalhão designado para combater em São Paulo foi o 12º de Caçadores,[50] sob o comando do Barão de Caxias, nomeado Comandante do *Exército Pacificador* da Província de São Paulo. Caxias partiu do Rio de Janeiro em 19 de maio,[51] no entanto os primeiros homens do Batalhão, duas Companhias, chegaram já nesta data a Santos. Conforme ofício de Monte Alegre, era urgente a marcha destes soldados para São Paulo, sob as ordens do Tenente-Coronel Francisco José da Silva. Para garantir a subida desta

---

48   20.05.1842 – C02404 (AESP). Apesar de datadas de 19 de maio, todas estão anexadas a um ofício só remetido a José Gomes Almeida, ajudante de ordens do governo, pelo Tenente-Coronel José Joaquim da Luz.

49   Aluisio de Almeida. *Op. cit.*, p. 72.

50   Apesar de não haver dúvidas sobre o envio do 12º Batalhão de Caçadores para São Paulo, posto que é fartamente documentado, faz-se necessário salientar que a organização geral dos batalhões do Exército Imperial enfrentou uma série de reformas desde o início do período regencial. Pela reforma ordenada em 25 de abril de 1842, passou a haver apenas oito Batalhões de Caçadores. Possivelmente o batalhão que marchou para a Província ainda correspondia à antiga organização, de 22 de fevereiro de 1839. O mesmo ocorre com o Batalhão Catarinense, certamente correspondia a uma tropa de Caçadores de Montanhas, designação mais precisa aos comumente chamados Pedestres, "pequeno efetivo, que, apesar de pertencerem ao Exército ativo, estavam fora da dependência direta do mesmo", estando ligado às províncias (Gustavo Barroso. *História Militar do Brasil*, p. 53; 58; 64-65).

51   Barão do Rio Branco. *Efemérides brasileiras*, p. 246. Segundo Adriana Barreto de Souza, Caxias teria sido nomeado no dia 17 de maio. (*Caxias e a formação do Império Brasileiro: um estudo sobre trajetória, configuração e ação política*, p. 226).

tropa, que trazia consigo também todo o armamento e munição disponíveis na guarnição de Santos, foi oficiado mais uma vez ao contingente estacionado no Rio Pequeno.[52]

A ação legalista: comando e fortificação da capital

Cabe aqui uma breve explanação sobre o significado da nomeação do Barão de Caxias para o comando da força militar em São Paulo. Luis Alves de Lima e Silva vinha, sem dúvida, construindo uma carreira militar sólida, no entanto o oficial estava longe de ser uma unanimidade dentro do Exército Imperial como viria a se tornar após a Guerra do Paraguai. Todavia, sua trajetória estava intimamente ligada aos conflitos da Regência, primeiro na Corte e depois no Maranhão. Seu ingresso no Exército se fez antes, é verdade, contudo é neste período que seu nome foi vinculado à imagem de Comandante disciplinado e competente. Como muito bem mostrou Adriana Barreto de Souza,[53] é a experiência como Comandante dos Municipais Permanentes da Corte, entre 1832 e 1839, e depois na repressão aos Balaios, quando então ganhou o título de Barão, que fez de Caxias o homem certo para a "pacificação" de São Paulo e Minas Gerais.

À frente dos Municipais Permanentes, um corpo de polícia formado por cidadãos alistados, o jovem oficial aprendeu a lidar com as diferentes classes sociais, tropas indisciplinadas, oficialato de fidelidade incerta e métodos não muito ortodoxos, como a espionagem. Deixando o ambiente urbano, Lima e Silva testou seus conhecimentos no Maranhão comandando tropas de 1ª e 2ª linha em um cenário até então desconhecido, evitando se envolver na política local e pondo em prática uma "guerra civilizadora". Foi esta a bagagem que o recém-condecorado Barão trouxe para São Paulo em 1842.

O Brigadeiro Barão de Caxias aportou em Santos apenas no dia 21 de maio às 9h. Como informou ao Presidente da Província, no mesmo dia seguiu para a capital, não se demorando na cidade do desembarque.[54] Sua viagem não foi sem escalas, o general deixou um contingente de 30 homens em São Sebastião, sob o comando do Tenente-Coronel José Vicente de Amorim Bezerra e parte do 2º Batalhão de artilharia a pé,[55] incumbido de reunir a Guarda Nacional da localidade e da vizinha Ubatuba. Esta medida tinha como intenção, além de preparar uma reação rápida ao movimento caso este irrompesse no Vale do Paraíba, eliminar a possibilidade dos insurgentes de conquistarem um porto – via de abastecimento e comunicação com a Corte – e de

---

52   19.05.1842 – E00563, p. 62-62v (AESP).

53   Adriana Barreto de Souza. *Op. cit.,* p. 136-157.

54   21.05.1842 – C02404 (AESP).

55   Ofício de Caxias ao Ministro da Guerra, 21.05.1842. Col. Caxias, caixa 809 (AN).

possuírem uma artilharia, pois apenas a Guarda Nacional de cidades litorâneas possuía tais batalhões.

Apesar do curto período das hostilidades e da relativa facilidade com que as Armas Imperiais venceram os rebeldes, quando do princípio da guerra não se considerava a hipótese de minimizar os riscos ou sugerir uma vitória rápida e simples. Muito pelo contrário, nas palavras de Caxias ao Ministro da Guerra, a capital poderia ter sido tomada caso o brigadeiro tivesse demorado a chegar.[56] Para Aluísio de Almeida quando os rebeldes finalmente organizaram a marcha de sua *Coluna Libertadora* para atacarem São Paulo, Caxias já os esperava à porta. Entretanto, dos ofícios do brigadeiro com o Ministro da Guerra depreende-se o contrário, quem era esperado às portas da cidade guarnecida por "400 a 500 guardas nacionais, mal armados, mal equipados e sem terem oficial que os dirigisse"[57] era Caxias.

Chegando no dia 22 de maio,[58] o Barão de Caxias tinha muito a organizar. No entanto, contava com um aliado muito prestativo e conhecedor da Província, o Barão de Monte Alegre. Desse modo, enquanto o general preocupava-se em reunir sua tropa e traçar uma estratégia de combate, o Presidente cuidava de garantir o apoio da Guarda Nacional fiel ao governo, o fornecimento de cavalos, víveres, munição etc.

A insegurança da cidade de São Paulo, assim como o medo de seus habitantes, foi tratada por Aluísio de Almeida. O "clima de guerra" a que estavam sujeitos os habitantes da capital da Província é fartamente documentado tanto por periódicos como por cartas de seus habitantes. Segundo o redator d'*O Verdadeiro Paulista*,

> somos testemunhas oculares de todos os preparativos, de todas as medidas que se tem tomado, vemos a Cidade toda em armas, vemos as fortificações que se estão fazendo para colocá-la ao abrigo de qualquer surpresa ou invasão de rebeldes.[59]

Poder-se-ia considerar estas palavras fruto do entusiasmo jornalístico típico de quem escreve no calor do conflito e imbuído do desejo de motivar seus leitores, oferecendo uma visão positiva a respeito da movimentação do governo. Todavia, houve um esforço de guerra de dimensão considerável, assinalado também por José Antonio Saraiva. O jovem estudante comenta que diante da eclosão da "revolução" em Sorocaba,

---

56 Ofício de Caxias ao Ministro da Guerra, 25.05.1842. Col. Caxias, caixa 809 (AN).

57 *Idem, ibidem.*

58 22.05.1842 – E00563, p.64v (AESP).

59 *O Verdadeiro Paulista*, 13 de junho de 1842.

já em maio eram perceptíveis os efeitos do movimento: iniciava-se um período de "carestia de víveres e de dinheiro".[60] Na carta de 4 de junho, Saraiva narra uma intensa movimentação de tropas, entre elas, o 12º Batalhão vindo da Corte.

Esta carestia, ou antes, racionamento devia ser consequência das "fortificações" que o jornal relatou. De acordo com referências encontradas em uma Ordem do Dia do Comandante militar da capital, a cidade ficou entrincheirada por pelo menos dois meses, até 23 de julho, data do documento.[61] No entanto, trincheiras não parecem ter sido o suficiente. Como medida para impedir o acesso dos soldados rebeldes, diversas pontes foram demolidas, como a do Carmo, do Acú, da Freguesia do Ó e de Santo Amaro.[62] É interessante atentarmos para a longa permanência dessas medidas; as pontes são citadas pelo jornal quando se autorizam os reparos, isto é, depois de 21 de julho, período em que a cidade ainda permanecia cercada de trincheiras, mesmo Caxias já tendo entrado em Sorocaba. Segundo ordem de Monte Alegre de 24 de maio, a ponte da Vila de Santo Amaro deveria ser cortada "de maneira que não possa mais dar passagem", no entanto considerava-se que "aquela que se manda agora cortar é outra além da que já deverá estar cortada em virtude das ordens ontem expedidas".[63]

Ao menos desde o início do mês de junho, os lampiões permaneciam acesos a noite toda, ao contrário do que o regulamento municipal estipulava: até meia-noite. Tudo em nome do "estado perigoso da capital".[64] Apesar da "fortificação", o trânsito era intenso, uma movimentação constante de tropas. Até a chegada dos soldados de 1ª Linha enviados pela Corte, e mesmo depois disso, a proteção da cidade ficou a cargo da Guarda Nacional de Jacareí, que permaneceu em São Paulo até 2 de julho, quando o Tenente-Coronel Francisco de Paula Machado e seus homens foram mandados para casa.[65] Para a proteção da cidade ainda foram formados batalhões provisórios com alistamento de voluntários, que permaneceram em atividade até dia 1º de agosto, quando também foram dispensados os guardas nacionais destacados.[66]

É importante notar que a "pacificação" da Província não foi realizada apenas com o 12º Batalhão de Caçadores e a Guarda Nacional paulista. Além dos fuzileiros enviados para o Vale do Paraíba, vieram da Corte outros pequenos contingentes

---

60 Wanderley Pinho. *Política e políticos do império: contribuições documentaes*, p. 13.

61 *O Governista*, 28 de julho de 1842.

62 *O Governista*, 21 e 30 de julho e 2 de agosto de 1842.

63 24.05.1842 – E00563, p. 71-71v (AESP).

64 *O Governista*, 16 de junho de 1842.

65 *O Governista*, 14 de julho de 1842.

66 *O Governista*, 4 de agosto de 1842.

de acordo com as possibilidades do Exército Imperial. Lembrando que o combate à "Revolução" coincidia com a guerra aos farroupilhas, a dificuldade em se enviar tropas numerosas era significativa. Não é possível afirmar categoricamente quais corpos foram enviados para São Paulo ou em que momento isso ocorreu, mas sabe-se que ao menos até o dia 19 de junho o principal porto da Província ainda recebeu soldados vindos do Rio de Janeiro[67] – 200 praças –, sendo que quatro dias antes fora pedido ao Coronel Comandante de Santos também o envio de 40 homens da artilharia da Guarda Nacional, além do corpo de infantaria.[68] Vale lembrar também o envio do Batalhão Catarinense responsável por cobrir a área da 5ª Comarca e posteriormente marchar até a capital da Província.

A *Coluna Libertadora* e a Batalha de Pinheiros

Talvez uma das mais importantes movimentações militares por parte dos rebeldes tenha sido a *Coluna Libertadora* e a controversa Batalha de Pinheiros. Apesar desta batalha não ter sido cronologicamente o primeiro confronto entre Exército Imperial e forças rebeldes, posto que a Batalha de Venda Grande ocorreu antes, o desenrolar-se no ponto mais próximo da capital da Província lhe concede grande relevância. A Batalha de Pinheiros, assim como os demais confrontos dessa "Revolução", aparece pouco clara nas páginas da historiografia consagrada. Na maior parte das vezes, temos ora informações desencontradas ora dados suspeitos devido à riqueza de detalhes.

Anteriormente, em *Guerra entre pares* e em um artigo,[69] discuti a Batalha de Pinheiros como um evento envolto em dúvidas que iam desde sua data até seu possível não acontecimento. Por falta de maiores evidências documentais, restava-me apontar hipóteses e trabalhar com a construção da memória e a instrumentalização do "fato".[70] No entanto, o estudo de uma documentação mais específica permite agora preencher algumas lacunas e confirmar o que antes eram apenas suspeitas.

A versão mais aceita, considerando-se a envergadura do trabalho, é a relatada por Aluísio de Almeida. Segundo o autor, quatro dias após a posse de Rafael Tobias de Aguiar como Presidente *Interino*, iniciou-se a marcha da *Coluna Libertadora* com destino à São Paulo. De Sorocaba teriam partido 300 a 400 homens comandados

---

67   *O Governista,* 30 de junho de 1842.

68   *O Governista,* 23 de junho de 1842.

69   Erik Hörner. "Memória seletiva: usos e leituras de um episódio da "Revolução Liberal" de 1842 em São Paulo".

70   Carlos Alberto Vesentini. *A teia do fato.*

pelo Coronel José Joaquim de Lacerda, vereador e sócio de Rafael Tobias de Aguiar. Liderados pelo Major Francisco Galvão de Barros França estariam 200 ituanos, que passando por Parnaíba, Barueri e Carapicuíba vieram a se juntar aos outros às margens do córrego Pirajussara. Estacionaram também nestas paragens as forças do Coronel Paulino Aires de Aguirre, vindos de Itapetininga via São Roque e Cotia. Estava então reunido o exército rebelde de cerca de 900 homens, sob o comando geral do Major Galvão.

De acordo com Almeida, a marcha teria demorado 10 dias, chegando apenas em 31 de maio ao Córrego Pirajussara, onde a coluna teria ficado estacionada por uma semana. O *Exército Pacificador*, por sua vez, ergueu acampamento na altura da ponte sobre o Rio Pinheiros, considerada a porta da cidade e a poucos quilômetros dos rebeldes. No dia 8 de junho, finalmente as tropas de Caxias atacaram o acampamento da *Coluna Libertadora*, surpreendendo-os e causando uma debandada generalizada.[71] É possível detectar diversas arestas neste relato, a começar pelas datas. Para o historiador sorocabano, teria decorrido praticamente 19 dias entre a saída do exército rebelde de Sorocaba e o confronto efetivo com as tropas legalistas na capital. E mais impressionante que a lentidão da marcha rebelde é o fato de os homens do Major Galvão ficarem acampados a poucos quilômetros dos soldados de Caxias por cerca de 7 dias, e mesmo assim serem surpreendidos pelo exército imperial.

Para o Barão de Rio Branco, em suas *Efemérides brasileiras*, a guerra se desenrolou com mais rapidez. O exército rebelde teria chegado ao Ribeirão Jaguaré, próximo ao Córrego Pirajussara, mas mais distante da Ponte do Rio Pinheiros, no dia 28 de maio. Neste mesmo dia teria sido travado combate, que em vista da superioridade tática do *Exército Pacificador* acabou causando a retirada apressada da *Coluna Libertadora*.[72] Temos, então, uma redução drástica da ofensiva rebelde, de grande marcha ela se transforma em uma pequena tentativa quase pueril de se atacar as tropas comandadas pelo Barão de Caxias. Todavia, não se pode deixar de considerar que Rio Branco escreve em 1898, quando há muito tempo Caxias já era um ícone do exército brasileiro, de modo que a presteza da Batalha de Pinheiros é implicitamente justificada pela qualidade do Comandante. Como se o brigadeiro que "pacificou" São Paulo não fosse o Barão de Caxias, que vencera pouco antes os Balaios do Maranhão, mas sim o Duque, vitorioso nos chacos paraguaios.

De qualquer modo, apesar da discordância de datas, a ênfase na debandada da *Coluna* parece corroborar a ideia de que houve uma sucessiva diminuição no número

---

71   Aluisio de Almeida. *Op. cit.*, p. 109.

72   Barão do Rio Branco. *Op. cit.*, p. 260.

Até os limites da política   149

de envolvidos e na magnitude do movimento, a fim de reduzi-lo a um conflito pontual e militarmente irrisório. O foco da narrativa da Batalha de Pinheiros recai sobre a inabilidade dos rebeldes, seu despreparo e fraqueza diante das tropas do governo no intuito de reduzir o impacto causado pelo movimento armado sobre aqueles que viveram à época. João Batista de Moraes e Martins de Andrade também narram a rápida derrota dos soldados de Rafael Tobias de Aguiar, assim como um contemporâneo ao movimento em uma carta a seu avô. O jovem José Antonio Saraiva, em carta de 1º de julho de 1842 conta, sem fornecer datas, que "os rebeldes, sabendo do ataque [de Caxias], fugiram com tanta precipitação, que desampararão tudo, e o Barão, continuando a perseguí-los, foi entrar em a cidade de Sorocaba".[73]

Estas palavras fazem crer que Moraes, Andrade e Almeida leram as cartas do futuro estadista, mas o emaranhado de datas e informações não acaba por aqui. O jornal *O Verdadeiro Paulista*,[74] em sua edição de 6 de junho, informa que os rebeldes chegaram "ao alto de Pinheiros" no dia 24 de maio, uma terça-feira, dois dias depois da chegada de Caxias com seu 12º Batalhão de Caçadores, como também afirma Sérgio Buarque de Holanda.[75] Entretanto, cauteloso, Buarque de Holanda não entra em detalhes, preferindo se debruçar sobre a Batalha de Venda Grande, ocorrida em 7 de junho. Como nem o periódico nem o historiador aprofundam a questão, fica-se sem saber quando se deu o confronto, pois ambos datam apenas a chegada dos combatentes.

Outra fonte fornece mais alguns elementos para ajudar a compor este quadro complexo. Segundo o periódico *O Governista*, jornal oficial do governo da Província, pequenos combates vinham ocorrendo desde o dia 26 de maio entre vanguardas de ambos os lados. Então, em 29 do mesmo mês, por volta das 6 horas da manhã, Caxias enviou 30 soldados do 12º Batalhão e dez cavaleiros da Guarda Nacional para explorar a "Estrada de Cotia" e a "Estrada Velha de Itu", quando a cavalaria que ia à frente chocou-se com uma vanguarda rebelde. Os dez cavaleiros teriam saído em perseguição ao pequeno contingente rebelde até o acampamento, que devido ao nevoeiro foi pego de surpresa causando uma debandada.[76]

Não pretendo de modo algum sugerir que esta "notícia" do jornal oficial escrito no calor da hora seja tomada por confiável. Até mesmo porque me parece pouco crível que uma vanguarda de dez cavaleiros tenha sido capaz de surpreender um acampamento todo formado por cerca de 900 soldados. Seria igualmente difícil acreditar que

---

73   Wanderley Pinho. *Op. cit.*, p. 17.

74   *O Verdadeiro Paulista*, 6 de junho de 1842.

75   Sérgio Buarque de Holanda. *Op. cit.*, p. 469.

76   *O Governista*, 30 de maio de 1842.

uma dezena de soldados se arriscaria a invadir um acampamento no meio de um nevoeiro. Trata-se de um artigo de propaganda, com o intuito de motivar, ou antes, acalmar os habitantes da capital e, ao mesmo tempo, desmotivar o movimento revolucionário. Mesmo assim, é importante levarmos em conta o intervalo de tempo em que os dois exércitos teriam ficado a medir suas forças, travando pequenos combates, estudando o terreno e outras variáveis táticas. A região poderia ser conhecida dos paulistas, mas definitivamente não o era para os soldados vindos da Corte e seu Comandante. Quanto aos rebeldes, seria necessário saber qual o tamanho do exército legalista e que tipo de armamento possuía.

O próprio jornal, em seu número seguinte, desmente a debandada. Na edição de 1º de junho, o redator informa que devido a discordâncias entre os oficiais da *Coluna Libertadora*, estacionada no Ribeirão Jaguaré, Rafael Tobias de Aguiar fora obrigado a deixar Sorocaba para acalmar os ânimos às portas da capital.[77] Curiosamente, após comentar a "debandada", o jornal retoma a ideia de que os rebeldes estão acampados. O periódico ainda tocou neste assunto uma vez mais. Em sua edição de 14 de junho, *O Governista* publicou em suas páginas um ofício de Caxias a Monte Alegre datado de 13 do mesmo mês. Este ofício parece ter servido como um relatório dos últimos dias de campanha e informava sobre o avanço das tropas legalistas. Nele, Caxias informa que os rebeldes estavam estacionados "a pouco mais de meia légua [algo em torno de 3.300m] da Ponte da Cutia",[78] de modo que seu plano era atacá-los com duas colunas. Uma, sob seu comando, atacaria frontalmente, enquanto outra, sob o comando do Coronel José Leite Pacheco, atacaria pelo flanco. Entretanto, os rebeldes, tendo sabido da derrota em Venda Grande em 7 de junho e "espantados com a audácia do Exército", levantaram acampamento rumo a Sorocaba. Como Caxias não possuía cavalaria descansada em número suficiente, não foi possível seguir o rastro dos rebeldes.

É espantoso como de uma vergonhosa "debandada" temos um recuo diante de notícias de uma outra frente de combate. Se confrontarmos este ofício do Comandante das tropas legalistas publicado no jornal do governo provincial a uma carta de Gabriel J. Rodrigues dos Santos, secretário do Governo *Interino* de Rafael Tobias de Aguiar, veremos certa coerência. Gabriel Rodrigues dos Santos teria escrito uma carta a José Rois Leite, na qual desmente a versão da debandada, afirmando ter sido um recuo em vista da informação de que Caxias estaria tentando contornar a *Coluna* e atacar Sorocaba.[79]

---

77   *O Governista*, 1º de junho de 1842.

78   *O Governista*, 14 de junho de 1842.

79   Carta citada por João Baptista de Moraes. *Op. cit*, p. 176.

Infelizmente, não tive acesso ao documento original, mesmo assim é interessante ver o uso que João Baptista de Moraes faz da mensagem do Governo *Interino*. Para o autor, o secretário rebelde teria escrito ao político do município de Capivari, José Rois Leite,[80] com a intenção de minimizar o efeito desmoralizante da "debandada". Entretanto, o texto de Moraes deixa dúvida se era intento do missivista contornar a situação crítica enfrentada pela *Coluna* ou era intenção do historiador argumentar em prol da derrota rebelde. Em todo caso, vale salientar que em artigo d'*O Governista*, foi informado que o avanço legalista rumo a Sorocaba se dividiu em três colunas: uma sob o comando de Caxias, partindo de São Paulo direto para a capital rebelde, outra comandada pelo já citado Coronel Leite Pacheco, que atingiria Itu antes de chegar a Sorocaba, e a última vinda de Campinas sob ordens do Tenente-Coronel Amorim Bezerra.[81] De acordo com esta notícia, parece plausível a ideia de um recuo estratégico por parte da *Coluna Libertadora*.

Rico em detalhes, no entanto, é o Relatório do Ministro da Guerra, José Clemente Pereira, referente ao ano de 1842 e apresentado à Assembleia Geral em 1843. Segundo as palavras do próprio Ministro:

> Os rebeldes, segundo as informações Oficiais, não chegaram a reunir nos seus acampamentos de Sorocaba até a frente dos nossos na ponte dos Pinheiros mais de 1.200 homens, na maior parte de cavalaria, e muitos deles bem armados. Nos nossos acampamentos da referida ponte nunca existirão mais de 700 a 800 homens de linha com alguns Guardas Nacionais, e voluntários da Cidade de S. Paulo, contando-se entre estes alguns estudantes do Curso Jurídico, que bem serviram. Preparadas assim as forças Imperiais principiou o Barão de Caxias as suas operações, pondo-se em marcha no dia 11 de junho, com 900 homens, sobre os rebeldes que se achavam na sua frente em numero de mais de mil: e, sem encontrar inimigo que combater, entrou em Sorocaba no dia 20.[82]

---

80 Há poucas informações a respeito de José Rois Leite. Considerando ser comum o uso de Rois como abreviação do nome Rodrigues, é possível que o destinatário da carta fosse José Rodrigues Leite, suplente de deputado provincial entre 1848 e 1849 e deputado provincial na legislatura de 1858-59. Para Aluisio de Almeida, Rodrigues Leite estava relacionado a Itu e ao círculo de Vergueiro e Paula Souza. De qualquer modo, seu nome surge citado com certa frequência, sugerindo relativa importância no movimento armado.

81 *O Governista*, 21 de junho de 1842.

82 *Relatório da Repartição dos Negócios da Guerra apresentado à Assembléa Geral Legislativa na 1ª sessão da 5ª Legislatura por José Clemente Pereira*, p. 25.

Observe-se que Clemente Pereira também não cita a fatídica Batalha de Pinheiros, contudo oferece um quadro sensivelmente diferente do lido na historiografia. Estamos acostumados a ler que os rebeldes sempre estiveram em situação precária, mal armados e mal municiados, como afirmam Aluisio de Almeida e Martins de Andrade. De acordo com o Ministro, os rebeldes teriam inclusive uma vantagem numérica, o que explicaria a cautela do Comandante legalista. O Cônego Marinho, responsável pelo maior relato escrito sobre o assunto, concorda em partes com essa posição. Segundo o autor, em Minas Gerais não havia nada: armas, munição, dinheiro ou oficial que dirigisse as tropas.[83] No entanto, os revolucionários paulistas, ao contrário dos mineiros, estariam bem equipados e com grande cavalaria, chegando o padre mineiro a afirmar que desmoralizados e esfarrapados estavam os homens de Caxias.[84]

Se, por um lado, podemos considerar que as fontes dos jornais e mesmo dos historiadores que muito tempo depois escreveram sobre os eventos são várias, por outro, não podemos afirmar o mesmo sobre o Ministro da Guerra. Apesar de termos sempre em mente que as motivações são variadas e levam a diversas interpretações e versões independente de quem "fala", ou seja, um ministro não é necessariamente mais confiável que a página de um jornal, é um pouco menos complexo imaginar o percurso das informações dentro do aparato burocrático. O que quero dizer é que José Clemente Pereira tinha um informante privilegiado, seu subordinado: o Comandante do *Exército Pacificador*, o Barão de Caxias.

Do mesmo modo que Caxias oficiava ao Presidente da Província em São Paulo a fim de manter uma ação coordenada e eficiente, as cartas eram remetidas, muitas vezes como cópia, para o Ministro da Guerra.[85] Isto significa que o Relatório citado acima é o mais fidedigno dos relatos? Não exatamente, porém podemos seguir por meio dos ofícios de Caxias como esta narrativa oficial foi construída e, a partir dela, refletir sofre sua perpetuação ou não como versão consagrada.

O primeiro ofício escrito pelo Comandante das tropas imperiais acampadas na Ponte dos Pinheiros foi em 24 de maio. Após dois dias de sua chegada a São Paulo, o Barão de Caxias juntou-se aos seus comandados no que viria a ser o quartel general. Neste dia, em correspondência com cópia ao Ministro da Guerra, o brigadeiro

---

83 José Antonio Marinho. *Op. cit.*, p. 67.

84 *Idem, ibidem*, p. 235.

85 Esta peculiaridade cria um fenômeno curioso no trabalho do historiador, qual seja, a duplicidade das fontes. A mesma correspondência guardada sob a designação de *governo das Armas* pelo Arquivo do Estado de São Paulo consta também da *Coleção Caxias* no Arquivo Nacional no Rio de Janeiro. Como a documentação do AESP foi lida primeira e transcrita com maiores detalhes, poupando tempo na consulta do AN, citarei preferencialmente aquela.

participa que foi informado que o inimigo pernoitou no dia anterior em Cotia e hoje "projeta fazê-lo em Jaguararé [ou Jaguaré], que afirmam ser distante deste ponto duas léguas". Caxias tomou posição, mas não havia decidido ainda se esperaria o ataque ou se atacaria. Ordena neste momento ao Tenente-Coronel Quartel Mestre General deste Exército, Antonio Nunes d'Aguiar, que remeta mais 100 homens, sendo 50 do 12º Batalhão de Caçadores aquartelado na cidade e 50 da GN. O brigadeiro pedia a Monte Alegre que fizesse vir de Santos o quanto antes os artigos bélicos que lá estão e que lhe enviasse o maior número possível de cavaleiros que conhecessem o terreno e fossem de confiança, "atento o nenhum conhecimento que tenho do terreno onde opero, ou onde tem [*sic*] de operar".[86]

Em uma fase tão tensa e inicial da guerra, Caxias chegou a escrever até quatro ofícios por dia para o Presidente da Província sobre assuntos diversos: pedido de tropas, mantimento, munição, remessa e nomeação de pessoal etc. Neste primeiro ofício, o foco era evidentemente a defesa da capital, ficando patente a condição pouco favorável para os legalistas. A posição na Ponte dos Pinheiros necessitava de reforço de contingente e de armamento, e mais uma vez foi Santos que socorreu São Paulo. Desde o dia anterior, o Coronel José Olinto já havia sido encarregado de remeter à capital duas peças de artilharia, assim como "todo armamento e munições que vierem da Corte, à proporção que forem chegando e no momento em que chegarem".[87]

Além das necessidades organizacionais de sua tropa, Caxias também escrevia ao Monte Alegre para dar conta de sua movimentação. Em ofício escrito provavelmente na parte da manhã, era informado que os rebeldes estariam a mais de duas léguas de distância, contudo, às 17h do mesmo dia uma Guarda Avançada do inimigo, composta de 20 a 30 homens, foi avistada a "mais de meia légua", pouco mais de três quilômetros, da Ponte dos Pinheiros. Apesar de não ter sido possível estimar a força total por não haver espiões suficientes, o brigadeiro declara que iria tomar as providências para impedir os insurgentes de se aproximarem, "embora [trouxessem] força respeitável".[88] Dois dias depois, o Barão de Caxias começava a rever suas estimativas. Como o inimigo não tentou nenhum ataque a outro ponto guarnecido, como Santo Amaro, era possível que "a força contrária não [fosse] tão numerosa como tem assoalhado os partidistas dos rebeldes".[89]

---

86 Ofício do Barão de Caxias ao Barão de Monte Alegre, 24.05.1842 – C02404 (AESP).

87 23.05.1842 – E00563, p.64v-65 (AESP).

88 Ofício do Barão de Caxias ao Barão de Monte Alegre, 24.05.1842 – C02404 (AESP).

89 Ofício do Barão de Caxias ao Barão de Monte Alegre, 26.05.1842 – C02404 (AESP).

A ação repressora longe da capital

É fundamental observar que a inação é de lado a lado, nem a *Coluna Libertadora* nem o *Exército Pacificador* arriscavam tomar a dianteira em um ataque. Ambas as forças aguardavam por condições propícias e, possivelmente, informações mais confiáveis. Não tenho, por falta de documentação referente aos rebeldes, como detalhar suas ações, contudo podemos entender as medidas tomadas pela legalidade como resposta aos movimentos dos insurgentes. A Ordem do Dia nº 3, de 27 de maio, informava uma série de nomeações, entre elas a do Coronel Honorário João da Silva Machado para Comandante Geral da Cavalaria. Esta função seria posteriormente alterada, sendo o mesmo Coronel nomeado em 7 de junho Comandante Geral das Forças da Comarca de Curitiba.[90]

As preocupações em relação à Comarca de Curitiba eram antigas. Os rebeldes, em especial os homens ligados a Rafael Tobias de Aguiar, tinham interesses muito antigos naquela parte da Província. Caminho das tropas, região de invernada, o desbravamento da região estava ligado ao comércio de animais que tinha como ponto nevrálgico o Registro e a Feira de Sorocaba. Segundo notícias fornecidas pelo Coronel João José da Costa Pimentel, nomeado para assumir o comando geral da Comarca, as informações preliminares que havia recebido eram aterradoras, dando conta de que a cidade de Curitiba se encontrava sob domínio dos sediciosos. Ao chegar à localidade verificou-se que de fato não estava sublevada, mas era real o desânimo dos legalistas e a influência do "Partido de Tobias".[91]

Por sugestão do Barão de Monte Alegre, conhecedor da província que presidia, foi nomeado para atuar na 5ª Comarca o Coronel Silva Machado, futuro Barão de Antonina. O Coronel da Guarda Nacional e depois Honorário do Exército era grande comerciante de animais e possuía íntimas relações com os grupos de interesses de Curitiba. Ademais, segundo garantia o Presidente da Província, Silva Machado seria o único capaz de "levantar com rapidez forças de cavalaria".[92] A julgar pelo silêncio das armas curitibanas, a nomeação não poderia ter sido mais acertada. Segundo conta Costa Pimentel ao Barão de Caxias no mesmo ofício citado anteriormente, Silva Machado acionou seus contatos antes mesmo de partir de São Paulo para Curitiba, além de explorar o interesse da Comarca em se tornar província autônoma.

---

90   Ofício do Barão de Caxias ao Barão de Monte Alegre, 07.06.1842 – C02404 (AESP).

91   Ofício do Coronel João José da Costa Pimentel ao Barão de Caxias, 02.06.1842, *Col. Caxias* (AN).

92   Ofício do Barão de Caxias ao Ministro da Guerra, 25.05.1842, *Col. Caxias* (AN).

Mas seria ingenuidade de nossa parte crer que estes contatos e a promessa de separação de São Paulo bastassem para conter os partidários da "Revolução". Vantagens mais imediatas foram oferecidas aos curitibanos como, por exemplo, a passagem de tropas pela fronteira com o Rio Grande conflagrado. Após a proibição de trânsito em 28 de fevereiro[93] revista por uma autorização provisória até o mês de maio, mas apenas para a passagem de tropas estacionadas na fronteira do Rio Negro,[94] o Presidente da Província autoriza os "comerciantes de tropa solta" a trazerem até dezembro os animais que tiverem sido comprados em lugares não ocupados por rebeldes de fora da Província.[95]

Buscava-se, assim, eliminar aspectos econômicos imediatos da pauta de insatisfações dos curitibanos, esvaziando as fileiras rebeldes. Para os mais "convictos", ainda havia outra tática muito utilizada por Caxias. O Coronel Silva Machado levava consigo 48 contos de réis para o pagamento de suas forças em operação e para "despesas secretas da guerra".[96] Evidentemente, por serem secretas temos poucas informações, mas em geral dizem respeito a espionagem, suborno de lideranças rebeldes ou compra de fidelidade ao Império.[97]

Outro ponto de grande importância era Campinas, região de economia em expansão e que se encontrava entre a Comarca de Franca e Mogi Mirim, francamente legalista, e a região de Sorocaba. No dia 24 de maio, Monte Alegre reenviou a Caxias uma carta redigida pelo delegado campineiro. Infelizmente não temos o texto do ofício, mas o Presidente da Província orientava o brigadeiro a ficar prevenido das notícias ali contidas "e fazer o uso que julgar conveniente, dando os descontos, que a providência exige, ao que houver de exagerado, e guardando-se de dar inteiro crédito" não por causa do missivista, mas porque a carta poderia ter sido escrita para ser interceptada.[98]

Qual seria o exagero? Talvez um excesso de tranquilidade e segurança. A verdade é que Caxias preferiu tomar alguma atitude dentro do que lhe era possível no momento. Não havia condições de enviar um contingente da capital até Campinas para verificar a veracidade da carta, assim como seria temerário confiar na suposta tranquilidade

---

93   28.02.1842 – E00563, p.19v-20 (AESP).

94   09.04.1842 – E00563, p.37-37v (AESP).

95   31.05.1842 – E00563, p.70-70v (AESP).

96   Ofício do Barão de Caxias ao Barão de Monte Alegre, 09.06.1842– C02404 (AESP).

97   Em outras duas referências encontradas a "objetos secretos", constam gastos de 12 contos referentes a "despesas extraordinárias e secretas da Guerra, tais como espionagem, gratificações e mesmo quantias espalhadas no Campo rebelde" e o pagamento dos "guerrilhas" que serviram em Itu. Ofício do Barão de Caxias ao Barão de Monte Alegre, 30.06.1842 – C02404 (AESP); 02.07.1842 – E00563, p.88v (AESP); e 22.07.1842 – E00563, p.106v (AESP).

98   24.05.1842 – E00563, p.66-66v (AESP).

e esperar por novas notícias. Optou-se por remeter três cadetes sob o comando do Capitão Pedro Alves de Siqueira para servirem de instrutores e dirigirem as forças que lá estavam reunidas, comandadas pelos coronéis da Guarda Nacional José Franco de Andrade e Quirino dos Santos. Neste mesmo dia, o Barão de Monte Alegre escreveu ao Comandante da Legião da Guarda Nacional de Jundiaí, Coronel Queirós Telles, ordenando a formação de um destacamento de 20 homens para escoltarem uma remessa de armamento para Campinas.[99] É possível que o destacamento requerido fosse para acompanhar os instrutores.

Apenas no começo de junho a situação começava a se definir. No dia 2, Caxias realizara um reconhecimento "sobre os rebeldes levando-os até muito além do paço da Bussocaba,[100] e oferecendo-lhes combate",[101] o que não aceitaram e mantiveram-se sempre fora do alcance dos tiros. Sem outros elementos, parece arriscado sugerir que tática os insurgentes colocavam em prática, poder-se-ia supor que se tratasse da pouquíssima documentada "guerrilha" ou apenas um movimento para colocar à mostra as forças legalistas. Contudo, no dia seguinte o brigadeiro manifestou ter um "novo plano de ataque", certamente por se sentir em uma posição mais segura do que estava havia alguns dias. Mesmo assim eram necessários os reforços vindos de Santos e que ainda não tinham chegado.[102]

Também no dia 3 de junho, Caxias escreve não um ofício, mas uma carta de caráter mais pessoal ao Presidente da Província. Como bem lembra Adriana de Souza, o Barão de Monte Alegre era "grande amigo dos Lima, sobretudo do senador Francisco de Lima, pai de Caxias", tendo trabalhado juntos na Regência por mais de quatro anos.[103] Nesta carta, o brigadeiro expõe seu plano e as dificuldades tanto frente às atitudes do Ministério quanto às limitações de pessoal.

> Recebi a [carta] de V. Exa. de hoje e com ela os ofícios do Sr. Ministro da Guerra. Eu não tenho mais nada a dizer ao governo da Corte, senão que só espero a força reunida, para dispor o ataque decisivo, para qual tenho meu plano feito, porém não o julgo proveitoso se não puder dispor de 800 homens divididos em 2 corpos que possam envolver o inimigo. V. Exa. sabe que um só dia ainda

---

99 Nicoláo Duarte Silva. *40º anniversario do Instituto Histórico e Geográfico de S. Paulo – Documentos sobre a revolução de 1842, em S. Paulo*, p. 27.

100 Ao que tudo indica, este topônimo se refere a uma região localizada atualmente no município de Osasco.

101 Ofício do Barão de Caxias ao Barão de Monte Alegre, 02.06.1842 – C02404 (AESP).

102 Ofício do Barão de Caxias ao Barão de Monte Alegre, 03.06.1842 – C02404 (AESP).

103 Adriana Barreto de Souza. *Op. cit.*, p. 228.

> não deixei minha tropa ócio [*sic*], e se mais não tenho feito é por falta de gente, e muito particularmente de cavalaria. O Sr. Ministro está anunciando a vinda de forças, mas vai disseminando-a por lugares aonde ela não é muito precisa, e para o centro, aonde existe a principal reunião, nada mais veio depois da minha chegada.
>
> Eu não pretendo oficiar para a Corte senão depois do combate que projeto, e isto muito rogo a V. Exa. que mande dizer ao Ministério. Os rebeldes estão hoje a 5 léguas de distância da capital, e não me consta que vão por mais longe, como pessoalmente já fiz saber a V. Exa.[104]

Vemos neste documento a mesma situação que posteriormente o Ministro da Guerra reproduziu em seu relatório. Em que momento o cenário bélico se tornou favorável ao Exército Imperial? Não podemos deixar de considerar que uma guerra poucas vezes se resume a um único *front,* e que existindo outras frentes de combate o sucesso ou fracasso de uma influi nas outras, e aqui não foi diferente. A resposta à pergunta acima está em Campinas.

De acordo com ofício escrito ao Barão de Caxias pelo Tenente-Coronel José Vicente do Amorim Bezerra, este chegara a Campinas no dia 6 de junho por volta das 10h, após ter saído de Jundiaí na manhã do dia anterior. A marcha fora difícil, pois a estrada apresentava embaraços ao transporte da artilharia.[105] De acordo com José Clemente Pereira, Ministro da Guerra, Bezerra partira do acampamento na Ponte dos Pinheiros no dia 2 de junho com 170 soldados de 1ª Linha e 100 homens da Cavalaria da Guarda Nacional, além da mencionada peça de artilharia.[106] É possível que haja aqui certa imprecisão. A leitura da documentação nos leva a crer que o contingente comandado pelo Tenente-Coronel Amorim Bezerra era um pouco menor, ao menos no momento em que parte de São Paulo.

De acordo com ofício de Caxias a Monte Alegre, o brigadeiro esteve na Ponte do Anastácio no dia 2 de junho e de lá fez partir às 2h da manhã, provavelmente do dia 3 de junho, uma força composta de 170 infantes e apenas 13 cavaleiros, levando consigo ainda uma peça calibre 3.[107] Comparando-se datas e número de soldados, Amorim Bezerra deve ter conseguido reforços em Jundiaí antes de alcançar Campinas. Como cobertura a este avanço, o Barão de Caxias ofereceu combate aos rebeldes em um pon-

---

104 Ofício do Barão de Caxias ao Barão de Monte Alegre, 03.06.1842 – C02404 (AESP).

105 *O Governista*, 11 de junho de 1842.

106 *Relatório da Repartição dos Negócios da Guerra apresentado à Assembléa Geral Legislativa na 1ª sessão da 5ª Legislatura por José Clemente Pereira*, p. 26.

107 Ofício do Barão de Caxias ao Barão de Monte Alegre, 03.06.1842 – C02404 (AESP).

to chamado Tejuco Preto. Segundo o brigadeiro, as tropas insurgentes não aceitaram a "provocação", apesar de contar com apenas 240 caçadores, 40 cavaleiros e uma peça de calibre 3, e eles 600 homens.[108]

Os rebeldes pareciam ter tido algum conhecimento desta movimentação, pois em carta a Rafael Tobias de Aguiar, Tristão de Abreu Rangel informa, no dia 6 de junho, que marchariam para Campinas 130 homens de Caxias, 30 bestas com armamento e 1 peça de artilharia.[109] É perceptível que, apesar de estarem cientes dessa marcha legalista, há uma grande disparidade nas informações. Se por um lado o envio de uma peça de artilharia se confirma, por outro o contingente de soldados que marcharam até Campinas era subestimado pelos rebeldes, afora a diferença de datas – Rangel informa Rafael Tobias no mesmo dia em que a tropa de Bezerra chega a Campinas. Em todo caso, é possível estabelecer-se o itinerário: quase paralelo ao avanço da *Coluna Libertadora* rumo à capital, Caxias enviava homens e armas ao interior visando cercar o inimigo. Entretanto, apesar da proximidade das marchas, parece não ter havido qualquer tentativa de interceptação do comboio militar legalista, o que faz supor que para isso seria necessário diminuir o contingente da coluna, enfraquecendo-a.

Para o Cônego Marinho havia um culpado, apesar de bravo e honrado: Major Galvão, Comandante da *Coluna*, acabou comprometendo a causa que abraçara.

> O que é, porém, ainda mais inconcebível, é o abandono em que deixara Galvão as estradas de Sorocaba e Campinas, por onde iam e vinham, sem que o menor estorvo os embaraçasse, os agentes do Presidente Monte Alegre (…). Foi tal a inércia e o desleixo do Comandante dos Insurgentes, que, pela estrada de Campinas passaram, sem que sofressem a menor inquietação, 200 praças e armamento, que foram depois ocasionar a fatalíssima derrota de Venda Grande.[110]

Na verdade, não era desleixo de Galvão, mas fruto da ação da Polícia Secreta organizada por Caxias. O próprio brigadeiro comunica ao Ministro da Guerra, em ofício de 8 de junho, os sucessos alcançados com esse estratagema: o Major Francisco Galvão França foi substituído no comando da *Coluna Libertadora* pelo Coronel Bento José de Morais, muito inferior militarmente, na opinião do Barão de Caxias.[111] Sem um

---

108 Ofício do Barão de Caxias ao Ministro da Guerra, 08.06.1842. Doc. 25, p. 1/17, Cx. 1 (APM)

109 João Baptista de Moraes. *Op. cit.*, p. 164-165.

110 José Antonio Marinho. *Op. cit.*, p. 196.

111 Ofício do Barão de Caxias ao Ministro da Guerra, 08.06.1842. *Col. Caxias*, caixa 809 (AN).

Comandante capaz e com a retaguarda rebelde – Campinas – ocupada, o avanço do *Exército Pacificador* seria inevitável.

Os rebeldes também enviaram homens de diversas partes visando tomar Campinas, considerada reduto legalista. O município de Limeira teria enviado "50 e poucas praças",[112] sob ordem indireta de Vergueiro. De Itu partiram 60 homens de cavalaria comandados pelo Capitão Boaventura do Amaral. Mesmo Campinas forneceu soldados, mas a quantidade é desconhecida, sabe-se apenas o nome de seu Comandante: Capitão Antonio Manuel Teixeira.[113] Consta também que S. João do Rio Claro, Piracicaba e Salto de Itu mobilizaram tropas.[114]

Entretanto, no dia seguinte à carta de Tristão de Abreu Rangel, a 7 de junho, as tropas do governo, com o reforço de São Paulo, sob o comando geral do Tenente-Coronel José Vicente de Amorim Bezerra, bateram os revolucionários do Capitão Boaventura do Amaral, Antonio Manuel Teixeira, Luciano Nogueira e Antonio José de Silva Gordo. O combate de Venda Grande teria envolvido cerca de 500 homens, sendo 300 os comandados por Boaventura do Amaral. Ao menos esta é a versão de Nardy Filho.[115]

Segundo ofício escrito provavelmente logo após a batalha, Amorim Bezerra informa Caxias do sucesso de sua investida.[116] Sabendo que uma força de 400 homens estava acampada em Venda Grande à espera de reforços para atacar Campinas, o Tenente-Coronel reuniu um destacamento de 220 soldados – 100 cavaleiros e 120 homens entre artilharia, soldados do 12º Batalhão de Caçadores que haviam marchado com ele e Guarda Nacional – e atacou o acampamento. O combate teria durado cerca de 30 minutos, tempo necessário para desalojar os rebeldes de suas trincheiras, vencer seus dois canhões e colocá-los em retirada. Apesar de surpreendente, não foram encontradas outras indicações que contradigam estes números.

Todavia, Moraes afirma que Franca também enviara homens para a proteção de Campinas,[117] o que teria feito do município uma grande praça de guerra: 300 guardas de Franca, 100 homens de Pe. Ramalho, 270 soldados de Amorim Bezerra e talvez 20

---

112 João Baptista de Moraes. *Op. cit.*, p. 165.

113 Francisco Nardy Filho. *A cidade de Itu: da aclamação de D. João VI à proclamação da República*, p. 238.

114 Aluisio de Almeida. *Op. cit.*, p. 199.

115 Francisco Nardy Filho. *Op. cit.*, p. 224.

116 *O Governista*, 9 de junho de 1842. A publicação deste ofício segue o pedido feito por Caxias a Monte Alegre para que a notícia de Amorim Bezerra tivesse a maior publicidade possível. Ofícios de 08 e 09.06.1842 – C02404 (AESP).

117 João Baptista de Moraes. *Op. cit.*, p. 160.

praças de Jundiaí. Este contingente de Franca corresponderia à quase metade de sua Guarda Nacional, de acordo com dados referentes a 1841,[118] o que somado ao receio de novas agitações motivado pela lembrança da Anselmada, torna o envio dessa tropa a Campinas um pouco questionável. Monte Alegre, por exemplo, escreveu a 10 de junho para o juiz de direito da 7ª Comarca ordenando que este partisse para Franca e fizesse diligências para prender possíveis "agentes dos rebeldes" a fim de garantir a ordem no município.[119] Os 300 homens de Franca também lançariam dúvidas sobre os porquês da decisão de Amorim Bezerra em formar um destacamento tão diminuto para atacar os insurgentes.

A desvantagem numérica entre as tropas de Bezerra e os rebeldes – estes eram quase o dobro dos legalistas e estariam entrincheirados – faz do combate um ato de heroísmo por parte dos legalistas. E foi em tom heroico que se explorou o combate, desmoralizando os rebeldes e injetando ânimo nos soldados da legalidade. Já no dia 8 de junho, o Tenente-Coronel Amorim Bezerra escrevia para Queirós Telles, informando sobre o sucesso da batalha:

> [o inimigo foi posto em debandada] e tomada sua artilharia, composta de duas peças calibre 3, armamento, munição, cavalos, gado e toda mais bagagem, perderão 17 mortos vistos no Campo de Batalha; além de outros que conduziram, e grande número de feridos, que se conheceu pelos vestígios de sangue que deixarão, e de 15 prisioneiros.[120]

Novamente vemos o termo "debandada" sendo utilizado ao se noticiar os resultados do combate. Outro elemento utilizado para ridicularizar a derrota rebelde em Venda Grande diz respeito à sua artilharia. Apesar de Amorim Bezerra declarar que as tropas insurgentes contavam com "duas peças calibre 3", João Baptista de Moraes afirma que na verdade tratava-se de uma única peça de artilharia proveniente de Porto Feliz e que havia sido utilizada na época das Monções.[121] Argumento semelhante ao de Nardy Filho, para quem o armamento das tropas rebeldes era composto de bacamartes, mosquetes, trabucos boca de sino, entre outras armas velhas e ultrapassadas. Vale lembrar que o juiz de Campinas escreveu a Monte Alegre requisitando armas, pois seus homens possuíam apenas espingardas de caça, uma situação que bem poderia ser a regra.

---

118 *Mappa dos Corpos de Guardas Nacionaes da Província de S. Paulo, no anno de 1841.*

119 *O Governista*, 18 de junho de 1842.

120 *Apud* Nicoláo Duarte Silva. *Op. cit.*, p. 30-31.

121 João Baptista de Moraes. *Op. cit.*, p. 166.

Entre os legalistas, tombaram em combate dois soldados e um capitão, além de nove soldados feridos. Mais interessante que as baixas em Venda Grande é a correspondência apreendida no acampamento rebelde: foram encontradas cartas de Manuel José de França, Luiz Teixeira de Barros, Amâncio Gomes Ramalho, Joaquim Franco de Camargo, José Silveira Franco, Rafael Antonio Sampaio, Nicolau Pereira de Campos Vergueiro, Tristão Abreu Rangel, João Francisco Bolina e Lourenço Cardoso Negreiros,[122] evidenciando uma grande articulação, mesmo considerando-a pouco eficiente. Infelizmente essa correspondência não foi encontrada, apesar de Monte Alegre afiançar ao juiz municipal e delegado de Campinas que todos os papéis apreendidos foram remetidos à capital e guardados na Secretaria de governo.[123]

A movimentação às portas da capital e a situação no Norte

Já conhecedores, legalistas e rebeldes,[124] do desfecho da Batalha de Venda Grande, o campo de batalha mais próximo à capital da Província começa uma fase mais dinâmica. No dia 11 de junho, o Brigadeiro Caxias escreve dois ofícios muito interessantes a Monte Alegre. Não há elementos suficientes para dizer qual foi escrito primeiro, mas parece plausível acreditar que aquele que contém as informações a respeito do dia anterior tenha sido escrito no início do dia, como foi observado em outros ofícios. Portanto, Caxias comunica ao Barão de Monte Alegre que no dia anterior havia posto em prática a primeira parte do "plano de campanha": 400 homens comandados pelo Coronel José Leite Pacheco avançaram sobre a "Fazenda do Cezar", porém constando hoje, no dia 11 de junho, que o "inimigo existe em número de mil e duzentos combatentes, e que o seu inculcado Presidente viera ao seu campo trazendo duas peças de artilharia", preferiu não ordenar o ataque em condições tão desiguais, o que poderia comprometer os 400 soldados. Aproveitando a marcha, ordenou ao Coronel que avançasse até a "Fazenda do Prado aquém do lugar denominado Passagem" e surpreendesse duas guardas de 100 homens que os rebeldes têm "muito para cá do citado lugar". Por fim, declarava seu desejo de à meia noite marchar com 600 homens a fim de apoiar o Coronel e "receber combate uma vez que o inimigo o ofereça". Otimista, afirma que a situação é favorável a seus homens, mais disciplinados e mais bravos, além do terreno melhor. Tranquiliza ainda o Presidente declarando que não pretendia avançar além da

---

122 Aluisio de Almeida. *Op. cit.*, p. 130.

123 *O Governista*, 21 de junho de 1842.

124 Para Caxias, os rebeldes teriam conhecimento da derrota em Venda Grande apenas em 12 ou 13 de junho, mas não há como precisar esta informação. Ofício do Barão de Caxias ao Barão de Monte Alegre, 13.06.1842 – C02404 (AESP).

Fazenda do Prado e deixa as pontes dos Pinheiros e Anastácio guarnecidas, esta última com o pavimento arrancado.[125]

Significativo é o otimismo cauteloso de Caxias. A situação era favorável, mas não cabia arriscar ataques impensados ou avanços apressados. A vinda de Rafael Tobias de Aguiar não é encarada como um sinal de que a *Coluna Libertadora* enfrentava uma crise em seu comando, mas sim que a presença "do Presidente *Intruso*" representava reforço à tropa rebelde.

No outro ofício[126] do mesmo dia, o brigadeiro declarava acreditar, com base nos movimentos rebeldes e de informações colhidas por seus espiões e informantes, que os rebeldes pretendiam interromper a comunicação da capital com Santos pelo lado de Embu. Diante disso, pedia ao Presidente da Província que mandasse marchar os 100 homens que se encontravam em Santos a fim de guarnecer os pontos intermediários. Em outros termos, o Comandante do *Exército Pacificador* não se via ainda em condições de subestimar a força rebelde, apesar da vitória obtida em Venda Grande e da confiança de que esta notícia em muito enfraqueceria o movimento.

Esta cautela permanece mesmo com o início do avanço de Caxias. Quando no ofício de 12 de junho, informando sobre a marcha que começara na noite anterior, o Comandante pondera que ou por receio das forças sob seu comando ou por terem sido avisados, os rebeldes recuaram para além da Ponte da Cutia e da "Casa de Francisco José", não tendo sido possível surpreender "suas guardas avançadas". Para o Barão de Caxias, esta situação sugeria ser possível atacar pela frente e por um dos flancos, mas que neste dia ainda acamparia na Fazenda do Prado, de onde escreve, e no dia seguinte atacaria. No entanto deixava claras suas incertezas: "caso seja feliz não passarei além da referida Ponte, porém se se malograrem minhas esperanças contramarcharei até a Ponte dos Pinheiros". Por fim pede para ser mantido informado a respeito de possíveis alterações no "espírito público".[127]

Caxias sabia o quanto era importante o apoio da população da capital a fim de impedir reveses inusitados ou possíveis traições. Em mais um ofício de tom amigável, quase íntimo, Monte Alegre o acalma, não havia em São Paulo qualquer mudança no "espírito público", e completa: "eu sim muito me tenho angustiado com as notícias recebidas do Norte da Província." Quanto às notícias sobre o recuo dos rebeldes, o Presidente mostra confiança no chefe militar afirmando que as forças inimigas não ousaram esperar pelas tropas comandadas por Caxias, pois se tivessem dado combate

---

125 Ofício do Barão de Caxias ao Barão de Monte Alegre, 11.06.1842 – C02404 (AESP).

126 Ofício do Barão de Caxias ao Barão de Monte Alegre, 11.06.1842 – C02404 (AESP).

127 Ofício do Barão de Caxias ao Barão de Monte Alegre, 12.06.1842 – C02404 (AESP).

Até os limites da política   163

teriam sido "infalivelmente" batidos. Para reforçar esta injeção de ânimo, Monte Alegre ainda comunica a chegada de 100 guardas nacionais de Santos, assim como uma peça de artilharia e um ônibus com suas munições, além de 200 guardas policiais de diversas localidades.[128]

Faz-se necessário um aparte a respeito do Norte da Província, a região do Vale do Paraíba paulista, a fim de contextualizar a "angústia" de Monte Alegre. A localidade de Lorena pegou em armas em 31 de maio, iniciando o movimento na 1ª Comarca. Pode-se notar que o plano de um levante simultâneo não foi levado a cabo, se é que algum dia existiu. A ligação entre o Vale do Paraíba e a "Revolução" com base em Sorocaba não é evidente, a intensidade dos confrontos e mesmo os tipos de ações encetadas pelos rebeldes diferem em muito entre as duas regiões da Província. Aluisio de Almeida, apesar de discutir o movimento armado no Vale do Paraíba, comenta que a região hesitou alguns dias,

> para em seguida romper em levantes locais, quase como para tirar desforços pessoais, sem a organização e o comando único para um fim imediato. Agitações de aldeia, afinal de contas, embora relacionadas com o movimento geral, concorriam para distrair e dispersar as forças legalistas, preparando a vitória final. Daí o caráter sanguinário da luta.[129]

O autor, contudo, ainda considera que havia alguma articulação, talvez fruto dos *Patriarcas Invisíveis* e do contato com a Corte.[130] Sérgio Buarque de Holanda opta, igualmente, por citar os confrontos do Vale, mas destaca que ocorreram "independentemente de Sorocaba, ainda que estimulados pelo seu exemplo".[131]

A documentação indica que a distância física somada às dificuldades de comunicação criadas pelos bloqueios legalistas nas estradas da Província[132] foram importantes fatores de desarticulação do movimento. O levante de Lorena ocorreu em meio a indefinições, pois já se veiculava informações sobre supostas derrotas rebeldes.

Após reunião, os lorenenses Pe. Manuel Teotônio de Castro, Capitão-mor Manuel Pereira de Castro, Dr. Cláudio Guimarães e o Tenente Anacleto Ferreira Pinto

---

128   12.06.1842 – E00563, p. 81-81v (AESP).

129   Aluisio de Almeida. *Op. cit.*, p. 135.

130   João Baptista de Moraes. *Op. cit.*, p. 213.

131   Sérgio Buarque de Holanda. *Op. cit.*, p. 470.

132   *O Governista*, 7 de junho de 1842.

decidiram irromper em revolta, tomando de assalto as povoações vizinhas. Sob as ordens de Anacleto Ferreira Pinto, 400 homens invadiram, a 2 de junho, Silveiras. Nas palavras do Major Pedro Paulo de Morais Rego,[133] esta "horda rebelde" avançou sobre a localidade guarnecida com pouco mais de 100 homens.[134] Aquartelado em seu sobrado junto a 60 partidários, o subdelegado Capitão Manuel José da Silveira tentou inicialmente resistir ao ataque dos homens de Ferreira Pinto. Por fim, o subdelegado se entregou, porém, apesar da rendição, sua vida não foi poupada, sendo violentamente morto e seu corpo arrastado pelas ruas da povoação.[135] Este assassinato rendeu ao Tenente Anacleto não só a acusação por "cabeça de rebelião" como também por crime comum, assim como a outros dez indivíduos de Silveiras.[136]

As localidades de Bananal, Areias e Queluz logo foram incorporadas ao avanço rebelde, interrompendo a comunicação entre a 1ª Comarca e a Corte. De acordo com Aluisio de Almeida, o comando nesta região estava nas mãos do comendador Joaquim José de Sousa Breves, lembrado por Ilmar Mattos como o "Rei do Café",[137] dono de um plantel de 6 mil escravos espalhados em suas várias fazendas no Vale do Paraíba fluminense e paulista. De acordo com o informado por André Alves de Oliveira Bello, primo de Caxias, Breves havia se comprometido com Rafael Tobias de Aguiar a armar 2 mil homens e impedir a entrada na Província de São Paulo de qualquer contingente legalista vindo do Rio de Janeiro.[138] Contudo, o Batalhão de Fuzileiros, composto de 150 soldados mais o reforço de 50 homens do Batalhão Provisório "Defesa do Trono", enviado para a região, surpreendeu o plano do comendador de modo que não houve tempo de reunir a força pretendida.

Como plano alternativo, promoveu-se a deserção dos soldados legalistas por meio de suborno, prática que Caxias conhecia bem. O batalhão, estacionado na propriedade de Luciano de Almeida em Bananal, demorou-se por cinco longos dias e perdeu inúmeros homens, impedindo assim a ação do Major Morais Rego que esperava por esse reforço.

O poder e influência de Breves podem ser medidos por uma declaração oficial de um certo André Corsino de Oliveira ao chefe de polícia da Corte. Interrogado a respeito da participação do comendador, Corsino de Oliveira apresenta Sousa Breves como um

---

133 Morais Rego, tratado por Aluisio de Almeida por Coronel, era Major. Cf.: Barão do Rio Branco. *Op. cit.*, p. 299. A documentação da *Col. Caxias* do AN também comprova esta informação.

134 Ofício do Major Pedro Paulo de Morais Rego ao Ministro da Guerra, 08.06.1842. *Col. Caxias*, caixa 809 (AN).

135 Aluisio de Almeida. *Op. cit.*, p. 135-136.

136 *Idem, ibidem*, p. 17-19.

137 Ilmar R. de Mattos. *O tempo saquarema*, p. 62.

138 Ofício de André Gonçalves de Oliveira Bello ao Barão de Caxias, 12.06.1842. *Col. Caxias*, caixa 809 (AN).

aliado relutante. O "Rei do Café" teria, na verdade, apenas 20 homens sob seu comando e teria recusado ser nomeado Presidente *Interino* da província do Rio de Janeiro.[139] Por outro lado, o guarda-livros de Souza Breves, Julio Augusto de Almeida, não é tão condescendente com seu provável ex-patrão. Em interrogatório na casa do desembargador chefe de polícia da Corte Eusébio de Queiroz Coutinho Mattoso da Câmara, Julio de Almeida declara que a articulação teve início dentro da *Sociedade dos Patriarcas Invisíveis*, com a participação direta dos senadores José Bento e Alencar, e também de Limpo de Abreu. Este teria enviado carta a Breves orientando-o a "seduzir" o Batalhão de Fuzileiros. Para o interrogado, se o negócio tivesse sido melhor conduzido teria dado certo.[140]

Devemos considerar que o guarda-livros presta depoimento sob a garantia de ser posto em liberdade, como lhe fora prometido por Honório Hermeto Carneiro Leão, de modo que se pode considerar seu interrogatório "interessado" ou coagido.[141] Em todo caso, os nomes citados e o contexto oferecido coadunam com o apresentado no restante da documentação. É importante salientar que havia um possível plano de rompimento também para a Província do Rio de Janeiro e talvez até para a Corte.

Retornando ao acampamento do Barão de Caxias na Fazenda do Prado em 12 de junho, temos um cenário não exatamente positivo. O brigadeiro, apesar de mostrar confiança em seus homens e em seu plano de campanha, lidava com incertezas. A repressão ao movimento no Vale do Paraíba enfrentava dificuldades e, naquele momento, não estava sob o comando direto de Caxias, não obstante ele ser o Comandante das Forças em operação na Província de São Paulo. E, por fim, no dia 10 de junho Minas Gerais rompera em revolta, contudo esta notícia ainda não havia chegado à frente de combate paulista.

A respeito do combate aos rebeldes do Norte, Caxias movimentou as forças que tinha disponíveis. Como atesta carta do general ao Presidente da Província,[142] atendendo à proposta deste último, Caxias enviou ordens ao Major Solidonio José Antonio Pereira do Lago para subir a Serra do Mar com seus 50 homens – Aluisio de Almeida afirma serem 100, pois juntos aos permanentes estavam os guardas nacionais de Ubatuba e 20 cavaleiros voluntários[143] – a fim de combater os rebeldes em Paraibuna,

---

139 Declaração do cirurgião-mor André Corsino de Oliveira, 27.08.1842. Divisão de Manuscritos da Biblioteca Nacional.

140 Julio Augusto de Almeida. Declaração onde o autor coloca as respostas referentes às questões da rebelião da província de São Paulo, na residência e na presença do desembargador Eusébio de Queirós, 22.08.1842. Doc. 63, 4,2, nº 91 (BN).

141 Carta de Julio Augusto de Almeida a Honório Hermeto Carneiro Leão, s.d. Doc. 63, 4, 2, nº 91 (BN).

142 Carta do Barão de Caxias ao Barão de Monte Alegre, *Anais do Museu Paulista*, nº 5, 1931, p. 377.

143 Aluisio de Almeida. *Op. cit.*, p. 137.

comandados pelo Pe. Valério da Silva Alvarenga, à testa de 300 homens. Para auxiliar Solidonio, Caxias ordenou no mesmo ofício do dia 11 de junho que partisse o Major Manuel Joaquim Pereira Braga com seus homens da Guarda Nacional de Jacareí. Em ofício de 24 de junho, Major Braga informava ao Comandante militar da capital ter chegado a Paraibuna no dia anterior com seus 220 praças, 170 de infantaria e 50 de cavalaria, para se juntar a Solidonio.[144] Enquanto seus oficiais combatiam no Vale do Paraíba, a força principal do *Exército Pacificador* avançava no encalço da *Coluna Libertadora*.

Enfim avanço de Caxias

Na noite do dia 12 de junho, por volta das 20h, o Coronel Leite Pacheco comandou a marcha de 400 caçadores. O plano constituía em, saindo da Fazenda do Prado, flanquear o inimigo e atacá-lo de revés enquanto Caxias, à frente do restante da tropa, atacaria frontalmente. Para o brigadeiro,

> o movimento foi soberbamente executado, porém os rebeldes tendo apenas ontem recebido notícias da derrota de suas forças em Campinas, e vendo a audácia das Tropas a meu comando, levantaram seu acampamento, que existia meia légua além da ponte da Cutia, e retiraram-se na direção de Sorocaba, com tanta precipitação que caiu em meu poder parte de sua bagagem e grande porção de mantimentos.[145]

Ainda afirma que se tivesse mais 200 cavalos teria sido possível perseguir os rebeldes e forçá-los a deixar para trás sua peça de artilharia calibre 3, porém seus cavalos estavam cansados. O Barão de Caxias mais uma vez comunica a Monte Alegre sua ação futura: iria "picar" a retaguarda do inimigo por três léguas, no intuito de acelerar a sua retirada e provocar a desmoralização dos rebeldes. Em um plano mais amplo esperava-se que a força que foi enviada a Parnaíba fosse capaz de abrir as comunicações com a *Coluna* de Campinas e permitir que esta operasse sobre Itu, caso fosse conveniente. Por fim, apesar da mudança de tom, agora muito mais otimista e confiante, o Comandante do *Exército Pacificador* mais uma vez pede que lhe mande quantos homens for possível enviar para render os destacados sob o comando de Pacheco.

Junto a este ofício foi remetida uma proclamação que, segundo Caxias, lhe "pareceu conveniente publicar". Trata-se exatamente do que foi publicado pelo *O Governista*

---

144 *O Governista*, 30 de junho de 1842.

145 Ofício do Barão de Caxias ao Barão de Monte Alegre, 13.06.1842 – C02404 (AESP).

e citado anteriormente. Estamos em 13 de junho e não há qualquer sinal da famigerada Batalha de Pinheiros ou da "vergonhosa debandada". Nem mesmo o Barão de Monte Alegre que, como foi mostrado, empenhava-se em motivar os espíritos dos combatentes, manifestou tanto entusiasmo com a retirada dos rebeldes.

Em resposta ao ofício de Caxias, o Presidente da Província escreveu no dia seguinte: "creio, que os rebeldes continuarão a mostrar a prudência de não esperar por V. Exa. e que só virão às mãos com as Forças, comandadas por V. Exa. quando não tiverem meios de se retirarem".[146] E comunica o envio de 100 homens da GN de Santos. Os cavalos estavam sendo providenciados, mas era grande a dificuldade em consegui-los.

A parada seguinte de Caxias foi às margens do rio da Cutia em 14 de junho, quando então noticia os bons resultados da "picada" que mandou fazer na retaguarda dos rebeldes. Foi apreendida uma peça de artilharia, segundo o brigadeiro, aquela que o "inculcado Presidente" rebelde trouxe para "animar" a *Coluna*.[147] O curioso é que em ofício do dia 11 de junho havia sido dito que Rafael Tobias de Aguiar trouxera duas peças, e agora esta apreendida seria a única em poder dos insurgentes.

Do rio da Cutia o Barão de Caxias avançou até o rio Barueri no dia 16 de junho, de onde escreveu comunicando seus planos imediatos. Como lhe constava que havia um grande número de legalistas escondidos nos matos na Freguesia de Cutia, a intenção era marchar para lá e reunir estes homens à tropa.[148] Esta situação parece ter sido muito comum e, em alguns casos a fuga dos legalistas se deu para mais longe. Dias depois, o brigadeiro pediu a Monte Alegre para que fizesse voltar os "refugiados" de São Roque, em especial o Capitão Manoel Francisco Rosa.[149] O motivo era simples: vencidos os rebeldes era necessário reempossar as autoridades locais para que a vida cotidiana fosse retomada, do contrário, após a passagem do *Exército Pacificador* formar-se-ia um rastro de cidades acéfalas e semifantasmas.

A entrada na Freguesia de Cutia se fez no mesmo dia 16. Provavelmente à noite, Caxias oficiou mais uma vez a Monte Alegre manifestando seu contentamento em saber do envio de parte da Companhia de Artilharia de Santos.[150] O reforço de 40 guardas nacionais havia sido pedido pelo Presidente da Província ao Coronel José Olinto no dia anterior,[151] sob uma justificativa muito curiosa. Em vista de ter sido enviado um corpo

---

146 14.06.1842 – E00563, p. 82-82v (AESP).

147 Ofício do Barão de Caxias ao Barão de Monte Alegre, 14.06.1842 – C02404 (AESP).

148 Ofício do Barão de Caxias ao Barão de Monte Alegre, 16.06.1842 – C02404 (AESP).

149 Ofício do Barão de Caxias ao Barão de Monte Alegre, 18.06.1842 – C02404 (AESP).

150 Ofício do Barão de Caxias ao Barão de Monte Alegre, 16.06.1842 – C02404 (AESP).

151 15.06.1842 – E00563, p. 83 (AESP).

de Infantaria da GN de Santos para lutar "contra os rebeldes em defesa da Sagrada Autoridade de Sua Majestade o Imperador", Monte Alegre julgou que a Artilharia "não [devia] ser privada da honra de prestar nesta ocasião um tão relevante serviço ao Monarca, à Constituição e à Liberdade". Muito mais enobrecedor que reconhecer a necessidade de mais soldados diante das dificuldades.

Contudo, é necessário refletir sobre essas dificuldades, pois se não há combates sérios, com mortos ou feridos numerosos, qual a necessidade de tantos homens? Afora os soldados doentes em razão, principalmente, da aclimatação – boa parte do 12º Batalhão de Caçadores seria formado por soldados que lutaram no Maranhão e, portanto, não acostumados com o outono e inverno paulistas –, temos a tomada das posições. Em virtude do pouco preparo da GN e seus oficiais, das dúvidas quanto à fidelidade ao governo por parte dos comandantes locais e do risco de uma postura vingativa, Caxias e a presidência da Província tinham por hábito nomear oficias de 1ª Linha para Comandante militar de localidades chave, e em alguns casos enviando um pequeno corpo de soldados. O Major Solidonio Pereira do Lago foi nomeado, em momentos diferentes, Comandante de S. Sebastião, Taubaté e Pindamonhangaba, enquanto o Capitão Manoel Cabral foi nomeado para o mesmo posto em S. Roque. Ambos eram oficiais do Batalhão de Caçadores e, em decorrência, desfalcavam o contingente em nome de outro serviço de grande importância.

Partindo de Cutia, o Barão de Caxias alcançou Vargem Grande em 17 de junho. Durante esta marcha fora informado pelo cirurgião ajudante Gomide que os rebeldes abandonaram Itu e Porto Feliz em decorrência, na opinião do Brigadeiro, da derrota em Venda Grande e do avanço do *Exército Pacificador*. Consequentemente, ordenou ao Coronel Pacheco, Comandante da Coluna do Centro, que em marcha forçada fosse ocupar as duas "importantes povoações", devendo operar sobre a cidade de Sorocaba caso fosse necessário. Caxias tencionava avançar e acampar neste mesmo dia além de S. Roque, chegando na noite seguinte ou na madrugada de 19 em Sorocaba. No entanto, não foi possível cumprir exatamente o cronograma desejado.

Preocupado, o brigadeiro pede a Monte Alegre que escreva ao Tenente-Coronel Amorim Bezerra para que avançasse em marcha forçada sobre Sorocaba, pois tendo oficiado duas vezes desconfia que a correspondência foi interceptada pelos rebeldes. Bezerra ainda comandava a coluna estacionada em Campinas e seria utilizado para sitiar Sorocaba, assim como a tropa de Tatuí, sob o comando do Capitão Antonio Xavier de Freitas. Fica evidente que, apesar de todas as informações que Caxias podia colher com seu sistema de informantes e espiões, ainda acreditava na resistência dos insurgentes. Crença reforçada pela declaração que encerra o ofício escrito de Vargem Grande:

> Julgo proveitoso que V. Exa. pela imprensa faça publicar o abandono das povoações acima ditas, e o desalento em que se acham os rebeldes; apesar de que muito necessito de tropas, porque os mesmos rebeldes acreditam que tenho o quádruplo das que na realidade disponho, e uma vez conhecedores de tal engano poderão reanimar-se e disputarem por muito tempo a Pacificação da Província.[152]

O Brigadeiro Barão de Caxias se demorou ainda em São Roque ao menos o dia 18 de junho e talvez tenha saído dessa povoação apenas no dia seguinte, posto que chegou a Sorocaba apenas em 20 do mesmo mês, após ter acampado na noite anterior na fazenda de Passa Três, propriedade de Rafael Tobias de Aguiar. Mas este já estava longe quando o general entrou na cidade rebelde. Tobias de Aguiar havia fugido com destino à República Riograndense no dia 15 de junho, após se casar às pressas com a Marquesa de Santos.[153] A fuga do líder rebelde foi acompanhada pelo Major Galvão, Francisco de Castro do Canto e Mello e o vereador paulistano Bento José de Morais, presos no Paraná no mês de julho.[154] O Presidente *Interino* teve mais "sorte", foi capturado apenas em dezembro de 1842, quando Caxias se encontrava no comando da repressão aos farrapos.[155]

Era justamente esta fuga que Caxias tencionava evitar sitiando Sorocaba com o auxílio de Amorim Bezerra, as forças do Major João Bloem[156] vindas da Fábrica de Ferro de Ipanema e a coluna do Coronel Leite Pacheco. Ao sul, na ponte do Itararé e guarnecendo a fronteira com a 5ª Comarca, estava estacionada a tropa do Coronel João da Silva Machado, pronta para impedir uma marcha rumo ao Sul.[157] A evasão

---

152 Ofício do Barão de Caxias ao Barão de Monte Alegre, 17.06.1842 – C02404 (AESP).

153 Segundo cópia da certidão de casamento encontrada no Arquivo do IHGSP, Rafael Tobias de Aguiar e a Marquesa de Santos casaram-se em 14 de junho de 1842, ao meio-dia, no oratório de D. Gertrudes Eufrosina Aires, mãe de Rafael Tobias. Foram testemunhas o Pe. Feijó e o Capitão Francisco Xavier de Barros. Doc. t. 1020.

154 Carta do Barão de Caxias ao Barão de Monte Alegre. *Anais do Museu Paulista*, nº 5, 1931, p. 381. Segundo o periódico *O Governista* (13 de julho de 1842), nesta ocasião foram presos no total nove rebeldes.

155 Aluisio de Almeida. *Op. cit.*, p.121.

156 A atuação do diretor da Fábrica de Ferro não é muito clara, e por vezes se encontra na documentação referências ao Major alemão ora como legalista atuante ora como suspeito de colaborar com rebeldes. Bloem tinha amigos liberais, mas nem por isso o encontramos identificado ao movimento armado. É provável que tenha se omitido junto aos dois lados da contenda, deixando os rebeldes tomar duas peças da Fábrica sem, contudo, apoiá-los. Após a pacificação da Província apresentou ao juiz municipal e delegado, Dr. Carlos Ilidro da Silva, em 5 de outubro de 1842, duas testemunhas de sua inocência, sendo uma delas o Capitão Antonio Xavier de Freitas, sorocabano de nascimento e chefe legalista em Tatuí. Cf. Aluisio de Almeida. "Ainda a Revolução Liberal em Sorocaba". *Revista do Arquivo Municipal*, vol. LXVI, abr.-maio 1940, p. 192-193.

157 Ofício do Barão de Caxias ao Ministro da Guerra, 15 e 20.07.1842. *Col. Caxias*, caixa 809 (AN)

dos rebeldes, em especial de suas lideranças, foi tratada com toda seriedade, tendo sido cobrada vigilância em todos os portos da Província.[158]

Pouco antes do Barão de Caxias chegar à capital rebelde, ocorreu talvez a mais famosa troca de correspondências da "Revolução". Diante da iminência da chegada de Caxias, o vice-Presidente *Interino* Diogo Antonio Feijó escreveu ao oficial que antes tinha recebido ordens do então Regente e que agora o combatia. Aluísio de Almeida trata este episódio em cores vivas, quase teatralizado, seria a encenação do fim de uma ordem. A espada de Caxias a serviço dos "conservadores" prendia o ex-Regente e "Liberal" emblemático. Mais significativo é o cuidado político com que Caxias tratou a questão.

Como bem lembra Adriana Barreto de Souza, Caxias teve sua primeira oportunidade como Comandante na repressão à Abrilada, sendo nomeado justamente por Feijó.[159] Recuperando este histórico de respeito e amizade, o padre, muito debilitado por sua paralisia, tentou mais uma vez convencer o Império, no momento representado por seu braço armado, da justiça do movimento e propunha uma "acomodação (…) honrosa a S.M.I e à província": o fim das hostilidades; a saída de Monte Alegre e seu vice, e a nomeação de alguém que não fosse "amigo, sócio ou aliado" de Vasconcelos; a suspensão da Lei da Reforma até que a Assembleia Geral pudesse receber a Representação que a Assembleia Provincial redigiu a respeito; e, por fim, ampla anistia, menos para ele, Feijó.[160]

Esta carta foi redigida em 14 de junho, um dia antes da fuga de Rafael Tobias de Aguiar. Provavelmente Caxias a recebeu quando estava acampado em Cutia, pois no ofício do dia 16 o Brigadeiro afirma a Monte Alegre ter notícias de que o senador Feijó ainda se encontrava em Sorocaba.[161] A segunda e última carta do ex-Regente data de 18 de junho, às vésperas da entrada do *Exército Pacificador* em Sorocaba. Não é necessário dizer que o Barão de Caxias não atendeu nenhuma das reivindicações de Feijó, contudo o tratou com todo o zelo possível e manteve sua residência guardada por um oficial que depois o acompanharia até a Corte.

A "Revolução" a partir da tomada de Sorocaba

Segundo um pensamento corrente e não desprovido de lógica, um movimento sem lideranças apresenta menores chances de voltar a se organizar. Assim, desde o primeiro

---

158 27.06.1842 – E00563, p. 86v (AESP).

159 Adriana Barreto de Souza. *Op. cit.*, p. 235-236. Ver ainda: Magda Ricci. *Assombrações de um padre Regente*.

160 As cartas estão transcritas em: Jorge Caldeira. *Diogo Antonio Feijó*, p. 222-224

161 Ofício do Barão de Caxias ao Barão de Monte Alegre, 16.06.1842 – C02404 (AESP)

momento a repressão à "Revolução" se esforçou em isolar e retirar da Província as possíveis ou reais lideranças do levante armado. No entanto, querendo evitar a coação ou mesmo o constrangimento da prisão de personalidades do Império, o Presidente da Província empenhou-se em "convencer" estes indivíduos a partirem para a Corte sem usar de autoridade policial.

O Brigadeiro José de Castro do Canto e Mello, irmão da Marquesa de Santos e, portanto, cunhado de Rafael Tobias de Aguiar, foi "convidado" a se apresentar ao Ministro da Guerra em 29 de maio, porém em 23 de junho ainda não tinha embarcado para o Rio de Janeiro.[162] Situação muito semelhante ao do Brigadeiro e ex-Presidente da Província Bernardo José Pinto Gavião Peixoto, notificado em 27 de junho, mas que em 19 do mês seguinte ainda estava em Santos.[163] Aqui também estavam em jogo questões logísticas, era necessário embarcar para a Corte recrutas, tropa dispensada, prisioneiros comuns, oficiais presos etc., obrigando o Coronel José Olinto a operar com os vapores que tinha à mão.

Por conta destas dificuldades, Santos acabou reunindo um curioso grupo. Estavam à espera de embarque no vapor de guerra "Amélia" os senadores Vergueiro e Feijó, Brigadeiro Gavião Peixoto, e Dr. Pereira Pinto, suas famílias e comitivas. Isto porque os oficiais militares presos deveriam seguir no Brigue "3 de maio".[164] Tudo deveria ocorrer sem perda de tempo, já que dois dias antes havia sido ordenada a viagem dos ilustres prisioneiros via "3 de maio",[165] mas é possível supor que tenha havido certa resistência. A última notícia a respeito desta viagem é um novo ofício de Monte Alegre ao Coronel José Olinto reforçando a ordem de embarque em 19 de julho.[166]

Voltemos, contudo, à "tomada" de Sorocaba. Nas páginas dos periódicos *O Verdadeiro Paulista* e *O Governista,* lia-se que a entrada na cidade fora extremamente tranquila. "A menor resistência não obstou a entrada das tropas da legalidade, nem um só tiro, nem uma só escorva queimada, como mui bem disse o Exm. General!"[167] O redator d'*O Verdadeiro Paulista* fazia referência ao ofício de Caxias a Monte Alegre datado de 20 de junho e publicado pelo *O Governista,* na qual informa a retomada do controle legal sobre Sorocaba e congratula-se com o Presidente da Província:

---

162 29.05.1842, p. 69; 23.06.1842, p. 85v – E00563 (AESP).

163 27.06.1842, p. 86; 19.07.1842, p. 103v-104 – E00563 (AESP). Ao que tudo indica, Gavião Peixoto acabou não indo para o Rio de Janeiro por se encontrar enfermo.

164 15.07.1842 – E00563, p. 99-99v (AESP).

165 13.07.1842 – E00563, p. 97v-98 (AESP).

166 19.07.1842 – E00563, p. 103v-104 (AESP).

167 *O Verdadeiro Paulista,* 27 de junho de 1842.

dou a V.E. os parabéns pelo feliz desfecho da revolta d'esta Província, que sérios cuidados nos deu. Julgo conveniente que V.E. ordene as Authoridades Civis que quanto antes venhão tomar posse dos cargos para que foram nomeados.[168]

Na manhã daquele dia, às 10h, a vanguarda da tropa de Caxias, comandada pelo Capitão Luís dos Reis Montenegro,[169] marchou contra Sorocaba encontrando a localidade abandonada pelos rebeldes. Após prender Feijó e recolocar no poder as autoridades legais, Caxias partiu por volta do dia 23 para Itu, a fim de restabelecer a ordem também nesta cidade. Feito isso, o general dividiu suas tropas e iniciou um "passeio militar", segundo suas palavras em uma das cartas à Monte Alegre, pelas povoações de Porto Feliz, Capivari, Constituição, Limeira e Mogi Mirim, regressando para a capital paulista no dia 28 de junho.

É importante salientar que estas autoridades reempossadas são exatamente aquelas criadas pela Reforma do Código do Processo e contra as quais os insurgentes se armaram. O "passeio militar" também representa a concretização da "lei opressora" e a efetivação do grupo contrário aos rebeldes no controle dos empregos provinciais.

> O Juiz de Direito desta Comarca [Sorocaba], já entrou em exercício, e amanhã pretendo fazer um passeio Militar pelas vilas da Parnaíba e Porto-feliz, e pela Cidade de Itu, para fazer empossar as autoridades civis de tais lugares e depois voltarei a essa capital para colher noticias sobre as Vilas do Norte, e saber quais as operações que convirão praticar em relação à Província de Minas Gerais. (…) (…) (a) Barão de Caxias. (…) Sorocaba, 23 de Junho de 1842.[170]

"Passeio" análogo havia sido ordenado por Caxias ao Pe. Ramalho que, partindo de Campinas, seguiria por Porto Feliz, Capivari, Constituição e Limeira até Mogi Mirim.[171] Os objetivos também eram semelhantes, dever-se-ia providenciar a posse das autoridades impedidas pelo movimento armado. Entretanto, este itinerário das forças legalistas sugere que as duas principais comarcas, palco de sérios confrontos entre insurgentes e legalistas, foram a 3ª e 4ª, tendo Campinas e Sorocaba como as localidades mais significativas.

---

168 *O Governista*, 21 de junho de 1842.

169 Primo de Caxias e filho de Joaquim Silvério dos Reis.

170 Carta do Barão de Caxias ao Barão de Monte Alegre. *Anais do Museu Paulista*, nº 5, 1931, p. 378.

171 Aluisio de Almeida. *Op. cit.*, p. 131.

Mogi Mirim fazia parte da 7ª Comarca, juntamente com Franca, e desempenhou papel importante no auxílio à "pacificação" de Minas Gerais. O fim de ambos os "passeios militares", de Caxias e Pe. Ramalho, no mesmo município indica a intenção de se planejar um avanço rumo à província vizinha. Minas Gerais estava conflagrada desde 10 de junho e Caxias recebera notícias deste avanço rebelde em meio à sua incursão pelo interior de São Paulo.

Em um ofício datado de 3 de julho remetido a Monte Alegre, Pe. Ramalho assina como Comandante militar de Mogi Mirim e informa ao Presidente as medidas ordenadas por Caxias e então cumpridas a contento.[172] Esta carta oficial sugere que o padre mogiano fora nomeado Comandante militar por ocasião do encontro com Caxias ao final dos "passeios". Apesar de ter desmobilizado parte de seus homens, Pe. Ramalho recebe do Barão de Caxias uma remessa de armamento e equipamento como havia pedido. Este material foi levado a Mogi Mirim por Amorim Bezerra, com quem o Pe. Ramalho deveria se entender.[173] Com certa liberdade de ação, a tropa de Bezerra e Ramalho poderia ainda levar uma ou duas peças de artilharia se julgasse necessário. Desse modo, o oficial vindo de Campinas seguiu para Minas Gerais via Caldas.[174] Movimento semelhante ao realizado pelo Major Antonio João Fernandes Pissarro Gabiso que partira de Atibaia para a província vizinha com tropa e "artigos bélicos".[175]

A 1ª Comarca, a última a ser "pacificada"

O Barão de Caxias retornou à capital em 28 de junho, e a preocupação agora se concentrava na porção Norte da Província. Apesar das primeiras medidas terem sido tomadas pelo Brigadeiro já em 11 do mesmo mês, a 1ª Comarca ainda inspirava cuidados. Como consta em carta ao Presidente da Província,[176] atendendo à proposta deste último, Caxias enviara ordens ao Major Solidonio José Antonio Pereira do Lago para subir a Serra do Mar. O Major se encontrava desde 2 de junho em São Sebastião, para onde fora enviado a fim de garantir a tranquilidade da vila.[177] Após cumprida esta primeira diligência, deveria rumar para Paraibuna com seus 50 ou 100 homens, como comentado anteriormente, a fim de combater os rebeldes comandados pelo Pe. Valério

---

172 *O Governista*, 16 de julho de 1842. Este mesmo ofício é citado por Aluísio de Almeida. *Op. cit.*, p. 131.

173 Ofício do Barão de Caxias ao Barão de Monte Alegre, 07.07.1842 – C02404 (AESP).

174 Aluisio de Almeida. *Op. cit.*, p. 131-132.

175 *O Governista,* 19 de julho de 1842.

176 Carta do Barão de Caxias ao Barão de Monte Alegre, *Anais do Museu Paulista*, nº 5, 1931, p. 377.

177 08.06.1842 – E00563, p. 77v-78 (AESP).

da Silva Alvarenga, à testa de 300 homens. Para auxiliar Solidonio, Caxias ordenou no mesmo ofício do dia 11 de junho que partisse o Major Manuel Joaquim Pereira Braga com seus homens da Guarda Nacional de Jacareí. Em ofício de 24 de junho, Major Braga informava ao Comandante militar da capital ter chegado a Paraibuna no dia anterior com seus 220 praças, 170 de infantaria e 50 de cavalaria, para se juntar ao Major Solidonio.[178]

Paraibuna foi mais um confronto que não ocorreu. O Pe. Valério Alvarenga, ao saber do fim de Sorocaba, dispersou sua tropa no dia 21 de junho, aguardando até o dia seguinte a chegada dos soldados de São Sebastião e Jacareí.[179] De fato, as primeiras tropas legalistas a entrarem em Paraibuna, sem qualquer resistência, foram as do Major Solidonio, vindas de serra abaixo, e no dia seguinte se juntaram a elas os homens comandados pelo Major Braga. Foram realizadas buscas nas casas de rebeldes e, em especial, na casa do Pe. Valério, onde encontraram armas, munição, pólvora, lanças e "papéis importantes". Curiosamente, Major Solidonio do Lago informou a Caxias sua entrada em Paraibuna e a consequente restauração da ordem apenas em 2 de julho, mais de uma semana após o dia dito por Almeida e confirmado pelo ofício de Braga.

Podemos medir os receios que a situação do Vale do Paraíba inspirava na Corte pelo decreto de 18 de junho, pelo qual o governo imperial determinava

> a anexação provisória dos municípios e termos de Cunha, Bananal, Areias, Queluz, Silveiras, Lorena e Guaratinguetá à Província do Rio de Janeiro, encarregando o chefe de Polícia da Corte, Dr. Francisco Inácio Alvares de Azevedo, de dirigir os processos contra os culpados.[180]

Apesar de Monte Alegre ter escrito aos juízes de direito, delegados, chefes de legião da Guarda Nacional e comandantes superiores em 22 de junho, informando o "fim da rebelião" diante da rendição de Sorocaba, onde Caxias entrou "sem dar um só tiro, porque os rebeldes a tinham abandonado fugindo vergonhosamente",[181] sabia-se que ainda havia muito a ser feito. Se o incêndio revolucionário tinha sido contido, faltava fazer o rescaldo. Por outro lado, dada a simultaneidade dos "combates", autoridades diversas agiram em prol da repressão.

---

178 *O Governista*, 30 de junho de 1842.

179 Aluisio de Almeida. *Op. cit.*, p. 137-138.

180 *Idem, ibidem*, p.136.

181 22.06.1842 – E00563, p. 84v-85 (AESP).

Com o Vale do Paraíba paulista e Minas Gerais em revolta, o governo imperial buscou outras alternativas para vencer os rebeldes. Não havia mais homens disponíveis na Corte para serem enviados para as províncias, o Rio Grande do Sul também cobrava atenções não permitindo que batalhões fossem desviados para o novo conflito sem prejudicar a penosa guerra. O *front* mineiro se apresentava especialmente preocupante, em poucos dias os insurgentes tomaram uma série de municípios totalizando 20 localidades, entre as voluntariamente rebeladas e as tomadas ou "convencidas" a aderirem.[182]

Como resposta foram expedidos sucessivos decretos e proclamações oficiais, considerados "provocadores de desânimo" por José Antonio Marinho. No dia 19 de junho, veio a público uma proclamação imperial a qual conclamava os brasileiros a lutarem pela unidade da Nação e prometia aos "iludidos" que depusessem as armas a garantia de perdão.[183] De acordo com o mesmo Cônego Marinho, esta promessa nunca foi atendida plenamente, posto que dependia de uma determinação geral por parte dos legalistas. Porém, estes, determinados a resolverem pendências pessoais, prenderam e processaram inúmeros rebeldes que se entregaram pacificamente.[184] Alguns dias depois, a 23 de junho, foi expedido o Aviso do Ministro da Fazenda aos presidentes das províncias de Minas Gerais, São Paulo e Rio de Janeiro, que poderia ser chamado de "Aviso de Confisco". Segundo este documento, diante do fato dos rebeldes terem se apoderado de dinheiro público, a Fazendo Pública, amparada na lei, tinha o direito de exigir indenização pelos prejuízos causados. O Ministério pedia, ainda, que fosse publicado em editais o artigo 27 do Código Criminal, para que todos estivessem cientes, indivíduos ou Companhias Nacionais e Estrangeiras, de que qualquer contrato feito com os rebeldes seria considerado nulo. Assim como os bens abandonados pelos envolvidos na "Revolução" seriam confiscados conforme a lei.[185] Vejamos, ainda, o artigo citado no Aviso:

> Art. 27. Quando o crime for cometido por mais de um delinquente, a satisfação [do dano causado] será à custa de todos, ficando porém cada um deles solidariamente obrigado, e para esse fim se

---

182 *Relatório da Repartição dos Negócios da Justiça apresentado à Assembleia Legislativa na 1ª sessão da 5ª Legislatura por Paulino José Soares de Sousa*, p. 13.

183 *Apud* José Antonio Marinho. *Op. cit.*, p. 130-131.

184 José Antonio Marinho. *Op. cit.*, p. 277.

185 *Apud* Bernardo Xavier Pinto de Sousa. *Op. cit.*, p. 54-55.

> haverão por especialmente hipotecados os bens dos delinquentes desde o momento do crime.[186]

É desnecessário grande esforço imaginativo para inferir a respeito do efeito deste Aviso sobre os insurgentes, ameaçando de confisco o que de mais sagrado havia em seu ideário político: a inviolabilidade da propriedade privada. No entanto, foi grande a dúvida gerada pelo Aviso, a julgar pelos inúmeros ofícios de juízes municipais à Monte Alegre pedindo esclarecimentos. Em um deles, o Presidente explica ao juiz municipal de Atibaia que o sequestro de bens dos rebeldes que se ausentassem de suas propriedades poderia ser feito independente de pronúncia ou processo-crime, assim como esses bens não precisariam ser retirados da propriedade ou posto em hasta pública. Em outro ofício, desta vez ao Major Solidonio do Lago, o Presidente da Província orientava que os bens sequestrados por conta do cerco à fazenda do Pe. Valério, chefe dos rebeldes em Paraibuna, deveriam ser reunidos aos outros bens organizados pelo juiz municipal da localidade, e em vista da fuga "precipitada do delinquente", serem postos para arrematação.[187]

O Aviso permite também um outro uso que não o confisco real, mas sob a ameaça de fazê-lo prender os rebeldes às suas propriedades evitando fugas e facilitando a repressão. O casamento de Rafael Tobias de Aguiar pouco antes de sua evasão para o Sul provavelmente visaria contornar este Aviso, pois fazia da Marquesa de Santos a responsável pelos bens na ausência do marido. No entanto, segundo Aluisio de Almeida, o chefe rebelde não evitou o sequestro de seus bens.[188]

Outro elemento presente nesse documento diz respeito aos contratos firmados durante o movimento. Não tive meios de comprovar o quanto este artigo foi levado a cabo em São Paulo ou Minas Gerais, entretanto ele evidencia a existência de "empresas" responsáveis pelo abastecimento dos rebeldes, como, por exemplo, o fornecimento de armas e munição. Uma colaboração significativa se considerarmos a inexistência de fábricas de armamentos e pólvora sob o controle rebelde. Sabe-se apenas da existência da Fábrica de Ferro de São João de Ipanema, próxima de Sorocaba, com a possibilidade de produção de armamento.

---

186 *Código Criminal do Império do Brazil*, Lei de 16 de Dezembro de 1830. Actos do Poder Legislativo.

187 27.07.1842 – E00563, p. 107v-108v (AESP).

188 De acordo com o autor, ainda tiveram seus bens sequestrados: Elias Aires do Amaral, primo de Rafael Tobias de Aguiar, coletor das Rendas Nacionais em Sorocaba e administrador do Registro em 1842; Pe. Cândido Lúcio de Almeida, vigário de Campo Largo; a família de Antonio Custódio de Almeida; João Ferreira de Almeida; José Luiz Antunes; Antonio Mascarenhas Camelo, de Sorocaba. Cf. Aluisio de Almeida. *Ainda a Revolução Liberal em Sorocaba*, p. 200-205.

Retomemos a campanha militar na 1ª Comarca. O Barão de Caxias havia ordenado a marcha de 100 homens para Jacareí em 2 de julho e dois dias depois seu irmão, Francisco de Lima, avançaria rumo a Taubaté com mais 200 soldados. O Brigadeiro permaneceu na cidade de São Paulo até pelo menos o dia 8 deste mês, quando também seguiu para o mesmo destino do irmão.

Chegando a Jacareí por volta do meio dia, Caxias escreveu a Monte Alegre no fim da tarde, quando já se preparava para seguir imediatamente para S. José e de lá para Taubaté, depois de "fazer junção" com as forças comandadas pelo Major Solidonio que se achavam em Caçapava. Apesar de Caxias ter notícias de que Taubaté havia reunido até 2 mil rebeldes,[189] contingente responsável pela interrupção de toda a comunicação oficial na região, o Major lhe escrevera informando que os rebeldes de Taubaté debandaram. Como a notícia havia sido recebida na noite do dia anterior, as forças de Solidonio do Lago marchariam sobre Taubaté a fim de evitar "consequências do desespero e perversidade desses rebeldes na ocasião da sua fuga".[190]

A ação de Solidonio em Caçapava resultou na prisão do juiz de paz Salvador Correia de Siqueira, que estava à frente de tropas rebeldes e tido como um dos responsáveis pelo levante em Taubaté. Este prisioneiro foi remetido para Jacareí junto com os outros rebeldes: Francisco Ferreira de Alvarenga, Manoel Correia de Siqueira, Prudente Correia de Siqueira, Francisco Correia de Siqueira, Tristão José Lopes e os escravos Fabrisio e Benedito.

Apesar dessas notícias, em especial o abandono de Taubaté pelos insurgentes, que "imitaram os rebeldes de Sorocaba e eu acabei de convencer-me de que nesta Província não há rebeldes a combater com armas na mão", Caxias pretendia marchar até restabelecer o contato com as tropas legais em Guaratinguetá.[191] Isto se deve ao fato da repressão ao movimento na região ter ocorrido em dois sentidos, do Rio de Janeiro para Taubaté e desta localidade rumo à província fluminense, convergindo em Guaratinguetá.

No extremo norte, os homens do Coronel Morais Rego lutaram dois dias para dominarem Areias, entrando na cidade a 24 de junho. Segundo o periódico *O Governista*, os rebeldes teriam perdido 50 homens em combate, enquanto do lado legal o saldo foi de dois soldados e um oficial mortos.[192]

A 13 de julho, a coluna legalista do Coronel Manoel Antônio da Silva travou combate com 500 homens do Tenente Anacleto Ferreira Pinto na cidade de Silveiras,

---

189 *O Governista*, 19 de julho de 1842.

190 Carta do Barão de Caxias ao Barão de Monte Alegre, 11.07.1842 – C02404 (AESP).

191 *Idem, ibidem.*

192 *O Governista*, 13 de julho de 1842.

ficando 8 mortos da tropa do Coronel e entre 40 e 50 do lado rebelde. Para o Ministro da Guerra, este foi o "mais sangrento de todos"[193] os combates que ocorreram na Província. De acordo com ofício do Coronel Manoel Antonio da Silva a Caxias, o "renhido combate" teria se prolongado das 11 às 16 horas, tempo necessário para se vencer as trincheiras e emboscadas dos rebeldes. Certamente não foi uma batalha simples e mais uma vez foram apreendidas, ao final, duas peças de artilharia, muita pólvora, balas, chumbo, pederneiras e algumas espingardas.[194]

Após o combate, Silveiras foi saqueada, primeiro pelos soldados de Manuel Antônio e, depois, no dia seguinte, pela tropa recém-chegada de fuzileiros navais do Major Lopo José de Albuquerque Maranhão. Os saques parecem ter sido comuns tanto por guardas nacionais quanto por soldados de linha, motivando o Cônego Marinho a escrever infindáveis páginas denunciando as atrocidades praticadas pelos legalistas. O incidente de Silveiras, em especial, exigiu do Ministro da Guerra, José Clemente Pereira,[195] explicações à Câmara, pois as responsabilidades não cabiam ao Comandante em chefe do *Exército Pacificador*,[196] já exonerado do cargo em São Paulo, apesar de ter partido de Caxias a ordem do ataque.

A "pacificação" após as ações militares

Apesar de destituído do comando paulista e nomeado para a mesma função em Minas Gerais a 10 de julho, Caxias tomou conhecimento dessa ordem vinda do Ministro da Guerra em 16, quando se encontrava em Pindamonhangaba. Ao menos é nesta data que o Brigadeiro escreve ao Barão de Monte Alegre, comunicando a decisão do Ministro. Contudo, Caxias permaneceu em ação enquanto esteve na Província, vindo de Taubaté para Pindamonhangaba, onde permaneceu até o dia 17, seguindo para Guaratinguetá. Desta localidade alcançou Paraty de onde, por mar, chegou ao Rio de Janeiro em 22 de julho. Após permanecer na Corte por três dias, partiu para Minas Gerais.[197]

---

193 *Relatório da Repartição dos Negócios da Guerra apresentado à Assembléa Geral Legislativa na 1ª sessão da 5ª Legislatura por José Clemente Pereira*, p. 27.

194 *O Governista*, 21 de julho de 1842. Carta do Coronel Manuel Antonio da Silva ao Barão de Caxias, 15.07.1842 – C02404 (AESP).

195 Em 17 de agosto, o Coronel José Tomás Henriques, então Comandante de armas de São Paulo, redigiu um ofício com feição de relatório a pedido do Ministro da Guerra. Na opinião do Coronel, com exceção do número de mortos de difícil contabilidade, os saques ocorreram tanto por parte da tropa quanto pelos legalistas locais. *Col. Caxias*, caixa 809 (AN).

196 Sérgio Buarque de Holanda. *Op. cit.*, p. 470.

197 Barão do Rio Branco. *Op. cit.*, p. 339.

Ainda em São Paulo, mas com os olhos em Minas Gerais, Caxias preparara sua próxima campanha com a ajuda de Monte Alegre. Em uma das cartas, o Barão pedia ao Presidente de São Paulo que aproximasse "de Bragança todo o armamento e munições disponíveis", movimentando também o Batalhão Catarinense – chamado ainda no início da Revolução –, e que enviasse "toda a força da Guarda Nacional de Mogi Mirim"[198] para a província vizinha.

É facilmente perceptível, por meio das proclamações dos rebeldes, do governo e da correspondência de Caxias, o papel desempenhado pela Guarda Nacional, tanto ao lado dos rebeldes quando ao lado do *Exército Pacificador*. Apenas a título de exemplo, temos a proclamação não datada do Barão de Monte Alegre:

> "Paulistas!
> Pela primeira vez o grito da rebelião se ouviu na Província de S. Paulo!
> Para abafá-lo o governo Provincial chamou para ao pé de si os Guardas Nacionais, e o governo Imperial fez entrar por todos os pontos da Província Forças numerosas.
> Elas vêm defender o Trono de Sua Majestade o Sr. D. Pedro, a Constituição do Império, a Liberdade, todos os direitos do Cidadão, porque o governo da Província, não quer, não pode querer, a opressão, a perseguição de ninguém.
> Reuni-vos, Paulistas, em torno do governo!
> Sede leais, sede generosos, que a Província será salva, e com ela a União Brasileira."[199]

Entretanto, a eficácia da Guarda estava mais no impacto produzido pelo número, quando isso não predominava a deserção era quase certa. Ao comentar a "Retirada de Pinheiros", Almeida afirma que a suposta vitória e "debandada" foi causada pela fama dos soldados de 1ª Linha, apelidados de "periquitos".[200] O autor considera que o Exército era mais eficaz por ter em suas fileiras homens de diversas províncias e um contingente mais treinado. Quanto a estes aspectos Almeida, tem razão, no entanto acaba por desconsiderar os alistamentos violentos e os baixos soldos, fatores que pesavam contra a eficiência da 1ª Linha. A motivação do guarda também era discutível; segundo Aluisio de Almeida, "os caipiras habituados a comparecerem às festas cívicas

---

198 Carta do Barão de Caxias ao Barão de Monte Alegre. *Anais do Museu Paulista*, nº 5, 1931, p. 383-384.

199 *Coleção Marques de Monte Alegre* – Arq.1, Pr. 45, Pasta 14, Doc. 4721. Acervo Museu Paulista – USP.

200 Aluisio de Almeida. *Op. cit.*, p. 109.

e religiosas da Guarda, com aviso dos oficiais, não discutiam a ordem, obedeciam sem saber para que. E negassem-se, que não se poupavam ameaças".[201] De fato, o guarda nacional era utilizado cotidianamente para escoltar remessas de presos e impostos, e não em combate aberto. Por mais que se possa dizer que o soldado do Exército era despreparado, ao menos permanecia em serviço por longo período de tempo, o que não ocorria com o guarda nacional. Outros contingentes também foram utilizados a serviço da legalidade, como a Guarda Policial, de mesmo perfil socioeconômico que a Nacional e ainda mais ligada à sua localidade de origem e sem treinamento militar.

No final do conflito, o subdelegado da Freguesia do Ó, na capital da Província, pedia a Monte Alegre que dispensasse os guardas devido às colheitas que nessa freguesia eram fundamentais, posto que abasteciam a cidade.[202] Este procedimento foi adotado em diversos pontos de São Paulo, logo após ter sido noticiada a vitória do *Exército Pacificador*. Por decisão da presidência da rovíncia, ficou decidido que nas localidades onde houvesse força de 1ª Linha toda Guarda Nacional e Policial deveria ser dispensada "para que folguem e acudam a lavoura". Originalmente a desmobilização referia-se às localidades que não foram agitadas "por movimento interno em favor da rebelião", ainda que tenham sido ocupadas por forças rebeldes. Contudo, municípios como Sorocaba, Itu e Porto Feliz, epicentros da "Revolução", também tiveram seus contingentes reduzidos a apenas um piquete de dez guardas policiais subordinados ao delegado ou subdelegado.[203]

Ao afirmar que a Guarda possuía uma aceitação muito maior que o Exército, Jeanne Berrance de Castro provavelmente se referia ao alistamento e serviço em tempos de paz, muito mais amenos que na Força de 1ª Linha, pois durante a "Revolução" apenas os regulares acalmavam os ânimos das autoridades ameaçadas. O Barão de Caxias, em resposta à Monte Alegre tece um comentário esclarecedor: "se escutarmos todas as reclamações das Vilas por destacamento de 1ª Linha, não nos chegaria um grande exército que tivéssemos".[204] Apesar de haver contingentes leais da Guarda Nacional em cidades como Campinas e Piracicaba, as autoridades locais solicitavam reforço e, segundo o general, justificavam seus pedidos com o perigo de levantes escravos. A preocupação das autoridades é compreensível, a Guarda Nacional não representava uma unidade como o Exército, sob as ordens de um só comando. Foram os contingentes – rebeldes e legalistas – da Guarda Nacional que tornaram possíveis os confrontos, mas como saber, ao fim do

---

201 *Idem, ibidem*, p. 86.

202 *O Governista*, 21 de julho de 1842.

203 01.08.1842 – C00563, p. 112-112v (AESP).

204 Carta do Barão de Caxias ao Barão de Monte Alegre. *Anais do Museu Paulista*, nº 5, 1931, p. 380-381.

conflito, quantos batalhões da milícia cívica eram realmente fiéis ao governo? Para isso, cada Comandante de Guarda Nacional foi encarregado de relatar quais batalhões ou companhias foram leais, as demais seriam desmobilizadas.

É interessante observar, entretanto, que a dispensa desse contingente armado também pode ser entendida como parte da política de pacificação. Manter estes homens em armas, além de dispendioso para os cofres públicos, poderia se mostrar perigoso a longo prazo. Os roceiros e trabalhadores em geral que compunham a GN, insatisfeitos com o serviço prolongado, encontrariam nos batalhões a organização necessária para motins ou mesmo para novos levantes. Àqueles corpos que não podiam ser desmobilizados restava a alternativa de manterem em serviço apenas os mais jovens, solteiros ou casados sem filhos.

Afora os pequenos contingentes em ação, apenas o 4º Batalhão Provisório de Mogi das Cruzes, formado por quatro companhias perfazendo cerca de 900 homens, permaneceu em atividade, sob a justificativa de que a "situação delicada da Província, mesmo depois da rebelião", exigia este esforço.[205] O restante das operações ficaria a cabo de parte do 12º Batalhão de Caçadores, cujos praças foram aos poucos sendo remetidos para a Corte, assim como pelos soldados do Batalhão Catarinense, que vindos da 5ª Comarca atravessaram a Província seguindo também para o Rio de Janeiro.

O combate à "Revolução" em São Paulo pode ser visto como um trabalho muito bem articulado entre a presidência da Província e o Comandante de armas. Uma parceria que nem sempre foi bem sucedida durante o Império, mas que foi possível com Monte Alegre e Caxias. Quase que simultaneamente, ambos deixaram São Paulo e entregaram seus cargos. Se no caso do Barão de Caxias temos como motivo a necessidade de comandar a repressão em Minas Gerais, a substituição de Monte Alegre não é tão evidente. É muito provável que, a fim de se evitar uma ação prolongada de um mesmo agente do governo, optou-se por deixar a captura dos insurgentes foragidos e a ação do chefe de polícia sob a coordenação de outra pessoa, no caso José Carlos Pereira de Almeida Torres. O mesmo Almeida Torres, Visconde de Macaé, seria o responsável por organizar o primeiro Ministério após a anistia de 1844, considerada a primeira tentativa de "conciliação".[206]

Nomeado em 17 de agosto, mas esperado por Monte Alegre desde o dia 6 do mesmo mês,[207] Almeida Torres tinha como tarefa garantir que o rescaldo do incêndio revolucionário fosse feito a contento, evitando um novo levante armado. Para auxiliá-

---

205 Ofício do Barão de Caxias ao Del. de Mogi das Cruzes, 03.07.1842 – C02404 (AESP).

206 Paulo Pereira de Castro. *Política e administração de 1840 a 1848*, p. 522-523.

207 06.08.1842 – E00563, p. 118v (AESP).

-lo, o Comando das Armas ficou ao cargo do Coronel José Tomás Henriques, como havia sido sugerido por Caxias ao Ministro da Guerra. Este oficial lutara no Maranhão e, apesar de inicialmente resistir à política de neutralidade exigida por Caxias, acabou por adquirir a estima deste.[208]

O documento mais significativo para termos a nítida ideia da situação provincial após o aclamado fim da "guerra civil" é, certamente, o ofício de Almeida Torres ao Coronel José Tomás Henriques, em 10 de setembro.[209] O Comandante de Armas iria partir em uma viagem de inspeção com o intuito de estabelecer o grau de tranquilidade reinante e a necessidade real de tropas de 1ª Linha. Por trás desta verificação estava o fato de Henriques ter tido sua autoridade seguidas vezes questionada, pois via suas ordens de retorno da tropa de linha consecutivamente ignoradas sob a justificativa de ter sido exigida a permanência destes contingentes pelos juízes municipais, delegados e subdelegados.[210] Diante disso, Almeida Torres escreve ao coronel uma série de recomendações, norteando a excursão.

Constavam do itinerário Sorocaba, Itapetininga, Faxina, Porto Feliz, Campinas, Constituição, Rio Claro, Araraquara. Todas essas localidades permaneceram, mesmo após o fim oficial das hostilidades, com tropa de linha destacada ou manifestaram a necessidade de ações específicas. Panorama que aponta uma permanência da insatisfação mesmo com a fuga ou prisão das principais lideranças locais, ou ainda, o não aprisionamento dessas lideranças que continuaram a resistir às novas autoridades criadas pela Reforma do Código.

Neste sentido, o Presidente da Província autoriza Henriques a estabelecer "entendimento" com as autoridades civis e da GN, informando-as e esclarecendo-as sobre a necessidade e a prudência em se manter a tranquilidade. O coronel deveria agir com aquela circunspecção própria de seu caráter sisudo, e com o seu reconhecido zelo pelo bem público. Este elogio pode parecer irônico se pensarmos que, quando o oficial lutou sob o comando de Caxias no Maranhão, a dificuldade inicial era exatamente o fato de Henriques não se manter apartado das questões locais e tomar partido, acirrando os ânimos.

Afora o trabalho mais político, Henriques deveria averiguar os rumores sobre a existência de grupos rebeldes armados vagando pelas imediações de Itapetininga até

---

208 Adriana Barreto de Souza. *Op. cit.*, p. 242.

209 10.09.1842 – E00563, p. 156-157v (AESP).

210 Ofício do Coronel José Tomás Henriques a José Carlos Pereira de Almeida Torres, 08.09.1842 – C02404 (AESP).

Paranapitanga, e nas vizinhanças de Araraquara. Sendo verdadeiros os boatos, os grupos deveriam ser dispersos ou os cabeças capturados.

O coronel deveria ainda substituir os homens do Batalhão Catarinense que permaneciam em Sorocaba por homens do 12º Batalhão de Caçadores, ordenando que os do Catarinense marchassem para a capital. Ademais se fazia necessário rever a distribuição dos destacamentos, escolhendo os pontos mais centrais e estratégicos para colocá-los. Na opinião de Almeida Torres, parecia suficiente dois destacamentos de 30 homens de 1ª Linha cada um em Sorocaba e Campinas, auxiliados por força da GN, e outro destacamento em Itapetininga. Feito isso, os soldados do Batalhão de Caçadores restantes deveriam marchar para a cidade de São Paulo.

Não foi possível averiguar se a correspondência encontrada constitui o todo dos ofícios enviados por Tomás Henriques a Almeida Torres. Em todo caso, o coronel teria ficado em trânsito ao menos um mês na tentativa de reunir as tropas dispersas, prender desertores e tranquilizar os ânimos.

Deixando o campo militar, temos a aplicação da justiça exatamente por aquelas novas autoridades criadas pela Reforma tão combatida pelos insurgentes. Como suporte legal extraordinário para a prisão e punição dos insurgentes, a presidência da Província, por meio do chefe de polícia e seus delegados e subdelegados, tinha as "Leis Militares para tempos de guerra", que passaram a vigorar em São Paulo e Minas Gerais para toda a população a partir de 20 de junho e deveriam perdurar enquanto houvesse forças rebeldes nestas províncias.[211] Na verdade, estas leis apenas vieram completar o decreto de 17 de maio que suspendia os parágrafos 6º, 7º, 8º, 9º e 10º do Art. 179 da Constituição. Em outras palavras, a partir desta data a inviolabilidade dos direitos civis dos cidadãos brasileiros estava parcialmente suspensa em São Paulo, situação que persistiu até 25 de setembro de 1842.[212] Este expediente era usual em casos de rebelião, haja vista que os mesmos artigos estavam suspensos no Rio Grande do Sul desde pelo menos 1841. Sem a vigência dos cinco artigos citados, a perseguição e prisão de envolvidos no crime de rebelião tornava-se muito mais fácil, pois passava a ser permitida a invasão de casas por autoridades judiciais em qualquer hora do dia e sem a necessidade de se cumprir todos os trâmites legais, a prisão sem culpa formada era permitida enquanto a fiança estava temporariamente abolida. Além disso, a livre saída do Império ficava proibida.

Apesar deste impulso inicial no sentido de endurecer a conduta contra os rebeldes, para Aluisio de Almeida, praticamente ninguém foi punido por "crime de rebelião",

---

211 Decreto nº 184 de 20 de junho de 1841.

212 Decreto nº 225 de 25 de setembro de 1842.

não obstante terem sido muitos os pronunciados pela Justiça. Mesmo sem o processo ou as sentenças definitivas, o início dos trâmites legais indica que a análise de Almeida pode ter fundamento.

Ainda no mês de agosto, surgiu entre os delegados, responsáveis por investigar os crimes e montar os libelos acusatórios, dúvidas com relação aos termos legais. Usava-se na imprensa e em ofícios a expressão "cabeças" para designar os líderes que deveriam ser punidos pelo crime de rebelião, de acordo com o Artigo 110 do Código Criminal. Este mesmo artigo define que as penas previstas cabem aos "cabeças", porém os Artigos 5º e 6º, ao discorrerem sobre quem são os criminosos, divide-os em "autores" e "cúmplices". Estes seriam os que concorreram diretamente para cometer crimes, enquanto aqueles, além de cometerem, constrangeram ou mandaram alguém cometer crimes. Os artigos permitem uma interpretação muito oportuna, dependendo do interesse de quem os utiliza. Poder-se-ia arrolar inúmeros autores caso se buscasse punições mais severas, ou optar por indiciar os envolvidos como cúmplices a fim de uma pena mais branda.

A principal dúvida, todavia, foi determinar o que significava ser "cabeça". Fez-se necessária a palavra do Ministro da Justiça como árbitro da questão, informando ao Presidente da Província de São Paulo que "autor" e "cabeça" eram sinônimos.[213] O Ministro Paulino José Soares de Sousa estava ciente das possíveis consequências dessa confusão. Em seu relatório anual, no qual tratou a questão, declarou:

> Essa expressão – cabeças – exclui a cumplicidade, e o Art. 5º do Código Penal define os cúmplices aqueles que diretamente concorrem para que se cometa hum crime. O vago dessa Legislação devia necessariamente trazer consigo consideráveis embaraços, e prestar-se ao mesmo tempo às perseguições, e à impunidade.[214]

Além desse embaraço legal, havia a questão da proximidade entre acusados e acusadores. Poderiam ser conhecidos, parentes ou credores, o que levaria a atenuações ou à impunidade. Ou ainda poderia haver pronunciamentos de indivíduos não envolvidos com o movimento, ou ao menos não como "cabeças", motivados por antigos rancores ou interesses políticos. Todas essas hipóteses também foram contempladas pelo Ministro, e possivelmente ocorreram, pois todos os processos contra civis tramitaram dentro da Província. Segundo ofício de Paulino José Soares de Sousa ao Presidente da

---

213 *O Governista*, 4 de agosto de 1842.

214 *Relatório da Repartição dos Negócios da Justiça apresentado à Assembleia Legislativa na 1ª sessão da 5ª Legislatura por Paulino José Soares de Sousa*, p. 20.

Província, como as 5ª, 6ª e 7ª Comarcas não foram "manchadas pela rebelião", não se poderia dizer que a Província toda esteve convulsionada, desse modo os julgamentos teriam de ocorrer na capital. Caso todas as comarcas tivessem sido palco do movimento armado, os julgamentos seriam em uma Província vizinha.[215]

É curioso notar o cuidado em se observar a lei. Julgamentos com jurados na mesma província em que se deu a "Revolução" certamente facilitariam a concretização das palavras do Ministro, mesmo assim manteve-se a determinação legal. Não seria difícil afirmar que as comarcas de Curitiba, Franca e Santos haviam tomado parte do movimento, ainda que sem combates militares. Contudo, ao mesmo tempo em que o julgamento na Província facilitaria a impunidade, também permitiria uma caça às bruxas, coisa que o Governo Central aparentemente não via com bons olhos. A centralização dos processos na cidade de São Paulo possibilitaria um controle maior sobre os trabalhos, ao contrário do que aconteceria em Minas Gerais.[216]

Finda a guerra civil, restavam as questões políticas, certamente mais delicadas, em especial para aqueles que participaram ou voltariam a participar das esferas decisórias do Império do Brasil, lembrando que a punição aos "cabeças de rebelião" constituía muito mais um assunto de âmbito político que de fato jurídico-policial. No entanto, os desdobramentos deste complexo bordado dependem do entendimento das atitudes das lideranças rebeldes longe dos campos de batalha, no interior da Assembleia Geral, objeto de capítulo futuro.

---

215 *O Governista*, 4 de agosto de 1842.

216 Esta questão será abordada no Capítulo 4.

Capítulo IV

Os "brasileiros leais" contra os "malvados sediciosos": Minas Gerais vai à guerra

A guerra nunca deflagra subitamente: a sua extensão não é obra de um instante.

Carl von Clausewitz

A guerra de 1842 em Minas Gerais guarda uma série de particularidades quando comparada aos acontecimentos de São Paulo. A despeito do recorrente argumento – presente inclusive na fala dos rebeldes – segundo o qual os mineiros *apenas* pegariam em armas como apoio aos paulistas e na intenção de distrair a ação do Exército Imperial, é nítido que tanto a ação dos insurgentes quanto a reação do Governo Provincial de Minas atingiu proporções diferentes do que foi visto na província vizinha. Uma rápida e significativa adesão ao Presidente *Interino* aclamado em Barbacena, combates mais numerosos com diversas localidades e posições tomadas e retomadas pelos contendores e, por fim, o Combate de Santa Luzia, são apenas alguns exemplos.

Apesar de contar com lideranças e uma articulação comum sob a bandeira da insatisfação frente à Reforma do Código do Processo e da (re)criação do Conselho de Estado, a "Revolução Liberal" congregou uma série de outras demandas e questões locais que não se evidenciam na reação às ditas "Leis Opressoras". Neste sentido, as leis de 23 de novembro e 3 de dezembro de 1841 desempenhariam um papel unificador no contexto dos descontentamentos locais e feridas políticas mais antigas. Esta hipótese encaminharia a compreensão das dimensões humanas da guerra, que envolveu um número muito elevado de cidadãos, muitos dos quais não sofreriam os efeitos diretos das ditas leis ou estas não seriam um motivador suficiente para levá-los a uma ação tão extremada como abandonar suas lavouras, suas famílias e tomar em armas arriscando suas vidas.

Devemos, certamente, ter em vista as imbricações das dimensões da vida social dos homens deste período, quando a ação política se mostrava muito cotidiana e próxima às necessidades econômicas mais comezinhas. Do mesmo modo, a hierarquização da sociedade fundada no poderio político-econômico criando protetores e protegidos pode *também* explicar a adesão a um movimento revolucionário. Levando em conta que dos dois lados do conflito se encontrava a Guarda Nacional, seria leviano não considerar a fidelidade ao Comandante, em geral uma liderança local, como elemento explicativo. Contudo, se os guardas nacionais ou os cidadãos em geral possuíam meios minimamente eficientes de burlar o recrutamento militar,[1] fosse se apresentando à Guarda Nacional ou simplesmente se embrenhando nas matas, não seria vedado a estes indivíduos se furtarem do risco existente na adesão a um movimento rebelde.

Para a melhor compreensão deste quadro e visando tornar mais complexa também a narrativa do conflito, faz-se necessário explorar o período imediatamente anterior à guerra. Neste ponto em específico, Minas Gerais guarda semelhanças com São Paulo. Da leitura da imprensa periódica mineira, depreende-se um cenário próximo ao encontrado nas páginas dos jornais paulistas, como mostrado no capítulo anterior.

Aliados, desafetos e suas opiniões na imprensa

A imprensa mineira, ao contrário da paulista, não se concentrava apenas na capital da província. Localidades como Serro, Barbacena, São João d'El Rei já possuíam tipografias em atividade nesta época e dialogavam entre si, fosse em solidariedade a um jornal de mesma inclinação política fosse simplesmente reproduzindo artigos. Esta prática, aliás, era comum não apenas entre jornais "menores" ou de âmbito local. Era costumeira a reprodução de textos devidamente referenciados de periódicos da Corte ou de outras províncias.

Contudo, o periodismo em Ouro Preto continuava a ter mais fôlego e uma maior longevidade que no restante da província. No caso específico dos dois principais jornais consultados, *O Universal* e *O Correio de Minas*, o tempo de publicação excedia bastante o usual. *O Universal* veio à luz em 18 de julho de 1825, mantendo sua periodicidade quase inalterada até maio de 1842. As mudanças de redatores,[2] de tipografia e

---

1   Sobre o assunto ver Jeanne Berrance de Castro. *A Milícia Cidadã: a Guarda Nacional de 1831 a 1850*. 2.ed. e Wilma Peres Costa. *A espada de Dâmocles: o exército, a guerra do Paraguai e a crise do Império.*.

2   Como era comum ao período, não fica propriamente claro quais foram os redatores e em que período estiveram à frente do jornal. Em todo caso, é quase consensual que nos primórdios do periódico, Bernardo Pereira de Vasconcelos, então iniciando sua vida pública, era redator de *O Universal*, assim como é indicado que Joaquim Antão Soares Leão também foi. O fundador da tipografia e do jornal foi Manoel José Barbosa, que vendeu o "estabelecimento" em 1827 a José Pedro Dias de Carvalho, que apesar da tentativa de vendê-lo novamente em 1835 teria continuado à frente da oficina e do periódico até 1842. A edição de 1º de novembro de 1841 de *O Universal* noticia a mudança do redator, sem informar quem era o antigo e quem

mesmo de tom ou objetivo foram inevitáveis. A título de exemplo, basta-nos aqui citar as epígrafes que encabeçavam o jornal em três momentos distintos. No princípio, *O Universal* trazia em sua primeira página, em francês, "Nada é belo senão o verdadeiro: só o verdadeiro é amável",[3] uma referência habitual à pretendida verdade que deveria nortear o escritor público. Posteriormente e ao longo do ano de 1840, utilizou-se a enérgica frase: "A Ordem é banida dos lugares onde habita a tirania; a Liberdade se desterra dos países onde a desordem reina: estes dois bens deixam de existir, quando os separam".[4] A veemência da citação que reunia ordem e liberdade como bens preciosos em oposição à tirania e desordem deu lugar em 1841 ao moderado enunciado latino segundo o qual "a virtude está situada no meio".[5] Curiosamente, a moderação sugerida não acompanhou o jornal até 1842, sendo que desde o ano anterior suas páginas carregavam severas críticas aos governos Provincial e Geral e pregavam uma reação contundente aos situacionistas.

Como opositor declarado d'*O Universal,* surgiu em janeiro de 1838 o periódico *O Correio de Minas,*[6] mantendo-se em atividade até 1844. Apoiador da Regência de Araújo Lima, simpático a Bernardo Pereira de Vasconcelos e Honório Hermeto Carneiro Leão e feroz opositor do Ministério Maiorista, *O Correio* esforçava-se por transmitir uma imagem mais isenta que *O Universal.* Sem epígrafe ou qualquer tipo de lema, *O Correio de Minas* publicava maciçamente as atas das sessões legislativas, leis, decretos e editais das administrações provinciais, enquanto o outro periódico optava pela reprodução apenas de discursos ou análises políticas. É importante salientar que esta pretensa neutralidade era frequentemente lembrada na intenção de dividir a imprensa em "informadores" e "formadores", sendo estes condenáveis. O que não significa dizer que *O Correio de Minas*

---

passava a ser o novo responsável pela redação, mencionando apenas que Dias de Carvalho continuava sendo proprietário da tipografia sem ser responsável pela folha. Cf. José Pedro Xavier da Veiga. "A Imprensa em Minas Gerais (1807-1897)". *Revista do Arquivo Público Mineiro*, vol. 3, 1898, p. 169-239; Luciano da Silva Moreira. "Combates tipográficos". *Revista do Arquivo Público Mineiro*, vol. 44, jan.-jun. 2008, p. 24-41. *Idem. Imprensa e Política: espaço público e cultura política na província de Minas Gerais (1828-1842).*

3   No original: *Rien n'est beau que le vrai; le vrai seul est aimable.* O periódico credita a citação a Voltaire, no entanto o autor é Nicolas Boileau.

4   A citação consta de *Aplicação da Moral à Política*, de François-Xavier-Joseph Droz, publicada em 1829.

5   *In medio posita est virtus.*

6   Moreira indica como redator de *O Correio* Manoel Soares do Couto. Contudo, consta nos exemplares de 1842 que o administrador da tipografia era Jacques Augusto Cony, tido também como redator de *O Legalista.* Vale salientar que uma informação não invalida a outra, pois é possível que ou ambos fossem redatores ou que Cony, de fato, fosse apenas o administrador da tipografia. Ademais, o *Universal* de 2 de julho de 1841 (nº 69) afirma ser redator da folha o deputado provincial Antonio Gomes Candido. Cf.: Luciano da Silva Moreira. *Imprensa e Política, Op. cit.,* p. 57.

furtava-se a emitir posicionamentos claros. Por outro lado, a publicação de atas, decretos e similares implicava em contratação específica, o que fazia do periódico órgão oficioso.

Podemos considerar *grosso modo* que ambos os jornais, guardadas as diferenças de estilo, abordavam três temas principais: a dinâmica provincial expressa majoritariamente nos trabalhos da Assembleia Legislativa, mas também nos atos do Executivo e notícias de diversas localidades; a política nacional, resultado do acompanhamento das sessões da Câmara e do Senado, bem como do Ministério; e, por fim, "notícias" das demais províncias. Ainda poderíamos mencionar o espaço concedido aos acontecimentos internacionais, anúncios e variedades, no entanto sua relevância aqui é menor.

No que tange às demais províncias do Império, era comum tanto *O Universal* quanto *O Correio de Minas* trazerem de tempos em tempos um resumo dos "acontecimentos", tais como nomeação de presidentes ou rusgas locais. Entretanto, no ano de 1841 vemos uma província em especial ocupar grande espaço nas folhas, o Rio Grande do Sul. O conflito armado no sul do Império era alvo de preocupações tanto em um quanto em outro periódico, variando apenas o apoio oferecido às medidas dos governos. O plural se deve ao fato de que também o Governo Provincial de Minas Gerais acabou por criar meios de auxiliar na pacificação do Rio Grande, com a aprovação pela Assembleia e sanção do Presidente Marechal Sebastião Barreto Pereira Pinto do envio de um contingente de Guarda Policial.[7]

O ponto de inflexão, quando os apoiadores da véspera se tornam críticos da ação do governo na questão farroupilha, se deu com a queda do Gabinete Maiorista e a ascensão do novo Ministério em 23 de março de 1841. É significativo que a justificativa para demissão do ministério propalada pela imprensa tenha sido justamente a discordância entre os ministros quanto à manutenção do Comandante de Armas do Rio Grande do Sul. Segundo noticiou *O Correio de Minas*, os irmãos Andrada e Limpo de Abreu insistiam na permanência de Álvares Machado na presidência do Rio Grande e do Brigadeiro João Paulo no Comando das Armas da Província em oposição a Aureliano de Souza Coutinho, que defendia a substituição do militar. Essa polarização era tão clara aos redatores do jornal que, ao se referirem ao Gabinete, não o chamavam de Maiorista, mas de Ministério "limpo-andradista" ou "andrado-limpista".[8]

---

7   Esta questão gerou situação curiosa, pois ao defender que o envio de tropa "voluntária" fazia-se necessário em nome da união do Império, expunha os opositores do projeto ao risco de se portarem como antipatrióticos. Desse modo, os debates se desenrolaram com grande cautela, em especial por parte dos deputados contrários que viam nesta proposta um gasto excessivo de dinheiro. Porém, ao fim, o efetivo não foi enviado por ordem do Governo Central.

8   Por vezes este Gabinete também foi chamado de "Ministério dos irmãos" por contar com os dois irmãos Andrada e os dois Cavalcanti Albuquerque.

Estava, então, identificada a insatisfação dos indivíduos, leitores ou aliados, de mesma orientação que *O Correio*: o epíteto reunia a liderança mineira, Antonio Paulino Limpo de Abreu, e os ministros das pastas do Império e da Justiça que de algum modo eram responsáveis ou responsabilizáveis pelas "eleições do cacete", outro assunto amplamente comentado ao longo de 1841.

Os redatores de *O Correio* assim caracterizaram os ministros substituídos e comemoraram o fim deste Gabinete:

> Os homens cuja vontade é mais forte que o destino, cuja compreensão é mais vasta que o Universo, caíram enfim, tornaram para o nada d'onde saíram, miséria para eles; ventura para o País que está livre da impostura, que triunfou do Despotismo![9]

No mesmo dia, *O Universal* noticiou de forma simples e direta a nomeação do novo Ministério.[10] É curioso que nenhuma menção foi feita à queda do Gabinete anterior, como já havia sido feito por *O Correio de Minas* em 30 de março.[11] Esta discrição certamente era estranha ao esperado pelos leitores d'*O Universal,* ao ponto de em 14 de abril trazer estampada em sua primeira página uma manchete no mínimo intrigante: "O *Universal* virou casaca". Segundo se lê no longo artigo, essa teria sido uma acusação feita ao jornal por ter simplesmente noticiado a nomeação do novo Ministério. Contudo, a argumentação desenvolvida talvez tenha deixado o acusador igualmente intrigado, pois defende a conciliação e a cautela como meios de se alcançar o bom governo, a paz, a ordem e a prosperidade. Ao considerar o novo Ministério, ainda enfatiza que nele estão um ministro do último Gabinete, Aureliano, e um dos maiores propugnadores da *Maioridade*, Paranaguá, de modo que se poderia esperar coisas boas.

Esta placidez, no entanto, não significava o fim das críticas contundentes ou da análise ferina comum ao *Universal*. Ao comentar a expectativa com a futura abertura dos trabalhos legislativos na Corte em 3 de maio, o redator oferece o seguinte retrato da situação do Império:

> O nosso estado não pode ser mais crítico. Por um lado a rebelião armada, no Sul do Império, parece que ameaça tudo engolir. Por outro nossas dissensões, que parece não terem jamais fim. E por

---

9   *O Correio de Minas*, 5 de abril de1841, nº 44.

10   *O Universal*, 5 de abril de 1841, nº 37.

11   *O Correio de Minas*, 30 de março de 1841, nº 40.

último certo espírito que se vai desenvolvendo, permita-se-nos a expressão, de acinte e de reação, não será certamente o pregoeiro de paz do país, ao contrário, estamos convencidos que ele levará o Brasil a uma crise, bem semelhante talvez a que sucedeu a dissolução da constituinte. Em uma palavra, os ânimos estão de tal arte irritados, que muito receamos, se o comportamento franco e leal da assembleia não desvanecer se ainda for tempo os terríveis sintomas de uma horrorosa borrasca, que enluta o nosso horizonte político.[12]

Nada mais coerente. O Ministério que encarnava seus ideais políticos acabara de cair e as novas nomeações feitas pelo Gabinete 23 de março já indicavam que mudanças significativas iriam ocorrer em âmbito provincial. Apesar da manutenção do antigo Presidente até o momento da redação do artigo, sua substituição era prevista ou, ao menos, previsível. Por outro lado, as dissensões aludidas pelo redator contavam com a participação de seus aliados, posto que remetiam fatalmente às eleições que ocorreram em 1840, e os acontecimentos e seus efeitos estavam longe do esquecimento.

As feridas causadas pelas "eleições do cacete"

Os beneficiados pelas eleições do "cacete" tinham n'*O Universal* um veículo de informação eficaz, pois contavam com a expressiva e consolidada circulação na Província. Esta "credibilidade" tornava ainda mais contundente qualquer polêmica encabeçada pelo periódico, como é o caso das discussões a respeito do pleito passado. Aparentemente, o redator (ou redatores) evitava defender os atos de violência vistos por toda a Província no ano anterior sem, contudo, condenar as eleições como um todo. Como comentado anteriormente, não há elementos suficientes para precisar a autoria ou a veracidade das correspondências publicadas nos jornais do período. Em todo caso, é interessante salientar a conveniência em se deixar que os "leitores" emitam suas posições que, por vezes, manifestam maior agressividade que os artigos de autoria da própria folha.

Um missivista de codinome "O anti-oposicionista", por exemplo, escreveu longa carta em defesa das eleições do ano anterior e afirmou que os derrotados nas urnas é que tentaram por todos os meios tumultuar o escrutínio desautorizando o corpo policial que atuava para manter a ordem.[13] Em outros termos, segundo o leitor de Sabará, o tumulto ocorrido era resultado dos derrotados e não dos que foram eleitos. Assim,

---

12 *O Universal*, 19 de abril de1841, nº 41.

13 *O Universal*, 31de março de 1841, nº 35.

Até os limites da política   193

o resultado final permanece legítimo e representativo do interesse geral, apesar das tentativas dos "perdedores" em reverter essa situação por meios que não os eleitorais.

Entretanto, *O Universal* não se furta a criticar a legislação eleitoral que permite a manipulação do voto.

> Queremos obter bons fins, sem empregar bons, e fáceis meios? Não, jamais teremos liberdade, ordem, e progresso enquanto não tratamos de moralizar o povo, e ele não será virtuoso, sempre que, ou para lisonjear suas paixões, ou para conseguirmos, o triunfo de nossas ideias nós o corrompermos, nós lhe acenarmos com o vil interesse pessoal, para que ele prostitua sua liberdade, seu voto, sua consciência. Legisladores de 1841, encarai o profundo abismo, que diante de vossos olhos cada dia mais se alarga; tremei pela sorte do Brasil, chorai pelo total desmantelamento do sistema representativo!![14]

Assim, compartilha do discurso em prol de uma reforma eleitoral por afirmar que o sistema encontra-se como um todo viciado e o futuro funesto. Porém, para todos os efeitos, as medidas deveriam ser pensadas para as próximas eleições, pois as de 1840, nas quais seus aliados foram eleitos, gozava de legitimidade.

Da parte dos derrotados, ou seja, daqueles que se manifestavam contra as eleições exatamente por entenderem que o resultado não era legítimo nem tampouco representativo, porque obra de manipulações, corrupções e violências, encontravam guarida junto ao *Correio de Minas*. Para este periódico, o processo eleitoral simplesmente não tinha desempenhado sua função, qual seja, expressar a realidade dos desejos dos cidadãos e, nesse sentido, utilizou-se de todos os expedientes para demonstrar a insatisfação frente ao pleito passado.

Em correspondência assinada por "O amigo ao bem público", desmente-se carta publicada por *O Universal* de autoria de Olimpio Carneiro Viriato Catão, segundo o qual não houvera qualquer influência do governo à época sobre as eleições gerais. O "amigo" então comenta a situação de Baependi, também localidade de Catão, informando demissões e manipulações de juízes de paz.[15] No mesmo número foi igualmente publicada uma ode intitulada "As eleições do Serro", por "Um imparcial". Apesar da baixa qualidade poética, os versos tratam da eleição no Serro como confronto entre caramurus e chimangos, destacando a grande violência, o caso do juiz de paz que se

---

14   *O Universal*, 14 de março de 1841, nº 51.

15   *O Correio de Minas*, 2 de abril de 1841, nº 42.

"arvora em Bispo" e nomeia novo vigário, listas rasgadas, entre outras irregularidades. Chama a atenção o fato de o autor afirmar e criticar a vitória dos chimangos – frequentemente identificados como liberais moderados – sobre os caramurus – epíteto dado aos antigos partidários de D. Pedro I – sem, contudo, se colocar como partidário dos derrotados. Igualmente ocorre com o periódico, que não defende aquele grupo político muito identificado às lutas da primeira metade da Regência, mas também não o ataca. Este posicionamento do jornal pode sugerir uma aproximação com parte dos antigos caramurus, do mesmo modo que sinaliza grande cautela a fim de evitar uma identificação danosa com os fautores do movimento armado de 1833.[16]

Após o uso da "voz dos leitores" expressa nas correspondências, a crítica às eleições passadas é retomada ainda no mês seguinte por meio da publicação da Representação encaminhada pela Assembleia Provincial ao Imperador em 2 de abril de 1841. O texto, assinado pelo Presidente da casa, José Lopes da Silva Viana, e pelos dois deputados que na ocasião serviam de secretários, Antonio José da Silva e Francisco de Paula Santos, denuncia os atos de violência e fraude ocorridos nas eleições de novembro de 1840 no intuito de anular o sufrágio. Sugere também que algumas localidades ainda se encontravam inquietas devido a ressentimentos nascidos nas eleições.

Esses ressentimentos, que em algumas localidades não tinham origem apenas nos conflitos nascidos das urnas, eram noticiados (e também explorados) por ambos os periódicos, ora visando minimizar os atritos ora compondo discursos mais alarmistas sobre a situação provincial e imperial.

O *Correio de Minas* optou por noticiar repetidas vezes a situação em Araxá, localidade que na noite de 12 de julho de 1840 fora palco de uma sedição movida contra o juiz de direito interino, Antonio da Costa Pinto Junior, que presidia o júri, e contra outras autoridades – Câmara, juiz de direito, juiz municipal. Consta do parecer apresentado pela Comissão de Poderes da Assembleia Provincial,[17] com base na correspondência oficial do governo com autoridades de Araxá e daquela comarca que, incitadas pelo Tenente-Coronel João José Carneiro de Mendonça, 400 pessoas, reunidas em vários distritos e contando até mesmo com criminosos, intentaram retirar Pinto Junior à força. O dito juiz de direito, diante da informação de que 40 homens armados se aproximavam da vila,

---

16 Sobre a "Revolta do Ano da Fumaça" de 1833, ver: Wlamir José da Silva. *"Liberais e Povo": a construção da hegemonia Liberal-moderada na Província de Minas Gerais (1830-1834).* Tese doutorado. Andréa Lisly Gonçalves. *Estratificação social e mobilizações políticas no processo de formação do Estado Nacional Brasileiro: Minas Gerais, 1831-1835.*

17 A comissão era formada pelos deputados Manuel Julio de Miranda, Fernando Diogo Pereira de Vasconcelos e João Paulo Barbosa (apesar de constar no parecer publicado como L. A. Barbosa). Todos os três deputados eram francamente contrários ao Gabinete Maiorista e ao grupo mineiro favorável a este.

pediu ao Coronel Chefe de Legião um contingente de 50 praças da Guarda Nacional para que pudesse "manter sua autoridade". O Coronel não só criou empecilho, dizendo que o juiz de direito interino podia requerer apoio diretamente junto aos comandantes de Companhia, como prestou auxílio ao juiz de paz do distrito da vila e ao pároco contra as mesmas autoridades que antes lhe pediram auxílio. Em decorrência do acontecido, a Câmara de Araxá e o juiz de direito interino retiraram-se para Desemboque, de onde oficiaram ao Presidente da Província e organizaram a reação com a ajuda de um contingente da GN e da força policial destacadas na Vila de Uberaba.[18]

O Presidente da época, Bernardo Jacinto da Veiga, agiu, na opinião do periódico, rapidamente, afastando as autoridades comprometidas. Porém, o Presidente seguinte, Marechal Pereira Pinto, nomeado pelo Gabinete Maiorista, reconduziu pessoas indiciadas ou de algum modo interessadas no movimento, trazendo instabilidade novamente à localidade. Neste caso estaria implicado Limpo de Abreu, ministro, que nomeou seu cunhado, João Carneiro de Mendonça, juiz de direito de Paracatu, cabeça da Comarca,[19] sendo este diretamente envolvido com a sedição por ser filho do tenente-coronel insurgente.

A um só momento, era dada ao *Correio* a oportunidade de atingir os potentados locais de credo político oposto ao seu, o Presidente da Província e o Ministério que o nomeara. Os primeiros por desacatarem as autoridades legalmente constituídas, os demais por fazerem o que, na opinião corrente do jornal, era o esperado dos homens desse partido: beneficiar desordeiros e fomentar os desmandos autoritários de pequenos grupos em detrimento do bem público.

É importante destacar aqui a permanência desses assuntos por períodos muito maiores do que se possa imaginar. Afora a publicação de comentários dos redatores ou cartas de "leitores" vários meses depois do término das hostilidades, ocorria que a veiculação das atas dos trabalhos da Assembleia Provincial era sempre relizada com uma significativa defasagem que poderia chegar a quase um ano. Assim, o evento de Araxá, apesar de apurado pela Assembleia em 1841, foi novamente ventilado em 1842, quando O *Correio* publicou a ata correspondente à sessão de 29 de março de 1841 em 19 de março de 1842.[20] O efeito prático – mas talvez nem sempre consciente – é a manutenção das críticas aos grupos rivais e a cristalização de argumentos, o que em um contexto de tensão crescente, como em 1842, poderia alimentar ressentimentos e aprofundar desavenças.

---

18 Parecer da Comissão de Poderes apresentado na 41ª Sessão Ordinária em 29 de março de 1841, In: *O Correio de Minas*, 19 de março de 1842, nº 19; e continuação em 30 de março de 1842, nº 21.

19 *O Correio de Minas*, 16 de abril de1841, nº 46.

20 *O Correio de Minas*, 19 de março de 1842, nº 19.

Mudanças administrativas, mudanças políticas

O caso de Araxá é apenas um exemplo mais extremado, pois ao longo de 1841 inúmeras querelas pontuais foram registradas em Tamanduá, Januária, Serro, entre outras localidades. Esses conflitos envolvendo autoridades locais podem ter ligação com o processo de elevações, desmembramentos e redefinição de limites territoriais ocorrido na Província, marcadamente entre 1839 e 1841, quando cerca de 15 novos municípios foram criados e muitos tiveram freguesias desmembradas e anexadas a outros, procedimento observado também em São Paulo, como tratado no capítulo anterior.

Mesmo não sendo possível aprofundar aqui esta questão, é importante ilustrá-la a fim de compreendermos melhor as reações veiculadas na imprensa. Todas as elevações e redefinições de território realizadas em 1841 pela Assembleia Provincial constam da Lei nº 202, de 19 de março daquele ano. Em seu artigo primeiro e parágrafo inicial, fica elevada à vila a povoação de Piranga, anteriormente pertencente a Mariana. A nova vila seria então constituída de três freguesias e três distritos. Destes três distritos, um pertencia anteriormente ao município de Presídio e outro ao de Pomba. Por fim, os limites com S. João do Barroso foram redefinidos em favor da nova vila. De acordo com a mesma lei, a Vila de Pomba, que dera um distrito para formar Piranga, também perdeu uma freguesia com a criação da Vila de S. João Nepomuceno.

Assim, para a criação da Vila de Piranga, quatro outros municípios perderam território e população, o que significa, de fato, realocar ou criar autoridades, empregos públicos, arrecadação e gastos com impostos, eleitores etc. Ao fim, observa-se uma redefinição do mapa do poder local possibilitando, em tese, o enfraquecimento de algum grupo político na municipalidade original e fortalecimento de outro na recém-criada. A julgar pela leitura dos periódicos, esse processo de elevações de localidades agradava aos alinhados ao *Correio de Minas* e desagradava aos simpatizantes d'*O Universal*. Para este, os "desorganizadores da província" usavam como "tática" elevar capelas, freguesias e vilas, mesmo não havendo dinheiro para isso.[21] No entanto, o redator não aprofunda nem tampouco ilumina qual seria o objetivo preciso dessa "tática" ou qual seria a organização anterior que estava sendo desfeita. Poucos números depois o tema retornou à pauta, e na forma de artigo reproduzido de outra folha, *O Echo da Rasão*,[22] para o qual a Assembleia Legislativa Provincial teria gastado muito tempo discutindo ques-

---

21 *O Universal*, 31 de março de 1841, nº 35.

22 O periódico *O Echo da Rasão* foi publicado em Barbacena entre 1840 e 1842, tendo como fundador e principal redator Dr. Camilo Maria Ferreira Armonde (depois Conde de Prados), liderança rebelde em 1842. In: José Pedro Xavier da Veiga. "A Imprensa em Minas Gerais (1807-1897)". *Revista do Arquivo Público Mineiro*, p. 210.

tões nem tão prioritárias. As críticas mais severas recaíam sobre os inúmeros projetos de elevação de povoações que tanto desagradam às ditas localidades.[23] Para o Cônego Marinho, o procedimento da Assembleia figurava entre as medidas tomadas por "amor ao interesse próprio" e constituía verdadeiro "sistema", prejudicando enormemente os cofres provinciais.[24]

Não se pode esquecer, no entanto, que dois pontos fundamentais na proposição de determinada elevação são justamente a existência de meios pecuniários para o pagamento dos empregados públicos a serem nomeados e a existência de um desejo local de que ocorra a mudança do *status* jurídico-administrativo. Outro elemento considerado pelas Comissões de Estatística das Assembleias provinciais é quanto à possibilidade do novo município ter meios humanos de prover os empregos da administração de modo geral.

A respeito das atividades legislativas provinciais, opinião diversa tinha *O Correio*. Ao congratular a Assembleia pelo encerramento da sessão e seus "relevantíssimos" trabalhos, destaca que o mérito dessa legislatura residia no fato de não ter sido eleita no cacete e ter resistido a um "governo corrompido e desleal", responsável pela exclusão de membros, ameaças e perseguições. Diante desta situação, os deputados moveram dura oposição ao "governo das praças públicas" – isto é, Gabinete Maiorista – e seu representante na Província, mas mesmo assim aprovou generoso orçamento que, para sorte da província, será usado por outro Presidente.[25]

Mais articulação que sorte

Esta sorte deve ser relativizada, pois o desenrolar do jogo político provincial sinaliza um encadeamento de variáveis capazes de sugerir uma cuidadosa articulação por parte do grupo representado pela *maioria* da Assembleia de 1841. O Marechal Sebastião Barreto Pereira Pinto, Presidente nomeado pelo Gabinete Maiorista, mas segundo o Cônego Marinho "destituído de habilitações para governar",[26] encontrava-se seriamente doente desde fevereiro,[27] vindo a falecer em 1º de setembro de 1841. Sua substituição era, portanto, previsível, além de desejada pela *maioria* que, favorecida pela confortável vantagem numérica, poderia influir na decisão final do Orçamento em discussão. A nomeação do novo Presidente, Manoel Machado Nunes, foi noticiada por *O Correio* em 30 de abril,

---

23   *O Universal*, 7 de abril de 1841, nº 38.

24   José Antonio Marinho. *Op. cit.*, p. 82-83.

25   *O Correio de Minas*, 7 de abril de 1841, nº 45.

26   José Antonio Marinho. *Op. cit.*, p. 82.

27   *O Correio de Minas*, 30 de abril de 1841, nº 52.

juntamente com um artigo a respeito do Gabinete 23 de março, sucessor do Maiorista e cuja queda já era ventilada havia algum tempo.

Esta mesma Assembleia Provincial que pôde aprovar um "generoso orçamento" para o próximo Presidente, pois sabia de sua substituição e certamente supunha a mudança de rumos no Executivo Nacional, tinha também total conhecimento da próxima legislatura a tomar posse em 1842. As eleições haviam ocorrido em 1840 e a apuração havia sido feita tanto para a Câmara dos Deputados quanto para o Legislativo da Província. Independente das irregularidades apontadas no pleito e as tentativas de que este fosse anulado, a Assembleia Provincial aprovou uma lei que permitiria "controlar" ou minimizar o impacto das "eleições do cacete", ao menos no plano mineiro.

Sem alarde, foi aprovada na Assembleia e sancionada em 27 de março de 1841 a Lei nº 196, alterando a data dos trabalhos legislativos a partir do ano seguinte: o início da sessão anual não seria mais em 1º de fevereiro e sim em 3 de maio. Não há outra interpretação possível que não a do Cônego Marinho:

> Sem que algum interesse público o reclamasse, mudou-se para maio a época da reunião da Assembleia; e isto com o único fim, de sucederem nos lugares a alguns representantes provinciais, que eram membros do Corpo Legislativo Geral.[28]

A reunião provincial passaria a coincidir com a geral, e considerando que em ambos os legislativos os Maioristas haviam conquistado ampla vantagem numérica, ficariam obrigados a optar por uma das casas. Com isso os suplentes, muitos dos quais em 1841 tinham assento na Assembleia Provincial e colaboraram para a aprovação da lei, poderiam tomar posse. É interessante notar, no entanto, que a imprensa periódica não deu grande atenção a este fato. O *Correio de Minas* publicou a pequena lei de dois artigos[29] em sua edição de 5 de junho em meio a outras tantas leis, enquanto *O Universal,* de modo análogo, o fez apenas em 28 de julho. A única diferença entre os periódicos está no formato em que a Lei nº 196 foi apresentada. O primeiro jornal, porta-voz da *maioria*, apresenta a lei com a data de sua aprovação na Assembleia Legislativa Provincial, 11 de março de 1841, enquanto que o então órgão da oposição optou por publicar com a data da sanção do ex-Presidente Marechal Barreto.

---

28 José Antonio Marinho. *Op. cit.*, p. 82.

29 Art. 1. As futuras Sessões ordinárias da Assembleia Legislativa Provincial começarão no dia 3 de Maio de cada ano. Art. 2. Fica revogada a Lei nº 11 e todas as mais disposições em contrário.

Considerando que o militar ocupara a mais alta magistratura provincial por nomeação do Gabinete Maiorista, fica a pergunta: por que sancionou uma lei que claramente prejudicaria o grupo que o sustentava? Uma resposta provável é que, levando em conta seu estado de saúde e que mesmo assim não transferiu suas atribuições a um vice, seu secretário de governo, o mineiro Herculano Ferreira Penna, deveria ter grande influência. Para Marinho, Penna é exemplo da tolerância dos Maioristas, pois mesmo sendo do partido oposto e tendo claramente se posicionado contra a *Maioridade* na Câmara dos Deputados, permaneceu ocupando seu cargo.[30] A julgar por sua trajetória como "empregado do Estado", Penna foi devidamente recompensado assumindo a presidência de Minas como vice entre 18 de abril e 18 de maio de 1842, e presidindo nada menos que oito províncias entre 1845 e 1862.[31]

Os Maioristas mineiros eleitos para os legislativos em 1840, quando então tomaram posse em 1842, depararam-se com a "sutil" amarração feita no ano anterior. A situação provincial como um todo era muito diferente, como será abordado mais adiante, no entanto, ainda tentaram revogar a Lei nº 196 visando a sessão de 1843. Na primeira sessão da legislatura, em 4 de maio, o deputado Alcântara Machado apresentou projeto revogando a dita lei. A argumentação aborda dois pontos: primeiro, o ano financeiro iniciava-se em 1º julho, obrigando a discussão da Lei do Orçamento a ocorrer no diminuto lapso de tempo entre maio e junho, afora o tempo necessário ao governo para elaborar regulamentos e implementá-los.[32] Segundo, a concomitância dos trabalhos Legislativos Provincial e Geral privaria a Província de muitas "capacidades". Se este argumento figura como previsível, o primeiro não deixa de ser igualmente verdadeiro. As discussões do orçamento, fossem na Assembleia de São Paulo, Minas ou na Geral, costumavam se desenrolar ao longo da sessão anual, sofrendo atrasos toda vez que surgia paralelamente na pauta algum assunto polêmico ou urgente.

Em todo caso, o orçamento para o ano de 1842-1843 não teria tempo hábil para ser discutido e votado, tanto por causa da Lei nº 196 quanto pelo fato da sessão ter sido adiada para 9 de julho por portaria do Presidente da Província, datada de 9 de maio de 1842[33] (cinco dias após a primeira sessão). Não restou alternativa ao

---

30   José Antonio Marinho. *Op. cit.*, p. 82

31   José Pedro Xavier da Veiga, *Op. cit.*, ver 27 de setembro.

32   *O Universal*, 9 de maio de 1842, nº 53.

33   Segundo Marinho, o autor do decreto é o Presidente Carlos Carneiro de Campos. José Pedro Xavier da Veiga afirma, por sua vez, que o vice, Herculano Ferreira Penna, esteve em exercício entre 18 de abril e 18 de maio. No entanto, o mesmo Veiga registra em suas *Efemérides* a "portaria do Presidente". O jornal *O Universal* não esclarece a questão, enquanto a coleção d'*O Correio de Minas* apresenta um lapso justamente para este período. Contudo, a Fala de Abertura da Sessão de 1842 é de autoria do vice Herculano Ferreira

Executivo Provincial que não continuar a utilizar o "generoso orçamento" aprovado em 1841. Mais uma vez, Marinho viu abuso neste adiamento repetido por decreto do Presidente Bernardo Jacinto da Veiga em 1º de junho, transferindo os trabalhos legislativos para 6 de outubro.[34] Para o padre, em ambos os casos a "motivação" teria sido não consultar o Legislativo quanto à cobrança de impostos – o que sequer Henrique VIII teve coragem de fazer[35] –, pois nenhum "sintoma" de alteração da ordem pública havia se manifestado até então. José Pedro Xavier da Veiga, escrevendo em fins do século XIX, oferece como justificativa exatamente a "agitação política que então lavrava em Minas, soprando violentamente de São Paulo".[36] Entretanto, é curioso notar que na fala de abertura da Assembleia Provincial em 3 de maio, Herculano Ferreira Penna afirma não ter havido qualquer acontecimento extraordinário desde a última sessão que perturbasse a tranquilidade pública, exceção a escaramuças localizadas em parte pela ausência dos juízes de direito em algumas comarcas, mas que o governo já tomara providências.[37]

Neste ponto faz-se necessária uma breve consideração a respeito da situação provincial anterior à eclosão do movimento armado e, antes mesmo de adentrarmos nas minúcias da guerra, retornaremos ao ano de 1841.

Ânimos exaltados ou paz pública?

É temerário afirmar que quando da apresentação e posterior aprovação da nova data para reunião da Assembleia, os contemporâneos tivessem em mente todos os seus desdobramentos. No entanto, o orçamento para o exercício de 1841-1842 foi executado por governo do espectro político próximo àquela Assembleia de 1841 e que já tinha conhecimento de quem comporia a nova legislatura. Por sua vez, a legislatura que iniciou seus trabalhos em maio de 1842, eleita sob o *cacete*, não teve tempo de aprovar nova Lei de Orçamento. Poderíamos imaginar, o pouco que nos permite o ofício do historiador, que a legislatura de 1842 pudesse tentar encaminhar um

---

Penna, que afirma ter tomado a frente do Executivo provincial em 18 de abril devido ao adoecimento repentino de Carneiro de Campos.

34 Nas *Efemérides mineiras,* o adiamento decretado por Veiga consta para 7 de novembro de 1842 como data limite, com o claro intuito de manter a Assembleia Provincial em recesso enquanto o movimento armado não fosse extinto. Findo os combates, a sessão foi aberta oficialmente, com fala do Presidente da Província, em 6 de outubro. Cf. José Pedro Xavier da Veiga. *Efemérides mineiras.*

35 José Antonio Marinho. *Op. cit.*, p. 84-86.

36 José Pedro Xavier da Veiga. *Op. cit.*, ver 3 de maio de 1842.

37 *Falla dirigida á Assembléa Legislativa Provincial de Minas-Geraes na abertura da sessão ordinaria do anno de 1842, pelo vice-Presidente da provincia, Herculano Ferreira Penna.*

orçamento limitado a fim de conter o Governo Provincial, que estava nas mãos de seus adversários, ou aguardar uma mudança total do cenário político com uma sonhada queda do Gabinete em decorrência da reunião da Câmara dos Deputados. No entanto, se tomarmos em conta o acirramento dos ânimos desde os meses finais de 1841, os acontecimentos em São Paulo e mesmo a articulação entre paulistas e mineiros, a tentativa de prosseguimento dos trabalhos legislativos cria uma incógnita. Se, por um lado, esta situação fortalece os defensores da eclosão repentina do movimento armado, por outro, reforça a ideia de íntima relação com São Paulo no sentido de tentar a via da legalidade até o último instante e só então apelar às armas, como foi apresentado no capítulo anterior e como desenvolverei ao longo deste.

O itinerário que se apresenta obrigatório, então, consiste em verificar se havia ou não um acirramento dos ânimos desde 1841 capaz de sinalizar um desfecho extremado para a crise política, cujo ápice foi a dissolução prévia da Câmara dos Deputados e o adiamento da Assembleia Provincial mineira. Do contrário, apresenta-se pouco crível a ideia de que os cidadãos mineiros quase em sua totalidade tomassem em armas. Voltemos às páginas dos jornais que, diante do corpo documental utilizado nesta pesquisa, apresentam-se como um dos poucos caminhos para inferir o "espírito público", na expressão comum aos contemporâneos.

Apesar da inicial cautela de *O Universal* em relação ao Ministério 23 de março, como mencionado anteriormente, esta postura não foi constante ao longo do ano de 1841. É plausível considerar que o primeiro sinal de revisão da postura moderada do periódico se deu diante da iminente mudança de Presidente da Província e do conhecimento do novo titular. Pela legislação, o Presidente era o "representante do Ministério", logo cada mudança de Gabinete sinalizava uma substituição no Executivo Provincial. Assim como em São Paulo, contudo, a nomeação em substituição ao "representante" do Gabinete Maiorista não se deu imediatamente. A exoneração do Marechal Barreto só ocorreu em 7 de junho com a posse do desembargador Manoel Machado Nunes, que já era aguardado desde abril. Os motivos desta demora são até aqui desconhecidos, pois o desembargador obteve sua nomeação em 1º de abril, pouco depois da posse do novo Ministério.

Poder-se-ia supor que Barreto resistia à sua substituição ou que, apesar de sua enfermidade, os homens que o apoiavam ainda tinham força para articular sua permanência – do marechal e do grupo – à frente dos negócios da Província. Esta hipótese ganharia algum contorno se tomássemos por base o artigo do jornal *A Sentinella da Monarchia* publicado por *O Correio*:

> Não entendemos que deva o governo conservar todos os empregados; sabemos que muitos devem ser demitidos; mas cuidamos que Roma se não fez em um dia e que o gabinete deve proceder sem muito tento. Um passo precipitado e de ordinário causa de se tornar atrás do ponto d'onde se partiu: e se o gabinete adquire inimigos demitindo o mau empregado, muitos mais adquire demitindo o bom, e o que é mais quanto a nós comete um crime. Nossa máxima será sempre que o governo deve meditar muito antes de ordenar, por que depois de ordenar, deve fazer cumprir. E logo que o deixar fazer, não é mais governo. Se encontrar injusta resistência (e de ordinário o deve ser, pois que por nossa regra o ato deve ter sido pensado), deve logo fazer cair a espada da lei sobre aquele que não cumprir as suas ordens, ainda de presidentes, que se conservam no poder depois de demitidos.[38]

O longo artigo teve continuação no número seguinte do periódico mineiro, deixando clara sua posição em favor das decisões tomadas ou que viessem a ser tomadas pelo Gabinete 23 de março, entre elas a substituição do Presidente. No entanto, *O Correio de Minas* se furta a aprofundar a defesa da remoção dos empregados provinciais de forma mais direta ou mesmo de defender a pessoa do novo Presidente, talvez por ele ser velho conhecido. Porém, para o redator d'*O Universal*, Machado Nunes fora escolhido a dedo como "manivela desse partido inimigo de tudo que há de mais santo e honesto",[39] e que por saber disso não aceitava a presidência. Por saber o que lhe esperava, o novo Presidente resistia.

A trajetória de Machado Nunes pede algumas considerações. Apesar de nascido no Rio de Janeiro, o magistrado formado em Coimbra teve sua carreira, em especial a política, ligada a Minas Gerais. Em 1828 foi nomeado juiz de fora e provedor da Fazenda dos Defuntos e Ausentes, Resíduos e Capelas da vila de Sabará. Com a extinção do lugar de juiz de fora pelo Código do Processo, Machado Nunes passou a juiz de direito do cível da comarca do Rio das Mortes em 1833, cargo que ocupou até janeiro de 1839, quando foi nomeado desembargador da Relação do Maranhão e, em decreto de 8 de maio do mesmo ano, da do Rio de Janeiro. Entre 11 de junho e 6 de agosto de 1840, foi Presidente da Província de São Paulo, onde contou com a oposição dos correligionários de Rafael Tobias de Aguiar, Vergueiro e Paula Souza. Ocupou ainda uma cadeira na Assembleia Provincial de Minas nas legislaturas de 1838-1839 e

---

38 *O Correio de Minas*, 30 de abril de 1841, nº 52.

39 *O Universal*, 28 de junho de 1841, nº 67.

seguinte, cerrando fileira *grosso modo* com os apoiadores da Regência de Araújo Lima e do gabinete de Vasconcelos, e depois opositores severos dos Maioristas.

Foi com esse currículo que, guindado da tribuna da Assembleia Provincial, assumiu a presidência de Minas Gerais entre 7 de junho e 16 de julho. É importante salientar que as relações de Machado Nunes com a política mineira eram claras e definidas, sua ação no Legislativo permitia enquadrá-lo como membro da *maioria* na legislatura de 1840-1841, apenas para citar sua posição mais recente. Mesmo assim, o redator d'*O Universal* optou por fazer um apelo à conciliação, afirmando ser totalmente possível conciliar a todos em nome do bem do país. Ir contra esse desejo seria levantar o estandarte "assinalador de profundas discórdias". Estas "discórdias" surgem nomeadas no texto como nascidas do confronto entre "Restauradores" e "Brasileiros" com a Abdicação. Dos embates nas urnas, na imprensa e nos campos de batalha em 1833 surgiram rancores, intrigas e "mesquinhas desavenças", mas o bem comum pede ordem e tranquilidade, "portanto, na presença de um acerto conciliador, que ousamos esperar, o Governo Provincial poderá contar com os votos e esforços de nossas afeições".[40]

O Correio de Minas, por sua vez, ofereceu seu franco, mas discreto apoio a Machado Nunes. Discreto porque ao longo de um mês de mandato o desembargador apareceu apenas duas vezes nas páginas do jornal: por ocasião da posse e da sua substituição. Em 12 de junho, o periódico declara ser apoiador do novo governo, mas destaca que ele terá muita dificuldade, em especial se for fazer justiça e restituir as autoridades substituídas pelos "homens de julho".

A julgar pela reação d'*O Universal,* Machado Nunes fez justiça no sentido esperado por *O Correio*. Em artigo intitulado "A política de reação posta em inteiro vigor pelo Sr. Machado Nunes", o redator da folha oposicionista afirma que não pretendia tecer críticas ao Governo Provincial caso ele não cometesse tantas arbitrariedades. Essa postura chegou a chamar a atenção dos amigos, que estranharam tamanha moderação. Porém, como "escritor público", ele não poderia deixar em silêncio os "fatos arbitrários, as iniquidades, que o governo tem praticado, insuflado por uma camarilha". Fariam parte desta camarilha Honório Hermeto Carneiro Leão, o secretário do Governo Provincial Bernardo Accurcio Nunan, e os deputados provinciais Francisco de Paula Santos, Dr. Antonio Gomes Candido e Tenente-Coronel Fortunato Rafael Arcanjo da Fonseca.

Logo após este artigo, seguem listados os oficiais da Guarda Nacional até então demitidos e uma conclusão aterradora:

---

40   *O Universal,* 9 de junho de 1841, nº 59.

> Entretanto bradamos desde já, alerta Mineiros, alerta Concidadãos guardas nacionais, preparai-vos; o governo tem como principal móvel para estas, e outras muitas demissões a necessidade de por a testa da guarda nacional homens de sua facção para que melhor possa subjugar-vos, e assim vingar-se de vosso Brasileirismo, de vosso amor à liberdade. Alerta, Alerta, por ora, e talvez em breve seja outra a nossa voz! Estai atentos!![41]

É importante atentarmos para o principal ponto abordado por ambos os periódicos mineiros: as demissões. Tomando a legislação por princípio, não havia nada de errado nas substituições de oficiais da Guarda Nacional ou de juízes de direito. São atribuições regulamentadas e, como fica patente nas palavras d'*O Correio*, o governo dos Maioristas também utilizou este expediente fosse para garantir a fidelidade da tropa de 2ª Linha, fosse para recompensar seus aliados.

No entanto, as demissões poderiam ter outra dimensão. No caso das páginas dos jornais, podemos encará-las como uma quantificação das mudanças e um meio de incutir na população um certo temor quanto às consequências dessas alterações. Quase que seguindo um cronograma, houve a substituição dos oficiais da GN por ordem dos presidentes – pois não se resumiu a uma administração apenas –, juízes de direito por determinação do Ministério e, após a Reforma do Código do Processo, a nomeação de novas autoridades até então inexistentes, como delegados e subdelegados.

Seria simplista, contudo, considerarmos que a denúncia por parte dos jornais significasse o cumprimento exato de um plano de favorecimento de um ou outro grupo político, como eles gostariam de fazer crer. Afinal, quando da eclosão do movimento armado, um grande número de oficiais já havia sido demitido como parte da "reação" do governo, e mesmo assim inúmeros batalhões se rebelaram. Por outro lado, muitas autoridades nomeadas pelos presidentes Machado Nunes, Vianna e Carneiro de Campos certamente tomaram parte da "revolução", a julgar pelo montante de demissões levadas a cabo por Bernardo Jacinto da Veiga em 1842.

Os presidentes citados acima foram nomeados pelo Gabinete 23 de março e todos eles promoveram substituições. Mesmo assim, Veiga viu-se na "necessidade" de demitir 66 oficiais nos meses de maio e junho de 1842, isto é, antes do início dos confrontos, e 219 entre julho e dezembro. No ano seguinte, entre janeiro e março de 1843, Veiga

---

41   *O Universal*, 28 de junho de 1841, nº 67.

Até os limites da política   205

ainda demitiu mais 123 oficiais como parte do processo de pacificação da Província e punição dos envolvidos.[42]

Mas isso não era sabido em 1841, apenas explorava-se o pior cenário possível para o futuro. Como dois boxeadores em um ringue, cada jornal e, certamente, os correligionários por trás deles, se provocavam com ofensas ao passado ou ao presente.

Presente e futuro

Aos olhos de *O Universal*, o presente era suficientemente preocupante e sinalizava um futuro nada positivo. Em uma série de artigos já no mês de maio de 1841, os redatores teciam considerações desanimadoras sobre a situação do Império e conjecturavam a respeito do destino do Ministério recém-nomeado. Acusava-o de inerte, mas avisava aos leitores que a inércia do atual Gabinete estaria acobertando alguma ação inesperada e séria que poderia cobrar uma reação do corpo social. No entanto, não diz o que, de fato, seria este imobilismo nem qual ação estaria sendo tramada.[43] Uma possível explicação para esta suspeita inação do Ministério seria uma divisão interna que poderia provocar até mesmo a queda de parte dos ministros.[44] Nem mesmo a coroação e sagração do Imperador ficaram a salvo das especulações d'*O Universal*: o adiamento da festa de 23 maio para 18 de julho de 1841 seria fruto do atraso nos trabalhos de carpintaria ou responderia a algum desejo político?[45]

Vale destacar que a suposta divisão interna do Gabinete foi "noticiada" inúmeras vezes ao longo do ano por *O Universal*. Afora o desejo de ver demitidos alguns ou todos os ministros, o boato certamente colaborava com o clima de instabilidade que se pretendia fomentar. Em um longo "comunicado" na edição do dia 25 de maio, os redatores expuseram em cores fortes a crise política na qual o Império se encontrava:

> Dois partidos estão quase pronunciados. Um conhecido pelo nome de reator, que parece não querer deixar pedra sobre pedra; e cuja máxima é não perdoar, guerrear até a morte tudo que não for criatura sua. Outro, que se intitula estacionário, ou Conservador, que quer ver se é possível com brandura e prudência desarmar os partidos, e assim facilitar o progresso moral, e material do país. A simples enunciação do que viemos d'expor, bastará para explicar

---

42   PP 1/17, Cx.5, doc. 14. APM.

43   *O Universal*, 18 de maio de 1841, nº 52.

44   *O Universal*, 22 de maio de 1841, nº 53.

45   *Idem, ibidem.*

as causas dessa crise. O partido reator tem em mira reunir-se, e apresentar-nos o gabinete de 19 de setembro em corpo e alma, tendo como sempre à sua frente o proteu, e como condição essencial para poder bem preencher seus fins, a necessidade de ter um ponto de apoio no Paço, e para isso pretende que seja nomeada camareira-mór a detestável Dioguinha [*sic*]. (...) O partido conservador mais prudente quer esperar que fatos de alguma valia lhe mostrem quais modificações, que lhe cumpre fazer em sua política, e julga eminentemente perigosa toda outra que tenda a reagir. Ele conhece que as reiteradas mudanças quer no pessoal da administração pública, e quer mesmo na política, só tem acarretado inumeráveis males, cujos efeitos vamos cada dia mais sentindo; mas seu adversário, que não cura no interesse público e que apenas é órgão, e instrumento ativo d'uma facção que tem sede de sangue, quer vítimas, quer desolação, quer ver o mesmo inferno tragar-nos, contanto que ele qual outro Nero, possa sentado sobre nossos despojos, e sobre nossos corpos ainda palpitantes, gozar o espetáculo terrível do incêndio, e das ruínas da pátria! (...) Aguardamos que fatos mais explícitos nos designem qual a vereda que nos cumpre trilhar; entretanto nós como soldados da pátria, estejamos alerta e precavidos, para prevenirmos a realização dos atrozes planos setembristas. Alerta! Alerta! Alerta!"[46]

A divisão do campo político é particularmente interessante. Apesar de não deixar claro se haveria apenas dois partidos nem a qual os redatores se alinhavam, não há como negar sua simpatia pelo "estacionário" ou "conservador". Este seria o opositor do "partido reator" ou "setembrista", referência ao Ministério de 19 de setembro de 1837, capitaneado por Bernardo Pereira de Vasconcelos, ministro da Justiça, ou "o proteu", apelido dado por Evaristo da Veiga ainda no começo da Regência. A alusão a Vasconcelos se repete quando da sugestão de que tentaria fazer camareira-mor sua irmã Dioguina Maria Pereira de Vasconcelos.

Optando por uma exposição polarizada, bem ao gosto dos escritos políticos em época de crise, por enfatizar dicotomias como bem-mal ou certo-errado, os autores do "comunicado" colocam nas mãos dos "conservadores" o desejo de moderação, prudência e o reconhecimento de que as sucessivas mudanças tanto na administração quanto na política têm apenas acarretado males. O "Partido Reator", por sua vez, desejaria

---

46   *O Universal*, 25 de maio de 1841, n° 54.

reagir a tudo que já foi feito – incluindo-se as nomeações de autoridades – movido pela sede de vingança e não pela preocupação com o bem público.

O *Correio de Minas*, partidário da situação, ataca em termos muito semelhantes seus adversários. E a julgar pelo linguajar agressivo, muito parecido ao da oposição, acreditava gozar de posição segura e confortável.

> A oposição, verdadeira anomalia, prossegue no seu plano de furor e declamação; depois de fazerem o papel de Nero por oito meses; agora são Brutos e Cassios: fracos, poucos, eles lançam mão de todos os recursos que o desespero pode sugerir. Afetando ideias liberais, olham famintos para os empregos, e gritam com um resto de esperança que nunca desampara o homem – Regnum coelorum vim patitur et violenti rapiunt illud[47] –.
>
> Na imprensa, na tribuna fazem uma guerra vergonhosa com sofismas e insultos; mas para que censurar o procedimento e o estilo da oposição? Tirai-os de seu elemento, só lhes resta a energia e o silêncio. E em frente de um partido justo e generoso de que lhes serve a lógica? Descompor, descompor, meus amigos; o fim da imprensa é instruir e moralizar o povo, e vós cumpris admiravelmente essa missão; porém permite que vos chame de visionários. Para vós, nós estamos na época de terror da Revolução Francesa; e acreditais que ilustração se adquire com hipocrisia e animosidade. Não, a época já se passou, e vós ressuscitais embalde o estilo do República; lembrai-vos que apesar de mil esforços e injustiças, apesar da carta branca de que gozastes por oito meses, caístes.
>
> A circunstância extraordinária foi aproveitada, e bem aproveitada, e não veremos mais realizado o – Regnum coelorum vim patitur et violenti rapiunt illud.[48]

Apesar de imputar à oposição a visão distorcida da realidade, ou seja, não haveria crise nem "terror da revolução Francesa" a não ser pelo desejo dos periódicos opositores de assim fazer parecer aos olhos da população, *O Correio* também iria acabar estimulando a tensão.

Em setembro de 1841, o periódico situacionista noticiou que dois deputados da oposição, Manoel Dias de Toledo, de São Paulo, e Carlos Augusto Peixoto de Alencar,

---

47   *O Reino dos céus é arrebatado à força e são os violentos que o conquistam.* Evangelho de S. Mateus XI, 12.

48   *O Correio de Minas*, 7 de agosto de 1841, nº 73.

do Ceará, retornaram às suas províncias. Como membros da "oposição extremada", que não poderia prescindir de dois votos na Câmara, a viagem de ambos não poderia significar boa coisa: "Essa partida, portanto não pode deixar de considerar-se como missão importante: a oposição agita-se, trama!... o ano passado fez rusga na Corte; agora talvez queira fazer nas províncias". A despeito da incerteza quanto às intenções da oposição e, por outro lado, da confiança na atuação vigilante do governo, o periódico não se furta a incitar seus leitores a ficarem atentos, pois "nem por isso podemos deixar de clamar altamente, e chamar toda a sua atenção para tantos fatos. Uma centelha não apagada produz um grande incêndio. A oposição não tem forças, é fato; mas deixada a tramar em liberdade, pode ganhá-las".[49]

Não há como confirmar se a oposição tramava ou planejava já em setembro o que estava por vir para o ano de 1842. Em todo caso, três questões que figurariam nas bandeiras revolucionárias estavam sendo ventiladas desde, ao menos, maio de 1841: a Reforma do Código do Processo, a criação do Conselho de Estado e a dissolução da Câmara. O Conselho de Estado constava da *Fala do Trono* daquele ano, bem como a Reforma, objeto de reflexão havia dois anos. Contudo, ambas as leis ainda não apareciam adjetivadas como "opressoras", o que só viria a ocorrer na imprensa mineira alguns meses depois das aprovações na Câmara.

Aparentemente, a maior preocupação da oposição era a legitimidade das discussões e votações, ou seja, se a tramitação das leis cumpria tanto com o estipulado pelo regime constitucional quanto com o princípio de bem público. Em 21 de junho, *O Universal* tratava a Reforma como necessidade reconhecida por todos, contudo era motivo de apreensão devido à numerosa clientela que a lei tal qual debatida no Senado poderia criar, assim como o enorme gasto que ela acarretaria aos cofres públicos.[50] Este tom foi mantido praticamente inalterado até o momento da aprovação da lei.

Um olho na Câmara atual e outro na futura

Ao contrário do que comumente é apresentado pelos estudos a respeito da "Revolução Liberal" e mesmo nos manifestos rebeldes, nos quais as ditas "leis opressoras" monopolizam as atenções, é a apreensão quanto à dissolução prévia da Câmara de 1842, eleita em 1840, que domina as páginas dos jornais. *O Universal*, em artigos próprios e reproduzindo textos d'*O Maiorista*, adverte ainda em julho de 1841 quanto aos riscos do provável e inédito uso do Poder Moderador.

---

49   *O Correio de Minas*, 15 de setembro de 1841, nº 84.

50   *O Universal*, 21 de junho de 1841, nº 64.

Para o redator, os adversários, após virem que não competia à atual Câmara anular a eleição, passaram a clamar ao Imperador para que se utilizasse do Poder Moderador para dissolver a futura legislatura. A Constituição determina a dissolução pelo Imperador quando o Estado está sob ameaça, o que não seria o caso. Curiosamente, o artigo não chega a ser agressivo, é quase um pedido para que não se dissolva a nova Câmara. Ao fim, afirma que o Império estava fragilizado e não suportaria outra eleição naquele momento, dando a entender que não negava a brutalidade do último pleito.[51]

O periódico da Corte, *O Maiorista*, foi ainda mais enfático ao descrever a ação do Gabinete 23 de março:

> Estão mudados todos os presidentes suspeitos de adesão à causa da maioridade, mudada toda a oficialidade da guarda nacional, mudada quase a totalidade dos funcionários públicos na capital e nas províncias: a reação, como uma lava impetuosa e destruidora varre, leva diante de si as ruínas do edifício, que vimos levantar-se majestosamente em 22 de julho no meio das aclamações universais do povo brasileiro; a perseguição começa a estender-se pelas províncias que, todavia conservam-se em uma atitude tranquila, paciente, e resignada.[52]

Note-se o movimento pendular que acaba sendo descrito por esses periódicos, que ora apresentam a situação nas províncias como um caldeirão em ebulição, ora como plácida resignação, ou seja, haveria uma conveniente instrumentalização do argumento de (des)ordem pública. O artigo citado acima, inscrito no contexto de defesa da não dissolução da Câmara, contém uma interrogação interessante: "Estamos nós em plena revolução, em vésperas de grandes convulsões sociais, ou em tempos regulares e tranquilos?". Para o autor do artigo, a resposta naquele momento recairia sobre a segunda alternativa, contudo, as páginas do mesmo jornal sugerem que, se estes homens não estavam em plena revolução, os nervos começavam a se agitar.

Diante da complexidade da questão legal que envolve a dissolução da Câmara, voltarei ao tema no capítulo 5, quando for discutida exatamente a dinâmica legislativa. No entanto, é fundamental destacar que, à medida que a dissolução prévia se mostrava cada vez mais inevitável para situacionistas e oposicionistas, e, paralelamente, os trabalhos legislativos levavam à aprovação da Reforma do Código do Processo e da criação

---

51   *O Universal*, 16 de julho de 1841, n⁰ 73.

52   *Apud idem, ibidem.*.

do Conselho de Estado, os ânimos se acirravam, ou assim queriam os periódicos em Minas Gerais, utilizando e polemizando os debates parlamentares.

Caminhando sempre no mesmo sentido de oposição ao Ministério e não ao monarca (nem ao regime monárquico), a única opção era considerar o Imperador como "prisioneiro" dos ministros, que o "iludiam" a respeito da real situação política e social do Império. Assim explicava-se a provável dissolução prévia da Câmara, isto é, o uso do Poder Moderador de forma equivocada:

> Quiseram governar, e vingar-se, tramaram, intrigaram, corromperam, e conseguiram surpreender a nímia candura do Jovem Monarca, cuja inexperiência, e verdes anos, não podia antever, e mesmo descobrir o fio da engenhosa teia que pérfidos conselheiros lhe urdiam. O Monarca pois foi iludido, a nação vilipendiada, os Brasileiros escarnecidos, cobertos do mais afrontoso opróbio, e os inimigos desse mesmo Augusto Imperador estão no poder.[53]

Para o redator, o futuro não estava definido, ainda esperava-se que o próprio Imperador evitasse "terrível desfecho da infernal catástrofe", a quebra da ordem: "A dissolução, não cessaremos de repeti-lo, é a desordem, e a guerra civil".[54] Gradativamente *O Universal* vai elevando o tom das críticas e se debruçando cada vez menos sobre os negócios provinciais, com exceção a querelas entre indivíduos específicos por via da correspondência. Em geral, dominavam o horizonte os trabalhos parlamentares algumas vezes prorrogados a fim de que as leis da Reforma do Código do Processo e a criação do Conselho de Estado fossem aprovadas, assim como o fantasma da dissolução prévia da Câmara de 1842.

O ápice da agressividade dos escritos do principal jornal oposicionista mineiro ocorreu em outubro de 1841. No primeiro dia do mês, *O Universal* estampou em suas páginas nota reproduzida d'*O Maiorista* informando o boato que circulava na Corte: dizia-se que para levar a efeito a dissolução, "esta medida subversora da constituição", os ministros teriam decidido suspender as garantias constitucionais em todas as províncias, fazer calar temporariamente a imprensa periódica, anular a eleição de todas as câmaras municipais, e dissolver as assembleias provinciais. Haveria ainda uma lista de deputados, senadores, jornalistas e pessoas "preponderantes do Partido Maiorista" a serem deportados, o que

---

53 *O Universal*, 27 de agosto de 1841, nº 89.

54 *O Universal*, 25 de agosto de 1841, nº 88.

seria feito assim que a Câmara fosse dissolvida.[55] A transformação de um "boato" em "notícia" não costuma ser operação complicada e, nos dias seguintes, o jornal assumiu tom quase convocatório:

> Mineiros ilustrados, homens industriosos, honrados lavradores, vós, que nunca vos deixastes seduzir pelo vil dinheiro desse governo, vós que sempre propugnastes pela manutenção da religião, da constituição, e da independência, preparai-vos, para a resistência, se ela for precisa para conservar nossos foros e as leis, que garantem a nossa segurança individual, e de nossa propriedade. Se hoje sois ricos, se descansais nos braços de vossas carinhosas esposas, se podeis livremente agitar vossos negócios lembrai-vos, que tudo isso deveis à constituição, que nos outorgou direitos, e liberdade, e que tudo desaparecerá se por vossa indolência, por vosso indiferentismo, a pátria for a presa dos Paulinos, dos Clementes, dos Aurelianos e de outros, que o Céu em um momento de cólera aconselhou ao Monarca para chamar ao lugar de ministros![56]

A este artigo seguiram-se outros que buscavam "demonstrar" o avanço do absolutismo e as nefastas consequências do despotismo que tomara de assalto o leme do Estado. Mas qual foi a resposta d'*O Correio de Minas*?

Este periódico andava por essa época muito ocupado com os contratos que havia firmado com o governo provincial para a publicação de peças oficiais, como as atas das Sessões da Assembleia Provincial, leis e decretos e o balanço da Mesa de Rendas provinciais. Mesmo assim disponibilizou espaço em suas páginas para rebater as posições d'*O Universal*, porém reproduzindo na maior parte das vezes artigos anteriormente publicados no *Sentinella da Monarchia*.

No início do mês de novembro, *O Correio* ofereceu ao público grande artigo intitulado "O Absolutismo", no qual ironizava o fato das oposições, no plural, sempre profetizarem a chegada do despotismo sem que este enfim se concretizasse. O absolutismo seria, para o redator, "o castelo imaginário contra o qual combatem os cavaleiros modernos para obterem o prêmio de sua coragem, empregos e dinheiro".

> O que é despotismo? A oposição que o diga; ela o pode pintar, porque tem as tintas de casa, e os traços característicos nos seus

---

55 *O Universal*, 1º de outubro de 1841, nº 102.

56 *O Universal*, 18 de outubro de 1841, nº 109.

heróis. É um monstro, que fixa sua vontade com um dogma; a força como executora; o sofisma como auxiliar, sua máxima favorita é – dividir para reinar. Eis aqui a oposição. O que é a oposição? É uma minoria de homens ambiciosos, que subiram ao poder por meios extraordinários; e querem subir por meios mais extraordinários ainda; homens que pregam a rebelião, que protegem o crime clamando liberdade; que nulificaram o direito eleitoral substituindo a vontade da maioria da nação, pela vontade do governo; homens, que não querem que o Monarca use do seu direito Constitucional apelando para o povo; e querem eles mesmos decidir tudo com o bacamarte. Eis aqui o despotismo.[57]

Utilizando-se de um encaminhamento didático com frases curtas e perguntas retóricas, o autor construiu um texto muito contundente. Estabelece a oposição como minoria de ambiciosos que não representam a opinião nacional, apesar de terem tentado manipulá-la quando foram governo. É importante destacar que. de acordo com o artigo. a oposição só conhece meios extraordinários para chegar ao poder ou para se manter nele: a defesa da *Maioridade*, manipulação do sistema eleitoral e o desejo de impedir o Imperador de utilizar o Poder Moderador para a dissolução da Câmara dos Deputados.

Infelizmente, a coleção d'*O Correio de Minas* existente no Arquivo Público Mineiro sofre uma interrupção a partir de 20 de novembro até o último número de 1841. Assim, perdemos por quase dois meses a voz do maior, senão o único, como sugere *O Universal*, apoiador da situação em Minas Gerais.

Um *Universal* estranhamente moderado

Poderíamos dizer que este intervalo não chega a ser grave, posto que o periódico já vinha ocupando a maioria de suas páginas com publicações de cunho oficial e oferecendo pouco conteúdo autoral. No entanto, é justamente em novembro que *O Universal* muda radicalmente o tom de seus artigos e adota uma postura muito moderada, ainda mais se compararmos com sua agressividade nos meses anteriores. Sem *O Correio* para fornecer um contrapeso ou sugerir, por meio de suas críticas, os porquês da mudança do porta-voz da oposição, compreender a situação se torna matéria mais delicada.

O que temos são as edições d'*O Correio de Minas* até 20 de novembro. Antes disso, em 30 de outubro, uma nota informa a chegada do deputado José Pedro Dias de Carvalho e ironiza a nenhuma falta que ele faria na Câmara, questionando, por fim, os

---

57   *O Correio de Minas*, 6 de novembro de 1841, nº 99.

motivos que o levaram a voltar para Minas antes do fim dos trabalhos legislativos. Para o redator, não haveria motivo de pressa para voltar à província, pois o "seu Universal, e Guarda" não estavam desamparados.[58] Dias de Carvalho era proprietário da tipografia d'*O Universal* e também publicava *O Guarda Nacional Mineiro*, como dito anteriormente, e membro ativo da oposição ao governo. O momento em que deixou a Câmara realmente deveria levantar suspeita, pois se discutiam as leis da Reforma e da Criação do Conselho de Estado, sendo a votação prevista para aquela sessão ainda (não à toa os trabalhos foram prorrogados até 21 de novembro).

Aos olhos d'*O Correio,* a volta de Dias de Carvalho deveria ter intuitos conspiratórios, assim como o retorno de outros oposicionistas às suas províncias, a exemplo de Dias de Toledo e Peixoto Alencar,[59] e Antonio da Costa Pinto também para Minas Gerais.[60] Contudo, é mais plausível, neste momento, que a saída destes deputados fizesse parte de uma manobra para esvaziar a Câmara e evitar a votação das leis em discussão, orquestrada pela oposição, segundo Pereira da Silva.[61]

A favor da opinião do periódico situacionista, temos a edição de 1º de novembro d'*O Universal,* dia seguinte à notícia da chegada de Dias de Carvalho, na qual se lê estampado na primeira página um informe "Ao público": por motivo de ausência do redator, a folha passaria a ser redigida por outra pessoa. Para nossa infelicidade, não é informado o nome do antigo nem do novo redator, mas fica patente a mudança de estilo. Vinte dias depois, *O Correio* atacaria Dias de Carvalho novamente, constatando que sua chegada antes da hora marcou a guinada nos dois periódicos de sua tipografia. Desde que retornou da Corte, *O Universal* estaria mais brando, mais cauteloso e pondera até a Reforma do Código do Processo e o possível novo Conselho de Estado, enquanto que *O Guarda*[62] teria adotado uma postura mais radical, mais virulenta.

Na opinião do redator d'*O Correio,* Dias de Carvalho optara por uma posição que agradasse seus amigos da oposição – com os ataques à situação feitos via *O Guarda Nacional Mineiro* – e aqueles que poderiam garantir seu emprego na Tesouraria Provincial – pregando a moderação n'*O Universal* –, pois ele mesmo via a oposição cada vez mais enfraquecida.[63] Se este fosse o plano, é importante dizer que não foi

---

58   *O Correio de Minas*, 30 de outubro de 1841, nº 97.

59   *O Correio de Minas*, 15 de setembro de 1841, nº 84.

60   *O Correio de Minas*, 13 de outubro de 1841, nº 92.

61   J. M. Pereira da Silva. *Memórias do meu tempo*, p. 105-106.

62   Não foi possível encontrar nenhuma coleção ou exemplar deste periódico.

63   *O Correio de Minas*, 20 de novembro de 1841, nº 103.

214   Erik Hörner

bem-sucedido, pois em 24 de novembro Dias de Carvalho foi demitido do cargo de Inspetor da Tesouraria da Fazenda Provincial.[64]

Porém, diante da ausência das edições d'*O Correio* que contemplariam o fim de novembro e todo o mês de dezembro, a avaliação sobre outra possibilidade que não apenas a mudança de redator fica prejudicada. Resta-nos apenas a opinião do próprio *Universal*, em uma fase mais branda e também publicando atos de cunho oficial, as sessões do Júri de Ouro Preto.

Afora algumas cartas assinadas por Dias de Carvalho, no qual se defende das acusações d'*O Correio*, não há qualquer outra menção à mudança de estilo. Nestas correspondências, o deputado repete novamente não ter parte na redação de nenhuma das duas folhas, apesar de ser do "partido" de ambas. Entretanto, a leitura d'*O Universal*, se não esclarece por completo o ocorrido ou a quem atende esta redefinição de perfil, ao menos exige maior atenção para que não se tome a suavização como um deslocamento no campo político.

O periódico permaneceu atuando como veículo da oposição apesar de expor uma postura mais "isenta" e de criticar, até mesmo, o belicismo do antigo redator. Quando o jornal *Sentinella da Monarchia* declarou que havia homens conspirando contra a união do Império, a resposta d'*O Universal* consistiu em defender a existência de oposição dentro do regime constitucional e representativo:

> Nos governos representativos existe uma luta contínua entre o partido que governa, e aquele que aspira ao poder. Esta luta por mais porfiada que seja não passa do campo administrativo, isto é, limita-se a mostrar a minoria que os ministros não governam bem, e a sustentar a maioria que o seu governo é o melhor possível.
>
> É muito comum nos grupos dos partidos o supor-se que o da minoria, como resiste aos ministros, resiste também ao poder; mas quem não vê a diferença que separa os homens das instituições?![65]

Foi dentro deste mesmo entendimento dos espaços institucionalizados de debate e deliberação, ou seja, contrários à "revolução" e uso de força, que o jornal noticiou que, ao contrário do que se vinha declarando, São Paulo encontrava-se em perfeita tranquilidade nos meses de outubro e novembro. O redator fez questão de salientar

---

64   *O Universal*, 17 de dezembro de 1841, nº 134.

65   *O Universal*, 19 de novembro de 1841, nº 122.

que a dissidência entre o governo e a oposição naquela província não implicava em desordem, se havia discordância esta seria resolvida dentro da constitucionalidade.[66]

Coerente com essa nova "linha editorial", os debates sobre a Reforma do Código do Processo e da criação do Conselho de Estado receberam um tratamento muito sereno, quase imparcial. Na primeira edição sob a pena do novo redator constam, em sequência, breves notícias a respeito da prorrogação da Assembleia Geral até 20 de novembro e a aprovação no Senado da Reforma e do projeto do Conselho. A prorrogação foi tratada sem maiores delongas, os motivos seriam a Reforma, o Conselho de Estado, o Orçamento e a aprovação de crédito suplementar pedido pelo Ministro da Fazenda. A respeito das leis aprovadas, apenas questiona a pressa do Gabinete e, por isso, acredita que logo passará na Câmara, apesar de defender que a questão devesse ser mais bem pensada.[67]

O estilo ameno do redator sugere que a crítica, nascida da reflexão, deva partir do leitor. Desse modo, o linguajar agressivo outrora corriqueiro n'*O Universal* deu lugar a uma pretensa neutralidade. Este jornalismo "meramente informativo" mascara as, agora, sutis críticas ao governo. Quando noticia o início dos debates da Lei da Reforma na Câmara, o redator não se furta de tecer críticas, mesmo que se utilizando de suposições e evitando palavras de ordem. Nas entrelinhas vê-se a preocupação com a intrigante e eficiente articulação do governo com as maiorias do Senado e da Câmara, capaz de garantir que a aprovação da lei pudesse ocorrer em 1841 e que os deputados adotassem na íntegra e sem qualquer alteração o projeto aprovado pelos senadores. Como consequência,

> Veremos, portanto ainda este ano o Brasil dotado com uma lei, que armando o governo de uma clientela extensíssima, e dando a seus agentes poderes que jamais tiveram, ainda em outras nações regidas por uma constituição menos Liberal, pode produzir gravíssimos males à sociedade, principalmente se ela for entregue na sua execução a pessoas, que esquecidas do que devem à sociedade, e a si mesmo, quiserem convertê-la em instrumento de vinganças, e destruir de um golpe todos os hábitos de longo tempo introduzidos.[68]

Nem por isso o redator cogita a tomada de armas, apenas lamenta a situação excepcional e oferece uma explicação minimamente inusitada, ao menos nas páginas de jornal que anteriormente pregara a "revolução", por mais vago que possa ser seu significado:

---

66 *O Universal*, 24 de novembro de 1841, nº 124.

67 *O Universal*, 1º de novembro de 1841, nº 114.

68 *O Universal*, 8 de novembro de 1841, nº 117.

216   Erik Hörner

> Triste é condição de um país sujeito às vicissitudes das revoluções! As suas crenças são mudadas de um dia para outro, são inteiramente destruídas segundo as influências do momento.[69]

Em outros termos, o Império atravessava um período revolucionário durante o qual suas crenças eram destruídas e reconstruídas de modo inesperado, repentino e, consequentemente, sem a necessária reflexão. Quando este período começou ou quando e como irá terminar são questões sem resposta, mas as evidências de que se viviam tempos extraordinários estavam nas próprias páginas do jornal, fossem nas notícias a respeito dos trabalhos legislativos, fossem nos resumos sobre as províncias do Império. Vê-se aqui, novamente, o movimento pendular que mencionei anteriormente sugerindo crises mais ou menos severas de acordo com a necessidade da argumentação.

Não se fala em conflagração ou desejo do uso da força, no entanto, oferece seguidas vezes artigos sobre os distúrbios nas províncias da Paraíba, Ceará, Pará, Pernambuco e Mato Grosso frente aos atos de autoritarismo dos governos provinciais.[70] Enquanto que em Minas o governo esforça-se em remover juízes de direito e demitir comandantes da Guarda Nacional, todos os casos devidamente noticiados.[71]

Esta moderação não satisfazia ou convencia a todos. *O Correio*, segundo conta *O Universal*, preferiu relembrar a convocação às armas que anteriormente o periódico fez aos mineiros. O redator se esquiva, declarando ser coisa do passado, do tempo em que outro assinava os artigos. Mas mesmo assim não arrisca sua posição de opositor:

> O escritor público deve falar com energia, quando ela é necessária, mas não deve provocar os povos à rebelião, nem concitá-los a tomar as armas. Isso só seria desculpável em um caso de iminente perigo, e quando o escritor pudesse contar que a sua voz seria em pronto ouvida: fora desse caso é asneira gritar às armas.[72]

É este "iminente perigo" que vai sendo construído ou apresentado pelo periódico de modo indireto. Outra interpretação seria que a mudança do discurso faria parte de uma estratégia política. Ao deixar de agredir e ameaçar o governo e passar a uma posição de suposta expectativa, *O Universal* permite leitura diversa: o grupo ao qual

---

69   *Idem, ibidem.*

70   *O Universal*, 15 de dezembro de 1841, nº 133; 20 de dezembro de 1841, nº 135; 21 de dezembro de 1841, nº 139; e 6 de janeiro de 1842, nº 2, entre outros.

71   *O Universal*, 1º de dezembro de 1841, nº 127; e 6 de dezembro de 1841, nº 129.

72   *O Universal*, 10 de janeiro de 1842, nº 4.

se ligava não estaria buscando a conflagração, a violência, o combate armado, este seria, na verdade, o caminho pretendido pelos apoiadores do governo respaldados pelas autoridades estabelecidas e, possivelmente, pelas recém-criadas com a Reforma do Código do Processo.

Independente da mudança de redator e de estilo, é a provável alteração na estratégia que deve ser salientada. Isto era possível ao *Universal* por ele contar com uma ampla penetração na província decorrente de sua longevidade. Ao mesmo tempo, os opositores poderiam aceitar essa nova postura sem recear o esmorecimento de seus partidários e simpatizantes, pois, como o próprio *Correio* acusara, havia outros periódicos que mantinham uma postura combativa.

Na última edição do ano de 1841, *O Universal* dava boas vindas e comemorava o surgimento de mais um jornal oposicionista, *O Despertador Mineiro*, publicado em S. João del Rei:[73]

> Nós folgamos de ver as fileiras da oposição reforçadas cada dia com novos soldados que espreitam a conduta do governo, denunciam ao país os seus atos desregrados e velam constantemente na defesa das liberdades públicas.[74]

Segundo o redator, enquanto a situação contava apenas com *O Correio de Minas*, a oposição era representada por quatro periódicos, sendo dois em Ouro Preto – certamente os dois publicados pela Tipografia do Universal –, um em Barbacena – *O Echo da Rasão*, do Dr. Camilo Maria Ferreira Armonde – e agora este de São João del Rei. Como veremos adiante, não é aleatória a existência de jornais opositores nestas localidades. Barbacena, a propósito, aparecera nas páginas d'*O Universal* havia poucos dias.

As polêmicas representações

Por decreto de 10 de dezembro de 1841, os vereadores das Câmaras de Barbacena e Presídio foram suspensos de suas funções e mandados responsabilizar por terem representado ao Imperador contra a política do Gabinete, a Reforma e a criação do Conselho.[75] Como visto no capítulo anterior, o direito de petição ou representação era

---

73 Segundo José Pedro Xavier da Veiga, o jornal teria sido publicado apenas em 1842. Talvez essa afirmação derive do fato de restarem poucos exemplares e todos eles referentes ao ano do movimento armado.

74 *O Universal*, 31 de dezembro de 1841, nº 139.

75 *O Universal*, 24 de dezembro de 1841, nº 137. O jornal não oferece o texto integral das representações, mas tomando como base a data do decreto mandando responsabilizar os vereadores, provavelmente estes

a priori constitucional e foi fartamente utilizado pela oposição paulista capitaneada pelos deputados provinciais, cuja representação, apesar de levada por comissão especial, não foi recebida pelo Imperador.

No entanto, as representações mineiras foram anteriores à paulista e com algumas particularidades. Primeiro, foram enviadas ainda em 1841 por duas câmaras municipais; segundo, não poderiam contar com o apoio futuro da Assembleia Provincial de Minas, pois esta seria adiada;[76] e terceiro, os vereadores peticionários foram severamente punidos pelo Ministério, o que sequer foi aventado para o caso paulista. É importante salientar de antemão que, apesar da represália aos vereadores peticionários, seu exemplo foi seguido por outras câmaras e talvez tenha inclusive ligação com a atitude da Assembleia Provincial de São Paulo.

Segundo o redator d'*O Universal,* a atitude do Gabinete reforçava as petições e seus motivos, suas denúncias e clamores ao Imperador ganhavam força pelo exemplo que os ministros davam ao mandar suspender e responsabilizar os vereadores. Contudo, era coerente com o caminho escolhido pelo Ministério o terror por meio da intimidação: "Armado agora de formidável arbítrio; enchendo todo o país de seus agentes de polícia, ele [o Ministério] vai impor a sua dominação a todo o custo; e se os brasileiros não despertarem a tempo, eles perderão as suas preciosas garantias [constitucionais]".[77]

A primeira garantia em jogo seria justamente a definida na Constituição pelo artigo 179, parágrafo 30:

> Todo o Cidadão poderá apresentar por escrito ao Poder Legislativo, e ao Executivo reclamações, queixas, ou petições, e até expor qualquer infração da Constituição, requerendo perante a competente Autoridade a efetiva responsabilidade dos infratores.

Para os vereadores de Barbacena e Presídio, os ministros e seus apoiadores infringiam a Constituição por meio da Reforma do Código do Processo e da criação do Conselho de Estado. Entretanto, o artigo citado afirma ser este o direito do *cidadão* e, por mais que se possa entender a Câmara de Vereadores como reunião de cidadãos, para os situacionistas haveria extrapolação de função:

---

exigiam a não aprovação das ditas leis. Dificilmente a notícia da aprovação das leis em 23 de novembro e 3 de dezembro chegaria nas duas localidades a tempo de motivar a discussão nas Câmaras no sentido de redigir e enviar a petição antes do dia 10 de dezembro.

76 Esta questão será melhor explorada mais à frente.

77 *Idem, ibidem.*

> o direito de representação, de petição deve ser amplíssimo; é ele muito razoável, muito parlamentar, e não sabemos que envolva algum perigo esse modo de manifestação das opiniões. Pode qualquer requerer o que lhe parecer, o maior absurdo que lhe vier a cabeça: o pior que pode acontecer é perderem-se alguns minutos com a leitura de baboseiras que houver escrito. Todavia esse direito, que com a maior amplidão concedemos ao indivíduo, negamo-lo às autoridades, às corporações, quando fora das raias de suas atribuições.[78]

Na opinião d'*O Brasil,* não caberia a estes vereadores outra punição que não a prevista pelo artigo 139 do Código Penal, segundo o qual "exceder os limites das funções próprias do emprego" implica em suspensão por um mês a um ano, exatamente como procedeu o Ministério. O redator não deixa de chamar a atenção para a seriedade da situação, a despeito da vigilância do governo. Barbacena representou e teria convidado a aderir Presídio e Mariana; esta última localidade, entretanto, recusou. A Câmara de Pouso Alegre,[79] por não saber o que escrever, teria enviado folhas em branco devidamente assinadas para que um indivíduo redigisse a representação. A acusação é da maior gravidade, pois ainda sugere que a oposição estaria prometendo uma confederação entre o Sul de Minas e São Paulo em prol da independência. Os vereadores da oposição e seus apoiadores não só extrapolavam suas atribuições, como também estariam tramando contra a unidade do Império. Ou seja, para além do previsto no artigo 139, estes homens estariam cometendo também crime de lesa-pátria, afora a manipulação das opiniões.

Este último aspecto voltou a ser tratado pela mesma folha da Corte e novamente reproduzido por *O Correio de Minas*. Em artigo intitulado "A aritmética do Maiorista", ridiculariza a informação dada por *O Maiorista*, segundo o qual as representações dos mineiros entregues ao monarca contavam com 1500 assinaturas, sendo, segundo *O Brasil*, no máximo 800. Para o redator, isso mostraria o desespero da oposição, que já mente sobre coisas de pouca importância, afinal qual relevância teriam essas representações? Elas não representariam a opinião de Minas e talvez sequer a dos signatários, já que todos saberiam que muita gente assinava para agradar os amigos. Essas representações serviriam apenas para incitar os ânimos.[80]

---

78   *O Brasil. Apud O Correio de Minas,* 5 de janeiro de 1842, nº 1.

79   O município de Pouso Alegre figurou com frequência nas páginas do *Universal,* ora por causa de casas apedrejadas ora por manifestações de força de lado a lado. Na edição nº 35 (28 de março de 1842) foi noticiada uma representação contrária ao Ministério, com 1.339 assinaturas, em resposta a uma favorável ao governo, com "mil e tantas" assinaturas.

80   *O Brasil. Apud O Correio de Minas,* 19 de janeiro de 1842, nº 5.

Na mesma edição, *O Correio* publicou decreto de 30 de dezembro de 1841 suspendendo os vereadores Antonio Fernandes Moreira, José Antonio Marinho, Joaquim José de Oliveira Mafra, Luiz Alves de Magalhães, Francisco de Assis de Almeida, José Maximiano Baptista Machado, Carlos Joaquim Maximo Pereira e Domiciano Leite Ribeiro por extrapolarem suas atribuições interferindo no Poder Central, fruto de um mau entendimento do direito de representação segundo os artigos 167 e 169 da Constituição e os títulos 2º, 3º e 4º da Lei de 1º de outubro de 1828, e os artigos 133, 134 e 135 da mesma Constituição e da Lei de 15 de outubro de 1827.[81]

Poucos dias depois da publicação *n'O Correio* da punição aos vereadores peticionários de S. João del Rei que haviam representado ao Imperador, não apenas contra as já conhecidas leis recém-aprovadas, mas exigindo a responsabilização do ministros, a mesma notícia apareceu em *O Universal*.[82] Os artigos 167 e 169 da Constituição, assim como a Lei de 1828, versam sobre as atribuições das Câmaras Municipais, enquanto que os artigos 133, 134 e 135 e a Lei de 1827 dizem respeito à responsabilização dos ministros. O artigo 133 em específico prevê que um ministro é responsável em caso de traição, peita, suborno ou concussão, abuso do poder, falta de observância da lei, obrar contra a liberdade, segurança ou propriedade dos cidadãos, ou por qualquer dissipação dos bens públicos.

Infelizmente, não foi possível localizar o texto da representação que motivou este decreto, contudo não parece difícil supor de quais "crimes" os ministros estavam sendo acusados. Apesar dos periódicos da oposição terem defendido ao longo do ano de 1841 que os membros da maioria eram notórios corruptos, a ênfase recairia certamente sobre o abuso de poder e o atentado à liberdade, segurança e propriedade dos cidadãos, acusação de enorme força dentro do ideário Liberal que norteava inclusive a Constituição.

No plano local, a representação seguida da punição de seus autores acirrava a luta política. No dia 4 de janeiro, dias depois da petição da Câmara Municipal, veio a público a *Representação dirigida a S. M. I. por muitos cidadãos dos mais grados de S. João del Rei contra a que a câmara municipal dirigira ao mesmo Senhor pedindo a demissão do ministério*.[83] Publicada por *O Correio*, a petição desautorizava a Câmara, dizendo ser a opinião de apenas oito indivíduos, e declara total apoio às novas leis. O jornal fez questão de oferecer a listagem nominal dos signatários com títulos ou cargos dentro do

---

81   *O Correio de Minas*, 19 de janeiro de 1842, nº 5.

82   O *Universal* noticia o decreto em 24 de janeiro de 1842, nº 10. O periódico aplaude a coragem dos vereadores e afirma que as representações continuarão a subir ao trono.

83   *O Correio de Minas*, 12 de fevereiro de 1842, nº 12.

município e a ocupação econômica em duas colunas de assinaturas, enfatizando que ainda faltavam 59 nomes.

A esta representação, com cerca de 200 assinaturas, foi apresentada outra em apoio aos vereadores, com algo entre 700 e 800 assinaturas.[84] Na mesma edição de 16 de fevereiro em que *O Universal* trouxe a notícia a respeito desta moção de apoio, informava que os vereadores peticionários foram suspensos e chamados os respectivos suplentes, mas o processo para responsabilizá-los estaria sendo retardado para que pudessem ser julgados pelas novas autoridades que ainda não haviam tomado posse. Seria este o interesse do governo, promover nesta circunstância uma punição exemplar. Por trás da exibição de força numérica e capacidade de organização expressa nas petições, transparece a cisão da localidade, que se agravaria ainda mais com o rompimento armado em junho de 1842.[85]

Enquanto os jornais da Corte, em especial *O Brasil*, instigavam a oposição, ora perguntando onde estavam as representações de *todas* as Câmaras Municipais – como havia sido declarado que aconteceria –, ora desmentindo assinaturas ou ridicularizando as petições,[86] a oposição em Minas Gerais se movimentava.

Apesar de noticiado muito depois, junto às primeiras representações enviadas ainda em 1841 figurariam as redigidas pelos eleitores de Formigas[87] e Câmara de Itabira.[88] A primeira, publicada apenas em 4 de abril por *O Universal*, guarda algumas especificidades. Datada de 2 de dezembro e, portanto, temporalmente próxima às petições das Câmaras de Barbacena e Presídio, a representação partiu dos eleitores contrariados com a política do Gabinete e não dos vereadores. Possivelmente por isso não houve qualquer tipo de punição aos peticionários.

A Câmara da Vila de Itabira, por sua vez, representou ao Imperador em 24 de dezembro, pedindo a revogação da Reforma e um governo moderado e justo que salvasse o Império da opressão. Ao contrário do que seria previsível, não consta que contra os vereadores itabiranos[89] tenha sido movida alguma ação de responsabilização como nos outros

---

84 *O Universal*, 16 de fevereiro de 1842, nº 16.

85 Este não foi um caso isolado, o mesmo ocorreu em Pouso Alegre, Serro e Minas Novas, por exemplo, com cada grupo político buscando subscritores nas freguesias onde representavam a maioria dos cidadãos.

86 Conforme cartas publicadas por *O Brasil*, os signatários das petições eram ou extorquidos ou ludibriados, assinando folhas em branco e cartas em apoio ao Imperador. (*O Correio de Minas*, 5 de fevereiro de 1842, nº 10).

87 *O Universal*, 6 de abril de 1842, nº 40.

88 *O Universal*, 25 de fevereiro de 1842, nº 24.

89 O vereadores peticionários eram Joaquim da Costa Lage, Paulo José de Souza, João Antonio de Freitas Carvalho Drumond, Manoel Martins da Costa, João Bicudo de Alvarenga, Pe. José de Freitas Rangel, Pe. Manoel Felipe S. Thiago.

casos. Soma-se a esta manifestação de desagrado outra representação publicada em abril por *O Universal*: anexada como suplemento, a petição ocupa sete páginas, contendo a relação nominal com a ocupação de cada signatário.[90] Tamanha declaração pública de desagrado com a situação política do Império e da província justifica de algum modo a notícia de agitação na vila em 25 de maio.[91]

A Câmara do município de Minas Novas representou ao monarca duas vezes, uma a 4 e outra a 14 de janeiro.[92] Um pouco diferente das outras representações, estas duas apresentavam queixas mais localizadas. A primeira pedia para que o juiz de direito da Comarca do Jequitinhonha, Dr. Antonio Thomaz de Godoy, fosse reconduzido ao cargo e que sua remoção para a Comarca do Baixo Amazonas, no Pará, fosse cancelada.[93] Em complemento, a segunda representação pedia para que cessassem as demissões que vinham ocorrendo em Minas, São Paulo e Pernambuco. Tal procedimento por parte do Ministério corria o risco de fazer dessas províncias o que foi feito do Ceará e Paraíba, a total quebra da ordem.[94] Reforçando a manifestação de Minas Novas, representaram ao monarca a Câmara, o juiz de direito interino, chefes da Guarda Nacional, juízes municipais, párocos e mais autoridades e cidadãos de Rio Pardo (também parte da Comarca do Jequitinhonha), entre os dias 2 e 6 de março.[95]

Em 17 de janeiro, a Sociedade Carmelitada Defensora da Monarquia Constitucional e Filantrópica, da Freguesia do Carmo do município de Baependi, representou ao Imperador. De acordo com a representação, todos aqueles que euforicamente apoiaram a maioridade do monarca agora eram perseguidos, por isso vinham ao pé do trono implorar remédio aos

> males que intensamente sofrem os mais sinceros, francos e fiéis súditos de V.M.I. e C., ocasionados pela política mal combinada puramente reatora, e perseguidora, traçada pelos ministros da Coroa, pelos seus delegados nas províncias, e autoridades subalternas.[96]

---

90   *O Universal*, 8 de abril de 1842, nº 41.

91   *O Universal*, 25 de maio de 1842, nº 59.

92   *O Universal*, 2 de fevereiro de 1842, nº 14.

93   No mesmo sentido também redigiram representação os cidadãos de Formigas, Comarca do Rio Grande. (*O Universal*, 4 de fevereiro de 1842).

94   Assinam as representações os seguintes indivíduos: Tristão Vieira Otoni, Antonio José Coelho Junior, Tristão Arão Ferreira dos Santos, Antonio Joaquim Cesar, Pe. Higino Ferreira Coelho, Nuno Teixeira Lopes, Camilo Tristão dos Santos.

95   *O Universal*, 18 de abril de 1842, nº 45.

96   *O Despertador Mineiro*, 9 de abril de 1842.

Os signatários estavam convictos de que "a verdade dificilmente sobe os degraus do trono" e por isso era necessário falar mais alto, de modo mais direto, desconsiderando os homens que aconselham o "Pai comum dos brasileiros". No mais, as reivindicações são as já conhecidas: não aplicação da Reforma e do Conselho de Estado e a não dissolução da Câmara. É importante salientar que o argumento segundo o qual o Imperador se encontrava coacto, iludido ou apartado da realidade por obra do Gabinete se tornava cada dia mais corrente, alimentando o que viria a constituir outra bandeira do movimento armado, a necessidade de se libertar o monarca.

Os inconvenientes legais gerados pela atitude dos vereadores de Barbacena, Presídio e S. João del Rei serviram de alerta e provocaram uma mudança no perfil das representações. Os habitantes da Freguesia do Carmo optaram por utilizar uma desconhecida Sociedade – e não uma Câmara – para "falarem" ao Imperador. Se considerarmos a leitura d'*O Universal* como fonte segura a respeito das petições, podemos afirmar que nenhuma outra Câmara Municipal voltou a se manifestar diretamente ao monarca. O que não significa dizer que os oposicionistas se calaram, apenas se abriu mão da edilidade como porta-voz dos cidadãos e, desse modo, eliminaram um estágio da representatividade. Representaram, assim, os habitantes da Vila de Aiuruoca, Turvo[97] e Serrano (28.02), eleitores e autoridades do município do Serro (23.03), moradores de Campanha (28.03), habitantes de Tamanduá[98] (28.03), cidadãos de Rio Verde e S. Tomé das Letras, freguesias de Baependi (07.05).[99]

No início do mês de fevereiro, *O Universal* publicou o ofício do ex-Regente Feijó à Assembleia Provincial de São Paulo, no qual se escusa de tomar posse por estar doente, mas pede medidas contra o Gabinete.[100] Como tratado no capítulo anterior, o "manifesto-Feijó",[101] lido ainda nas sessões preparatórias da Casa, pode ser encarado como um chamado à ação contra o governo. E foi provavelmente neste sentido que o periódico mineiro não só publicou as palavras do Padre Regente como, duas edições depois, traria a público a íntegra do texto da representação da Assembleia paulista ao Imperador.[102]

---

97 Atual cidade de Andrelândia.

98 Atual cidade de Itapecerica.

99 As datas entre parêntesis correspondem à publicação pelo *Universal*.

100 *O Universal*, 4 de fevereiro de 1842, n° 15.

101 Termo cunhado pelo periódico situacionista *Sentinella da Monarchia*. Apud *O Correio de Minas*, 9 de fevereiro de 1842, n° 11.

102 *O Universal*, 9 de fevereiro de 1842, n° 17.

Aqui se faz necessária uma reflexão mais atenta. O texto publicado por *O Universal* em 9 de fevereiro não é simplesmente a "famosa" e agressiva representação que fora recusada pelos ministros. Na verdade, o jornal fez circular em Minas Gerais o projeto apresentado pela Comissão de Redação, formada por Antonio Carlos Ribeiro de Andrada Machado e Silva, João Crispiniano Soares e Manoel Dias de Toledo, e que ainda não havia sido aprovado. Afora esta peculiaridade, chama a atenção a data – 18 de janeiro – estranhíssima, pois o projeto da representação foi apresentado pela comissão no dia 19 e aprovado no dia 27. Há, claro, a eventualidade de erro tipográfico, contudo abre a possibilidade de vermos reforçados ainda mais os laços entre oposição mineira e paulista de modo a delinearmos uma articulação consistente e uma forma de ação orquestrada.

Independente de saber se *O Universal* teve acesso ao texto datado de 18 de janeiro, isto é, um dia antes de sua apresentação no plenário da Assembleia Provincial de São Paulo, o ato de publicá-lo antes de ter notícia de sua aprovação[103] deixa claro que, primeiramente, havia um sincronismo entre as representações das municipalidades em Minas e a ação do Legislativo de São Paulo; e, em segundo lugar, tinha-se a certeza de encontrar na Assembleia Provincial paulista um reduto oposicionista, pois se confiava que o projeto seria aprovado sem qualquer alteração significativa, como o foi. Por parte do periódico, a publicação do texto foi o meio de fazer evidente aos seus leitores e correligionários que em ambas as províncias havia cidadãos descontentes com os rumos tomados pelo governo, e que uma reação estava em curso. Reação que, naquele momento, obrava dentro da legalidade, representando ao Imperador por todos os meios possíveis. O redator d'*O Universal* declara que a província estaria aguardando pela reunião de sua Assembleia em maio para que ela também seguisse os mesmos procedimentos e representasse a D. Pedro II, caso até lá esta situação "calamitosa" não fosse resolvida.

Como era de se esperar, os situacionistas responderam pelas páginas d'*O Correio* com firmeza a esta representação, chamada de "nojento e infame projeto" apresentado pelo deputado Antonio Carlos. Para o redator, a Assembleia Provincial paulista se considerava acima de todas as instituições do país por crer que sua opinião bastaria para mudar os rumos do Império. Tal pensamento só poderia ser gestado por uma oposição anárquica, antimonarquista e revolucionária.[104]

---

103 O mesmo periódico só viria a publicar a notícia da aprovação da representação paulista em sua edição nº 19, de 14 de fevereiro de 1842.

104 *O Correio de Minas*, 30 de março de 1842, nº 21.

Ações e reações

Afora as petições e representações que continuavam a ser enviadas ao Imperador ou publicadas na imprensa, outras medidas eram colocadas em prática por parte do governo. Assim como em São Paulo, o Ministério substituiu o Presidente da Província em Minas após a sanção da Reforma, certamente escolhendo o homem que julgava talhado para a delicada tarefa de nomear as novas autoridades e garantir o cumprimento da lei. O Presidente Dr. José Lopes da Silva Vianna, juiz de direito e deputado provincial, tido (mesmo pela oposição) como um moderado[105] e ocupante da mais alta magistratura provincial desde julho de 1841, transmitiu seu cargo a Carlos Carneiro de Campos em 15 de janeiro de 1842.

Apesar de nascido em Salvador, Carneiro de Campos, bacharel em Direito por Paris, tinha sua trajetória ligada a São Paulo, onde fora deputado provincial diversas vezes e era, desde 1833, lente da Faculdade de Direito. Em comparação com a formação e trajetória de seu colega Costa Carvalho, Presidente de São Paulo, é interessante destacar a ênfase no conhecimento das leis e nas lides políticas exatamente no momento da aplicação da Reforma do Código do Processo. Corrobora a ideia de que houve uma escolha cautelosa, ponderando as qualidades de "jurista", necessárias para dirimir eventuais dúvidas quanto à execução da nova lei, e as qualidades de "político", posto que enviados para províncias com cenários muito delicados.

Desde finais de novembro, circulava em Ouro Preto o boato de que Carneiro de Campos assumiria a presidência e partiria da Corte em 3 de dezembro. Do mesmo modo, dizia-se que o desembargador Gabriel Mendes dos Santos assumiria como chefe de polícia de Minas Gerais assim que o novo código fosse de fato promulgado, ou seja, quando os regulamentos fossem redigidos.[106] O boato falhou quanto à data e ao nome do chefe de polícia, mas era preciso quanto à troca de Presidente e ao nome de quem assumiria o lugar de Vianna.

Para ocupar o cargo de maior autoridade policial da província, foi chamado o Dr. Francisco Diogo Pereira de Vasconcelos,[107] juiz de direito da Comarca do Rio das Mortes, deputado provincial e irmão do senador Vasconcelos. Homem igualmente experimentado tanto nos trâmites legais quanto nas relações políticas da província, Francisco Diogo

---

105 *O Universal*, 5 de julho de 1841, nº 70.

106 *O Universal*, 24 de novembro de 1841, nº 124.

107 Segundo o *Correio de Minas* (19 de março de 1842, nº 19), Francisco Diogo de Vasconcelos já exercia o cargo de chefe de polícia interinamente quando foi efetivado por edital de 16 de março de 1842. Contudo, na documentação consultada, consta como chefe de polícia *interino* até meados de junho. APM PP 1/23 – Cx. 02.

de Vasconcelos foi o encarregado de vigiar a implementação da Reforma e garantir a ordem em Minas Gerais, metas difíceis de serem cumpridas a contento.

Como fica evidenciado pela data de nomeação do chefe de polícia da província, as autoridades recém-criadas pela Reforma começaram a ser indicadas apenas em meados de março de 1842. Assim como ocorreu em São Paulo, houve uma defasagem entre o ato da nomeação e a posse das autoridades em seus respectivos municípios, termos e comarcas. Em decorrência da eclosão do movimento armado em junho, não há dados seguros para se afirmar quando todos os delegados, subdelegados e juízes de direito nomeados passaram a exercer suas funções ordinariamente. No entanto, com base na anteriormente citada fala do vice-Presidente Herculano Ferreira Penna na abertura da Assembleia, em princípio de maio este processo ainda não havia se encerrado.

Em outros termos, a movimentação política desencadeada pelas representações contra a Reforma teve início antes que as primeiras nomeações fossem feitas. Assim, quando o Código do Processo reformado começou a ser implementado, a oposição já se encontrava mobilizada e na expectativa de novos acontecimentos. Neste caso, o que se podia esperar pela via legal, como argumentava *O Universal*, eram as aberturas da Assembleia Geral e Provincial.

O periódico de Barbacena, *O Echo da Rasão*, ao contrário de seu correligionário da capital, não parecia muito inclinado a acreditar numa solução legal com a abertura dos trabalhos legislativos. Em "Iminência da Guerra Civil",[108] publicado na primeira página da edição de 18 de fevereiro, o redator principia em tom de desabafo, como quem apenas constata o inevitável: "Eis-nos chegados aos últimos apuros da paciência pública; eis-nos enfim nesse despenhadeiro horrível para onde nos chamam desde muito os atos desregrados, a espantosa devassidão e imoralidade da facção dominante".

A desordem pública, a perseguição via recrutamento[109] e assassinatos perpetrados contra os homens do "partido da maioridade", tudo vinha colaborando para um desfecho inevitável para os oposicionistas e que reforçava a sugestão, feita logo nas primeiras linhas, de que assim o Ministério 23 de março e seus apoiadores desejavam.

---

108 *O Echo da Rasão*, 18 de fevereiro de 1842, nº 66.

109 Havia sido noticiado pelo *Universal* a sanção da lei de 16 de outubro de 1841 autorizando que fossem destacados 5 mil guardas nacionais em todo o Império para o auxílio da pacificação do Rio Grande do Sul. (*O Universal*, 15 de novembro de 1841, nº 133). Com a autorização de destacamento, aqueles que se apresentavam à GN como meio de evitar o alistamento no Exército e serem obrigados a servir fora de sua região ficavam passíveis de servirem em todo o território e de responderem sob regulamento militar enquanto durasse o serviço.

O plano horrível de exterminar pelo bacamarte, e pelo punhal o grande partido da maioridade; a criação de um conselho de estado, que nada menos implica do que o estabelecimento de uma verdadeira oligarquia; as reformas do código, que destroem uma por uma todas as garantias do Cidadão livre, e colocam nas mãos de uma facção rancorosa e corrupta a honra, a vida, e a fortuna dos Brasileiros, despertaram em fim o espírito público; as vozes da opinião se dirigem pacíficas ao trono imperial por via das Câmaras Municipais, e os ministros pela vez primeira, desde vinte anos, tolhem insolentemente a estas corporações, imediatas representantes dos Municípios, o direito de petição, que é, pelo menos, para elas um direito consuetudinário.[110]

O excerto acima é *mutatis mutandis* o cerne da proclamação rebelde que viria a público em 10 de junho. Os tópicos que anteriormente apareciam desarticulados, dispersos em diferentes periódicos ou mesmo não exatamente transformados em "motivo" para a luta, estão aqui completamente interligados, alinhavados numa só bandeira meses antes da conflagração. Entretanto, apesar do redator considerar ao fim que a guerra civil estava próxima, pedindo união e atenção, o mais significativo é o argumento de que os mineiros honrados alvos das perseguições deste Ministério não estariam se preparando para atacar o governo, mas para contra-atacá-lo. A luta iminente gozaria de legitimidade.

(...) quereis muito de propósito instigar os ânimos com os vossos burlescos aparatos bélicos. Vós nos dais o exemplo; estais nos dizendo: – homens da oposição, o governo para vencer-vos só confia na força; armai-vos também para que se decida o grande pleito no teatro ensanguentado da guerra –.[111]

Frente à punição aos vereadores peticionários e à notícia de que a deputação paulista encarregada de levar ao Imperador a representação daquela Assembleia não fora sequer recebida, as opções legais começavam a acabar até mesmo para *O Universal.* O redator reconhecia a dificuldade de se obter informações confiáveis, posto que os periódicos na Corte traziam frequentemente notícias desencontradas. Nem por isso

---

110 *O Echo da Rasão*, 18 de fevereiro de 1842, nº 66.

111 *Idem, ibidem.*

228 Erik Hörner

deixou-se de noticiar com grande alarde que a população da cidade de São Paulo havia tomado em armas diante do envio de tropas pelo governo à província.

O discutível episódio do "armistício" assinado pelo Barão de Monte Alegre e tratado no capítulo anterior foi ouvido em Minas como um provável grito de "revolução" ao qual o redator da folha ouropretana respondeu com um "Brasileiros! A causa dos Paulistas é a de todos nós",[112] logo depois contido, como se a convocação tivesse sido um lapso de exaltação ou um chamado prematuro.

Tensões crescentes: a imprensa em xeque

A isso se seguiu uma série de artigos informando sobre a reorganização das tropas colocada em curso pelo governo: os Batalhões de Caçadores receberam nova organização e criou-se um Batalhão de Infantaria na Corte.[113] Tais medidas levaram à sugestão de que o Ministro da Guerra desejava enviar tropas para Minas Gerais, apesar de o redator considerar não haver qualquer motivo que o justificasse.[114]

Foi neste contexto que ocorreu a eleição para senador em 6 de março,[115] pleito pouco abordado pelos periódicos de ambos os lados da luta política. Tanto *O Correio* quanto *O Universal* limitaram-se quase que exclusivamente a publicar o resumo das apurações. O jornal situacionista ainda declarou sua predileção por Honório Hermeto Carneiro Leão, mas não foi muito além disso.[116] Aparentemente o resultado era previsível, e a lista tríplice foi preenchida pelos nomes da situação, o que não quer dizer que a oposição tenha se mantido calada sem denunciar as costumeiras fraudes.[117]

Cerca de um mês depois do pleito, no começo de abril, circulava em Ouro Preto o boato de que se tramava uma sedição na capital da Província e que para isso colocariam em liberdade os presos.[118] Se a libertação de criminosos parece pouco crível, um rompimento na capital não deixou de ser aventado,[119] porém não no mês de abril. Boato

---

112 *O Universal*, 24 de fevereiro de 1842, nº extraordinário.

113 *O Universal*, 2 de março de 1842, nº 26. A reorganização provisória dos batalhões foi ordenada por decreto do Ministro da Guerra em 9 de fevereiro.

114 *O Universal*, 7 de março de 1842, nº 28.

115 Foram candidatos pelo governo: Honório Hermeto Carneiro Leão, José Cesário de Miranda Ribeiro e Bernardo Belizário Soares de Souza; e pela oposição: Limpo de Abreu, Dr. Antonio da Costa Pinto e o Tenente-Coronel José Feliciano Pinto Coelho da Cunha.

116 *O Correio de Minas*, 29 de janeiro de 1842, nº 8.

117 *O Universal*, 20 de abril de 1841, nº 46.

118 *O Universal*, 4 de abril de 1842, nº 39.

119 José Antonio Marinho. *Op. cit.*, p. 89.

ou não, foi suficiente para deixar as tropas de prontidão, o que para a oposição era lido como uma precaução ao provável adiamento da Assembleia Provincial.[120]

Da parte do governo, o chefe de polícia foi instado a oficiar quase que diariamente ao Presidente de Província a partir de 1º de abril a respeito da tranquilidade pública. Neste mês, Francisco Diogo de Vasconcelos redigiu nada menos que 23 ofícios diários sobre o mesmo tema a Carlos Carneiro de Campos, situação que se repetiu em maio quando então poucas condições havia para afirmar que não possuía notícia alguma de perturbação da ordem.

A esta altura, o argumento sustentado por *O Universal* de não haver motivos para a tomada em armas, pois a tribuna e a imprensa gozavam de liberdade e o estrito cumprimento dos deveres por parte dos cidadãos garantiria o usufruto de seus direitos, começava a desmoronar: a imprensa já não tinha a mesma liberdade de outrora e eram fortíssimos os indícios de que as Assembleias não iriam cumprir regularmente a sessão daquele ano.

Na Corte, *O Maiorista* havia sido denunciado por suas "doutrinas" a um subdelegado, que em resposta expediu mandados de prisão contra os proprietários da tipografia, Madame Ogier e seu filho menor de idade. Ambos foram soltos tempo depois, diante da garantia de que não imprimiriam jornal algum da oposição. A polícia passou a procurar então Salles Torres Homem, por ele ter se apresentado como responsável pela folha antes de prenderem Madame Ogier.[121] Na opinião do redator d'*O Universal* não tardaria à liberdade de imprensa ser cerceada também nas províncias.

Nem mesmo findou o mês de abril e *O Universal,* também foi processado, mas não por sua "doutrina". Um indivíduo de Pouso Alegre, sentindo-se ofendido por uma correspondência publicada pelo jornal, impetrou junto ao juiz municipal um processo de responsabilidade contra o impressor. Um caso curioso que merece uma investigação mais aprofundada, pois as ofensas ditas de lado a lado eram tão usuais que soa estranho alguém exigir a responsabilização do impressor. No entanto, segundo denúncia do redator, o juiz interpretou de tal modo o Código Penal que o responsabilizado não passava de mero trabalhador da tipografia – o indivíduo que punha tinta nos tipos e arrumava o papel no prelo[122] – e não o proprietário, como havia ocorrido com *O Maiorista*. Além da inépcia do juiz, como sugere o redator, pode-se pensar na tentativa de barrar a impressão do jornal.

Algumas edições depois, o nome do proprietário, Dias de Carvalho, passou a figurar no rodapé da última página do jornal juntamente com o nome do impressor,

---

120 *O Universal,* 5 de maio de 1842, nº 51.

121 *O Universal,* 1º de abril de 1842, nº 38.

122 *O Universal,* 25 de abril de 1842, nº 48.

Joaquim José de Moura. Pode-se supor então ser este o nome do redator d'*O Universal* desde o final de 1841. A publicação dos nomes em cada exemplar está condicionada a outro processo que estipulou multa de 25$000rs ao periódico por não ter apresentado anteriormente o nome do impressor. Após a divulgação dessas informações na edição de 30 de maio, *O Universal* não voltou a circular.[123]

Assim como para os insurgentes paulistas, o mês de maio também pode ser considerado crucial para o rompimento da "revolução" em Minas Gerais. Na última edição de abril, *O Universal* havia publicado artigo em tom de manifesto em decorrência das notícias de que o governo sofrera novas derrotas no Rio Grande do Sul. Para o redator isto seria a gota d'água e mostraria o quanto o Ministério 23 de março errava na condução do Estado: acabaria por levar à fragmentação do Império e à falência da máquina pública.

> O Brasil se acha a braços com uma crise horrorosa; cumpre salvá-lo, *quanto antes, e a todo custo*. A guerra civil já parece inevitável! A banca-rota já nos estende os braços para tragarmos!
>
> (…) se amamos o Monarca, e o nosso fértil, porém malfadado torrão, reunamo-nos d'um extremo a outro do Império, que, mais um momento de demora, tudo será sacrificado. É já tempo de cada um de nós formar um escudo de bronze para defender a liberdade, e a monarquia constitucional; é tempo de bradarmos com todas as forças
>
> – Abaixo o ministério traidor!
>
> – Viva a liberdade!
>
> – Viva S. M. o Imperador Constitucional!"[124]

No dia seguinte, em 30 de abril, a Assembleia Provincial teve sua primeira sessão preparatória visando sua instalação em 3 de maio. Os mineiros não sabiam, mas sua Assembleia iniciou os trabalhos ordinários dois dias depois da dissolução da tão esperada reunião da Câmara dos Deputados. Em 7 de maio, *O Universal* festejava a sessão preparatória da Assembleia Geral em 25 de abril e apenas comunicava a existência de boato segundo o qual a dissolução era prevista para poucos dias após a instalação.[125]

---

123 Em São Paulo, o periódico francamente oposicionista *O Tebyreçá* também respondeu a processos. Com isso seriam ao menos três jornais de mesma posição política *sub judice,* denotando uma possível perseguição real. A questão carece de aprofundamento.

124 *O Universal,* 29 de abril de 1842, nº 50.

125 *O Universal,* 7 de maio de 1842, nº 52.

Os últimos passos no caminho da legalidade

Iniciados os trabalhos da Assembleia Provincial, a oposição, maioria da casa, possuía uma agenda a cumprir. Em pouco tempo, fazia-se necessário aprovar lei que mudasse novamente a data da reunião legislativa do ano seguinte e uma representação ao monarca no mesmo sentido da enviada pelos paulistas. O projeto de lei visando o retorno das sessões aos primeiros meses do ano foi apresentado logo na primeira sessão, e na terceira o Deputado Mello Franco leu três projetos inter-relacionados: uma felicitação ao Imperador, a representação à Assembleia Geral para que "se sujeitem às disposições constitucionais a lei que reformou o código, e a que criou o conselho d'estado", e outra representação ao Imperador do mesmo teor.[126] Pelo ritmo dos trabalhos e das propostas apresentadas – instrução pública, força policial, pedidos de dados estatísticos –, os deputados acreditavam que a Assembleia continuaria trabalhando dentro da normalidade.

Na quarta e última sessão, de 9 de maio, o primeiro-secretário da Assembleia, Olimpio Viriato Catão, apresentou um projeto substitutivo aos dois de Mello Franco, felicitando e representando ao monarca em separado. O conteúdo do novo texto é padrão: pede, com uma linguagem bem mais suave que a da representação paulista, a demissão do Ministério e a revisão das leis aprovadas no ano anterior, além de fazer referência à recusa de recebimento da deputação enviada pela Assembleia Provincial de São Paulo. O texto não só foi aprovado como também ficou estipulado que a representação seria enviada a todas as municipalidades e juízes de paz da Província, bem como às Assembleias Provinciais do Império.[127]

Não é possível afirmar que o adiamento da Assembleia Provincial mineira tenha qualquer relação direta com a dissolução prévia da Câmara, como sugere Lúcio José dos Santos.[128] Considerar que havia um plano prévio entre presidência da Província e Ministério parece muito pouco provável, e o intervalo entre o evento na Corte e o em Ouro Preto dificilmente permitiria que a notícia chegasse do Rio a tempo de influenciar a decisão do vice-Presidente em exercício, Herculano Ferreira Penna. O mais ponderável é crer que a configuração do Legislativo mineiro, francamente em oposição aos governos Geral e Provincial, somada à apresentação do primeiro projeto da representação, já tinham deixado claro à presidência as dificuldades que surgiriam se a casa fosse mantida em funcionamento.

---

126 *Apud O Universal*, 23 de maio de 1842, n° 58.

127 *Apud O Universal*, 25 de maio de 1842, n° 59.

128 Lúcio José dos Santos. *A Revolução de 1842 em Minas Gerais*.

O Governo Provincial em Minas Gerais pôde fazer o que em São Paulo no máximo foi ventilado como boato, mas talvez tenha, com isso, detonado uma situação mais crítica que na província vizinha. Apesar do adiamento no dia 9, a edição de 12 de maio d'*O Universal* nada disse sobre o acontecimento. Publicou normalmente a ata da 2ª Sessão Ordinária e a notícia vinda do Rio de Janeiro segundo a qual o governo enviava armas para Minas, "possivelmente" para a Guarda Nacional.[129] Foi apenas em 16 de maio, uma semana depois, que o jornal estampou em suas páginas as "notícias dolorosas":

> No dia 1º de maio corrente foi dissolvida a Assembleia Geral legislativa do império, não estando ainda constituída: no dia 9 foi adiada a assembleia legislativa provincial de Minas até 9 de julho. Logo que tivemos estas notícias, certamente da maior importância, lançamos alguns artigos comunicando-as ao Brasil todo, e principalmente a nossos comprovincianos; mas fomos obrigados a retira-los do prelo, em consequência da perseguição que se tem declarado à imprensa.[130]

Que ameaças foram feitas? Quem era responsável pelas perseguições? Não foi possível encontrar respostas. A essa altura ainda faltava publicar as atas das 3ª e 4ª Sessões Ordinárias, e *O Universal* prosseguiu neste intento por mais quatro edições, como se os trabalhos legislativos não tivessem sofrido qualquer abalo. Junto às atas, ainda trouxe ao público mineiro os pareceres da Comissão de Poderes da Câmara dos Deputados apresentados nas sessões preparatórias para validação dos diplomas e que foram usados pelos ministros para justificar a dissolução.

Em meio a isso, foi noticiado no dia 25 de maio o boato do rompimento em Sorocaba. O próprio redator adiantava que se fazia necessário confirmar a informação, o que veio a ocorrer três dias depois:

> Os acontecimentos da província de S. Paulo, de que acabamos de receber notícias pelo correio de 28 deste mês; o aparato de força, as perseguições empregadas pelo governo e seus agentes contra os cidadãos, e contra a liberdade da imprensa, as quais devemos recear com muito maior razão d'ora em diante, nos colocam na rigorosa necessidade de suspender a publicação desta folha, até que o país se pacifique, e possamos entrar na marcha ordinária.[131]

---

129 *O Universal*, 12 de maio de 1842, nº 54.

130 *O Universal*, 16 de maio de 1842, nº 55.

131 *O Universal*, 30 de maio de 1842, nº 61.

Estavam, portanto, esgotadas todas as via legais. Sem Assembleias Geral e Provincial, as representações ignoradas, vereadores punidos e a imprensa aparentemente vigiada, não restou à oposição outro meio que não a tomada em armas. No entanto, como ficou evidenciado até aqui, o rompimento não se deu repentinamente.[132] A forte adesão, tanto rebelde quanto legalista, pode ser entendida justamente como decorrência deste processo relativamente longo de acirramento de ânimos e de eliminação de alternativas.

Os oposicionistas – e posteriormente rebeldes –, exatamente por serem homens do Estado, conhecedores dos trâmites legais porque participantes das instituições que almejavam alcançar, ou melhor, retornar, tentaram a todo custo revestir suas reivindicações com a capa da reação à opressão. Não nos é possível julgar as intenções dos insurgentes; se eles sempre tencionaram tomar em armas contra o governo ou se o protesto armado era de fato uma medida desesperada é de difícil avaliação, pois não foi encontrada nenhuma documentação capaz de desmentir as motivações consagradas pela pena do Cônego Marinho. Contudo, é nítido que os indivíduos ligados a José Feliciano Pinto Coelho, José Antonio Marinho, Dias de Carvalho, Dr. Mello Franco, família Armonde, Otoni,[133] cientes dos riscos políticos e econômicos de uma guerra civil, tomaram, ao menos, o cuidado de recobrir a ação armada com o *manto do constitucionalismo*, do apreço à monarquia e ao Imperador, e apresentar a "Revolução Liberal" como ação extremada fruto de uma situação irreversível.

> Neste lamentável desespero gritavam todos: "Vamos à revolução", mas uma revolução, que não atente contra a autoridade do Monarca; uma revolução que o liberte da coação moral, em que se acha o Imperador, cujas intenções não podem sacrificar uma tão importante porção de seus súditos ao interesse de uma facção ávida, e desassisada.[134]

Em todo caso, é necessário atenção ao se ler a *história* do padre insurgente, pois apesar de se empenhar em defender a explosão de descontentamento como responsável pelo movimento armado, ele não chega a negar peremptoriamente o não planejamento do mesmo. Reclamar a falta de armamento e de oficiais, ou apontar os erros estratégicos na condução da guerra não implica em negar algum grau de organização.

---

132 Para o caso mineiro, Rezende afirmou que o movimento se deu como "fogo de contato", sem qualquer planejamento. Ver: Francisco de Paula Ferreira de Rezende. *Minhas recordações*. Rio de Janeiro: José Olympio, 1944.

133 Otoni, em sua *Circular* publicada em 1860, iria rever a inevitabilidade da "revolução". Os tempos eram outros e pediam outra "interpretação".

134 José Antonio Marinho. *Op. cit.*, p. 87.

O próprio uso da dissolução da Câmara como evento limite e condicionante para o rompimento em São Paulo e Minas denota entendimento prévio e conjunto.

Rumo ao movimento armado

Recapitulemos a cronologia que a leitura dos periódicos nos permite organizar e cotejemos com a interpretação de Marinho. Para o Cônego e para *O Universal*, a oposição em Minas Gerais não estava decidida a recorrer às armas como meio de solucionar a crise instaurada pelo Ministério 23 de março e pelas Leis da Reforma e do Conselho de Estado. "Todas as esperanças se voltavam para a nova Legislatura, cuja reunião se aproximava".[135] Com a dissolução da Câmara, passou-se então a aguardar notícias da província vizinha:

> Ansiosos esperavam todos pelas notícias da Província de São Paulo, e persuadidos, como estavam, de que a revolução ali dominaria sem obstáculos a Província inteira, acreditavam os mineiros que muito fariam eles se pudessem realizar uma manifestação em apoio da revolução, de São Paulo.[136]

Há ao menos duas formas perigosas de se ler o excerto acima. Uma, de modo ingênuo, levaria a crer que a "revolução" era principalmente dos paulistas e os mineiros esperavam apenas "manifestar" apoio. Outra, muito rigorosa, entenderia tudo como mero argumento de um autor implicado no movimento e, portanto, imbuído da intenção de amenizar o ocorrido. Porém, tendo em mente o cenário político paulista apresentado no último capítulo, sensivelmente menos explosivo que o mineiro, é possível aceitar a ideia de que os oposicionistas em Minas Gerais acreditavam que São Paulo conduziria com sucesso "sua" revolução.

O "Partido Paulista", antes de tomar em armas, pôde agir na tribuna provincial e exercer seus direitos constitucionais até a última possibilidade. Diante dos rumores de envio de tropas, independente se verdadeiros ou não, houve um entendimento entre o Presidente da Província e líderes da oposição. Conjuntura capaz de sugerir uma disposição ao diálogo não perceptível em Minas Gerais. É talvez exatamente por isso que, quando os mineiros – os governistas e os oposicionistas – optaram pela "sua" revolução, o desenrolar foi tão diferente.

---

135 *Idem, ibidem, Op. cit.*, p. 88.

136 *Idem, ibidem*, p. 89.

Segundo Xavier da Veiga, Dr. José Jorge da Silva – liderança rebelde e muito próximo de Marinho, Dias de Carvalho e dos Otoni – lhe "revelara" que o deputado Antonio Carlos teria invocado a solidariedade mineira em uma reunião realizada logo após a dissolução da Câmara,

> "reclamando somente que, por sua parte, fizessem em Minas um *pronunciamento* ou *movimento* aparente, só para dividir a atenção e os recursos do governo e dificultar-lhe a ação repressiva da revolta, pois que, acrescentava jactancioso, da revolução propriamente se encarregava São Paulo e ele pelo resultado respondia...[137]

Por um lado reforça a declaração de Marinho no que diz respeito ao papel de Minas Gerais no rompimento, por outro questiona a cronologia corrente segundo o qual os mineiros aguardavam informações vindas de São Paulo.

A notícia da dissolução prévia chegou a Ouro Preto por volta do dia 16 de maio, liquidando as "esperanças" legais. Simultaneamente ao envio da notícia do ocorrido em 1º de maio, fazia-se necessário o retorno dos deputados mineiros que se encontravam na Corte por ocasião das sessões preparatórias da Câmara. É um pouco difícil afirmar categoricamente quem estava de fato na Corte neste período, pois estas sessões, cuja finalidade era apenas validar os diplomas de cada deputado, foram bem tumultuadas. Em todo caso, considerando que cada deputado devia apresentar seu diploma para a apreciação da Comissão de Poderes, temos presentes entre 25 de abril e 1º de maio os seguintes indivíduos: Antonio Paulino Limpo de Abreu, Antonio da Costa Pinto, Antonio J. Ribeiro Bering, Bernardino José de Queiroga, Camilo Maria Ferreira Armonde, Francisco de Paula Cerqueira Leite, Domiciano Leite Ribeiro, Gabriel Getulio Monteiro de Mendonça, João Dias de Quadros Aranha, José Cesário de Miranda Ribeiro, José Pedro Dias de Carvalho, Pedro de Alcântara Cerqueira Leite, José Joaquim Fernandes Torres, José Feliciano Pinto Coelho da Cunha, José Jorge da Silva, José Antonio Marinho, Manoel Gomes da Fonseca, Teófilo Benedito Otoni e Joaquim Antão Fernandes Leão.[138]

É significativo que a Província de Minas Gerais, tendo 20 deputados, já contasse nas sessões preparatórias com 19 nomes, sendo que muitos eleitos por outras províncias ainda não tinham chegado ao Rio de Janeiro. Mas a presença dos mineiros não se resume a isso, Marinho fora aclamado segundo secretário da casa, Otoni e Fernandes

---

137 José Pedro Xavier da Veiga. *Op. cit.*, ver o verbete referente a 10 de junho de 1842.

138 *Anais da Câmara dos Deputados*, 3ª Sessão Preparatória, 27 de abril de 1842.

Leão compunham a Comissão de Poderes, e Dias de Carvalho a Comissão Especial para validar os diplomas dos que faziam parte da Comissão de Poderes.

Como veremos depois, a esmagadora maioria da bancada mineira envolveu-se com o movimento armado e, portanto, precisariam retornar à província quando da dissolução da Câmara. Limpo de Abreu não retornou, tendo sido preso no Rio de Janeiro, e Otoni retardou sua volta, certamente envolto em outras questões referentes à organização do movimento. Se todos os demais viajaram juntos não é possível afirmar, mas é seguro dizer que Marinho, Dias de Carvalho, Camilo Maria Ferreira Armonde e José Feliciano Pinto Coelho da Cunha se encontravam reunidos em Barbacena no dia 4 de junho, numa chácara próxima, quando marcaram a data do rompimento.[139]

O início da "revolução"

A cidade de Barbacena fica no caminho que liga o Rio de Janeiro a Ouro Preto, onde se esperava que fosse ocorrer o levante inicial.[140] Ao contrário de São Paulo, onde o líder do movimento já se encontrava à espera das notícias e dos deputados aliados vindos da Corte,[141] em Minas o Presidente *Interino* e todas as principais lideranças estavam em trânsito.

Em vista da impossibilidade do rompimento acontecer na capital, das notícias de São Paulo sabidas em Ouro Preto desde 28 de maio e encontrando condições propícias em Barbacena,[142] decidiu-se pela eclosão do movimento convidando José Feliciano a tomar posse como Presidente *Interino* da Província em 10 de junho. O convite, neste caso mera formalidade instauradora de uma legalidade dentro da ilegalidade,[143] foi enviado pela

---

139 José Antonio Marinho. *Op. cit.*, p. 89 e 91. O Cônego cita grande quantidade de documentos em sua história do movimento. Parte deles foi reproduzida por diversos autores posteriormente, sem contudo oferecerem a procedência. O Arquivo Público Mineiro oferece atualmente uma versão digital da *História da Revolução de Minas Gerais, em 1842*, uma compilação de peças documentais publicada na *Revista do APM*, vol. XV, 1916 [http://www.siaapm.cultura.mg.gov.br]. Conforme Santos, esta coletânea é a mesma organizada por Bernardo Xavier Pinto de Sousa e publicada em 1843 no Rio e no ano seguinte em Minas Gerais. Apesar da publicação de Pinto de Sousa possuir caráter oficial e legalista, os documentos apresentados muitas vezes confirmam a autenticidade dos citados por Marinho. Cf. Lúcio José dos Santos. "A Revolução de 1842 em Minas Gerais", p. 123.

140 José Antonio Marinho. *Op. cit.*, p. 89.

141 Consta que os deputados paulistas Martim Francisco, Antonio Carlos, Álvares Machado, Floriano de Toledo e Amaral Gurgel chegaram em Santos no Vapor Ypiranga em 10 de maio. (*O Governista*, nº 3).

142 Os vereadores peticionários são exemplo contundente do apoio existente na localidade.

143 A este respeito, é interessante a leitura feita por Azevedo, para quem estas e outras medidas semelhantes levavam à constituição de um "estado no Estado". Cf. Manuel Duarte Moreira de Azevedo. "Movimento político de Minas Gerais de 1842", p. 9.

Câmara e assinado por Manuel Ribeiro Nunes, Camilo Maria Ferreira Armonde, Lino José Ferreira Armonde, Francisco de Paula Camilo Araújo, Pedro Teixeira de Carvalho e Azevedo, Joaquim Rodrigues de Araújo e Oliveira, estando parte destes vereadores legalmente suspensos de suas atividades em decorrência da representação enviada no ano anterior ao Imperador. Ainda contavam com o apoio do Coronel Marcelino Armonde e do Tenente-Coronel João Gualberto, comandantes da Guarda Nacional.[144]

José Feliciano, então, oficiou no mesmo dia 10 de junho à Câmara de Barbacena, declarando aceitar o convite e afirmando que estaria neste mesmo dia às 10h da manhã no paço da mesma cidade a fim de tomar posse do cargo de Presidente *Interino* da Província. Segundo uma testemunha, que poucos dias depois oficiou a Bernardo Jacinto da Veiga, José Feliciano Pinto Coelho da Cunha saiu da Matriz às 10h50min para ser saudado por um contingente de 200 a 300 guardas nacionais, todos armados de espingarda e baioneta (apesar de muitos não estarem fardados). Foram dados vivas à Religião, à Constituição, a D. Pedro II e suas Augustas Irmãs, sendo, depois, passada a palavra ao Comandante desta tropa, Manoel Francisco de Andrada. O missivista afirma que não pôde ouvir muito bem o que era dito por estar o tal Comandante rouco, sendo possível apenas ouvir quando Manoel Francisco de Andrada gritou vivas ao Presidente *Intruso* e "vá abaixo o Ministério, vá abaixo a Reforma, vá abaixo o Presidente", ouvindo-se em resposta "vá". Logo depois, parte da tropa foi dispensada e José Feliciano seguiu para a Câmara Municipal dando continuidade às "formalidades" de praxe na nomeação de autoridades legais.[145]

O resultado mais imediato da posse do Presidente *Interino* foi a redação de proclamações e ofícios, documentos inaugurais da nova "administração". Como em todas as outras proclamações e ofícios rebeldes posteriores, o nomeado líder do movimento armado tomou cuidado de não "produzir provas" contra si e contra os seus. De modo algum desejavam ser acusados de crime de lesa-majestade ou mesmo de republicanismo. Antes do *Manifesto aos Mineiros*, já ficava evidente o caminho que seria trilhado nos papéis oficiais: José Feliciano afirmou que sua aclamação pela Guarda Nacional e povo tinha como objetivo "dirigir os esforços da Província na sustentação e defesa da Constituição do Estado, e do Trono do Nosso adorado Monarca, o Senhor D. Pedro II",[146] enfatizando que lutaria decididamente até o momento em que o Imperador estivesse livre e se fizesse ouvir; as armas seriam, então, imediatamente depostas.

---

144 José Antonio Marinho. *Op. cit.*, p. 90-91.

145 Carta de José Carlos de Oliveira Benjamim ao Presidente da Província. Ouro Branco, 13.06.1842. APM – PP1/17, Cx. 1, p. 9.

146 José Antonio Marinho. *Op. cit.*, p. 91.

Foi neste sentido que o Presidente *Intruso*, como preferiam os legalistas, redigiu uma carta a D. Pedro II, expondo os motivos que norteavam o movimento sabidamente "irregular", "mas o único que em tão apertadas circunstâncias podiam [os mineiros] dar". Retomando as ideias contidas em seu primeiro ofício, aceitando liderar o levante armado, José Feliciano ainda declara que sua intenção como chefe era evitar que "movimentos parciais e terrivelmente ensanguentados" tivessem lugar, pois era sabido que muitos eram os pontos de Minas Gerais que manifestavam-se contrários à política do Ministério. Assim, a forma de se evitar qualquer confronto implicava na remoção do Gabinete instigado por Bernardo Pereira de Vasconcelos e Honório Hermeto Carneiro Leão. Estes dois senadores seriam os responsáveis por boa parte dos problemas, posto que buscavam vinganças pessoais.[147]

A esta carta juntou-se o *Manifesto aos mineiros* e outra escrita pelo Padre Manuel Rodrigues da Costa. O velho inconfidente não reaparece em nenhum outro momento da "Revolução Liberal", talvez pelo peso da idade não pensasse em ir mais longe que isso. Sua carta apresenta-se como um apelo emocional, invocando a memória de seus dois encontros com D. Pedro I quando este visitou Minas Gerais e a fidelidade do missivista ao trono. Suas críticas ao Ministério resumiam-se à desproporcional punição – a suspensão – das Câmaras peticionárias e ao estado de espírito alterado da Província provocado pelo temor que as medidas ministeriais incutiam na população. Fica evidente que o padre apenas emprestava seu suposto prestígio. No entanto, a correspondência nunca chegou ao seu destino final. Segundo Marinho, José Furtado Placiano Pizza deveria entregar os três documentos aos Marqueses de Itanhaém e Barbacena e estes fariam chegar ao trono, mas foi interceptado pelas Forças da Legalidade em Rio Preto.[148]

Resta-nos ler o *Manifesto*. O longo texto, assinado apenas por José Feliciano, passa em revista a quase totalidade dos "acontecimentos" do ano anterior até o momento da insurgência. Apesar de pontuar a luta política ainda nos últimos anos do reinado de D. Pedro I, a fim de identificar os ministros como aderentes às supostas intenções absolutistas do Primeiro Reinado, o corpo da declaração consiste na reunião de todas as insatisfações capazes de justificar a tomada em armas. E nesse sentido o parágrafo inicial é elucidativo:

> Quando a pátria periga, é dever de todo cidadão correr em sua defesa; e quando a liberdade é calcada aos pés por um governo ambicioso, empunhar as armas para defendê-la e sustentá-la é a primeira

---

147 *Idem, ibidem*, p. 92.

148 *Idem, ibidem*, p. 94.

> obrigação do homem livre. Nós havemos chegado infelizmente ao ponto de recorrer a este meio extremo, para defender a nossa pátria, para salvar as instituições livres, a nossa Constituição, do aniquilamento total de que é ameaçada por uma facção astuciosa que se apoderou do Poder, e que desde muito tempo busca por todos os modos destruir a obra do imortal fundador do Império.[149]

Representativo do ideário Liberal no que diz respeito ao direito de resistência à opressão, o *Manifesto* promove uma inversão sutil, transformando a luta armada em um dever – mesmo que infeliz – do homem livre, do cidadão. A partir desta ideia central, o documento desenvolve dois caminhos paralelos. Um dá conta de como e porque as instituições livres e a Constituição se encontram ameaçadas de aniquilamento, e o outro traça o "itinerário" que levou a esta situação limite de se pegar em armas para salvar a pátria.

Ao contrário do que se poderia imaginar pela leitura da bibliografia específica e mesmo com base em Marinho, o *Manifesto* não principia tratando das chamadas "leis opressoras". O primeiro ponto, apenas como menção, é a dissolução prévia da Câmara, apresentada de um modo muito astuto: relacionando-a à *Maioridade*. Anterior à exposição dos "desmandos" dos homens que ocupam o Ministério, o texto empenha-se em mostrar como esta "facção" alcançou o poder e, antes disso, como os Maioristas resistiram às investidas desse grupo. Assim, relembra-se que, quando da discussão da antecipação da *Maioridade*, o governo da Regência tentou adiar a Assembleia Geral a fim de minar as articulações Maioristas. Contudo, parte da representação nacional, percebendo as intenções da Regência, dirigiu-se ao Trono buscando o apoio do próprio monarca. Mais adiante no texto, realiza-se a identificação entre esta tentativa de adiamento e a dissolução prévia da Câmara em 1842, com o intuito de associar esta medida com os "inimigos" do monarca, homens que em 1841 alcançaram o Executivo Nacional no lugar dos verdadeiros "amigos" da monarquia. Em outros termos, adiamento ou dissolução seriam expedientes que denunciam intenções golpistas e violações da Constituição, ignorando propositadamente o fato de haver respaldo legal (mesmo que discutível) a essas disposições.

Deste ponto em diante são narradas todas as medidas que "despertaram a indignação pública": a demissão de empregados que não comungavam dos mesmos interesses da "facção oligárquica"; nomeação de Presidentes de Província que agem por vingança; o recrutamento mais bárbaro inclusive de "cidadãos distintos e beneméritos" e os excetuados por lei; as leis de reforma – "liberticida" – do Código do Processo e o Conselho

---

149 *Idem, ibidem*, p. 94. O manifesto prossegue até a página 98.

de Estado, aprovadas de forma irregular, sem reflexão e de modo atropelado. Como se não bastasse, o Ministério ainda perseguiu a imprensa e calou as representações das Câmaras, Assembleias Legislativas e cidadãos em geral.

O desfecho do *Manifesto*, após a declaração de solidariedade e adesão aos paulistas, não é menos significativo que o princípio do texto:

> Reduzidos ao extremo de tomar as armas em defesa da Constituição e o Trono, nós respeitaremos sempre os direitos individuais dos cidadãos e a propriedade de cada um tanto quanto a mesma Constituição o determina; e só empregaremos o vigor necessário para repelir aqueles que, depois da manifestação do voto público, ainda quiserem sustentar e defender a facção oligárquica, pelo Brasil inteiro detestada.[150]

É importante salientar o uso ao longo do documento de expressões condicionais ou ideias que relativizam o que pode ser considerado vitória. Lendo-se as proclamações e os manifestos rebeldes tanto para São Paulo quanto para Minas, não temos como discordar de Paulo Pereira de Castro quando afirmou que o objetivo da "Revolução" não ia além da derrubada do Ministério e a revisão das leis recém-aprovadas.[151] Desse modo, a insurgência teria feições de manifestação pública ou demonstração de força no sentido de obrigar um recuo do grupo que ocupava o governo naquele momento. Não por acaso, os chefes do movimento eram intitulados Presidentes *Interinos*, destacando que não pretendiam se assenhorear do poder ou instaurar uma ordem apartada do Império e da Constituição. Como veremos posteriormente, o desenrolar do conflito também não é capaz de indicar outra intenção, apesar das acusações de republicanismo.

Ainda sobre o *Manifesto*, não fica claro o uso dado a ele, afora o envio juntamente às duas cartas ao Imperador. Não foi possível identificar se houve reprodução maciça do texto e sua distribuição nas diversas municipalidades mineiras. É provável que a longa declaração de intenções, quase um programa para o movimento armado, tenha sido redigida visando oferecer uma imagem mais "positiva" fora da província ou criar algum tipo de salvaguarda capaz de evitar ou diminuir as implicações legais conhecidas e esperadas por todos em caso de derrota.

---

150 *Idem, ibidem*, p. 97.

151 Paulo Pereira de Castro. "A 'experiência republicana', 1831-1840." In: Sérgio Buarque de Holanda (org.). *História geral da civilização brasileira*, t.2, vol.2.

Todos em armas

Caráter diverso tinham a *Proclamação* e a *Circular às Câmaras Municipais*, documentos igualmente redigidos no dia 10 de junho e fartamente distribuídos pela província no intuito de conclamar os mineiros à luta e anunciar a aclamação de José Feliciano Pinto Coelho da Cunha como Presidente *Interino* da Província, portanto, líder do movimento, e ordenar a publicação de editais anulando a Reforma do Código do Processo.

É importante enfatizar que após as solenidades da "posse" de José Feliciano, este se ocupou de afazeres administrativos, como manda o cargo que passava a ocupar. Nesta questão, temos exatamente o mesmo *modus operandi* observado em São Paulo. O Presidente *Interino* de Minas empenhou-se em nomear seu secretário, José Pedro Dias de Carvalho, demitir alguns comandantes da GN que não eram fiéis ao movimento bem como alguns juízes de direito, criou uma Recebedoria Interina para a arrecadação e distribuição do dinheiro público, um Corpo de Municipais Permanentes, e autorizou o empréstimo de 40 contos. Esse modo de proceder pode sinalizar cautela, necessidade organizativa decorrente de uma suposta falta de organização prévia ou, ainda, o entendimento de que estes homens de Estado pretendiam "apenas" governar e não "revolucionar".

Fato é que nem todos aprovaram este procedimento. A morosidade com que as medidas iam sendo executadas desagradava Marinho. Para o Cônego, escrevendo após o fim da guerra, o primeiro erro do movimento foi não ter marchado logo no primeiro dia sobre S. João del Rei, onde se acreditava haver apoio da GN, e logo depois avançado sobre Queluz e a capital, surpreendendo o Presidente e a "oligarquia". No entanto, muitos dos insurgentes acreditavam que bastaria a manifestação coletiva para fazer ouvir o Imperador, de modo que evitaram se mostrar como agressores no primeiro momento. José Feliciano teria permanecido em Barbacena até 16 ou 17 de junho expedindo ofícios, redigindo circulares, nomeando novas autoridades. Uma das poucas medidas de caráter mais militar adotada pela liderança rebelde foi o pedido de organização de destacamentos para guarnecerem as estradas de Paraibuna, do Rio Preto e de Pomba. Esta medida visava impedir, ou se precaver, de algum avanço de tropas legalistas vindas do Rio de Janeiro, no entanto não foi ordenado o imediato impedido do trânsito de gado e tropa de muares.

Esta discordância evidencia uma das fragilidades da articulação rebelde. Nas palavras de Lúcio José dos Santos, "muitos foram os chefes, de que resultou acabar a revolução sem chefe, sendo esse o motivo, no entender de alguns, de não ter vingado".[152]

---

152 Lúcio José dos Santos. *Op. cit.*, p. 118.

Deve-se acrescentar, contudo, que o fato de haver muitos chefes geralmente decorre da existência de interesses difusos ou não devidamente consolidados. Para Marinho e outros líderes rebeldes como Otoni e Ferreira Armonde, a tomada da capital consistia em objetivo estrategicamente óbvio e foi ponto de discórdia ao longo do movimento. Para José Feliciano e alguns apoiadores, os riscos de tal ação não valiam a pena. Infelizmente não foram encontrados indícios mais palpáveis a respeito destas diferentes posições internas à "Revolução", mas deve-se considerar ainda que, apesar dessas particularidades, a insurgência em Minas chegou a mover forte resistência aos legalistas.

Outra possibilidade para se compreender esta falta de unicidade é considerar que a interpretação de Marinho, segundo a qual o governo de Minas Gerais encontrava-se desprevenido e por isso deveria ser atacado o quanto antes, não correspondia à realidade dos fatos. No mesmo dia 10 de junho, Bernardo Jacinto da Veiga oficiou ao Ministro da Justiça informando que não havia registro de qualquer perturbação da ordem em Ouro Preto ou outro ponto da Província. De acordo com o Presidente da Província, diariamente recebia-se denúncias de rompimento, mas a maior parte delas era desprovida de crédito. No entanto, o estado de espírito estava alterado em decorrência dos acontecimentos em São Paulo, de modo que era provável que um movimento sedicioso eclodisse em Minas, certamente em Barbacena, onde deputados da oposição estariam reunidos.[153]

Bernardo Jacinto da Veiga afirmava que os ânimos estavam exaltados por obra dos agentes da oposição, fomentadores de conflitos. Contudo, a presidência da província vinha recebendo ao menos desde o dia 25 de maio cartas de indivíduos aparentemente "desconhecidos"[154] oferecendo apoio diante do "movimento revolucionário" que rompeu em São Paulo e que pretenderia invadir Minas via Comarca do Sapucaí. Outros ofereciam marchar para a província vizinha a fim de lutar contra os "poucos e degenerados e indignos brasileiros".[155]

Os primeiros boatos a respeito do rompimento em Barbacena chegaram a Ouro Preto já em 11 de junho, como consta de um ofício do Presidente ao Ministro da Justiça. Bernardo Jacinto da Veiga não sabia precisar se o movimento havia rompido ou se estava rompendo, nem quem seria o chefe ou quais eram as motivações.[156] Entretanto, declarava que o Comandante das Armas estava de prontidão e em co-

---

153 In: *História da Revolução de Minas Gerais, em 1842. RAPM*, vol. XV, 1916, p. 181.

154 Friso o termo "desconhecidos", pois posso afirmar apenas que a pesquisa não foi capaz de identificar estes indivíduos, no entanto é possível que fossem conhecidos dos homens do seu tempo.

155 PP 1/17, Cx. 1 – doc. 1, 3 e 4. APM.

156 In: *História da Revolução de Minas Gerais, em 1842*, p. 192.

municação com o Ministro da Guerra. No ofício seguinte, do dia 13, confirmava ter recebido notícias mais circunstanciadas do movimento, que por ora ainda era localizado e de pequenas dimensões.[157] Em todo caso, Veiga proclama aos ouropretanos neste mesmo dia, conclamando a população a manter-se unida e ao lado do governo. Os habitantes de Ouro Preto se mantiveram fiéis ao governo, mas Minas Gerais se veria significativamente dividida.

O que o Governo Provincial talvez não esperasse era a grande adesão ao movimento sedicioso e em um curto espaço de tempo. Para Martins de Andrade, este era um forte indício do descontentamento da população,[158] opinião geralmente compartilhada pelos demais autores que trataram o tema. A título de resumo e a fim de termos ideia da dimensão da adesão – aparentemente não coordenada, assim como ocorrido em São Paulo –, vejamos a listagem sumária realizada por José Pedro Xavier da Veiga: Pomba aderiu em 11 de junho; no mesmo mês, no dia 14, Queluz se manifestou favorável ao movimento; no dia seguinte foi a vez de Lavras e Airuoca, em especial seu Arraial do Turvo; Santa Bárbara, região de origem de José Feliciano, aderiu em 16; no dia 18 de junho, passaram a integrar o movimento São João e São José del-Rei, sendo aquela municipalidade pressionada a fazê-lo; Bonfim aderiu no dia 20 e Oliveira dois dias depois; e Curvelo declarou-se aliada em 24 do mesmo mês. Baependi é arrolada nesta listagem, mas de fato não aderiu e sim foi tomada em 26 de junho, assim como Caeté em 7 de julho e Sabará no dia seguinte. A última Câmara a aderir, de fato, foi Paracatu, em 7 de agosto, quando todo o restante do movimento já se encontrava em franco declínio.[159]

A listagem acima não contempla todas as localidades aderentes, apenas as municipalidades ou povoações mais significativas e tendo como base a manifestação das Câmaras, pois foram frequentes as adesões de arraiais, distritos e freguesias em oposição ao legalismo das edilidades a que estavam submetidos. No entanto, por ora, este quadro oferece uma nítida ideia do levante. Segundo Santos, "das 42 municipalidades de então, 15 se haviam manifestado pela revolução".[160] É provável que, em virtude da peculiaridade mineira no que tange à distribuição de municípios e sua quantidade, o movimento tenha tomado outras dimensões que em São Paulo. Maior população, maior quantidade de cidadãos em armas, maiores possibilidades de comunicação e trânsito de informações são características relevantes.

---

157 *Idem, ibidem*, p. 193.

158 Martins de Andrade. *A Revolução de 1842*, p. 184.

159 José Pedro Xavier da Veiga. *Op. cit.*, verbete 10 de junho 1842.

160 Lúcio José dos Santos. *Op. cit.*, p. 146.

Do mesmo modo que o levante, a pacificação do movimento até a chegada do Barão de Caxias e das tropas regulares do Exército foi realizada de forma descentralizada, apesar da ativa participação do Presidente e do Comandante de Armas da Província. Como será visto depois, não foram poucos os casos em que comandantes da GN e juízes municipais se encarregaram do primeiro esforço de guerra, antes mesmo de informarem ao governo provincial. Os rebeldes de Mendanha, Araxá e Tamanduá, antes de conseguirem coordenar alguma ação com o "comando" do movimento em Barbacena e, posteriormente, em S. João del Rei, foram batidos pelos legalistas que, igualmente, agiram alheios a qualquer ordem precisa do governo.

Irei explorar a partir deste ponto a guerra em si, com seus combates e movimentações. No entanto, é fundamental chamar a atenção para as diferenças com São Paulo, tanto no que diz respeito à ação repressora quanto à atuação dos rebeldes. Essa comparação dificilmente mostrará divergências quanto aos objetivos proclamados pelas lideranças do movimento, mas ajudarão a compreender como uma "revolução" pode possuir uma unidade nas bandeiras e, contudo, desenvolvimentos tão distintos.

As primeiras adesões

Levando em consideração que a eclosão do movimento armado se deu em Barbacena, no dia 10 de junho, a primeira adesão coube à Vila da Pomba logo no dia seguinte. Marinho comenta o reconhecimento do Presidente *Interino* pela Câmara Municipal com indisfarçado entusiasmo, enfatizando que após três dias a vila contava com cerca de 500 homens destacados.[161] Neste mesmo período, em 13 de junho, o Batalhão da Guarda Nacional do Arraial do Turvo aderiu ao movimento, adiantando-se à manifestação da Câmara de Aiuruoca à qual pertencia.[162] Este batalhão invadiu, então, o município, expulsando para Baependí os governistas locais.[163]

O entusiasmo com que Marinho narra a fidelidade e o engajamento do destacamento do Arraial do Turvo contrasta com o relativo desânimo com que trata os rumos seguidos pelo movimento como um todo. Aliás, característica que se repete ao

---

161 José Antonio Marinho. *Op. cit.*, p. 102.

162 Há, no entanto, dúvida quanto à data em que Aiuruoca aderiu. Para Xavier da Veiga, isso teria se dado em 15 de junho, colocando esta vila entre as primeiras municipalidades a pegar em armas em nome da insurgência. Contudo, na documentação da *Revista do Arquivo Público Mineiro*, consta a reprodução do ofício da Câmara de Aiuruoca, datado de 28 de junho, declarando sua adesão. Essa imprecisão de Xavier da Veiga gera espanto ainda mais por considerar que os documentos publicados pela *RAPM* resultam de seu trabalho de organização. Cf. José Pedro Xavier da Veiga. *Op. cit.*, verbete 15 de junho de 1842; *História da Revolução de Minas Gerais, em 1842; p.* 236.

163 Martins de Andrade. *Op. cit.*, p. 185.

longo de sua *história* da "Revolução": os indivíduos, guardas, localidades que aderiram surgem sempre como cidadãos devotos aos ideais constitucionais levantados pelo movimento armado. E sobre essa dedicação não recai crítica, ao contrário das decisões tomadas pelas lideranças, nem sempre acertadas na opinião do Cônego.

No dia 14 de junho, a Câmara da Vila de Queluz (atual cidade de Conselheiro Lafaiete) enviou ao Presidente *Interino* ofício formalizando a adesão daquela municipalidade ao movimento armado.[164] Esta manifestação da Câmara foi ao encontro da mobilização promovida pelo Tenente-Coronel Jacó de Ornelas Coimbra e pelo Capitão Marciano Pereira Brandão que, à frente de seus destacamentos, entraram na vila no dia 13 de junho.[165] Segundo o Cônego Marinho, a lealdade de Queluz ao movimento foi reforçada graças ao engajamento sincero do Presidente da Câmara, Joaquim Rodrigues Pereira, do Coronel Antonio Rodrigues Pereira,[166] nomeado Chefe de Legião, e do Pe. Gonçalo Ferreira da Fonseca, membro da mesma Câmara, signatário do documento enviado ao Governo *Interino* e uma das maiores fortunas do Termo.

No dia seguinte ao ofício da Câmara de Queluz, foi a vez de Lavras manifestar sua participação no movimento por meio de ofício à presidência interina e proclamação à sua população municipal. Ambos os documentos não desmentem o Cônego Marinho, entre elogios à liderança do levante armado e à "heroica municipalidade de Barbacena", a Câmara da Vila de Lavras afirma ter recebido com "sumo prazer" as notícias recentes e já havia colocado em prática os ofícios e proclamações do Governo *Interino*. A Reforma do Código do Processo encontrava-se suspensa e o juiz municipal,[167] o juiz de órfãos[168] e o promotor[169] haviam sido nomeados sob esta orientação. Importante destacar que destes

---

164 In: *História da Revolução de Minas Gerais, em 1842*, p. 196.

165 José Antonio Marinho. *Op. cit.*, p. 102. A data oferecida por Marinho é contestada por Xavier da Veiga. (José Pedro Xavier da Veiga. *Op. cit.*, verbete 14 de junho de 1842).

166 Antônio Rodrigues Pereira (1803-1883) foi proprietário de terras, oficial do Regimento de Cavalaria Ligeira do Exército, Coronel da Guarda Nacional, juiz de paz e Presidente da Câmara de Queluz. Recebeu o título de Brigadeiro Honorário do Exército e o título nobiliárquico de Barão do Pouso Alegre por sua participação na Guerra do Paraguai. Seu filho, Lafaiete Rodrigues Pereira, empresta o nome ao município.

167 Necésio Antonio de Mesquita.

168 Reverendo José Pereira Gularte, também vereador.

169 Dr. José Jorge da Silva, também vereador. Segundo Xavier da Veiga, Dr. José Jorge da Silva (1810-1880) nasceu em S. Quitéria, estudou inicialmente em Coimbra (1827), mas devido à crise política de Portugal terminou seus estudos em São Paulo (1833). Ligado aos "liberais" Otoni, Dias de Carvalho, Marinho e amigo pessoal de Christiano Otoni, foi deputado provincial (1835-37; 1838-39) e deputado geral por Minas (1845-47; 1848; 1864-66). Fixou residência em Lavras onde constituiu família. Cf. José Pedro Xavier da Veiga. *Op. cit.*, verbete 5 de fevereiro de 1880.

três novos e interinos empregados, dois eram vereadores e assinavam o ofício endereçado a José Feliciano.

De forma igualmente "espontânea", ou seja, sem qualquer indício de planejamento entre as localidades e o comando do movimento, aderiu Santa Bárbara no dia 16 de junho. Localizada ao norte da capital da Província e vila de origem de José Feliciano, Santa Bárbara colaboraria com a formação de uma coluna rebelde de relativa ação na região, mas sua insurgência não contagiou as demais vilas da Comarca, Piranga e Itabira.

Início das movimentações: S. João del Rei e Queluz

Após os primeiros dias nos quais o movimento parecia fermentar como focos independentes, enquanto a liderança se encontrava em Barbacena oficiando, nomeando e tentando tecer uma rede administrativa, temos o que seria o princípio das movimentações rebeldes com a eclosão do movimento em S. João del Rei, fruto da ação direta dos insurgentes de Barbacena.

Segundo conta Marinho, S. João del Rei encontrava-se agitada. Para o Cônego, esta agitação resultava da tentativa dos "oligarcas" de superarem a generalizada aprovação que o "Partido Nacional" possuía na cidade. Esse assédio ocorria sem grande sucesso desde os tempos do Gabinete 19 de setembro de 1837. O cuidado com que se ocupou José Antonio Marinho em descrever a situação em S. João del Rei não é fortuita. Ele próprio havia fixado residência na cidade em 1835, quando iniciou, simultaneamente, sua carreira política – como deputado provincial – e de escritor público – redigindo *O Americano* e depois o *Astro de Minas*. Pelas páginas destes periódicos, o padre defendia o Regente Feijó e atacava Araújo Lima e seus aliados, mesmo comportamento que adotara na Assembleia Provincial.

Apesar do envolvimento de Marinho com a política sãojoanense, sua percepção quanto a uma reviravolta não é necessariamente enviesada. A Reforma do Código do Processo e a ação oposicionista da Câmara Municipal contra o Ministério 23 de março inverteram por completo a situação. Com a Reforma, ficava aberta a possibilidade de nomeação de grupo próximo ao Presidente de Província e do Gabinete, interferindo diretamente no cenário local. Ao mesmo tempo, em decorrência da representação enviada ao Imperador, os vereadores peticionários haviam sido suspensos de suas funções e processados, chamando-se os suplentes, seus opositores. Sem dúvida uma situação *sui generis*: em poucos meses, os homens a quem Marinho chama de "membros do Partido Nacional" simplesmente foram alijados dos principais cargos decisórios do município.

Em outros termos, independentemente da influência preponderante de um ou outro grupo na cidade, havia um cenário de tensão polarizada instaurada entre finais de 1841 e início do ano seguinte. Situação que só se agravou, segundo Marinho, com a notícia do rompimento de Sorocaba recebida em 27 de maio, junto com o boato de que o grito da rebeldia seria seguido naquele mesmo dia em S. João del Rei. O rumor mostrou-se falso, mas suficiente para transformar a cidade em uma praça de guerra, com a Guarda Nacional destacada e o patrulhamento constante das ruas, especialmente depois do início do movimento em Barbacena, em 10 de junho.[170] Esta situação encontra confirmação na correspondência entre o chefe de polícia interino (depois efetivado), Francisco Diogo Pereira de Vasconcelos, e o Presidente da Província, de 2 de junho. Segundo a autoridade policial, não só S. João del Rei se armava com receio da expansão da rebeldia de Sorocaba, mas toda a porção sul de Minas Gerais se preparava para algum confronto interno ou com o avanço de alguma força paulista. Caldas, Campanha e Pouso Alegre estavam de prontidão e dispostas a enviar homens para São Paulo caso fosse necessário.[171]

Não podemos descartar a possibilidade de o temor de um levante em S. João del Rei ter sido apenas um modo de fortalecer o poder das novas autoridades e justificar o uso da força preventivamente, como o próprio Marinho argumenta. Porém, é interessante notar que esta vinculação entre a notícia de Sorocaba e o boato de uma ação mineira também sugere uma articulação entre as oposições provinciais contra o Gabinete 23 de março. Se não existisse a possibilidade, o boato não teria se disseminado como provável.

Em todo caso, sete dias depois da aclamação do Presidente *Interino*, José Feliciano se pôs em marcha rumo a S. João del Rei, tendo enviado à frente uma força de cerca de 100 guardas nacionais comandadas por Manuel Francisco de Andrade. Como apoio, teve o auxílio de um contingente do Batalhão do Turvo, comandado por Gabriel Ribeiro Salgado,[172] e das companhias da GN de Onça, Piedade, Prados, Madre de Deus e Carrancas. Vale dizer que Prados era freguesia da vizinha S. José e que as duas últimas localidades eram freguesias de S. João del Rei, evidenciando a receptividade do movimento nesta região.

Diante da aproximação, no dia 17 de junho, da força rebelde reunindo cerca de 400 homens, os legalistas sãojoanenses depararam-se com um panorama muito particular: a tropa de pedestres encontrava-se bem armada e municiada, enquanto a Guarda

---

170 José Antonio Marinho. *Op. cit.*, p. 105-106. APM – PP1/24, Cx. 3, pc. 3: ofício de Francisco Diogo Pereira de Vasconcelos, chefe de polícia, a Bernardo Jacinto da Veiga, Presidente da Província, 04.06.1842.

171 APM – PP 1/24, cx. 3, pc. 01.

172 Martins de Andrade. *Op. cit.*, p. 195.

Nacional, desarmada, recusava seus comandantes. A indefinição dos comandos e da organização da legalidade anulou a resistência e, por volta das 15h deste dia, a coluna de Manuel Francisco marchou contra a cidade sem encontrar resistência, aquartelando-se junto à GN local. José Feliciano, não sabendo dessa facilidade ainda, reuniu tropas e organizou um cauteloso e desnecessário cerco, entrando em S. João del Rei apenas no início da noite.

No dia seguinte, 18 de junho, a Câmara Municipal reconheceu o Governo *Interino* e empossou novas autoridades, revogando a aplicação do Código do Processo reformado. Neste contexto, foi nomeado para juiz de direito o Dr. Domiciano Leite Ribeiro, depois Visconde de Araxá. A edilidade da vizinha S. José neste mesmo dia reconheceu a autoridade do movimento armado, consolidando naquele momento o primeiro movimento ofensivo da "Revolução". Antes de deixar S. João del Rei, José Feliciano redistribuiu a tropa: na cidade ficariam 500 homens,[173] em sua maioria do Arraial do Turvo,[174] sob o comando do Major Francisco José de Alvarenga; o contingente vindo de Barbacena retornaria à localidade de origem; e um destacamento de cerca de 500 homens comandados por Manuel Francisco de Andrade deveria ocupar a ponte do Rio Paraibuna, nos limites da província com o Rio de Janeiro.[175] José Feliciano, por sua vez, partiu para Queluz com uma pequena escolta.

Às 11 horas da noite de 18 de junho, o Presidente da Província escreveu ao Ministro do Império relatando a situação em Minas Gerais. Bernardo Jacinto da Veiga obviamente não sabia do que havia em S. José e S. João del Rei, acreditava contar nesta com cerca de 400 homens dispostos a defenderem a causa da legalidade e naquela número ainda superior. Naquele momento, Veiga dava como rebeladas apenas Barbacena e Queluz, e destacava, porém, os embaraços criados para a comunicação com a Corte. A correspondência era frequentemente interceptada e as cargas, fossem alimentos ou armamentos, corriam risco, por isso buscava caminhos alternativos para os mensageiros e montava guardas avançadas nas estradas que partiam de Ouro Preto. Nesta capital estavam estacionados 500 praças, entre Guarda Nacional e 1ª Linha, e na vizinha Mariana outros 200 a 300 homens.[176]

Segundo Martins de Andrade, parte dos homens que guarneciam a capital era da Guarda Nacional de Piranga que, comandados por Francisco Coelho Badaró,

---

173 José Antonio Marinho. *Op. cit.*, p. 111.

174 Martins de Andrade. *Op. cit.*, p. 200.

175 *Idem, ibidem*, p. 200. A soma de todas as tropas citadas por Martins de Andrade e Marinho para S. João del Rei é significativa, seriam mais de mil homens por volta do dia 18 de junho. No entanto, não foram encontrados documentos que comprovem estes dados.

176 In: *História da Revolução de Minas Gerais, em 1842*, p. 207.

marcharam em resposta à Proclamação de 15 de junho.[177] Este reforço, bem como outros menores, permitiu a organização de três colunas defensivas: em Catas Altas da Noruega, Ouro Branco e Congonhas,[178] formando um arco a sul da capital tendo como foco as rebeldes S. João del Rei, Barbacena e Queluz, destacando-se esta última, localizada a pouco mais de 50 km de Ouro Preto e uma visível ameaça.

No entanto, a ida de José Feliciano a Queluz não apresentava qualquer intenção de avançar sobre Ouro Preto e destituir o Presidente da Província. E o mesmo pode-se dizer do governo legal quanto ao desejo de bater os insurgentes nesta localidade. Segundo nos conta Marinho, José Feliciano ficou poucos dias nesta vila sem, contudo, precisar o tempo de estadia ou especificar sua atuação. A opinião recorrente do Cônego a respeito das manobras do Presidente *Interino* é mais uma vez reforçada aqui: o retorno do líder revolucionário para S. João del Rei só fez diminuir o ânimo dos insurgentes locais. A partir dos números, um tanto dispersos, oferecidos por Marinho podemos inferir que cerca da metade dos rebeldes teriam "desertado" em decorrência do recuo de José Feliciano. Quando da adesão de Queluz havia 400 homens em armas, e vinte dias depois a coluna insurgente comandada pelo Coronel Antonio Nunes Galvão[179] reduzia-se a 200 indivíduos.[180]

Esta situação teria animado o governo provincial a atacar a posição rebelde, movimento executado pelo próprio Comandante de Armas da Província, José Manuel Carlos de Gusmão. Contudo, esta manobra viria a acontecer apenas em 4 de julho, sugerindo que a cautela ou morosidade, como gosta de enfatizar Marinho, não eram características exclusivamente rebeldes. A correspondência entre Bernardo Jacinto da Veiga e o Ministro da Justiça no oferece um cenário de disfarçado otimismo. Em 26 de julho, quando informa a possível movimentação de José Feliciano, o Presidente da Província enfatiza o receio de um ataque à capital. Tendo ao sul Queluz e ao norte Santa Bárbara, terra natal do líder rebelde cuja adesão se deu em 16 de junho, Veiga esforça-se por mostrar ânimo diante da organização legalista em Presídio e das diligências do Comandante

---

177 Martins de Andrade. *Op. cit.*, p. 193.

178 *Idem, ibidem,* p. 193.

179 Galvão contava com grande prestígio como chefe militar tanto entre os rebeldes quanto entre os legalistas. Segundo referido em algumas notas aos documentos da *História da Revolução de Minas Gerais, em 1842,* publicada pela *Revista do Arquivo Público Mineiro*, Antonio Nunes Galvão seria oficialmente capitão, elevado ao posto de Coronel pela "Revolução". Em documento rebelde de 27 de julho, parte da mesma publicação do APM, José Feliciano se refere ao Comandante como General em Chefe das Forças do Centro. Contudo, não foram encontradas outras indicações sobre a patente de Galvão nem tampouco a respeito das tais Forças do Centro.

180 José Antonio Marinho. *Op. cit.*, p. 127.

de armas. Mas é visível o desconforto frente às dificuldades de comunicação e a sempre referida falta de oficiais militares capazes.[181]

O medo de um ataque à capital por parte dos rebeldes é reforçado, como nos conta Veiga no ofício referido acima, pelo que talvez tenha sido um blefe da liderança da "Revolução". No dia 11 de junho, dia seguinte à aclamação de José Feliciano em Barbacena, este emitiu uma Portaria convocando a Assembleia Provincial a se reunir em Ouro Preto em 1º de julho. Esta ousadia sugere ou uma confiança extrema no impacto da sublevação, provocando a queda do Presidente da Província e o reconhecimento do *Interino/Intruso*, ou uma forma de motivação ao estipular uma meta, como quem diz "teremos o controle da capital em 20 dias". Talvez Marinho tivesse razão e José Feliciano esperasse evitar todo derramamento de sangue desnecessário, o que acabava por provocar a falta de eficácia. Corroborando este argumento, veríamos a Proclamação às Forças de Queluz, de 27 de junho, na qual José Feliciano comunica a decisão de mudar a reunião da Assembleia Provincial para S. João del Rei.[182]

Após o retorno de José Feliciano a S. João del Rei e com o enfraquecimento das fileiras rebeldes em Queluz, o Coronel Galvão deixou a vila postando-se em Santo Amaro, a aproximadamente 17 km da localidade original e numa posição aparentemente mais segura caso fosse necessário recuar ou se juntar às forças de S. João ou Barbacena. Desta cidade chegou em 29 de junho reforço às forças do Coronel Galvão, permitindo seu retorno a Queluz.

Bernardo Jacinto da Veiga, em mais um de seus ofícios "extraviados",[183] este de 2 de julho, tenta informar o Ministro da Justiça sobre a decisão de avançar sobre Queluz tendo em vista a presença do Presidente *Intruso* e sua intenção de atacar a capital. Para tanto, o Comandante de armas partiu no dia 1º de julho de Ouro Preto com alguma força a fim de se reunir com outras em Ouro Branco, a pouco mais de 19 km do objetivo final. Otimista, Veiga afirma que esses homens seriam "mais que suficiente para bater os sediciosos".[184] Mas este confronto só ocorreria no dia 4 de julho.

---

181 In: *História da Revolução de Minas Gerais, em 1842*, p. 226-227.

182 *Idem, ibidem*, p. 229-230.

183 Há uma série de ofícios do Presidente da Província nos quais ele lamenta a falta de resposta por parte do Ministro da Justiça e crê ser fruto da ação dos rebeldes. Na verdade, Veiga não sabe se seus ofícios não chegam à Corte ou as respostas é que não conseguem atravessar o sul da Província. É plausível que os estafetas mineiros fossem interceptados pelos insurgentes. Segundo uma nota do *História da Revolução de Minas Gerais, em 1842*, nenhum ofício chegou ao conhecimento do *Jornal do Commercio*, responsável pela publicação na Corte, até o dia 16 de julho (*História da Revolução de Minas Gerais, em 1842*, p. 253).

184 *Idem, ibidem*, p. 253-254.

O Coronel Antonio Nunes Galvão, comandante rebelde, narrou de forma sucinta o confronto em ofício ao Presidente *Interino*. O combate teve início por volta das 10h da manhã pelo lado de Ouro Preto. Com poucos tiros, foi possível aos insurgentes obstarem o avanço desta coluna legalista. Logo depois, outra frente foi aberta pelo lado de Congonhas, cuja resistência não foi difícil, apesar dos tiros da artilharia leve governista. Um combate intermitente consumiu o dia todo, fazendo mortos e feridos de ambos os lados. Contudo, as estatísticas são imprecisas, pois os legalistas teriam enterrado seus mortos no campo de batalha, dificultando qualquer contagem ao fim dos combates, restando apenas estimativas com base em vestígios.

A coluna vinda de Congonhas sofreu mais. Marcas de sangue pelo caminho, sinal de corpos arrastados, botas, espadas e mantimentos deixados para trás e quatro prisioneiros: estas foram as perdas legalistas. Da parte dos insurgentes, quatro prisioneiros – mas fruto de uma desobediência e surpreendidos em uma casa – e um ferido por "fogo amigo". Diante disto, só restava aos legalistas recuarem, o que fizeram às 17h50min.[185]

Um rebelde também teria escrito uma carta no mesmo dia do combate, às 18h. Apesar de desconhecermos o nome do autor, do destinatário e mesmo as circunstâncias precisas em que veio a público, um excerto consta impresso pela tipografia da Sociedade Typográfica, de Barbacena. O "anônimo" relata quase o mesmo que o Coronel, acrescentando apenas mais cor ao relato. O confronto se deu com os "escravos de Bernardo Jacinto", uma força de mais ou menos 400 homens, que levaram o combate entre 11h e 17h, horário em que os "covardes" legalistas deixaram o campo "vergonhosamente".[186]

Escrevendo à meia noite do dia 4 de seu quartel general no Alto da Varginha, o Comandante de armas José Manoel Carlos de Gusmão oferece ao Presidente da Província uma interpretação sensivelmente diferente a respeito do combate e de seu desempenho. Segundo Gusmão, sua intenção era lançar um "ataque falso" sobre Queluz. Tendo deixado o acampamento por volta das 9h, dividiu suas forças em duas colunas: uma, a seu comando, seguiu pela estrada geral, a outra, sob as ordens do Tenente-Coronel Marinho, tomou um atalho até encontrar o caminho que vinha de Congonhas. Nesta disposição, sua tropa enfrentou a primeira resistência rebelde a pouco mais de 1,5 km da entrada da vila. Diante da troca de tiro, Gusmão ordenou o posicionamento do canhão, o que fez com que os rebeldes deixassem suas trincheiras e procurassem outros abrigos. Quase simultaneamente ouviu-se o fogo da outra coluna, esta com mais duas peças de artilharia.

---

185 Ofício de Antonio Nunes Galvão a José Feliciano Pinto Coelho da Cunha. Queluz, 06.07.1842. *Apud* José Antonio Marinho. *Op. cit.*, p. 127-128.

186 APM – PP 1/17, Cx. 1, pc. 22.

Conforme informado por um rebelde feito prisioneiro, em Queluz não havia mais de 240 homens em armas e, portanto, não seria difícil batê-los caso lutassem em campo aberto. Porém, preferiram se entrincheirar nos valos, nas casas, embrenhando-se no interior da vila. Com o cair da noite, o melhor era recuar. Como saldo, temos três sediciosos mortos e três prisioneiros, sendo um gravemente ferido. Da parte do governo ficaram feridos um guarda nacional e um tenente.[187]

Muito diferentes as versões? Não muito. Afora as vantagens que cada um conta de si em oposição às desvantagens do outro, a situação não é tão discrepante. Os legalistas contavam com um pequeno parque de artilharia comandado pelo Capitão Henrique Guilherme Fernando Halfeld e tropa numericamente superior (quase o dobro). Os rebeldes tinham a seu favor a vila, o que não era pouca coisa. Ao que se pode inferir destes documentos, a resistência insurgente foi maior que a esperada por Gusmão. O recuo ordenado pelo Comandante de armas com o sol poente apresentava-se como única alternativa, posto que não pretendesse invadir Queluz à noite. Não o fez de dia certamente devido à resistência rebelde que, frente aos canhões, parece ter adotado uma tática de guerrilha, deixando constantemente suas posições e evitando o combate direto. Poderia Gusmão ter ordenado um bombardeio à Queluz? Ou seria melhor perguntar se seria imaginável um bombardeio à vila?

Este foi o padrão dos confrontos mineiros: uma guerra de intimidação, de pequenos ataques pontuais e grande movimentação. A parcimônia com que agia José Feliciano evitando um ataque a Ouro Preto não parece ter sido uma opção unilateral. Houve confrontos mais sangrentos, mas em geral não envolviam tropas "oficiais" do governo, não era um movimento ordenado pela repressão institucional. A repressão em Minas Gerais teve uma peculiaridade bem destacada em relação a São Paulo. Ao contrário desta província, onde o envio do Exército Imperial sob um comando único e de prestígio ocorreu quase que imediatamente ao grito rebelde em Sorocaba, o Governo Provincial mineiro buscou por tempo significativo organizar com recursos próprios a pacificação de Minas Gerais. Este expediente, somado à dificuldade de comunicação, fez com que inúmeros focos de repressão fossem organizados pelos comandantes locais da Guarda Nacional, agindo em pouca ou nenhuma articulação com o Comandante de armas da Província. De modo similar, a ação rebelde também ocorria sem uma ligação direta com o grupo reunido em torno de José Feliciano. Um bom exemplo é o confronto no Arraial do Mendanha (distrito do Serro), ao norte, onde um pequeno contingente se sublevou e foi batido por homens de Diamantina entre 4 e 6 de julho. Os rebeldes que escaparam ao

---

187 In: *História da Revolução de Minas Gerais, em 1842, RAPM*, vol. XV, 1916, p. 263-264.

confronto se retiraram para um local de nome Pé do Morro, aguardando uma definição dos rumos do movimento, acabando, por fim, dissolvidos.

Voltemos, então, ao combate de Queluz, uma ação plenamente articulada de ambos os lados. O "ataque falso" – seja lá o que isso significava exatamente para o Comandante de armas – e o não bombardeio da vila podem ser entendidos como de proporção semelhante à cautela de José Feliciano ao entrar em S. João del Rei. Como comentado anteriormente, o líder rebelde tomou todos os cuidados necessários para se evitar um confronto direto em S. João, chegando a oficiar às autoridades municipais sem saber que a cidade já estava rendida. É provável que, em ambos os casos, não eram os riscos existentes num conflito em meio urbano que estaria em jogo, mas sim a repercussão de um massacre, ou da destruição de uma povoação.

O "inimigo" era muito mal identificável, ou antes, era justamente de fácil identificação. Galvão comenta em seu ofício que foram encontrados dois homens sepultados ao largo do caminho percorrido pelos legalistas. Estes dois indivíduos foram reconhecidos, eram guardas nacionais de Ouro Preto. No caso de S. João del Rei, parte da tropa insurgente era composta por guardas nacionais de freguesias da própria localidade. Certamente as lideranças, de lado a lado, não desejavam o massacre de suas próprias casas e famílias, ao mesmo tempo em que sabiam da fraqueza existente no seio dos contingentes armados. O universo sociopolítico em que viviam era o mesmo e, por mais que pareça uma excessiva dramaticidade, não é de todo errado o uso da expressão "guerra fratricida" para identificar 1842. Este padrão de reticência, de combate de impacto controlado, de manifestação de (suposto) poder e intimidação ainda se repetiria algumas vezes e cessaria apenas com a entrada da tropa de 1ª Linha comandada pelo Barão de Caxias.

A "Revolução" no centro-sul de Minas: particularidades

A Vila de Queluz não era uma situação resolvida. Sua posição, às portas da capital da Província, era indiscutivelmente estratégica até mesmo num cenário de indefinições como o relatado pelo Cônego Marinho. De tal modo que novos confrontos ainda aconteceriam nesta localidade, porém é necessário que façamos um breve sumário do desenrolar da guerra a fim de não perdermos a ideia do todo e para que possamos focar nossas atenções para a porção ao sul e na fronteira com o Rio de Janeiro. Em outros termos, a Zona da Mata mineira e a região de Campanha.

Entre 10 de junho, data da aclamação do Presidente *Interino* em Barbacena, e o dia 25 do mesmo mês, ou seja, em aproximados 15 dias, nada menos que dez Câmaras reconheceram o movimento, sendo que apenas mais quatro outras o fariam até o encerramento dos conflitos. Apesar de Minas contar à época com 42 municípios, Moreira

254   Erik Hörner

de Azevedo afirma que os sediciosos dominavam a parte mais populosa da Província e guarneciam a linha de comunicação com Rio de Janeiro,[188] como bem vimos diante da dificuldade enfrentada pelo Presidente de Província e seus mensageiros. Mas esta interrupção das vias de comunicação não era fortuita. Além de representar um princípio básico da estratégia militar, o núcleo do movimento sedicioso estava localizado justamente nas comarcas fronteiriças à província fluminense.

Não podemos dizer que toda a Província de Minas Gerais tomou em armas. Assim como em São Paulo, parte da província mal teve conhecimento da guerra e outros apresentaram pequenos conflitos rapidamente solucionados. As comarcas mais ao norte, São Francisco e Jequitinhonha, por exemplo, não aparecem nomeadas na documentação consultada. A Comarca do Paraná (Uberaba e Araxá) esteve nas ambições rebeldes, mas tal qual a Comarca de Sapucaí (Pouso Alegre, Jaguari, Caldas e Jacuí), "sofreu" mais com a tensão e o trânsito de soldados e guardas nacionais vindos de São Paulo que com combates efetivos. Nestas regiões, bem como nas Comarcas do Serro e do Rio Grande (Tamanduá, Formiga e Pium-í, porção centro-oeste), o legalismo afastou qualquer ameaça de insurgência. O mesmo teria acontecido com a Comarca de Piracicava, ao norte da capital, se não fosse a participação destacada de S. Bárbara, terra natal de José Feliciano.

A própria Comarca de Ouro Preto contou com significativa presença rebelde. Afora a capital, os demais termos – Queluz e Bonfim – aderiram ao movimento. Ao norte de Ouro Preto, Curvelo, Sabará e Caeté também tiveram presença marcante na guerra. Os combates nas últimas duas localidades foram consideravelmente aguerridos e, vale lembrar, Santa Luzia – onde ocorreu o combate final da guerra – era arraial de Sabará. Desta Comarca do Rio das Velhas apenas Pitangui não aparece na documentação.

Temos o caso singular de Paracatu, localizada na Comarca homônima, que isolada no extremo oeste da Província, fronteira com Goiás, aderiu tardiamente ao movimento, em 7 de agosto. Na verdade, já haveria rebeldes em armas desde meados de julho, porém sua Guarda Nacional manifestou apoio à "Revolução" apenas no dia 20 deste mês. Mais curioso ainda é o fato da Câmara comunicar sua adesão em 7 de agosto e, por sua vez, depor as armas apenas em 17 de setembro, quase um mês depois do derradeiro combate de Santa Luzia.[189] Faltam dados para podermos afirmar o que ocorreu em Paracatu, posto que os rebeldes locais possuíam contato com o restante do movimento. No entanto, é possível considerar a recorrente hipótese de que haveria questões locais mais significativas

---

188 Manuel Duarte Moreira de Azevedo. *Movimento político de Minas Gerais de 1842*, p. 13.

189 José Pedro Xavier da Veiga. *Op. cit.*, ver verbetes para: 14 e 20 de julho, 7 de agosto e 17 de setembro de 1842.

que as bandeiras rebeldes comumente aceitas, de modo a conceder uma dinâmica própria à insurgência local.

Entretanto, podemos delimitar uma área cuja presença rebelde é mais significativa, em especial por formar uma região contínua e não apenas pontos rebeldes. A Comarca do Rio das Mortes – formada por S. João del Rei, S. José, Lavras e Oliveira – foi a única a sublevar-se em sua totalidade (do ponto de vista das Câmaras), formando um grande "território" rebelde com parte das comarcas vizinhas. Barbacena e Pomba se rebelaram, enquanto Presídio e S. João Nepomuceno se mantiveram legalistas, dividindo a adjacente Comarca de Paraibuna. De modo semelhante se comportou a Comarca do Rio Verde, onde os insurgentes encontraram forte apoio em Baependi e Aiuruoca, mas foram repelidos em Campanha e Três Pontas.

Esta distribuição geográfica da "Revolução" inspira questionamentos, e mesmo que não tenhamos respostas conclusivas, devemos explorar algumas hipóteses. As comarcas de Paraibuna, Rio Verde e, especialmente, a do Rio das Mortes sofreram uma mudança de perfil econômico significativo no começo do século XIX com a vinda da Família Real para o Rio de Janeiro. Com o repentino aumento populacional da então Corte e o constante crescimento econômico posterior, algumas regiões das províncias vizinhas de São Paulo e Minas passaram a se ocupar do fornecimento de gêneros de abastecimento. As três comarcas mencionadas se adaptaram muito bem a esta nova dinâmica econômica, aliando um perfil já existente desde os tempos áureos da mineração – propriedades de médio porte e alta produtividade – a uma grande diversidade de negócios (tropas, carne verde, grãos, manufaturas de origem animal etc.), características não compartilhadas com outras regiões da província. Como aponta França Paiva, enquanto as regiões centrais de mineração sofreram um processo de "desurbanização" no oitocentos (exceção feita a Diamantina e Sabará), S. José, S. João del Rei, Campanha e áreas de ocupação mais recente como Barbacena e S. João do Paraibuna (depois Juiz de Fora) ganhavam população e relevância econômica.[190]

Ciente desta relevância, o periódico "rebelde" *O Despertador Mineiro*, de S. João del Rei, conclamava seus leitores a resistirem e permanecerem na luta contra a tirania do Ministério 23 de março, mencionando justamente o papel econômico da região e de seus leitores:

> Mineiros! União, coragem e perseverança que sereis salvos: vós podeis somente à fome render o Rio de Janeiro oito dias ou quinze

---

190 Eduardo França Paiva. *Minas depois da mineração (ou o século XIX mineiro)*. In: Keila Grinberg e Ricardo Salles (org.). *O Brasil Imperial*, vol. I, p. 277-278.

que para lá não mandeis vossas boiadas e gêneros os matará [*sic*] e assim convencereis ao Brasil, que se vós dependeis do Rio de Janeiro, muito mais ele de vós depende, porque de vós recebe sua diária subsistência.[191]

Afora a estranha e imprecisa baliza temporal – oito ou quinze dias –, o excerto é enfático. À dependência política o redator opõe uma dependência econômica, a subsistência diária, sugerindo que tão ou mais forte que o apelo às armas é a interrupção do abastecimento. Porém, quem estaria disposto a interromper seus tão lucrativos negócios? Aparentemente sequer os rebeldes cogitavam esta situação extrema. Marinho, sempre alternando entre o enaltecimento dos rebeldes e a crítica dos caminhos tomados pela "Revolução", oferece alguns elementos interessantes.

Nos primeiros dias do movimento, o Presidente *Interino* ordenou a organização de destacamentos para guarnecerem as estradas do Paraibuna e do Rio Preto e as imediações de Pomba. Mas o Cônego acrescenta que:

> Todos esses destacamentos tinham a única ordem de oporem-se à passagem de Forças para a Província, nem mesmo eram eles autorizados a embaraçar o trânsito de passageiros, que para a Corte se dirigissem com negócio, ou sem ele; e foi só depois que as forças da legalidade ocuparam a vila de Paraíba e o arraial do Rio Preto, que os comandantes respectivos tomaram o acordo de impedirem a passagem de gado e tropas.[192]

Ou seja, a princípio a guerra, enquanto "manifestação de poder", não implicava em sanções econômicas, ou não aos olhos das lideranças, elas próprias passíveis de prejuízo. Contudo, a "Revolução", de um modo ou de outro, gerou embaraços às transações econômicas. Vejamos dois casos.

Conforme dito acima por Marinho, os rebeldes tentaram guarnecer as duas principais passagens na fronteira entre Minas e Rio de Janeiro. A menor delas localizada no arraial do Rio Preto, ainda em território mineiro, e a mais antiga e importante cruzava o Rio Paraibuna, afluente do Rio Paraíba do Sul, e há poucos quilômetros do município fluminense de mesmo nome. A estrada fazia parte do Caminho Novo, ligando o Distrito Diamantino ao Rio de Janeiro, e tinha na fronteira, junto à ponte, o

---

191 *O Despertador Mineiro*, 28 de junho de 1842. In: *História da Revolução de Minas Gerais, em 1842*, p. 238-242

192 José Antonio Marinho. *Op. cit.*, p. 100.

Registro. A chamada Ponte do Paraibuna fora queimada pelos rebeldes, provavelmente por aquele destacamento enviado por José Feliciano, diante da presença dos legalistas em Paraíba do Sul. Tal medida, um pouco óbvia e compreensível em um cenário de guerra, gerou grande polêmica. Ao mesmo tempo em que obstava o avanço da coluna legalista impedia "os negócios" da Província.

Pedro Maria Halfeld, em carta ao pai, o engenheiro e Capitão de Artilharia do Exército Imperial, conta ter visto a ponte em setembro de 1842, toda queimada e com os pilares abalados. As tropas atravessavam o rio em uma "barca de três canoas" e os passageiros em canoas simples, mas acreditava ser impossível a travessia na época das enchentes. Prejuízo certo para tropeiros e comerciantes em geral. O jovem ainda comenta que, segundo boatos, o incêndio fora ordenado por José Feliciano e Dias de Carvalho, porém havia quem dissesse que foi "lembrança de Otoni".[193] Rapidamente o evento da guerra transformou-se em modo de atingir o adversário político, sugerindo que as lideranças rebeldes eram diretamente responsáveis pelos danos causados a todos os produtores e comerciantes que dependiam daquela rota: ex-rebeldes ou legalistas, sem restrições.

Em finais do mês de julho, o grande proprietário e comerciante Barão do Bonfim escreveu da Corte a Bernardo Jacinto da Veiga. Mineiro de nascimento, mas com negócios que não se restringiam à sua terra natal, José Francisco de Mesquita emprestou 20 contos de réis ao Tesouro Provincial a fim de auxiliar na repressão ao movimento armado. Na mesma carta, o Barão – agraciado com o título justamente na gestão do Ministério 23 de março – informava que a quantia que Felisberto Ferreira Brant emprestara não tinha prazo para ser quitada, podendo ser paga sem ônus quando possível. Por que tanta generosidade? "A rebelião que na generalidade afeta a todos, sobremaneira pesa sobre os que, como eu nesta Corte, tem a maior parte de seus fundos espalhados pelos mesmos lugares rebelados."[194]

Não se tratava de um caso isolado. Apenas nesta carta consta o empenho de um grande comerciante e um dos maiores proprietários de lavras de diamantes na região de Diamantina. Em outra carta, já no mês de agosto, Estevão Ribeiro de Resende doava 1 conto em dinheiro corrente para o mesmo fim,[195] assim como outros indivíduos que, contudo, não nos foi possível identificar.

---

193 BN – I 31, 24, 20, pc. 9.

194 APM – PP 1/17, Cx. 1, pc. 79.

195 A julgar pela assinatura, sem qualquer título, trata-se do filho do Marquês de Valença, o futuro Barão de Lorena. Porém, não há certeza. (APM – PP 1/17, Cx. 2, pc. 8).

Poder político e econômico: a Coluna Junqueira

Há ainda um caso rebelde específico que merece nossa atenção por lançar luzes na intrincada rede de interesses políticos e econômicos envolvidos na "Revolução" no Centro-Sul de Minas Gerais. Ao cenário amplo do século XIX mineiro oferecido por França Paiva, deve-se acrescentar o cuidadoso e bem executado estudo de caso desenvolvido por Marcos Ferreira de Andrade. Em seu *Elites regionais e a formação do Estado Imperial brasileiro*, Andrade mergulha nas relações familiares, políticas e econômicas da família Junqueira, da região de Campanha.[196]

Alcir Lenharo, de modo precursor, havia destacado o desenvolvimento econômico advindo do comércio entre esta região e a Corte, inclusive em suas implicações políticas pós-Abdicação.[197] Seguindo este mesmo caminho, Andrade amplia consideravelmente a dimensão destas relações comerciais e o peso da região considerada como área nova ao investigar os inventários e os laços familiares dos Junqueira.

Gabriel Francisco Junqueira constrói seu poder político e seu papel de liderança mineira simultaneamente ao crescimento de seu patrimônio. Esta ascensão se dá durante a Regência, época em que combateu a Revolta do Ano da Fumaça, em 1833 (mesma ocasião em que sua família foi vítima da rebelião escrava de Carrancas),[198] associando-o aos chamados Moderados. Deputado geral sem grande expressão, Junqueira representava, contudo, o elo entre a política na Corte e as bases provinciais.

Do ponto de vista econômico, suas relações são emblemáticas. Dono de grandes plantéis e comerciante regional de escravos, Gabriel Francisco Junqueira tinha a maior parte de sua riqueza na produção de gêneros voltados para o abastecimento e nas relações com a praça carioca. Suas propriedades e as de sua rede sociofamiliar se espalhavam pela região de Baependi, Aiuruoca e Campanha, apesar de suas raízes estarem ligadas à Comarca do Rio das Mortes.

Em 1842 engajou-se de imediato na "Revolução", formando a Coluna Junqueira, caso único em que a força reunida não levava o nome da localidade, mas o sobrenome de sua liderança. Narra Marinho que a legalidade se encontrava muito bem armada em Baependi, ponto estratégico na junção das estradas que iam de Minas para São Paulo e Rio de Janeiro. Ali o governo havia criado um Corpo de 1ª Linha e rapidamente mobilizou-se uma força de 800 homens em prol da legalidade. Diante da prisão de

---

196 Marcos Ferreira de Andrade. *Elites regionais e a formação do Estado Imperial brasileiro: Minas Gerais – Campanha da Princesa (1788-1850)*.

197 Alcir Lenharo. *Op. cit.*

198 Cf. João Luiz Ribeiro. *No meio das galinhas as baratas não têm razão: a Lei de 10 de junho de 1835. Os escravos e a pena de morte no Império do Brasil (1822-1889)*.

alguns simpatizantes da "Revolução", os apoiadores do movimento em Baependi, bem como de Pouso Alegre e Campanha, se refugiaram na fazenda de Junqueira e depois se aquartelaram na propriedade de José Inácio Nogueira de Sá. Junto com seu cunhado, Tomás José de Andrade, Gabriel Francisco Junqueira comandou um contingente de 1.200 a 1.300 homens, responsáveis pela submissão de Baependi.[199] Seria sinal da superior moralidade e compromisso patriótico para com a Constituição e o monarca o perfil socioeconômico da coluna. Segundo o Cônego Marinho, 4/5 da coluna era formado pelos "mais notáveis proprietários, negociantes e capitalistas dos Municípios de Baependi e Aiuruoca".[200] Teria sido exatamente por isso que Baependi sucumbira de modo pacífico: estes homens estariam dispostos a evitar qualquer derramamento inútil de sangue.

Com a iminência de um confronto desde o dia 20 de junho,[201] apenas na noite de 25 para a manhã do dia 26 a Coluna Junqueira cercou a Vila de Baependi. Apesar dos legalistas estarem em número inferior aos rebeldes, eles contavam com melhor armamento e oficiais mais experimentados. No entanto, os rebeldes teriam a seu favor o entusiasmo e um bom posicionamento no cerco à localidade.[202] Foi então enviado pela *Coluna* um termo de rendição no qual a Câmara e o comando da Legião da GN se comprometiam a entregar as armas, reconhecer o Governo *Interino*, suspender o cumprimento da Reforma e soltar os presos políticos, enquanto os insurgentes se comprometeriam em não perseguir, não prender e não punir nenhum dos legalistas locais. No mesmo dia 26 de junho, a Câmara de Baependi reconheceu José Feliciano como Presidente e o Comandante da Legião capitulou diante das forças rebeldes, entregando o controle da cidade. Dois dias depois, a vizinha Aiuruoca manifestou sua adesão à "Revolução".

A ação da Coluna Junqueira, entretanto, não foi muito além da ocupação de Baependi. Sem debelar outros focos legalistas da região, a inação da coluna permitiu que os opositores ao movimento se reagrupassem e voltassem a assediar a vila, ao mesmo tempo em que o próprio Junqueira deixava a "Revolução", causando uma dissolução espontânea da força rebelde, como se tornou comum. Para Marinho, esta desistência de Gabriel Junqueira se deveu a ameaças por parte dos governistas lembrando-o dos riscos que corria, semelhantes aos de 1833, quando perdeu parte de sua família. A preocupação não parece desprovida de fundamento, pois a região de Campanha, com grande população negra e escrava, sofria com o fantasma do *haitianismo*. Os próprios legalistas tiveram

---

199 José Antonio Marinho. *Op. cit.*, p. 111-112.

200 *Idem, ibidem*, p. 112.

201 APM – PP 1/17, Cx. 4, pc. 11.

202 José Antonio Marinho. *Op. cit.*, p. 113.

260 Erik Hörner

que agir para conter "uma iminente insurreição de pretos e reuniões ilícitas de homens suspeitos" na Freguesia de Santo Antonio do Machado, em Campanha.[203]

O avanço legalista no mês de julho

Após uma significativa adesão e, apesar das críticas de Marinho, uma movimentação razoavelmente eficiente dos rebeldes – criaram sério entrave às comunicações entre Governo Provincial e Geral e venceram alguns confrontos intimidando o avanço legalista, como no caso de Queluz –, temos os primeiros eventos favoráveis aos governistas entre 24 e 25 de junho.

Primeiramente, o já mencionado confronto entre os rebeldes de Mendanha e os legalistas de Diamantina, com vitória destes e a expulsão daqueles para local denominado Pé do Morro. Os insurgentes ali ficaram e foram enfraquecendo-se paulatinamente com deserções, sem que outro confronto significativo ocorresse. Este desfecho selou o movimento na Comarca do Serro, sendo Curvelo o município rebelde mais ao norte de Minas Gerais.

A quase totalidade das ações passaram a ocorrer próximo à província vizinha, Rio de Janeiro, e o confronto em Presídio tem certa relevância justamente neste contexto. Próxima à Pomba, base de importante coluna rebelde, a Vila de Presídio não havia reconhecido a "Revolução". Devido à representação da Câmara de Presídio ao Imperador contra o Ministério 23 de março, os vereadores foram suspensos, abrindo espaço para uma edilidade suplente e, consequentemente, afastando a oposição do comando da vila. Contudo, a não adesão da Câmara de Presídio, como aconteceu em outras localidades, estava longe de significar legalismo unânime, muito pelo contrário.

Desse modo, o Tenente-Coronel Francisco de Assis Ataíde,[204] legalista, buscou interceptar a comunicação rebelde entre Presídio e Pomba a fim de evitar que os insurgentes ganhassem simpatizantes e reforçassem-se mutuamente. A manobra, realizada em 25 de junho, era para ser mera ação de reconhecimento dos arredores e, portanto, envolvia poucos homens. No entanto, os destacamentos enviados pelo tenente-coronel foram vítimas de emboscadas que, por fim, mostraram-se desfavoráveis aos atacantes. Os rebeldes teriam perdido 12 homens e igual número de feridos.[205] Dois dias depois, animado por aquele primeiro sucesso e reforçado com um contingente vindo de

---

203 APM – PP 1/17, Cx. 1, pc. 27.

204 No primeiro ofício enviado por Ataíde ao Presidente da Província consta sua patente como capitão, o que não se repete em outros documentos. Considerando-se pouco provável que um capitão comandasse o 2º Batalhão da GN de Presídio, o mais plausível é que sua patente fosse, de fato, Tenente-Coronel.

205 In: *História da Revolução de Minas Gerais, em 1842*, p. 228.

Mariana no dia 26, o oficial ordenou novo ataque, agora sobre rebeldes estacionados na fazenda de Geraldo Rodrigues de Aguiar, a cerca de 3 km da Vila de Presídio. Ao contrário do usual, Ataíde levou sua coluna a atacar perto da hora do jantar, ou seja, ao pôr do sol, surpreendendo os rebeldes e forçando uma retirada apressada destes.[206]

Dois pontos devem ser destacados nesta ação. Primeiramente sua ação eficaz e, como veremos, causadora do enfraquecimento da coluna rebelde de Pomba. Ao mesmo tempo, apesar de não haver uma articulação direta, este avanço legalista fortaleceu a entrada do Exército Imperial pela Comarca de Paraibuna. Esta já mencionada falta de articulação fica ainda mais evidente no ofício em que Ataíde informa suas ações ao Presidente da Província. Mesmo tendo recebido reforços da cidade de Mariana e assinando como "Comandante da Coluna da Esquerda do Exército da Legalidade", o Tenente-Coronel Ataíde declara que por conta da pressa não poderia oficiar ao Comandante de armas da Província. Essa grande liberdade de ação criou, aparentemente, até a possibilidade de nomear colunas militares e decidir autonomamente os rumos das operações, sendo que sua ação não estava diretamente subordinada à maior autoridade militar da Província até aquele momento. É possível imaginar que a letargia inicial apresentada pelo aparelho repressor da Província esteja justamente relacionada a este excesso de liberdade por parte dos comandantes da Guarda Nacional.

Outra interpretação possível e verossímil é considerar que o Presidente da Província, Bernardo Jacinto da Veiga, vinha concentrando tacitamente, dada a seriedade da situação, os poderes administrativos e militares. Opção que nos levaria a crer, com razão, que a nomeação de Veiga em 25 de abril e posse em 18 de maio de 1842[207] tinha como justificativa exatamente garantir a ordem local, já tensa e com visíveis sinais de agitação. Ou seja, assim como a nomeação de Monte Alegre para a Presidência da Província de São Paulo, Veiga havia sido escolhido a dedo para esta situação provincial.

Porém, as ações de Veiga não chegaram a ter tanto efeito quanto as medidas tomadas pelo Governo Central e que, segundo Marinho, se espalharam rapidamente entre os insurgentes. Em 19 de junho, D. Pedro II, o monarca supostamente coagido pelo Ministério e que seria libertado pelo movimento armado, proclamou aos "brasileiros iludidos" rogando que largassem as armas e evitassem a punição inevitável, já que a ordem emanava da Constituição.[208] Em poucas palavras, a proclamação colocava em xeque a bandeira mais popular da "Revolução": a "libertação" do jovem Imperador.

---

206 *Idem, ibidem*, p. 234-236.

207 José Pedro Xavier da Veiga. *Op. cit*, p. 580.

208 Este documento é relativamente bem conhecido, tendo sido reproduzido em diversas obras. Ver: José Antonio Marinho. *Op. cit.*, p. 199-200.

Após a fala estranhamente paternal de um Imperador adolescente pedindo à população em armas que o poupasse da dura necessidade de puni-la, ainda cabiam atitudes mais severas e efetivas. No dia seguinte foi publicado decreto imperial determinando o cumprimento de leis militares em São Paulo e Minas Gerais, o que atingia frontalmente os militares da reserva que eventualmente apoiassem a insurgência, bem como todos os guardas nacionais destacados, mas que não respondiam ao chamado das autoridades engajando-se contra o movimento armado.

Por fim, num ataque muito perspicaz o governo mirou o que de mais sagrado poderia existir para homens de tradição Liberal: a propriedade. Por meio do Aviso de 23 de junho, como já mencionado no capítulo anterior, ficava autorizado o confisco de bens móveis e imóveis dos envolvidos na "Revolução" e que não fossem encontrados para responder a esta execução. Em outras palavras, na ausência do rebelde seus bens poderiam ser tomados para ressarcir a Fazenda Nacional pelos prejuízos causados pelo movimento.

Para Marinho, este foi o mais cruel e desmotivador instrumento lançado pelo governo, provocando uma onda de deserções ou simples abandonos das fileiras rebeldes, em especial dos comandantes da Guarda Nacional. Junto com a proclamação e o decreto, formaram o conjunto de atos oficiais a que o Cônego responsabiliza, por exemplo, a desmobilização das forças estacionadas em Pomba, e podemos pensar também no efeito causado na Coluna Junqueira. Sem qualquer combate relevante, apenas com a informação destas resoluções e das notícias da derrota dos paulistas, os rebeldes foram deixando as armas e voltando para casa entre o final do mês de junho e início do seguinte.

Não pretendo diminuir o peso dessas medidas desmotivadoras, porém a ação militar nessa mesma região não pode ser desconsiderada. O Governo Central e, mais especificamente, o Presidente da Província do Rio de Janeiro, Honório Hermeto Carneiro Leão, não mediram esforço para romper a resistência rebelde nas comarcas fronteiriças. As dificuldades, porém, não foram poucas.

Em 10 de maio de 1842, foi nomeado juiz de direito da Comarca de Paraibuna Firmino Rodrigues Silva, antigo redator de *O Brasil* juntamente com Justiniano José da Rocha. "Campeão da oligarquia", nas palavras pouco elogiosas do Cônego Marinho, Firmino tinha, de fato, ótimas relações com o Gabinete de então. Quando estava a caminho de Minas Gerais, foi surpreendido pela notícia da "Revolução" e resolve escrever a Paulino José Soares de Sousa, o Ministro da Justiça.

Estacionado contra sua vontade em Rio Preto, já em território mineiro, Firmino escreve a 2 de julho em tom de desespero:

A nossa posição no Rio Preto não é sustentável se as coisas continuarem como vão. Não temos um chefe que dirija este agregado de partes tão heterogêneas, não temos oficiais que comandem os guardas e os dirijam ao fogo, não temos armamentos suficientes, e por outro lado estamos todos os dias em contínuos sustos, ontem todo o acampamento dormiu nos seus postos, ou antes velou toda a noite, e a falta de confiança nos nossos destinos por falta de chefe pôs tudo desanimado. Se quanto antes não aparecer entre nós um militar experimentado de primeira linha, adeus ponte do Rio Preto, e com ele a tranquilidade do Rio de Janeiro, que não está defendida contra os rebeldes senão por este posto. Se lhe pudesse descrever a noite que passamos ontem, V. Exa. teria compaixão de nós.

P.S.: Há quatro dias que estamos com as comunicações interceptadas; os rebeldes entupiram os caminhos dos arredores, e conservam-se hoje, segundo as notícias que temos, com grande força na distância de sete léguas, comandados por um [José de Almeida Lemos] Alvarenga de São João e o [Antonio Nunes] Galvão de Ouro Preto. No Turvo e no Bom Jardim consta que fazem grandes reuniões! E a nossa tropa sem um soldado de linha e estropiada tendo ontem com um frio terrível permanecido a pé firme nas trincheiras! Deus nos proteja![209]

Talvez a informação mais sensata de Firmino seja com relação à comunicação, tanto que não tinha conhecimento dos avanços legalistas não muito longe dali, no Registro do Paraibuna a partir do município fluminense de Paraíba do Sul. Em todo caso, o missivista tinha consciência da importância do guarnecimento da fronteira e o temor que o "perigo" rebelde representava para a capital do Império. Não por acaso, suas preocupações encontraram eco na resposta do Ministro.

Soares de Sousa escreveu a Firmino em 6 de julho, tranquilizando-o. Quando a carta em questão chegasse às mãos do recém-nomeado juiz de direito, as coisas haveriam de estar melhores, consequência dos grandes esforços do governo. O Presidente da Província do Rio de Janeiro foi enviado para Paraíba do Sul, passando a despachar do alto da serra e focado exclusivamente no combate à "Revolução". Não podemos esquecer que desde o dia 18 de junho os municípios de Cunha, Bananal, Areias, Queluz, Silveiras, Lorena e Guaratinguetá, anteriormente pertencentes a São Paulo, faziam

---

209 *Apud* Nelson Lage Mascarenhas. *Op. cit.*, p. 48-49.

parte da província fluminense a fim de acelerar a pacificação do Vale do Paraíba e levar a cabo os processos contra os revoltosos desta região.

Apesar da existência de alguma articulação rebelde em torno do "rei do café" Souza Breves, no Vale do Paraíba, a ação insurgente na província fluminense foi quase inexpressiva. Entretanto, a participação das Guardas Nacionais da região de Vassouras e Valença sob o comando do Presidente da Província foi de fundamental importância para o restabelecimento da comunicação entre Minas e Rio de Janeiro, bem como forma de franquear o acesso mais rápido do Exército Imperial à região central da província rebelada. Maria de Fátima Silva Gouvêa destaca que a "Revolução" em si pouco aparece na documentação oficial do governo fluminense, certamente consequência da necessidade de "prevenir a disseminação desse 'distúrbio político'". Aos olhos da autora, 1842 foi um momento especialmente importante para a administração provincial do Rio de Janeiro, pois a repressão tanto urgente quanto eficiente encetada por Carneiro Leão só pôde se concretizar graças à ação dos legalistas do interior da Província. De modo que esta articulação entre governo e proprietários locais, especialmente das áreas cafeicultoras, criou a base necessária para os *saquaremas*.[210]

Carneiro Leão levou consigo 85 praças de linha vindos de Iguaçu, armamento e munição. Outros reforços ainda seriam mandados para a região, mas Rio Preto não era o único ponto que necessitava de reforço. Para o Ministro havia outras posições ainda mais urgentes, como Paraibuna, e nem por isso conseguiam reunir todo o reforço necessário ou desejado. O governo se viu na contingência de despir um santo (ou dois) para vestir outro, mandando buscar 700 homens em Porto Alegre e outros 200 em São Paulo.[211] Toda esta movimentação levava tempo, afinal as distâncias não eram pequenas. Enquanto isso, a Corte estava em seu limite, não podia abrir mão sequer de 200 permanentes, pois parte de seus homens já estavam em operação em Areias (SP) e Resende (RJ), entre outras localidades.

O Ministro não tem pudores em dizer a razão de todas estas dificuldades: "a rebelião de Barbacena achou-nos exauridos de recursos, com os esforços que fizemos para sufocar a de São Paulo".[212] Torna-se inevitável pensar no argumento de Marinho tantas vezes repetido, segundo o qual o movimento em Minas visava originalmente apenas apoiar São Paulo e enfraquecer o Governo Central, provocando a queda do Ministério.

Mas ao alarmismo de Firmino contrapõe-se a segurança tranquila de Paulino:

---

210 Maria de Fátima Silva Gouvêa. *O Império das províncias. Rio de Janeiro, 1822-1889*, p. 46 e 77-78.

211 Provavelmente se trata do Batalhão Catarinense que havia chegado a São Paulo após o avanço de Caxias.

212 É interessante que esta mesma declaração consta da carta privada do ministro e em seu relatório apresentado ao Parlamento, em 1843. Há uma visível ênfase no esforço realizado pelo governo contra a "Revolução", sugerindo tanto um reconhecimento das dificuldades quanto uma instrumentalização política da ação repressora.

Quanto a oficiais superiores, e mesmo subalternos bons, onde estão eles? No Rio Grande, São Paulo, no Norte etc. E temos nós muitos? Os rebeldes também não os têm, e a sua gente regula pela nossa, quanto à sua perícia militar, armamento etc., com a diferença de que nós temos mais recursos. A rebelião vai ascendente, há de parar e a reação há de vir. Há de incomodar muito, levar tempo etc. Mas é isso inevitável num país que verdadeiramente não tem exército, e arsenais bem providos, que tem poucos oficiais bons e experimentados, e onde as comunicações são difíceis e imensas as distâncias.
(…)
A rebelião há de ser infalivelmente esmagada.[213]

Ao fim os recursos prevaleceram e as distâncias foram vencidas, levando a Minas oficiais, soldados, armamento e munição suficientes para subjugar os rebeldes. Podemos considerar como ponto inicial desta ofensiva a marcha do Coronel José Tomás Henriques, cruzando o Rio Paraibuna rumo a Barbacena.

Além da ponte inutilizada pelos rebeldes, estes ainda entrincheiraram-se à margem oposta, obrigando o Coronel Henriques a "vadear" o rio a cerca de 3,5 km a norte para poder desalojar o inimigo da margem, ação encetada em plena noite, às 23h, do dia 27 de junho.[214] O que não significou de modo algum a retirada dos rebeldes, que mantiveram a posição, colocando-se em trincheiras no sítio Rocinha da Negra. Os rebeldes encontravam-se em terreno conhecido, inclusive por algumas lideranças ausentes dos combates. O sítio era propriedade da família Cerqueira Leite e local de nascimento de um dos líderes, Pedro de Alcântara Cerqueira Leite, cujo pai comprara o terreno em 1767.[215]

Os tiroteios entre os rebeldes da Rocinha da Negra e as patrulhas do Coronel Tomás Henriques se prolongaram por vários dias. Quando escreveu para o Ministro da Guerra em 30 de junho, o Coronel já dava parte dos pequenos combates, sendo que apenas a 5 de julho a situação foi definida em favor da legalidade. Nesta mesma carta, Henriques enviou anexos os documentos que recebera de seu oponente, o Comandante das forças rebeldes.

---

213 *Apud* Nelson Lage Mascarenhas. *Op. cit.*, p. 49-50.

214 Esta data não fica clara no ofício do Coronel ao Ministro da Guerra, José Clemente Pereira. In: *História da Revolução de Minas Gerais, em 1842*, p. 234-235.

215 José Pedro Xavier da Veiga. *Op. cit.*, verbete 24 de abril de 1883. Na Rocinha da Negra nasceram os 14 filhos do abastado José de Cerqueira Leite. O autor afirma, ainda, que o futuro Barão de S. João Nepomuceno foi um dos mais radicais partidários da "Revolução", no entanto sua postura enquanto juiz de direito teria sido sempre a mais correta.

O Coronel Manoel Francisco Pereira de Andrade fora enviado por José Feliciano para a região para assumir o comando das operações na região do Paraibuna. Logo após chegar ao sítio transformado em quartel general rebelde, o Coronel tentou negociar um armistício. Aproveitando-se do "preto velho" que os legalistas enviaram à Rocinha da Negra para distribuir panfletos com notícias "desanimadoras" sobre a pacificação de São Paulo, Andrade enviou por meio do mesmo emissário algumas proclamações, um exemplar do *Echo da Rasão* e uma carta na qual sugere que ambos os destacamentos deveriam suspender o fogo enquanto D. Pedro II não deliberasse a respeito das reivindicações dos rebeldes. Para o Coronel rebelde, a razão do movimento é a resistência à Lei da Reforma e ao Gabinete, o que não justifica o derramamento de sangue irmão.[216]

Porém, em ofício enviado em 30 de junho ao Comandante da Guarda Nacional de Barbacena e Comandante superior do Movimento, Coronel Marcelino José Ferreira Armonde, Andrade explica seu plano. De acordo com a avaliação do Coronel rebelde, Henriques pretende provocar pequenos combates periódicos a fim de esgotar a munição dos insurgentes. Bem municiado, aquartelado junto à ponte destruída e protegido por duas peças de artilharia, o Coronel Henriques não parece ter pressa. Porém, neste ritmo, os pouco mais de 250 rebeldes ficarão sem pólvora e balas, exigindo economia nos combates.[217]

No dia seguinte, Andrade escreve nova carta dando parte do "não ocorrido". Nada havia de novo, a não ser a chegada de um destacamento vindo de Chapéu de Uva, elevando sua força para 320 homens. Ainda assim, não era número suficiente para arriscar uma ofensiva, apesar de reforçar as linhas de tiro. O Coronel manifesta confiança no movimento como um todo, mas preocupa-se com sua posição. Aparentemente, a força governista teria acatado seu pedido de armistício ou estariam aguardando reforço para um avanço definitivo, enquanto que seus homens eram indisciplinados e faltavam-lhes bom armamento e munição.[218] Andrade não estava enganado, contra soldados de 1ª Linha, cavalaria e um pequeno parque de artilharia seria difícil resistir. Mesmo a tropa do Coronel Henriques não sendo exatamente um modelo de homogeneidade, contendo também homens da GN e da Guarda Policial de diversas localidades organizados em um Batalhão Provisório, a coluna era mais eficiente que a resistência rebelde.

Finalmente, no dia 5 de julho, a coluna legalista conseguiu desalojar os rebeldes da Rocinha da Negra e, segundo o Coronel Henriques, a fuga dos insurgentes foi tão

---

216 In: *História da Revolução de Minas Gerais, em 1842*, p. 244-245.

217 *Idem, ibidem*, p. 247-248.

218 *Idem, ibidem*, p. 248-249.

apressada que foi encontrada na estrada uma calça com 15$000rs no bolso.[219] Exagero manifesto, posto que os rebeldes não chegaram a retroceder por completo, dando novo combate em 12 de julho no sítio Cafezais.

De uma forma ou de outras, os insurgentes atingiam parte de seus objetivos retardando o avanço da coluna do Coronel Henriques, pois este encontrava-se acampado na Rocinha da Negra ainda no dia 12, enquanto que mais ao norte a coluna do Coronel Ataíde havia partido de Presídio e ocupava a Vila de Pomba desde 7 de julho. O caminho destas duas frentes levaria infalivelmente a Barbacena, suposta capital do movimento, e posteriormente até Ouro Preto. Parte deste avanço foi concluído em 22 de julho, quando os rebeldes deixaram a cidade na qual começara o movimento entregando-a aos homens do Coronel José Leite Pacheco, vindo de Paraibuna por ordem do Coronel Henriques. Observa-se que, não obstante as vitórias legalistas na região datarem do começo do mês de julho, apenas no dia 24 os comandantes de diversas frentes encontraram-se em Barbacena.[220] Esta marcha um tanto lenta só sofreria uma mudança significativa com a ação direta de Caxias que, apesar de nomeado Comandante do *Exército Pacificador* de Minas Gerais em 10 de julho, chegaria ao campo de batalha apenas depois do dia 25 do mesmo mês.

Ao sul, avanço legalista; ao norte, vitórias rebeldes

Ao contrário do que vinha ocorrendo na fronteira com o Rio de Janeiro, onde o movimento, outrora forte, foi sendo restringido e forçado a recuar para a porção central de Minas Gerais, ao norte de Ouro Preto a "Revolução" ainda encontrava sua curva ascendente em princípios de julho e com uma agressividade maior que a vista em Baependi, Pomba ou Paraibuna.

Tendo como epicentro a vila de Santa Bárbara, envolvida com o movimento desde 16 de junho, os rebeldes começaram a deixar sua relativa letargia e passaram a tentar reunir forças. Na mesma Comarca de Piracicava, Mariana e Itabira[221] eram declaradamente legalistas, porém, na vizinha Comarca do Rio das Velhas, a bandeira rebelde en-

---

219 *Idem, ibidem*, p. 270.

220 O Tenente-Coronel Egas Munis Sello de Sampaio, enviado do Arraial das Mercês pelo Coronel Antonio Joaquim da Silva Freitas, ficou sob o comando do Coronel Leite Pacheco. (APM – PP 1/17, Cx. 1, pc. 75). O Coronel José Tomás Henriques, por sua vez, não continuou no comando da ação mineira. Como mencionado no capítulo anterior, Caxias o indicou para assumir o comando de armas de São Paulo em agosto, sob a presidência de Almeida Torres. Cf. Adriana Barreto de Souza. *Op. cit.*, p. 242.

221 Apesar da Câmara de Itabira manifestar fidelidade ao governo, Marinho afirma que o apoio aos insurgentes era preponderante na localidade, porém esperavam pela tomada de Ouro Preto pelos rebeldes para se engajar no movimento. Cf. José Antonio Marinho. *Op. cit.*, p. 117.

contrava adeptos dispersos em diversos arraiais a despeito da resistência das Câmaras. Este era o caso de Santa Luzia e Santa Quitéria, por exemplo.

No entanto, a Coluna de S. Bárbara viu-se na necessidade de impedir o importante auxílio que as vilas de Caeté e Sabará ofereciam à legalidade, abrindo a possibilidade de fortificarem a capital Ouro Preto. Sob o comando do Capitão Manuel Joaquim de Lemos e do alferes Joaquim Martins, os rebeldes avançaram sobre Caeté, sitiando a vila em 2 de julho. Neste dia, os legalistas caeteenses foram intimados a deporem as armas ou se responsabilizarem "por todo o sangue que se derramar e todos os males que daí resultarem",[222] ao que não acataram. O sítio sobre a vila permaneceu com sucessivas trocas de tiros até o dia 6 de julho, quando durante a madrugada os legalistas deixaram Caeté rumo a Roças Novas em busca de apoio. Diante da impossível resistência, os legalistas locais decidiram por evitar um confronto mais desgastante.[223]

Contudo, de modo semelhante ao ocorrido em Queluz, a Coluna de S. Bárbara não permaneceu em Caeté nem perseguiu a força legalista tentando provocar sua dissolução. Os homens do Capitão Lemos optaram por voltar a sua cidade de origem, deixando um pequeno destacamento na vila recém-conquistada, e mesmo assim, fracamente guarnecida, Caeté foi retomada pelos legalistas apenas em 18 de julho.

A vizinha Sabará, por sua vez, aderiu ao movimento como resultado da ação de Manuel Ferreira da Silva que, reunindo os Batalhões da GN de Santa Luzia, Santa Quitéria, Patafufo e Santana (os dois últimos pertencentes a Pitangui), marchou sobre a cidade sem encontrar resistência. Marinho narra o desenrolar desta investida com visível melancolia. Após elogiar a ação do rico proprietário que por conta própria agregou amigos e parentes, formou um caixa de guerra e marchou sobre Sabará, o Cônego afirma que Ferreira da Silva recebeu ordens do Presidente *Interino* para que reunisse sua tropa à Coluna de S. Bárbara a fim de organizar o cerco de Ouro Preto. O maior efetivo seria, então, aliado ao competente comando militar do Capitão Lemos. Porém, a Coluna de S. Bárbara permaneceu estacionada por cerca de 20 dias, inação que acabou lhe custando numerosas deserções.[224]

Assembleia Provincial *Interina* e a ação decorrente

Em meio à guerra que ocupava boa parte da Província e exigia toda a atenção dos rebeldes, ocorreu em S. João del Rei a reunião da Assembleia Provincial em 17

---

222 In: *História da Revolução de Minas Gerais, em 1842*, p. 254.

223 José Antonio Marinho. *Op. cit.*, p. 118.

224 *Idem, ibidem*, p. 120.

de julho. Este evento está entre os mais peculiares do movimento armado e deve ser analisado não exatamente quanto às suas realizações, mas nas suas intenções.

A Assembleia Provincial havia sido eleita para o mandato que teria início em 3 de maio de 1842, porém, logo após o início de seus trabalhos, foi adiada por meio de Portaria do Presidente da Província no dia 9 do mesmo mês. Sua reunião oficial só voltaria a ocorrer em outubro, após sofrer novo adiamento em junho, como vimos anteriormente. Aos olhos da oposição, Bernardo Jacinto da Veiga manobrava para se livrar de uma Assembleia fortemente contrária à sua política e para poder governar sem a aprovação de um novo Orçamento Provincial. Ou seja, o adiamento da Assembleia seria mais uma escancarada ilegalidade.

Tomando-se em consideração que José Feliciano era reconhecido por seus correligionários não como Comandante militar, mas sim como Presidente *Interino*, era seu dever governar a Província de modo mais "legal" que Veiga. Os rebeldes, em seu processo de criar um Estado dentro do Estado, viram a necessidade de convocar aquela mesma Assembleia Provincial para legitimar o Governo *Interino*, bem como as ações insurgentes. Para tanto, José Feliciano convocou, por meio de Portaria do dia 1º de julho, os deputados provinciais a se reunirem em S. João del Rei, a capital rebelde de fato, em 17 de julho.

Apresentaram-se 13 deputados: Antonio Fernandes Moreira, Dr. Manuel de Melo Franco, Dr. Francisco de Assis e Almeida, Dr. Francisco José de Araujo e Oliveira, Dr. José Cristiano Garção Stockler, Maximiano José de Brito Lambert, João Capistrano de Macedo e Alckmin, Vigário Felisberto Rodrigues Milagres, Tenente-Coronel Manuel José dos Santos, Téofilo Benedito Otoni, Coronel Antonio Joaquim de Oliveira Pena, José Pedro Dias de Carvalho e o Cônego José Antonio Marinho.[225] O baixo *quorum* explica-se de vários modos. Os contrários ao movimento obviamente não compareceram, alguns pouco convictos provavelmente também optaram por não se expor registrando oficialmente sua presença entre os rebeldes e, por fim, há o caso do Dr. Antonio Tomás de Godoy, que, Presidente da Assembleia, havia sido preso em 26 de junho em Ouro Preto.[226]

Deve-se ter consciência que, apesar da pouca utilidade prática desta reunião, ela possui um enorme simbolismo. A Assembleia Provincial era resultado do Ato Adicional e, portanto, instituição constitucional pela qual os cidadãos das províncias eram representados junto ao governo. Ao convocarem a sessão em plena "Revolução", tentava-se

---

225 In: *História da Revolução de Minas Gerais, em 1842*, p. 306-307. Marinho oferece a mesma Ata da Sessão, mas sem motivo aparente omite seu nome e o de Dias de Carvalho.

226 José Pedro Xavier da Veiga. *Op. cit.*, verbete 26 de junho de 1842.

enfatizar um caráter legalista da contestação à presidência da Província e ao Ministério. Seguindo um raciocínio tendencioso, equivaleria a destacar que ilegal era o adiamento da Assembleia Provincial e da Câmara, ao mesmo tempo em que se buscava legitimar a presidência interina pela chancela dos representantes eleitos, ou como consta da ata, pela consulta à "opinião pública".

A sessão acabou por emitir, por indicação de Marinho, apenas uma mensagem a José Feliciano, segundo a qual o Legislativo Provincial apoiava todas as medidas tomadas até o momento e aquelas que viriam a ser tomadas pelo comando do movimento. Ao líder rebelde coube apenas agradecer a confiança da Assembleia e manifestar seu desejo de ver o "completo triunfo de nossas Instituições".

Mais efetivo foi, no entanto, o encontro inédito de tantas lideranças e apoiadores de peso na mesma cidade. Como resultado, surgiu um plano de ação único a partir da junção das forças rebeldes em Queluz[227] visando o ataque de Ouro Preto. Para tanto, saíram em comissão Otoni – com destino a Barbacena – e Marinho – rumo a Baependi.[228]

Acompanhado de Garção Stockler e Lambert, Marinho encontrou Baependi perdida para o legalistas, bem como Aiuruoca. A Coluna Junqueira, reunida no sítio do Ribeirão, dissolveu-se em 26 de julho como consequência da Proclamação Imperial de 19 de junho, das notícias da pacificação de São Paulo[229] e nomeação de Caxias para o comando mineiro e das ameaças de levante escravo. Partiu, então, a pequena comitiva para Lavras, encontrando cenário tão ou mais desolador. Ali também o controle local estava nas mãos dos legalistas. Restava encontrar a força rebelde em Queluz, porém, julgando que as passagens entre Queluz e S. João del Rei estivessem tomadas pelos legalistas em decorrência da saída do Governo *Interino* desta última cidade, os três deputados provinciais decidiram seguir até Sabará e se juntar à coluna de Manuel Ferreira da Silva.[230]

A missão de Otoni era mais simples. Com o avanço das tropas legalistas pela estrada de Paraibuna e com a queda de Pomba pelas forças de Presídio, o assédio a Barbacena era uma questão de tempo. De modo que Otoni apenas conferenciou com as lideranças barbacenenses e logo partiram para Queluz. Por sinal, este movimento já havia sido sugerido pelo Comandante local, Francisco José Alvarenga, em ofício

---

227 Apesar de os rebeldes terem perdido o controle de Queluz em 15 de julho, a vila foi retomada no dia 26 a partir da junção da tropa de Nunes Galvão com a *Coluna* vinda de S. João del Rei. Esta ação contou com a presença de José Feliciano. (APM – PP 1/17, Cx. 1, pc. 71).

228 José Antonio Marinho. *Op. cit.*, p. 137.

229 O governo provincial havia expedido uma circular em 9 de julho dando publicidade à derrota rebelde em São Paulo.

230 José Antonio Marinho. *Op. cit.*, p. 140-141.

ao Presidente *Interino*, em 18 de julho.[231] Esta coluna rebelde contava com nomes de relevo para a causa insurgente, como os irmãos João Gualberto, Antonio e Pedro Teixeira de Carvalho, Dr. Camilo Maria Ferreira Armonde (futuro Conde de Prados), Francisco José Alvarenga e o Vigário Brito. Reunindo os dissidentes que fugiram de Pomba e Presídio, a coluna marchou para Queluz. No dia 22 de julho, Barbacena estava vazia de rebeldes, sendo ocupada no dia seguinte pela coluna do Coronel Leite Pacheco,[232] em 23 de julho.

O Barão de Caxias assume a repressão

Diante de sua bem-sucedida campanha contra os rebeldes paulistas, a nomeação de Caxias para o comando do *Exército Pacificador* em Minas Gerais surge quase como natural. Como mostrado por Adriana Barreto de Souza, o Barão gozava da estima e da confiança do Gabinete e, em especial, do Ministro da Guerra. Tanto que Caxias deu encaminhamento à pacificação de Minas Gerais antes mesmo de saber de sua nomeação.

Após sua investida rumo ao Vale do Paraíba paulista e a consequente pacificação da região, Caxias ordenou no dia 7 de julho que uma força de 500 praças marchasse para Itajubá, passando por Guaratinguetá, enquanto dava ao Tenente-Coronel Amorim Bezerra, vitorioso Comandante em Venda Grande, a missão de marchar com seus homens para Ouro Fino.[233] Essa tropa, a 1ª Brigada de Mogi Mirim, contava com 400 praças, sendo 100 de cavalaria, e uma boca de fogo.[234] Nomeado por decreto de 10 de julho, o Barão ainda enviou para Pouso Alto, no dia 16, o 1º Batalhão Provisório do Exército sob o comando de seu irmão, o Major Francisco de Lima e Silva.[235] Quando deixou a Província de São Paulo, o sul de Minas já se encontrava guarnecido por seus homens.

Após passar pelo Rio de Janeiro, o Barão de Caxias segue para Minas Gerais em 25 de julho, entrando na Província pela região do Rio do Peixe, onde se encontrava a coluna comandada pelo Coronel Morais Cid. O itinerário original previa seguir para S. João del Rei, porém, ao saber que os rebeldes preparavam-se para atacar a capital a partir de Queluz, muda seus planos. Marcha para Barbacena juntando-se à tropa do Coronel Leite Pacheco e daí parte para Ouro Preto. No meio do caminho, em 30 de

---

231 In: *História da Revolução de Minas Gerais, em 1842*, p. 313.

232 *Idem, ibidem*, p. 326. Estranhamente, Marinho oferece como data da marcha da *Coluna* de Barbacena o dia 27 de julho. Ver: José Antonio Marinho. *Op. cit.*, p. 142.

233 AN – *Coleção Caxias*, cx. 809.

234 APM – PP 1/17, Cx. 1, pc. 71.

235 *Idem, ibidem*.

272 Erik Hörner

julho, Caxias proclamou aos mineiros nos mesmos moldes que havia feito em São Paulo. Oferecia clemência a quem depusesse as armas e retornasse aos seus lares, esperando fomentar as deserções e enfraquecer as fileiras insurgentes. O general sabia que a medida costumava surtir efeito.[236]

Chegando a Ouro Preto em 6 de agosto,[237] Caxias dedica-se a concluir a reorganização de suas forças e pôr em prática sua ação pacificadora, posto que até o momento não havia se envolvido em nenhuma combate. Entre 31 de julho e 8 de agosto, o Barão de Caxias dissolveu a organização anterior e deu nova formação, criando cinco colunas. O Coronel Antonio Joaquim da Silva Freitas comandaria a 1ª coluna e o Coronel Leite Pacheco ficaria com o comando da 2ª. A 3ª coluna ficou sob as ordens de seu irmão, o Coronel José Joaquim de Lima e Silva, e o Coronel Manoel Antonio da Silva comandaria 4ª. O Tenente-Coronel Amorim Bezerra, que havia entrado em Minas pela região de Ouro Fino, assumiu o comando da 5ª coluna, enquanto o comando militar de Ouro Preto e Mariana ficou a cargo do Coronel José Feliciano de Morais Cid.[238]

Se por um lado a movimentação de Caxias foi significativamente rápida, por outro, os rebeldes começavam a enfrentar discordâncias entre as lideranças, agravando a costumeira indecisão quanto às ações militares. Em Queluz, os insurgentes demoraram-se em discussões, alguns defendiam a tomada da capital como condição *sine qua non* para o sucesso do movimento, enquanto outros argumentavam que dificilmente seria possível manter o domínio sobre Ouro Preto.

Esses debates ocorreram no chamado Conselho dos Chefes, uma instância pouco definida e cuja autoridade nos destinos do movimento não se pode determinar com exatidão. Reunindo referências dispersas na narrativa do Cônego Marinho, na memória de Moreira de Azevedo e no trabalho de Martins de Andrade, foi possível encontrar os seguintes nomes: José Feliciano Pinto Coelho da Cunha, José Pedro Dias de Carvalho, Teófilo B. Otoni, Dr. Manuel de Melo Franco, Dr. Camilo Ferreira Armonde, Coronel Antonio Nunes Galvão, Coronel Francisco José Alvarenga. Marinho também faria parte deste Conselho, mas no momento do cerco e tomada de Queluz ele se encontrava em Sabará. Somam-se ainda os comandantes "militares" Capitão Manuel Joaquim

---

236 In: *História da Revolução de Minas Gerais, em 1842*, p. 334-335.

237 José Pedro Xavier da Veiga e Adriana Barreto de Souza afirmaram que Caxias entrou em Ouro Preto em 6 de agosto com base em um ofício do barão ao Ministro da Guerra, comunicando sua chegada na capital mineira. No entanto, consta uma Ordem do Dia datada de 5 de agosto segundo a qual ele já estaria em Ouro Preto nesta data. Cf. José Pedro Xavier da Veiga. *Op. cit.*, verbete 30 de julho de 1842; Adriana Barreto de Souza. *Op. cit.*, p. 244; APM – PP 1/17, Cx. 2, pc. 1.

238 AN – *Coleção Caxias*, códice 925.

de Lemos, Joaquim Martins e Manoel Tomás. Com isso temos quase uma assembleia, diminutas chances de um consenso e terreno fértil para desentendimentos.

Estas lideranças tinham como grande dilema atacar Ouro Preto ou, ao não fazê-lo, seguir para o norte buscando um ponto onde pudessem se fortalecer e melhor negociar com o governo. Para alguns, a questão começava a girar em torno de um desfecho digno. Em 1881, por ocasião de uma viagem de D. Pedro II a Minas Gerais, o *Jornal do Commercio* comentou a respeito da "Revolução", pois o monarca havia passado por Sabará e S. Luzia. Neste artigo, o correspondente que acompanhava a viagem afirmou que os rebeldes haviam fugido ao ataque de Ouro Preto diante da aproximação de Caxias e, consequentemente, abriu-se mão do saque desanimando a tropa. A esta declaração tida por caluniosa ergueram-se os rebeldes ainda vivos à época, como Dias de Carvalho, Camilo Ferreira Armonde e, em nome do irmão, Cristiano Otoni.

Pela leitura das fontes, de fato, não houve uma fuga de Ouro Preto. Os rebeldes optaram por não atacar a capital devido à incerteza de conseguir tomar a cidade, bem como a dúvida de que conseguiriam resistir ali ao ataque do *Exército Pacificador*. Dias de Carvalho expôs sua opinião no artigo intitulado "Protesto contra uma calúnia", no qual afirma:

> A causa que determinara as forças extra-legais a buscarem apoderar-se de Outro Preto era evidente: esta cidade era o centro obrigado de todas as relações oficiais da província e dali partiriam com mais facilidade qualquer medida e providência; e mais difícil seria a sua derrota. Reconhecendo-se, porém, a dificuldade e os perigos da tentativa de tomada de assalto quando era sabido que ela tinha meios de defesa mais numerosos que as forças assaltantes, foi de mister ceder a essas considerações, e prosseguir na marcha para o interior.[239]

O próprio ex-secretário do Presidente *Interino* comenta que esta decisão não foi unânime, e um "prestigioso líder", por não concordar com a manobra, abandonou o movimento. Tratava-se de Camilo Maria Ferreira Armonde, que compartilhava da mesma opinião de Teófilo Otoni, mas ao contrário deste não aceitou continuar a guerra.[240]

---

239 *Jornal do Commercio,* 18 de abril de 1881, n.108.

240 Marinho afirma que Armonde seria primo de Caxias e este havia lhe escrito pedindo que deixasse o movimento em troca de anistia. Porém, o então Visconde de Prados afirma, em 1881, que considerava a tomada de Ouro Preto como única forma de colocar os rebeldes em posição de negociação, abreviando a luta. Cf. José Antonio Marinho. *Op. cit.*, p 160 - *Jornal do Commercio,* 21 de abril de 1881, n.110.

Via-se com nitidez o movimento definhando, tanto pelo desgaste da luta e das opiniões quanto pela ação de Caxias. Como abordado no capítulo anterior, Caxias jogou com habilidade, utilizando-se de espiões, compra de fidelidade e ofertas de anistia. Segundo Barreto de Souza, esta era a "marca registrada do barão".[241] A oferta de anistia, em especial, parece ter balançado os ânimos das lideranças, ao ponto de Otoni propor que todos se entregassem, inclusive o Presidente *Interino*, o que não foi aceito por José Feliciano, preocupado com a perseguição legalista. A decisão, então, de levar as forças rebeldes para Sabará, deixando o acampamento da Bocaina nos arredores de Queluz, agravou a crise, e alguns chegaram a sugerir a troca do Presidente por Otoni ou Cerqueira Leite. Porém, segundo Marinho, temia-se que com isso a coluna de Santa Bárbara abandonasse a luta.[242]

Com a tomada de S. João del Rei pelas forças legalistas em 1º de agosto e a decisão de marchar para Sabará frente à chegada de Caxias a Ouro Preto, era visível que a "Revolução" encontrava-se encurralada. Ou tentava-se vencer o *Exército Pacificador* ou buscava-se uma posição mais "confortável" para negociar uma rendição, o que poderia ser tanto o início de uma desgastante guerrilha nos sertões do norte de Minas Gerais ou um aquartelamento minimamente seguro. Em ambos os casos, a ideia de manifestação contra o Gabinete opressor e em defesa das liberdades não combinava com a disposição a uma guerra com riscos reais. Estes homens, em sua maioria, tinham muito a perder.

Por isso, agindo à revelia dos demais, Dr. Melo Franco e o Coronel Souto-Maior, legalista feito prisioneiro, partiram de Sabará na tentativa de se encontrar com Caxias para negociar uma anistia aos rebeldes. Devido a uma série de desencontros em Ouro Preto e Caeté, decidiram escrever ao general afirmando que o não ataque a Ouro Preto era indício claro do desejo de cessar com o derramamento de sangue. Porém, o Comandante do *Exército Pacificador* nunca recebeu os ofícios e ambos os emissários acabaram presos, sendo Souto-Maior levado à Justiça Militar.

No mesmo dia em que Melo Franco e Souto-Maior partiram em busca de Caxias, 13 de agosto, os rebeldes deixaram Sabará e seguiram para o Arraial de Santa Luzia, onde se daria o combate final da "Revolução", em 20 de agosto. Uma longa semana de agonia, ação de emissários de Caxias e deserções. Entre os que abandonaram o acampamento estava José Feliciano, que na noite do dia 19 agiu tal qual Rafael Tobias de Aguiar. Sob o argumento de que sua liderança não cumpria mais com os caminhos

---

241 Adriana Barreto de Souza. *Op. cit.*, p. 248.

242 José Antonio Marinho. *Op. cit.*, 161.

adotados, preferiu sair à francesa. Contudo, ainda levou consigo a força sob o comando de Manuel Joaquim de Lemos.

Ao amanhecer, deu-se conta das ausências e da troca de tiros entre a tropa de Alvarenga e a 3ª coluna, sob o comando de José Joaquim de Lima e Silva, que guarnecia o ponto da Lapa. Mas a 3ª coluna não deu combate, pois o plano de Caxias era guardar o confronto para o dia 21. No mesmo dia, à tarde, os homens de Galvão avançaram sobre a tropa legalista comandada pelo Tenente-Coronel Ataíde que, num primeiro momento, recuou para dentro do Arraial. Como o Exército não perseguiu os rebeldes de Galvão, estes voltaram a atacar, forçando a retirada dos homens de Caxias, que encontravam-se na proporção de 800 contra 3 mil rebeldes. Se não fosse a marcha acelerada da 3ª coluna ao ouvir a troca de tiros e a artilharia de ambos os lados, talvez o desfecho do combate tivesse sido outro.[243]

Após um combate que se iniciou nas primeiras horas do dia e foi encerrado apenas às 20h, o saldo era de alguns mortos (Marinho fala em apenas nove), feridos e muitos rebeldes feitos prisioneiros. Galvão e Alvarenga ainda conseguiram deixar o campo de batalha, mas no dia seguinte dispensaram seus 700 homens e se entregaram ao Subdelegado do Arraial de Matosinhos.[244] De Santa Luzia, os rebeldes anônimos saíram presos para o recrutamento, enquanto "dez dos mais prestigiosos líderes" seguiram para a cadeia em Ouro Preto. Porém, destes "dez" conhecemos apenas oito, reunidos a partir de Marinho, Moreira de Azevedo e Martins de Andrade: Vigário Joaquim Camilo de Brito, os três irmãos Teixeira de Carvalho, Pe. Manoel Dias do Couto Guimarães, Francisco Ferreira Paes, Otoni e Dias de Carvalho.

Acabada oficialmente a guerra, restava a Minas Gerais o procedimento que já estava em curso em São Paulo. Recrutamentos, dissolução de corpos de Guarda Nacional, processos contra as lideranças e alguns conflitos pontuais ainda se prolongariam até 1843. Em todo o caso, o campo de batalha da "Revolução" silenciava e suas consequências voltavam para o terreno institucionalizado da política: a Justiça e o Parlamento, assunto do capítulo seguinte.

---

243 Não vejo a necessidade de entrar nos pormenores do Combate de Santa Luzia como o fez Marinho. No entanto, é importante salientar que seu relato, apesar de detalhado, apresenta divergências muito bem apontadas por Adriana Barreto de Souza, incorporadas aqui. Cf. José Antonio Marinho. *Op. cit.*, p. 168-188; Adriana Barreto de Souza; *Op. cit.*, p. 251-253. "Ordem do Dia do Comando do Exército" (Caxias), 20 de agosto. In: *História da Revolução de Minas Gerais, em 1842*, p. 361-364

244 In: *História da Revolução de Minas Gerais, em 1842*, p. 365-366.

Capítulo V

A guerra por outros meios: vitórias e derrotas no universo da política

A guerra não é somente um ato político, mas um verdadeiro instrumento político, uma continuação das relações políticas, uma realização destas por outros meios.

Carl von Clausewitz

Deixados os campos de batalha, recolhidos os mortos, feridos e os prisioneiros, a guerra, em seu sentido bélico, está terminada. Todavia, as decorrências desta política feita com armas nas mãos vão muito além de Venda Grande e Santa Luzia. Fazia-se necessário punir os culpados, chamar à ordem os adeptos do movimento, recolocar nos trilhos o carro do Estado. Assim pensavam os governistas. Mas quais governistas? Os das províncias ou os do Ministério? Os derrotados, por sua vez, precisavam se recompor, evitar a prisão, o recrutamento, entre outros.

No entanto, o movimento de 1842 possui uma particularidade capaz de aumentar ainda mais a complexidade do pós-guerra. Nenhuma outra insurgência até então reuniu tantos homens versados em leis, nos trâmites do governo, indivíduos que já haviam estado do lado de lá, do lado do poder decisório. Ademais, uma série de ineditismos potencializou os debates em todas as esferas. Nunca havia sido dissolvida uma Câmara,[1] nunca senadores foram indiciados e julgados, e, por fim, usava-se pela primeira vez a recém-aprovada Reforma do Código do Processo.

Começaremos, assim, exatamente pela discussão legal para compreendermos as possibilidades de repressão fixadas pelas leis, para então caminharmos rumo à repressão de fato, quando o texto legal encontra o mundo real, por assim dizer. Tendo este

---

1   A única dissolução de uma reunião de representantes da Nação anterior a 1842 se deu com a Assembleia Constituinte, ou seja, antes da Carta de 1824. De modo que, sob o regime constitucional, o Poder Moderador nunca havia sido utilizado para este fim.

Erik Hörner

cenário em mente poderemos, enfim, encarar os debates em torno da necessidade de uma anistia, um fim jurídico para a "Revolução".

Entendimentos e possibilidades legais

Diante do bacharelismo comum à época ou mesmo do ambiente em que as discussões a respeito dos acontecimentos de 1842 ocorreram – Câmara e Senado –, era inevitável que os debates políticos se dessem sobre bases legais. Ao mesmo tempo, a "Revolução" era, além de um movimento político, um movimento feito por "políticos" e com consequências claramente políticas, de modo que os desfechos jurídicos possíveis tinham relação direta com os caminhos que poderiam ser seguidos no interior do Estado. Assim, é importante termos alguma familiaridade com a nomenclatura jurídica, inclusive para visualizarmos as tensões daí decorrentes.

Antes de qualquer discussão a respeito da legislação faz-se necessário destacar que temos dois códigos de leis em jogo aqui, o Criminal e o do Processo Criminal. O primeiro, mandado executar pela Lei de 16 de dezembro de 1830, definia os diversos crimes e suas penas equivalentes revogando todas as disposições presentes nos códigos portugueses. O Código do Processo Criminal, por sua vez, começou a vigorar a partir da Lei de 29 de novembro de 1832, sendo reformado nove anos depois em 3 de dezembro de 1841. Esta legislação era responsável por organizar o aparato estatal e a própria forma de se aplicar a justiça no Império ou, em outros termos, criava regras para a Justiça dando corpo à instituição e definindo seu *modus operandi*.

Se o Código Criminal teve uma aceitação mais ou menos tranquila, recebendo alterações e acréscimos que não comprometiam sua essência, o mesmo não o ocorreu com o Código do Processo, em especial por este dizer respeito à própria estrutura da Justiça, delimitando os foros, competências e alçadas de cada elemento do Poder Judiciário. De tal modo que já em 1833 falava-se na necessidade de reformá-lo, a fim de corrigir os defeitos e lacunas, criar uma lei de polícia, organizar de modo mais satisfatório o judiciário e, principalmente, rever as atribuições do juiz de paz.[2] Buscou-se sanar todas essas "necessidades" com a Reforma de 3 de dezembro de 1841.

A Reforma representou no âmbito da Justiça no Império uma grande mudança e, talvez, apenas nisso concordassem seus defensores e críticos. Apesar de manter a estrutura básica dos processos e interrogatórios, a Lei de 1841 acrescentava todo um aparato

---

2   Ivan de Andrade Vellasco. *As seduções da ordem: violência, criminalidade e administração da justiça: Minas Gerais, século 19*, p. 133. Ver também: Thomas Flory. *El jues de paz y el jurado en el Brasil Imperial, 1808-1871: control social y estabilidad política en el nuevo Estado.* Ivo Coser. *Visconde do Uruguai: centralização e federalismo no Brasil, 1823-1866.*

policial até então inexistente,[3] redefinia as atribuições dos agentes da justiça e revia a presença da população leiga e de amadores na aplicação da justiça. Para Ivan Vellasco, a Reforma do Código do Processo "reformaria radicalmente a estrutura judiciária, redefinindo poderes e atribuições, alterando aspectos processuais importantes [como o conselho de jurados] e centralizando seu controle em mãos do Ministério da Justiça".[4]

A Lei de 3 de dezembro praticamente eliminou o elemento local do Judiciário. O juiz de paz, autoridade local eleita por seus pares e com atribuições policiais e judiciais, teve sua competência reduzida drasticamente. Prender culpados, proceder a autos de corpo de delito, julgar contravenções às Posturas Municipais são algumas das atribuições que passaram para o recém-criado chefe de polícia e seus auxiliares, delegados e subdelegados. O chefe de polícia, um por Província, seria nomeado pelo Imperador por meio do Ministro da Justiça, dentre desembargadores e juízes de direito. Esta autoridade policial provincial então indicava seus delegados e subdelegados para a aprovação de seu superior, o Ministro. Na prática, ainda havia a intermediação do Presidente da Província, também um "funcionário" indicado pelo Poder Central. Do mesmo modo, cabia ao governo nomear os juízes municipais e promotores, que anteriormente eram propostos pelas Câmaras Municipais e nomeados pelos presidentes.

Restou ao juiz de paz uma atuação bem restrita, cabendo-lhe a demarcação dos quarteirões em seu distrito, organização das eleições (mas com a participação dos subdelegados) e algumas outras atividades pontuais, como pôr em custódia "o bêbedo, durante a bebedice", evitar brigas e destruir quilombos. A Reforma do Código do Processo, além de redefinir as competências dos agentes da justiça, deixava claro que as atribuições policiais e criminais do juiz de paz ficam limitadas às especificadas nos §§ 4º, 5º, 6º, 7º, 9º e 14 do art. 5º da Lei de 15 de outubro de 1827.[5] Somando-se a isso a hierarquização estabelecida pela Reforma, com o chefe de polícia e delegados à frente da polícia nas províncias, o juiz de paz acabava por se tornar um fiscal da moralidade e dos bons costumes, devendo vigiar até mesmo as "meretrizes escandalosas, que perturbam o sossego público". Para Thomas Flory, com a Lei de 3 de dezembro o "Juizado de Paz foi virtualmente eliminado da estrutura jurídica imperial".[6]

Outro aspecto dessa "centralização" é a exigência de uma formação mínima. Os juízes de paz, bem como os promotores públicos até a Reforma, eram escolhidos entre

---

3   Pelo Código de 1832, a maior parte das atribuições policiais e criminais recaía sobre o juiz de paz, cumulativamente com outras funções de fiscalização da ordem pública e de justiça. Um aparato policial separado com hierarquia própria foi instituído apenas em 1841.

4   Ivan Vellasco. *Op. cit.*, p. 135.

5   Lei nº 262 de 3 de dezembro de 1841.

6   Thomas Flory. *Op. cit.*, p. 267.

os eleitores, independente da formação ou atividade exercida. A partir da Reforma de 1841, passou a ser obrigatória a formação em leis, ao mesmo tempo em que se instituiu uma carreira dentro do Judiciário. Ao se edificar uma carreira para a magistratura, estariam eliminados os rábulas e as notoriedades locais com algum conhecimento em leis que antes da Reforma acabavam ocupando os cargos do Judiciário. A profissionalização também visava homogeneizar a aplicação da justiça e diminuir a incidência de erros em julgamentos. No entanto, este processo não era tão simples e linear. Como bem mostra Ivo Coser, ao se estabelecer que os delegados e subdelegados – autoridades indicadas pelo chefe de polícia e seus representantes diretos nos termos e municípios – seriam escolhidos dentre os juízes de paz e municipais, fossem eles bacharéis ou não, mantinha-se a possibilidade da presença de cidadãos amadores. No entanto, ficava clara a presença do Governo Central.[7]

Preocupação semelhante norteou as modificações implementadas no conselho de jurados. Até a Reforma havia o júri de acusação, inspirado no grande júri inglês e responsável por delimitar o inquérito e a acusação, aceitando-a ou não. Até mesmo os críticos da lei de 1841, como Limpo de Abreu e Alves Branco, reconheciam a existência de problemas neste júri, especialmente nas municipalidades mais afastadas dos grandes centros. Indivíduos com pouca ou nenhuma instrução, mais preocupados com seus afazeres diários e dependentes dos poderosos locais colocavam em risco o rigor necessário à justiça. Como alternativa, extinguiu-se o de acusação e manteve-se apenas o julgamento pelo Tribunal do Júri, no entanto passou-se a exigir uma renda mínima equivalente à do eleitor[8] e a alfabetização como pré-requisitos para ser jurado. Uma evidente elitização acompanhada de uma alteração ainda mais significativa para a "Revolução": a lista dos cidadãos aptos seria feita anualmente pelo delegado e revista por uma Junta de Revisão composta pelo juiz de direito, o promotor e o Presidente da Câmara. Dos três integrantes, dois eram de nomeação do governo.[9]

Como tratado em pesquisa anterior,[10] essa reforma possui ao menos duas faces no que concerne à suas consequências: uma burocrática e outra política. A preocupação com a aplicação da justiça era real, e nesse sentido a Reforma marcou uma mudança significativa. Com a reestruturação do Judiciário houve, por exemplo, a diminuição radical no tempo das tramitações. Segundo Vellasco, o tempo decorrido do início ao

---

7   Ivo Coser. *Op. cit.*, p. 280.

8   Havia três patamares de renda: para as cidades de Rio de Janeiro, Bahia, Recife e São Luiz exigia-se 400$000, as demais cidades do Império 300$000, e para todos os outros termos 200$000.

9   Ivo Coser. *Op. cit.*, p. 282.

10   Erik Hörner. *Guerra entre pares*, capítulo 3.

fim de um processo criminal entre 1808 e 1841 era de aproximadamente três anos, tempo reduzido para cerca de um ano com a nova lei.[11] Todavia, a quase eliminação na aplicação da justiça do elemento local e da sua ingerência sobre os agentes judiciários representa uma alteração igualmente radical no que diz respeito tanto à face burocrática quanto à política da Reforma.

Se considerarmos que desde o Primeiro Reinado o município foi perdendo importância quanto ao seu poder decisório, sendo esvaziado em detrimento da esfera provincial, no âmbito da Justiça a Reforma marca um afastamento do provincial em nome do poder central. Não se trata de afirmar que os indivíduos ou grupos influentes em seus municípios foram eliminados desse círculo de atuação, isto significaria dizer que toda a Justiça no Brasil passara a ser controlável de dentro de um gabinete ministerial. Entretanto, é patente que o governo conseguiu dificultar o acesso desses indivíduos ao mesmo tempo em que criou um modo de intervir de forma mais eficiente nos termos, municípios e distritos do Império. É importante salientar, contudo, que esse controle criado com a Reforma representava um projeto de Estado específico dentro das disputas políticas e interesses de grupos particulares, como em parte evidenciou Thomas Flory. O autor cita um excerto do jornal *O Brasil* especialmente significativo:

> Não consideramos esta lei [a Reforma] (…) como lei de organização judicial, senão como uma lei política (…) e como lei política a proclamamos como uma das primeiras medidas de reorganização social de acordo com os princípios da monarquia.[12]

Reflexão semelhante é desenvolvida por Ivo Coser, mas a partir da consideração de que a Reforma é parte da obra de Paulino José Soares de Souza e de um projeto centralizador do qual o futuro Visconde do Uruguai era o principal arauto. Coser acrescenta a este debate entre centralização e federalismo o elemento, a meu ver mais significativo, da "aristocratização" da Justiça e do "papel civilizador" que se pretendia imprimir ao Estado com a revisão das posturas mais "liberais" dos tempos da Abdicação e anos iniciais da Regência.[13]

Retomando considerações realizadas no mestrado, é importante salientar as possíveis interpretações que levaram os rebeldes de 1842 a verem na Reforma do Código

---

11   Ivan de Andrade Vellasco. *Op. cit.*, p. 137.

12   *O Brasil*, 24 de dezembro de 1842. *Apud* Thomas Flory. *Op. cit.*, p. 270. A data fornecida parece-me estar errada, podendo ser na verdade 1841. A desconfiança é maior se considerarmos que a presente edição contém outros erros de impressão.

13   Ivo Coser. *Op. cit.* Com ênfase no capítulo 4.

do Processo uma "lei opressora" e fazerem da oposição à lei uma bandeira de luta. Em primeiro lugar, o acesso à magistratura tornava-se possível apenas por meio dos poderes Executivos, provincial e central. De modo que se um determinado grupo não estivesse articulado ao governo a partir da Corte encontraria sérios obstáculos à ocupação de cargos no Judiciário provincial. Contudo, a importância "estratégica" de cada cargo poderia variar. O juiz de paz, por exemplo, tinha uma presença cotidiana muito significativa antes da Reforma. Presença esta que se analisarmos em conjunto com o Decreto de 4 de maio de 1842[14] sobre as eleições, assinado em decorrência das fraudulentas *eleições do cacete*, tornava-se quase simbólica. De acordo com as novas instruções, até mesmo o alistamento dos cidadãos ativos para os pleitos passaria a ser feito com a presença de um empregado nomeado pelo governo, mesmo que de forma indireta: o Subdelegado, ou um seu suplente deveria compor a Junta de Alistamento, junto ao pároco local e ao juiz de paz. Sem as atribuições policiais ou judiciárias e controlado pelos outros agentes da Justiça, o juiz de paz perdeu sua ampla capacidade de ação. Na prática, fora neutralizado.

Não podemos deixar de considerar, por sua vez, a mudança que ocorrera com o Tribunal do Júri. De sua origem popular e antiaristocrática pouco ou nada restava, enquanto que, junto à elitização por meio de critério censitário e exigência de alfabetização, instituía-se uma possibilidade de controle mais efetivo da aplicação da justiça. Subjazia à lei o controle social e aplicação de uma justiça "correta" verticalmente determinável, hierarquizada.

Entretanto, é irônico destacar que tanto este novo júri quanto o trabalho do chefe de polícia (responsável por coordenar as acusações e inquirições), elementos combatidos como o "fim das liberdades" e frutos das "leis opressoras", levaram à absolvição da grande maioria dos envolvidos na "Revolução". Apesar de não terem sido encontrados os processos,[15] todos os principais líderes rebeldes citados pela literatura[16] foram inocentados exatamente por estes jurados que, em tese, poderiam ser selecionados ao gosto do delegado e do promotor indicados pelo Ministro da Justiça.

Todo este novo aparato judiciário e policial criado pela Lei de 3 de dezembro de 1841 foi colocado em prática em 1842. Quando da eclosão do movimento armado,

---

14   Decreto nº 157 de 4 de maio de 1842.

15   Foram encontrados partes de processos, algumas inquirições de testemunhas, alguns libelos acusatórios, mas nenhum completo.

16   Aluisio de Almeida, Martins de Andrade e Pedro Xavier de Toledo fazem coro com os debates da Assembleia Geral de 1843 ao afirmarem que os rebeldes eram sistematicamente inocentados. Voltarei a esta questão mais adiante, destacando alguns casos.

a maior parte das novas autoridades não havia ainda tomado posse, enquanto aquelas que já o tinham feito foram afastadas pelos rebeldes. De tal modo que a aplicação da justiça entre 1842 e 1843 se fez simultaneamente ao estabelecimento de novas regras, cargos e funções. Um cenário dos mais complicados e propícios a um sem-número de confusões ou equívocos.

Contudo, algumas dúvidas surgidas quando da formação dos inquéritos diziam respeito não ao reformado Código do Processo, mas à interpretação do Código Criminal em uso há mais de dez anos. Como mostrado no Capítulo 2, a confusão gerada pelos termos "autor" do crime e "cabeça" de rebelião obrigou o Ministro da Justiça a agir como Supremo Tribunal e esclarecer a questão.

O Código de 1830 define em seus primeiros artigos o crime ou delito como ação ou omissão voluntária contra as leis penais, ao mesmo tempo em que exime da condição de criminoso aquele que agir sem conhecimento do mal ou intenção de o praticar. Assim, ficava estabelecido que eram criminosos, como autores, os que cometessem, constrangessem ou mandassem alguém cometer crimes, e como cúmplices todos os demais que concorressem para cometer crimes.[17]

Estas definições cabem muito bem nos crimes comuns e não nos é difícil visualizar sua aplicação. O que muda muito quando deixamos o terreno dos crimes ditos comuns e adentramos no campo dos crimes políticos ou, segundo o texto legal, "crimes públicos". Vejamos, primeiramente, as possibilidades mais amplas, pois estas causaram maiores dificuldades no momento da formação de culpa.

Sob o título de "Dos crimes contra a segurança interna do Império, e pública tranquilidade", temos três possibilidades aplicáveis à "Revolução". A primeira é o crime de conspiração e, como veremos, foi aplicado aos supostos membros da *Sociedade dos Patriarcas Invisíveis* presos da Corte. Segundo este capítulo do Código, uma conspiração seria a reunião de vinte ou mais indivíduos empenhados em praticar um dos seguintes crimes: atentar contra a integridade nacional, provocar guerra entre o Império e outra nação, tentar destruir a Constituição ou algum de seus artigos, planejar a destronização do Imperador ou privá-lo de sua autoridade (sendo o mesmo válido no caso de uma Regência), ou opor-se ao Poder legítimo, seja contra a Assembleia Geral, seus decretos ou do Imperador.[18]

Nem todos os casos se aplicavam aos homens de 1842, mas é nítido o conhecimento da legislação por parte dos envolvidos. Em todos os manifestos, declarações e protestos

---

17 *Código Criminal do Império*. Artigos 2º ao 6º. Ficava estabelecido que também seriam cúmplices aqueles que recebessem ou ocultassem coisas ilegais, bem como dessem asilo a criminosos.

18 *Código Criminal do Império*. Art. 68, 69, 85-89, 91 e 92.

assinados pelas lideranças ou partidistas da "Revolução" insistiu-se em frisar a fidelidade ao monarca, à monarquia constitucional e ao Império, tentando-se, de algum modo, dificultar o enquadramento nestes artigos da Código Criminal. Caso contrário, os conspiradores – não há autores e cúmplices neste caso – poderiam ser punidos com desterro para fora do Império de quatro a doze anos, a não ser que houvesse desistido dos planos antes de colocá-los em prática, anulando o crime.[19]

O crime de rebelião, por sua vez, difere do de conspiração apenas pela dimensão. As possibilidades de atentado contra o Império, o Imperador e a Constituição são as mesmas, mas neste caso é necessário o apoio da massa: uma ou mais povoações que reunidas compreendam no mínimo 20 mil pessoas. Surge então a figura jurídica do "cabeça", passível de punição: prisão perpétua com trabalho (máximo), de prisão com trabalho por vinte anos (médio) ou por dez (mínimo).[20]

Como o próprio Ministro da Justiça Paulino José Soares de Sousa apontou em seu relatório de 1843,[21] o Código Criminal não definia a figura do "cabeça", ao mesmo tempo que eliminava o "cúmplice", previsto nos crimes comuns. Assim, temos uma situação inusitada, permitindo, ao mesmo tempo, perseguições e impunidades. A lei acabava por permitir ou o processo de inúmeros indivíduos tidos como lideranças rebeldes ou o indiciamento de pouquíssimos indivíduos. Sem critérios claros, tudo ficava a cargo do chefe de polícia. Por outro lado, o artigo 110 do Código Criminal exigia a presença de ao menos 20 mil pessoas para caracterizar uma rebelião, porém não previa punição à maioria dos homens que tomassem em armas. Não havia gradação: ou líder ou nada. No entanto, veremos que o Estado tinha outros meios de punir a base do movimento de modo mais eficiente que o comando do mesmo.

O outro ponto que gerou algum debate jurídico e, principalmente, político foi a possibilidade de enquadrar os acontecimentos de 1842 como crime de sedição. O mais significativo aqui diz respeito aos objetivos do crime. A leitura das declarações e proclamações insurgentes permite-nos visualizar de antemão a defesa pretendida por aqueles que se levantaram contra o governo. Via de regra, as proclamações eram encerradas com vivas ao Imperador, à Constituição e à Religião, enfatizando a não agressão às bases do Império na tentativa de não configurar algum crime de lesa-majestade ou lesa-pátria. A alternativa seria entender (e defender) que a tomada em armas visava "obstar a posse do empregado público" privando-o do exercício do seu emprego – no

---

19 *Código Criminal do Império.* Art. 107-109.

20 *Código Criminal do Império.* Art. 110.

21 *Relatório da Repartição dos Negócios da Justiça apresentado à Assembleia Legislativa na 1ª sessão da 5ª Legislatura por Paulino José Soares de Sousa*, p. 20. Esta questão havia sido tratada ao final do Capítulo 2.

caso, as autoridades criadas com a Reforma – e criar obstáculo à "execução e cumprimento de qualquer ato ou ordem legal de legítima autoridade" – exatamente a Lei da Reforma do Código do Processo. Desse modo, tem-se configurado o crime de sedição,[22] que pedia a reunião de 20 ou mais pessoas (parcial ou totalmente armadas), mas que em todo o caso não agiam contra os pilares da Nação.

Por esta interpretação o importante, lembro mais uma vez, era a possibilidade de se entender, em última instância, o crime como revestido de motivações legítimas. Ao invés de uma ação armada contra o edifício sociopolítico do Estado, teríamos uma reação a algumas leis e ao Ggoverno, uma manifestação de insatisfação passível de legitimidade de acordo com o ideário Liberal clássico. A pena aqui seria reduzida em relação ao crime de rebelião – prisão com trabalho por três a doze anos[23] –, mas não era este o foco, e sim a pecha de inimigos do Império que poderia ser evitada.

Um crime e dois castigos

Apesar do esforço por parte dos insurgentes em descriminalizar ou, ao menos, atenuar o crime cometido, o movimento de 1842 foi enquadrado legal e politicamente como rebelião.[24] Do ponto de vista da punição, apresentava-se, então, outro dilema, sinalizado nos parágrafos anteriores. Considerando-se que uma rebelião necessita do engajamento mínimo de 20 mil pessoas,[25] mas determina a penalização apenas dos indivíduos vagamente definidos como "cabeças", o que fazer com o contingente popular simpático à rebelião e que lhe ofereceu apoio, meios humanos e, em alguns casos, pecuniários para que o crime se realizasse? É claro que a prisão de todos aqueles que pegaram em armas era impossível e ainda hoje seria. No entanto, a questão permanece: o que era possível fazer para "educar" a população a não se levantar novamente contra o Estado?

O grande diferencial da "Revolução" em comparação às denominadas "revoltas regenciais" é o perfil dos envolvidos, não os "imensos fazendeiros, proprietários, capitalistas, e negociantes",[26] tantas vezes enfatizado por Marinho, mas o "soldado" rebelde. Ao contrário da Balaiada, da Cabanagem ou mesmo da Sabinada, em que houve uma presença mais ou menos marcante das classes mais baixas da *sociedade*, inclusive

---

22 *Código Criminal do Império.* Art. 111.

23 *Idem, ibidem.*

24 É interessante destacar que nas primeiras declarações governistas, quando do início das agitações, chegou-se a falar em sedição. Mas a dimensão do conflito tornou praticamente insustentável esta abordagem legal.

25 Não necessariamente deveriam estar todos em armas. A lei trabalha com as populações das áreas rebeladas e não com a dimensão do exército rebelde.

26 José Antonio Marinho. *Op. cit.*, p. 144.

de escravos (no caso do movimento maranhense), a "Revolução" apoiou-se na ação armada da Guarda Nacional,[27] bem como a repressão governista. Vale frisar quem era este guarda nacional.

O critério censitário para alistamento na Guarda Nacional era exatamente o mesmo para o votante nas eleições. Como Jeanne Berrance de Castro frisou, 100$000rs. anuais não era um valor demasiadamente restritivo, oscilando dentro desse patamar o comum das rendas, "cobrindo muitas das classes menos favorecidas".[28] Os oficiais da GN, por sua vez, deveriam possuir como renda mínima anual o dobro do exigido de um guarda, ou seja, 200$000rs., mesmo patamar censitário dos eleitores.[29]

A partir da documentação governista no final da ação "pacificadora" em São Paulo, podemos traçar com maior nitidez o perfil do guarda nacional típico. Preocupadas com o longo tempo de destacamento por conta da guerra, as autoridades buscavam meios de dispensar ou revezar os guardas, pois os indivíduos faziam falta na "agricultura e na indústria do país",[30] sendo, na definição de um Comandante, "homens pobres, que vivem de suas lavouras".[31] Se somarmos a isso as frequentes desvalorizações da moeda, temos a ampliação tanto da possibilidade de participação política pelo voto quanto pelo engajamento numa das mais importantes redes de sociabilidade locais. Não é gratuito, portanto, o apelido de Milícia Cidadã usado para a Guarda Nacional e que a autora reproduz como título de seu livro.

Inspirada em uma lei francesa focada numa camada social – a burguesia – que não correspondia facilmente à realidade brasileira, a Guarda Nacional no Império conheceu uma primeira fase de relativo espírito "democrático", segundo Berrance de Castro, devido à eleição da maior parte dos oficiais por seus comandados. Simultaneamente, experimentavam-se os limites do uso desta força entendida como auxiliar ao Exército, mas que, muitas vezes, ocupava o lugar efetivo deste no que dizia respeito à manutenção da ordem local. O policiamento em casos especiais, a escolta de presos, a remessa de valores e a repressão à ação dos escravos eram atribuições dos guardas que, sendo destacados por menos de três dias, executavam o serviço gratuitamente.[32] Cabia, então,

---

27 Apesar das acusações de lado a lado do uso de escravos como tropa dos seus senhores, nenhum outro indício foi encontrado de participação da escravatura, muito menos de forma autônoma.

28 Jeanne Berrance de Castro, *Op. cit.* p. 134.

29 A relação entre oficiais mais abastados e guardas de menor condição social é abordada por Flávio Henrique Dias Saldanha no caso de Minas Gerais, justamente na "primeira fase" da Guarda Nacional. Cf. Flávio Henrique Dias Saldanha. *Os Oficiais do Povo: a Guarda Nacional em Minas Gerais oitocentista.*

30 AESP – E00563, p. 110v.

31 AESP – E00563, p. 162v-163.

32 Esta situação foi revista em 1848, quando o serviço passou a ser remunerado.

ao governo apenas o fornecimento de fardamento, armamento e treinamento, o que nem sempre era cumprido a contento, criando a possibilidade ou necessidade de os oficiais proverem seus batalhões com os recursos básicos ao bom serviço.

Foi esta Guarda Nacional, criada em decorrência da Abdicação de D. Pedro I e entendida como símbolo de uma nova Nação, filha da "Revolução" de 7 de Abril, que se engajou em não poucos levantes e movimentos ao longo da Regência e anos seguintes. Tal engajamento nos obriga a questionar o comprometimento social e político de uma instituição que carregava em sua lei de criação a responsabilidade de resguardar a Constituição e proteger a Nação, ao mesmo tempo em que "toda a deliberação tomada pelas Guardas Nacionais acerca dos negócios públicos [era] um atentado contra a Liberdade, e um delito contra a Constituição". Curiosamente, foi justamente em nome da preservação da liberdade e em defesa da Magna Carta que os rebeldes de 1842 contaram com a Guarda Nacional. Ou seja, ambos os lados se diziam defendendo a Constituição e o Império, o mesmo argumento justificando posições antagônicas.

A fidelidade aos comandantes e os compromissos sociais que ligam os indivíduos em uma sociedade repleta de relações de favores e compadrios[33] são elementos que devem ser levados em consideração na busca de explicação de um movimento que envolveu um número razoável de combatentes, como mencionado anteriormente. Para o governo, contudo, houve ainda abuso da boa fé e da credulidade da população em parte convencida de que as leis do Conselho de Estado e da Reforma do Código do Processo Criminal iriam acabar com "as liberdades públicas" e que era esta a intenção declarada das autoridades. Nas palavras do Ministro da Justiça, Paulino José Soares de Sousa,

> a muitos homens (do interior da Província, de cor e ignorantes) se dizia que iam ser reduzidos ao cativeiro. Àqueles que tinham filhos, fazia-se crer que iam ser recrutados em virtude da Lei da Reforma. Pregava-se ainda mesmo a mulheres, a homens simples aferrados à Religião que aquela Lei a ia acabar.[34]

Estes homens simples e do interior seriam justamente os guardas nacionais e, portanto, cidadãos em armas engajados em um e outro lado da contenda. Infelizmente não contamos com uma visão mais detalhada dos rebeldes, ainda mais diante da ênfase de autores como Marinho, empenhados em salientar o risco que grandes proprietários

---

33 Cf. Maria Sylvia de Carvalho Franco. *Op. cit.*

34 Paulino José Soares de Sousa. *Relatório da Repartição dos Negócios da Justiça apresentado à Assembleia Geral Legislativa na 1ª Sessão da 5ª Legislatura*, p. 16-17.

assumiam ao se sublevarem em nome da defesa da Constituição e da monarquia. Porém, considerando-se a participação da mesma corporação cindida quase ao meio (em alguns casos até na mesma localidade), não nos é vedado inferir a respeito do lado rebelde pela documentação oficial.

A cisão ocorrida entre os batalhões e legiões da Guarda Nacional é explícita, em especial no momento de rescaldo da "Revolução" e mesmo quando da punição dos envolvidos. Da parte dos guardas nacionais envolvidos, dois procedimentos paralelos foram adotados: dissolução dos corpos da Guarda Nacionais envolvidos e recrutamento da população para o Exército.

Foram, então, identificados as companhias, batalhões e legiões que aderiram ao "chamado" insurgente visando à dissolução destas unidades. Os comandantes teriam sido indiciados num primeiro momento e posteriormente despronunciados, porém, infelizmente, não pudemos localizar maiores informações a respeito desses processos. Essas dissoluções levaram meses até se concluírem e implicaram numa brusca redução do efetivo da Guarda Nacional, revisto apenas (e parcialmente) com novas qualificações e a admissão de novos guardas nos anos posteriores.

Por meio de decreto assinado nos primeiros meses de 1843, por exemplo, foram dissolvidas as Guardas Nacionais dos municípios mineiros de Barbacena, Aiuruoca, Pomba, Lavras, Queluz e Santa Bárbara, deixando ao Presidente de Província a possibilidade de excetuar os Batalhões ou Companhias "que se opuseram à rebelião que teve lugar na dita Província, ou que não reconheceram nem obedeceram às autoridades rebeldes".[35]

Simultâneo ao processo de dissolução dos contingentes simpáticos à "Revolução", o Presidente da Província prosseguiu com a substituição dos oficiais da Guarda Nacional. Esta medida já havia sido tomada em São Paulo e Minas, mesmo antes da eclosão do movimento armado, como ação preventiva. Contudo, para o caso mineiro, a documentação aponta uma permanência das demissões/nomeações durante toda a presidência de Bernardo Jacinto da Veiga, especialmente entre os meses de junho de 1842 e fevereiro de 1843. A julgar pelo ápice das demissões em outubro e novembro, há uma relação direta com a apuração dos "culpados" pela "Revolução". No dia 10 de novembro, nada menos que 42 oficiais da Guarda Nacional de Barbacena foram demitidos, perfazendo 63% de todas as dispensas daquele mês.[36] Exatos quatro meses depois, o Governo Central autorizou, por meio do decreto tratado acima, a dissolução de toda a GN da cidade.

---

35 Decreto nº 274 de 9 de março de 1843.

36 APM – PP 1/17, Cx. 5, pc. 14.

É importante salientar que, independentemente do significativo suporte que a Guarda Nacional oferecia à manutenção da ordem cotidiana das localidades, não houve qualquer hesitação em reduzir drasticamente o contingente em Sorocaba ou Campinas, por exemplo, mesmo não havendo homens de 1ª Linha suficientes para ocupar seu lugar. Para o caso mineiro, há detalhadas listas apontando, com base na declaração dos comandantes recém-nomeados pelo governo, quais corpos se "rebelaram" para que pudessem ser dissolvidos.[37] Não se ignorava a importância da GN, mas naquele momento muitos dos batalhões eram vistos com suspeita, exigindo este expediente. O mesmo decreto citado acima oferecia como alternativa o alistamento de até 100 cidadãos (com a mesma qualificação para serem guardas nacionais) sob as ordens do Subdelegado, contanto que houvesse a autorização do Presidente de Província, amparada na grande necessidade local.

Se o desmonte do efetivo reduzia o risco de reuniões e agitações futuras, ele não poderia ser considerado, porém, uma punição severa. Ficar livre do serviço da Guarda Nacional em decorrência da extinção de seu batalhão e, ao mesmo tempo, manter-se a salvo do alistamento no Exército[38] era o melhor dos mundos para o guarda. Assim, diante da opção do governo de centrar os processos nos chamados "cabeças da rebelião", toda a população armada sairia sem qualquer advertência. A solução encontrada foi considerar que, devido ao envolvimento com o movimento, o guarda nacional perdia seu privilégio e tornava-se apto ao alistamento. Mantinha-se, desse modo, a tradição militar segundo a qual os "piores" indivíduos eram levados a servir o Exército brasileiro, incluindo então, entre as "classes perigosas" comumente recrutadas e disciplinadas pela corporação militar, os cidadãos que ousaram se levantar contra o Império e suas leis.

A sequela desta ousadia durou considerável tempo, sendo os alistamentos e propostas para oficiais da Guarda Nacional doravante marcados pelo estabelecimento de um novo requisito referente à sua lealdade para com o governo: "é amigo da Ordem e da Monarquia constitucional".[39] Ficava o guarda exposto à possibilidade de dispensa e vulnerável ao recrutamento militar com seu visível caráter punitivo.

Em relação a estes procedimentos, há o interessante caso do indivíduo conhecido por Chico Ourives. A troca de correspondência de duas autoridades ligadas ao recrutamento é datada de fevereiro de 1844, quando Chico Ourives foi pego pelo recrutamento no Carmo, Minas Gerais. Anteriormente morava em Pouso Alto, onde

---

37 APM – PP 1/17, Cx. 2 e 4.

38 De acordo com a legislação, o serviço prestado na Guarda Nacional isentava o cidadão do alistamento na 1ª Linha.

39 Jeanne Berrance de Castro. *Op. cit.*, p. 135-136.

"começou por se fazer notável por pregoeiro de liberalidades mal entendidas, e tornou-se suspeito de induzir escravos com esses princípios". Sendo mal visto por isso, mudou-se (ou foi obrigado a se mudar) com sua concubina e a filha desta para o Carmo, localidade na qual encontrou a oposição agitada e disposta a romper em revolta no ano de 1842. Aproveitando-se de seu ofício, fundiu balas e fez cartuchame em sua casa, além de ter entrado com as forças rebeldes em Baependi. Depois do Combate de Santa Luzia, Chico Ourives voltou ao Carmo e foi finalmente recrutado. A conclusão das duas autoridades em 1844, dois anos após o fim da "Revolução" e meses antes da assinatura da Anistia, é muito objetiva. Apesar de ser ourives e alegar ter sido guarda nacional antes de 1842, sua trajetória falava por si só: deveria ser recrutado.[40]

Os recrutamentos tiveram início simultaneamente às primeiras vitórias militares por parte da legalidade, provavelmente em decorrência dos prisioneiros feitos em campo de batalha. Em 25 de agosto de 1842, apenas cinco dias após o Combate de Santa Luzia, Justiniano José da Rocha escreve ao amigo Firmino Rodrigues Silva e juiz de direito da Comarca de Paraibuna contando que "todos os dias" eram vistos presos chegarem ao Rio enviados de Minas, "a maioria sem qualquer relação com o movimento".[41] Por esta carta não há como saber de que modo Justiniano avaliou esta falta de relação com a "Revolução". Talvez esperasse ver os líderes presos e não levas de recrutas.

Mas há de se considerar que o "envolvimento" poderia depender de critérios muito elásticos como, por exemplo, os do Tenente Paulino José de Souza.[42] Indagado pelo Presidente da Província, o agente do recrutamento em Itabira afirmou que o filho de Francisco João Damaceno, natural da localidade, fora indicado para recruta por uma autoridade da vila por não ser dado ao trabalho regular e por ter "feito insultos nas cãs de legalistas quando deixaram a vila para partir com as Forças da legalidade". Como o agente tomou conhecimento deste comportamento do rapaz? "Quase todos os recrutas que seguiram para esta capital (...) me foram indigitadas pelas diversas Autoridades, e só depois de as ouvir [*sic*] é que os mando capturar". Ou seja, a punição permanecia ancorada na disposição dos agentes locais, informantes dos encarregados pelo Governo Central.[43]

Em São Paulo a situação não era muito diferente. Reunidos em Santos, os recrutas eram enviados à Corte, onde deveriam sentar praça e receber treinamento. Em 6 de julho, por exemplo, após o avanço de Caxias pelo interior paulista, foram enviados 22

---

40   APM – PP 1/17, Cx. 5, pc.15.

41   *Apud* Nelson Lage Mascarenhas. *Op. cit.*, p. 55-56.

42   Apesar da semelhança do nome, não foi encontrado nenhum parentesco deste tenente com o Ministro da Justiça, Paulino José Soares de Sousa.

43   APM – PP 1/17, Cx. 4, pc. 27.

homens de Porto Feliz e sete sorocabanos, além de um espanhol de nome José Antonio Pereira que tomou "parte ativa na rebelião de Sorocaba".[44]

Não é difícil imaginar os excessos cometidos com o recrutamento. A prática, desde os tempos coloniais, envolvia uma boa dose de violência e autoritarismo, capazes de banalizar entendimentos que hoje reputamos como bárbaros. Um ofício declarando que um indivíduo, apesar de "defeituoso de um braço", deve ser recrutado por ter feito parte das fileiras rebeldes e ser de "péssima conduta",[45] tende ao tragicômico. Qual a serventia para o Exército de um soldado indisciplinado e com apenas um braço para empunhar uma arma? Na opinião do Presidente de Província, ainda haveria muitos serviços que ele poderia executar. Aliava-se assim a prática do controle social à repressão ao movimento armado. Contudo, até mesmo sob essas circunstâncias especiais havia limites. O Comandante do destacamento de Taubaté fora duramente repreendido por Almeidas Torres, Presidente da Província de São Paulo, frente às frequentes queixas recebidas. Os espancamentos e maus tratos acabavam gerando justamente o que o governo não desejava "ser identificado como opressor".[46]

"Monstro com pés, mas sem cabeças"?

Para José Antonio Marinho, a repressão em São Paulo foi sensivelmente diferente da ocorrida em Minas Gerais; nesta, a violência das perseguições teria sido muito maior. É difícil avaliarmos com precisão, pois enquanto o Cônego se esmerou em listar inúmeros exemplos e detalhar práticas repressivas não há, por sua vez, uma testemunha ou outros registros equivalentes para São Paulo. Em sua *História do movimento político de 1842*, Marinho se empenha particularmente em atacar a figura do Presidente da Província, Bernardo Jacinto da Veiga, tido como um monstro a serviço da "oligarquia" e diretamente interessado na punição a mais severa possível. "Tudo quanto mais delicioso pode oferecer a vingança às almas, que a apreciam, Veiga e Vasconcelos [o chefe de polícia] o saboreavam".[47]

Em contrapartida, Marinho sugere que a postura adotada em São Paulo sinalizava uma repressão mais branda, como era de costume até então, visando apaziguar os ânimos. O Presidente de Província e o chefe de polícia que foram encarregados de

---

44 AESP – E00563, p. 89. O estrangeiro deveria ser encaminhado ao Ministro da Justiça, pois não era passível de recrutamento.

45 AESP – E00563, p. 141v.

46 AESP – E00563, p. 159v-161v.

47 José Antonio Marinho. *Op. cit.*, p. 219.

combater o movimento não foram mantidos após o fim dos combates. Ao contrário do ocorrido em Minas, o Barão de Monte Alegre deixou a presidência e tempos depois Rodrigo Augusto Monteiro de Barros também transmitiu seu cargo à frente da polícia. Entre os mineiros, a presidência e a chefia da polícia permaneceram nas mãos dos mesmos nomes – ambos mineiros de longa tradição política local – até pelo menos o final do ano de 1842. O novo Presidente mineiro só tomaria posse em 23 de março de 1843.

Pedro Xavier da Veiga, descendente do Presidente da Província e autor das *Efemérides mineiras*, não deixa de pontuar as violências cometidas em Minas, mas ao seu modo. Elogia a conduta dos rebeldes, afirmando que respeitaram a propriedade e a família, devolvendo inclusive os valores retirados a título de empréstimos das recebedorias, enquanto que relega à "tradição" os excessos cometidos pelos legalistas, especialmente após o Combate de Santa Luzia. Esta memória comum teria, no entanto, uma explicação: a tropa legalista era formada por "tarimbeiros sem nenhuma educação". Ou seja, os soldados de 1ª Linha seriam os culpados pelos saques e depredações, excluindo-se, assim, as prisões e processos contra os rebeldes. Escrevendo em 1897, Pedro Xavier da Veiga estava mais envolvido com a memória e não com as sequelas políticas, o que lhe permitia dizer que o prejuízo foi distribuído a toda a Província. Como saldo da guerra restou um grande estrago econômico, decorrente dos gastos e das devastações, além das mortes em si que deixaram famílias desamparadas e na miséria.[48] A opinião de Veiga ecoa as palavras de Francisco de Paula Ferreira de Rezende, que escrevera suas Recordações dez anos antes e cujo pai lutou ao lado dos rebeldes na *Coluna* Junqueira.[49] Para Marinho, envolvido visceralmente com a "Revolução", esta "conciliação" realizada por meio das considerações dos dois herdeiros dos contendores seria impensável.

Se tomarmos a natureza das denúncias feitas pelo Cônego, o pós-guerra mineiro não foi tão suave como Pedro Xavier da Veiga faz parecer. Retirando-se os adjetivos e abaixando o tom das declarações de Marinho, é difícil imaginar que haja inverdades em seu relato. Ao listar nominalmente os casos de abusos em época de fácil averiguação, a chance de ser tomado por mero caluniador era significativa. Mais perigoso seria se esta fosse a única voz a afirmar a existência de abusos. Curiosamente, o próprio juiz Firmino Rodrigues Silva, tido como "campeão da oligarquia", declarava com certo espanto ao amigo Justiniano a existência de excessos legalistas.[50]

---

48   Pedro Xavier da Veiga. *Op. cit.*, verbete 10 de junho de 1842.

49   Francisco de Paula Ferreira de Rezende. *Op. cit.*, p. 137.

50   *Apud* Nelson Lage Mascarenhas. *Op. cit.*, p. 55-56.

Apesar de Marinho constatar que, quando da assinatura da Anistia em março de 1844, estavam "absolvidos na Província de Minas quase todos aqueles contra quem a oligarquia desencadeava mais as suas iras",[51] o caminho até ali percorrido teria sido dos mais difíceis. Ao longo da guerra e especialmente com a derrota em Santa Luzia, inúmeros insurgentes foram presos. Uma das primeiras prisões efetuadas foi a do magistrado e deputado provincial Dr. Antonio Tomás de Godoy, preso em Ouro Preto no dia 26 de junho de 1842. Rezende afirma que a prisão na qual seu pai havia ficado não se parecia exatamente com uma enxovia, pois todos os acusados permaneceram reunidos até mesmo na sala da Câmara. Contudo, não houve um padrão, dependendo muito das tensões locais[52] ou das influências de cada rebelde. Godoy, por exemplo, ficou recluso até o dia 10 de julho de 1843, exatamente um ano após a eclosão do movimento em Barbacena.[53] Havia neste procedimento uma clara violação da lei, posto que as disposições legais que permitiam a prisão sem culpa formada compreendiam apenas o período dos conflitos. Alguns casos foram "aceitos" devido a recursos impetrados pela promotoria contra os rebeldes absolvidos. Este teria sido o caso dos padres Tristão e Teixeira, conforme nos conta Marinho, libertados apenas com a Anistia, a despeito do cárcere irregular.[54]

O trâmite legal e dadas as circunstâncias consistia em, estando o rebelde preso, pronunciá-lo ou não e colocá-lo em liberdade devido ao *habeas corpus*. Foi o caso dos cerca de dez líderes presos em Santa Luzia e levados para a cadeia de Ouro Preto[55] ou os prisioneiros distribuídos em outras localidades. A pronúncia implicava em inquirir as testemunhas e montar o libelo acusatório, material imprescindível para os julgamentos.

Num primeiro momento os processos foram montados localmente, cada juiz municipal indiciando e formando culpa aos "cabeças" locais, exigindo, no entanto, uma intervenção por parte do chefe de polícia, tendo em vista as dificuldades com o entendimento da legislação – a definição de "cabeça" – e o alto número de pronunciados.

---

51 José Antonio Marinho. *Op. cit.*, p. 236.

52 Francisco de Paula Ferreira de Rezende. *Op. cit.*, p. 127.

53 Pedro Xavier da Veiga. *Op. cit.*, verbete 26 de junho de 1842.

54 José Antonio Marinho. *Op. cit.*, p. 234.

55 A partir da leitura de José Antonio Marinho, Pedro Xavier da Veiga e Martins de Andrade, chegou-se aos seguintes nomes: Vigário Joaquim Camilo de Brito, Capitão Pedro Teixeira de Carvalho, Coronel João Gualberto Teixeira de Carvalho, Antonio Teixeira de Carvalho, Pe. Manoel Dias do Couto Guimarães, Francisco Ferreira Paes, Teófilo Benedito Otoni, José Pedro Dias de Carvalho. Em Ouro Preto, ainda ficaram encarcerados os presos vindo do Serro: Dr. Antonio Tomás de Godoy, Francisco José de Vasconcellos Lessa, Jorge Benedito Otoni, Honório Benedito Otoni, Joaquim Pereira de Queiroz, "e alguns outros, menos conhecidos", como consta no periódico *O Legalista*, de 31 de agosto de 1842. Contudo, esta relação permanece imprecisa.

Este procedimento foi adotado tanto em Minas quanto em São Paulo, como tratado no Capítulo 2, e mereceu atenção do Ministro da Justiça em seu relatório à Assembleia Geral de 1843. Segundo Paulino José Soares de Sousa, o número de "classificados cabeças de rebelião" havia chegado a 206 apenas no sul de Minas Gerais e que, após a intervenção do chefe de polícia, tinha-se reduzido a 30 indivíduos. Não podemos perder de vista que esta prestação de contas do Ministro também era uma forma de mostrar as vantagens da Reforma do Código que, permitindo a ação coordenada pelo Governo Central, eliminava as injustiças cometidas no plano local, onde sofrem com a proteção de amigos e parentes ou com as vinganças.[56]

Segundo Marinho, foram pronunciados indivíduos em Sabará, Ouro Preto, Barbacena, Bonfim, Mariana, Piranga, Curvelo, Lavras, Formiga, Paracatu, Diamantina, Araxá e Caeté. Em cada uma destas duas últimas localidades, seriam levados ao júri 25 "cabeças de rebelião". Estes dados contradizem o relatório do Ministro da Justiça? Não exatamente, pois ambos os autores trabalham com informações um pouco vagas, ora falando de municípios, ora de regiões, como o "Sul da Província". Porém, tomemos a opinião de Marinho com cautela, pois, do lado oposto, havia quem pensasse que muitos eram os que escapariam impunemente da Justiça. Em carta de 24 de outubro de 1842, o desembargador Gabriel Mendes dos Santos escrevia a Firmino: "A princípio todos eram cabeças, agora, nem mesmo o Otoni o será?".[57] O que pode indicar tanto que o encaminhamento dado pelo Ministro da Justiça procedia quanto que não era unânime a aceitação da medida, sugerindo desejo de maior rigor, como "denunciado" por Marinho.

Mas a que se devia essa possibilidade de escapar ao indiciamento? Paulino formulou a resposta de forma direta, sem esconder sua insatisfação:

> Em alguns lugares não eram processados pelas Autoridades locais indivíduos que deviam ser considerados como cabeças, e isto, ou porque essas Autoridades cediam aos receios de comprometimento, às solicitações de amigos, ou de credores, ou a de parentesco.
>
> (...) Daqui uma diversidade de procedimento extraordinária, que em tais casos sempre produz desmoralização.[58]

---

56 Paulino José Soares de Sousa. *Relatório da Repartição dos Negócios da Justiça apresentado à Assembleia Geral Legislativa na 1ª Sessão da 5ª Legislatura*, p. 19.

57 *Apud* Nelson Lage Mascarenhas. *Op. cit.*, p. 58.

58 Paulino José Soares de Sousa. *Relatório da Repartição dos Negócios da Justiça apresentado à Assembleia Geral Legislativa na 1ª Sessão da 5ª Legislatura*, p. 20.

A interferência das redes sociais englobando uma enorme variedade de ligações familiares e/ou comerciais nos julgamentos, dada a combinação entre corpo de jurados locais e a proeminência de muitos indiciados, era certamente esperada. O surpreendente talvez tenha sido a constatação de intervenções por parte de indivíduos altamente comprometidos com a repressão à "Revolução". Este é o caso de Marcelino José Ferreira Armonde, pai de Camilo Maria Ferreira Armonde, ambos rebeldes desde o princípio do movimento e envolvidos com as esferas decisórias da "Revolução". O Coronel Marcelino ficou responsável pelo comando militar de Barbacena, onde permaneceu após a marcha de todo o efetivo rebelde para S. João del Rei, deixando a cidade entregue aos legalistas que marchavam de Paraibuna. A princípio, Marcelino Armonde deveria ser indiciado como "cabeça de rebelião", mas não o foi. De acordo com declaração do juiz de direito da Comarca de Paraibuna, Firmino Rodrigues Silva, Diogo Bernardo de Vasconcelos e Honório Hermeto Carneio Leão haviam lhe pedido para não processar o velho político.[59] Ironicamente, Carneiro Leão havia se notabilizado na sessão de 1843 do Senado pelos discursos contra a impunidade e a necessidade de justiça.

É difícil falar em impunidade, mas não é necessário empenho para visualizar toda sorte de irregularidade ora por abusos motivados por vinganças, ora por arranjos políticos de todos os tipos. O próprio Marinho acaba por apresentar, quase sem intenção, um cenário paradoxal. Diante do inexplicável indiciamento do oficial subalterno Joaquim de Medeiros como "cabeça" em S. João del Rei, o Cônego oferece outras 14 pessoas que ocuparam posição de indiscutível destaque no movimento, mas que não foram pronunciadas. Desta listagem constam o Comandante superior da Guarda Nacional, o Presidente da câmara de S. João del Rei e o juiz de direito interino da Comarca, Domiciano Leite Ribeiro. De acordo com o raciocínio do Cônego, trata-se de uma prova indiscutível dos absurdos praticados pelos legalistas, contudo podemos notar como os próprios rebeldes encontraram meios de se livrarem da Justiça.

Em 26 de outubro de 1842, o periódico *A Ordem* estampava em suas páginas: "A rebelião fica impune em nossas terras porque é monstro com pés, mas sem cabeças".[60] Uma opinião severa, incendiária e potencialmente prematura. O jornal, publicado em S. João del Rei sob a direção de Gabriel Mendes dos Santos e redigido por Firmino Rodrigues Silva, ignorava propositadamente que nenhum julgamento ainda havia acontecido. Porém, quase dois meses antes do primeiro veredito, já se alardeava a

---

59   *Apud* Nelson Lage Mascarenhas. *Op. cit.,* p. 57.

60   *Idem, ibidem*, p. 58.

ausência de punição. Ao mesmo tempo, devemos questionar a afirmação. Faltavam cabeças ou faltavam algumas cabeças específicas?

O primeiro rebelde a ser julgado foi Dr. Joaquim Antão Fernandes Leão, deputado eleito para a legislatura previamente dissolvida de 1842 e com carreira sólida na Assembleia Provincial.[61] Fernandes Leão havia sido preso em 2 de julho em Ouro Preto, evento sobre o qual não foram encontrados outros dados. Pedro Xavier da Veiga apenas cita o ofício do Presidente da Província ao Ministro da Justiça, no qual informa a prisão de um dos "chefes da revolta".[62] O que ele fazia na capital a esta data ou se teria se entregado ao governo são questões sem respostas. Pouco mais de cinco meses após sua prisão, foi a julgamento diante do júri da própria capital, sendo absolvido por 11 votos a 1.[63] Independente da opinião de Marinho, podemos imaginar o impacto deste veredito às portas do governo provincial, sob os olhos do Presidente. Se houve alguma tentativa de manipulação da formação do corpo de jurados, e é possível que tenha havido, ela não foi suficiente.

Na sequência foram inocentados Dias de Carvalho e Mariano José Bernardes, também em Ouro Preto. Na vizinha Mariana, o veredito foi favorável ao Coronel Torres, Dr. des Genetts e Capitão Vicente. Porém, todas as sentenças sofreram apelação. Dias de Carvalho, sendo novamente julgado, foi mais uma vez absolvido. E novamente o governo apelou, desta vez não sendo aceito o pedido. Os indiciados por Barbacena se submeteram ao júri de Piranga, como é o caso dos irmãos Teixeira, Domiciano Moreira e José Antonio Marinho. Destes, apenas o Cônego não sofreu apelação, contudo, ele afirma que todos os julgados foram absolvidos unanimemente.[64]

Talvez o caso mais pitoresco seja o de Teófilo Otoni. Julgado em Mariana, Otoni teria sido recebido de pé pelos jurados, apesar das advertências do juiz. Como se não bastasse este indício de enviesamento, ao fim da leitura da sentença de absolvição o Presidente do Conselho de Jurados entregou a pena com a qual haviam sido escritos os quesitos e o veredito para que Otoni presenteasse sua esposa. Quem conta é Marinho, amigo íntimo do "Liberal do Serro", mas não pude encontrar nenhuma outra referência a este julgamento.[65] Os julgamentos e apelações se estenderam ao menos até meados de 1843.

---

61   Como mostrado no Capítulo 3, Fernandes Leão é comumente associado ao periódico *O Universal*.

62   Pedro Xavier da Veiga. *Op. cit.*, verbete 2 de julho de 1842.

63   José Antonio Marinho. *Op. cit.*, p. 232.

64   *Idem, ibidem*, p. 235-236.

65   *Idem, ibidem*, p. 236.

Até os limites da política   297

É uma pena que não foram encontrados documentos mais detalhados e tampouco narrativas que dessem conta dos julgamentos em São Paulo. No entanto, Aluisio de Almeida oferece em nota a seu trabalho a reprodução de um ofício do chefe de polícia, Dr. José Augusto Gomes de Menezes, ao então Presidente da Província, Coronel Joaquim José Luiz de Sousa, datado de 8 de agosto de 1843.[66] Trata-se de um extrato da situação jurídica dos envolvidos na "Revolução" até aquela data e, aparentemente, abarca todos os pronunciados em São Paulo. Foram indiciados 58 indivíduos como "cabeças de rebelião", destes, cinco foram absolvidos, mas aguardavam resultado de apelação; quatro foram absolvidos e soltos; quatro despronunciados por recurso e aguardavam resultado da apelação do governo; um foi despronunciado e solto; e outro, condenado pelo Conselho de Guerra, foi inocentado pelo Supremo Conselho Militar. Os 43 restantes aguardavam julgamento, alguns presos em cadeias espalhadas pela Província e mesmo na Corte.

Dentre estes que ainda aguardavam julgamento constam Anacleto Ferreira Pinto (também pronunciado pelo assassinato do Subdelegado de Silveiras), Joaquim José de Sousa Breves (preso em Bananal), Gabriel José Rodrigues dos Santos, José Vergueiro, Tristão de Abreu Rangel, o Major Francisco Galvão de Barros França (preso na Corte), Paulino Aires de Aguirre, o Major Francisco de Castro do Canto e Mello (preso na Corte), os senadores Feijó e Vergueiro[67] e o Presidente *Intruso* Rafael Tobias de Aguiar, capturado por Caxias no Rio Grande do Sul tentando chegar ao Uruguai.[68]

Entre deputados e senadores

O cenário tenso encontrado nas províncias após os confrontos armados deixa evidente a dificuldade em se atrelar o fim dos confrontos armados ao desfecho efetivo da "Revolução". Os processos, as demissões e nomeações, os julgamentos e as eleições mantiveram os ânimos aquecidos. Por mais que fosse pouco provável que os rebeldes tentassem novo levante, afinal se encontravam física e financeiramente esgotados, a tensão parecia fazer parte daqueles dias atípicos.

Na Assembleia Geral não seria diferente. deputados e senadores não só de Minas e São Paulo carregariam para dentro de ambas as casas o tema da rebelião, apontando

---

66   Aluisio de Almeida. *Op. cit.*, p. 17-21. Na verdade, como o próprio autor explica, a listagem fora publicada originalmente na *Revista do Arquivo Municipal de São Paulo*, nº XX, 1936, por Carlos da Silveira.

67   Como veremos a seguir, os dois senadores seriam julgados por seus pares dentro do estabelecido pela Constituição.

68   Rafael Tobias de Aguiar foi remetido para a Corte, onde permanecia preso na Fortaleza da Lage e seria submetido ao Tribunal Militar. Apesar de nunca ter feito parte da 1ª Linha, seu indiciamento tomou como base sua passagem pelas Milícias. Ver: Aluisio de Almeida. *Op. cit.*, p. 256-257.

para a necessidade da anistia. Vejamos esse longo ano entre 1º de janeiro de 1843 e 14 de março de 1844.

O ano de 1843 iniciou com a abertura dos trabalhos da Assembleia Geral após a ausência de qualquer exercício legislativo no ano anterior, com exceção das sessões preparatórias da Câmara na segunda metade do mês de dezembro. Após a dissolução da Câmara em 1º de maio de 1842, foram convocadas novas eleições, então sob a regra de um novo decreto sancionado no dia 4 do mesmo mês pelo Ministro do Império.[69] Após as eleições, a Câmara deveria iniciar seus trabalhos ainda naquele ano, em 1º de novembro. No entanto, em decreto de 27 de julho, adiava-se a reunião da Assembleia Geral para 1º de janeiro de 1843.[70] O motivo era um só, não fora possível realizar as eleições em São Paulo, Minas e nas províncias vizinhas.[71]

Como de praxe, após as sessões preparatórias para validação dos diplomas, os trabalhos legislativos foram abertos com a *Fala do Trono*, que, apesar do nome, era muito mais a fala do Ministério, fosse pela pouca idade do Imperador fosse pela presença marcante dos ministros de então.

Na sessão de 1º de janeiro foi lida a *Fala* na qual o Imperador manifestava a "profunda mágoa" que lhe causou a "rebelião declarada em Sorocaba e Barbacena". Agradece, ademais, ao Exército, Marinha e à "briosa Guarda Nacional", a quem deve seu governo "o ter podido reduzir à obediência, em curto espaço de tempo, os rebeldes das províncias de S. Paulo e Minas Gerais".[72] Outros assuntos foram abordados, algumas necessidades do Império apontadas, mas tanto o nosso interesse quanto dos deputados daquela legislatura recaíram sobre esse trecho.

Era necessário responder ao monarca, e para isso uma comissão foi encarregada de formular um projeto para debate. Os deputados escolhidos para esta Comissão foram Rodrigues Torres, Barreto Pedroso e Carneiro de Campos, os dois primeiros fluminenses e este último por São Paulo, tendo sido Presidente de Minas Gerais antes da nomeação de Bernardo Xavier da Veiga.

---

69   Decreto de 4 de maio de 1842. São duas as principais alterações estabelecidas por este decreto: extinguia-se o voto por procuração e estabelecia-se a presença do Subdelegado na Junta de Alistamento. A recém-criada autoridade faria parte da mesa juntamente com o pároco e o juiz de paz. Não foram poucos os que viram nesta presença policial uma interferência indevida do governo, motivando a formulação da primeira legislação eleitoral em 1846.

70   Decreto de 27 de julho de 1842.

71   O decreto de 27 de julho de 1842 não é explícito quanto às razões pelas quais as províncias vizinhas a São Paulo e Minas Gerais não conseguiram realizar as eleições. Supõe-se apenas que as dificuldades de comunicação, especialmente com Mato Grosso e Goiás, tenham comprometido o pleito. Seriam quatro províncias a menos na Assembleia Provincial.

72   *Falas do trono: desde o ano de 1823 até ano de 1889*, p. 227.

A Comissão apresentou no dia 5 de janeiro seu projeto de resposta ou *Voto de Graças*. Dele constava a seguinte abordagem a respeito dos eventos de 1842:

> A rebelião que apareceu em S. Paulo e Minas, é um novo crime dos inimigos da ordem social, que tanto têm ensanguentado o Império, e retardado a pública prosperidade: a patriótica coadjuvação, porém, que o governo de Vossa Majestade Imperial achou nos bons cidadãos para sustentar as instituições que nos regem, mostra quanto a nação repele essas convulsões anárquicas, que tantos males nos têm causado: e a câmara espera que os perseverantes esforços dos poderes políticos do Estado, secundados pelo bom senso nacional, porão enfim termo aos loucos projetos das facções e farão que se resignem elas ao saudável jugo das leis, que tão impiamente têm ultrajado. O exército, a marinha e guarda nacional, que, com tanto denodo acudiram à voz do governo de Vossa Majestade Imperial, quando solícito pelo bem público, procurou de pronto sufocar a rebelião nas duas mencionadas províncias, são credores do reconhecimento nacional.[73]

A proximidade dos deputados autores deste projeto com o Gabinete 23 de março (excetuando Aureliano, como veremos) é tão significativa que poderia nos levar a crer que se tratava de uma fala articulada. O texto do projeto é especialmente duro e enfático quanto à natureza criminal da "Revolução", aqui chamada de "rebelião", como manda o Código Criminal e como já constava da *Fala*. No entanto, devemos voltar nossa atenção à caracterização dos rebeldes sugerida pelo texto.

Os homens que pegaram em armas em São Paulo e Minas não eram simples rebeldes ou questionadores da ordem política, imagem que os próprios insurgentes tentaram compor ao questionarem o Gabinete e pedirem sua demissão. Segundo as palavras de Rodrigues Torres, Carneiro de Campos e Barreto Pedroso, os rebeldes eram inimigos da ordem social e da prosperidade pública, ao mesmo tempo em que sugeriam que se tratava de uma reincidência: "a rebelião (...) é novo crime" desses velhos inimigos da ordem que insistem em levar o Estado a convulsões anárquicas. Por três vezes se recorre ao uso do particípio para enfatizar a continuidade, de rebeliões que "têm ensanguentado o Império", "têm causado" males e ultrajado as leis.

Desse modo, o movimento de 1842 é colocado sutil e indistintamente no mesmo grupo das revoltas regenciais, podendo sugerir tanto o envolvimento com grupos das baixas camadas sociais (balaios, cabanos etc.) quanto uma agitação contínua e

---

73 *Anais da Câmara dos Deputados.* 5 de janeiro de 1843.

exagerada desde os tempos do *7 de Abril*. Exatamente o contrário do posterior esforço do Cônego Marinho em aliar o grito de revolta em São Paulo e Minas a lutas políticas como a Confederação do Equador e a Abdicação, colocadas como protestos em prol do Estado constitucional. Ignora-se, no caso do projeto, o questionamento das Leis da Reforma e do Conselho de Estado, das representações não recebidas, das supostas práticas "absolutistas" do Gabinete. O campo da batalha política ficaria assim definido: de um lado, o bom senso nacional, a fidelidade às leis e à ordem, os bons cidadãos; e, do outro, os facciosos com seus loucos projetos e que resistem ao "jugo saudável das leis", optando pela anarquia.

A dureza do projeto, no entanto, não era posição unânime, apesar de a Câmara estar longe de ser visceralmente opositora. O deputado pernambucano Felix Peixoto de Brito e Melo apresentou logo no início das discussões uma emenda propondo a substituição da palavra "rebelião" por "acontecimentos". O discurso em que Peixoto de Brito expõe suas razões é de oposição não apenas ao projeto de *Voto de Graças*, como à própria *Fala do Trono*, por julgá-la a fala do Ministério. Para o deputado pernambucano falta franqueza à *Fala*, que afirma haver mágoa em virtude do ocorrido em São Paulo e Minas, mas não especula sobre suas motivações: a dissolução da Câmara e novas eleições reguladas por decreto.

Como era de se esperar, o deputado correu a se defender de qualquer acusação de simpatia ao movimento armado. Afirma que foi simpático à *Maioridade*, apesar de lamentar o atropelo da Constituição, e sempre acreditou no monarquismo dos Maioristas. Porém, é contra manifestações armadas em um Estado constitucional dotado de tribuna, imprensa e outros canais de expressão e ação. Dito isso, expõe um raciocínio que irá se repetir muitas vezes tanto na Câmara quanto no Senado, inclusive na discussão da resposta à *Fala* pelos senadores. Se os deputados aceitassem na resposta à *Fala* emitida no início do ano de 1843 o uso do termo "rebelião", isso se configuraria como antecipação de julgamento, uma condenação prévia antes mesmo de se avaliar o que ocorreu no ano anterior, sem se avaliar se ocorreram ou não excessos, sem, por fim, fazer justiça.[74]

Situação praticamente idêntica à do Senado, onde o projeto de resposta à *Fala* foi apresentado no dia 7 de janeiro pela comissão composta por Honório Hermeto Carneiro Leão (nomeado senador pelo Rio de Janeiro naquela mesma sessão legislativa), Visconde de São Leopoldo (veterano senador por São Paulo) e Manuel Alves Branco (senador pela Bahia). Apesar do Senado ter sido em sua maioria simpático à Regência de Araújo Lima e resistido como pôde à *Maioridade*, ou seja, não manifestou

---

74 *Anais da Câmara dos Deputados*. Sessão de 13 de janeiro de 1843.

oposição ao Gabinete 23 de março, havia ainda assim senadores combativos e capazes de oferecer resistência aos seus colegas francamente governistas. E os debates da reposta à *Fala do Trono* foram capazes de evidenciar essas posições, apesar do baixo *quorum* apresentado nas primeiras sessões.

As discussões já começaram acaloradas, pois Alves Branco não assinou o projeto junto com seus companheiros de comissão. O senador baiano discordava do projeto e, mais ainda, discordava das opiniões de Honório Hermeto, responsável por toda a defesa do projeto. Texto este, aliás, em tudo afinado com o apresentado na Câmara, de modo a gerar uma discussão igualmente simétrica. José Saturnino da Costa Pereira, senador pelo Mato Grosso, discursou em defesa da imparcialidade da justiça e o exemplo a ser dado pelo Senado, fazendo coro à fala de Alves Branco e, no mesmo sentido do que fora dito pelo deputado Peixoto de Brito na Câmara, o Senado (como um todo) ainda não teria qualquer informação precisa ou completa sobre a aplicação da justiça no caso de São Paulo e Minas, portanto o uso do termo "rebelião" seria uma antecipação perigosa.

Na opinião de Alves Branco o termo mais indicado seria "desordem", pois

> nós aqui não entramos no exame se os acontecimentos de S. Paulo e Minas constituem ou não uma rebelião, não tratamos de o classificar: em outras circunstâncias poderia isto ser indiferente; mas nas atuais não é. Quando somos juízes, não devemos classificar o fato, antecipar nossas opiniões, sem vermos as provas e ouvirmos os réus: por isso entendo que em termos gerais o Senado se exprimirá muito bem.[75]

O caso era especialmente delicado para alguns. Envolvia grande número de homens influentes, antigos presidentes de Província, ex-deputados, ao menos três senadores, indivíduos que até há pouco estiveram no governo e que a ele cedo ou tarde voltariam. Por isso "em outras circunstâncias poderia isto [uma mera palavra na resposta à *Fala*] ser diferente".

De encontro às palavras do senador baiano ergueu-se Honório Hermeto, um novato no Senado, mas não na tribuna. Para o recém-nomeado senador por Minas Gerais, tratava-se de apoiar justamente a *Fala*, pois a troca de "rebelião" por "desordem" colocaria a descoberto a ação do governo.

---

75 *Anais do Senado do Império.* 11 de janeiro de 1843.

> Sabemos que o governo suspendeu as garantias, o que não podia
> fazer sem reconhecer existente no país uma rebelião: o governo pois,
> que devia ter as informações necessárias para firmar um julgamento
> a este respeito, suspendeu as garantias, decidiu que houve rebelião.[76]

Se Honório Hermeto possuía o apoio do ex-Regente Araújo Lima e Mello Mattos, Alves Branco contaria com as palavras incendiárias de Holanda Cavalcanti. O senador por Pernambuco, que fizera parte do *Clube Maiorista*, não parecia preocupado em contemporizar. Afirmou, para escândalo de alguns, como o Marquês de Abrantes, que se era lícito falar em rebelião de São Paulo e Minas seria igualmente lícito falar em conspiração dos ministros, portanto não desejava ouvir nem uma nem outra coisa.[77] Fica evidente que a discussão não era nem semântica nem jurídica, tratava-se de justificar politicamente ou o movimento armado ou a ação enérgica – ou despótica, para alguns – do Ministério.

O mesmo ocorria na Câmara. Se no Senado assistíamos os primeiros debates do futuro Marquês do Paraná, entre os deputados estreava combativamente Justiniano José da Rocha. Após declarar seu mais "profundo ministerialismo" afirma que, ao contrário do deputado Peixoto de Brito, considera o projeto de *Voto de Graças* muito tímido, em momento que a Câmara precisava apresentar toda sua força à Nação. A emenda proposta pelo jovem deputado é na verdade uma nova resposta à *Fala*, um texto completo e pronto para substituir o antigo projeto. Dificilmente tal emenda seria aprovada, mas seria suficiente para causar discussão e fortalecer a defesa do Ministério, encoberto no projeto original pelos eufemísticos agradecimentos ao "governo de Vossa Majestade", patriótico e enérgico. Uma manobra sutil para delimitar os favoráveis e os contrários ao Gabinete 23 de março que, em crise, não sobreviveria ao mês de janeiro.[78]

É importante destacar que Justiniano havia sido eleito pela primeira vez à representação nacional e pela Província de Minas Gerais, contando com apoio decisivo de Paulino José Soares de Sousa e de Joaquim José Rodrigues Torres, como conta em carta ao amigo Firmino Rodrigues Silva. Justiniano e Firmino, como tratado anteriormente, iniciaram suas carreiras jornalísticas (e, portanto, políticas) juntos. Em correspondência, os dois amigos comentam suas articulações políticas visando as eleições daquele ano para a Assembleia Provincial mineira e para a Câmara. Em Minas Gerais, Firmino contava com o apoio direto de Gabriel Mendes do Santos (também eleito deputado

---

76   *Idem, ibidem.*

77   *Idem, ibidem.*

78   *Anais da Câmara dos Deputados.* 5 de janeiro de 1843.

para a legislatura de 1843-1844), enquanto Justiniano buscava aproximar-se do Barão do Bonfim.[79]

Não é de causar espanto que Justiniano, conhecido por sua "pena de aluguel", tenha proposto um *Voto de Graças* mais duro valorizando a ação do Ministério de 23 de março, sabidamente em crise àquele momento. O deputado-jornalista contara ao amigo Firmino, em carta de 20 de janeiro, que havia cinco dias estavam em crise ministerial sem solução. A situação descrita por Justiniano envolvia um Paulino cansado de seus colegas e Aureliano desconfiado dos demais ministros. Consequentemente, "acreditava-se" que o próximo gabinete seria organizado por Honório Hermeto na pasta do Império ou Estrangeiros, Rodrigues Torres na Marinha, e talvez Paulino na Justiça, pois Eusébio de Queirós fora convidado, mas não quis aceitar. Por fim, para Justiniano, o desafio do novo gabinete seria enorme: o processo dos senadores rebeldes. Mas isto não era tudo.

De acordo com a análise de Paulo Pereira de Castro, a posição de Aureliano – o "princípio dissolvente" – era muito mais delicada, pois envolvia seu próprio desempenho à frente da pasta dos Negócios Estrangeiros. Com as negociações a respeito dos tratados com a Inglaterra e a presença no Brasil da Missão Ellis, acusava-se Aureliano de favorecer os interesses ingleses, em especial por serem conhecidas suas tendências contrárias ao tráfico de escravos. Não por acaso, logo na abertura dos trabalhos da Câmara o deputado Barreto Pedroso havia enviado à mesa diretora um requerimento solicitando o envio de toda a correspondência do Ministério dos Negócios Estrangeiros para análise na Câmara, apontando justamente a desconfiança em relação à probidade do Ministro.[80]

Esta era só a continuidade de uma crise ministerial iniciada poucos meses antes, quando da decisão de operar mudanças capazes de conduzir de forma eficaz a pacificação do Rio Grande do Sul. Influenciados e fortalecidos pelo crescente prestígio de Caxias, inclusive junto ao monarca, Paulino e o Ministro da Guerra, Clemente Pereira, apoiaram a demissão do então Presidente da Província rebelada desde 1835 e a nomeação do Barão de Caxias, que acumularia ainda o comando de armas do Rio Grande do Sul. Até aquele momento, o brigadeiro havia pacificado (ou subjugado) três províncias – Maranhão, São Paulo e Minas –, de modo que sua nomeação não parecia de modo algum um despropósito.[81] Problemático seria para Aureliano a demissão do Presidente da Província gaúcha: seu irmão, Saturnino.

---

79   Nelson Lage Mascarenhas. *Op. cit.*, p. 73-75.

80   Paulo Pereira de Castro. *Política e administração de 1840 a 1848,* p. 517.

81   Caxias foi nomeado Presidente da Província do Rio Grande do Sul em 9 de novembro de 1842.

Em sessão de 25 de janeiro Aureliano tomou a palavra no Senado para explicar sua saída do Ministério. O senador por Alagoas e também estreante na Casa fazia questão de afirmar que não havia quaisquer desentendimentos de natureza administrativa ou política entre ele e os demais ministros, tanto que permanecia apoiando o atual Gabinete. Sua motivação teria sido puramente pessoal. Depois de deixar a presidência do Rio Grande do Sul, seu irmão Saturnino assumiu a Inspetoria da Alfândega da Corte e candidatou-se a uma cadeira na Câmara pelo Rio de Janeiro. No entanto, foi o único candidato governista que não venceu as eleições. Além disso, lembrava a hostilidade com que era tratado pela imprensa governista e nas discussões do *Voto de Graças* na Câmara.[82] A única resposta frontal a Aureliano foi dada por Vasconcelos, para quem não cabia ao governo intervir nas eleições. Fica a dúvida se a ironia dizia respeito à motivação de Aureliano ou ao sistema eleitoral do Império.

Justiniano quase acertou o novo Gabinete. Após a saída do desgastado Aureliano, coube a Honório Hermeto compor o Ministério, sob a condição de não manter nenhum nome do anterior.[83] A difícil saída encontrada foi o acúmulo das pastas da Justiça e dos Negócios Estrangeiros sob a batuta do próprio "chefe do gabinete", a do Império ficou nas mãos do senador José Antonio da Silva Maia, o Ministério da Fazenda caberia ao deputado Joaquim Francisco Viana, a pasta da Guerra ficou aos cuidados do militar Salvador José Maciel e a da Marinha para o dedicado deputado Rodrigues Torres. Segundo Honório Hermeto, o grande desafio do Gabinete residia nas "recentes comoções políticas em duas grandes províncias, que, abalando a ordem, causaram males que ainda não estão reparados".[84]

Na Câmara, coube a Rodrigues Torres explicar como o novo Ministério esperava se relacionar com o Legislativo, a fim de encarar esse e outros desafios políticos:

> O Ministério e o País têm necessidade disto: o País tem necessidade de um Ministério fortemente organizado, fortemente apoiado pelo corpo legislativo, e não deseja que a Câmara se mostre dúbia por considerações quaisquer. Ela deve manifestar com muita energia o seu pensamento, para que assim possamos ter um governo que, sustentado pelas Câmaras, possa promover a felicidade da Nação.[85]

---

82   *Anais do Senado do Império*. Sessão de 25 de janeiro de 1843.

83   Vale dizer que o cargo de Presidente do Conselho de ministros e, portanto, responsável por compor o Ministério a partir do "chamado" do Imperador foi criado apenas em 1847. No entanto, a lei apenas formalizou uma prática anterior.

84   *Anais do Senado do Império*. Sessão de 23 de janeiro de 1843.

85   *Anais da Câmara dos Deputados*. Sessão de 23 de janeiro de 1843.

O que escapava a esta colocação, mas não à prática política do grupo de Rodrigues Torres, é que se o país necessitava de um Ministério fortemente organizado, este só poderia ser politicamente forte tendo como apoio uma maioria igualmente organizada na Câmara, o que não parecia ser o caso naquele momento. A legislatura que se iniciava era indecisa, como que aguardando uma melhor definição do jogo, talvez influenciada pela dissolução do ano anterior e pela "Revolução" que, apesar de abatida no campo de batalha, ainda não esfriara por completo. Contudo, salta aos olhos a pertinente análise de Ilmar R. Mattos a respeito da prática política encetada especialmente pelo grupo saquarema. Disciplinados (ou disciplinadores) e desejosos de uma ação coordenada, homens como Rodrigues Torres e Paulino viam a necessidade de uma relação quase simbiótica entre Executivo e Legislativo,[86] contanto que trabalhassem em nome de um objetivo comum, prática em formação por esses anos iniciais do Segundo Reinado e diretamente relacionada com o confronto entre os saquaremas e, agora sim, luzias.

Justiniano, mais uma vez, mostrava sua perícia em analisar o cenário político. A maior dificuldade do Gabinete não era simplesmente conduzir o julgamento dos senadores rebeldes, mas resolver a "Revolução" no sentido estrito da palavra. Os processos já ocorriam desde o ano anterior e se arrastavam 1843 adentro, ao mesmo tempo em que a anistia começava a ser pensada ou como solução positiva ou como medida desastrosa. Para os governistas e o comando saquarema, que havia tão habilmente sufocado o grito rebelde no ano anterior, tratava-se de resolver no sentido de deslindar, desatar o nó e tornar inteligível a todos as consequências da vitória do governo sobre aqueles rebeldes: enfatizar a institucionalização dos embates políticos, a cada vez mais forte exclusão da praça pública como espaço de discussão e ação, redefinindo as possibilidades de prática política, e provocar uma revisão na própria "identidade" luzia.[87] Era esta a responsabilidade do Gabinete 23 de janeiro que, apesar de reunir outros nomes, mantinha-se muito próximo ao findo 23 de março.

Pós-1842, toda sorte de insatisfações

Na Câmara, o ex-ministro Paulino, então deputado, poderia ouvir todas as possíveis críticas a respeito da atuação do extinto Ministério e de sua própria à frente da pasta da Justiça. Em plena discussão a respeito da fixação das forças de mar e terra, Paulino se sentiu obrigado a responder aos colegas e aconselhar da tribuna os novos ministros:

---

86   Ilmar R. de Mattos. *O tempo saquarema*, p. 143-145.

87   *Idem, ibidem.*

> Reclamo do nobre ministro da marinha e de seus ilustres colegas a maior atenção sobre o estado da província de S. Paulo e especialmente da de Minas Gerais. (Apoiados) Eu considero o estado dessas duas províncias muito melindroso. (Apoiados) eu entendo mesmo que a tarefa de vencer a rebelião que nelas se declarara era mais fácil e menos complicada do que a de lutar com proveito e segurança para o futuro com os deploráveis resultados dessa rebelião depois de desarmada. (*Apoiados*) Os desastrosos efeitos das rebeliões não são somente aqueles que se patenteiam entre as armas antes e logo depois da vitória. Não: eles são mui duráveis, influem muitas vezes por uma maneira mui perniciosa e terrível sobre o modo de existência da sociedade, sobre o futuro do país, sobre os diversos ramos da administração, relaxam os laços sociais, corrompem muito e desmoralizam.
>
> Vemos na província de Minas Gerais homens que tiveram uma parte mui ativa e decidida na rebelião, mas que tem protetores, havidos por inocentes e absolvidos pelo júri (*apoiados*), ao passo que outros que tomaram nela uma parte muito menos importante, que não podem mesmo ser considerados cabeças, estão condenados. (*Apoiados*) Eu não sei qual será sobre este objeto o procedimento do poder moderador. Se este poder julgar que deve restabelecer pelo uso da sua prerrogativa, a justiça relativa, que deve ser tão consultada para que as penas possam receber a força que lhes dá a opinião, creio que talvez, talvez nenhum dos réus da rebelião de Minas seja punido.[88]

Para Paulino, o resultado desta anistia pressentida, mas não nominada, seria a desmoralização da Justiça e de seus agentes, bem como um sinal verde para a impunidade. Não por acaso, o ex-ministro chama a este possível ato do Poder Moderador – ato legítimo e dentro de suas prerrogativas constitucionais – de "justiça relativa", ou seja, de forma alguma seria uma justiça absoluta, correta sob todos os pontos de vista. A questão que levantamos é sobre a existência e possibilidade desta política. Haveria o absoluto no universo da política?

Ao mesmo tempo, em seu longo discurso o ex-ministro esforçou-se por justificar as ações do Ministério 23 de março contra a "Revolução", especialmente as suspensões das garantias constitucionais, as deportações para fora do Império e o envio dos senadores Feijó e Vergueiro para a Província de Espírito Santo. A quem Paulino respondia?

---

88   *Anais da Câmara dos Deputados.* 7 de fevereiro de 1843.

Aos colegas deputados que desde os debates da resposta à *Fala do Trono* atacavam o Gabinete por este ter supostamente agido de forma autoritária, tomando para si – governo – um poder discricionário que contrariava a Constituição.

Contudo, os ataques e acusações vinham de uma Câmara que se, por um lado, não apresentava uma oposição aguerrida, posto que os Maioristas/luzias e seus simpatizantes encontravam-se bem reduzidos (os tradicionais opositores paulistas e mineiros estavam momentaneamente anulados), por outro apresentava fissuras entre os antigos aliados. Cenário que inspirava atenção, pois o novo Gabinete não chegava a ser propriamente diferente do anterior em seus princípios. Honório Hermeto havia participado da repressão ao movimento de 1842 na qualidade de Presidente da Província do Rio de Janeiro, enquanto Rodrigues Torres viria a se tornar membro da chamada "tríade saquarema" junto a Eusébio de Queirós e Paulino. O primeiro fora chefe de polícia na Corte e responsável pela repressão à *Sociedade dos Patriarcas Invisíveis*, e o segundo, como já vimos, Ministro da Justiça e, a partir de 8 de junho de 1843, voltaria ao Ministério na pasta dos Negócios Estrangeiros. De tal modo que a emenda que Justiniano José da Rocha apresentou, enaltecendo a ação enérgica do governo frente à crise de 1842, não era mera louvação de um "pena de aluguel", mas uma necessidade real de afirmação e fortalecimento deste grupo que avançava a partir do Rio de Janeiro e esbarrava nos cenários provinciais multifacetados por aliados antigos (satisfeitos ou não), aliados de véspera (por vezes, de ocasião) e os derrotados, momentaneamente aturdidos, mas não extintos.

Naquela mesma sessão parlamentar em que Paulino defendeu a si e ao seu Gabinete, o deputado paulista Joaquim José Pacheco também pediu a palavra.[89] Apoiador da Regência de Araújo Lima, defensor do amado e odiado Gabinete 19 de setembro de 1837 – cujo grande nome fora Bernardo Pereira de Vasconcelos –, partidário do Partido da Ordem na Assembleia Provincial e redator do jornal *A Phenix*, Pacheco poderia ser considerado um aliado de longa data, apesar de não ser um nome expressivo fora de São Paulo.[90] Mas não estava satisfeito com o resultado da pacificação de sua Província.

Seu discurso fora veemente, agressivo e sem meias palavras. Após professar seu legalismo apaixonado, principiou por questionar a necessidade das suspensões de direitos constitucionais e mesmo indagar a respeito da eficiência do governo na repressão. Para Pacheco, o confronto poderia ter sido evitado, mas o Gabinete optou por transigir, por negociar e acomodar opiniões conflitantes. Se tivesse demitido as autoridades antecipadamente, se tivesse afastado alguns nomes... Mas não o fez por

---

89   *Idem, ibidem.*

90   Cf. Erik Hörner. *Guerra entre Pares.*

ser interessante o confronto, por desejar o embate. Ora, *mutatis mutandis* é a argumentação do Cônego Marinho, como mostrado no segundo capítulo. Mas o que levaria um legalista e antirrebelde sincero a tecer considerações tão inflamadas? Justamente o delicado cenário pós-guerra.

Segundo o deputado paulista, o Presidente da Província e seu chefe de polícia implementaram uma política de favorecimentos com o único intuito de fazer candidatos para as eleições parlamentares. Após a tentativa frustrada de criar um terceiro partido, os representantes do Poder Central teriam chegado ao cúmulo de nomear como subdelegados indivíduos que haviam pegado em armas contra o governo. Amigos da legalidade estavam sendo punidos e os inimigos da véspera, recompensados. Aos olhos de Pacheco, a conjuntura paulista era tão crítica que não se espantaria caso a Província voltasse a se convulsionar.

É importante destacar que o Presidente da Província e o chefe de polícia a que Pacheco se referia eram provavelmente José Carlos Pereira de Almeida Torres[91] e Rodrigo Antonio Monteiro de Barros,[92] ambos eleitos por São Paulo para esta mesma legislatura. A julgar pela "coincidência" de também na bancada mineira estarem presentes o Presidente e o chefe de polícia por ocasião da repressão ao movimento armado, as acusações de Pacheco são em parte coerentes, os repressores foram certamente beneficiados nas eleições.

Como afirmado anteriormente, as tensões provinciais repercutiam dentro da Câmara, porém era no Senado que as discussões mais significativas ocorreram. Não apenas por causa dos processos contra quatro senadores, mas por termos um enfrentamento acirrado em uma Casa tida comumente como apoiadora do *Regresso* e do fortalecimento do Poder Central encampado pelos saquaremas. Contudo, é importante salientar que havia uma agenda comum às duas Casas e que se misturava ao sempre presente tema da "Revolução".

É sabido que o início dos trabalhos legislativos se dava em 3 de maio. Porém, em 1843 os trabalhos começaram em 1º de janeiro. A pressa decorria do longo período sem sessão – o encerramento dos trabalhos da última legislatura ocorreu em 21 de novembro de 1841 – e da existência de leis que necessitavam de aprovação anual. Diante da inexistência da Câmara em 1842, o governo fora obrigado a trabalhar com base no

---

91 Almeida Torres fora nomeado Presidente da Província em 17 de agosto de 1842, permanecendo no cargo até 26 de janeiro de 1843. Eleito deputado geral por São Paulo, foi escolhido senador pela Bahia ainda neste mesmo ano, deixando a Câmara. Desde 1842 era conselheiro de Estado.

92 Monteiro de Barros foi o primeiro chefe de polícia nomeado para São Paulo, sendo sucedido por J. A. G. de Menezes, responsável pela conclusão dos inquéritos contra os envolvidos na "Revolução".

Orçamento do ano fiscal de 1841-1842, o mesmo ocorrendo com a Lei de Fixação das Forças de Terra e Mar. A situação era agravada pelo fato de o antigo Orçamento ser deficitário mesmo antes dos gastos emergenciais feitos com o combate à "Revolução", exigindo medidas eficientes para controlar as finanças imperiais. Tendo em vista esta urgência, o primeiro assunto a ser tratado seria a Lei de Orçamento?

A primeira sessão de 1843 durou de janeiro a maio, sendo que a Câmara discutiu até 4 de fevereiro o *Voto de Graças*. A segunda sessão foi encerrada em 24 de outubro, sendo que apenas no dia 21 do mesmo mês passou a Lei do Orçamento em um formato pouco convencional. As despesas e receitas fixadas valeriam para o ano financeiro de 1843-1844 – iniciado havia quatro meses – e também para o próximo, 1844-1845. Apesar de outras questões terem sido abordadas ao longo da legislatura, as atenções estavam voltadas para os processos dos senadores.

Conspiradores e cabeças de rebelião

Antes de entrarmos na discussão dos processos dos senadores, as defesas e suas implicações, é necessário que visualizemos o contexto no qual estes homens, que ocupavam uma das mais altas esferas do Estado, foram indiciados. Retomando a reflexão jurídica que fizemos no começo deste capítulo e informações preliminares apresentadas em trabalho anterior,[93] pretendo explorar tanto a repressão na Corte quanto o clima político decorrente.

A aplicação das "leis militares para tempos de guerra" estipulada para as províncias de São Paulo e Minas Gerais vieram completar o decreto de 17 de maio, que suspendia os parágrafos 6º, 7º, 8º, 9º e 10º do Art. 179 da Constituição. Em outras palavras, a partir desta data a inviolabilidade dos direitos civis dos cidadãos brasileiros estava parcialmente suspensa em São Paulo, situação que persistiu até 25 de setembro de 1842.[94] Este expediente era usual em casos de rebelião, haja vista que os mesmos artigos estavam suspensos no Rio Grande do Sul desde pelo menos 1841. Sem a vigência dos cinco artigos citados, a perseguição e prisão de envolvidos no crime de rebelião tornava-se muito mais fácil, pois passava a ser permitida a invasão de casas por autoridades judiciais em qualquer hora do dia e sem a necessidade de se cumprir todos os trâmites legais, e a prisão sem culpa formada era permitida enquanto a fiança estava temporariamente abolida. Além disso, a livre movimentação no Império ficava proibida, abrindo caminho para que o governo obrigasse indivíduos a permanecerem ou partirem de suas residências.

---

93   Erik Hörner. *Guerra entre pares.*

94   Decreto nº 225, de 25 de setembro de 1842.

As vantagens dessa medida eram tão visíveis e necessárias aos olhos do governo que em 18 de junho foi aplicada com o prazo de um mês também ao município e Província do Rio de Janeiro.[95] Tudo leva a crer que em 30 dias esperava-se fechar o cerco sobre os "rebeldes" que permaneceram na Corte e eram vigiados pelos espiões do chefe de polícia local, Euzébio de Queiroz Coutinho Matoso Câmara. Em uma breve consulta aos manuscritos referentes à "Revolução" de 1842 que fazem parte do acervo da Biblioteca Nacional, foi possível traçar em linhas gerais a ação da polícia na sede do governo imperial.

A documentação reunida por Tobias Monteiro é constituída de 12 cartas remetidas a Euzébio de Queiroz entre 8 de junho e 28 de agosto de 1842. Neste período, o principal alvo das ações de espionagem era a casa número 35 da Rua do Conde, de propriedade do senador mineiro Pe. José Bento Leite Ferreira de Melo. Durante mais de dois meses, Fidelis Carboni, um italiano a serviço do chefe de polícia, relatou quase que diariamente o nome das pessoas que entravam e saíam da casa do senador, assim como os respectivos horários.[96] Na maior parte das cartas, Carboni não indica mais que um dos nomes das pessoas que estiveram presentes à reunião na Rua do Conde, em outros casos afirma não saber de quem se tratava, optando por descrever o indivíduo, o que dificultou a identificação exata das pessoas citadas. Segundo anotação de Tobias Monteiro à Coleção Euzébio, a correspondência durou entre janeiro e setembro de 1842, no entanto só tive acesso às cartas referentes a pouco mais de dois meses de atividade. De qualquer modo, é possível fazer uma relação das pessoas que frequentaram esses encontros: Antonio Paulino Limpo de Abreu,[97] Francisco Gê Acaiaba de Montezuma,[98] Pe. João Dias de Quadros Aranha,[99] Francisco de Sales Torres Homem,[100] Pe. José Martiniano de Alencar,[101] Teófilo Benedito Otoni,[102] Nicolau Rodrigues dos Santos França Leite,[103] Cônego Geraldo Leite Bastos,[104] Balbino da

---

95 Decreto nº 183, de 18 de junho de 1842.

96 Cartas a Eusébio de Queirós descrevendo o movimento de entrada e saída de alguns homens na rua do Conde nº 35, dando detalhes como nomes e os horários em que lá estiveram. BN – 63, 4, 2, nº 78

97 Deputado por Minas Gerais na legislatura de 1838 a 1841 e eleito para a Câmara previamente dissolvida de 1842.

98 Deputado pela Bahia na legislatura de 1838 a 1841.

99 Deputado por Minas Gerais, eleito para a Câmara previamente dissolvida de 1842.

100 Deputado pelo Ceará, eleito para a Câmara previamente dissolvida de 1842.

101 Senador pelo Ceará.

102 Deputado por Minas Gerais na legislatura de 1838 a 1842 e eleito para a Câmara previamente dissolvida de 1842.

103 Deputado pela Paraíba, eleito para a Câmara previamente dissolvida de 1842.

104 Não foi possível encontrar referências.

França Ribeiro,[105] entre outros. Com exceção dos últimos dois, os demais são figuras conhecidas da política nacional. Contudo, minha intenção não consiste em esmiuçar a participação de cada um desses políticos, mas mostrar os efeitos dessa "polícia secreta".

De acordo com Aluísio de Almeida, após a suspensão das garantias constitucionais em 18 de junho, alguns políticos foram presos como "medida de segurança" e deportados para Lisboa na fragata "Paraguassú", no dia 3 de julho.[106] O historiador sorocabano afirma que foram seis os passageiros da fragata: Limpo de Abreu, Sales Torres Homem, Leite Bastos, França Leite, Dr. Joaquim Cândido Soares Meireles e José Francisco Guimarães. Afora Meireles e Guimarães, sobre os quais não tenho informação alguma, os demais eram frequentadores assíduos da Rua do Conde, 35. O jornal *O Verdadeiro Paulista*, por sua vez, informou aos seus leitores uma relação de sete presos acusados de conspiração e enviados para a Fortaleza de Villegaignon.[107] Consta desta lista os posteriormente deportados Limpo de Abreu, Sales Torres Homem, França Leite, Leite Bastos e Guimarães, além de Balbino da França Ribeiro, Manoel Joaquim dos Passos e Gabriel Pinto d'Almeida. Não foi possível obter informações a respeito de Passos, entretanto Balbino da França Ribeiro figura nas cartas de Carboni, assim como um certo "Gabriel" que poderia ser Pinto d'Almeida.

Além da magnitude destas prisões e deportações, é importante destacar o cuidado do governo com a repressão ao movimento, fosse ela nas províncias ou na Corte. Chama atenção também o relativo preparo das autoridades, que nesse caso específico possuíam na ativa um espião desde janeiro de 1842. Diante do número de pessoas reunidas na casa do senador José Bento, da presença do senador Alencar e das consequências sofridas pelo grupo, é possível inferir que ao menos uma parte destes indivíduos fazia parte dos *Patriarcas Invisíveis*, se não fosse a Rua do Conde a própria sede da sociedade secreta. A *Sociedade* é responsabilizada por autores como João Baptista de Moraes[108] e o contemporâneo Joaquim Antonio Pinto Junior[109] pela articulação do movimento e até mesmo por um possível apoio logístico quanto ao envio de armas. Os círculos dessa sociedade teriam se espalhado pelas províncias debatendo a necessidade de uma contestação armada e sua forma de ação. No entanto, aparentemente a sociedade não se mostrou tão secreta e os patriarcas não muito *invisíveis*, a ponto de suas atividades serem vigiadas pela polícia.

---

105 Carboni se refere a ele como "o escrivão Balbino".

106 Aluisio de Almeida. *Op. cit.*, p. 174.

107 *O Verdadeiro Paulista*, 27 de junho de 1842.

108 João Baptista de Morais. *Op. cit.*, p. 49-50.

109 Joaquim Antonio Pinto Júnior. *Op. cit.*, p. 8.

Dentre os documentos resultantes das investigações do chefe de polícia da Corte, encontra-se um de nome *Instruções e Estatuto do Conselho da Sociedade dos Patriarcas Invisíveis,*[110] que havia sido entregues, a José Lourenço de Castro Silva em 14 de janeiro de 1842. O que consta preservado é, na verdade, uma cópia realizada em 11 de setembro de 1843,[111] data estranha a qualquer uso que se poderia dar a esta documentação.

Assinada por Alencar, na qualidade de Presidente, e Francisco de Sales Torres Homem, como secretário, as *Instruções* orientam o indivíduo Castro Silva a procurar por Rafael Tobias de Aguiar em São Paulo, assim como todos os demais deputados e senadores da província que devem estar reunidos na capital. Feito isto, deveria apresentar a carta do Conselho dos *Invisíveis* e pedir que Tobias de Aguiar convocasse os demais. Na ocasião desta reunião, o emissário seria encarregado de informar os presentes das pessoas responsáveis por formar a *Sociedade* em Pernambuco, Paraíba e Ceará, para então propor duas questões: "se julgam chegado o caso em que o Ceará e a Paraíba se devem insurgir contra a tirania" e "se feita a insurreição, a Província de S. Paulo se compromete a coadjuvá-la e sustentá-la, recusando obediência ao governo geral".

Curioso roteiro, ainda mais pela inversão do cenário. Não temos meios de comprovar a autenticidade do documento, apesar de haver reconhecimento de firma por parte da polícia. Na prática, este procedimento jurídico não representa uma salvaguarda ao trabalho do historiador. Mas, segundo as *Instruções,* o movimento delineado em janeiro de 1842 teria como possível ponto de partida as províncias do Norte, o exato oposto do que vimos até aqui. Há notícias de tensões políticas nas mencionadas províncias e falava-se disso abertamente na Assembleia Geral e na Imprensa, contudo não encontramos nenhum outro indício de articulação. O próprio desenrolar do movimento levanta suspeita sobre esta consulta que deveria ser apresentada por Castro Silva.

Caberia aos paulistas discutirem e fixarem um programa a respeito das consequências políticas que o Povo Brasileiro deveria tirar desse movimento – caso ele fosse efetuado –, pois da parte do Conselho a avaliação era clara e explícita. Ele acreditava ser

> justo, conveniente e possível esse movimento naquelas províncias do Norte, à vista dos dados e esclarecimentos que possui: que em seu entender o Brasil tem chegado a um estado que não pode ser regenerado e salvo pelos meios ordinários.[112]

---

110 BN – 63, 4, 2, nº 92

111 Apesar de ser apenas uma especulação, podemos considerar que haja erro de data, sendo o documento datado de setembro de 1842, o que faria sentido posto compor os Autos organizados pela Polícia da Corte.

112 *Idem, ibidem.*

Em conjunto com os excertos do suposto estatuto, a declaração torna-se incendiária. Compondo um sumário organizado pelo Juizado Municipal da Corte, os sete artigos não nos dão noção exata do todo, sugerem apenas a existência de no mínimo 29 artigos dos quais foram selecionados os que mais claramente constituiriam crime. A *Sociedade dos Patriarcas Invisíveis* teria, então, como objetivo primeiro a defesa da liberdade e da Constituição, pregando, em caso de atos inconstitucionais e arbitrários do governo, a resistência. No que tange à organização, a *Sociedade* teria um Conselho Patriarcal na Corte, responsável pela direção principal e para onde confluiriam as decisões deliberadas pelos Círculos. Apesar desta centralidade desempenhada pelos reunidos na Corte, todos os Círculos deveriam se corresponder entre si.

Ao que tudo indica, os estatutos previam maior eficiência que a experimentada na prática, porém é certo que São Paulo e Minas estavam de algum modo articuladas. No mais, esta documentação acabou por alimentar os processos contra os senadores José M. de Alencar e José Bento Leite Ferreira de Melo. No entanto, deve-se notar que, a despeito da sugestão de um concerto rebelde a partir da Corte e da tentativa de um levante nacional, os dois padres não foram pronunciados como "cabeças de rebelião", e sim como conspiradores, separando-os dos demais insurgentes. Independente da convicção de um movimento único expresso explicitamente no *Relatório* do Ministro da Justiça tantas vezes citado aqui, Alencar e José Bento foram indiciados por infringirem os mesmo artigos do Código Criminal, mas num movimento à parte.

No Senado, chamado a se defender das acusações, Alencar apresentaria sua defesa no sentido de desqualificar as acusações e, principalmente, a validade das testemunhas. Seria possível contestar a pronúncia explorando seu verdadeiro motivo, o desejo de perseguição política de seus adversários. Porém, o senador opta por discutir a parte policial do processo, posto que o Senado estivesse agindo, em tese, dentro de atribuições mais judiciárias que políticas.

Na visão do padre, cartas de espiões e indivíduos coagidos não poderiam ser consideradas provas dignas de crédito. Seria tudo fruto do empenho do desembargador e chefe de polícia da Corte, Euzébio de Queirós. É interessante notar que nenhuma testemunha arrolada era do Rio de Janeiro, com exceção das cartas de Fidelis Carboni. Todos os indivíduos apresentavam ligação com o Vale do Paraíba, colocando em contato Alencar, José Bento e Sousa Breves.[113]

As acusações de Alencar contra o chefe de polícia da Corte poderiam ser apenas parte de uma estratégia de defesa não fossem as cartas de algumas dessas testemunhas

---

113 A defesa de Alencar, realizada em 27 de abril de 1847, foi também publicada e consta do acervo da Biblioteca Nacional. BN – I-1, 19, 28.

para Eusébio de Queirós. Francisco Álvares de Castro Rozo, por exemplo, estando preso na Fortaleza de Villeganon e depois na de Santa Cruz, escreveu seguidas vezes em dezembro de 1842 ao chefe de polícia, portando-se como seu protegido e rogando sua transferência para São Paulo, o que lhe é concedido.[114]

Outra testemunha, de nome Antonio Nunes Correa, é apresentado no processo como emissário de Alencar e Limpo de Abreu no Vale do Paraíba paulista, indo encontrar Sousa Breves em Areias. Assim como Rozo, Correa contava com o apoio de Eusébio. O chefe de polícia havia emprestado dinheiro à testemunha, que, presa, não tinha como prover sua família. Em cartas de dezembro de 1842, Correa manifesta sua preocupação com a proximidade do início dos trabalhos legislativos quando Queirós iria largar seu cargo policial para assumir uma cadeira na Câmara. O preso oscilava entre a submissão e o sentimento de traição, um colaborador que fora deixado para trás.[115]

Essas relações vão claramente ao encontro das suspeitas levantadas por Alencar e fortalecem os argumentos a respeito de uma motivação maior que a existência de provas. Se os indícios eram muitos, os fatos, como pedem os trâmites legais, se mostravam relativos e vítima de manipulações. Em um movimento fruto do enfrentamento armado de grupos políticos há algum tempo em confronto aberto, havia convicções que se sobrepunham a fatos materialmente comprováveis. O chefe de polícia de Minas Gerais, Francisco Diogo Pereira de Vasconcelos, expressava-se com franqueza a seu colega Queirós: "É fato hoje averiguado que o plano da rebelião foi traçado nessa Corte pelos deputados da oposição desta Província quando aí estiveram em maio do corrente ano, plano em que quase todos eles convieram".

Para exemplificar sua certeza, Vasconcelos conta que, no dia 31 de maio de 1842, logo após a chegada do Correio vindo da Corte, se espalhou o boato de que Monte Alegre havia sido morto e arrastado pelas ruas de São Paulo, onde os rebeldes de Sorocaba haviam entrado. Vasconcelos indagou sobre a origem de tão aterrador boato e teve certeza de que no dia 30 havia chegado da Corte um expresso mandado por Gabriel Getulio Monteiro de Mendonça com cartas a José Pedro Dias de Carvalho ex-deputado geral. Tendo feito circular o boato, Dias de Carvalho saiu logo de Ouro Preto, dirigindo-se para Mariana, onde dizia que iria se demorar, para depois aparecer como secretário de governo de José Feliciano Pinto Coelho da Cunha.[116]

Ora, como apresentado anteriormente, não há como negar o contato destes deputados e senadores. A tomar por base os prisioneiros, podemos muito bem chamar

---

114 BN – 63, 4, 2, n 85

115 BN – 63, 4, 2, n° 82

116 BN – 63, 4, 2, n° 87

o movimento de "revolta de parlamentares". No entanto, não só os julgamentos pelo Tribunal do Júri se mostraram frágeis nas províncias, como os próprios processos contra os senadores não foram capazes de se sustentarem. Exemplar é o caso do senador Vergueiro, cujo processo apresentava falhas processuais evidentes e, de certo modo, primárias.[117]

No entanto, ao contrário de Alencar, Vergueiro parte de um preâmbulo político. Antes de questionar a validade do libelo acusatório, preocupou-se em anular a acusação de ser "cabeça de rebelião". Experiente advogado e talentoso arguidor, o senador desmonta o conceito de "cabeça" enquanto fautor do crime, indivíduo dedicado ativamente à rebelião. Apesar de ter feito parte da deputação que tentou entregar ao Imperador a representação da Assembleia Provincial e de ser membro da aguerrida oposição paulista ao Ministério de então, findos os trabalhos do Legislativo provincial, Vergueiro se retirou para sua Fazenda Ibicaba, em Limeira. De lá saiu apenas para ter com seu amigo e correligionário Paula Souza, em Porto Feliz, e que, como ele, não tomou em armas.

Com base nesta declaração de inocência, Vergueiro parte para sua vitimização, explorando o delicado caso da extradição para o Espírito Santo. Apesar de não ter sido o único a ser "aconselhado" pelo Presidente Monte Alegre a deixar a Província de São Paulo rumo à Corte, apenas ele e Feijó foram enviados a Vitória. Na prática constituiu uma forma de degredo, aproveitando-se o governo da suspensão das garantias constitucionais. Entretanto, ambos os senadores só conseguiram permissão para retornar à Corte e a São Paulo frente ao iminente reinício dos trabalhos parlamentares. Talvez poucas medidas tomadas pelo Ministério 23 de março tenham causado tanta polêmica quanto esta. O Senado, ferido em seu corporativismo, via com preocupação o ocorrido. Nunca havia se procedido de tal modo contra um senador do Império e havia dúvidas quanto à possibilidade de se justificar o procedimento com base na Constituição. A violação da imunidade parlamentar criava uma saia justa, pois ao mesmo tempo em que muitos dos senadores não apoiavam a tomada em armas, também não se sentiam confortável com a ação repressora.

A esta violência contra o texto constitucional Vergueiro opunha a própria Ata da Câmara Municipal de Sorocaba por ocasião do rompimento. Prova documental do processo, o senador invertia sua função, tencionando mostrar que o documento atestava literalmente ser objetivo da "revolta" a defesa da Constituição, do Imperador e a salvação do Império. Admitia, sim, que houve "excesso de zelo e errada escolha de

---

117 Optou-se aqui pela leitura da defesa não pertencente aos *Anais do Senado*. Ver: Nicolau Pereira de Campos Vergueiro. *História da Fábrica de Ipanema e Defesa perante o Senado*.

meios", mas reforça a suposta inexistência do crime de rebelião,[118] e habilmente transferia ao governo a agressão à Monarquia Constitucional.[119]

Do que diz respeito às formalidades do processo as críticas de Vergueiro não são poucas. Ao contrário do que manda o Código reformado, foram inquiridas 44 testemunhas contra o senador, quatro vezes mais que o limite de 11 estipulado por lei. Porém só constavam ali, no Senado, as declarações de 25, pois o processo não fora enviado em sua totalidade para a Casa. De modo totalmente irregular, o acusado fora obrigado a se defender tendo em mãos um conjunto de fragmentos que apresentavam erro de sequência e repetição. Como se não bastasse, ainda constava o depoimento de uma testemunha datado de 28 de novembro de 1842, quando a sentença de pronúncia havia sido assinada no dia 25! Não é à toa que, no Senado, os aliados de Vergueiro moveram forte campanha contrária ao julgamento dos senadores, aproveitando-se principalmente destas questões formais e evitando tocar na "defesa" do movimento armado.

A necessidade de se julgar os senadores havia sido apontada por parecer conjunto das comissões de Constituição e Legislação. A despeito de ser assinado por indivíduos, em sua maioria, indiscutivelmente governistas, como Vasconcelos, Lopes Gama, Visconde de S. Leopoldo e Visconde de Olinda,[120] o parecer apresentava certa cautela e buscava legitimidade dentro do próprio Senado. O ineditismo da situação e, provavelmente, o prestígio dos acusados, inspiravam cuidado. Diante disso, preferiram não avaliar os casos de rebelião e conspiração conjuntamente por não estarem as comissões convencidas e suficientemente embasadas para sugerir a ligação dos processados na Corte com os de São Paulo.[121]

Logo após a apresentação do parecer, em 3 de fevereiro, iniciaram-se as discussões claramente polarizadas. De um lado, buscando retardar os julgamentos e tentando desmoralizar as ações repressivas do governo, encontravam-se Paula Sousa, Holanda Cavalcanti e Alves Branco. Obstinados, os senadores se revezavam nos discursos e na proposição de emendas. A estratégia era clara: ou os processos eram inválidos por estarem incompletos, ou o Senado não estaria preparado para julgar seus membros devido à falta de lei ou regimento específico para isso. Os senadores Paula Albuquerque e Costa Ferreira também apoiaram estas discussões. Do outro lado posicionaram-se os

---

118 Nicolau Pereira de Campos Vergueiro. *Op. cit.*, p. 115.

119 A defesa de Feijó apresenta a mesma argumentação que a de Vergueiro, porém é muito mais concisa. O senador ituano encontrava-se gravemente doente e próximo de seu falecimento, tanto que sua defesa foi lida no Senado sem sua presença. Sua doença também foi habilmente explorada a fim de amplificar a truculência do governo ao degredar o ex-Regente. Ver: Jorge Caldeira (org.). *Diogo Antonio Feijó*.

120 Também assinou o parecer Francisco de Paula Almeida Albuquerque, mas ele não se alinhava aos demais.

121 *Anais do Senado do Império*. Sessão de 3 de fevereiro de 1843.

defensores não só do parecer, como das próprias ações do Ministério 23 de março. O recém-chegado e incansável Honório Hermeto Carneiro Leão era circundado pelos veteranos Visconde de Olinda, Mello Mattos e Vasconcelos.

Os discursos repetitivos de Paula Souza, alçado à posição de principal orador da oposição diante do silêncio forçado de Vergueiro e Alencar, alternados com os de Holanda Cavalcanti com o único intuito de atrasar os trabalhos, esquentaram os debates provocando a agressividade e a franqueza de Carneiro Leão. Falando a Holanda, o senador por Minas Gerais assim se expressou:

> *Carneiro Leão*: O que eu entendo é isso: o nobre senador o que quer é todos os meios de demorar, falando com franqueza. Se eu fosse advogado de alguém em iguais circunstâncias também lançaria mão de todos os meios de moratória, porque, na verdade, nos delitos políticos é muito conveniente demorar.
>
> *Holanda Cavalcanti*: A quem é conveniente?
>
> *Carneiro Leão:* A todos os que têm de ser julgados.
>
> *Holanda Cavalcanti*: Não o será antes a ordem pública?
>
> *Carneiro Leão (com energia)*: A ordem pública não lucra com a impunidade, de quaisquer criminosos (*muitos apoiados*), o país está muito farto de impunidades, é a impunidade que tem multiplicado os delitos em toda a parte (*apoiados de ambos os lados*).[122]

A despeito dos "apoiados" serem anônimos, é importante notar que "ambos os lados" estavam de acordo com relação aos malefícios da impunidade. Não poderia ser diferente, porém torna ainda mais complexo o terreno dos embates políticos a respeito da "Revolução". Sequer metade dos senadores costumavam discursar, alguns apenas se manifestavam em apartes pontuais, sendo que na prática o confronto de ideias se dava entre cerca de dez indivíduos. Assim, só temos como avaliar a posição do Senado pelos resultados das votações. Todavia, as sessões de 1843 precisam ser relativizadas, em especial no que diz respeito aos processos dos senadores.

Os governistas conseguiram passar parte do parecer das comissões de Constituição e Legislação. Ou seja, apesar de terem sido apontadas irregularidades nos processos, ficou estabelecido que os senadores pronunciados responderiam ser ter em mãos o libelo completo. Restou para outra discussão o artigo que fixava como norma para os julgamentos a lei da responsabilidade dos ministros e

---

122 *Anais do Senado do Império*. Sessão de 4 de março de 1843.

conselheiros de Estado naquilo que fosse aplicável.[123] Para Paula Sousa, era necessário se criar uma lei específica que regesse os julgamentos no interior do Senado, ao que os governistas respondiam com o argumento de que naquele momento seria criada uma "lei pessoal" e, portanto, falha. Ao fim e ao cabo, Paula Sousa viu-se derrotado em suas emendas, mas vitorioso em seu intento. Os senadores só seriam ouvidos na segunda sessão do ano, quando os excessos provinciais já haviam atingido notoriedade e ajudavam a moldar a opinião favorável a uma anistia. A absolvição dos mesmos era de certo modo previsível e alinhava-se também ao declínio do Gabinete comandado por Honório Hermeto.

O novo Ministério e a anistia

O acreditado Gabinete 23 de janeiro, organizado a pedidos por Honório Hermeto, fora modificado em 8 de junho pela entrada do deputado Paulino José Soares de Sousa. Como mencionado, ficava ainda mais patente a relação entre este e o Ministério anterior, o que não era um problema em si. Delicada estava se tornando a situação de Honório Hermeto frente à Coroa e às opiniões políticas.

De acordo com a análise de Roderick Barman, a insistência de Honório, enquanto ministro, de forçar uma punição exemplar dos envolvidos em 1842, negando qualquer possibilidade de anistia e "exigindo" a punição dos senadores envolvidos por meio do próprio Senado, paralisou o Legislativo em 1843 e desgastou sua base.[124] Olinda e Lopes Gama, senadores favoráveis ao governo, resistiram a toda e qualquer pressão para acelerarem o processo contra Feijó, e na Câmara ganhava força um vago Partido da Conciliação, cuja bandeira principal era a anistia por ocasião do casamento do Imperador.[125]

Simultaneamente, Honório começava a sentir as sequelas deixadas pelo último Gabinete. A saída de Aureliano fora apenas aparentemente amigável e era corrente a ideia de que ele renunciara "para fazer o jogo por trás dos reposteiros".[126] Fora do governo, mas ainda muito próximo do poder (como era de se esperar de um cortesão), o ex-ministro dos Negócios Estrangeiros voltava-se para as articulações palacianas. Na opinião de Firmino Rodrigues Silva, escrevendo em 1847, ninguém era tão perigoso quanto Aureliano.

---

123 *Anais do Senado do Império.* Sessão de 4 de fevereiro de 1843.

124 Roderick J. Barman. *Citizen Emperor: Pedro II and the making of Brazil, 1825-1891.* P. 100.

125 Paulo Pereira de Castro. *Política e administração de 1840 a 1848,* p. 519.

126 *Idem, ibidem,* p. 518.

> Esta influência é tal, tão poderosa e eficaz, que o nome do primeiro chamado para a organização de um gabinete não é seguro penhor de uma escolha de capacidades do partido a que ele pertence, porque muitos dos indivíduos indicados encontram as intrigas da facção áulica e prevenções pessoais que os arredam de posições para as quais os chamavam as necessidades do parlamento.[127]

A motivação de Firmino para seu agressivo panfleto foi a queda do Gabinete 2 de maio de 1846, mas sua análise, ainda que eivada da mais profunda inimizade, percorre períodos anteriores, pois, como vimos no Capítulo 1, a presença de Aureliano não era nem fortuita nem recente. Desde a *Maioridade*, o Paço havia sido reorganizado: o Marquês de S. João da Palma fora efetivado como mordomo-mor, Paulo Barbosa da Silva como mordomo e porteiro da Imperial Câmara, o Marquês de Itanhaém tornou-se estribeiro-mor, D. Mariana de Verna tornou-se camareira-mor e Frei Pedro de Santa Mariana, esmoler-mor.[128] Esta configuração era fruto dos esforços de Aureliano junto aos Maioristas, e mostrou seu valor após sua saída do Gabinete 23 de março.

Reunidos na residência de Paulo Barbosa, a Quinta da Joana, os cortesãos acabaram por ganhar o apelido de *Clube da Joana*. Próximos do Imperador e com presença também em outras esferas do Estado – o próprio Barbosa havia sido eleito deputado –, este grupo poderia intervir sutilmente junto ao monarca. O combate a Honório, por sua vez, se deu também por outros motivos. Ministro dos Negócios Estrangeiros e, portanto, responsável pelos casamentos de D. Pedro II e suas irmãs, Carneiro Leão teria a oportunidade de interferir no equilíbrio de poder do Paço. A vinda da imperatriz provocaria um natural acréscimo de pessoas e criação de novos cargos, cabendo ao Ministro preenchê-los.

O clima se tornava mais tenso e Honório Hermeto colecionava inimizades em um ambiente tradicionalmente perigoso, cheio de intrigas. Em demonstração de poder frente ao adversário, Saturnino, irmão de Aureliano, é lançado candidato ao Senado na vaga do falecido Diogo Antonio Feijó. O Ministério reagiu lançando Rodrigues Torres, Araújo Viana e o General Soares de Andreia, antigo desafeto de Saturnino. Sendo a Província do Rio de Janeiro governada desde o princípio pelos políticos saquaremas, não foi difícil vedar o acesso do irmão de Aureliano à lista tríplice. O Imperador escolheria, por fim, Rodrigues Torres, o futuro Visconde de Itaboraí.[129]

---

127 Firmino Rodrigues Silva. *A dissolução do Gabinete 5 de Maio, ou A Facção Áulica*, p. 7.

128 Roderick J. Barman. *Citizen Emperor: Pedro II and the making of Brazil, 1825-1891*, p. 78.

129 Paulo Pereira de Castro. *Política e administração de 1840 a 1848*, p. 520.

Contudo, Saturnino permanecia ocupando o cargo de inspetor da Alfândega, de onde fazia oposição ao Ministério.[130] Para Honório, era inadmissível que um funcionário se opusesse abertamente ao governo e exigiu a demissão do inspetor ao Imperador. Julgando-se mais forte do que de fato era, seu blefe "ou eu ou ele" falhou. A 2 de fevereiro de 1844, subia ao poder novo Ministério.

A bandeira da conciliação já estava desfraldada e havia expectativa a respeito da anistia aos rebeldes de 1842. O responsável pelo novo Gabinete seria justamente Alves Branco, que desde o princípio das discussões da resposta à *Fala do Trono* de 1843, mostrava cautela e tendência à aproximação, articulando-se com Paula Sousa e Holanda Cavalcanti. Alves Branco ocuparia as pastas da Justiça e da Fazenda, enquanto era escolhido para o Ministério do Império José Carlos Pereira de Almeida Torres, sucessor de Monte Alegre à frente da Província de São Paulo e, segundo Marinho, motivo pelo qual não ocorreram sangrentas perseguições naquela província. Completavam o Gabinete Ernesto Ferreira França (Estrangeiros) e o deputado Jerônimo Francisco Coelho (Marinha e Guerra).

De acordo com a coerente análise de Barman, este Ministério teria sido escolhido dentre os políticos que não fizeram parte dos últimos dois Gabinetes e nem se envolveram com o movimento de 1842. Para o autor, eram homens que advogavam a política da "justiça e tolerância".[131] Porém, não chegaram ao Executivo apenas devido a esta bela bandeira. O apoio da *Joana* é perceptível com a nomeação de Aureliano para a presidência da Província do Rio de Janeiro, até então um território saquarema.

Restava a anistia. O decreto não passaria pela Assembleia Geral, cujos trabalhos só teriam início em 3 de maio. No entanto, fazia-se necessária maior legitimidade a fim de fortalecer o decreto e o Gabinete em si. Esta dupla função só poderia ser alcançada, naquele momento, com o Conselho de Estado.

Órgão recriado pela Lei de 23 de novembro de 1841, o Conselho figurava como um dos pesadelos dos rebeldes de 1842. A despeito dos variados debates em torno da pertinência ou não de uma instância consultiva que assessorasse o Imperador, a discussão tomou corpo após ser mencionada a sua necessidade na *Fala do Trono* de 1841. Em sessão de 14 de junho, o projeto foi apresentado pelos senadores Caetano Maria Lopes Gama, Cassiano Esperidião de Mello Mattos, Visconde do Rio Vermelho, Luis José de Oliveira Mendes, José Saturnino da Costa Pereira, Francisco de Paula de Almeida e Albuquerque e Antônio Augusto Monteiro de Barros.

---

130 Otoni comenta o desgaste de Honório Hermeto e cita integralmente o discurso deste na Câmara por ocasião da nomeação do novo Gabinete. O ex-ministro afirma textualmente que sua saída se devia a uma questão pessoal e a uma quebra de confiança. Ver: Teófilo Otoni. *Op. cit.*, p. 115-117.

131 Roderick J. Barman. *Brazil: The Forging of a Nation, 1798-1852*, p. 222-223.

Segundo José Honório Rodrigues, os debates no Senado foram intensos, sendo pronunciados ao todo 189 discursos, entre favoráveis e contrários à adoção do projeto. Bernardo Pereira de Vasconcelos, com 32 discursos, defendeu o projeto com tamanho afinco que acabou tendo sua imagem confundida com a dos próprios autores da proposta. Entre os contrários figuraram Paula Souza e Vergueiro.[132] *Grosso modo*, esta é a mesma polarização que veríamos em 1843, com a exceção de Costa Ferreira e Albuquerque, que acabariam por "apoiar" os ex-rebeldes.

Por trás da discussão a respeito da inconstitucionalidade do projeto que, em tese, exigiria uma Reforma Constitucional, posto que o Conselho anterior havia sido extinto pelo Ato Adicional, o grupo de Vergueiro e Paula Souza encobria outra preocupação. Paula Souza, ao considerar o projeto inconstitucional, mostrava temer a ação do Conselho de Estado. A fim de contrapor o argumento de Vasconcelos, o senador por São Paulo afirmou que a razão pela qual se aboliu o Conselho de Estado em 1834 era muito clara: queria-se deixar o monarca livre para consultar quem bem entendesse, sem se restringir a conselheiros específicos. Surge, então, a questão da possível "coação" do Imperador pelo Conselho. Questão esta que passaria a nortear boa parte da argumentação dos contrários ao novo órgão. Quando se discutiu a vitalicidade dos conselheiros, a "coação" voltou a se destacar, afirmando-se que isso poderia dar origem a um 5º Poder.[133]

Composto por 12 conselheiros ordinários e até 12 extraodinários, o Conselho de Estado seria chamado pelo Imperador sempre que necessitasse de um parecer. A pouca idade do monarca e o fato de a maioria dos conselheiros ser nomeada em momento que os Maioristas estavam afastados do poder fez com que se estimulasse a imagem de órgão capaz de ludibriar D. Pedro II e auxiliar na opressão dos cidadãos. Daí sua associação à Reforma do Código, outra lei opressora.

Ironicamente, foi, mais uma vez, sob os auspícios de uma lei combatida no campo de batalha que os rebeldes foram readmitidos no teatro político. Submetido à consulta pelo Imperador em 29 de fevereiro de 1844, apenas dois conselheiros se manifestaram contrários à concessão da anistia: Vasconcelos e o Visconde de Abrantes. Visconde de Monte Alegre, Caetano Maria Lopes Gama, Francisco Cordeiro da Silva Torres, José Joaquim de Lima e Silva e José Cesário de Miranda Ribeiro manifestaram-se a favor. Alves Branco e Almeida Torres também eram conselheiros, mas enquanto ministros não se manifestaram. Os demais – Bispo de Anemuria, José Antonio da Silva Maia, Visconde de Olinda e Honório Hermeto – não estavam presentes nesta sessão, o que no caso do último tenha sido por conveniência.

---

132 José Honório Rodrigues. *O Conselho de Estado: o quinto poder?*, p. 147.

133 Ver: Erik Hörner. *Guerra entre pares*, capítulo 3.

Ainda a 2 de março, Abrantes apresentou seu voto em separado, fazendo questão de justificar sua desaprovação com a medida, mesmo que vencido. O prestigiado senador manifestava o pensamento comum a todos os críticos do "esquecimento". Se a função da anistia era aplacar o sofrimento dos ex-rebeldes apinhados nas prisões mineiras e paulistas, então não haveria necessidade, pois poucos restavam presos e apenas o Presidente *Intruso* mineiro encontrava-se foragido. Por sua vez, os malefícios que seriam causados não eram poucos:

> O perigo, que acompanha a anistia proposta, é quanto a mim imenso e fatal: será ela a última prova (que outras têm sido infelizmente dadas) de que não há mais fácil, nem mais seguro meio, para que um bando de descontentes, ou a minoria turbulenta alcance predomínio no Brasil, do que o de tomar as armas, resistir com elas ao governo e à Lei, devastar, derramar sangue, e saciar paixões brutais. Com o triunfo tudo se alcança, com a derrota nada se perde; pois cada um conta com a anistia usual.[134]

Antes mesmo de ser lido em Conselho o voto em separado de Abrantes, foi assinado o decreto de anistia, em 14 de março de 1844. Em artigo único, ficam anistiados todos os crimes políticos de 1842 e "em perpétuo silêncio os processos que por motivos deles se tenham instaurado".[135] Os cidadãos envolvidos no movimento armado poderiam voltar à vida pública independente dos recursos e das possíveis perseguições. Este processo seria ainda completado com o decreto de 2 de julho, anistiando os vereadores de Barbacena, Presídio e S. João del Rei, que haviam sido suspensos em 1841 por conta das representações ao monarca.[136]

Para Barman, com a anistia o Gabinete foi caminhando para uma aliança com os luzias; sinal disso seria a já citada nomeação de Aureliano para a presidência do Rio de Janeiro. Contudo, o Ministério conseguiu o apoio de não mais que 1/3 da Câmara, não oferecendo ao governo outra opção que não a dissolução da mesma e a convocação de eleições para uma próxima a iniciar seus trabalhos em 1º de janeiro de 1845.[137]

Relutante em enxergar Aureliano como um luzia, Pereira de Castro prefere ver o período compreendido entre os anos de 1844 e 1848 sob a alcunha de *Quinquênio*

---

134 *Atas do Conselho de Estado*. Sessão de 29 de março de 1844. Voto em separado lido na sessão de 21 de março.

135 Decreto nº 242 de 14 de março de 1844.

136 Decreto nº 369 de 2 de julho de 1844.

137 Roderick J. Barman. *Brazil: the forging of a Nation, 1798-1852*, p. 222-223.

Liberal,[138] uma primeira tentativa de conciliação, ainda que de eficiência relativa, por ter de equilibrar os palacianos e os disciplinados saquaremas.[139] Em todo caso, com a dissolução da Câmara de 1844, os ex-rebeldes reencontraram o caminho das urnas, como fica evidente nos quadros abaixo (Quadro 2 e Quadro 3). Indicados com o símbolo (•) estão assinalados os deputados que, eleitos para a Câmara de 1842, retornaram em 1845. Sob o sinal (★) constam os indivíduos que foram eleitos apenas uma vez neste período, enquanto com (X) aparecem os dois únicos casos capazes de se elegerem para duas legislaturas seguidas, contrariando o padrão. Notem-se ainda os nomes assinalados com (*), indivíduos que se envolveram com a "Revolução" e foram absolvidos pelas urnas.

No caso paulista, este "retorno" não parece tão acentuado, porém deve-se considerar a renovação dos quadros. Muitas das lideranças de 1842 possuíam idade avançada e acabaram cedendo espaço a jovens como Silva Carrão, Pimenta Bueno e Rodrigues do Santos. Junto com estas antigas lideranças também começa morrer um estilo e um espaço de ação política. O senador e ex-Regente Feijó não chegou a ver a anistia, falecendo em 1843; no ano seguinte partiu o senador José Bento, sendo sua cadeira ocupada pelo cortesão e primo de José Feliciano Pinto Coelho da Cunha, o Marquês de Itanhaém. Nomeado senador por Pernambuco em 1845, Antonio Carlos faleceu no mesmo ano. O deputado Álvares Machado, morto em 1846, conquanto não tenha sido citado como rebelde, sempre apoiou o grupo provincial formado por Vergueiro, Rafael Tobias de Aguiar e Paula Souza. Talvez apenas este último político de velha cepa tenha ainda ascendido após 1842, sendo nomeado para o Conselho de Estado em 1845.

Para estes homens e os demais rebeldes, a frase de Abrantes – "com o triunfo tudo se alcança, com a derrota nada se perde" – parece não fazer muito sentido. A derrota no campo de batalha provou prejuízos e modificou o campo de ação política. O "processo revolucionário" de algum modo fora completado. Caberão, então, às "Considerações finais" nossas ponderações a respeito desse ponto de inflexão representado pela "Revolução" de 1842, numa tentativa de unir as pontas dispersas desse emaranhado de relações de poder e jogos de interesses.

---

138 Paulo Pereira de Castro. *Política e administração de 1840 a 1848*, p. 522.

139 O termo saquarema não é utilizado por Pereira de Castro, no entanto sua leitura é desenvolvida por Ilmar R. Mattos. *O tempo saquarema.*

Quadro 2
Câmara dos Deputados (Bancada Paulista)

Deputados	1842[140]	1843-1844	1845-1847
Antonio Carlos Ribeiro de Andrada Machado e Silva*	●		●
Antonio Manuel de Campos Melo**			★
Bernardo José Pinto Gavião Peixoto*			★
Carlos Carneiro de Campos		★	
Fernando Pacheco Jordão		★	
Francisco Álvares Machado de Vasconcelos**	●		●
Francisco Antonio de Sousa Queiroz**	●		●
Gabriel José Rodrigues dos Santos*			★
João da Silva Carrão**	★		★[141]
Joaquim Firmino Pereira Jorge		★	
Joaquim Floriano de Toledo**	★		
Joaquim José Pacheco		★	
Joaquim Otávio Nébias		★	
José Alves dos Santos		★	
José Antonio Pimenta Bueno			★
José Carlos Pereira de Almeida Torres[142]		★	
José Cristiano Garção Stockler[143]			★
Joaquim Machado de Oliveira			★
José Manuel da Fonseca		★	
Manuel Dias de Toledo**	★		
Manuel Joaquim do Amaral Gurgel**	★		
Martim Francisco Ribeiro de Andrada*	★		
Rafael Tobias de Aguiar*			★
Rodrigo Antonio Monteiro de Barros[144]		★	

---

140 A bancada paulista era composta por 9 deputados. Em 1842, devido à dissolução prévia, apenas 8 compareceram à sessão preparatória.

141 Carrão assumiu como suplente diante do falecimento de Álvares Machado em 1846.

142 Presidente da Província na ocasião da eleição, bem como durante a repressão ao movimento armado.

143 De família mineira participante da "Revolução", Stockler assumiu como suplente em 24 de maio de 1845 no lugar de Antonio Carlos, nomeado Senador.

144 Chefe de Polícia na ocasião da eleição, bem como durante a repressão ao movimento armado.

Quadro 3
Câmara dos Deputados (Bancada Mineira)

Deputados	1842[145]	1843-1844	1845-1847
Antonio da Costa Pinto	●		●
Antonio José Monteiro de Barros		★	
Antonio José Ribeiro Behring	★		
Antonio Paulino Limpo de Abreu*	●		●
Antonio Tomás Godói*			★
Bernardino José de Queiroga	★		
Bernardo Belisário Soares de Souza		★	
Bernardo Jacinto da Veiga[146]		★	
Camilo Maria Ferreira Armonde*	★		
Cirino Antonio de Lemos		★	
Domiciano Leite Ribeiro*	★		
Fernando Sebastião Dias da Mota			★
Francisco de Paula Candido		★	
Francisco de Paula Cerqueira Leite*	★		
Francisco de Sales Torres Homem*			★
Francisco Diogo Pereira de Vasconcelos[147]		★	
Gabriel Getúlio Monteiro de Mendonça*	●		●
Gabriel Mendes dos Santos		★	
Herculano Ferreira Pena[148]		X	X
Jerônimo Máximo Nogueira Penido		★	
João Antunes Correa		★	
João Dias de Quadros Aranha*	★		
Joaquim Antão Fernandes Leão*	●		●
Joaquim Cândido Soares de Meireles			★
Joaquim Gomes de Carvalho		★	
José Antonio Marinho*	●		●
José Cesário de Miranda Ribeiro	X	X	
José Feliciano Pinto Coelho da Cunha*	●		●
José Ferreira Carneiro		★	

---

145 A bancada mineira era composta por 20 deputados. Em 1842, devido à dissolução prévia, apenas 19 compareceram às sessões preparatórias.

146 Presidente da Província na ocasião da eleição, bem como durante a repressão ao movimento armado.

147 Chefe de Polícia na ocasião da eleição, bem como durante a repressão ao movimento armado.

148 Vice-Presidente da Província na ocasião da eleição, bem como durante a repressão ao movimento armado.

Deputados	1842	1843-1844	1845-1847
José Joaquim Fernandes Torres	●		●
José Jorge da Silva*	●		●
José Lopes da Silva Viana		★	
José Pedro Dias de Carvalho*	●		●
Justiniano José da Rocha		★	
Luis Antonio Barbosa		★	
Luis Carlos da Fonseca		★	
Manuel de Melo Franco*			★
Manuel Gomes da Fonseca	★		
Manuel Julio de Miranda		★	
Manuel Machado Nunes		★	
Manuel Odorico Mendes			★
Paulo Barbosa da Silva			★
Pedro de Alcântara Cerqueira Leite*	●		●
Teófilo Benedito Otoni*	●		●
Tristão Antonio de Alvarenga*			★
Venâncio Henriques de Resende		★	

● Eleito para duas legislaturas não consecutivas

★ Eleito apenas uma vez

X Eleito para duas legislaturas consecutivas

* Apresenta algum grau de envolvimento com o movimento rebelde de 1842.

** Apesar de não haver registro de seu envolvimento com o movimento rebelde de 1842, posicionou-se favorável às lideranças rebeldes na Assembleia Provincial antes da insurgência.

Considerações finais

Uma nova era principia para o Brasil: que ela seja
de paz e de ventura para o povo, e de honra e glória
para o monarca brasileiro.

José Antonio Marinho

Ao final de uma pesquisa, espera-se senão uma conclusão, ao menos algumas considerações capazes de compor um quadro coerente e encadear as mais diversas informações apresentadas até aqui. Levando-se em conta que o presente trabalho retoma também a pesquisa realizada para o mestrado, estas "Considerações" devem igualmente rever as palavras finais àquela dissertação e esclarecer questões que até então não eram tão definidas. Ao mesmo tempo, será inevitável apontar hipóteses e lacunas que permanecem sem uma definição satisfatória, colaborando, assim, para novas investigações e análises.

Creio que o ponto principal a ser abordado neste momento seja a particular relação entre *objetivo* e *resultado* da "Revolução". Compreender o que queriam os rebeldes e o que esperavam os governistas ao mergulharem na repressão é apenas uma das faces da moeda. A outra seria justamente avaliar as repercussões, não apenas para um e outro lado da contenda, mas principalmente no que tange à política imperial, da qual ambos os lados pertenciam, independente da vitória ou derrota no campo de batalha.

Conforme havia sido apontado no primeiro capítulo, quanto ao caráter revolucionário do movimento, e ressaltado nos seguintes, o objetivo do levante armado não consistia em questionar o regime político ou seu mais alto mandatário, nem tampouco fragmentar o Império. Como foi frisado por Aluisio de Almeida, Martins de Andrade, Paulo Pereira de Castro, entre outros, com base nas declarações de José Antonio Marinho e proclamações rebeldes, o movimento tinha o intuito de provocar a queda do Gabinete 23 de março, então no poder desde 1841. Parece suspeito tomar como verdadeiro os gritos de viva a Constituição, o Imperador e o Império ouvidos das bocas dos próprios fautores da "Revolução"? Sempre parecerá, porém o desfecho do movimento aponta nesta direção.

Tendo em vista o desenrolar da política imperial, considerar os eventos de 1842 pontualmente implicaria em flagrante redução tanto das potencialidades quanto das consequências de um ato, sem dúvida alguma extremo, como a tomada em armas por parte de cidadãos engajados de diferentes formas no Estado. Contudo, é fundamental termos em vista a existência de diversos níveis de participação destes cidadãos rebeldes. Confundir as perspectivas das lideranças com cadeiras no Senado ou na Câmara com as do guarda nacional de uma freguesia no interior da Província transformaria o movimento numa mera tentativa de manipulação de segmentos sociais matizados por parte de indivíduos que ambicionavam o poder. Portanto, não podemos perder de vista a existência de esferas de interesse que, apesar de relacionadas, possuem "lógicas" particulares. Esta advertência serve também para a análise da "Revolução" em São Paulo e Minas Gerais em seus pontos comuns e singularidades.

A bibliografia comumente trata o movimento político de 1842 como dois ou três eventos simultâneos, mas não articulados. Ao mesmo tempo, optou-se ao longo dos anos em aceitar o argumento presente já na obra de José Antonio Marinho segundo o qual o levante haveria se dado de forma espontânea, uma explosão de descontentamento responsável por levar às armas os cidadãos paulistas e mineiros. Esta visão toma como referência o relativo fracasso militar da "Revolução", bem como tenta combater a caracterização da guerra como rebelião, ou seja, um crime de lesa-pátria e lesa-majestade.

Porém, é importante analisar a insurgência por seu objetivo. Liderada por homens empenhados na construção do Estado e em sua direção, não era intenção da "Revolução" destruir os alicerces do Império, mas de certo modo reformá-lo para impedir o avanço de modificações encetadas pelo grupo que posteriormente viria a formar o campo partidário Conservador.

É possível notarmos uma genealogia política ligando o *Golpe da Maioridade* e a "Revolução". Não se trata de mera coincidência de nomes, mas especialmente de práticas e anseios políticos. Após a renúncia do Regente Feijó e a ação de ministérios amplamente identificados como *regressistas* ou *retrógrados*, os antigos apoiadores do padre ituano e herdeiros do *7 de abril* buscaram uma aliança em torno de um objetivo comum, a antecipação da maioridade do Imperador. A antiga identidade agregadora – os moderados – não era mais capaz de responder às necessidades de uma oposição carente de um plano de ação definido, assim como, afastado o fantasma da restauração de D.

Pedro I, seus partidários também não ameaçavam mais o cenário político. Podemos dizer com considerável segurança que a *Maioridade* se mostrou uma opção segura por não ameaçar a estrutura política do Império. Levar ao trono o jovem Imperador não implicava em atentado ao regime, à unidade do Império ou à ordem social. Por mais que o golpe tenha sido feito ao arrepio da Constituição, ainda assim não colocava em risco a monarquia constitucional representativa.

O *Clube da Maioridade* representava um resgate das antigas sociedades políticas da época da Abdicação, e tinha em seu objetivo único a razão de ser da reunião de homens profundamente ligados à política. Se alcançada a *Maioridade*, estaria acabada a "missão" de deputados e senadores ali reunidos. O plano era parlamentar, porém utilizava--se da propaganda de ideias pelos periódicos e o uso da pressão popular na Corte. Por mais que a *Maioridade* possa ser entendida como uma ação localizada na capital, suas consequências diziam respeito a todo o Império por agregar deputados e senadores de São Paulo, Minas Gerais, Ceará, Pernambuco e Paraíba.

Ao levar ao trono o Imperador e ocupar o Ministério, os objetivos do *Clube* estavam cumpridos, mas não os dos Maioristas. Ao contrário do que a imprensa anti-maiorista e os recém-decaídos regressistas enfatizavam, os Maioristas não tinham em mente o poder pelo poder. Com a Lei de Interpretação do Ato Adicional aprovada em maio de 1840 e já em discussão a Reforma do Código do Processo, os grupos provinciais viam com apreensão seu destino político. Era premente a necessidade de brecar os avanços do fortalecimento do Poder Central e do aumento das suas possibilidades de intervir nas cenas provinciais ou, ao menos, garantir que seriam os fautores da *Maioridade* que estariam no Ministério quando este processo se concluísse.

Tomando em consideração que a mesma legislatura que aprovou a Interpretação do Ato Adicional discutiria e votaria a Reforma do Código do Processo, seria difícil impedir a ação encetada pelos aliados de Vasconcellos e os saquaremas do Rio de Janeiro. A alternativa restante seria fazer uma ampla maioria para a legislatura seguinte, com início em 1842, a fim de apoiar de forma consistente o Ministério ou promover a revisão da legislação. Neste contexto ocorreram as chamadas "eleições do cacete", que se não foram a causa primeira da queda do Gabinete Maiorista, contribuíram significativamente para sua substituição. Devem-se somar às violentas e fraudulentas eleições os desgastes entre os ministros. Os dois irmãos Andrada – anteriormente acusados de advogarem o retorno de D. Pedro I – e Aureliano Coutinho – responsável, no passado, pelo fim da tutoria de José Bonifácio – não se entendiam a respeito dos rumos da repressão aos Farrapos. Para Barman, por exemplo, mais importante que a discordância sobre a manutenção ou não do Presidente da Província ou do Comandante de armas era a proposta de sufocar a economia dos rebeldes gaúchos interrompendo o comércio com São Paulo, apoiada por Aureliano e combatida pelos Andrada.[1]

Este aspecto de natureza econômica destaca as redes internas de abastecimento e vai ao encontro do perfil dos próprios rebeldes de 1842. Como foi mostrado nos capítulos 3 e 4, as regiões rebeladas tanto em São Paulo quanto em Minas Gerais estavam intimamente ligadas à produção de gêneros para o mercado interno. Sorocaba e região desempenhavam papel-chave no comércio de tropas vindas do Sul, bem como no escoamento da produção de grãos e porcos da região de Bragança e do Vale do Paraíba rumo à Corte. Apesar do avanço da cultura canavieira e do café, os indivíduos ligados ao mercado interno amealharam grandes fortunas e consolidaram seu poder provincial ao longo do Primeiro Reinado, chegando ao Poder Central com a Abdicação.[2]

De modo análogo, a Zona da Mata mineira e o Sul da Província eram os grandes abastecedores do Rio de Janeiro desde a vinda da Família Real. As redes de comércio e poder decorrentes das relações com a Corte levaram à Assembleia Geral os grupos provinciais justamente beneficiados com a conjuntura pós-1831, como bem mostrou Alcir Lenharo.[3] Mais recentemente, Marcos Ferreira de Andrade[4] salientou o poder local e suas ramificações para além da província por meio do caso da região da Campanha.

Apesar de carecer de novas pesquisas, é possível visualizar uma área de conflito econômico tanto em São Paulo quanto em Minas frente ao avanço da cafeicultura fluminense. Uma possível disputa por terras, mão de obra e controle político estaria em jogo nesta área de tríplice fronteira, indicando as razões pelas quais os combates durante a "Revolução" foram incomparavelmente mais violentos aí que em outras regiões. Os conflitos no Vale do Paraíba paulista foram marcados pelo ataque de Silveiras e pelo assassinato do Subdelegado da localidade. As comarcas mineiras do Rio das Mortes e de Paraibuna concentraram a maior parte dos insurgentes e impuseram uma forte barreira ao avanço do exército legalista vindo da Corte. Enquanto que o Vale do Paraíba fluminense aderiu vigorosamente ao chamado do governo, empenhando sua Guarda Nacional e recursos no combate à insurgência do outro lado da fronteira provincial.

No campo político, estes cafeicultores encontraram-se sob a organização saquarema, cujos nomes mais expressivos eram Paulino José Soares de Sousa, Joaquim José Rodrigues Torres, Eusébio de Queirós e mesmo Honório Hermeto Carneiro Leão, permitindo um

---

1   Roderick J. Barman. *Brazil: the forging of a Nation, 1798-1852*, p. 211.

2   Vera N. Bittencourt; Erik Hörner; Ana Paula Medicci. *Do ponto à trama: rede de negócios e espaços políticos em São Paulo, 1765-1842*.

3   Alcir Lenharo. *Op. cit.*

4   Marcos Ferreira de Andrade. *Op. cit.*

apoio seguro à Regência de Araújo Lima e, posteriormente, à aprovação da Reforma do Código do Processo e ao Gabinete 23 de março. Visão compartilhada por Roderick Barman, para quem o apoio dado pelos cafeicultores fluminenses se contrapôs à oposição das "ricas, mas economicamente estagnadas" províncias de São Paulo e Minas.[5] O atual estágio das pesquisas a respeito das economias mineira e paulista[6] não permite mais o entendimento dos cenários provinciais como estagnados. Por outro lado, o confronto é perceptível e não se estabelece como um enfrentamento entre grupos "menos ricos" e "mais ricos". As dimensões da "Revolução" corroboram os argumentos de Marinho no que diz respeito aos grandes proprietários e capitalistas envolvidos no movimento.

Neste caso estariam em jogo a manutenção e ampliação do poder político-econômico em dois sentidos. Os grupos paulistas e mineiros envolvidos com as redes de abastecimento e fortemente enraizados no âmbito provincial – as Assembleias provinciais ampliaram a participação política local e fomentaram as articulações – buscavam consolidar suas conquistas anteriores, especialmente a conquista das altas esferas decisórias com a Regência de Feijó. Em sentido oposto, temos os agroexportadores e grandes comerciantes baseados no Rio de Janeiro, mas igualmente presentes em São Paulo e Minas, que necessitavam retomar o poder perdido e ampliar sua penetração nas províncias, posto que representavam uma fronteira agrícola para a expansão da cafeicultura. Em 1842, a queda de braço apontava uma pequena vantagem aos herdeiros do Regresso e partidários de um maior controle exercido pelo Poder Central, ou seja, os agroexportadores e grandes comerciantes (inclusive de escravos). Mas esta vantagem residia principalmente por eles ocuparem naquele momento o governo, portanto havia um poder a consolidar.

Alcir Lenharo identifica este processo em Minas Gerais como o choque, no âmbito político, dos moderados contra os regressistas, oposição que levaria à configuração dos *liberais* em confronto com os *conservadores*:

> Evidentemente, o refluxo político dos liberais não se fazia apenas às expensas da nova ordem política e administrativa instalada com o Regresso. As mudanças econômicas mais amplas – o avanço da economia cafeeira – passaram a restringir os impulsos políticos dos outros setores proprietários, sujeitos agora a gravitar ao redor do novo pólo hegemônico estabelecido pela economia cafeeira.[7]

---

5   Roderick J. Barman. *Citizen Emperor: Pedro II and the making of Brazil, 1825-1891*, p. 88

6   Ver, por exemplo, Eduardo França Paiva. *Minas depois da mineração [ou o século XIX mineiro]*.

7   Alcir Lenharo. *Op. cit.*, p. 139.

Podemos estender a análise de Lenharo a São Paulo quando o autor afirma que

> 1842 revela, antes de tudo, o enfraquecimento dos liberais da Província. Sem espaço político na Corte, eles buscaram na Província suas bases de sustentação para tentar a cartada decisiva. A dilapidação de suas bases explica o inteiro fracasso da iniciativa armada.[8]

Sob esta ótica o movimento político envolvendo cidadãos ganha consistência e sentido especialmente em seu entendimento revolucionário. O princípio da manutenção de prerrogativas atendia perfeitamente a ambos os lados em uma época de conflitos pelo leme do barco do Estado, sendo que 1842 representa, portanto, o ápice deste processo.

Contudo, a relação simbiótica existente entre as três províncias não permitiria a cogitação do separatismo ou republicanismo como bandeira de combate. A insatisfação era contra o "domínio" encarnado na ação do Gabinete 23 de março e seus aliados, de modo que a saída do Ministério e a revogação da Reforma do Código do Processo e do Conselho de Estado seriam suficientes para recolocar o governo no rumo "correto".

Diante desta meta, o plano de ação estabelecido pelos rebeldes não era necessariamente frágil. Sabedores dos esforços para com a pacificação do Rio Grande do Sul, uma manifestação de força conjunta de São Paulo e Minas poderia precipitar a queda do Ministério, assim como intimidar os adversários locais. Localizadas às portas do Rio de Janeiro, ambas as províncias teriam condições de gerar o temor de uma invasão, além dos embaraços às transações comerciais. O que possivelmente não havia sido previsto era a reação dada pelos aliados provinciais do Gabinete e a disposição a uma guerra de fato por parte do Governo Central. Muito provavelmente esta imprevisibilidade decorreu do próprio entendimento que possuíam os líderes de si – homens da política, portanto acostumados à negociação – e do caráter reivindicatório da manifestação.

A reação legalista, por sua vez, também carregava um caráter de ação desejada a partir do momento que observamos o armamento simultâneo da repressão nas províncias. Temos, então, duas esferas diferentes, parcialmente articuladas no que diz respeito à ação antirrebelde. Como ficou evidente, sem o engajamento da Guarda Nacional o Exército não teria condições de fazer frente ao levante. Independente do argumento segundo o qual apenas a 1ª Linha era plenamente confiável, o aporte numérico concedido pelos guardas nacionais e o conhecimento do terreno permitiu que o comando do Barão de Caxias fosse rápido e eficiente. Ao mesmo tempo, antes mesmo do Exército

---

8   *Idem, ibidem*, p. 139.

atingir determinadas localidades e regiões, foi a "força cívica" e seus comandantes locais que se encarregaram de conter o movimento.

No caso mineiro, no qual a Província arcou com boa parte do ônus da guerra, o confronto entre os locais foi muito mais intenso. É neste ponto que percebemos mais nitidamente que não estaria em pauta apenas demandas gerais como a Reforma do Código, o Conselho de Estado ou a dissolução da Câmara. Tanto no caso de São Paulo quanto em Minas, uma série de disputas locais já vinha acontecendo nos anos anteriores, fornecendo um substrato de insatisfações. Demandas locais – tais como conflitos diante da expansão da fronteira agrícola e a reorganização do mapa de poder local, fruto das elevações dos municípios – criaram, desse modo, um ambiente propício à adesão rebelde.

Como apontou Barman,

> O recurso a medidas extralegais e não-pacíficas não foi uma mudança para o radicalismo, mas antes um ato simbólico num sentido tradicional de aviso das autoridades de que elas haviam transgredido os limites do aceitável e estavam invadindo os direitos das *pátrias*.[9]

Assim, o plano de protesto armado como forma de pressionar o jovem monarca encontrou duas variáveis ignoradas: a resistência local, desejosa de garantir seu espaço e vantagens, e a própria tenacidade do menino Imperador. Segundo Leónce de Saint Georges, em carta ao Ministro dos Negócios Estrangeiros da França, D. Pedro II aceitava tudo como lhe era apresentado por seu Ministério, "o qual considera essa revolta o mais feliz acontecimento possível no sentido de distinguir os súditos fiéis dos republicanos encobertos", deixando a cargo dos ministros a punição "de seus inimigos".[10] Creio que a avaliação do adido francês possui uma severidade excessiva, pois desconsiderava que a "Revolução" impunha um dilema à Coroa e ao poder imperial, mais especificamente.

O Segundo Reinado estava, de fato, sendo inaugurado. Algumas das prerrogativas reais fixadas pela Constituição eram postas em prática pela primeira vez e por um Imperador levado ao trono de modo irregular. Em 1840 e 1842, a lei máxima do Império foi frequentemente desrespeitada sob o argumento de defendê-la ou fortalecê-la. O *Golpe da Maioridade* ignorou a fixação da idade mínima do monarca e, portanto, a exigência de uma reforma constitucional para a alteração do artigo, como

---

9   Lembrando que o autor estadunidense opta por tratar os rebeldes como *nativistas* cujo poder residia nas relações mais locais e, portanto, fragmentada em comparação aos *reacionários* ligados ao mercado internacional, logo indiferentes quanto às *pátrias* locais. Roderick J. Barman. *Brazil: The Forging of a Nation, 1798-1852*, p. 215.

10   Roderick J. Barman. *Citizen Emperor: Pedro II and the making of Brazil, 1825-1891*, p. 93.

havia sido feito por ocasião do Ato Adicional. A dissolução prévia da Câmara de 1842 também não ocorreu dentro dos trâmites normais, levantando sérias suspeitas. Apesar do exercício do Poder Moderador permitir tal medida, sua ação inédita ocorreu justamente de forma antecipada. Como os deputados não haviam sido reconhecidos em sua totalidade, a dissolução apresentou-se como anulação das eleições, o que de modo algum era permitido. Apenas a própria Assembleia Geral poderia anular um pleito, mas nunca o Poder Moderador a partir do pedido de seus ministros.

Diante deste quadro, é lícito conjecturarmos que o Imperador nunca poderia ceder à manifestação dos rebeldes. Independente da influência dos ministros ou da frágil acusação de republicanismo, aceitar o protesto e demitir o Gabinete faria do recém-entronado monarca refém dos antigos Maioristas. Mas, paradoxalmente, não era necessariamente interessante esmagar por meio de uma guerra total homens que sempre estiveram envolvidos com a administração do Estado em seus diversos níveis e ocupavam uma posição importante na dinâmica econômica do Império. Qual seria a saída para este nó górdio? Uma repressão que partisse do mesmo princípio da insurgência enquanto instrumento político.

A ação militar do Barão de Caxias, especialmente no caso paulista, sinaliza nessa direção. Como tão bem mostrado por Adriana Barreto de Sousa, o diferencial do futuro "duque de ferro" era justamente aliar a negociação à espada, usando esta apenas quando aquela se esgotasse ou quando a função disciplinadora da ação militar se sobrepusesse à política.[11] Apenas sob esta ótica podemos compreender a peculiar movimentação rebelde em São Paulo, capaz de organizar uma *Coluna Libertadora* vigorosa, mas evitar a todo custo o combate efetivo. A disposição à negociação de anistias ou perdões ao envolvidos de menor importância e o uso de espiões e subornos permitiu a Caxias esvaziar a motivação dos rebeldes. A punição das lideranças foi deixada a cargo do Judiciário, ou seja, das leis do Estado, enquanto os menores foram disciplinados a se manterem apartados de disputas políticas futuras por meio do recrutamento.

Porém, o mesmo não ocorreu em Minas Gerais, em virtude da fragmentação da repressão, que apenas tardiamente contou com o comando do mesmo Barão de Caxias. Não podemos ignorar também que a agressividade mineira respondia a uma história recente bem mais complexa que a de São Paulo. A documentação, em especial proclamações rebeldes e a imprensa, remete a rancores decorrentes da "Revolta do Ano da Fumaça". Os legalistas de 1833 seriam em grande medida os rebeldes de 1842 enfrentando antigos adversários no mesmo território e em nome da mesma lei. No início do Período Regencial, estava em defesa o Império Constitucional contra as tentativas

---

11   Adriana Barreto de Sousa. *Op. cit.*

restauradoras, enquanto que uma década depois se dizia lutar contra o absolutismo mascarado nas posturas do Ministério.

Poderíamos então aceitar que a "Revolução" fracassou, não só diante da incapacidade de barrar os avanços da centralização saquarema, como também provocando a exclusão destes grupos rebeldes da cena política do Império? De modo algum. A julgar pelas palavras de José Antonio Marinho utilizadas como epígrafe destas "Considerações" a *revolução* enquanto início de um novo tempo foi plenamente concretizada. Na verdade, somos obrigados apenas a admitir que, no campo de batalha, a repressão encetada pelo governo, ou antes, sob a bandeira da legalidade foi bem-sucedida e que, apesar de algumas vitórias rebeldes no Vale do Paraíba paulista e na porção sudeste de Minas Gerais, os insurgentes não foram capazes de oferecer uma resistência significativa. No entanto, as consequências políticas do movimento não podem ser consideradas como um todo negativas para os rebeldes. De modo simétrico, a vitória governista também deve ser relativizada.

Partindo da questão mais imediata do movimento armado, a deposição do Gabinete 23 de março, o insucesso é parcial. O Ministério em si não sobreviveu à sua própria vitória nos campos de batalha e, principalmente, à ação repressora. A despeito de crises internas que também foram responsáveis pela queda do Gabinete anterior, as medidas adotadas acabaram por ser questionadas. A extradição de alguns deputados acusados de conspiração e descobertos por meio de espiões do chefe de polícia da Corte, a suspensão das garantias constitucionais por um período mais longo que os conflitos armados, o envio dos senadores Feijó e Vergueiro para o Espírito Santo violando a imunidade parlamentar foram disposições criticadas pela Assembleia Geral em 1843 e acabaram por fornecer subsídios para a anistia decretada em 1844.

Por mais que se possa entender, do ponto de vista do esforço governista para conter uma revolta, as justificativas que envolvem as medidas acima, não passam despercebidas quanto às violações da Constituição e, principalmente, das regras do jogo político. O mal-estar causado foi tamanho que o Gabinete 23 de março caiu logo em janeiro de 1843, e a Câmara, eleita em 1842 sob os auspícios de um decreto eleitoral feito pelo Ministério, não se manteve unanimemente governista como era de se esperar. Pode-se argumentar que o Ministério de 23 de janeiro, comandado por Honório Hermeto Carneiro Leão, foi, de fato, seu digno sucessor. No entanto, este também não conseguiu garantir eventuais bônus da "Revolução". Afora os exageros cometidos pelos próprios ministros em seu afã de suprimir a revolta, ficou evidente a incapacidade do governo em coibir ou abrandar as perseguições nas províncias e a falta de vontade política em trazer de volta às esferas do Estado os derrotados da véspera.

Não por acaso, o Gabinete seguinte, nomeado em 2 de fevereiro de 1844, foi chamado com uma pauta já especificada: anistiar os rebeldes de Minas e São Paulo. Este ministério tinha à frente o senador Alves Branco, o autor do dístico que marcaria a ideia de conciliação: "poupai os submissos, debelai os soberbos". Na verdade, trata-se de um verso da *Eneida*, mas seu uso como lema conciliatório é comumente atribuído ao senador, chamado ao Executivo com a missão de reunir indivíduos que não haviam tomado partido em nenhum dos lados da "Revolução".[12]

Esta disposição decorrente do movimento político num sentido amplo acabou por exigir uma delimitação dos campos de atuação política e a redefinição dos grupos. Como havia apontado Ilmar Mattos, a identidade dos luzias se formava na unidade da derrota,[13] mas ainda assim apresentava uma fragmentação com relação aos grupos congêneres no Ceará, Paraíba e Pernambuco e careciam de reflexão quanto aos seus objetivos reformistas pós-"Revolução". Os saquaremas, por sua vez, também necessitariam se voltar para as demais áreas do Império para conseguirem colocar em prática seu modelo de ação organizada e disciplinada.

Este quadro enseja justamente a formação dos partidos políticos a partir do momento em que a "praça pública" é invalidada como ambiente de debate e deliberação. A institucionalização do jogo político dentro dos limites dos espaços constitucionais sofreria seu derradeiro questionamento em 1848. Mas as mudanças haviam tido início com a anistia, não no sentido de esquecimento do ocorrido ou das posições assumidas, mas como símbolo da necessidade de se repensar as antigas práticas diante de um reinício marcado pela lei.

Para Roderick Barman, a estruturação do Estado Nacional resultante do pós-1842 e sua década ensejou o surgimento dos partidos políticos organizados. O novo sistema partidário serviu como elo pelo qual

> os interesses locais assegurados pelo acesso aos frutos do poder mantinham-se unidos à nação. Por meio do sistema partidário os círculos dirigentes estavam aptos a dirigirem o processo político e manter a comunidade política sob controle, sem restrição formal a participação política.[14]

---

12 Cf.: Izabel A. Marson. *Política, história e método em Joaquim Nabuco: tessituras da revolução e da escravidão.* Paulo Pereira de Castro. *Política e administração de 1840 a 1848.* Cecilia Helena L. de Salles Oliveira. *Heranças recriadas: especificidades da construção do Império do Brasil.*

13 Ilmar R. Mattos. *Op. cit.*

14 Roderick J. Barman. *Brazil: The Forging of a Nation, 1798-1852,* p. 218.

No mesmo sentido caminham as opiniões de Ilmar Mattos e de Jeffrey Needell, que concordam no efeito definidor da "Revolução". O autor estadunidense, ao pensar a formação do seu Partido da Ordem, considera que a revolta definiu "ainda mais o processo de identificação político-ideológica e a organização de seus partidários".[15] Estas definições e a aceitação da existência dos partidos como elemento integrante da política só seria possível após a superação dos questionamentos do Estado e da Constituição. Após 1842, não se forma necessariamente um consenso político ou a consolidação de algum grupo hegemônico, mas sim a aceitação do ordenamento político-jurídico do Império: "A partir de então nenhum projeto político discordante poderia ser considerado uma alternativa lícita ou, muito menos, viável".[16] Não estariam mais em discussão os limites da Constituição ou do caráter representativo da política imperial. Partia-se para o aprimoramento da prática parlamentar com a reforma da legislação eleitoral em 1846 e criação do cargo de Presidente do Conselho de ministros em 1847, por exemplo. Então poderemos falar em Partido Liberal e Partido Conservador, pois sob estas regras a organização partidária fazia sentido para os contemporâneos.

Devemos ter em mente também que há no bojo de 1842 uma mudança geracional. Assim como as antigas práticas políticas ligadas à *revolução* e, portanto, à praça pública ou à "rua" foram sendo revistas, grandes nomes das lutas do Primeiro Reinado e da Regência encontravam o seu ocaso. Homens como Feijó, Álvares Machado e José Bento Ferreira de Melo não chegariam ao fim da década de 1840, enquanto lideranças provinciais da década de 1830, como Rafael Tobias de Aguiar e José Feliciano Pinto Coelho da Cunha, veriam a ascensão de jovens políticos como o futuro Conde de Prados, Domiciano Leite Ribeiro e Gabriel Rodrigues dos Santos. Aos mais velhos que se mantiveram em posição eminente, seria necessária não a acomodação, mas a compreensão dos novos espaços e papéis, como fariam Paula Sousa, Limpo de Abreu, Teófilo Otoni, além de Francisco Sales Torres Homem, que viria a negar parte de sua biografia.

Não era necessariamente um novo tempo, mas certamente um tempo para novas práticas e novos homens.

---

15 Jeffrey D. Needell. *Op. cit.* p. 103.

16 Roderick J. Barman. *Brazil: The Forging of a Nation, 1798-1852*, p. 217.

Fontes

Periódicos

Biblioteca Nacional (BN)

- *Universal, O (MG)*
  Exemplares: 1839; 1842
- *Correio de Minas, O (MG)*
  Exemplares: 1841-1842
- *Ordem, A* (MG)
  Exemplares: 1842 (23); 1844 (15)
- *Despertador, O* (MG)
  Exemplar: 1842 (1)
- *Despertador Mineiro, O* (MG)
  Exemplares: 1842 (8)
- *Echo da Rasão, O* (MG)
  Exemplares: 1840 (2); 1842 (4)

Arquivo Público Mineiro (APM)

- *Universal, O* (MG)
  Exemplares: 1841-1842
- *Correio de Minas, O* (MG)
  Exemplares: 1841-1842

Instituto de Estudos Brasileiros (IEB-USP)

- *Governista, O* (SP)
  Exemplares: 1842

- *Verdadeiro Paulista, O* (SP)
  Exemplares: 1842

Instituto Histórico e Geográfico de São Paulo (IHGSP)

- *Observador Paulistano, O* (SP)
  Exemplares: 1838; 1842
- *Paulista Centralizador, O* (SP)
  Exemplares: 1838
- *Phenix, A* (SP)
  Exemplares: 1838; 1841

Arquivo Edgard Leuenroth (AEL-Unicamp)

- *Jornal do Commércio* (RJ)
  Exemplares: 1881 (4)

Documentação impressa

Legislação, atas, anais e relatórios governamentais

Anais da Assembleia Legislativa Provincial de São Paulo (1838-1842). São Paulo: Tipografia Piratininga, 1923.

Anais da Parlamento Brazileiro. Rio de Janeiro: A Assembleia, 1841-1843. Disponível em: <http://www2.camara.gov.br [consultado em 06.05.2010>. Acesso em: 6 de maio 2010.

Anais do Senado. Rio de Janeiro: O Senado, 1840-1841 e 1843-1844. Disponível em: <http://www.senado.gov.br/sf/Publicacoes/Anais>. Acesso em: 6 de maio 2010.

Coleção das Decisões do governo do Brasil. Rio de Janeiro: Imprensa Nacional, 1840-1842.

Coleção das Leis do Império do Brasil. Rio de Janeiro: Imprensa Nacional, 1840-1843.

Coleção das Leis Promulgadas pela Assembleias da Província de São Paulo. São Paulo: A Assembleia, 1840-1842.

Constituição Política do Império do Brasil (1824). Acompanhada pelo Ato Adicional de 1834 e pela Lei de Interpretação de 1840. Brasília: Ministério do Interior/ Fundação Projeto Rondos/Programa Nacional de Desburocratização, 1986.

Discurso recitado pelo ex.mo Presidente, Miguel de Souza Mello e Alvim, no dia 7 de janeiro de 1842 por occasião da abertura da Assembléa Legislativa da provincia de S. Paulo. São Paulo: Typ. Imparcial de Silva Sobral, 1842. Disponível em: <http:// www.crl.edu/content.asp?l1=5&l2=24&l3=45>. Acesso em: 16 jun. 2007.

Discurso recitado pelo ex.mo preidente [sic], José Carlos Pereira d'Almeida Torres, no dia 7 de janeiro de 1843 por occasião da abertura da Assembléa Legislativa da Provincia de S. Paulo. São Paulo: Typ. do governo, 1843. Disponível em: <http://www.crl.edu/ content.asp?l1=5&l2=24&l3=45>. Acesso em: 16 jun. 2007.

Discurso recitado pelo exmo Presidente, Manuel Felisardo de Souza e Mello, no dia 7 de janeiro de 1844, por occasião da abertura da Assembléa Legislativa da provincia de S. Paulo. São Paulo: Typ. do governo, 1844. Disponível em: <http://www.crl.edu/ content.asp?l1=5&l2=24&l3=45>. Acesso em: 16 jun. 2007.

Relatório da Repartição dos Negócios da Guerra apresentado à Assembléa Geral Legislativa na 1ª sessão da 5ª Legislatura por José Clemente Pereira. Rio de Janeiro: Typographia Nacional, 1843.

Relatório da Repartição dos Negócios da Justiça apresentado à Assembléa Geral Legislativa na 1ª sessão da 5ª Legislatura por Paulino José Soares de Sousa. Rio de Janeiro: Typographia Nacional, 1843.

Relatórios Ministeriais do ano de 1842. Rio de Janeiro: Typographia Nacional, 1843. Disponível em: <http://www.crl.edu/content.asp?l1=5&l2=24&l3=45>. Acesso em: 16 jun. 2007.

Relatório do Presidente da Província do Rio de Janeiro, 1842. Disponível em: <http://www. crl.edu/content/brazil/jain.htm>. Acesso em: 16 jun. 2007.

Relatório do Presidente da Província do Rio de Janeiro, 1843. Disponível em: <http://www. crl.edu/content/brazil/jain.htm>. Acesso em: 16 jun. 2007.

Relatório do Presidente da Província de Minas Gerais, 1842. Disponível em: <http:// www.crl.edu/content/brazil/mina.htm>. Acesso em: 16 jun. 2007.

Relatório do Presidente da Província de Minas Gerais, 1843. Disponível em: <http:// www.crl.edu/content/brazil/mina.htm>. Acesso em: 16 jun. 2007.

Coleções e compilações documentais

Anais do Museu Paulista, nº 5. Cartas do Barão de Caxias ao Barão de Monte Alegre. 1931.

BONADIO, Geraldo. *A agonia do Projeto Liberal: o jornal* O Tebyreçá *e a Revolução de 1842*. Sorocaba: FUA, 1992 [inclui fac-símiles do periódico paulistano].

BONAVIDES, Paulo. *História constitucional do Brasil.* 3ª ed. Rio de Janeiro: Paz e Terra, 1991.

BONAVIDES, Paulo & AMARAL, Roberto. *Textos políticos da História do Brasil.* 3ª ed. Brasília: Senado Federal, 2002.

CALDEIRA, Jorge (org. e intro.). *Diogo Antonio Feijó.* Col. Formadores do Brasil. São Paulo: Ed. 34, 1999.

CARVALHO, José Murilo de (org. e introd.). *Bernardo Pereira de Vasconcelos.* Col. Formadores do Brasil. São Paulo: Ed. 34, 1999.

EGAS, Eugênio. *Diogo Antônio Feijó (Documentos).* São Paulo: Typographia Levi, 1912.

Fragmentos histórico-políticos sobre o Brasil: a revolução de 1842 em São Paulo. São Paulo: Typ. Americana, 1868.

História da Revolução de Minas Gerais, em 1842. Revista do APM, vol. XV, 1916 [compilação de peças documentais realizada por Bernardo Xavier Pinto de Sousa, publicada em 1843 e republicada em 1844].

JAVARI, Barão do. *Organizações e Programas Ministeriais: Regime Parlamentar no Império.* 2ª ed. Rio de Janeiro: Ministério da Justiça e Negócios Interiores, Arquivo Nacional, 1962.

MÜLLER, Daniel Pedro. [*São Paulo em 1836: Ensaio d'um quadro estatístico da Província de São Paulo ordenado pelas leis provinciaes de 11 de Abril de 1836, e 10 de Março de 1837*]. 2ª ed. São Paulo: O Estado de S. Paulo, 1923.

PINHO, Wanderley. *Política e políticos do império: contribuições documentaes.* Rio de Janeiro: Imprensa Nacional, 1930.

SOARES DE SOUSA, Francisco Belisário. *O sistema eleitoral no Império.* Brasília: Senado Federal/UnB, 1979.

Livros, opúsculos e dicionários

ALENCAR, José Martiniano de. *Resposta dada ao senado pelo senador (...) sobre a pronuncia contra elle feita pelo juiz (...).* Rio de Janeiro: Typ. Nacional, 1843.

BURKE, Edmund. *Reflexões sobre a revolução em França.* Brasília: Editora UnB, 1982.

_____. *Textos Políticos.* México: Fondo de Cultura Economica, 1942.

_____. "Thoughts on the cause of the present discontents". In: *Select Works of Edmund Burke: a new imprint of the Payne edition.* 3 vols. Indianapolis: Liberty Fund, 1999.

Dicionário Houaiss da Língua Portuguesa. Rio de Janeiro: Objetiva, 2001.

LISBOA, João Francisco. *Jornal de Timon: eleições na Antiguidade, eleições na Idade Média, eleições na Roma Católica, Inglaterra, Estados Unidos, França, Turquia, partidos e eleições no Maranhão.* Brasília: Senado Federal, 2004.

MAGALHÃES JUNIOR, Raimundo. *Três panfletários do Segundo Reinado.* São Paulo: Companhia Editora Nacional, 1956.

MARINHO, José Antonio. *História da Revolução de 1842.* Brasília: Senado Federal/ Editora UnB, 1978.

_____. *História do movimento político de 1842.* Belo Horizonte/São Paulo: Itatiaia/ EDUSP, 1997.

MARQUES, M. E. de Azevedo. *Apontamentos históricos, geográficos, biográficos, estatísticos e noticiosos da Província de São Paulo.* 2 vols. Belo Horizonte/ São Paulo: Itatiaia/ Edusp, 1980.

MAWE, John. *Viagens ao interior do Brasil.* 1ª ed. Belo Horizonte/São Paulo: Itatiaia/ Edusp, 1978.

MORAES, João Baptista de. *Revolução de 1842: Memória, acompanhada de documentos e autographos.* São Paulo: Typographia do Diário Oficial, 1908.

OTTONI, Teóphilo B. *Circular dedicada aos eleitores de senadores pela província de Minas Gerais... (1860).* Prefácio de Basílio de Magalhães. 2ª ed. *Revista do Instituto Histórico e Geográfico Brasileiro,* tomo LXXVIII, 2ª parte. Rio de Janeiro: Imprensa Nacional, 1916.

PASQUINO, Gianfranco *et al*. *Dicionário de Política.* 12ª ed, vol. 2. Brasília: EdUnB, 1999.

PINTO JUNIOR, Joaquim Antonio. "Movimento Político da Província de São Paulo em 1842". *Diário de Santos,* Santos, 1879.

REZENDE, Francisco de Paula Ferreira de. *Minhas Recordações.* Rio de Janeiro: José Olympio, 1944.

RIO BRANCO, Barão do. *Efemérides brasileiras.* Ed. fac-sim. Brasília: Senado Federal, Conselho Editorial, 1999.

SAINT-HILAIRE, A. *Viagem à Província de São Paulo*. São Paulo: Edusp/Martins, 1972.

SILVA, Antonio de Moraes. *Diccionário da Lingua Portugueza*. 7ª ed. Lisboa: Typographia de Joaquim Germano de Souza Neves, 1877.

SILVA, João Manuel Pereira da. *Memórias do meu tempo*. Brasília: Senado Federal, 2003.

SILVA, Nicoláo Duarte. *40º anniversario do Instituto Histórico e Geográfico de S. Paulo – Documentos sobre a revolução de 1842, em S. Paulo*. São Paulo: ed. do autor, 1936, separata do vol. XXXI da *RIHGSP*.

SOUSA, Bernardo Xavier Pinto de. *Quadro chronologico das peças mais importantes sobre a revolução da Provincia de Minas Gerais em 1842*. Ouro Preto: Typ. Imp. de B. X. P. de Sousa, 1844.

VEIGA, José Pedro Xavier da Veiga. *Efemérides mineiras (1664-1897)*. Belo Horizonte: Centro de Estudos Históricos Culturais, Fundação João Pinheiro, 1998.

Documentação manuscrita

Biblioteca Nacional (BN)

- *Documentos relativos a Revolução de Minas 1842* [I 31, 24, 20 1-23]
- *Documentos relativos à revolução mineira de 1842* [II-32, 5, 1]
- *Veiga, Bernardo Jacintho da. 4 Cartas* [II-32, 5, 4, n.4]
- *Cartas a Eusébio de Queiróz* [63, 4, 2, nº 78; 63, 4, 2, nº 81, 82, 83, 85, 87, 91, 92]

Arquivo Nacional (AN)

- *Coleção Caxias*, Caixas 808 e 809

Arquivo Público Mineiro (APM)

- *Fundo Presidente de Província*
PP 1/17, Caixas 1 e 2
PP 1/24, Caixas 2 e 3
PP 1/36 – Caixas 15 e 19

Arquivo do Estado de São Paulo (AESP)

- *Coleção Governo – Correspondência com Militares* (E00563)

- *Coleção Governo de Armas* (C02404)
- *Coleção Polícia* (C02438 e C02439)
- *Coleção Justiça – Correspondência do chefe de polícia* (E01475)

Serviço de Documentação do Museu Paulista – USP

- *Coleção "Raphael Tobias de Aguiar"*
  Data: 1831 a 1852
- *Coleção "Eduardo Paulo da Silva Prado"*
  Data: 1831 a 1832
- *Coleção "IV Centenário"*
- *Coleção "Família Imperial"*
- *Coleção "Marquês de Monte Alegre"*

Bibliografia

ALMEIDA, Aluisio de. *A Revolução Liberal de 1842*. Rio de Janeiro: José Olympio, 1944.

_____. *Sorocaba, 1842*. São Paulo: Cupolo, 1938.

_____. "Achegas à biografia do Barão de Antonina". *Rev. Arq. Munic.*, São Paulo, vol. CXVI, out.-dez. 1947, p. 07-39.

_____. "Movimento Liberal de 1842". *Rev. Arq. Munic.*, São Paulo, vol. CIV, ago.--set. 1945, p. 57-62.

_____. "Ainda a Revolução Liberal em Sorocaba". *Rev. Arq. Munic.*, São Paulo, vol. LXVI, abr.-maio. 1940, p. 191-208.

AMARAL, José Ribeiro do. *As revoluções do Segundo Império e a obra pacificadora de Caxias*. São Luís: Typ. Teixeira, 1922.

ANDRADE, Martins de. *A Revolução de 1842*. Rio de Janeiro: Tipologia Apollo, 1942.

ANDRADE, Marcos Ferreira de. *Elites regionais e a formação do Estado imperial brasileiro: Minas Gerais – Campanha da Princesa (1799-1850)*. Rio de Janeiro: Arquivo Nacional, 2008.

ARARIPE, Tristão de Alencar. *"Notícia sobre a Maioridade"*. *Revista do Instituto Histórico e Geográfico Brasileiro*, Rio de Janeiro, nº 44 (63), 1881p. 167-268.

ARARIPE, Tristão de Alencar & LEAL, Aurelino. *O Golpe Parlamentar da Maioridade*. Brasília: Editora UnB/Senado Federal, 1978 [Trata-se da reunião de duas obras distintas e editadas junto a um conjunto documental organizado pelo periódico *O Despertador*, em 1840].

ARENDT, Hannah. *Sobre a Revolução*. Lisboa: Relógio D'Água, 2001.

AZEVEDO, Manuel Duarte Moreira de. "Declaração de *Maioridade* do Imperador em 1840". *Revista do Instituto Histórico e Geográfico Brasileiro*, Rio de Janeiro, nº 42 (58), 1879, p. 5-37.

348   Erik Hörner

_____. "Movimento político de Minas Gerais em 1842". *Revista do Instituto Histórico e Geográfico Brasileiro*, Rio de Janeiro, nº 47 (69), 1884, p. 5-37.

BARBOSA, Silvana Mota. *A sphinge monárquica.* Tese (doutorado) – IFCH-Unicamp, Campinas, 2001..

BARMAN, Roderick J. *Brazil: the forging of a Nation, 1798-1852.* Stanford: Stanford University Press, 1988.

_____. *The Citizen Emperor: Pedro II and the making of Brazil, 1825-91.* Stanford: Stanford University Press, 1999.

BEIGUELMAN, Paula. *Formação política do Brasil: teoria e ação no pensamento abolicionista.* São Paulo: Pioneira, 1967.

BERNSTEIN, Serge. "Os partidos". In: RÉMOND, René. *Por uma história política.* 2ª ed. Rio de Janeiro: Editora FGV, 2003.

BITTENCOURT, Vera N.; HÖRNER, Erik; MEDICCI, Ana Paula. "Do ponto à trama: rede de negócios e espaços políticos em São Paulo, 1765-1842". In: BITTENCOURT, Vera Nº; COSTA, Wilma Peres; OLIVEIRA, Cecilia Helena de Salles (org). *Soberania e conflito: configurações do Estado Nacional no Brasil do século XIX.* São Paulo: Hucitec/Fapesp, 2010.

BLOCH, Marc. *Introdução à História.* Lisboa: Europa-América, 1965.

BONAVIDES, Paulo. *O partido político no Império.* Fortaleza: Imprensa Universitária do Ceará, 1956.

BOSI, Ecléa. *Memória e sociedade; lembranças de velhos.* São Paulo: T. A. Queiroz, 1979, (reimpressão 1983).

BRITO, Jolumá. "Combate da Venda Grande (Episódios da Revolução de 1842)". *Rev. Arq. Munic.*, vol. CXLV, jan. 1952, p. 03-76.

BRUNO, Ernani Silva. *História e Tradições da Cidade de São Paulo.* 2.ed. Vols. 1 e 2. Rio de Janeiro: José Olympio, 1954.

CARVALHO, José Murilo de. *A construção da ordem: a elite política imperial. Teatro de sombras: a política imperial.* Rio de Janeiro: Civilização Brasileira, 2003.

CASTRO, Jeanne Berrance de. *A Milícia Cidadã: a Guarda Nacional de 1831 a 1850.* 2ª ed. São Paulo: Companhia Editora Nacional, 1979.

CASTRO, Paulo Pereira de. "Política e administração de 1840 a 1848." In: HOLANDA, Sérgio Buarque de (org.). *História geral da civilização brasileira.* 6ª ed. Tomo II, vol. 2. São Paulo: Difel, 1984.

_____. "A 'experiência republicana', 1831-1840." In: HOLANDA, Sérgio Buarque de (org.). *História geral da civilização brasileira.* 6ª ed. Tomo II, vol. 2, São Paulo: Difel, 1984.

CHACON, Vamireh. *História dos partidos brasileiros: discurso e práxis dos seus programas.* Brasília: Editora UnB, 1981.

CHARTIER, Roger (org.). *História da leitura no mundo ocidental.* São Paulo: Ática, 1999.

CHAGAS FILHO, Jorge Pacheco e. "Formação dos partidos políticos". *Revista do Instituto Histórico e Geográfico Brasileiro,* Rio de Janeiro, nº 307, abr.-jun. 1975, p. 208-216.

COSER, Ivo. *Visconde do Uruguai: centralização e federalismo no Brasil, 1823-1866.* Belo Horizonte: Editora UFMG; Rio de Janeiro: Iuperj, 2008.

COSTA, Hernani Maia. *As barreiras de São Paulo: estudo histórico das barreiras paulistas no século XIX.* Dissertação (mestrado) – FFLCH-USP, São Paulo, 1984.

COSTA, Wilma Peres. *A espada de Dâmocles: o exército, a guerra do Paraguai e a crise do Império.* São Paulo: Hucitec; Campinas: EditoraUnicamp, 1996.

DARNTON, Robert. *O beijo de Lamourette: mídia, cultura e revolução.* São Paulo: Companhia das Letras, 1990.

DEVEZA, Guilherme. "Política tributária no Período Imperial." In: HOLANDA, Sérgio Buarque de. *História geral da civilização brasileira.* 2ª ed., Tomo II, vol. 4. São Paulo: DIFEL, 1974.

DOLHNIKOFF, Miriam. *Caminhos da conciliação: o poder provincial em São Paulo, 1835-1850.* Dissertação (mestrado) – FFLCH - USP, São Paulo, 1993.

_____. *Construindo o Brasil: unidade nacional e pacto federativo nos projetos das elites (1820-1842).* Tese (Doutorado) – FFLCH - USP, São Paulo, 2000.

_____. *O pacto imperial: origens do federalismo no Brasil.* São Paulo: Globo, 2005.

DUARTE, Nestor. *A ordem privada e a organização política nacional: contribuição à sociologia política brasileira.* São Paulo: Nacional, 1939.

DUVERGER, Maurice. *Os partidos políticos.* 2ª ed. Rio de Janeiro/Brasilia: Zahar/ Editora UnB, 1980.

EGAS, Eugênio. *Declaração da maioridade de sua majestade imperial o senhor D. Pedro II, desde o momento em que essa ideia foi aventada.* Rio de Janeiro: Associação do Despertador, 1940.

ELLIS JUNIOR, Alfredo. *Feijó e a primeira metade do século XIX*. São Paulo: Nacional, 1940.

_____. *Feijó e sua época*. São Paulo: FFLC-USP, 1940.

FAORO, Raymundo. "Existe um pensamento político brasileiro?". *Estudos Avançados*, São Paulo, vol. 1, nº 1, dez. 1987, p. 9-58.

_____. *Os donos do poder: formação do patronato político brasileiro*. Rio de Janeiro: Globo, 1958.

FAZENDA, José Vieira. "Aspectos do período regencial". *Revista do Instituto Histórico e Geográfico Brasileiro*, Rio de Janeiro, nº 77 (129), 1914, p. 41-65.

FERES JUNIOR, João. *Léxico da história dos conceitos políticos do Brasil*. Belo Horizonte: Editora UFMG, 2009.

FERREIRA, Manoel Rodrigues. *A evolução do sistema eleitoral brasileiro*. Brasília: Senado Federal, 2001

FERREIRA NETO, Maria Cristina Nunes. *Memória, política e negócios: a trajetória de Theophilo Benedicto Ottoni*. Tese (doutorado) – IFCH - Unicamp, Campinas, 2002.

FLORENZANO, Modesto. *Reflexões sobre a Revolução em França de Edmund Burke*. Tese (doutorado) – FFLCH - USP, São Paulo, 1993.

FLORY, Thomas. *El juez de paz y el jurado em el Brasil Imperial, 1808-1871: control social y estabilidad política em el nuevo Estado*. México: Fondo de Cultura Económica, 1986.

FRANCO, Afonso Arinos de Melo. *História e teoria dos partidos políticos no Brasil*. 2ª ed. São Paulo: Alfa-Omega, 1974.

FRANCO, Maria Sylvia de Carvalho. *Homens livres na ordem escravocrata*. 3ª ed. São Paulo: Kairós, 1983.

_____. "All the world was America". *Revista USP*, São Paulo, nº 17, mar.-maio. 1993, p. 30-53.

GINZBURG, Carlo. *Mitos, emblemas, sinais: morfologia e história*. São Paulo: Companhia das Letras, 1991.

_____. *Relações de força: história, retórica e prova*. São Paulo: Companhia das Letras, 2002.

GOUVÊA, Maria de Fátima. *O Império das províncias: Rio de Janeiro, 1822-1889*. Rio de Janeiro: Civilização Brasileira, 2008.

GONÇALVES, Andréa Lisly. *Estratificação social e mobilizações políticas no processo de formação do Estado Nacional Brasileiro: Minas Gerais, 1831-1835*. São Paulo: Hucitec, 2008.

GRAHAM, Richard. *Clientelismo e política no Brasil do século XIX*. Rio de Janeiro: Editora UFRJ, 1997.

GRAMSCI, Antonio. *Maquiavel, a Política e o Estado Moderno*. Rio de Janeiro: Civilização Brasileira, 1968.

GRUPPI, Luciano. *Conceito de hegemonia em Gramsci*. Rio de Janeiro: Graal, 1978.

HOLANDA, Sérgio Buarque de (org.). *História geral da civilização brasileira*. São Paulo: Difel, 1967. Tomo II (*O Brasil Monárquico*), 1° e 2° vols.

_____. "São Paulo." In: HOLANDA, Sérgio Buarque de (org.). *História geral da civilização brasileira*. Tomo II, vol. 2. São Paulo: Difel, 1967.

HÖRNER, Erik. *Guerra entre pares: a "Revolução Liberal" em São Paulo, 1838-1844*. Dissertação (mestrado) – FFLCH - USP, São Paulo, 2005.

_____. "'A luta já não é hoje a mesma': as articulações políticas no cenário provincial paulista, 1838-1842." *Almanack Braziliense*, São Paulo, n° 5, maio 2007, p. 67-85.

_____. "A tribuna em praça pública: o debate político na imprensa periódica paulistana (1828-1842)". In: OLIVEIRA, Cecilia Helena de Salles; PRADO, Maria Ligia Coelho; JANOTTI, Maria de Lourdes Monaco. *A história na política, a política na história*. São Paulo: Alameda, 2006.

_____. "Memória seletiva: usos e leituras de um episódio da 'Revolução Liberal' de 1842 em São Paulo". In: COSTA, Wilma Peres & OLIVEIRA, Cecilia Helena de Salles. *De um Império a outro: estudos sobre a formação do Brasil, séculos XVIII e XIX*. São Paulo: Hucitec/Fapesp, 2007.

HUME, David. *Hume*. Col. Os Pensadores. São Paulo: Nova Cultural, 1999.

IGLÉSIAS, Francisco. "Minas Gerais." In: HOLANDA, Sérgio Buarque de (org.). *História geral da civilização brasileira*. 6ª ed. Tomo II, vol. 2. Rio de Janeiro: Bertrand Brasil, 1995.

_____. "O Cônego Marinho e 1842." In: MARINHO, José Antonio. *História do movimento político de 1842*. Belo Horizonte/São Paulo: Itatiaia/Edusp, 1997.

_____. *Política econômica do governo provincial mineiro (1835-1889)*. Rio de Janeiro: Ministério da Educação e Cultura, Instituto Nacional do Livro, 1958.

_____. *Trajetória política do Brasil, 1500-1964*. São Paulo: Companhia das Letras, 1993.

IRMÃO, José Aleixo. *Rafael Tobias de Aguiar: o homem, o político*. Sorocaba: FUA, 1992.

JANCSÓ, István (org.). *A fundação do Estado e da Nação brasileiros (c.1770-c.1850)*. Bauru/São Paulo: Edusc/Fapesp, 2001.

_____. (org.). *Independência: história e historiografia*. São Paulo: Hucitec/Fapesp, 2005.

JANCSÓ, István & PIMENTA, João Paulo G. "Peças de um mosaico (ou apontamentos para o estudo da emergência da identidade nacional brasileira)." In: MOTA, Carlos Guilherme (org.). *Viagem incompleta: a experiência brasileira (1500-2000)*. *Formação: histórias*. São Paulo: Editora Senac, 2000.

JANOTTI, Maria de Lourdes Mônaco. *A Balaiada*. São Paulo: Brasiliense, 1987.

_____. *João Francisco Lisboa, jornalista e historiador*. São Paulo: Ática, 1977.

KOSELLECK, Reinhart. *Futuro passado: contribuição à semântica dos tempos históricos*. Rio de Janeiro: Contraponto, PUC-Rio, 2006.

_____. "Uma história dos conceitos: problemas teóricos e práticos". *Estudos Históricos*, Rio de Janeiro, vol. 5, nº 10, 1992, p. 134-146.

LEAL, Antonio Henriques. *Obras completas de João Francisco Lisboa*. Lisboa: Mattos Moreira & Pinheiro, 1901.

LE GOFF, Jacques . *História e memória*. Campinas: Editora da Unicamp, 1990.

LEFORT, Claude. *As Formas da História*. São Paulo: Brasiliense, 1979.

LENHARO, Alcir. *As tropas da moderação: o abastecimento da Corte da formação política do Brasil: 1808-1842*. 2ª ed. Rio de Janeiro: Secretaria Municipal de Cultura, Turismo e Esportes, Departamento Geral de Documentação e Informação Cultural, Divisão de Editoração, 1993.

LEVY, Maria Bárbara. "Alguns aspectos da política financeira no período regencial". *Revista do Instituto Histórico e Geográfico Brasileiro*, Rio de Janeiro, nº 307, abr.--jun. 1975, p. 49-57.

LIMA, Manuel de Oliveira. *O Império Brasileiro, 1821-1889*. Belo Horizonte: Itatiaia; São Paulo: Edusp, 1989.

LYRA, Augusto Tavares de. "A fase inicial do reinado e a ação individual do Imperador". *Revista do Instituto Histórico e Geográfico Brasileiro*, Rio de Janeiro, nº 98 (152), 1925, p. 244-249.

_____. *Instituições políticas do Império*. Brasília: Senado Federal, 1979.

_____. *Organização política e administrativa do Brasil: Colônia, Império e República.* São Paulo: Companhia Editora Nacional, 1941.

LYRA, Maria de Lourdes Viana. *O Império em construção: Primeiro Reinado e Regências.* São Paulo: Atual, 2000.

MARCÍLIO, M. L. *A cidade de São Paulo: povoamento e população (1750-1850).* São Paulo: Pioneira. 1ª ed./Edusp, 1974.

MARSON, Izabel Andrade. "Entre a 'vertigem' e a razão: representações da Revolução na política pernambucana, 1838-1850." *Revista Brasileira de História*, São Paulo, vol. 10, nº 20, mar.-ago. 1991, p. 173-210.

_____. *Movimento Praieiro: imprensa, ideologia e poder político.* São Paulo: Moderna, 1980.

_____. *O Império da Conciliação: política e método em Joaquim Nabuco, a tessitura da revolução e da escravidão.* 2vols. Tese (Livre-docência). – IFCH - Unicamp, Campinas,1999.

_____. *O Império do Progresso: a Revolução Praieira em Pernambuco (1842-1855).* São Paulo: Brasiliense, 1987.

_____. "O Império da Revolução: matrizes interpretativas dos conflitos da *sociedade* monárquica". In: FREITAS, Marcos Cezar (org.). *Historiografia brasileira em perspectiva.* São Paulo: Contexto, 1998.

_____. *Política, história e método em Joaquim Nabuco: tessituras da revolução e da escravidão.* Uberlândia: Edufu, 2008.

MARTINS, Antonio Marco Ventura. *Um Império a construir, uma ordem a consolidar: elite política e Estado no sertão, Franca-SP, 1824-1852.* Dissertação (mestrado) – FHDSS - Unesp, Franca, 2001.

MARTINS, Maria Fernanda Vieira. *A velha arte de governar: um estudo sobre política e elites a partir do Conselho de Estado (1842-1889).* Rio de Janeiro: Arquivo Nacional, 2007.

MARX, Karl. *O 18 Brumário e Cartas a Kugelmann.* 6ª ed. Rio de Janeiro: Paz e Terra, 1997.

MATTOS, Hebe Maria. *Escravidão e cidadania no Brasil Monárquico.* Rio de Janeiro: Zahar, 2000.

MATTOS, Ilmar R. de. *O Tempo Saquarema: a formação do Estado Imperial.* 4ª ed. Rio de Janeiro: Access, 1999.

MELO, Francisco Inácio Marcondes Homem de. "Período Regencial". *Revista do Instituto Histórico e Geográfico Brasileiro*, Rio de Janeiro, nº 66 (107), 1903, p. 325-326.

MELO, Américo Brasiliense de Almeida e. *Os programas dos partidos e o Segundo Império.* Brasília/Rio de Janeiro: Senado Federal/Fundação Casa de Rui Barbosa, 1979.

MENEZES, Eduardo de. *A revolução mineira de 1842.* Juiz de Fora: Typ. Brasil, 1913.

MENEZES, Paulo Braga de. "A Regência da menoridade: instituições políticas e sociais do Império". *Revista do Instituto Histórico e Geográfico Brasileiro*, Rio de Janeiro, nº 307, abr.-jun. 1975, p. 28-36.

MICHELS, Robert. *Os partidos políticos.* São Paulo: Senzala, s.d.

MOLITERNO, Dylva Araújo. *Liberais moderados – porta-vozes dos cafeicultores – e a consolidação da política conservadora no período regencial.* – Tese (doutorado) – FFLCH - USP, São Paulo, 1982.

MONIZ, Heitor. "Estadistas do Império". *Revista do Instituto Histórico e Geográfico Brasileiro*, Rio de Janeiro, nº 97 (151), 1925, p. 107-136.

MONTEIRO, Tobias. *História do Império: a elaboração da Independência.* Rio de Janeiro: Briguet, 1927.

_____ . *História do Império: Primeiro Reinado.* 1ª. ed. Vol. 2. Belo Horizonte/São Paulo: Itatiaia/Edusp, 1982.

MORAES, Eugênio Vilhena de. *Caxias em S. Paulo: a revolução de Sorocaba.* Rio de Janeiro: Calvino Filho Editor, 1933.

MOREIRA, Luciano da Silva. *Imprensa e política: espaço público e cultura política na província de Minas Gerais.* Dissertação (mestrado) – Faculdade de Filosofia e Ciências Humanas, UFMG, Belo Horizonte, 2006.

_____. "Combates tipográficos". *Revista do APM*, Belo Horizonte, vol. 44, jan.-jun. 2008, p. 24-41.

MOREL, Marco. *O período das Regências (1831-1840).* Rio de Janeiro: Zahar, 2003.

_____. *As transformações dos espaços públicos: imprensa, atores políticos e sociabilidades na Cidade Imperial (1820-1840).* São Paulo: Hucitec, 2005.

MOREL, Marco & BARROS, Mariana Monteiro de. *Palavra, imagem e poder: o surgimento da imprensa no Brasil do século XIX.* Rio de Janeiro: DP & A, 2003.

MOTA, Carlos Guilherme (org.). *Lucien Febvre: história.* São Paulo: Ática, 1978.

MOTTA, Rodrigo Patto Sá. *Introdução à história dos partidos políticos brasileiros*. Belo Horizonte: Editora UFMG, 1999.

NABUCO, Joaquim. *Um Estadista do Império*. 4 vols. São Paulo: Instituto Progresso Editorial, 1949.

NARDY FILHO, Francisco. *Cidade de Itu: cronologia ituana*. São Paulo: s/ ed., 1951.

_____. *A cidade de Itu: da aclamação de D. João VI à proclamação da República*. 2 vols. São Paulo: Salesianas, 1930.

NEEDELL, Jeffrey D. The *Party Of Order: the conservatives, the State, and slavery in the Brazilian monarchy (1831-1871)*. Stanford: Stanford University Press, 2006.

NEQUETE, Lenine. *O poder judiciário no Brasil a partir da Independência*. Brasília: Supremo Tribunal Federal, 2000.

NEVES, Lúcia Maria B. P. das e MACHADO, Humberto Fernandes. *O Império do Brasil*. Rio de Janeiro: Nova Fronteira, 1999.

NOBRE, Freitas. *História da Imprensa de São Paulo*. São Paulo: Leia.

NOGUEIRA, Octaciano. *O Parlamento e a evolução nacional: reformas constitucionais e a maioridade de D. Pedro II, 1832-1840*. Brasília: Senado Federal, 1972.

_____. *Parlamentares do Império*. Brasília: Octaciano Nogueira, editora Senado Fedaral, 1973.

OLIVEIRA, Cecilia Helena L. de Salles. *A astúcia Liberal: relações de mercado e projetos políticos no Rio de Janeiro (1820-1824)*. Bragança Paulista: Edusf e Ícone, 1999.

_____. "Heranças recriadas: especificidades da construção do Império do Brasil". *Almanack Brasiliense*, nº 1, mai. 2005, p. 44-52.

PAIVA, Eduardo França. "Minas depois da mineração [ou o século XIX mineiro]". In: GRINBERG, Keila & SALLES, Ricardo (orgs.). *O Brasil Imperial*. 3 vols. Rio de Janeiro: Civilização Brasileira, 2009.

PELÁEZ, Carlos Manuel & SUZIGAN, Wilson. *História Monetária do Brasil*. 2ª ed. Brasília: Editora UnB, 1981.

PETRONE, Maria Tereza Schorer. *A lavoura canavieira em São Paulo: expansão e declínio (1764-1851)*. São Paulo: Difel, 1968.

_____ . *Barão de Iguape*. São Paulo: Nacional, 1976.

PIRES, Francisco Murari. *Mithistória*. São Paulo: Humanitas/Fapesp, 1999.

356 Erik Hörner

_____. *Diálogos sobre a (escrita da) história*. Disponível em: <http://www.fflch.usp. br/dh/heros/>. Acesso em: 20 abr. 2008.

_____. *Indiciamento Tucidideano*. Disponível em: <http://www.fflch.usp.br/dh/heros/>. Acesso em: 20 abr. 2008.

POMBO, Rocha. "A *Maioridade*". *Revista do Instituto Histórico e Geográfico Brasileiro*, Rio de Janeiro, nº 98 (152), 1925, p. 217-224.

PRADO, Maria Emilia; GUIMARÃES, Maria Lucia Paschoal; PEIXOTO, Antonio Carlos. *O liberalismo no Brasil imperial: origens, conceitos e prática*. Rio de Janeiro: Revan, 2001.

PRADO JUNIOR, Caio. *Evolução política do Brasil e outros estudos*. 5ª ed. São Paulo: Brasiliense, 1966.

RICCI, Magda. *Assombrações de um padre Regente: Diogo Antônio Feijó (1783-1843)*. Campinas: Editora Unicamp/ Cecult-IFCH, 2001.

RIZZINI, Carlos. *O livro, o jornal e a tipografia no Brasil: 1500-1822*. Rio de Janeiro: Kosmos, 1946.

RODRIGUES, José Honório. *O Conselho de Estado: o quinto poder?* Brasília: Senado Federal, 1978.

RODRIGUES, Márcia Barros Ferreira. *O liberalismo no Brasil regencial: eclético, ambíguo e conciliatório*. Tese (doutorado) – FFLCH - USP, São Paulo, 1999.

ROSANVALLON, Pierre. *O liberalismo econômico: história da ideia de mercado*. Bauru: Edusc, 2002.

_____. "Por uma história conceitual do político (nota de trabalho)". *Revista Brasileira de História*, São Paulo, vol. 15, nº 30, 1995.

SAES, Flávio A. M. de. *Crédito e bancos no desenvolvimento da economia paulista (1850-1930)*. São Paulo: IPE/USP, 1986.

SALAZAR, José Monteiro. *Araçoiaba & Ipanema: a história daquela maravilhosa região, desde as forjas de Afonso Sardinha até a Real Fábrica de Ferro*. Sorocaba: Digipel, 1998.

SANTOS, Lúcio José dos. "A Revolução de 1842 em Minas Gerais". *Revista do Instituto Histórico e Geográfico Brasileiro*, Rio de Janeiro, nº 180, jul.-set. 1943, p. 117-166.

SARTORI, Giovanni. *Partidos e sistemas partidários*. Rio de Janeiro/Brasília: Zahar/ Editora UnB, 1982.

SEILER, Daniel-Louis. *Os partidos políticos.* Brasília/São Paulo: Editora UnB/Imprensa Oficial, 2000.

SCHULZ, John. "O Império e o Exército". In: HOLANDA, Sérgio Buarque de (org.). *História geral da civilização brasileira.* 5ª ed. Tomo II, vol. 4. Rio de Janeiro: Bertrand Brasil, 1995.

SILVA, Janice Theodoro da. *São Paulo: 1554-1880: discurso ideológico e organização espacial.* 1ª. ed. São Paulo: Moderna, 1984.

SILVA, Wlamir José da. *"Liberais e Povo": a construção da hegemonia Liberal-moderada na Província de Minas Gerais (1830-1834).* Tese (doutorado) – Instituto de Filosofia e Ciência Sociais, UFRJ, Rio de Janeiro, 2002.

SILVEIRA, Carlos da. "Um irlandês na Revolução de 1842". *Rev. Arq. Munic.,* São Paulo, vol. LXII, nov.-dez. 1939, p. 209-220.

_____. "A propósito da Revolução Paulista de 1842". *Rev. Arq. Munic.,* São Paulo, vol. XIII, jun. 1935, p. 33-45.

_____. "Ainda a propósito da Revolução Paulista de 1842". *Rev. Arq. Munic.,* São Paulo, vol. XV, ago. 1935, p. 15-27.

SIMONE, Celia Camargo de. *Exército Nacional e Pacificação: um estudo sobre Caxias (1839-1853).* Dissertação (mestrado) – FFCCH - USP, São Paulo, 1979.

SODRÉ, Nelson Werneck. *A História da Imprensa no Brasil.* Rio de Janeiro: Civilização Brasileira, 1966.

_____. *História Militar do Brasil.* 3ª. ed. Rio de Janeiro: Civilização Brasileira, 1979.

SOUSA, João Alberto. *Os Andradas.* 3 vols. São Paulo: Piratininga, 1922.

SOUSA, Octávio Tarquínio de. *Diogo Antonio Feijó.* Belo Horizonte: Itatiaia, 1988.

_____. *Bernardo Pereira de Vasconcelos e seu tempo.* Rio de Janeiro: José Olympio, 1937.

_____. *Três golpes de estado.* Belo Horizonte/São Paulo: Itaitaia/Edusp, 1988.

SOUZA, Adriana Barreto de. *O exército na consolidação do Império: um estudo histórico sobre a política militar conservadora.* Rio de Janeiro: Ministério da Justiça, Arquivo Nacional, 1999.

_____. *Duque de Caxias: o homem por trás do monumento.* Rio de Janeiro: Civilização Brasileira, 2008.

_____. *Caxias e a Formação Império Brasileiro: um estudo sobre trajetória, configuração e ação política.* Tese (doutorado) – Universidade Federal do Rio de Janeiro, Rio de Janeiro, 2004.[1]

SOUZA, José Antonio Soares de. "Vasconcelos e as caricaturas". *Revista do Instituto Histórico e Geográfico Brasileiro*, Rio de Janeiro, nº 210, jan.-mar. 1951, p. 103-113.

TAUNAY, Afonso d'Escragnolle. *A Câmara dos Deputados sob o Império.* São Paulo: Imprensa Oficial do Estado, 1950.

_____. *Amador Bueno e outros ensaios.* São Paulo: Imprensa Oficial do Estado, 1943.

_____. *No Brasil de 1840.* S.l.: S.nº, 19-?

_____. *Homens e cousas do Império.* São Paulo: Companhia Melhoramentos, 1924.

TEIXEIRA FILHO, Henrique Carneiro Leão. "Honório Hermeto Carneiro Leão: marquês de Paraná". *Revista do Instituto Histórico e Geográfico Brasileiro*, Rio de Janeiro, nº 236, jul.-set. 1957, p. 285-306.

THOMSON, David. *England in nineteenth century, 1815-1914.* Middlessex: Penguin Books, 1983.

TORRES, João Camilo de Oliveira. *A democracia coroada: teoria política do Império do Brasil.* Rio de Janeiro: José Olympio, 1957.

_____. *O Conselho de Estado.* Rio de Janeiro: Edições GRD, 1965.

_____. *Os construtores do Império: ideais e lutas do Partido Conservador Brasileiro.* São Paulo, 1968.

_____. *História de Minas Gerais.* 5 vols. Belo Horizonte: Difusão Pan-Americana do Livro, 1961.

URICOECHEA, Fernando. *O Minotauro Imperial: a burocratização do Estado patrimonial brasileiro no século XIX.* São Paulo/Rio de Janeiro: Difel, 1978.

VAINFAS, Ronaldo (org.). *Dicionário do Brasil Império.* Rio de Janeiro: Objetiva, 2002.

VALLADÃO, Alfredo. "Bernardo de Vasconcelos". *Revista do Instituto Histórico e Geográfico Brasileiro*, Rio de Janeiro, nº 207, abr.-jun. 1950, p. 159-191.

_____. *Da acclamação à maioridade: 1822-1840.* 2ª ed. São Paulo: Companhia Editora Nacional, 1939.

---

1 O livro *Duque de Caxias: o homem por trás do monumento* é resultado desta tese de doutorado. Ainda que a publicação não apresente mudanças significativas, preferimos utilizar e citar o trabalho original.

_____. "José Antonio Marinho". *Revista do Instituto Histórico e Geográfico Brasileiro*, Rio de Janeiro, nº 213, out.-dez. 1951, p. 176-201.

VEIGA, José Pedro Xavier da. "A Imprensa em Minas Gerais (1807-1897)". *Revista do Arquivo Público Mineiro*, vol. 3, 1898, p. 169-239.

VELLASCO, Ivan de Andrade. *As seduções da ordem: violência, criminalidade e administração da justiça: Minas Gerais, século 19.* Bauru/São Paulo: Edusc/Anpocs, 2004.

VESENTINI, Carlos Alberto. *A teia do fato: uma proposta de estudo sobre a memória histórica.* São Paulo: Hucitec, 1997.

VIANNA, Francisco José de Oliveira. *Instituições políticas brasileiras.* Rio de Janeiro: José Olympio, 1949.

VIANNA, Hélio. *Contribuição à história da imprensa brasileira, 1812-1869.* Rio de Janeiro: Imprensa Nacional, 1945.

_____. *Da maioridade à conciliação (1840-1857): síntese de história política e bibliografia do período.* Rio de Janeiro: Villani e Filhos, 1945.

_____. *Estudos de história imperial.* São Paulo: Companhia Editora Nacional, 1950.

_____. "Honório Hermeto Carneiro Leão, visconde e marquês de Paraná, da *maioridade* à conciliação (1840-1853)". *Revista do Instituto Histórico e Geográfico Brasileiro*, Rio de Janeiro, nº 236, jul.-set. 1957, p. 326-246.

WARE, Alan. *Political parties and party systems.* Nova York: Oxford, 1996.

WEBER, Max. *Economia e sociedade: fundamentos de sociologia compreensiva.* 3ª ed. Brasília: Editora UnB, 2000. 2 vols.

WERNET, Augustin. *Sociedades políticas de São Paulo na primeira metade do Período Regencial.* 2 vols. Tese (doutorado) – FFLCH - USP, São Paulo, 1975.

Apêndice

Cronologia da "Revolução"

A cronologia a seguir foi elaborada com base nas fontes e na bibliografia consultadas ao longo da pesquisa. A intenção não era apresentar um quadro exaustivo com todas as datas e eventos da "Revolução", mas destacar algumas datas significativas que servissem de apoio à leitura deste trabalho. Como data inicial estabeleci a dissolução prévia da Câmara, diante de seu caráter desencadeador do movimento. O final desta cronologia não é muito bem definido. Em nome da isenção deveria ter sido tomada como baliza a data de saída do Barão de Caxias de Minas Gerais, sinal de que o Governo Central dava por encerrada a repressão armada. No entanto mantive duas datas posteriores – 17 e 19 de setembro, restabelecimento da legalidade em Paracatu e Bonfim – a fim de destacar que a "pacificação" das províncias não se deram de modo completo pelo Exército Imperial.

1º de maio – Dissolução prévia da Câmara dos Deputados eleita "à cacete". Convocou-se uma nova Câmara para 1º de novembro do mesmo ano, posteriormente adiada para 1º de janeiro de 1843.

3 de maio – Abertura da primeira sessão da quarta legislatura da Assembleia Provincial de Minas Gerais.

4 de maio – Decreto Imperial nº 157 instrui acerca das eleições gerais e provinciais a serem realizadas.

9 de maio – Adiamento da sessão da Assembleia Provincial de Minas Geras até 9 de julho por meio de Portaria do Presidente da Província. Na prática, porém, devido à "Revolução", a Assembleia só viria a se reunir em 1º de outubro. Encontrava-se em exercício o Vice-Presidente Herculano Ferreira Penna desde 18 de abril.

Barão de Monte Alegre, Presidente da Província de São Paulo substitui o comandante da Guarnição da cidade de São Paulo.

10 de maio – Barão de Monte Alegre toma providências com relação à 5ª Comarca de São Paulo, Curitiba, a fim de eliminar qualquer chance de articulação liberal. O Presidente também substitui o comando dos Municipais Permanentes da Capital.

11 de maio – Esperava-se a tomada do Quartel da capital, São Paulo, por Francisco de Castro Canto e Mello e Rafael Tobias de Aguiar, o que não ocorre.

12 de maio – Sorocaba se subleva, não sabendo do malogro da capital.

14 de maio – Inicia-se a publicação do jornal *O Governista*, órgão oficioso do Governo Provincial de São Paulo.

16 de maio – Data aproximada da chegada da notícia da *dissolução* da Câmara dos Deputados em Ouro Preto. Ou, ao menos, é certo que a partir deste dia era pública a notícia do ocorrido em 1º de maio.

17 de maio – Rafael Tobias de Aguiar é aclamado, em Sorocaba, Presidente *Interino* da Província de São Paulo, iniciando-se oficialmente a "Revolução Liberal". No mesmo dia a Corte ordena o envio de tropas a São Paulo, atendendo ao pedido de Monte Alegre.

18 de maio – Posse de Bernardo Jacinto da Veiga no cargo de Presidente da Província. Mas, segundo Veiga (p. 580), sua nomeação chegou por decreto em 25 de abril.

19 de maio – O Brigadeiro Barão de Caxias é nomeado General em chefe do *Exército Pacificador da Província de São Paulo*. No mesmo dia Caxias embarca com destino a Santos.

Chega a Santos o Tenente-Coronel Francisco José da Silva à frente de 2 Cia. do 12º Batalhão de Caçadores. Força de 56 praças guarnece o ponto chamado "Rio Pequeno" a fim de proteger a subida das forças imperiais.

20 de maio – Todo o contingente enviado da Corte para São Paulo se encontra em Santos e se prepara para subir a Serra do Mar. Antes de aportar, Caxias já havia deixado um pequeno grupo, sob o comando do Major Solidonio José Antonio Pereira do Lago, em São Sebastião.

21 de maio – Põe-se em marcha a *Coluna Libertadora* dos rebeldes, com destino à capital paulista. Esta coluna, com cerca de 900 homens, tinha como comandante geral o Major Francisco Galvão de Barros França.

Barão de Caxias chega a Santos às 9h e marcha para São Paulo no mesmo dia, prevendo chegar na mesma noite ou no dia seguinte.

22 de maio – É confirmada a chegada das tropas sob comando do Barão de Caxias à São Paulo.

23 de maio – A *Coluna Libertadora* teria pernoitado em Cotia.

24 de maio – Segundo informações de Caxias, seria plano da *Coluna* acampar em "Jaguararé", ou Jaguaré, possivelmente. Caxias já se encontra no QG da Ponte dos Pinheiros, distante cerca de 2 léguas (c. 3,2 Km) do ponto denominado "Jaguararé" e por volta das 17h avista uma guarda avançada dos rebeldes composta de 20 ou 30 homens. O Comandante das Forças Imperiais pede reforços, munição e homens de cavalaria que conheçam o terreno, pois ele desconhece por completo a região. Após afirmar que tomará as medidas necessárias para impedir o avanço rebelde reconhece que trazem "força respeitável".

28 de maio – Data da publicação em Minas Gerais das primeiras notícias a respeito do movimento armado em São Paulo.

28 ou 31 de maio – Reúne-se completa a *Coluna Libertadora* próxima à ponte dos Pinheiros, dominada por Caxias. *Esta data é acompanhada de certa polêmica, discutida no Capítulo 2.*

31 de maio – Caxias envia para Campinas o Cap. Pedro Alves de Siqueira e três cadetes do 12° Batalhão de Caçadores para servirem de instrutores aos guardas nacionais legalistas da localidade. Neste mesmo dia Lorena se rebela, iniciando a "Revolução" no Vale do Paraíba.

2 de junho – A vila de Silveiras, no Vale do Paraíba, é atacada pelo rebelde Tte. Anacleto Ferreira Pinto, à testa de 400 homens.

Caxias afirma ter feito reconhecimento sobre os rebeldes para além da região do "paço da Bussucaba", possivelmente o passo (lugar de passagem) do córrego Bussocaba, hoje na Cidade de Osasco. Os rebeldes não teriam aceitado combate. Mas as tropas imperiais continuam na Ponte dos Pinheiros.

3 de junho – Caxias informa ao Barão de Monte Alegre que no dia anterior esteve na ponte do Anastácio (saída para Campinas) e de lá fez seguir às 2h a expedição composta de 170 infantes, uma peça de calibre 3 e 13 cavaleiros

4 de junho – Reunião de Marinho, Dias de Carvalho, Camilo Maria Ferreira Armonde e José Feliciano Pinto Coelho da Cunha em uma chácara próxima a Barbacena.

7 de junho – Combate de Venda Grande, arraial próximo a Campinas. As tropas rebeldes saem derrotadas.

8 de junho de 1842 – Data da suposta "debandada" da *Coluna Libertadora* após combate com tropas do Barão de Caxias. A *Coluna* se retira, enquanto o Barão de Caxias segue para Sorocaba. A versão perde sustentação, pois o General em Chefe do *Exército Pacificador* não sai de Pinheiros até o dia 11 de junho.

Caxias recebe notícia do Combate de Venda Grande. Há duas cartas para Monte Alegre no mesmo dia, em uma remete carta de Amorim Bezerra com notícias satisfatórias (deve ser a primeira do dia), a outra comunica o "brilhante sucesso dos legalistas". Ambos os eventos, a "debandada" e Venda Grande se tornariam ícones da força legalista frente os rebeldes.

10 de junho – O exército legalista inicia o "plano de Campanha" rumo ao interior de São Paulo traçado por Caxias: 400 homens sob comando do Coronel José Leite Pacheco avançam sobre a "Fazenda do Cezar". Cauteloso, o comandante do *Exército Pacificador* não avançaria até o dia seguinte, pois constava-lhe haver 1.200 rebeldes a postos e contando com a presença de Rafael Tobias de Aguiar. No entanto, o movimento rebelde já declinava.

Em Minas Gerais tem início o movimento rebelde com a nomeação e aclamação de José Feliciano como Presidente *Interino* da Província de Minas Gerais.

11 de junho – Adesão da Vila de Pomba, Minas Gerais.

13 de junho – Bernardo Jacinto da Veiga proclama aos mineiros. Pode-se considerar a data simbolicamente como o início da ação legalista contra a "Revolução", tendo à frente das forças da província o Coronel José Manoel Carlos de Gusmão, Comandante de Armas da Província.

13 de junho – Adesão do Arraial do Turvo, parte da vila de Aiuruoca (MG).

14 de junho – Adesão de Queluz (MG).

15 de junho – Bernardo Jacinto da Veiga envia circular aos Comandantes da Guarda Nacional ordenando a reunião das forças.

Ottoni afirma em sua *Circular* que deixou o Rio com destino a Minas na noite de 15 para 16 de junho de 1842, quando na capital do Império já se sabia da derrota em Venda Grande e da "retirada da Ponte dos Pinheiros". Adesão das vilas de Lavras (MG) e Aiuruoca (MG). Nesta mesma data Presídio (MG) comunica sua fidelidade ao governo legalista.

Rafael Tobias de Aguiar foge para o Rio Grande do Sul, sendo preso apenas em 1° de dezembro do mesmo ano, segundo Aluisio de Almeida.

16 de junho – Ato do governo provincial ordenando que não se obedeça às Câmaras rebeldes.

Adesão de Santa Bárbara (MG).

17 de junho - José Feliciano proclama aos habitantes de S. João del Rei (MG).

18 de junho – Adesão de São João del Rei e São José del Rei, enquanto Itabira declara--se legalista (MG).

Decreto Imperial nº 183 suspende as garantias constitucionais no município neutro e província do Rio de Janeiro. As localidades paulistas de Cunha, Bananal, Areias, Queluz, Silveiras, Lorena e Guaratinguetá são anexadas à Província do Rio de Janeiro, para que o Chefe de Polícia desta Província levasse a cabo os processos contra os revoltosos.

19 de junho – Proclamação do Imperador aos brasileiros por ocasião da "Revolução".

Major Solidonio Pereira do Lago recebe ordens para atacar Paraibuna, no Vale do Paraíba paulista.

20 de junho – Caxias e suas tropas entram em Sorocaba, sem travarem combate com as forças revolucionárias, pois estas haviam debandado no dia anterior. Diogo Antonio Feijó é feito prisioneiro.

Decreto nº 184 manda que se observem, em São Paulo e Minas Gerais, as Leis Militares em tempo de guerra, enquanto existirem nas mesmas províncias forças rebeldes.

Adesão da Vila de Bonfim (MG).

22 de junho – A Guarda Nacional de Jacareí e a tropa do Major Solidonio Pereira do Lago marcham sobre Paraibuna (SP).

Adesão da Vila de Oliveira (MG).

23 de junho – O Barão de Caxias parte para Itu em seu "passeio militar", após dividir suas tropas.

Aviso do Ministro da Fazenda aos Presidentes das Províncias de Minas Gerais, São Paulo e Rio de Janeiro, instruía as autoridades a confiscar bens dos envolvidos que abandonassem suas propriedades e declarava nulo, com base no artigo 27 do Código Criminal, todo contrato firmado entre rebeldes e indivíduos ou companhias (nacionais ou estrangeiras).

24 de junho – Tropas vindas da Corte sob o comando do Coronel Pedro Paulo de Moraes Rego vencem os rebeldes de Areias após dois dias de combate.

Adesão da Vila de Curvelo (MG).

Confronto em Mendanha, Diamantina (MG).

25 de junho – Confronto nas imediações da Vila de Presídio (MG), derrota dos rebeldes.

26 de junho – Adesão da Vila de Baependi (MG).

28 de junho – Caxias retorna a cidade de São Paulo para reorganizar seus homens e marchar para o Vale do Paraíba.

2 de julho – Início dos confrontos em Caeté (MG) que se prolongariam até o dia 6 de julho.

Ofício do Presidente da Província de Minas Gerais ao Ministro da Justiça informando que Dr. Joaquim Antão Fernandes Leão, tido como liderança rebelde, se apresentou às autoridades e permaneceu preso.

3 de julho – Parte a fragata "Paraguassu" levando os seis deportados para Lisboa.

4 de julho – Combate de Queluz (MG) com derrota legalista. Os rebeldes mantêm o controle sobre a Vila com a desistência dos atacantes em 6 de julho.

5 de julho – Coronel José Tomás Henriques inicia seu avanço rumo a Barbacena (MG) desalojando os rebeldes da Rocinha da Negra.

6 de julho – Fim dos combates em Caeté (MG).

7 de julho – Adesão da Vila de Caeté (MG).

Pomba (MG) é ocupada por forças legalistas em avanço coordenado pelo Coronel José Tomás Henriques.

8 de julho – Adesão da Vila de Sabará (MG).

10 de julho – O Barão de Caxias é exonerado do comando do *Exército Pacificador de São Paulo* e nomeado para o comando mineiro. Seu substituto em São Paulo foi o Coronel José Tomaz Henriques, que comandava a ação em Minas Gerais.

11 de julho – Caxias chega a Taubaté, Vale do Paraíba paulista.

Derrota rebelde em confronto próximo a Tamanduá (MG)

12 de julho – As tropas legalistas, sob o comando do Coronel Manoel Antonio da Silva, atacam as posições rebeldes do Cap. Anacleto Ferreira Pinto em Silveiras. Com a derrota militar dos rebeldes, a Província de São Paulo fica oficialmente "pacificada".

15 de julho – Rebeldes entregam Queluz (MG) às forças legalistas sob o comando do Coronel José Manuel Carlos de Gusmão.

Legalistas tomam Baependi (MG)

16 de julho – Aviso do Ministério da Fazenda autorizando o Governo Provincial a empregar providências extraordinárias para cobrir as despesas urgentes na repressão. De acordo com Marinho, este aviso desencadeou uma onda de saques às propriedades dos insurgentes.

17 de julho – Decreto nº 198 prorroga por mais um mês a suspensão de direitos constitucionais na Corte e na Província do Rio de Janeiro ordenada pelo Decreto nº 183, de 18 de junho de 1842.

Reunião extraordinária da Assembleia Provincial em S. João del Rei (MG). Considerando-se que a Assembleia se encontrava adiada pelo Governo Provincial, esta reunião não possuía qualquer respaldo legal.

19 de julho – Restabelecida a legalidade em Aiuruoca (MG).

20 de julho – Rebeldes atacam Araxá (MG) e são repelidos.

A Guarda Nacional teria aderido nesta data. Contudo sua Câmara só comunicou sua adesão em 7 de agosto.

21 de julho – Legalidade restabelecida em Oliveira (MG)

22 de julho – O Barão de Caxias chega ao Rio de Janeiro, após ter passado por Pindamonhangaba (SP) a 16 do mesmo mês.

Força rebeldes abandona Barbacena e marcha rumo a S. João del Rei.

Lavras volta ao controle da legalidade.

23 de julho – A força comandada pelo Coronel José Leite Pacheco entra em Barbacena (MG), restabelecendo o controle legalista sobre a cidade.

24 de julho – Legalistas retomam o controle sobre Sabará (MG).

25 de julho – O Barão de Caxias parte do Rio de Janeiro rumo a Minas Gerais.

26 de julho – Mais uma vez Queluz é atacada e seu controle cai nas mãos dos rebeldes.

368   Erik Hörner

Dissolução da Coluna Junqueira estacionada no sítio do Ribeirão.

27 de julho – Adiado o início dos trabalhos da nova legislatura da Assembleia Geral para 1º de janeiro de 1843.

30 de julho – Caxias se encontrava em Minas Gerais, comandando efetivamente o *Exército Pacificador* da Província[1]. Apesar do Barão de Rio Branco mencionar que Caxias teria ido de Silveiras para Minas Gerais em 25 de julho a leitura das fontes desmente o autor. O general assumiu o comando das tropas no Rio do Peixe seguindo para Ouro Preto após saber do avanço rebelde rumo à Capital.

Legalidade restabelecida em Curvelo.

1º de agosto – Coronel José Joaquim de Lima e Silva entra em S. João Del Rei à frente de 150 Guardas Nacionais de Rio Preto (localidade mineira na fronteira com o Rio de Janeiro) e restabelece a legalidade

3 de agosto – Lagoa Santa (MG) é tomada por legalistas.

4 de agosto – Legalidade restabelecida em S. José del Rei (MG).

6 de agosto – O Barão de Caxias chega a Ouro Preto. Neste mesmo dia o comando rebelde deliberou não atacar a capital da Província decidindo por vaguear Ouro Preto e seguir para o norte, rumo à região de Sabará.

07 de agosto – Adesão de Paracatu (MG).

12 de agosto – Coluna rebelde comandada por Galvão, Alvarenga e Lemos ataca Sabará e conquista a localidade.

14 de agosto – Dr. Manuel de Mello Franco, deputado provincial e chefe revolucionário, dirige dois ofício a Caxias pedindo-lhe em nome o Presidente *Intruso* uma anistia geral para terminar a revolução.

20 de agosto – Combate de Santa Luzia (MG). O maior confronto entre rebeldes e legalistas – em duração e número de envolvidos – marca o fim do movimento, ao menos no que diz respeito às suas lideranças que são, na maior parte, presas. Os prisioneiros são remetidos a Ouro Preto.

21 de agosto – Os comandantes rebeldes Galvão e Alvarenga se entregam junto a suas forças ao subdelegado de Matozinhos, após terem conseguido deixar o campo de batalha em Santa Luzia.

---

1   Cf.: Barão do Rio Branco. *Op. Cit.*, p. 339.

28 de agosto – Legalidade restabelecida em Santa Bárbara (MG).

1º de setembro – Caxias chega a Ouro Preto vindo de Santa Luzia. Pouco depois parte para S. João del Rei, retornando em 6 de setembro.

7 de setembro – Portaria do Presidente da Província convoca para 1º de outubro a Assembleia Provincial. Os suplentes são chamado a ocuparem os lugares dos Deputados envolvidos com a "Revolução".

16 de setembro – Ordem do dia de Caxias, datada de Rio Preto, agradecendo ao Exército e à Guarda Nacional os serviços prestado na pacificação de Minas Gerais.

22 de setembro – O Barão de Caxias retorna ao Rio de Janeiro e dois dias depois segue para o Rio Grande do Sul nomeado para o Comandante de Armas. Em 9 de novembro é nomeado também Presidente da Província.

17 de setembro – Legalidade restabelecida em Paracatu. Os rebeldes dominavam a localidade desde 7 de agosto, porém a localidade continuou agitada até 26 de dezembro com a chegada de forças do governo.

19 de setembro – Legalidade restabelecida na vila de Bonfim.

Agradecimentos

With a little help from my friends
Lennon & McCartney
(mas com a intensidade de Joe Cocker)

A pesquisa acadêmica, e talvez especialmente a histórica, é muito solitária. Por meses, ou anos, suas companhias cotidianas são os sempre solícitos funcionários de bibliotecas e arquivos a quem sempre agradecemos. No entanto, o resultado deste longo período de estudo (diria "gestação") oferece um fruto e seu ponto alto é, justamente, a publicação. Agradecer se faz necessário por uma questão de justiça, pois ainda que o ofício seja solitário, a verdade é que nada disso teria acontecido por obra de uma única pessoa. Como desconsiderar as pessoas que orientaram, ajudaram, criticaram, colaboraram, ampararam ou apenas ouviram os lamentos de um historiador nem sempre satisfeito? Pensar em esquecer algum nome aqui me parece mais grave que cometer uma imprecisão ao citar algum documento. Porém, por mais irônico que possa parecer, a memória deste historiador não é das melhores, portanto desculpem-me por uma eventual falta.

Gostaria de manifestar minha gratidão primeiramente à Profa. Cecilia Helena, com quem compartilhei praticamente uma década de vida e trabalho, e cuja orientação foi uma segunda graduação. Há tempos não sei mais diferenciar o trato profissional da amizade.

Um agradecimento especial cabe aos meus amigos do grupo dos "cicilianos". Compartilhamos muito mais que ideias, dúvidas, leituras e a mesma orientadora. Cada um sabe de sua importância para mim e para este trabalho.

Rodrigão Silva e Ynaê Lopes dos Santos foram muito além de uma pequena ajuda. Companheiros de fraternal compreensão, sabem mais de mim do que precisavam (ou deveriam), e a presença deles é a certeza de que estou no caminho certo. Obrigado.

Gostaria de agradecer ainda à Profa. Izabel Marson, uma referência mais que bibliográfica, e ao Prof. Modesto Florenzano, que corrigiu meus escritos quando eu mal sabia o que significava ser historiador. Ambos me acompanham, orientam e inspiram desde a primeira qualificação. No que diz respeito a este trabalho, cabe especial menção aos professores Marco Morel e Lucia Maria Paschoal Guimarães, argutos críticos da tese aqui defendida.

É talvez um pouco inusitado, mas gostaria de agradecer também ao parecerista anônimo que avaliou meus relatórios junto à Fapesp. Suas avaliações, por mais que tivessem aumentado minha responsabilidade, acabaram por se tornar um estímulo inesperado. Do mesmo modo, manifesto meu sincero obrigado ao apoio da Fundação de Apoio à Pesquisa do Estado de São Paulo, sem o qual este trabalho não teria sido possível. Esta publicação também se deve ao reconhecimento do Programa de Pós-Graduação em História Social da Faculdade de Filosofia, Letras e Ciências Humanas da USP, a quem igualmente agradeço.

Não seria justo, também, deixar de reconhecer a colaboração fundamental dos funcionários das mais diversas instituições (bibliotecas e arquivos da FFLCH, IEB, BN, AN, AESP, AEL, APM, MP), que abriram portas, gavetas, livros, pastas etc.

Por fim, quero agradecer aos meus alunos (atuais e antigos) que desde 2010 vibram pela tese e torcem por esta publicação. A sala de aula, de fato, dá sentido aos anos que passei pesquisando e me formando. Poder oferecer minhas melhores energias a mentes curiosas e entusiasmadas é um privilégio. Obrigado a todos que diariamente oxigenam minha mente e me lembram que a história é o veículo para a minha real razão de trabalho: as pessoas.

Esta obra foi impressa em São Paulo no outono de 2014. No texto foi utilizada a fonte Adobe Garamond Pro em corpo 10,5 e entrelinha de 15 pontos.

The Best Restaurants
São Paulo
by Amaury Jr

Português - English

Editora Boccato

LUXX

ÍNDICE POR REGIÃO – INDEX BY REGION

Jardins

24	ARÁBIA
26	BRASIL A GOSTO
28	DALVA E DITO
30	D.O.M.
32	RODEIO
34	CHAKRAS
36	EPICE
38	BISTRO DE PARIS
40	CHEF ROUGE
42	LA COCOTTE BISTROT
44	LE VIN
46	PARIS 6
48	MARCEL
50	EMILIANO
52	FASANO
54	GERO
56	ITALY
58	PISELLI
60	SERAFINA
62	D'OLIVINO
64	AMADEUS
66	MAREMONTI
68	A BELA SINTRA
70	ANTIQUARIUS
72	A FIGUEIRA RUBAIYAT
74	MISKI
76	VARANDA
78	AROLA VINTETRES
80	AIZOMÊ
82	TASCA DA ESQUINA
84	SKYE
86	VENTO HARAGANO
88	DUI / CLANDESTINO
90	MANÍ
92	MARAKUTHAI
94	MERCEARIA DO CONDE
96	CAPIM SANTO
98	DINHO'S
100	SHINTORI
102	SPOT
104	TARSILA
106	TERRAÇO JARDINS

Itaim – Vila Nova – Vila Olímpia

108	BOLINHA
110	ÁVILA
112	BABY BEEF RUBAIYAT
114	BARBACOA
116	RÁSCAL
118	BADEBEC
120	CANTALOUP
122	CLOS DE TAPAS
124	EÑE
126	FREDDY
128	LA BRASSERIE ERICK JACQUIN
130	LE MARAIS BISTROT
132	BIONDI
134	DUE CUOCHI CUCINA
136	EMPÓRIO RAVIOLI
138	GIRARROSTO
140	MELLO & MELLÃO TRATTORIA
142	POMODORI
144	TRATTORIA ROSTICCERIA PICCHI
146	TRE BICCHIERI
148	KINOSHITA
150	KOSUSHI

152	MOMOTARO
154	NAGAYAMA
156	SHUNDI & TOMODACHI
158	LA MAR
160	PORTO RUBAIYAT
162	TRINDADE
164	BAR DES ARTS
166	DRESSING
168	ECÇO
170	KAÁ
172	LA TAMBOUILLE
174	L'ENTRECÔTE D'OLIVIER
176	OCTAVIO CAFÉ
178	PARIGI
180	PRAÇA SÃO LOURENÇO
182	RUELLA

Pinheiros – Vila Madalena

184	DON CURRO
186	ALLEZ, ALLEZ!
188	LOLA BISTROT
190	AGUZZO
192	BUTTINA
194	EMIGLIA
196	VINHERIA PERCUSSI
198	COMPAGNIA MARINARA
200	AK VILA
202	ARTURITO

Higienópolis

204	TORDESILHAS
206	NORTH GRILL
208	CARLOTA
210	COSÌ
212	JARDIM DE NAPOLI
214	BRÁZ
216	VERIDIANA
218	MESTIÇO

Centro

220	TEMPLO DA CARNE MARCOS BASSI
222	LA CASSEROLE
224	FAMIGLIA MANCINI
226	SPERANZA

Zona Sul / South Zone

228	FOGO DE CHÃO
230	EAU FRENCH GRILL
232	GRAND CAFFÈ
234	LA GRASSA
236	MOINHO DE PEDRA
238	FLORINA
240	CANVAS
242	CLUB A

Outros bairros / other neighborhoods

244	MOCOTÓ
246	IT
248	AQUARELLE
250	IL SOGNO DI ANARELLO
252	BACALHOEIRO

ÍNDICE POR ESPECIALIDADE
INDEX BY SPECIALTY

Árabes / Arabic

24	ARÁBIA
74	MISKI

Brasileiros / Brazilians

26	BRASIL A GOSTO
28	DALVA E DITO
30	D.O.M.
96	CAPIM SANTO
108	BOLINHA
204	TORDESILHAS
244	MOCOTÓ

Carnes / Meat

32	RODEIO
76	VARANDA
86	VENTO HARAGANO
98	DINHO'S
110	ÁVILA
112	BABY BEEF RUBAIYAT
114	BARBACOA
206	NORTH GRILL
220	TEMPLO DA CARNE MARCOS BASSI
228	FOGO DE CHÃO

Contemporâneos / Contemporary

34	CHAKRAS
36	EPICE
88	DUI / CLANDESTINO
90	MANÍ
246	IT

Cozinha rápida / Quick cuisine

116	RÁSCAL

Espanhóis / Spanish

78	AROLA VINTETRES
122	CLOS DE TAPAS
124	EÑE
184	DON CURRO

Franceses / French

38	BISTRO DE PARIS
40	CHEF ROUGE
42	LA COCOTTE BISTROT
44	LE VIN
46	PARIS 6
48	MARCEL
126	FREDDY
128	LA BRASSERIE ERICK JACQUIN
130	LE MARAIS BISTROT
186	ALLEZ, ALLEZ!
188	LOLA BISTROT
222	LA CASSEROLE
230	EAU FRENCH GRILL
248	AQUARELLE

Italianos / Italian

50	EMILIANO
52	FASANO
54	GERO
56	ITALY
58	PISELLI
60	SERAFINA
132	BIONDI
134	DUE CUOCHI CUCINA
136	EMPÓRIO RAVIOLI
138	GIRARROSTO
140	MELLO & MELLÃO TRATTORIA
142	POMODORI
144	TRATTORIA ROSTICCERIA PICC
146	TRE BICCHIERI
190	AGUZZO
192	BUTTINA
194	EMIGLIA
196	VINHERIA PERCUSSI
210	COSÌ
212	JARDIM DE NAPOLI
224	FAMIGLIA MANCINI
232	GRAND CAFFÈ
234	LA GRASSA
250	IL SOGNO DI ANARELLO

Japoneses / Japanese

- 80   AIZOMÊ
- 100 SHINTORI
- 148 KINOSHITA
- 150 KOSUSHI
- 152 MOMOTARO
- 154 NAGAYAMA
- 156 SHUNDI & TOMODACHI

Mediterrâneos / Mediterranean

- 62   D'OLIVINO

Natural

- 236 MOINHO DE PEDRA

Peruano / Peruvian

- 158 LA MAR

Pescados / Fish

- 64   AMADEUS

Pizzarias / Pizza

- 66   MAREMONTI
- 224 BRÁZ
- 226 VERIDIANA
- 238 SPERANZA

Portugueses / Portuguese

- 68   A BELA SINTRA
- 70   ANTIQUARIUS
- 32   TASCA DA ESQUINA
- 162 TRINDADE
- 252 BACALHOEIRO

Suíço / Swiss

- 238 FLORINA

Variados

- 72   A FIGUEIRA RUBAIYAT
- 84   SKYE
- 102 SPOT
- 104 TARSILA
- 106 TERRAÇO JARDINS
- 94   MERCEARIA DO CONDE
- 92   MARAKUTHAI
- 164 BAR DES ARTS
- 166 DRESSING
- 168 ECCO
- 170 KAÁ
- 172 LA TAMBOUILLE
- 174 L'ENTRECÔTE D'OLIVIER
- 176 OCTAVIO CAFÉ
- 178 PARIGI
- 180 PRAÇA SÃO LOURENÇO
- 182 RUELLA
- 200 AK VILA
- 202 ARTURITO
- 218 MESTIÇO
- 240 CANVAS

Jardins
Itaim Bibi – Vila Olímpia
Pinheiros – Vila Madalena
Higienópolis
Centro
Zona Sul
Outros bairros

EDITORIAL

Três anos depois de lançar meu primeiro guia de restaurantes de São Paulo, em 2009, volto ao tema nesta nova edição, recém-saída do forno. Não se trata, contudo, de uma mera atualização da publicação anterior. É bem mais que isso. Ao lado da Editora Boccato, na figura de seu editor André Boccato, repensamos todo o guia para que, agora, ele possa ser útil não somente aos paulistanos, mas especialmente aos turistas brasileiros e estrangeiros que pretendem investir em um tour gourmet na pujante São Paulo, uma das grandes capitais gastronômicas do mundo.

É por isso que, em um esforço editorial inédito no segmento, nossas dicas de restaurantes aparecem ao longo do guia em duas versões: uma escrita em português, outra em inglês. Também dividimos as casas de acordo com as regiões em que estão instaladas – a intenção é que o leitor possa, mais facilmente, marcar o almoço ou o jantar que deseja nos arredores de seu hotel, de seu local de negócios ou de qualquer outro ponto da cidade.

Estão reunidos aqui meus restaurantes favoritos, selecionados de minhas experiências e de uma criteriosa consulta a amigos que entendem do assunto. Assim como na edição anterior, não tivemos a pretensão de que o trabalho estivesse relacionado ao de críticos de gastronomia. Nada disso. Nossa ideia é que o guia funcione como um verdadeiro amigo e conselheiro, encaminhando os viajantes aos lugares que conhecemos e, é claro, aprovamos.

Fizemos de tudo para que você, leitor, possa pular a difícil tarefa de eleger os melhores restaurantes para visitar na cidade: eles já estão todos aqui, nas páginas seguintes, com fotos, descrições e detalhes essenciais. Resta, agora, a melhor parte: fazer as reservas e preparar-se para "degustar" nossa querida São Paulo da maneira mais saborosa possível.

Amaury Jr.

Three years after launching my first restaurant guide of São Paulo, in 2009, I return to the theme in this new edition just out of the oven. However, this is not a mere update of the previous publication. It is much more than that. Along with the publishing house Editora Boccato, represented by its editor André Boccato, we rethought the whole guide so that it now can be useful not only for 'paulistanos', but especially for Brazilian and foreign tourists who are interested in taking a gourmet tour in the booming São Paulo, one of the major gastronomic capitals the world.

That is why, in a publishing effort that is unprecedented in the segment, our restaurant suggestions throughout the guide come in two versions: one written in Portuguese; and the other, translated into English. We also divided the houses according to the regions where they are located - our intention is to enable the reader to book lunch or dinner nearby his or her hotel, business place or any other part of the city.

Here are presented 100 of my favorite restaurants, which were carefully selected through my personal experience and through friends who have knowledge on the subject. Just like the previous edition, we had no pretension that this work would be related to food critics, not at all. Our idea is that the guide works as a true friend and advisor, leading travelers to the places we know and, of course, approve.

We have done everything for you reader so you can skip the hard work choosing the best restaurants to visit in the city: they are all here, on the following pages, with pictures, descriptions and essential details. All you have to do now is the best part: make reservations and get ready to "savor" our beloved São Paulo on the most tasteful ways.

Amaury Jr.

A CAPITAL DA BOA MESA

THE CENTER OF OUTSTANDING CULINARY

Mais de 12 mil restaurantes, 15 mil bares, 3 mil padarias... Os dados comprovam que a gigantesca São Paulo, com seus quase 11 milhões de habitantes, também se mostra superlativa em sua rica cena gastronômica. Em cada canto da cidade, sobretudo nos Jardins e no Itaim Bibi, casas de 51 especialidades diferentes recebem os visitantes para um banquete árabe, um almoço japonês, um jantar mediterrâneo, um café brasileiro e o que mais se possa sonhar em termos de comida. Tamanha diversidade é resultado de um espírito cosmopolita, presente desde a época em que as levas imigratórias trouxeram centenas de europeus para o Brasil.

Do fim do século 19 ao início do século 20, São Paulo servia de passagem entre o porto de Santos e as riquíssimas fazendas de café do interior do Estado. Muitos estrangeiros, no entanto, resolveram abandonar o futuro nas lavouras paulistas e se fixar na emergente capital. Não demorou muito para que arranjassem emprego no comércio local e, logo, abrissem seus primeiros negócios, incluindo armazéns e, claro, restaurantes, voltados para a culinária de seus países de origem. Os italianos tiveram par-

More than 12 thousand restaurants, 15 thousand bars, 3 thousand bakeries... Data confirms that the gigantic city of São Paulo, with its more than 11 million inhabitants, is also superlative regarding its rich gastronomic scene. In every corner, specially in Jardins and Itaim Bibi, restaurants of 51 different specialties welcome the visitor for an Arabian banquet, a Japanese lunch, a Mediterranean dinner, a Brazilian breakfast and whatever the customer might dream about regarding food. Such diversity is a result of a cosmopolitan spirit, which can be found in the city since immigration times brought hundreds of Europeans to Brazil.

From the ending of the 19th century to the beginning of the 20th century, São Paulo was a passage between the Port of Santos and the very rich coffee farms in the State countryside. Many foreigners, however, decided to abandon their future in the 'paulistanas' farming and settled themselves in the emergent city. Soon after that, they found new jobs in the local commerce and, shortly, opened their own first businesses, including stores and, of course, restaurants, with the culinary of their original country. The Italians played a major role in this movement. They came in large groups

A CAPITAL DA BOA MESA

ticipação especial nesse movimento. Chegaram aos montes e, para matar a saudade da terra natal, começaram a montar lugares em que os compatriotas podiam comer massas, tomar vinho e dançar ao som de músicas típicas. Instalados, sobretudo, no Bixiga e na Bela Vista, estes seriam os embriões das alegres cantinas, que se tornaram símbolo da cidade e ponto de visita obrigatória (leia mais no texto da Famiglia Mancini).

Também foram os italianos que introduziram no cardápio de São Paulo a tão adorada pizza. O disco de massa coberto por molho de tomate, queijo e diversos outros ingredientes caiu no gosto dos moradores e virou uma espécie de cartão-postal — há quem defenda que as pizzas feitas aqui são melhores que as da Itália (tire suas conclusões nas pizzarias Bráz e Speranza).

Dos imigrantes japoneses, a cidade ganhou outra de suas comidas mais queridas, com sushis e sashimis. Na Liberdade, reduto dos que vieram do Japão e da China, há uma excelente concentração de casas tradicionais. Mas em qualquer canto da cidade é possível encontrar restaurantes orientais, em especial os focados em rodízios — paga-se um valor pré-fixado para que uma sucessão de delícias frias e quentes chegue à mesa.

E, no meio desse cenário multicultural, São Paulo também reserva espaço para a alta gastronomia (cujo ícone é o luxuoso Fasano) e, claro, para cozinha do Brasil. Há churrascarias à moda gaúcha (leia mais em Vento Haragano), restaurantes volta-

and, to remember their native roots, started to set up places where their compatriots could eat pasta, drink wine and dance to the sound of typical music. Established, mainly, in Bixiga and Bela Vista, these would be the seeds for the cheerful canteens, which became a symbol of the town and a tour stop that is almost obligatory (read more in the text about Famiglia Mancini).

The Italians were also responsible for the introduction of the so loved pizza on the city's menu. The pasta circle covered by tomato sauce, cheese and other different ingredients became a famous dish among the local residents and also a kind of symbol of the town — there are people who claim that the pizzas prepared here are better than the Italian ones (draw your own conclusions visiting the pizzerias Bráz and Speranza).

The Japanese immigrants gave the city another favorite cuisine, with sushi and sashimi. In Liberdade, a neighborhood with a high number of people from Japan and China, there is a good concentration of traditional restaurants. Nonetheless, in any other place in town it is possible to find restaurants specialized in this cuisine, especially those that serve a sequence of hot and cold dishes and you can eat as much as you want, for a fixed price.

In the middle of this multicultural setting, São Paulo also reserves space for the haute cuisine (whose icon is the luxurious Fasano) and, of course, for Brazilian gastronomy. There are houses that prepare barbecue in the southern traditional style (read more in Vento Haragano), restaurants that prepare its dishes according to Brazilian regions

THE CENTER OF OUTSTANDING CULINARY

dos para a culinária de várias regiões (caso do Tordesilhas e do Brasil a Gosto) e, para completar, casas dirigidas por chefs interessados em dar uma nova cara à gastronomia nacional. O famoso Alex Atala é o maior representante deles, e vive pesquisando ingredientes e técnicas para surpreender quem visita seus restaurantes (leia mais no D.O.M., e no Dalva e Dito). •

(the case of Tordesilhas and the Brasil a Gosto) and finally, houses that are run by chefs interested in giving the National gastronomy a new touch. The famous Alex Atala is the greatest exponent of that, and he is researching ingredients and techniques in order to surprise whoever visits his restaurants (read more in the texts about D.O.M., and Dalva e Dito). •

Famiglia Mancini

Bar Astor

DELÍCIAS PAULISTANAS
CITY DELIGHTS

Considerada uma das capitais gastronômicas do mundo, São Paulo não demonstra excelência apenas no cardápio de seus restaurantes. Também em suas lanchonetes, cafés, bares e, em especial, padarias, há comidinhas inesquecíveis.

Padarias Conhecidas entre os paulistanos como "padocas", as boas padarias da cidade vendem muito mais que pão. Enormes, com vitrines de doces que enchem os olhos, muitas ficam abertas 24 horas e reúnem restaurante, empório e, às vezes, até livraria. A Galeria dos Pães (Rua Estados Unidos, 1645, Jardim Paulista, 3064-5900) é uma das mais queridas.

Lanchonetes Algumas criaram receitas que viraram clássicos locais. É o caso do bauru, um sanduíche recheado com rosbife e queijo, do

Considered one of the world gastronomic centers, São Paulo does not only show excellence on its restaurants, but also on its snack bars, coffee shops, bars and, specially, its bakeries, where the customer can taste unforgettable snacks.

Bakeries *Known among the 'paulistanos' as "padocas", the good bakeries in town can offer much more than bread. Enormous, with sweets displays that can fill the customers with delight, most of them are open 24/7 and can include restaurants, emporium and, sometimes, even a bookstore. The 'Galeria dos Pães' (Rua Estados Unidos, 1645, Jardim Paulista, 3064-5900) is one of the most famous.*

Snack bars *Some snack bars created recipes that became classics in town. An example is the 'bauru', a sandwich*

Ponto Chic (Largo do Paissandu, 27, 3222-6528); do sanduíche de pernil do Estadão (Viaduto Nove de Julho, 193, Centro, 3257-7121), que lota na madrugada; e do sanduíche de mortadela do Bar do Mané, instalado no Mercado Municipal (Rua da Cantareira, 306, 3228-2141).

Pastelarias Quase todas as feiras-livres da cidade têm uma barraca de pastel. Essa massa frita, que pode levar recheio de carne, queijo, palmito e o que mais você quiser, é o par ideal da garapa, um adoçicado caldo extraído da cana-de-açúcar. Uma das mais disputadas, a Barraca do Zé fica na feira montada em frente ao Estádio do Pacaembu (Praça Charles Miller, Higienópolis) às terças, quintas e sábados pela manhã.

Cafés Assim como as padarias, os cafés paulistanos vivem cheios. No almoço, muitos servem pratos tão bons quanto os de restaurantes – essa é a regra, por exemplo, no Santo Grão (Rua Jerônimo da Veiga, 179, Itaim Bibi, 3071-3169). E, em qualquer horário, estão prontos para tirar expressos de primeira. No Coffee Lab (Rua Fradique Coutinho, 1340, Vila Madalena, 3375-7400), comandado pela expert em cafés Isabela Raposeiras, é possível provar bebidas feitas com grãos premium cultivados em várias partes do País.

Bares Espalhados por toda a cidade, os bares locais costumam obedecer a duas máximas: chope bem-tirado e cardápio de dar água na boca. São assim os botecos chiques, como o Astor (Rua Delfina, 163, Vila Madalena, 3815-1364). No Frangó (Largo da Matriz de Nossa Senhora do Ó, 168, Freguesia do Ó, 3932-4818), uma extensa carta de cervejas acompanha uma das coxinhas de frango mais desejadas de São Paulo.

filled with roast beef and cheese, of 'Ponto Chic' (Largo do Paissandu, 27, 3222-6528); the leg of pork sandwich of the Estadão (Viaduto Nove de Julho, 193, Centro, 3257-7121), this place is crowded during dawn; and the mortadella sandwich of the Bar do Mané, at the Municipal Market (Rua da Cantareira, 306, 3228-2141).

Pastries *Almost every open air market has a pastry tent. This pastry (pastel) is prepared with deep fried pasta filled with meat, cheese and whatever you may want. The ideal drink for this dish is the 'garapa', a juice extracted from the sugarcane. One of the most disputed tents is the 'Barraca do Zé' which can be found at the Pacaembu Stadium (Praça Charles Miller, Higienópolis) on Tuesdays, Thursdays and Saturdays mornings.*

Coffee shops *Just like the bakeries, the coffee shops of the city are always crowded. At lunch, many of them serve dishes as good as the restaurants' – this is the rule, for example, in the famous 'Santo Grão' (Rua Jerônimo da Veiga, 179, Itaim Bibi, 3071-3169). And they are ready to prepare a perfect espresso at any time. At the Coffee Lab (Rua Fradique Coutinho, 1340, Vila Madalena, 3375-7400), run by the Brazilian expert in coffees Isabela Raposeiras, it is possible to try drinks prepared with premium grounds from different areas of the country.*

Bars *Spreaded all over town, the local bars often follow two simple rules: well prepared draught beer and a delicious menu. The chic bars are like this, as the Astor (Rua Delfina, 163, Vila Madalena, 3815-1364). At the Frangó (Largo da Matriz de Nossa Senhora do Ó, 168, Freguesia do Ó, 3932-4818), beers can be served with the most desired 'coxinhas' (Brazilian fried chicken balls) in São Paulo.*

Como usar o guia / *How to use the guide*

- Divisão de restaurantes: as casas estão separadas em capítulos segundo as regiões em que se localizam. São elas: Jardins; Itaim Bibi/Vila Olímpia (incluindo endereços da Vila Nova Conceição); Pinheiros/Vila Madalena; Higienópolis (incluindo endereços de Santa Cecília e Consolação); Centro (incluindo endereços do Bom Retiro, Liberdade e Bela Vista); e Zona Sul (incluindo endereços de Campo Belo, Brooklin, Moema e Morumbi). No capítulo Outros Bairros reúnem-se restaurantes que ficam fora dessas regiões, em locais como Tatuapé e Vila Medeiros.

- Faixas de preço: logo abaixo do endereço e do site de cada endereço, os cifrões indicam o gasto médio por cliente, sem bebidas. As faixas correspondem aos seguintes valores:

$ – até R$ 30	*$ – up to R$ 30*
$$ – de R$ 31 a R$ 60	*$$ – from R$ 31 up to R$ 60*
$$$ – de R$ 61 a R$ 90	*$$$ – from R$ 61 up t0 R$ 90*
$$$$ – de R$ 91 a R$ 120	*$$$$ – from R$ 91 up to R$ 120*
$$$$$ – acima de R$ 121	*$$$$$ – over R$ 121*

- *Restaurant's division: the houses are divided by chapters, according to the area where it is placed. There are: Jardins; Itaim Bibi/Vila Olímpia (including addresses of Vila Nova Conceição); Pinheiros/Vila Madalena; Higienópolis (including addresses of Santa Cecília and Consolação); Central Area (including addresses of Bom Retiro, Liberdade and Bela Vista); and Southern Zone (including addresses of Campo Belo, Brooklin, Moema and Morumbi). In the chapter Other Neighborhoods, there are listed restaurants that were not included in these zones, in places like Tatuapé and Vila Medeiros.*

- *Price range: just bellow the address and the restaurant's website, the currency symbols indicate the average cost per client, with no beverages. The ranges correspond to the costs above.*

- Cartões de crédito / credit cards :
A (American Express), D (Diners), M (Mastercard) e V (Visa).

- Código telefônico: o código da cidade de São Paulo é 11. Para ligar de qualquer outra parte do Brasil, disque 0, código da operadora, 11 e o número do estabelecimento.
- *Telephone code: the city code of São Paulo is 11. To make a phone call from any other part of Brazil, dial 0, the code of the operator, 11 and the number of the establishment.*

- Sugestões e comentários: escrever para Editora Boccato
  contato@boccato.com.br
  telefone: 11 (xx) 3846-5141
  Sugestions: write to Boccato Publisher - contato@boccato.com.br
  telephone: 55 11 3846-5141

SABE POR QUE A ITAIPAVA É UMA CERVEJA SEM COMPARAÇÃO?

Jardins I

Árabe

ARÁBIA

Inauguração: 1992

Adega: 95 rótulos.

A melhor companhia: para ir com amigos ou fazer um almoço de negócios.

Destaque: a carta de vinhos tem uma ótima seleção de rótulos libaneses, pouco encontrados no Brasil.

No belo salão de pé-direito alto, com jardim de inverno ao fundo, os garçons levam às mesas especialidades libanesas como o fatayer de carne, uma espécie de esfiha recheada com batata e carne, e a salada fatuch, um mix de tomate, rabanete, pepino, hortelã e pedaços de pão árabe ao molho de melaço de romã. O banquete pode ser ainda mais completo ao se optar pelas mezzès, uma sequência de seis ou 12 pratos, incluindo tabule e quibe cru, que podem ser pedidas por um preço fixo.

Assinado pela chef e proprietária Leila Youssef Kuczynski, o cardápio segue com o mesmo capricho na seção de sobremesas. Além dos famosos doces árabes, há tentadores sorvetes artesanais de sabores inusitados, como de rosas e de figo seco.

Rua Haddock Lobo, 1397, Jardim Paulista, 3061-2203
www.arabia.com.br
seg/qui 12h/15h30 e 19h/0h, sex/sáb 12h/1h, dom 12h/0h
Cc: A, D, M, V; $$

Jardins I

Arabian

Chef Leila Youssef Kuczynski

Mezzès

In the beautiful room with a high ceiling, with a winter garden in the back, the waiters serve Lebanese specialties to the tables, as the meat fatayer, a kind of sfiha stuffed with meat and potato, and the salad fatuch, a mix of tomato, radish, cucumber, mint and pieces of pita bread with pomegranate syrup sauce. The banquet can be even more complete when choosing for the mezzès, a succession of six or 12 Arabian dishes, including tabouleh and raw kibbeh, that can be ordered for a fixed price.

Signed by the chef and owner Leila Youssef Kuczynski, the menu has the same care when it comes to the deserts. Besides the famous Arabian sweets, there is a tempting selection of artisanal ice creams with surprising flavors, as roses and dry figs.

Opening year: 1992

Wine cellar: 95 labels.

To go with: friends or for a business lunch.

Highlights: the wine list has a great selection of Lebanese labels, rarely found in Brazil.

Rua Haddock Lobo, 1397, Jardim Paulista, 3061-2203
www.arabia.com.br
Mon/Thu 12pm/3:30pm and 7pm/12am, Fri/Sat 12pm/1am, Sun 12pm/12am
Cc: A, D, M, V; $$

Jardins I

Brasileiro

BRASIL A GOSTO

Ano de inauguração: 2006

A melhor companhia: para ir a dois ou fazer um almoço de negócios.

Destaque: as ótimas caipirinhas levam cachaças artesanais, que podem ser escolhidas pelo cliente em uma extensa lista de rótulos.

Dedicada à pesquisa de ingredientes brasileiros, a chef e proprietária Ana Luiza Trajano permite que os clientes façam um passeio pelo País por meio de seu cardápio. Algumas receitas mantêm-se fiéis aos modos de preparo originais; outras ganham um toque mais autoral, a exemplo do abadejo grelhado em crosta de baru com purê de banana-da-terra e vinagrete de laranja-lima.

No belo salão de dois andares, os utensílios de cerâmica e as fotos das paredes também remetem ao Brasil. Foi, aliás, depois de uma viagem gastronômica pelo País e do lançamento do livro Brasil a Gosto, que a chef decidiu abrir o restaurante. Hoje, ao menos quatro vezes por ano, ela prepara festivais com receitas de diversas regiões – Goiás, Pantanal e Acre já estiveram entre elas.

Rua Professor Azevedo Amaral, 70, Jardim Paulista, 3086-3565
www.brasilagosto.com.br
ter/qui 12h/15h e 19h/0h, sex/sáb 12h/17h e 19h/1h, dom 12h/17h
Cc: A, D, M, V; $$$$

Jardins I

Brazilian

Chef Ana Luiza Trajano

Abadejo em crosta de baru — Baru crusted pollock

Dedicated to the research of Brazilian ingredients, the chef and owner Ana Luiza Trajano allows the clients to walk across the country through her menu. Some recipes are faithful to their original preparation; others were given an innovative touch, for example, for example, the grilled whiting in 'Baru' crust with mashed plantains and orange vinaigrette.

In the beautiful two-floor room, ceramic utensils and pictures on the walls also reflect the Brazilian culture. It fact, it was after a gastronomic trip through the country and the launching of the book 'Brasil a Gosto', that the chef decided to open the restaurant. Today, at least four times a year, she prepares festivals with recipes of different regions – Goiás, Pantanal and Acre were already included in it.

Opening year: 2006

To go with: a date or for a business lunch.

Highlights: the great 'caipirinhas' have artisanal 'cachaças', which can be chosen by the client from an extensive list of labels.

Rua Professor Azevedo Amaral, 70, Jardim Paulista, 3086-3565
www.brasilagosto.com.br
Tue/Thu 12pm/3pm and 7pm/12am, Fri/Sat 12pm/5pm and 7pm/1am, Sun 12pm/5pm
Cc: A, D, M, V; $$$$

Jardins I

Brasileiro

DALVA E DITO

Ano de inauguração: 2009

A melhor companhia: para ir a dois, em família, com os amigos ou fazer um almoço de negócios.

Destaque: na madrugada de sábado, a casa recebe boêmios e notívagos com uma galinhada, servida apenas nesse período.

O chef Alex Atala deixa a ousadia de seu premiado restaurante D.O.M. de lado para se dedicar, no Dalva e Dito, a um cardápio focado em clássicos retirados dos cadernos de receitas de mães e avós brasileiras. O dia a dia da cozinha fica por conta do chef Meguru Baba, que prepara o galeto dourado na "televisão de cachorro" e o porco na lata, uma mistura da costela e da paleta do leitão confitadas, acompanhada por purê à base de batata e pequi.

Separado da cozinha por uma parede de vidro, o salão ostenta, em uma das paredes, um belíssimo painel de azulejos assinado por Athos Bulcão. No subsolo, o aconchegante bar sedia encontros embalados por caipirinha e petiscos singelos, como os bolinhos de arroz e o caldinho de feijão.

Rua Padre João Manuel, 1115, Jardim Paulista, 3068-4444
www.dalvaedito.com.br
seg/sex 12h/15h e 19h/0h, sáb 12h/16h30 e 19h/3h, dom 12h/17h
Cc: A, D, M, V; $$$$

Jardins I
Brazilian

Polvo com arroz molhado — Octopus with wet rice

The chef Alex Atala leaves aside the boldness of its award winning restaurant D.O.M. to create in Dalva e Dito a menu focused on the classics taken from the Brazilian mothers and grandmothers' recipe notebooks. The daily routine of the kitchen is on the account of the chef Meguru Baba, who prepares the golden spring chicken on the roasting spit and the 'porco na lata', a mix of confit rib and shoulder of of piglet, with mashed potato and pequi fruit.

Separated from the kitchen by a glass wall, the room exhibits, in one of the walls, a beautiful tile panel signed Athos Bulcão. On the basement, the cozy bar hosts dates with 'caipirinha' and simple snacks, as the rice balls and bean soup.

Opening year: 2009

To go with: a date, family, friends or for a business lunch.

Highlights: on Saturday dawn, the house welcomes bohemians and night owls with a special Brazilian dish with chicken called 'galinhada', only served during that period.

Rua Padre João Manuel, 1115, Jardim Paulista, 3068-4444
www.dalvaedito.com.br
Mon/Fri 12pm/3pm and 7pm/12am, Sat 12pm/4:30pm and 7pm/3am, Sun 12pm/5pm
Cc: A, D, M, V; $$$$

Jardins I

Brasileiro

D.O.M.

Ano de inauguração: 1999

A melhor companhia: para ir a dois, com os amigos ou fazer um almoço de negócios.

Destaque: a melhor maneira de provar as ousadas criações do chef Alex Atala é por meio dos excelentes menus-degustação, de quatro ou oito etapas.

Almoçar ou jantar no D.O.M. é uma experiência, no mínimo, surpreendente. O cardápio é dedicado a receitas brasileiras, que, nas mãos de Alex Atala, ganham interpretações inesperadas. Há, entre elas, o linguado com farofa de maracujá, vinagrete e arroz vermelho e o gel de tomates verdes com brotos de ervas e flores.

A preocupação com a procedência dos ingredientes (a maioria é cultivada por pequenos produtores) e a valorização das receitas nacionais transformaram Atala em um embaixador da cozinha brasileira mundo afora. Não à toa, o D.O.M. ocupa a sétima posição do ranking dos melhores restaurantes do planeta, montado pela revista britânica Restaurant – uma posição que, a cada ano, se aproxima mais do pódio.

Nota do editor: embora o restaurante utilize técnicas comuns à cozinha contemporânea, tem receitas estritamente ligadas a ingredientes nacionais e, por isso, encaixa-se na categoria "brasileiro".

Rua Barão de Capanema, 549, Jardim Paulista, 3088-0761
www.domrestaurante.com.br
seg/sex 12h/15h e 19h/0h, sáb 19h/1h
Cc: A, M, V; $$$$$

Jardins I

Brazilian

Chef Alex Atala

Gel de tomates verdes — *Green tomato cream*

Having lunch or dinner at D.O.M. is, at least, an surprising experience. The menu is dedicated to Brazilian recipes, which, in the hands of Alex Atala, take on unexpected interpretations. It includes the longtail sole with passion fruit farofa, vinaigrette and red rice and the green tomato cream with herbs and flowers sprouts.

The care with the origin of the ingredients (most of them is grown by small producers) and the appreciation of national recipes make Atala a sort of ambassador of the Brazilian cuisine around the world. That is the reason why D.O.M. is in the seventh position in the ranking of the best restaurants on the planet, organized by the British magazine Restaurant – a position that, each year, gets closer to the podium.

Note from the editor: even though the restaurant uses techniques that are common in contemporary cuisine, the recipes are totally connected to national ingredients and, therefore, fall into the category of "Brazilian restaurant".

Opening Year: 1999

To go with: a date, friends or for a business lunch.

Highlights: the best way to taste the bold creations of the chef Alex Atala is through the excellent tasting-menu, in four or eight stages.

Rua Barão de Capanema, 549, Jardim Paulista, 3088-0761
www.domrestaurante.com.br
Mon/Fri 12pm/3pm and 7pm/12am, Sat 7pm/1am
Cc: A, M, V; $$$$$

Jardins I

Carnes

RODEIO

Ano de inauguração: 1958

Adega: 180 rótulos.

A melhor companhia: para ir com os amigos ou fazer um almoço de negócios.

Destaque: depois de assada, a carne é finalizada em grelhas espalhadas pelo salão – assim, elas sempre chegam quentinhas às mesas.

Verdadeira instituição paulistana, o restaurante foi um dos primeiros endereços gourmets a se instalar na região da Rua Oscar Freire. Seu elegante salão já sediou reuniões entre políticos e personalidades de diversas épocas. E seus garçons nunca deixaram de servir primorosas carnes assadas como a picanha fatiada, que se tornou um dos símbolos do lugar. Outra atração é o chamado arroz rodeio, que ganhou as churrascarias de toda a cidade com o nome de arroz biro-biro, e vai à mesa misturado a ovo frito picado, batata palha, salsinha e bacon.

Em maio de 2011, a família Macedo, que comanda o negócio desde 1959, inaugurou uma filial no Shopping Iguatemi. Lá, um cardápio similar é servido em um ambiente moderno, projetado pelo famoso arquiteto Isay Weinfeld.

Rua Haddock Lobo, 1498, Jardim Paulista, 3474-1333
www.rodeiosp.com.br
seg/sex 11h30/15h30 e 18h/0h, sáb 11h30/0h
Cc: A, D, M, V; $$$

Jardins I

Meat

Arroz rodeio e picanha *Rodeio rice and picanha*

A true 'paulistana' institution, the restaurant was one of the first gourmet addresses to be established around the area of the Street Oscar Freire. Its elegant room had already hosted meetings with politicians and personalities from different times. Its waiters never stopped serving the exquisite roasted meat as the sliced top sirloin cap (picanha), which became one of the symbols of the place. Another attraction is the so-called biro-biro rice, which goes to the table with sliced egg, matchstick potatoes, parsley and bacon.

In May 2011, the family Macedo, that leads the business since 1959, opened a branch at the Iguatemi Mall. There, a similar menu is served in a modern atmosphere, designed by the famous architect Isay Weinfeld.

Opening year: 1958

Wine cellar: 180 labels.

To go with: friends or for a business lunch.

Highlights: after roasted, the meat is finished in grills throughout the room – thereby, it always gets warm at the table.

Rua Haddock Lobo, 1498, Jardim Paulista, 3474-1333
www.rodeiosp.com.br
Mon/Fri 11:30am/3:30pm and 6pm/12am, Sat 11:30am/12am
Cc: A, D, M, V; $$$

Jardins I

Cozinha contemporânea

CHAKRAS

Ano de inauguração: 2003

A melhor companhia: para ir a dois ou com os amigos.

Destaque: no lounge chamado La Suite não há mesas. Ao som do DJ, um menu-degustação é servido em grandes camas vermelhas.

Inspirado pela cultura oriental, o espaço tem um pátio interno com fonte e palmeiras, salão decorado com leves cortinas de voil branco e um lounge batizado de La Suite. O menu, assinado pelo chef Nilson de Castro, reúne pratos contemporâneos como a moqueca de namorado em crosta de siri, cará em duas texturas e favas de soja glaceadas.

Para quem está de regime, um capítulo lista receitas de baixas calorias. O tortelloni recheado com abóbora, queijo cottage ao pesto e crocante de amêndoas é uma das opções. Antes, há harumakis (rolinho primavera) para petiscar. Um deles vem recheado de salmão, rúcula e manga. Para beber, o drinque que leva o nome de svadhisthana combina vodca, licor cherry, suco de laranja e prosecco.

Rua Doutor Melo Alves, 294, Jardim Paulista, 3062-8813
www.chakras.com.br
seg 19h/0h, ter/qui 19h/1h, sex/sáb 19h/2h, dom 19h/0h
Cc: A, D, M, V; $$$$

Jardins I

Contemporary cuisine

Chef Nilson de Castro

Moqueca de namorado — *Sandperch stew*

Inspired by the Oriental culture, the restaurant has an inner inner courtyard with a fountain and palm trees, a hall decorated with white voile curtains and lounge named La Suite. The menu, by chef Nilson de Castro, has contemporary dishes such as the grilled namorado sandperch in crab crust, yam in two textures and soy glazed green beans.

For those who are on a diet, there is a section of low-calories dishes. The tortelloni with pumpkim stuff, cottage cheese with pesto and crunchy almonds is one of the options. Before that, there are harumakis (spring rolls) as appetizers. One of them is stuffed with salmon, arugula and mango. The drink named svadhisthana is a combination of vodka, cherry liquor, orange juice and prosecco.

Opening year: 2003

To go with: a date or friends.

Highlights: at the lounge La Suite there are no tables. By the playlist of a DJ, a tasting-menu is served on large beds.

Rua Doutor Melo Alves, 294, Jardim Paulista, 3062-8813
www.chakras.com.br
Mon 7pm/12am, Tue/Thu 7pm/1am, Fri/Sat 7pm/2am, Sun 7pm/12am
Cc: A, D, M, V; $$$$

`Jardins I`
`Cozinha contemporânea`

EPICE

Ano de inauguração: 2011

Adega: 52 rótulos.

A melhor companhia: para ir a dois ou com os amigos.

Destaque: no almoço, o cardápio executivo é mais barato e tão criativo quanto o regular.

O jovem chef Alberto Landgraf tem um currículo de peso: estudou gastronomia no Westminster College, em Londres, e passou pela cozinha de ícones como Gordon Ramsay e Pierre Gagnaire antes de abrir o Epice com os sócios Pedro Keese de Castro e Lara Abou Ezzeddine. No restaurante, suas receitas baseadas em técnicas francesas, ingredientes regionais e muita criatividade logo chamaram a atenção de críticos e comensais, que lotam a pequena casa todos os dias.

Entre os pratos mais festejados estão o polvo grelhado com batata fondant, tomate confit e vinagrete de jerez, pinole e catalônia, e a barriga de porco servida sobre grão-de-bico e chorizo espanhol. A inventividade do chef se estende à seção doce, que inclui pain perdu com sorbet de pera.

Rua Haddock Lobo, 1002, Jardim Paulista, 3062-0866
www.epicerestaurante.com.br
ter/sex 12h/15h e 20h/0h, sáb 13h/16h e 20h/0h, dom 13h/16h
Cc: A, D, M, V; $$$

Jardins I
Contemporary cuisine

Chef Alberto Landgraf

Polvo grelhado com batata 　　　*Grilled octopus with potato*

The Young chef Alberto Landgraf has a remarkable background: he studied gastronomy at Westminster College, in London, and he worked in the kitchen of icons such as Gordon Ramsay and Pierre Gagnaire before opening the Epice, with the partners Pedro Keese de Castro and Lara Abou Ezzeddine. At the restaurant, his recipes based on the French technique, regional ingredients and a lot of creativity soon called the attention of critics and guests who fill the small house every day.

Among the most popular dishes is the grilled octopus with fondant potato, tomato confit, sherry, pinhole and 'catalonia'(a vegetable) vinaigrette, and the crispy pork belly served with chickpea and Spanish chorizo. The inventiveness also includes the sweets section, with the pain perdu with pear sorbet.

Opening year: 2011

Wine cellar: 52 labels.

To go with: a date or friends.

Highlights: at lunch, the house serves a cheaper executive menu that is as creative as the regular one.

Rua Haddock Lobo, 1002, Jardim Paulista, 3062-0866
www.epicerestaurante.com.br
Tue/Fri 12pm/3pm and 8pm/12am, Sat 1pm/4pm and 8pm/12am, Sun 1pm/4pm
Cc: A, D, M, V; $$$

Jardins I

Francês

BISTRO DE PARIS

Ano de inauguração: 2009

Adega: 100 rótulos.

A melhor companhia: para ir a dois ou com os amigos.

Destaque: na mesma vila fica a Livraria Gourmet, especializada em títulos de gastronomia e comandada pela Editora Boccato.

Instalado na charmosa Villa San Pietro, é um pedacinho francês no meio da movimentada Rua Augusta. Com luz baixa, vasos de flores nas mesas e um terraço cercado de plantas, a casa não alude a um bistrô parisiense apenas no ambiente: também o cardápio está recheado de referências à terra da Torre Eiffel. O petit steak tartare, por exemplo, pode servir de entrada ao camarão rosa grelhado com risoto de palmito pupunha ou ao cassoulet royal, que mistura carne de cordeiro, de pato e de porco com feijão-branco e cenoura.

A partir do segundo semestre de 2012, o menu passará a ser assinado pelo chef André Boccato, que promete uma reformulação. Por meio de uma parceria com o grupo Chez France, a casa comandada por Pierre Murcia também começa a oferecer, em breve, delivery de vinhos, degustações com viticultores franceses, cursos e jantares harmonizados.

Rua Augusta, 2542, Villa San Pietro, Jardim Paulista, 3063-1675
www.Bistrocrepedeparis.com.br
seg 12h/17h, ter/qui 12h/0h, sex/sáb 12h/1h, dom 12h/17h
Cc: A, D, M, V; $$

Pierre Murcia

Jardins I
French

Camarão com risoto de pupunha — Grilled shrimp with palm risotto

Established at the charming Villa San Pietro, it is a small French place in the middle of the busy Rua Augusta. With a dim light, flower vases on the tables and a terrace full of plants, the house does not only remind us of a Parisian bistro in its atmosphere: the menu is also full of references to the Tower Eiffel's country. The petit steak tartare, for example, can be a starter to the grilled pink shrimp with peach palm risotto and cassoulet royal, which mixes meat of lamb, duck and pork with white beans and carrots.

From the second semester of 2012 on, the menu will be signed by the chef André Boccato, who promises some changes. Through a partnership with the group Chez France, the restaurant runned by Pierre Murcia will soon start to offer a delivery service of wines, tastings with French producers, courses and harmonized dinners.

Opening year: 2009

Wine cellar: 100 labels.

To go with: a date or friends.

Highlights: at the same village, you can find the Gourmet Bookstore, specialized in cuisine books and run by the Editora Boccato.

Rua Augusta, 2542, Villa San Pietro, Jardim Paulista, 3063-1675
www.bistrocrepedeparis.com.br
Mon 12pm/5pm, Tue/Thu 12pm/12am, Fri/Sat 12pm/1am, Sun 12pm/5pm
Cc: A, D, M, V; $$

Jardins I

Francês

CHEF ROUGE

Ano de inauguração: 1996

Adega: 136 rótulos.

A melhor companhia: para ir a dois.

Destaque: a carta de bebidas, feita em parceria com a Moët & Chandon, tem uma boa lista de champanhes escolhidos a dedo para harmonizar com os pratos.

Da fachada típica de bistrô ao charmoso interior, repleto de paredes vermelhas e lustres em estilo art nouveau, tudo remete a Paris. Assim como o cardápio, é claro: assinado pela respeitada chef Renata Braune, ele tem como estrela o cocotte de Saint-Jacques, uma combinação de vieiras e pupunha com alcaparras, vermute e raspas de limão-siciliano, guarnecida de tomatinhos confit. O risoto de camarão e alcachofras, embora se aproxime da cozinha italiana, também está entre os itens mais solicitados aos garçons.

Dentro do restaurante, há uma confeitaria com vitrine cheia de macarons e tortas tentadoras, que podem ser consumidas ali mesmo ou levadas para casa. Com o mesmo perfil, a outra unidade do Chef Rouge fica no Morumbi Shopping.

Rua Bela Cintra, 2238, Jardim Paulista, 3081-7539
www.chefrouge.com.br
ter/sex 12h/15h e 19h/0h, sáb 12h/17h e 19h/1h, dom 12h/17h
Cc: A, D, M, V; $$$

Jardins I

French

Chef Renata Braune

Risoto de camarão e alcachofra   *Shrimp and artichoke risotto*

Starting from the traditional facade of a bistro to the charming inside, full of red walls and chandeliers in art nouveau style, it all resembles to Paris. As well as the menu, of course: signed by the respected chef Renata Braune, whose star is the cocotte of Saint-Jacques, a combination of scallops and peach-palm with capers, vermouth and lemon zest, garnished with confit of cherry tomatoes. The shrimp and artichoke risotto, although similar to the Italian Cuisine, is also one of the most served dishes.

Inside the restaurant, there is a pastryshop with a shop window full of macarons and tempting pies, that can be tasted right there or taken home. With the same profile, the other branch of the Chef Rouge is established at Morumbi Mall.

Opening year: 1996

Wine cellar: 136 labels.

To go with: a date.

Highlights: the beverage list, done in a partnership with Moët & Chandon, has a good selection of Champaign, carefully chosen to harmonize with the dishes.

Rua Bela Cintra, 2238, Jardim Paulista, 3081-7539
www.chefrouge.com.br
Tue/Fri 12pm/3pm and 7pm/12am,
Sat 12pm/5pm and 7pm/1am, Sun 12pm/5pm
Cc: A, D, M, V; $$$

Jardins I

Francês

LA COCOTTE BISTROT

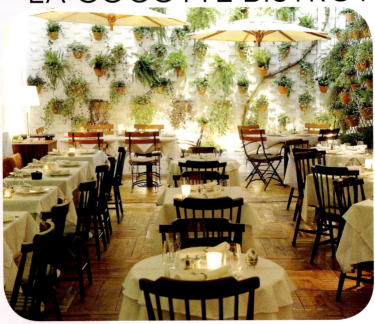

Ano de inauguração: 2011

A melhor companhia: para ir a dois ou com a família.

Destaque: quase todos os pratos são servidos em cocottes, as panelinhas de cerâmica ou ferro que dão nome ao restaurante.

Em funcionamento desde novembro de 2011, o novo empreendimento do restaurateur Juscelino Pereira (sócio do Piselli e da pizzaria Maremonti) é focado em clássicos franceses. Com decoração romântica, o salão reúne muitas plantas e mesas à luz de velas e acomoda 56 comensais.

A cozinha está sob a batuta do chef Fred Frank, ex-discípulo dos franceses Claude Troisgros e Emmanuel Bassoleil. Ele prepara, entre outros pratos, a cocotte de camarões à provençal e o entrecôte bearnaise acompanhado por batatas rústicas. Para escoltar a refeição, uma máquina que conserva vinhos abertos por até três semanas provê bons rótulos de tintos, rosés e brancos em taças.

Alameda Ministro Rocha Azevedo, 1153, Jardim Paulista, 3081-0568
www.lacocotte.com.br
seg/qua 12h/15h30 e 19h30/0h, qui/sex 12h/15h30 e 19h/1h,
sáb 12h/1h, dom 12h/17h
Cc: A, D, M, V; $$$

Jardins I

French

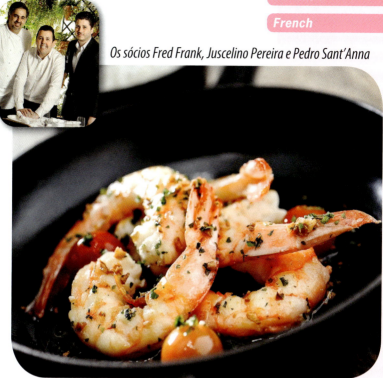

Os sócios Fred Frank, Juscelino Pereira e Pedro Sant'Anna

Cocotte de camarões à provençal *Cocotte with shrimp Provençal*

Open since November 2011, the new enterprise of the restaurateur Jucelino Pereira (partner of Piselli and Maremonti pizzeria) focuses on French classics. With romantic décor, the hall has many plants and candlelit tables, and seats 56 diners.

The kitchen is under the direction of the chef Fred Frank, who learnt from the French Claude Troisgros and Emmanuel Bassoleil. He prepares, among other dishes, the cocotte with shrimp Provençal and entrecôte bearnaise with rustic potatoes. To drink with the meal, a machine that keeps open wine for up to three weeks provides good red, rosés and whites labels in glasses.

Opening year: 2011

Wine cellar: 120 labels.

To go with: a date or family.

Highlights: almost all dishes are served in cocottes, the ceramic or iron little pans after which the restaurant was named.

Alameda Ministro Rocha Azevedo, 1153, Jardim Paulista, 3081-0568
www.lacocotte.com.br
Mon/Wed 12pm/3:30pm and 7:30pm/12am, Thu/Fri 12pm/3:30pm and 7pm/1am, Sat 12pm/1am, Sun 12pm/5pm
Cc: A, D, M, V; $$$

Jardins I

Francês

LE VIN

Ano de inauguração: 2000

Adega: 250 rótulos.

A melhor companhia: para ir a dois ou com os amigos.

Destaque: todos os doces e pães são feitos em uma pâtisserie própria, instalada em frente à unidade da Alameda Tietê.

Fotos da família de Francisco Barroso e Nancy Mattos, os fundadores, forram as paredes deste bistrô, que tem as mesas cobertas por toalhas em xadrez azul e branco. Depois de se acomodar, a clientela escolhe a refeição entre pratos clássicos, como o steak tartare e o confit de pato com batata sautée, e lanchinhos rápidos, a exemplo da omelete e do tradicional croque monsieur. Para acompanhar, a carta de vinhos relaciona rótulos de todo o mundo e tem uma boa seção de opções em taça.

O mesmo ambiente e um cardápio similar, também assinado pelo chef Marcílio Araújo, repetem-se nas unidades da rede – há uma em Higienópolis (Rua Armando Penteado, 25), outra no Itaim Bibi (Rua Pais de Araújo, 137), além de duas no Rio de Janeiro e uma em Brasília.

Alameda Tietê, 184, Jardim Paulista, 3081-3924
www.levin.com.br
seg/qui 12h/0h, sex/sáb 12h/1h, dom 12h/23h
Cc: A, D, M, V; $$

Jardins I

French

Chef Marcílio Araújo

Navarin de cordeiro *Navarin of lamb*

Family pictures of Francisco Barroso and Nancy Mattos, the founders, cover the walls of this bistro, which has on its tables blue and white checked tablecloths. After having a seat, the client chooses a meal from the classic dishes, as the steak tartare and the duck confit with sautée potato, and quick snacks, for example, the omelette and the traditional croque monsieur. To harmonize with the dishes, the wine list relates labels from all over the world and has a good selection of options by the glass.

The same atmosphere and a similar menu, also signed by the chef Marcílio Araújo, can be found at the restaurant's branches - one in Higienópolis (Rua Armando Penteado, 25), and the other in Itaim Bibi (Rua Pais de Araújo, 137), besides other two in Rio de Janeiro and one in Brasília.

Opening year: 2000

Wine cellar: 250 labels.

To go with: a date or friends.

Highlights: all the sweets and bread are made at its own patisserie, established in front of the branch in Alameda Tietê.

Alameda Tietê, 184, Jardim Paulista, 3081-3924
www.levin.com.br
Mon/Thu 12pm/12am, Fri/Sat 12pm/1am, Sun 12pm/11pm
Cc: A, D, M, V; $$

`Jardins I`

`Francês`

PARIS 6

Ano de inauguração: 2006

Adega: 90 rótulos.

A melhor companhia: para ir a dois ou com os amigos.

Destaque: o proprietário, Isaac Azar, é um exímio conhecedor de azeites e privilegia o uso do ingrediente nas receitas.

Aberto sem intervalos, 24 horas por dia, o Paris 6 é um restaurante de múltiplos perfis. De manhã, recebe egressos da balada e gente pronta para ir ao trabalho com café, omeletes e quiches; na hora do almoço, pratos rápidos saem para executivos e funcionários de empresas do entorno; no meio da tarde, serve sanduíches e petiscos; no jantar, é a vez de pratos mais elaborados tomarem conta dos pedidos; e, de madrugada, um mix de todas as facetas se faz presente para atender boêmios, notívagos e chefs de cozinha em fim de expediente.

No cardápio, há espaço para o trivial steak com mostarda e também para pratos que levam o nome de frequentadores famosos. Um que virou carro-chefe é o camarão à Bruno Gagliasso, servido com arroz à provençal.

Rua Haddock Lobo, 1240, Jardim Paulista, 3085-1595
www.paris6.com.br
Funciona 24h por dia.
Cc: A, D, M, V; $$$

Jardins I

French

Chef Isaac Azar

Camarões à Bruno Gagliasso   Shrimps Bruno Gagliasso style

Open 24/7, the charming Paris 6 is a restaurant with multiple profiles. In the morning, it welcomes who is coming from night clubs and who is ready to go to work with coffee, omelettes and quiches; during lunch time, quick dishes are prepared to businessmen and employees from surrounding companies; in the middle of the evening, it serves sandwiches and snacks; for dinner, it is time to serve more elaborated dishes that are the most ordered; and, at dawn, a mix of all these facets becomes present in order to attend the bohemians, night owls and chefs at the end of their workdays.

On the menu, there is room for a trivial steak with mustard and also for dishes named after famous clients. The Bruno Gagliasso shrimp became a flagship, it is served with provencal rice.

Opening year: 2006

Wine cellar: 90 labels.

To go with: a date or friends.

Highlights: the owner, Isaac Azar, is an expert on olive oil and values the use of this ingredients in the recipes.

Rua Haddock Lobo, 1240, Jardim Paulista, 3085-1595
www.paris6.com.br
It works 24 hours a day.
Cc: A, D, M, V; $$$

Jardins I

Francês

MARCEL

Ano de inauguração: 1955

A melhor companhia: para ir a dois ou fazer um almoço de negócios.

Destaque: no almoço, o elegante salão fica tomado por executivos, que pedem couvert, salada ou creme, prato e sobremesa por um preço fixo.

O restaurante tem quase 60 anos de existência, mas voltou a frequentar as listas de melhores casas da cidade há pouco menos de uma década, quando passou para o comando do chef Raphael Durand Despirite. Neto do fundador, ele manteve a tradição francesa no cardápio e criou um menu-degustação para o jantar, recheado de receitas mais contemporâneas à base de ingredientes brasileiros.

Boa parte da clientela, no entanto, continua a visitar o Marcel pelo mesmo motivo de sempre: os delicados suflês. Ícones do restaurante, eles aparecem em mais de 15 versões, como a maison, de camarão, queijo gruyère e cogumelos, e a brasileira, com carne-seca, queijo de coalho e abóbora. Completam a oferta pratos como o coelho à bourguignonne.

Rua da Consolação, 3555, Jardim Paulista, 3064-3089
www.marcelrestaurante.com.br
seg/sex 12h/14h30 e 19h/0h, sáb 19h/0h, dom 12h/16h e 19h/23h
Cc: A, D, M, V; $$$$

Jardins I

French

Chef Raphael Durand Despirite

Suflê maison   Soufflé maison

The restaurant is almost 60 years of existence, but it has been again among the lists of the best restaurants in the city for less than ten years, when it began to be run by the chef Raphael Durand Despirite. The founder's grandson, he kept the French tradition and created, for dinner, a tasting menu full of more contemporary recipes, based on Brazilian ingredients.

Most, of clients, however, continue to visit the restaurant for the same usual reason: the delicate soufflés. The client's icons, they are served in more than 15 versions, as the maison, with gruyère cheese, shrimps and mushrooms, and the Brazilian, with jerked meat, curd cheese and pumpkin. The choice of options include the rabbit bourguignonne.

Opening year: 1955

To go with: a date or for a business lunch.

Highlights: at lunch, the elegant room becomes crowded with businessmen, who order a couvert, salad or soup, main dish and dessert for a fixed price.

Rua da Consolação, 3555, Jardim Paulista, 3064-3089
www.marcelrestaurante.com.br
Mon/Fri 12pm/2:30pm and 7pm/12am, Sat 7pm/12am, Sun 12pm/4pm and 7pm/11pm
Cc: A, D, M, V; $$$$

Jardins I

Italiano

EMILIANO

Ano de inauguração: 2001

Adega: 300 rótulos.

A melhor companhia: para ir a dois, com a família ou fazer um almoço de negócios.

Destaque: o chef José Barattino faz questão de trabalhar com ingredientes frescos, a maioria cultivada de forma orgânica.

Instalado no luxuoso hotel homônimo, o Emiliano é o que se pode definir como um restaurante italiano contemporâneo. Essa classificação se tornou possível depois que o jovem chef José Barattino passou a imprimir sua criatividade no cardápio. Ela se revela, especialmente, nos menus-degustação de quatro ou oito etapas, e em pratos como o robalo de Paraty em crosta de pimenta-de-cheiro incrementado com tomates, berinjelas e abobrinhas caipiras refogadas.

Tratada com similar capricho, a lista de sobremesas reúne degustações de sorvetes artesanais e de doces feitos com chocolate Valrhona. Entre as versões pedidas individualmente, faz sucesso o mil-folhas com creme de limão-siciliano e morangos desidratados.

Rua Oscar Freire, 384, Jardim Paulista, 3068-4390
www.emiliano.com.br
seg/sex 12h/15h e 19h/0h, sáb/dom 12h/16h e 19h/0h
Cc: A, D, M, V; $$$$

Chef José Barattino

Robalo em crosta de pimenta-de-cheiro — Bass in chili crust

Established at the luxurious homonym hotel, it is what can be defined as a contemporary Italian restaurant. This classification became possible after the chef José Barattino started to leave his creativity in the menu. It can be seen, mainly, in the tasting menus in four or eight courses, and in dishes as the Paraty bass in chili crust increased with steamed tomatoes, eggplants, and zucchinis.

With the same care, the list of desserts combines small tastings of artisanal ice creams and sweets made with Valrhona chocolate. Among the individual ordered versions, the millefeiulle with lemon cream and dried strawberries.

Opening year: 2001

Wine cellar: 300 labels.

To go with: a date, family or for a business lunch.

Highlights: the chef José Barattino values to work with fresh ingredients, most of it is organically grown.

Rua Oscar Freire, 384, Jardim Paulista, 3068-4390
www.emiliano.com.br
Mon/Fri 12pm/3pm and 7pm/12am, Sat/Sun 12pm/4pm and 7pm/12am
Cc: A, D, M, V; $$$$

Jardins I

Italiano

FASANO

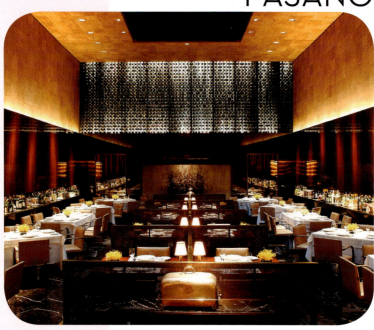

Ano de inauguração: 1990

A melhor companhia: para ir a dois ou com os amigos.

Curiosidade: em uma parede ao lado do toalete, um botão pode ser acionado para que o vidro se torne translúcido e permita a vista para a movimentada cozinha.

Tudo no Fasano parece funcionar de modo impecável. O elegante salão, projetado pelo arquiteto Isay Weinfeld, tem luz baixa, música suave vinda do piano-bar e uma das melhores adegas do Brasil, comandada pelo expert Manoel Beato. Entre as mesas, circulam garçons e maîtres atentos aos mínimos gestos dos clientes – a regra é atendê-los antes que pensem em pedir qualquer coisa.

Com um cenário assim, perfeito, a casa ganha sucessivos prêmios também pela perfeição da comida, assinada pelo sardo Salvatore Loi. Especialista na cozinha clássica italiana, o chef finaliza massas frescas e pratos como o risoto del contadino, preparado ao vinho tinto com linguiça toscana e feijão. Meca da alta gastronomia, o Fasano só funciona no jantar, e exige que se faça reserva.

Rua Vittorio Fasano, 88, Jardim Paulista, 3896-4334
www.fasano.com.br
seg/sáb 19h30/1h
Cc: A, D, M, V; $$$$$

Jardins I
Italian

Chef Salvatore Loi

lombo de bacalhau ao forno com pinoli, uva passa, cebola roxa e manjericão

Cod fillet baked with pine nuts, raisins, red onion and basil

Everything about Fasano seems to work impeccably. The elegant room, designed by the architect Isay Weinfeld, has low lighting, soft music that comes from the piano-bar and one of the best Wine Cellars in Brazil, run by the expert Manoel Beato. Among the tables, the waiters and maître walk around paying attention to the slightest gesture of the clients – the rule is to serve them before they even think about ordering something.

With this perfect scenario, the restaurant wins consecutive awards also for the food perfection, signed by the Sardinian Salvatore Loi. Expert in Italian classic cuisine, the chef finishes fresh pasta and dishes as the del contadino risotto, prepared in red wine with Tuscany sausage and beans. The cutting edge of high-class cuisine, Fasano only serves dinner, and a reservation is required.

Opening year: 1990

To go with: a date or friends.

Curiosiosity: on a wall close to the toilette, a button can be pushed in order to activate a glass so it becomes translucent and allows seeing the busy kitchen.

Rua Vittorio Fasano, 88, Jardim Paulista, 3896-4334
www.fasano.com.br
Mon/Sat 7:30pm/1am
Cc: A, D, M, V; $$$$$

Jardins I

Italiano

GERO

Ano de inauguração: 1994

A melhor companhia: para ir a dois, com a família ou fazer um almoço de negócios.

Destaque: o Gero tem uma unidade mais simples no Shopping Iguatemi, onde serve sua famosa coxa-creme.

É a casa mais informal do celebrado grupo Fasano. Em um salão com paredes de tijolinhos à vista, cheia de fotos em preto e branco da cidade, a clientela degusta, para começar, uma conhecida porção de abobrinha frita. Dá continuidade à refeição o cardápio italiano montado pelo chef Salvatore Loi – o mesmo do principal restaurante do grupo, o Fasano.

Entre suas receitas mais pedidas, a tradicional tagliata de manzo é uma porção de finas fatias de filé-mignon grelhadas, guarnecidas por folhas de rúcula e lascas de queijo parmesão. Os pratos do dia, que incluem ótimas massas frescas como o ravioloni de mussarela, tomam conta dos pedidos na hora do almoço – um período, aliás, sempre lotado de executivos.

Rua Haddock Lobo, 1629, Cerqueira César, 3064-6317
www.fasano.com.br
seg/sex 12h/15h e 19h/1h,
sáb 12h/16h e 19h/1h30, dom 12h/16h e 19h/0h
Cc: A, D, M, V; $$$$

Jardins I

Italian

Chef Salvatore Loi

Ravioloni de mussarela   *Mozzarella ravioloni*

It is the most informal restaurant of the acclaimed Fasano chain. In a room with face brick walls, with lots of black and white pictures of the city, the clients can taste, to start, a well known serving of fried zucchini. The meal continues with the Italian menu planned by the chef Salvatore Loi – the same as the main restaurant of the chain, Fasano.

Among the most ordered recipes, the traditional tagliata de manzo is a serving of thin slices of grilled tenderloin, garnished by arugula leaves and scrapes of Parmesan cheese. The daily specials, which include great fresh pasta as the mozzarella ravioloni, are the majority of the orders during lunch time – by the way, it is always crowded by businessmen.

Opening year: 1994

To go with: a date, family or for a business lunch.

Highlights: Gero has a simpler branch at the Iguatemi Mall, where it is served the famous 'coxa-creme' (chicken drumstick enclosed in wheat flour, deep fried).

Rua Haddock Lobo, 1629, Cerqueira César, 3064-6317
www.fasano.com.br
Mon/Fri 12pm/3pm and 7pm/1am,
Sat 12pm/4pm and 7pm/1:30am, Sun 12pm/4pm and 7pm/12am
Cc: A, D, M, V; $$$$

Jardins I

Italiano

ITALY

Ano de inauguração: 2011

Adega: 400 rótulos.

A melhor companhia: para ir a dois ou com a família.

Destaque: um carrinho circula pelo salão com antepastos como o rolinho de berinjela e ricota defumada.

Inaugurado em outubro de 2011, o Italy vive lotado desde o primeiro dia de funcionamento. O motivo pode estar relacionado com a fama de um dos sócios, o respeitado chef Paulo Barroso de Barros, que coleciona restaurantes de sucesso em São Paulo (entre eles, o Kaá, de cozinha variada, e o também novo Girarrosto, italiano). Ao lado do empresário Paulo Kress, ele toma conta da casa, que tem dois belos salões interligados por um elevador.

Nas paredes, alguns televisores exibem imagens ao vivo do que acontece na cozinha. Os clientes acompanham, por exemplo, o preparo de massas artesanais como o pici, que ganha sugo de linguiça, funghi e queijo grana padano. O cappellette de vitelo ao molho de cogumelo porcini e a boa seção de risotos são outros atrativos do cardápio.

Rua Oscar Freire, 450, Jardim Paulista, 3167-7489 e 3168-0833
seg/qui 12h/15h30 e 19h/0h, sex 12h/15h30 e 19h/1h,
sáb 12h/1h, dom 12h/23h
www.italyrestaurante.com.br
Cc: A, D, M, V; $$

Jardins I

Italian

Chef Paulo Barroso de Barros

Pici ao sugo de linguiça, funghi e queijo grana padano

Pici with sausage sugo, mushroom and Grana Padano cheese

Open since 2011, Italy has been always crowded since its very first day. The reason for that may be related to the good reputation of one of the partners, the respected chef Paulo de Barros Barroso, who collects successful restaurants in Sao Paulo (like the Kaá, with varied cuisine, and the Girarrosto, also Italian). Along with the businessman Paul Kress, he runs the house, which has two beautiful halls connected by an elevator.

On the walls, some TVs show live images of the kitchen. Customers can see, for example, the preparation of artisanal pasta like the pici, which goes with sausage sugo, mushroom and Grana Padano cheese. The veal cappellette porcini in mushroom sauce and a good section of risottos are other attractions on the menu.

Opening year: 2011

Wine cellar: 400 labels.

To go with: a date or family.

Highlights: a trolley goes around the room with appetizers like the eggplant roll and smoked ricotta.

Rua Oscar Freire, 450, Jardim Paulista, 3167-7489 and 3168-0833
Mon/Thu 12pm/3:30pm and 7pm/12am, Fri 12pm/3:30pm and 7pm/1am, Sat 12pm/1am, Sun 12pm/11pm
www.italyrestaurante.com.br
Cc: A, D, M, V; $$

Jardins I

Italiano

PISELLI

Ano de inauguração: 2004

Adega: 200 rótulos.

A melhor companhia: para ir a dois, com a família ou fazer um almoço de negócios.

Destaque: assim como o cardápio, a extensa carta de vinhos privilegia a região do Piemonte – só de Barolo, há mais de dez rótulos.

O restaurante dirigido por Juscelino Pereira está sempre movimentado. O motivo da constante badalação é, certamente, o cardápio assinado pelo chef Paulo Kotzent. Com foco em receitas italianas, originárias, sobretudo, do Piemonte, ele prepara massas fresquíssimas – como o pappardelle com ragu de pato – e pratos mais robustos, a exemplo do clássico brasato alla piemontese, vitelo assado no vinho tinto, guarnecido de purê de batatas trufado.

Dentro do restaurante, a clientela se espalha entre o bonito salão, com uma parede tomada por garrafas de vinho, e a disputada varanda. Para conseguir um lugar ali, é preciso reservar com antecedência. Ou, então, aguardar a vaga tomando um drinque no agradável bar.

Rua Padre João Manuel, 1253, Jardim Paulista, 3081-6043
www.piselli.com.br
seg/qui 12h/16h e 19h/1h, sex/sáb 12h/2h, dom 12h/0h
Cc: A, D, M, V; $$$

Jardins I

Italian

Chef Paulo Kotzent

Espaguete à carbonara — Spaghetti carbonara

The restaurant run by Juscelino Pereira is always bustling. The reason for the regular action is, for sure, the menu signed by the chef Paulo Kotzent. Focused on Italian recipes, mainly from Piemonte, he prepares real fresh pasta – as the pappardelle with duck ragout – and more strong dishes, for example, the classic brasato alla piemontese, roasted calf in red wine, garnished with truffle mashed potatoes.

Inside the restaurant, the clients sit around in the beautiful room, with a wall covered with bottles of wine, and the requested porch. In order to get a place there, it is necessary to make a previous reservation. Or, then, wait for a place having a drink at the nice bar.

Opening year: 2004

Wine cellar: 200 labels.

To go with: a date, family or for a business lunch.

Highlights: just like in the menu, the long wine list gives preference to the region of Piemonte – there are more than ten labels of Barolo.

Rua Padre João Manuel, 1253, Jardim Paulista, 3081-6043
www.piselli.com.br
Mon/Thu 12pm/4pm and 7pm/1am, Fri/Sat 12pm/2am, Sun 12pm/12am
Cc: A, D, M, V; $$$

Jardins I

Italiano

SERAFINA

Ano de inauguração: 2010

Adega: 200 rótulos.

A melhor companhia: para ir com a família ou com os amigos.

Destaque: a varanda é liberada para fumantes e clientes acompanhados por seus cachorros.

A rede surgiu em Nova York em 1995 e escolheu a cidade de São Paulo como endereço da primeira unidade fora dos Estados Unidos. O salão tem afrescos da artista plástica italiana Michela Martello e um forno a lenha, de onde saem pizzas de massa fininha, como a de mussarela de búfala e linguiça picante.

O chef paulista Ricardo di Camargo encarrega-se da criação das redondas e das demais receitas do extenso cardápio. Incrementado com camarões, o farfalle al limoncello é uma das especialidades, e divide espaço com o medalhão de avestruz grelhado, guarnecido de favas, vagem, aspargos, cenoura e tomate salteados no azeite. Para beber, há, além de vinhos, diversas sugestões de drinques, entre as quais o upper east, mix de gim, suco e licor de melancia.

Alameda Lorena, 1705, Jardim Paulista, 3081-3702
www.serafinarestaurante.com.br
dom/qui 12h/0h, sex/sáb 12h/1h
Cc: A, D, M, V; $$

Jardins I

Italian

Chef Ricardo di Camargo

Farfalle al limoncello com camarões *Farfalle al limoncello shrimps*

This chain began in New York in 1995 and has chosen São Paulo as its first branch out of the United States. The hall has paintings of the Italian artist Michela Martello and a wood oven, where the pizzas with thin dough come from, such as the one of buffalo mozzarella and spicy sausage.

It is the 'paulista' chef Ricardo di Camargo who prepares the pizzas and the other recipes on the menu. Increased with shrimps, the farfalle al limoncello is one the specialties, as the grilled ostrich medallion, studded with fava beans, green beans, asparagus, carrots and tomatoes sauteed in olive oil. To drink, there is, besides wine, several suggestions of drinks, including the upper east, a mix of gin and watermelon juice and liqueur.

Opening year: 2010

Wine cellar: 200 labels.

To go with: family or friends.

Highlights: there is a terrace where smokers and customers with dogs are allowed.

Alameda Lorena, 1705, Jardim Paulista, 3081-3702
www.serafinarestaurante.com.br
Mon/Thu 12pm/12am, Fri/Sat 12pm/1m, Sun 12pm/12am
Cc: A, D, M, V, $$

Jardins I

Mediterrâneo

D'OLIVINO

Ano de inauguração: 2009

Adega: 100 rótulos.

A melhor companhia: para ir a dois, com a família ou fazer um almoço de negócios.

Destaque: no mezanino funciona um empório de azeites e vinhos, onde também ocorrem degustações e cursos.

Logo na entrada do restaurante, uma mesa cheia de azeites convida o cliente a degustar alguns dos rótulos, e já avisa que, na cozinha, o óleo de oliva é um ingrediente essencial. O cardápio, a cargo do chef André Castro, relaciona especialidades mediterrâneas como a receita grega de lombo de cordeiro ao molho de vinho tinto, canela e alecrim, guarnecido de queijo feta, molho de tomates e azeitonas. A principal atração, no entanto, está mais conectada ao litoral italiano. Trata-se do tagliatelle nero alla pescatora, uma massa negra feita na casa, com frutos do mar cozidos em vinho branco e ervas.

Tratados com reverência, os vinhos, assim como os azeites, vêm de importadora própria e se dividem em duas adegas: uma dedicada aos tintos; outra, mais fria, aos brancos, rosés e espumantes.

Rua Haddock Lobo, 1159, Jardim Paulista, 3068-9797
www.dolivinorestaurante.com.br
seg/sex 12h/15h e 19h30/0h, sáb 12h/1h, dom 12h/17h e 19h30/0h
Cc: A, D, M, V; $$$

Jardins I
Mediterranean

Chef André Castro

Tagliatelle nero alla pescatora　　Black tagliatelle alla pescatora

At the entrance of the restaurant, a table covered with olive oils invites the client to taste some labels and announce that, in the kitchen, this is an essential ingredient. The menu, under the responsibility of the chef André Castro, lists Mediterranean specialties as the Greek recipe of Lamb loin with red wine sauce, cinnamon and Rosemary, garnished with feta cheese, olives and tomatoes sauce. The main attraction, however, is more related to the Italian coast. It is the tagliatelle nero alla pescatora, a dark pasta that is prepared at the restaurant, with seafood cooked in white wine and herbs.

Treated with respect, the wines, as well as the olive oils, are imported by the restaurant and are divided in two Wine Cellars: one is reserved to red wines; the other, the colder one, to white, rosé and sparkling wines.

Opening year: 2009

Wine cellar: 100 labels.

To go with: a date, family or for a business lunch.

Highlights: at the mezzanine, it works an emporium of olive oils and wines, where are also held tastings and courses.

Rua Haddock Lobo, 1159, Jardim Paulista, 3068-9797
www.dolivinorestaurante.com.br
Mon/Fri 12pm/3pm and 7:30pm/12am,
Sat 12pm/1am, Sun 12pm/5pm and 7:30pm/12am
Cc: A, D, M, V; $$$

Jardins I

Pescados

AMADEUS

Ano de inauguração: 1987

Adega: 300 rótulos.

A melhor companhia: para ir com os amigos ou fazer um almoço de negócios.

Atenção: a carta de vinhos tem uma das melhores seleções de rótulos brancos de São Paulo.

A jovem chef Bella Masano, filha do casal que fundou o restaurante há mais de 20 anos, é uma expert em pescados e frutos do mar. Sempre frescos, os ingredientes tomam conta do cardápio, das entradas aos pratos principais. Entre os itens mais requisitados estão o frisson no negro, uma combinação de camarões gigantes flambados no conhaque com curry, alho-poró e arroz negro, e a brasileiríssima moqueca, que, na versão da casa, ganha camarão, banana, pimenta-de-cheiro e um toque de azeite de dendê.

Antes da refeição, é tradição sentar-se no jardim ou no agradável bar interno (ambientado, à noite, pelo som do piano) para petiscar porções de ostras recém-chegadas da fazenda marinha que a família Masano mantém em Florianópolis.

Rua Haddock Lobo, 807, Jardim Paulista, 3061-2859
www.restauranteamadeus.com.br
seg/sex 12h/15h e 18h/0h, sáb 12h/16h30 e 19h/0h, dom 12h/16h30 e 19h/23h
Cc: A, V; $$$

Jardins I

Fish

Chef Bella Masano

Panela de lulas   *Saucepan of squids*

The young chef Bella Masano, daughter of the couple who founded the restaurant over 20 years ago, is an expert in fish and seafood. Always fresh, the ingredients fill the menu, from the starter to the main dishes. Among the most requested are the frisson no negro, a combination of giant shrimps glazed with brandy with curry, leek and black rice, and the beautiful 'moqueca' (fish or mussels simmered in oil and pepper), which, in the restaurant's version, has shrimps, banana, pepper and a touch of palm oil.

Before the meal, it is a tradition of the restaurant to sit in the garden or in the pleasant interior bar (at night, with the sound of the piano) to taste servings of fresh oyster, just arrived from the Marine Farm that the Masano has in Florianópolis.

Opening year: 1987

Wine cellar: 300 labels.

To go with: friends or for a business lunch.

Highlights: the wine list has one of the best selections of white labels in São Paulo.

Rua Haddock Lobo, 807, Jardim Paulista, 3061-2859
www.restauranteamadeus.com.br
Mon/Fri 12pm/3pm and 6pm/12am,
Sat 12pm/4:30pm and 7pm/12am, Sun 12pm/4:30pm and 7pm/11pm
Cc: A, V; $$$

Jardins I
Pizzaria

MAREMONTI

Ano de inauguração: 2011

Adega: 110 rótulos.

A melhor companhia: para ir a dois, com a família ou com os amigos.

Destaque: a seção de massas foi criada por um dos sócios, Rodrigo Queiroz, que também comanda o premiado Tre Bicchieri.

É a versão paulistana da pizzaria de mesmo nome instalada na Riviera de São Lourenço, no litoral do Estado. Ricardo Trevisan, sócio da casa praiana, juntou-se a Juscelino Pereira, famoso restaurateur do Piselli, para abrir uma filial imponente, com pé-direito altíssimo e um bonito jardim vertical.

No preparo das redondas está o cearense Raimundo Nascimento, que fez um curso na Associazione Pizzaiuoli Napoletani, em Nápoles, para se aperfeiçoar. Certificados pela associação, alguns sabores chegam à mesa em porção individual e com massa grossa – é o caso da tradicional margherita. O cardápio reúne, também, pizzas à moda paulistana, mais finas, com coberturas como a occhio de bue, que mescla queijo stracchino, ovo e trufas.

Rua Padre João Manuel, 1160, Jardim Paulista, 3088-1160
www.maremonti.com.br
seg/sex 12h/16h e 18h/1h, sáb 12h/2h, dom 12h/1h
Cc: A, D, M, V; $$

Jardins I

Pizza

Pizza margherita

It is the 'paulistana' version of the pizzeria that has the same name in the Riviera de São Lourenço, in the coast of the state. Ricardo Trevisan, partner of the beach restaurant, partnered up with Juscelino Pereira, restaurateur of the Piselli, to open the impressive branch, with a super high ceiling and a beautiful vertical garden.

In the preparation of the pizzas is Raimundo Nascimento, from Ceará, he was trained at Associazione Pizzaiuoli Napoletani, in Naples, to improve himself. Certified by the association, some flavors go to the table in individual servings and with thick crust – for example, the traditional margherita. The menu also includes 'paulistana' pizzas, thinner with toppings as the occhio de bue, that mixes stracchino cheese, egg and truffles.

Opening year: 2011

Wine cellar: 110 labels.

To go with: a date, family or friends.

Highlights: the pasta section was created by one of the partners, Rodrigo Queiroz, who also runs the awarded restaurant Tre Bicchieri.

Rua Padre João Manuel, 1160, Jardim Paulista, 3088-1160
www.maremonti.com.br
Mon/fri 12pm/4pm and 6pm/1am, Sat 12pm/2am, Sun 12pm/1am
Cc: A, D, M, V; $$

Jardins I

Português

A BELA SINTRA

Ano de inauguração: 2004

Adega: 115 rótulos.

A melhor companhia: para ir a dois, com os amigos ou fazer um almoço de negócios.

Destaque: a lista de sobremesas, com todas as delícias da confeitaria portuguesa, é imperdível.

Celebridades costumam bater cartão neste refinado restaurante, que homenageia a cidade de Sintra – e o nome da rua em que está instalado, nos Jardins. Enquanto aguarda uma mesa, a clientela se acomoda em uma bela área de espera e conhece a extensa carta de coquetéis do bar.

A refeição pode ter início com as sopas ibéricas (há caldo verde e gaspacho), e seguir com uma das atrativas sugestões de bacalhau, criadas pela chef portuguesa Ilda Vinagre. Em uma delas, o famoso peixe é feito à herdade do esporão (assado no forno e acompanhado de batata, verduras, alho e pimentão); em outra, é preparado "como se faz na fazenda" (posta confitada no azeite com batata, pimentão, tomate, berinjela, abobrinha, champignon e creme de bacalhau).

Rua Bela Cintra, 2325, Jardim Paulista, 3891-0740
www.abelasintra.com.br
seg/sex 12h/15h30 e 19h/1h, sáb 12h/2h, dom 12h/23h30
Cc: A, D, M, V; $$$$$

Jardins I

Portuguese

Chef Ilda Vinagre

Bacalhau como se faz na fazenda   *Codfish as it is done in the farm*

Celebrities are regular customers of this refined restaurant, which honors the city of Sintra – and also the name of the street where it is established, in Jardins. While waiting for a table, the client can sit at the beautiful waiting area and see the long cocktails list of the bar.

The meal can start with Iberian soups (there are the Green broth and the gazpacho), and continue with one of the attractive suggestions of codfish, created by the Portuguese chef Ilda Vinagre. In one of these creations, the famous fish is prepared 'in the farm style' (a slice of fish glazed with olive oil with potato, pepper, eggplant, zucchini, mushroom and codfish cream).

Opening year: 2014

Wine cellar: 115 labels.

To go with: a date, friends or for a business lunch.

Highlights: a list of desserts, with all the delights of Portuguese pastry, is a must-taste.

Rua Bela Cintra, 2325, Jardim Paulista, 3891-0740
www.abelasintra.com.br
Mon/Fri 12pm/3:30pm and 7pm/1am, Sat 12pm/2am, Sun 12pm/11:30pm
Cc: A, D, M, V; $$$$$

Jardins I
Português

ANTIQUARIUS

Ano de inauguração: 1990

A melhor companhia: para ir a dois, com os amigos ou fazer um almoço de negócios.

Curiosidade: no mezanino, há diversos objetos garimpados em antiquários (alguns estão à venda).

Em um elegante salão enfeitado com peças de antiquário e obras de arte, uma clientela fiel se prepara para um verdadeiro banquete lusitano. Filial do restaurante surgido no Rio de Janeiro, também comandado pelo português Carlos Perico, o Antiquarius paulistano serve, antes da refeição, um farto couvert com bolinhos de bacalhau, pães, queijo cremoso e patês.

Em seguida, chega a hora de escolher o prato em meio a um cardápio recheado de delícias. Entre elas, há arroz de pato, polvo grelhado e, é claro, muitas receitas com o legítimo bacalhau Gadus Morhua – à lagareiro, a posta é preparada no forno e com batata, brócolis e azeitona. Para finalizar, uma bandeja é levada à mesa repleta de doces portugueses.

Alameda Lorena, 1884, Jardim Paulista, 3082-3015
www.antiquarius.com.br
seg 19h/0h, ter/sex 12h/15h e 19h/0h, sáb 12h/1h, dom 12h/18h.
Cc: A, D, M, V; $$$$$

Jardins I

Portuguese

Concha de espinafre com camarão — Spinach and shrimp shell

In the elegant main room decorated with pieces from the antique shop and artworks, the loyal clients get ready for a real Portuguese banquet. A branch of the restaurant opened in Rio de Janeiro, and also run by the Portuguese Carlos Perico, the 'paulistano' Antiquarius serves, before the meals, a complete couvert with cod cake, bread, cream cheese and pâtés.

After that, it is time to choose a dish from a menu filled with delicious Portuguese options. It includes duck rice, grilled octopus and, of course, many recipes with the authentic codfish Gadus Morhua – 'à lagareiro', the slice is prepared in the oven and garnished with potato, broccoli and olives. Finally, a tray is taken to the table filled with irresistible Portuguese sweets.

Opening year: 1990

To go with: a date, friends or for a business lunch.

Curiosity: at the mezzanine, besides the piano, there are many objects found in antique shops (some are for sale).

Alameda Lorena, 1884, Jardim Paulista, 3082-3015
www.antiquarius.com.br
Mon 7pm/12am, Tue/Fri 12pm/3pm and 7pm/12am, Sat 12pm/1am, Sun 12pm/6pm.
Cc: A, D, M, V; $$$$

Jardins I

Variado

A FIGUEIRA RUBAIYAT

Ano de inauguração: 2001

Adega: 936 rótulos.

A melhor companhia: para ir a dois, com a família, com os amigos ou fazer um almoço de negócios.

Destaque: a carta de vinhos tem boa relação custo/benefício, e está entre as mais completas de São Paulo.

Parte do grupo Rubaiyat, comandado pelo restaurateur Belarmino Iglesias, a casa tem esse nome em homenagem à centenária figueira de 50 metros de altura, que existia no terreno e foi mantida no meio do salão principal. Almoçar ou jantar sob seus majestosos galhos é a meta de boa parte dos clientes que chega ao restaurante.

No cardápio, as especialidades do mar dividem espaço com portentosos cortes de carnes, muitos deles assados em fornos de barro que chegam a 600 °C. Entre os campeões de pedidos estão o caixote marinho, que traz polvo, vieiras, camarão, lula e peixes, e a bisteca de vitela. Às quartas-feiras e aos sábados, as atenções saem do menu regular em direção ao bufê de feijoada, que reúne carnes vindas de uma fazenda própria.

Rua Haddock Lobo, 1738, Jardim Paulista, 3087-1399
www.rubaiyat.com.br
seg/qui 12h/0h30, sex/sáb 12h/1h, dom 12h/0h
Cc: A, V; $$$$$

Jardins I
Miscellaneous

Chef Francisco Gameleira

Caixote marinho   *Sea chest*

Part of the group Rubaiyat, run by the restaurateur Belarmino Iglesias, the house is named after the centenarian fig tree of almost 50 meters high that already existed in the property and was maintained in the middle of the main room. Having lunch or dinner under its majestic branches is a good purpose for most of the clients that visit the restaurant.

On the menu, specialties from the sea share space with wonderful cuts of meat, most of it is baked on clay ovens that reach 600 degrees Celsius. Among the most ordered dishes are the marine box 'caixote marinho' that brings octopus, scallops, shrimps, squid and fish, and the veal steak. On Wednesdays and Saturdays, the attention is not on the regular menu, but goes to the 'feijoada' buffet, that includes meat from the restaurant's own farm.

Opening year: 2001

Wine cellar: 936 labels.

To go with: a date, family, friends or for a business lunch.

Highlights: the wine list has a good cost/benefit relation and is one of the most complete in São Paulo.

Rua Haddock Lobo, 1738, Jardim Paulista, 3087-1399
www.rubaiyat.com.br
Mon/Thu 12pm/12:30am, Fri/Sat 12pm/1am, Sun 12pm/12am
Cc: A, V; $$$$$

Jardins II
Árabe

MISKI

Ano de inauguração: 1987

A melhor companhia: para ir com a família ou com os amigos.

Destaque: além dos doces árabes, a carta de sobremesas inclui sorvete de miski (ou almíscar) com calda fresca de damasco.

De uma pequena rotisseria dedicada à cozinha sírio-libanesa, a casa comandada por Sergio Kalil evoluiu para um belo restaurante com dois salões e quase 98 lugares. Hoje, o público que se acomoda ali pode provar um verdadeiro banquete da especialidade, com charuto de folha de uva, berinjela recheada com grão-de-bico e cheiro-verde e um conhecido quibe de peixe ao forno, incrementado com camarão, cebola dourada e uva-passa – esse último pode ser compartilhado por duas pessoas.

A pioneira rotisseria ainda funciona no espaço. E exibe, na vitrine do balcão, salgados tentadores como as esfihas fechadas ou abertas (cobertas por, entre outras misturas, carne ou calabresa defumada) e os quibes fritos.

Alameda Joaquim Eugênio de Lima, 1690, Jardim Paulista, 3884-3193
www.miski.com.br
seg/sáb 11h30/0h, dom 11h30/16h30
Cc: A, D, M, V; $$

Jardins II

Arabian

Sergio Kalil

Esfiha de carne   Meat sfiha

Starting from a small rotisserie to preparing Syrian-Lebanese cuisine, the house run by Sergio Kalil became a beautiful restaurant with two rooms with almost 98 seats. Today, the customers that visit the place can taste a real banquet, as the stuffed grape leaves, eggplant stuffed with chick peas, parsley and chives, and the well known fish kibbeh in the oven, increased with shrimp, golden onion and raisins – this last dish can be shared by two people.

The pioneer rotisserie is still working in the place. It shows, in the display window, tempting salty pastries as the open faced or closed sfihas (topped with, among other options, meat or smoked Calabrese sausage) or the fried kibbeh.

Opening year: 1987

To go with: family or friends.

Highlights: besides the Arabian sweets, the list of desserts includes the miski (or musk) ice cream with fresh apricot syrup.

Alameda Joaquim Eugênio de Lima, 1690, Jardim Paulista, 3884-3193
www.miski.com.br
Mon/Sat 11:30am/12am, Sun 11:30am/4:30pm
Cc: A, D, M, V; $$

Jardins II

Carnes

VARANDA

Ano de inauguração: 1997

Adega: 500 rótulos.

A melhor companhia: para ir com a família, com os amigos ou fazer um almoço de negócios.

Destaque: o sommelier Tiago Locatelli ficou conhecido por seu trabalho exemplar na completa adega da casa.

Sylvio Lazzarini, o proprietário, também é dono da Intermezzo Gourmet, empresa responsável pela importação das melhores carnes do planeta – eis o trunfo da casa. Com matéria-prima de primeira, o cardápio inclui cortes ao estilo americano (como o ribeye), argentino (a exemplo do bife de chorizo) e brasileiro (caso da disputada picanha). Muitos cortes são feitos do celebrado kobe beef, uma carne mais suculenta que o comum, com alto teor de gordura entre as fibras.

Grelhadas com capricho e temperadas apenas com flor de sal, as carnes atraem a maioria dos pedidos. Mas também há quem prefira os peixes recém-incorporados ao cardápio – o grelhado dos pescadores leva camarão, lula, polvo e peixes, e acompanha risoto de camarão.

Rua General Mena Barreto, 793, Jardim Paulista, 3887-8870
www.varandagrill.com.br
seg/qui 12h/15h e 19h/23h, sex 12h/16h e 19h/23h, sáb 12h/18h e 19h/0h, dom 12h/17h30
Cc: A, D, M, V; $$$$

Jardins II

Meat

Sylvio Lazzarini

Kobe beef

Sylvio Lazzarini, the owner, also runs the Intermezzo Gourmet, the company responsible for the import of the best meat on the planet – here we find the reason for the success. With a high quality raw material, the menu includes cuts of meat in the American style (as the ribeye), Argentine (for example, the chorizo steak) and the Brazilian style (the example is the disputed 'picanha'). Many cuts are prepared with the famous kobe beef, a meat that is juicer than usual cuts, with a high level of fat between its fibers.

Carefully grilled and only seasoned with flower of salt, meat is the most ordered dish. But there are clients who prefer fish, which was recently included on the menu – the 'fishers grill' is prepared with shrimp, squid, octopus and fish, garnished with shrimp risotto.

Opening year: 1996

Wine cellar: 500 labels.

To go with: family, friends or for a business lunch.

Highlights: the sommelier, Tiago Locatelli, became known for his exemplary work in the restaurant's complete wine cellar.

Rua General Mena Barreto, 793, Jardim Paulista, 3887-8870
www.varandagrill.com.br
Mon/Thu 12pm/3pm and 7pm/11pm, Fri 12pm/4pm and 7pm/11:30pm, Sat 12pm/6pm and 7pm/12am, Sun 12pm/5:30pm
Cc: A, D, M, V; $$$$

`Jardins II`
`Espanhol`

AROLA VINTETRES

Ano de inauguração: 2009

Adega: 800 rótulos.

A melhor companhia: para ir a dois ou com os amigos.

Curiosidade: o restaurante Sergi Arola Gastro, em Madri, ostenta duas estrelas no prestigiado Guia Michelin.

Com uma sensacional vista para os jardins, o restaurante instalado no 23º andar do hotel Tivoli-Mofarrej nem precisaria ter um chef de renome para ser concorrido. Mas tem: o espanhol Sergi Arola, conhecido por manter casas estreladíssimas em seu país de origem, é quem assina o cardápio, recheado de versões revisitadas das típicas tapas. No dia a dia, ele deixa o comando das panelas a cargo do chef Fábio Andrade, que prepara, entre inúmeras receitas, as famosas batatas bravas, à base de páprica picante e maionese de alho, e o pargo com butifarra negra (um embutido catalão feito com carne de porco).

No jantar, os clientes podem pedir as elaboradas receitas da casa em forma de menus-degustação compostos por três, cinco ou sete variedades de tapas.

Alameda Santos, 1437, Hotel Tivoli-Mofarrej, Jardim Paulista, 3146-5923
seg/qui 19h/0h, sex/sáb 19h/1h
Cc: A, D, M, V; $$$

Jardins II
Spanish

Chef Fábio Andrade

Batatas bravas — Patatas bravas

With a spectacular view of the gardens, the restaurant established on the 23rd floor of the Hotel Tivoli-Mofarrej was needless to have a famous chef in order to be crowded. But it does have: the Spanish Sergi Arola, known for running hit restaurants in his country of origin, he signs the menu, filled with revisited versions of the typical tapas. On a daily basis, he leaves the control of the pans to the chef Fábio Andrade, who prepares, among different recipes, the famous 'patatas bravas', potatoes with hot paprika and garlic mayonnaise, and the red porgy with butifarra negra (a Catalan ingredient prepared with pork).

At dinner, clients can order elaborated recipes in a tasting menu with three, five or seven courses of tapas.

Opening year: 2009

Wine cellar: 800 labels.

To go with: a date or friends.

Curiosity: the restaurant Sergi Arola Gastro, in Madrid, has two stars in the Michelin Guide.

Alameda Santos, 1437, Hotel Tivoli-Mofarrej, Jardim Paulista, 3146-5923
Mon/Thu 7pm/12am, Fri/Sat 7pm/1am
Cc: A, D, M, V; $$$

Jardins II

Japonês

AIZOMÊ

Ano de inauguração: 2007

Adega: 30 rótulos.

A melhor companhia: para ir a dois ou com os amigos.

Destaque: a carta de bebidas soma cerca de 30 rótulos de saquês e shochus, que podem ser harmonizados com os pedidos.

Diferentemente da maioria dos restaurantes japoneses, o Aizomê não serve combinados nem inclui salmão entre seus ingredientes. Na cozinha do chef Shin Koike, só há espaço para experimentações que unem a cozinha oriental e a ocidental, e que resultam em pratos criativos como o filé-mignon empanado e recheado de foie gras ao molho agridoce e o lombo de vitelo malpassado ao molho tarê. Essas e outras receitas ousadas podem aparecer no menu-degustação, que toma conta dos pedidos na hora do jantar.

Apesar das invenções, sushis e sashimis não estão fora do cardápio. À base de atum, olho-de-boi e linguado, eles são preparados com capricho em um balcão instalado logo na entrada do restaurante. No almoço, a casa serve um econômico menu-executivo.

Alameda Fernão Cardim, 39, Jardim Paulista, 3251-5157
www.aizome.com.br
seg/sex 12h/14h30 e 18h30/23h, sáb 18h30/23h
Cc: A, D, M, V; $$$$

Jardins II
Japanese

Chef Shin Koike

Siri mole frito — Fried soft shell crab

Different from most Japanese restaurants, Aizomê does not offer combined sushis nor includes salmon among its ingredients. In the kitchen of the chef Shin Koike, there is only room for interesting experimentations that combine the Oriental and Ocidental cuisine, what results in creative dishes as the breaded tenderloin stuffed with foie gras with a bittersweet sauce and the rare veal loin with tare sauce. These and other bold recipes can be ordered in the tasting menu that is the most ordered option during dinner time.

Despite all the creations, sushi and sashimi are not out of the menu. Tuna, greater amberjack and sole are carefully prepared over a balcony right at the entrance of the restaurant. At lunch, the house offers an economic executive-menu.

Opening year: 2007

Wine cellar: 30 labels.

To go with: a date or friends.

Highlights: the beverage list relates more than 30 labels of sake and shochus that can be paired with the orders.

Alameda Fernão Cardim, 39, Jardim Paulista, 3251-5157
www.aizome.com.br
Mon/Fri 12pm/2:30pm and 6:30pm/11pm, Sat 6:30pm/11pm
Cc: A, D, M, V; $$$$

Jardins II

Português

TASCA DA ESQUINA

Ano de inauguração: 2011

Adega: 40 rótulos.

A melhor companhia: para ir com os amigos ou com a família.

Destaque: um espaço próximo à cozinha recebe os clientes que desejam comer enquanto acompanham a movimentação dos cozinheiros mais de perto.

É a filial do restaurante comandado pelo renomado chef português Vitor Sobral em Lisboa. Em São Paulo, o ambiente mostra a mesma propensão para a informalidade que a matriz – não há toalhas na mesa, uma das paredes é tomada por uma horta vertical (com ervas e pimentas) e os cozinheiros trabalham logo ali, atrás do balcão.

A melhor maneira de conhecer a veia criativa do chef é por meio das degustações, que podem incluir, entre outros pratos, a posta de namorado sobre açorda de camarão. O bacalhau à brás, com ovo e batata palha, figura na lista de receitas mais pedidas. Para acompanhar, os vinhos selecionados pelo português Norberto Moutinho têm boas opções em taças.

Alameda Itu, 225, Jardim Paulista, 3141-1149
www.tascadaesquina.com.br
ter/sex 12h/15h e 19h/23h30, sáb 13h/17h e 19h/0h, dom 13h/17h
Cc: A, D, M, V; $$$

Jardins II

Portuguese

Chef Vitor Sobral

Bacalhau à brás — *Brás style codfish*

It is the branch restaurant run by the famous Portuguese chef Vitor Sobral in Lisboa. In São Paulo, the place shows the same informal atmosphere as the main restaurant – there are no tablecloths, one of the walls is covered by a vertical garden (with herbs) and the cooks work right there, behind the balcony.

The best way to know the creative spirit of the chef is by ordering the tasting menu that may include, among other dishes, the slice of sandperch on a shrimp panada. The cod 'à bras', with eggs and shoestring potato, is one of the most ordered dishes. To pair with the dishes, the wines selected by the Portuguese Norberto Moutinho have a good option in glasses.

Opening year: 2011

Wine cellar: 40 labels.

To go with: friends or family.

Highlights: an area near the kitchen welcomes the clients who may want to eat while watching the cooks more closely.

Alameda Itu, 225, Jardim Paulista, 3141-1149
www.tascadaesquina.com.br
Tue/Fri 12pm/3pm and 7pm/11:30pm, Sat/Sun 1pm/5pm and 7pm/12am, Sun 13pm/5pm
Cc: A, D, M, V; $$$

Jardins II

Variado

SKYE

Ano de inauguração: 2002

Adega: 110 rótulos.

A melhor companhia: para ir a dois ou com os amigos

Destaque: a partir das 21h, um DJ entra em cena e o deque da piscina ganha ares de balada.

Com uma das mais bonitas vistas panorâmicas da cidade, o restaurante fica na cobertura do Unique, o hotel que ficou famoso por ter sido projetado na forma de um navio pelo renomado arquiteto Ruy Ohtake. Em um disputado deque de madeira, os clientes tomam drinques e admiram a paisagem enquanto se acomodam em pufes e espreguiçadeiras instaladas à beira de uma inusitada piscina vermelha.

No salão envidraçado, de decoração clean, circulam os pratos executados pelo célebre chef francês Emmanuel Bassoleil. O cardápio mescla pizzas, combinados japoneses e receitas de acento contemporâneo, como magret de pato, em que o peito da ave, cozido em baixa temperatura, é escoltado por purê de batata-doce, palmito pupunha ao molho de pimenta-verde e uvas-passas maceradas.

Avenida Brigadeiro Luís Antônio, 4700, Jardim Paulista, 3055-4702
www.skye.com.br
seg/qui 7h/11h, 12h/15h e 19h/0h, sex 7h/11h, 12h/15h e 19h/0h30, sáb 7h/11h, 12h/16h e 19h/0h30, dom 7h/0h30
Cc: A, D, M, V; $$$$

Jardins II

Miscellaneous

Chef Emmanuel Bassoleil

Magret de pato — *Duck magret*

Having one of the most beautiful landscape views in the city, the restaurant is set on the roof of the building Unique – the hotel that has become famous for its ship shape, projected by the renowned architect Ruy Ohtake. On a wooden deck, customers have drinks and admire the landscape sitting on comfortable puffs and deck chairs by the unusual red swimming pool.

At the glazed hall, with its clean decoration, the dishes prepared by the eminent French chef Emmanuel Bassoleil are served. The menu has pizzas, Japanese food, and more contemporary dishes, such as the duck breast cooked in low temperature and accompanied with mashed sweet-potatoes, peach palm in green-pepper sauce and macerated raisins.

Opening year: 2002

Wine cellar: 110 labels.

To go with: a date or friends.

Highlights: after 9pm a DJ turns the pool deck ambience into a 'night club'.

Avenida Brigadeiro Luís Antônio, 4700, Jardim Paulista, 3055-4702
www.hotelunique.com.br
Mon/Thu 12pm/3pm and 7pm/12am, Fri 12pm/3pm and 7pm/1am, Sat 12pm/4pm and 7pm/1am, Sun 12pm/12am
Cc: A, D, M, V; $$$$

Jardins III

Carnes

VENTO HARAGANO

Ano de inauguração: 1993

Adega: 600 rótulos.

A melhor companhia: para ir com a família ou fazer um almoço de negócios.

Destaque: no jantar, a casa abre a grande área de recreação infantil, com brinquedos, bonecas e até videogame.

Vestidos com as típicas bombachas gaúchas, os garçons levam espetos suculentos até as mesas. Mais de 25 cortes de carne se revezam na churrasqueira, de costela e picanha a paleta de cordeiro e maminha com mostarda. Para escoltar os pratos, há um completo bufê de saladas e frios.

Enquanto aguarda um lugar ou se prepara para a refeição, a clientela pode se acomodar em um bonito bar. Do balcão, saem caldeiretas de chope ou cuias do autêntico chimarrão – a bebida à base de mate que é, ao lado do churrasco, símbolo do Estado do Rio Grande do Sul. Outra atração da casa é a enorme adega, recheada de vinhos que, com a ajuda do sommelier, podem ser harmonizados com as carnes. Em um salão à parte, equipado com sistema de som, o restaurante organiza eventos.

Avenida Rebouças, 1001, Jardim Paulista, 3083-4265
www.ventoharagano.com.br
seg/sex 12h/16h e 18h/0h, sáb 12h/0h, dom 12h/23h
Cc: A, D, M, V; $$$$

Jardins III

Meat

Pernil de javali com geleia de jabuticaba   Wild boar ham with jabuticaba jam

Dressed in typical southern clothes, the waiters take juicy skewers to the tables. More than 25 cuts of meat take turns on the barbecue, from ribs and 'picanha' to lamb shoulder and rump tail with mustard. To garnish the dishes, there is a complete buffet of salad and cold cuts.

While waiting for a seat or getting ready for the meal, the customer may enjoy himself at the charming bar. From the counter, it is served draught beer or gourds of 'chimarrão' – a typical southern drink prepared with yerba mate that, together with the barbecue, is a symbol of the Rio Grande do Sul State. Another attraction of the house is the huge Wine Cellar, filled with wines that, with the help of the sommelier, can be paired with the meat. At a separate room, equipped with a sound system, the restaurant organizes events.

Opening year: 1993

Wine cellar: 600 labels.

To go with: family or for a business lunch.

Highlights: at dinner, the house opens a big area for children recreation, with toys, dolls and also a videogame.

Avenida Rebouças, 1001, Jardim Paulista, 3083-4265
www.ventoharagano.com.br
Mon/Fri 12pm/4pm and 6pm/12am, Sat 12pm/12am, Sun 12pm/11pm
Cc: A, D, M, V; $$$$

Jardins III

Cozinha contemporânea

DUI / CLANDESTINO

Ano de inauguração: 2009

Adega: 120 rótulos.

A melhor companhia: para ir a dois, com os amigos, com a família ou fazer um almoço de negócios.

Destaque: os coquetéis são supercriativos. Um exemplo é a sangria amor perfeito, mix de vinho rosé, cava, licor de jabuticaba, lima e limão galego.

O salão é dos mais aconchegantes, com paredes em cores fortes e um agradável jardim nos fundos. Na cozinha, equipada com um forno a lenha e uma parrilla (a churrasqueira inclinada da Argentina), a famosa chef Bel Coelho comanda o preparo de receitas como o robalo crocante ao molho de castanha-de-caju e pupunha assada, e o risoto de paio, couve e favas verdes.

No andar superior funciona o Clandestino, um espaço para 15 pessoas onde a chef tem a chance de servir suas criações em um menu-degustação de 10 a 12 etapas. O ambiente só abre nos jantares de quarta e quinta-feira, e exige reserva antecipada.

Alameda Franca, 1590, Jardim Paulista, 2649-7952
www.duirestaurante.com.br
ter/sex 12h/15h e 20h/0h, sáb 12h30/16h30 e 20h/1h, dom 12h30/16h30
Cc: A, D, M, V; $$$

Jardins III

Contemporary cuisine

Chef Bel Coelho

Risoto de paio — *Paio sausage risotto*

The main room is one of the most comfortable, with vibrant colors on the walls and a pleasant garden on the back. In the kitchen, which has a wood oven and a parrilla (an Argentine inclined barbecue), the famous chef Bel Coelho runs the preparation of recipes as the crunch bass with cashew nut sauce and baked peach palm, or the paio sausage risotto with kale and green beans.

On the upper floor, there is the 'Clandestino', an area for 15 people where the chef has the chance to serve her creations on a tasting menu of 10 or 12 courses. The small room only opens for dinner from Wednesday to Thursday, and a previous reservation is necessary.

Opening year: 2009

Wine cellar: 120 labels.

To go with: a date, friends, family or for a business lunch.

Highlights: the cocktails are super creative. An example is the 'amor perfeito' sangria, a mix of rose wine, cava, Brazilian cherry liqueur, lime and lemon.

Alameda Franca, 1590, Jardim Paulista, 2649-7952
www.duirestaurante.com.br
Tue/Fri 12pm/3pm and 8pm/12am, Sat 12:30pm/4:30pm and 8pm/1am, Sun 12:30pm/4:30pm
Cc: A, D, M, V; $$$

Jardins III

Cozinha contemporânea

MANÍ

Ano de inauguração: 2006

Adega: 350 rótulos.

A melhor companhia: para ir a dois ou com os amigos.

Destaque: as caipirinhas misturam ingredientes inusitados, como mexerica, cravo e vodca de baunilha.

As filas de espera costumam ser longas no Maní: todos querem provar os pratos contemporâneos feitos pelo catalão Daniel Redondo e pela gaúcha Helena Rizzo. Com uma certeira mistura entre técnicas de vanguarda e ingredientes regionais, o cardápio surpreende em receitas como o talharim de pupunha ao molho de queijo parmesão e azeite de trufas brancas. Ou o revisitado bobó, que traz camarões grelhados sobre purê de mandioquinha e leite de coco ao molho de cogumelos. No jantar, as inventivas criações da dupla aparecem em um concorrido menu-degustação.

Além da comida, o ambiente é outro bom motivo para visitar a casa. Com tábuas de demolição no piso, mesas brancas e um agradável quintal, o local serve de cenário para uma refeição sem pressa de terminar.

Rua Joaquim Antunes, 210, Jardim Paulistano, 3085-4148
www.manimanioca.com.br
ter/qui 12h/15h e 20h/23h30, sex 12h/15h e 20h/0h30,
sáb 13h/16h e 20h30/0h30, dom 13h/16h30
Cc: A, D, M, V; $$$$

Jardins III

Contemporary cuisine

Bobó de camarões — *Shrimp bobó*

The waiting list is usually long at the Maní: everybody wants to taste the contemporary dishes of the Catalan Daniel Redondo and the southern chef Helena Rizzo. With a precise mix between advanced techniques and regional ingredients, the menu surprises with recipes as the peach palm taglierini with parmesan cheese sauce and white truffles olive oil. Or the revisited 'bobó', which includes grilled shrimps on a mashed 'mandioquinha' and coconut milk with mushroom sauce. At dinner, the inventive creations of the couple can be seen on the tasting menu.

Beyond the food, the atmosphere is another good reason to visit the house. The floor is covered by demolition wood; there are white tables and a pleasant backyard, a perfect place for a meal with no rush.

Opening year: 2006

Wine cellar: 350 labels.

To go with: a date or friends.

Highlights: the 'caipirinhas' mix unusual ingredients, such as the tangerine, clove and vanilla vodka.

Rua Joaquim Antunes, 210, Jardim Paulistano, 3085-4148
www.manimanioca.com.br
Tue/Thu 12pm/3pm and 8pm/11:30pm, Fri 12pm/3pm and 8pm/7:30pm, Sat 1pm/4pm and 8:30pm/12:30am, Sun 1pm/4:30pm
Cc: A, D, M, V; $$$$

Jardins III
Variado

MARAKUTHAI

Ano de inauguração: 2009

A melhor companhia: para ir a dois.

Destaque: às quintas, sextas e sábados, um bufê com pequenas porções de pratos é montado no almoço.

O restaurante ocupa um charmoso sobrado de esquina, e segue a mesma ambientação cool da matriz, instalada em Ilhabela, no litoral norte de São Paulo. Há, por exemplo, balanços de veludo no bar e, no salão, quadros, abajures e cadeiras coloridas, todos garimpados em antiquários.

A cozinha está a cargo da chef Renata Vanzetto. Em seu criativo cardápio, influenciado pelas culinárias francesa, brasileira e tailandesa, as entradas fazem muito sucesso. Entre elas, estão os imperdíveis khiri khiri, uma porção de bolinhos de camarão com crosta de castanha-de-caju, e a wok de camarão-rosa, mexilhões e lula. Na seção de pratos principais, o romeu e julieta é uma coxa de pato confit com molho de goiabada cascão, acompanhada por purê de queijo meia-cura.

Alameda Itu, 1618, Jardim Paulista, 3062-7556
www.marakuthai.com.br
seg/qua 20h/0h, qui/sex 12h/15h e 20h/0h, sáb 13h/16h e 20h/1h
Cc: M, V; $$$

Jardins III

Miscellaneous

Chef Renata Vanzetto

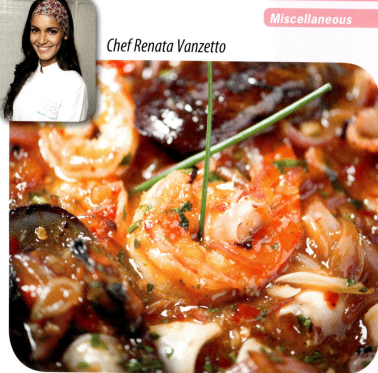

Wok de frutos do mar   Seafood Wok

The restaurant is set at a charming house on a corner, and keeps the same cool ambience as the main restaurant, located in Ilhabela, on the coast of São Paulo. There are, for example, velvet seesaws at the bar and at the hall there are paintings, lamps and colorful chairs, all from antique shops.

Chef Renata Vanzetto is in charge of the kitchen. On her creative menu, influenced by French, Brazilian and Thai cuisines, the entrees are very appreciated. Among these, there are the unmissable khiri khiri, a portion of shrimp dumplings with cashew nut crust, and the wok made with pink shrimp, mussels and squid. As for the main dishes, the "romeu e julieta" (Romeo and Juliet) is a leg of duck confit with guava paste sauce, served with mashed slightly matured cheese.

Opening year: 2009

To go with: a date.

Highlights: on Thursdays, Fridays and Saturdays, there is a buffet with small portions at lunch.

Alameda Itu, 1618, Jardim Paulista, 3062-7556
www.marakuthai.com.br
Mon/Wed 8pm/12am, Thu/Fri 12pm/3pm and 8pm/12am,
Sat 1pm/4pm and 8pm/1am
Cc: M, V; $$$

Jardins III

Variado

MERCEARIA DO CONDE

Ano de inauguração: 1991

Adega: 150 rótulos.

A melhor companhia: para ir com os amigos.

Destaque: o cardápio também reúne pratos direcionados a vegetarianos e veganos.

Inicialmente, a casa funcionava apenas como um armazém de secos e molhados. Com o tempo, a clientela começou a pedir petiscos e sanduíches, e o lugar ganhou um cardápio que, hoje, lista elaboradas receitas brasileiras com pitadas orientais, assinadas pela chef e sócia Flávia Mariotto.

Acomodados em um salão informal, repleto de peças de artesanato, sacolas de feira, quadros e outros penduricalhos coloridos, os comensais pedem o filé de cordeiro à Singapura, acompanhado por risoto de caju, e o frango recheado com figo turco, que vai à mesa ao molho de tamarindo, guarnecido de risoto de grãos, queijo de cabra e alho-poró. Na seção de bebidas, a lista de caipirinhas criativas inclui a que mistura lima, limão-siciliano e flor de laranjeira.

Rua Joaquim Antunes, 217, Jardim Paulistano, 3081-7204
www.merceariadoconde.com.br
seg/qua 12h/16h e 19h/0h, qui 12h/0h, sex 12h/1h,
sáb 12h30/1h, dom 12h30/23h
Cc: A, D, M, V; $$$

Jardins III

Miscellaneous

Chef Flávia Mariotto

Filé de cordeiro à Singapura com risoto de caju

Lamb filet Singapore style with cashew risotto

Initially, the house was just a warehouse. Over the time, customers began asking for snacks and sandwiches and the place got a menu that, nowadays, lists Brazilian recipes with Oriental influence, signed by the chef and partner Flavia Mariotto.

At an informal hall full of handcraft, fair packs, paintings and other colorful stuff hanging on the walls, customers order the lamb filet Singapore style with cashew risotto, and the chicken stuffed with Turkish fig, which is served in tamarind sauce, garnished with grain risotto, goat cheese and leeks. In the section of drinks, the creative caipirinhas list includes the one that mixes lime, Sicilian lemon and orange blossom.

Opening year: 1991

Wine cellar: 150 labels.

To go with: friends.

Highlights: there are also vegetarian and vegan dishes on the menu.

Rua Joaquim Antunes, 217, Jardim Paulistano, 3081-7204
www.merceariadoconde.com.br
Mon/Wed 12pm/4pm and 7pm/12am, Thu 12pm/12am, Fri 12pm/1am,
Sat 12:30pm/1am, Sun 12:30pm/11pm
Cc: A, D, M, V; $$$

Jardins IV

Brasileiro

CAPIM SANTO

Ano de inauguração: 2004

A melhor companhia: para ir a dois, com a família ou fazer um almoço de negócios.

Destaque: uma parte do menu é reservada a receitas preparadas com os ingredientes mais frescos de cada estação.

Ao completar sete anos de idade, no fim de 2011, o restaurante ganhou cara nova. Logo na entrada, a artista plástica Flávia Del Prá criou um altar de crenças brasileiras para receber a clientela, que pode se acomodar na arborizada varanda ou no salão interno, agora decorado com imagens de Trancoso (a cidade baiana onde fica a matriz, a pousada-restaurante Capim Santo).

Conhecida pela dedicação à cozinha brasileira, a chef Morena Leite serve suas receitas de diferentes formas ao longo do dia. No almoço, os pratos ficam expostos no bufê, dividido em estações de grãos, leguminosas, proteínas, massas e tapioca. No jantar, pratos mais criativos, como o linguado recheado de palmito pupunha com petit gâteau de banana-da-terra, são oferecidos à la carte.

Alameda Ministro Rocha Azevedo, 471, Jardim Paulista, 3068-8486
www.capimsanto.com.br
ter/sex 12h/15h e 19h30/0h, sáb 12h30/17h e 20h/0h, dom 12h30/17h
Cc: A, D, M, V; $$$

Jardins IV

Brazilian

Chef Morena Leite

Linguado com petit gâteau de banana-da-terra — Sole with plantain petit gateau

After completing seven years of existence at the end of 2011, the restaurant received a makeover. Right at the entrance, the artist Flávia Del Prá created an altar of Brazilian beliefs to welcome the customers, who can seat around in the woody terrace or inside, in the main room, now decorated with images of Trancoso (the city in Bahia where the main restaurant-hotel is established, the 'Capim Santo').

Known for her dedication to the Brazilian cuisine, the chef Morena Leite serves her recipes in different ways along the day. During lunch time, the dishes are displayed on the buffet, divided in sections of grains, vegetables, proteins, pasta and 'tapioca'. At dinner, more creative dishes are presented, as the sole stuffed with heart of peach-palm with plantain petit gâteau are offered 'à la carte'.

Opening year: 2004

To go with: a date, family or for a business lunch.

Highlights: part of the menu is reserved to recipes prepared with the freshest ingredients of each season.

Alameda Ministro Rocha Azevedo, 471, Jardim Paulista, 3068-8486
www.capimsanto.com.br
Tue/Fri 12pm/3pm and 7:30pm/12am, Sat 12:30pm/5pm and 8pm/12am, Sun 12:30pm/5pm
Cc: A, D, M, V; $$$

Jardins

Carnes

DINHO'S

Ano de inauguração: 1960

Adega: 130 rótulos.

A melhor companhia: para ir com a família, com os amigos ou fazer um almoço de negócios.

Destaque: no jantar, a casa serve um cardápio harmonizado, montado pela escola de culinária do chef Laurent Suaudeau.

A música vinda do piano-bar anima este cinquentenário restaurante, especializado em bons cortes de carnes. Além de um famoso bife de tira, o cardápio tem novidades como o king beef, uma peça de contrafilé de novilho Angus servido com arroz biro-biro e batata suflê. Alguns cortes do menu podem, agora, ser maturados a seco, uma técnica moderna em que a carne permanece por um mês em uma câmara fria ventilada, com umidade e temperatura controladas e luzes ultravioletas que impedem a presença de bactérias.

O proprietário Fuad Zegaib, o Dinho, oferece, ainda, um bufê de pratos variados às segundas, terças, quintas e aos domingos. Às quartas e aos sábados, a mesa ganha cumbucas de feijoada e, às sextas, de receitas à base de frutos do mar.

Alameda Santos, 45, Paraíso, 3016-5333
www.dinhos.com.br
seg/qui 11h30/15h30 e 19h/0h, sex 11h30/16h e 19h/0h, sáb 11h30/0h, dom 11h30/18h
Cc: A, D, M, V; $$$$

Jardins

Meat

Fuad Zegaib

Bife de tira *Sliced beef*

The music coming from the piano bar makes a cheerful atmosphere out of this fifty-year-old restaurant, expert in meat cuts. Besides the famous sliced beef, the menu brings new recipes as the king beef, a piece of sirloin of beef Angus served with biro-biro rice and potato soufflé. Now, some cuts on the menu are prepared with meat that went through 'dry-conditioning', a modern technique in which the meat is kept for a month in a ventilated cold room with controlled temperature and humidity, and ultraviolet light to avoid the development of bacteria.

The owner, Fuad Zegaib, also called 'Dinho,' also offers a buffet with a variety of dishes on Mondays, Tuesdays, Thursdays and Sundays. On Wednesdays and on Saturdays the tables are given bowls of feijoada and on Fridays bowls of seafood.

Opening year: 1960

Wine cellar: 130 labels.

To go with: family, friends or for a business lunch.

Highlights: at dinnertime a harmonized menu is served, organized by chef Laurent Suaudeau's school of cooking.

Alameda Santos, 45, Paraíso, 3016-5333
www.dinhos.com.br
Mon/Thu 11:30am/3:30pm and 7pm/12am, Fri 11:30/4pm and 7pm/12am,
Sat 11:30am/12pm, Sun 11:30/6pm
Cc: A, D, M, V; $$$$

Jardins IV

Japonês

SHINTORI

Ano de inauguração: 1975

A melhor companhia: para ir a dois, com os amigos ou fazer uma reunião de negócios.

Destaque: há várias salas privativas, com tatame, que podem ser reservadas para grupos de quatro a dez pessoas.

Esse majestoso restaurante, inaugurado na década de 1970, abriga o jardim japonês mais bonito de São Paulo. Enorme, ele pode ser visto dos dois andares da casa, e reúne fonte, bonsais e plantas cortadas de maneira impecável.

No salão, há vários ambientes. Um dos mais disputados é o de teppan-yaki, que tem mesas equipadas com chapas (e exaustores) para que os cozinheiros possam preparar carnes, frutos do mar e legumes grelhados. Para provar um pouco de tudo, a dica é a degustação do chef, que vem com sashimi, sushi, espetinhos, anéis de lula empanados, camarões ao creme de tofu e cogumelo shimeji. O shabu-shabu é outra opção interessante e, na versão kaede, consiste em caldo de vegetais, macarrão transparente e lâminas de contrafilé.

Alameda Campinas, 600, Jardim Paulista, 3283-2455
www.shintori.com.br
seg/qui 11h30/14h30 e 18h30/23h, sex 11h30/14h30 e 18h30/0h, sáb 12h/15h e 19h/0h
Cc: A, D, M, V; $$$

Jardins IV

Japanese

Sunomono misto — *Mix Sunomono*

This majestic restaurant, opened in the 70s, has the most beautiful Japanese garden of São Paulo. Enormous, it can be seen from the restaurant's two floors, and it has a fountain, bonsais and carefully cut plants.

At the main room, there are different areas. One of the most requested is the teppan-yaki, which has tables with hot plates (and suction fans) so the cooks can prepare meat, seafood and grilled vegetables. To taste a bit of everything, the tip is to try the tasting of the chef, which includes sashimi, sushi, kebabs, breaded squid rings, shrimps with tofu sauce and shimeji mushroom. The shabu-shabu is another interesting option and, in the kaede version, includes the vegetables soup, glass noodles and slices of striploin.

Opening year: 1975

To go with: a date, friends or for a business lunch.

Highlights: there are private rooms, with tatami, that can be reserved for groups of four or ten people.

Alameda Campinas, 600, Jardim Paulista, 3283-2455
www.shintori.com.br
Mon/Thu 11:30am/2:30pm and 6:30pm/11pm, Fri 11:30am/2:30pm and 6:30pm/12am, Sat 12pm/3pm and 7pm/12am
Cc: A, D, M, V; $$$

`Jardins IV`

`Variado`

SPOT

Ano de inauguração: 1994

Adega: 30 rótulos.

A melhor companhia: para ir a dois ou com os amigos.

Destaque: é quase uma tradição tomar um coquetel no bar antes de dar início à refeição.

Perto da Avenida Paulista, o Spot é a materialização da expressão "para ver e ser visto". Celebridades, artistas, jornalistas e top models frequentam o restaurante, instalado em uma praça com fonte iluminada e cercada de arranha-céus – a área de espera, sempre cheia, fica voltada para esse cenário.

Dentro, os clientes se dividem entre o bar e o salão decorado com sofás de couro vermelho. Garçons e garçonetes jovens levam às mesas pratos variados como o penne com melão e presunto cru, ao molho de creme de leite, manteiga e suco de limão, que extrapolou os limites da casa e se tornou um clássico do receituário paulistano. Além das massas, há uma seção de carnes grelhadas, em que está o steak ao molho bearnaise com batatas.

Alameda Ministro Rocha Azevedo, 72, Jardim Paulista, 3283-0946
www.restaurantespot.com.br
seg/sex 12h/15h e 20h/1h, sáb/dom 12h/17h e 20h/1h
Cc: A, M, V; $$$$

Jardins IV

Miscellaneous

Penne de melão e presunto cru   *Penne with melon and raw ham*

Near Avenida Paulista, the Spot is the materialization of the expression "to see and be seen". Celebrities, artists, journalists and top models are regular customers of the restaurant, established in a square with a lighted fountain and surrounded by skyscrapers – the waiting area, always crowded, face this view.

Inside, the costumers can sit at the bar or at the main room, decorated with red leather couches. Young waiters and waitresses take to the tables, different dishes such as the penne with melon and raw ham, with cream sauce and lemon juice, which became the hit of the restaurant and now is a classic among the recipes in the city. Besides the pasta, there is a selection of grilled meat, in which is the steak in béarnaise sauce with potatoes.

Opening year: 1994

Wine cellar: 30 labels.

To go with: a date or friends.

Highlights: it is almost a tradition to have a cocktail at the bar before having a meal.

Alameda Ministro Rocha Azevedo, 72, Jardim Paulista, 3283-0946
www.restaurantespot.com.br
Mon/Fri 12pm/3pm and 8pm/1am, Sat/Sun 12pm/5pm and 8pm/1am
Cc: A, M, V; $$$$

Jardins IV

Variado

TARSILA

Ano de inauguração: 1996

Adega: 105 rótulos.

A melhor companhia: para ir a dois, com a família ou fazer um almoço de negócios.

Destaque: em uma sala privativa com capacidade para até 20 pessoas, é possível fazer eventos fechados, escolhendo um dos cardápios com entrada, prato principal e sobremesa.

Localizado no lobby do Hotel InterContinental, o restaurante acabou de passar por uma pequena reforma e ganhou decoração em estilo contemporâneo. No comando da cozinha está o chef Marcelo Pinheiro, que tem como marca a utilização de técnicas francesas no preparo de pratos com ingredientes brasileiros – uma combinação que já lhe rendeu muitos prêmios.

Além da francesa, outras culinárias marcam presença na casa, como a japonesa, com um sushi bar que funciona nas noites de segunda a sexta-feira. Entre os pratos servidos à la carte, e sempre com apresentações impecáveis – outra característica do chef –, destaque para a costela de tambaqui com crosta de ervas. Aos domingos, oferece um completo brunch e conta com equipe de recreação infantil.

Alameda Santos, 1123, Hotel InterContinental, Jardim Paulista, 3179-2555
www.restaurantetarsila.com.br
seg/sex 6h/10h30, 12h/15h e 19h/23h, sáb 7h/11h, 12h/16h e 19h/23h, dom 7h/11h, 12h30/16h e 19h/23h
Cc: A, D, M, V; $$$$

Jardins IV

Miscellaneous

Chef Marcelo Pinheiro

Costela de tambaqui com crosta de ervas   *Tambaqui rib with herb crust*

Set at the lobby of the InterContinental Hotel, the restaurant has just been remodeled and now it has a contemporary style decor. Chef Marcelo Pinheiro is in charge of the kitchen, using French techniques and Brazilian ingredients – he has won a number of awards for that combination.

Besides the French influence, there are other cuisines in the house, such as the Japanese one, at a sushi bar that works in the evenings from Monday to Friday. Among the dishes à la carte, always served with wonderful dish appeal – which is another characteristic of the chef – the tambaqui rib with herb crust is the specialty. On Sundays the house offers an abundant brunch and recreation staff for children.

Opening year: 1996

Wine cellar: 150 labels.

To go with: a date, family or for a business lunch.

Highlights: there is a room for private events (up to 20 people) and it is possible to choose one of the menus for entree, main course and dessert.

Alameda Santos, 1123, Hotel InterContinental, Jardim Paulista, 3179-2555
www.restaurantetarsila.com.br
Mon/Fri 6am/10:30am, 12pm/3pm and 7pm/11pm, Sat 7am/11am, 12pm/4pm and 7pm/11pm, Sun 7am/11am, 12:30pm/4pm and 7pm/11pm
Cc: A, D, M, V; $$$$

Jardins IV

Cozinha contemporânea

TERRAÇO JARDINS

Ano de inauguração: 1997

Adega: 100 rótulos.

A melhor companhia: para ir a dois ou fazer um almoço de negócios.

Destaque: à noite, o grande salão recebe uma divisória e se torna mais aconchegante, funcionando ao lado de um sushi bar. Há ainda uma área fechada para eventos.

Único restaurante do Renaissance, um dos mais tradicionais hotéis da região, o Terraço Jardins apresentou em abril deste ano uma renovação completa em seu conceito e espaço. O ambiente, já lindo, com pé-direito alto e parte do teto em vidro, permitindo a entrada de luz natural, agora ganhou novo mobiliário, com ares mais modernos, e teve a capacidade aumentada para 212 pessoas.

Na cozinha, comandada pelo chef Ramiro Bertassin, a renovação veio com pratos da culinária contemporânea privilegiando sabores brasileiros e ingredientes típicos de nossas diferentes regiões, como mocotó, cupuaçu e manteiga de garrafa. Uma das novas criações do chef que merece ser provada é o nhoque de mandioquinha com manteiga trufada e crisp de alho poró e queijo pecorino. No almoço, funciona com sistema de bufê.

Alameda Santos, 2233, Renaissance São Paulo Hotel, Jardim Paulista, 3069-2621
www.renaissance.com.br
seg/sex 6h30/11h, 12h/15h e 18h30/23h30,
sáb 7h/11h, 12h30/15h e 18h30/23h30, dom 7h/11h, 12h30/15h
Cc: A, D, M, V; $$$$$

Jardins IV

Contemporary cuisine

Chef Ramiro Bertassin

Nhoque de mandioquinha com manteiga trufada e crisp de alho poró e queijo pecorino

Veal stinco with mashed cassava

Terraço Jardins, the only restaurant in Renaissance, one of the most traditional hotels in the region, has had its concept and space completely remodeled in April this year. The ambience, beautiful already, with high ceilings, partly made of glass, letting natural light in, has gotten new furniture, with modern environment, and had its capacity increased to 212 people.

In the kitchen, led by chef Ramiro Bertassin, the renewal came with dishes focusing on contemporary Brazilian flavors and ingredients that are typical of our different regions, as 'mocotó', 'cupuaçu' and 'manteiga de garrafa'(butter-in-a-bottle). One of the chef's new creations worth trying is the veal stinco braised with truffled mashed cassava. At lunch, the house offers a buffet.

Opening year: 1997

Wine cellar: 100 labels.

To go with: a date or for a business lunch.

Highlights: at night the great hall is divided and becomes a cozy ambience, working alongside a sushi bar. There is also a closed area for events.

Alameda Santos, 2233, Renaissance São Paulo Hotel, Jardim Paulista, 3069-2621
www.renaissance.com.br
Mon/Fri 6:30am/11am, 12pm/3pm and 6:30pm/11:30pm,
Sat 7am/11am, 12:30pm/3pm and 6:30pm/11:30pm,
Sun 7am/11am, 12:30pm/3pm
Cc: A, D, M, V; $$$$$

Itaim – Vila Nova – Vila Olímpia

Brasileiro

BOLINHA

Ano de inauguração: 1946

Adega: 40 rótulos.

A melhor companhia: para ir com a família ou com os amigos.

Destaque: aos sábados, um trio de chorinho anima a refeição.

O restaurante é inteiramente dedicado ao prato mais famoso da cozinha brasileira: a feijoada. Fundado há quase 70 anos por Affonso Paulillo, o Bolinha, o local está entre os poucos da cidade que oferecem o substancioso prato todos os dias, em qualquer horário. A receita pode ser pedida em duas versões. A "tradição" segue as origens, e mistura ao feijão-preto rabo, pé e orelha de porco, costela salgada, paio, lombo e carne-seca – a "magra" exclui apenas os ingredientes mais gordurosos. Ambas chegam às mesas com várias guarnições, entre as quais bisteca de porco, mandioca frita e molho de feijão apimentado.

Embora não façam tanto sucesso quanto o carro-chefe, massas, peixes, carnes e até pizzas completam o cardápio.

Avenida Cidade Jardim, 53, Jardim Europa, 3061-2010
www.bolinha.com.br
seg 11h30/17h, ter/dom 11h30/0h
Cc: A, D, M, V; $$$$

Itaim – Vila Nova – Vila Olímpia

Brazilian

Feijoada

The restaurant is completely dedicated to the most famous dish of Brazilian cuisine: the 'feijoada'. Founded almost 70 years ago by Affonso Paulillo, Bolinha, the place is among the few in the city which offers the substantial dish every day, at any time. The recipe can be ordered in two versions. The "traditional" that mixes black beans, pig tail , feet and ear, slaty rib, salamelle, loin and jerked beef – the "low fat" version does not include the greasy ingredients. Both recipes come to the table with different garnishes, among which there are pork chops, cassava flour, fried cassava and spiced beans sauce.

Even though it is not as ordered as the 'feijoada', there are pasta, fish, meat and even pizza on the menu.

Opening year: 1946

Wine cellar: 40 labels.

To go with: family or friends.

Highlights: on Saturdays, a a chorinho trio cheers up the place.

Avenida Cidade Jardim, 53, Jardim Europa, 3061-2010
www.bolinha.com.br
Mon 11:30am/5pm, Tue/Sun 11:30/12am
Cc: A, D, M, V; $$$$

Itaim – Vila Nova – Vila Olímpia

Carnes

ÁVILA

Ano de inauguração: 2008

Adega: 500 rótulos.

A melhor companhia: para ir a dois, com a família, com os amigos ou fazer um almoço de negócios.

Destaque: às quartas-feiras e aos sábados, a casa monta bufê de feijoada no almoço.

O ambiente é dos mais elegantes: amplo, reúne mesas de madeira, um bar com enorme estante de bebidas e uma adega climatizada com mais de 500 rótulos de todo o mundo.

Diferentemente da maioria dos restaurantes paulistanos, o Ávila fica aberto ao longo de todo o dia, sem intervalos. E amplia, assim, a oportunidade de o cliente conhecer os cortes de carnes assados na parrilla, a inclinada churrasqueira argentina. Entre eles, há vacío (ou fraldinha), medalhão de filé-mignon, picanha e bife parrillero, uma peça retirada do miolo do entrêcote. Solicitados à parte, os acompanhamentos incluem purê de mandioquinha e farofa de bacon e banana-da--terra. Em 2011, a casa comandada por Guillermo Ávila abriu uma nova unidade na Granja Viana (Rodovia Raposo Tavares, quilômetro 22,5).

Rua Bandeira Paulista, 524, Itaim Bibi, 3167-2147
www.restauranteavila.com.br
seg/qui 11h30/0h, sex/sáb 11h30/1h, dom 11h30/23h
Cc: A, D, M, V; $$$

Itaim – Vila Nova – Vila Olímpia

Meat

Guillermo Ávila

Espeto de filé-mignon *Filet mignon skewer*

The place is one of the most elegant: wide, it has wood tables, a bar with a huge beverage display and an acclimatized wine cellar with more than 500 labels from all over the world.

Different from most restaurants, Ávila keeps open during the whole day, with no breaks. Therefore, it is an opportunity for the customers to know the cuts of roasted meat in the parrilla, the Argentine inclined barbecue. Among these cuts, there are the vacío (or thick flank), tenderloin steak medallion, 'picanha' and parrillero steak, a cut taken from the heart of the entrecote. Separately ordered, the garnishing includes mashed 'mandioquinha', bacon and plantain farofa. In 2011, the house run by Guillermo Ávila opened a new branch in Granja Viana (Rodovia Raposo Tavares, quilômetro 22,5).

Opening year: 2008
Wine cellar: 500 labels.

To go with: a date, family, friends or for a business lunch.

Highlights: on Wednesdays and Saturdays, the house offers a 'feijoada' buffet at lunch.

Rua Bandeira Paulista, 524, Itaim Bibi, 3167-2147
www.restauranteavila.com.br
Mon/Thu 11:30am/12am, Fri/Sat 11:30am/1am, Sun 11:30am/11pm
Cc: A, D, M, V; $$$

Itaim – Vila Nova – Vila Olímpia

Carnes

BABY BEEF RUBAIYAT

Ano de inauguração: 1957

Adega: 936 rótulos.

A melhor companhia: para ir com os amigos, com a família ou fazer um almoço de negócios.

Destaque: a lista de sobremesas soma mais de 25 receitas, entre as quais o folhado de doce de leite.

É a grife de carnes do famoso grupo Rubaiyat, dirigido por Belarmino Iglesias e Belarmino Iglesias Filho. A elegante casa, com um grande salão, tem espaço para um bufê de saladas, que mudam diariamente e funcionam como entradas – montada apenas no almoço, a mesa troca as receitas por feijoada às quartas e aos sábados.

Na seção mais disputada do cardápio, estão cortes de carnes como os tradicionais baby beef e paleta de cordeiro, que passam com cuidado pela churrasqueira antes de ir para as mesas. Para manter a qualidade, boa parte da matéria-prima vem da fazenda que o grupo mantém em Dourados, no Mato Grosso do Sul. Na unidade do Paraíso (Alameda Santos, 86), o menu divide as atenções com um bufê de frutos do mar, pescados e paella.

Avenida Brigadeiro Faria Lima, 2954, Itaim Bibi, 3165-8888
www.rubaiyat.com.br
seg/sex 12h/15h30 e 19h/0h30, sáb 12h/0h30, dom 12h/18h
Cc: A, V; $$$$$

Itaim – Vila Nova – Vila Olímpia

Meat

Belarmino Iglesias Filho

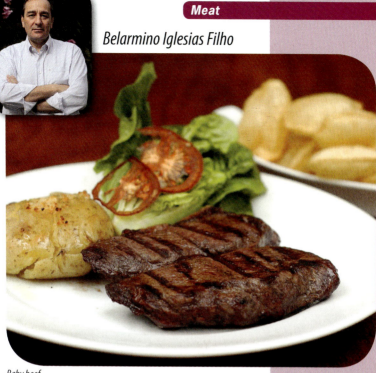

Baby beef

It is the meat brand of the famous group Rubaiyat, run by Belarmino Iglesias and his son, Belarmino Iglesias Filho. The elegant house, with a big main room, which has space for the salads buffet that changes every day and can work as an entry – offered only at lunch, the table changes its recipes for 'feijoada' on Wednesdays and Saturdays.

On the menu's most disputed section, are the cuts of meat as the traditional baby beef and the lamb shoulder, that are carefully grilled on the barbecue before going to the tables. In order to keep the quality, most of the raw material comes from the farm that the group has in Dourados, Mato Grosso do Sul. At the branch in Paraíso (Alameda Santos, 86), the menu shares the attention with the seafood, fish and paella buffet.

Opening year: 1957

Wine cellar: 936 labels.

To go with: friends, family or for a business lunch.

Highlights: the dessert list has more than 25 recipes, among which there is the dulce de leche puff party.

Avenida Brigadeiro Faria Lima, 2954, Itaim Bibi, 3165-8888
www.rubaiyat.com.br
Mon/Fri 12pm/3:30pm and 7pm/12:30am, Sat 12pm/12:30am,
Sun 12pm/6pm
Cc: A, V; $$$$$

Itaim – Vila Nova – Vila Olímpia

Carnes

BARBACOA

Ano de inauguração: 1990

Adega: 230 rótulos.

A melhor companhia: para ir com a família, com os amigos ou fazer um almoço de negócios.

Destaque: vez ou outra, o restaurante lança cardápios especiais. No início de 2012, havia um dedicado aos peixes da Bacia Amazônica.

Tomam conta do elegante salão os clientes apaixonados por carnes. Servidas em forma de rodízio, elas aparecem em cortes variados – há picanha, maminha, alcatra e bife ancho, além de carnes suínas, de cordeiro e javali, peixes e frango. Na função de entradas ou guarnições, as saladas e frios se distribuem em um farto bufê, tão caprichado quanto a seção de bebidas, que lista, além de vinhos, cervejas gourmets.

A rede mantém unidades nos shoppings Morumbi e D&D, em São Paulo, que, no entanto, servem os mesmos cortes de carne no sistema à la carte. Em constante expansão, o restaurante já abriu unidades em Campinas, Salvador, Manaus e Brasília, em cidades do Japão e em Milão, na Itália.

Rua Doutor Renato Paes de Barros, 65, Itaim Bibi, 3168-5522
www.barbacoa.com.br
seg/sex 12h/15h e 19h/0h, sáb 12h/17h e 19h/0h30, dom 12h/18h e 19h/23h30
Cc: A, D, M, V; $$$$

Itaim – Vila Nova – Vila Olímpia

Meat

Contrafilé   *Striploin*

The elegant room is always crowded by customers who love meat. Different kinds of meat are served on the tables and the customer can eat as much as he wants and taste all the different cuts – there are the 'picanha', tail of rump, rump and ancho steak, and also the pork, lamb, wild boar, fish and chicken. For entry or garnishing, the salads and cold cuts are a good option in the plentiful buffet that is as carefully prepared as the beverage section, that lists, besides the wine, gourmet beers.

The restaurant chain has other branches at the malls Morumbi and D&D, in São Paulo, which, still, offer the same cuts of meat served à la carte. In constant expansion, the restaurant already opened branches in Campinas, Salvador, Manaus and Brasília, in cities of Japan, and in Milan, Italy.

Opening year: 1990

Wine cellar: 230 labels.

To go with: family, friends or for a business lunch.

Highlights: every now and then, the restaurant offers special menus. In the beginning of 2012, there was one dedicated to the Amazon Basin.

Rua Doutor Renato Paes de Barros, 65, Itaim Bibi, 3168-5522
www.barbacoa.com.br
Mon/Fri 12pm/3pm and 7pm/12am, Sat 12pm/5pm and 7pm/12:30am, Sun 12pm/6pm and 7pm/11:30pm
Cc: A, D, M, V; $$$$

Itaim – Vila Nova – Vila Olímpia

Cozinha rápida

RÁSCAL

Ano de inauguração: 1994

Adega: 200 rótulos.

A melhor companhia: para ir com a família, com os amigos ou fazer um almoço de negócios.

Destaque: a casa tem uma das melhores relações custo/benefício de São Paulo.

Esta rede de restaurantes de cozinha rápida agrada a gregos e troianos pelo farto bufê de saladas e massas, que podem ser finalizadas na hora – o ravióli é um clássico. Pratos bem elaborados, como o polpettone e o cabrito ao forno, completam a refeição, que, geralmente, ganha a companhia de um dos bons e econômicos rótulos de vinho da adega.

Há unidades instaladas nos shoppings Iguatemi, Market Place, Pátio Higienópolis, Villa Lobos e Iguatemi Alphaville, além de uma casa nos Jardins (Alameda Santos, 870). Embora sejam similares na oferta de receitas, nenhuma se compara ao endereço do Itaim Bibi, que ostenta um amplo salão com paredes de vidro, cozinha à vista dos comensais e belas árvores que atravessam o ambiente.

Rua Leopoldo Couto de Magalhães, 831, Itaim Bibi, 3078-3351
www.rascal.com.br
seg/dom 12h/15h15 e 19h/22h15
Cc: A, D, M, V; $$

Itaim – Vila Nova – Vila Olímpia

Quick cuisine

Chef Nádia Pizzo

Polpettone Ráscal   Ráscal's polpettone

This chain of quick cuisine restaurants pleases every style of costumer for its plentiful buffet of salads and pasta, which can be freshly prepared – the ravioli is a classic. Well prepared dishes, such as the polpettone and the roasted kid, complete the meal that, usually, is paired with good and economic labels from the Wine Cellar.

There are branches established at the malls Iguatemi, Market Place, Pátio Higienópolis, Villa Lobos and Iguatemi Alphaville, and also a house in Jardins (Alameda Santos, 870). Even though the recipes offer is similar, no branch compares to the main address in Itaim Bibi, which shows an enormous main room with glass walls, the kitchen can be seen by the costumers and beautiful trees fill the place.

Opening year: 1994

Wine cellar: 200 labels.

To go with: family, friends or for a business lunch.

Highlights: the house has one of the best cost/benefit relation in São Paulo.

Rua Leopoldo Couto de Magalhães, 831, Itaim Bibi, 3078-3351
www.rascal.com.br
Mon/Sun 12pm/15:15pm and 7pm/10:15pm
Cc: A, D, M, V; $$

| Itaim – Vila Nova – Vila Olímpia |
| Cozinha contemporânea |

BADEBEC

Ano de inauguração: 2011

A melhor companhia: para ir com a família ou fazer um almoço de negócios.

Destaque: a unidade do Sheraton é nova, mas o Badebec já existe há dez anos em outros dois endereços, um em São Paulo (Shopping Market Place) e outro em Campinas.

Com o nome da deusa da satisfação, o restaurante cumpre o objetivo de levar os comensais a uma viagem pelo mundo da gula. Para provar de tal pecado, boa pedida é conhecer o bufê de almoço, premiado pela mídia gastronômica como o melhor da cidade, e que traz pratos com apresentações tão caprichadas que mais parece um menu degustação, renovado a cada dia.

Obra da chef Lourdes Bottura, que sobre a culinária contemporânea coloca influências regionais e brinca com as cores e texturas dos ingredientes. Carpaccio de abacaxi com pimenta rosa, pescada cambucu ao molho de camarões e gengibre, e royal fish ao perfume de romãs e amêndoas são algumas de suas tentadoras criações. Aos finais de semana, ela também prepara um bufê especial para as crianças.

Avenida das Nações Unidas, 12599, Sheraton WTC Hotel, Itaim Bibi, 3043-9152
www.badebec.com.br
seg/sex 12h/15h e 18h/22h; sáb/dom 12h/17h e 18h/22h
Cc: A, D, M, V; $$

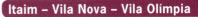

Itaim – Vila Nova – Vila Olímpia

Contemporary cuisine

Chef Lourdes Bottura

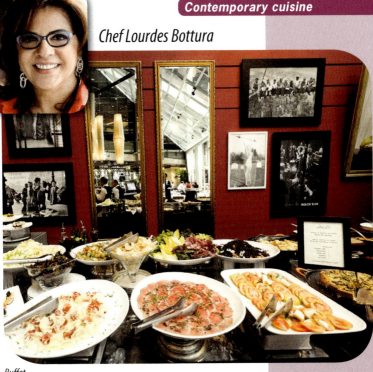

Buffet

Named after the goddess of satisfaction, the restaurant meets the goal of taking its customers through the world of glutony. In order to enjoy such a sin, a good thing is trying the lunch buffet, awarded by the gastronomy media reviews as the best in the city, and it brings dishes with so fancy an appeal that it looks much more like a tasting menu, renewed every day.

Chef Bottura Lourdes' works put regional influences on contemporary cuisine and plays with the colors and textures of the ingredients. Pineapple carpaccio with pink peppercorns, 'pescada-cambucu' in shrimp and ginger sauce, and royal fish to scent of pomegranates and almonds are some of her tempting creations. On weekends, she prepares a special buffet for children.

Opening year: 2011

To go with: family or for a business lunch.

Highlights: the unity in Sheraton is new, but Badebec has been open for ten years in two addresses, one in São Paulo (Shopping Market Place) and another in Campinas.

Avenida das Nações Unidas, 12599, Sheraton WTC Hotel, Itaim Bibi, 3043-9152
www.badebec.com.br
Mon/Fri 12pm/3pm and 6pm/10pm, Sat/Sun 12pm/5pm and 6pm/10pm
Cc: A, D, M, V; $$

Itaim – Vila Nova – Vila Olímpia

Cozinha contemporânea

CANTALOUP

Ano de inauguração: 1996

Adega: 540 rótulos.

A melhor companhia: para ir a dois ou fazer um almoço de negócios.

Destaque: extensa, a carta de vinhos foi montada pelo proprietário e enófilo Daniel Sahagoff, e contempla rótulos de 13 países.

O salão do Cantaloup ainda preserva algumas características da antiga fábrica de pães que já funcionou neste mesmo endereço. O pé-direito alto e parte da estrutura de madeira e ferro aparente mantêm-se no restaurante, que foi repaginado pelo renomado arquiteto Arthur Casas. Moderno, o lugar abriga, ainda, um agradável pátio com teto retrátil, fonte e belo jardim vertical.

O chef Valdir de Oliveira é quem comanda o preparo das receitas criativas que compõem o cardápio. Na lista dos pratos sempre solicitados pela clientela, figuram o agnolotti de camarão e abóbora, finalizado na manteiga queimada com castanha-de-caju, e o cordeiro em crosta de amêndoas acompanhado por risoto de cogumelos.

Rua Manuel Guedes, 474, Itaim Bibi, 3078-3445
www.cantaloup.com.br
seg/qui 12h/15h e 19h30/0h, sex 12h/15h e 19h30/1h,
sáb 19h30/1h, dom 12h/17h
Cc: A, D, M, V; $$$$

Itaim – Vila Nova – Vila Olímpia

Contemporary cuisine

Chef Valdir de Oliveira

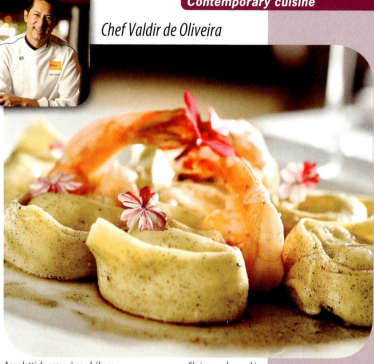

Agnolotti de camarão e abóbora na manteiga queimada com castanha-de-caju

Shrimp and pumpkin agnolotti in burnt butter with cashew nut

The hall of Cantaloup still preserves some features of the old bread factory that once existed in this same address. The high ceilings and part of the structure of wood and iron remain visible in the restaurant, which was redesigned by the renowned architect Arthur Casas. Modern, the place also has a nice patio with a retractable roof, a fountain and a beautiful vertical garden.

Chef Valdir de Oliveira is in charge of the creative recipes on the menu. In the list of the dishes frequently ordered by customers, are the shrimp and pumpkin agnolotti, finished in burnt butter with cashew nut, and the lamb on almond crust with mushroom risotto.

Opening year: 1996

Wine cellar: 540 labels.

To go with: a date or business or business lunch.

Highlights: the extensive wine list was assembled by the owner and oenophile Daniel Sahagoff, and there are labels from 13 countries.

Rua Manuel Guedes, 474, Itaim Bibi, 3078-3445
www.cantaloup.com.br
Mon/Thu 12pm/3pm and 7:30pm/12am, Fri 12pm/3pm and 7:30pm/1am, Sun 12pm/5pm
Cc: A, D, M, V; $$$$

Itaim – Vila Nova – Vila Olímpia

Espanhol

CLOS DE TAPAS

Ano de inauguração: 2011

Adega: 136 rótulos.

A melhor companhia: para ir a dois ou com os amigos.

Destaque: além do criativo cardápio, o restaurante tem uma ótima carta de coquetéis e cavas (o espumante catalão).

O contemporâneo salão, com jardim vertical projetado pelo paisagista Gilberto Elkis, está em sintonia com o criativo cardápio comandado por uma dupla de peso: a brasileira Ligia Karazawa e o espanhol Raúl Jiménez, ambos com passagens por restaurantes estreladíssimos, da estirpe de El Celler de Can Roca e Mugaritz, ambos na Espanha.

Em forma de tapas, as pequenas porções de receitas surpreendem os clientes com misturas inusitadas como a cenoura cremosa com foie gras e pão de especiarias ou o abrasileirado arroz cremoso de jerimum com queijo caipira. Os pratos podem ser pedidos individualmente ou em menus-degustação de seis e oito etapas. No almoço, há um econômico menu-executivo de tapas, que inclui uma em versão doce.

Rua Domingos Fernandes, 548, Vila Nova Conceição, 3045-2154
www.closdetapas.com.br
seg/qui 12h/15h e 19h30/23h, sex 12h/15h e 19h30/0h,
sáb 13h/16h e 19h30/0h
Cc: M, V; $$$$

Itaim – Vila Nova – Vila Olímpia

Spanish

Chefs Ligia Karazawa e Raúl Jiménez

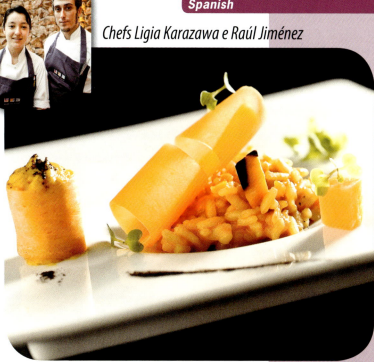

Arroz cremoso de jerimum   *Creamy pumpkin rice*

The contemporary main room, with a vertical garden designed by the landscape architect Gilberto Elkis, matches the creative menu run by two famous chefs: the Brazilian Ligia Karazawa and the Spanish Raúl Jiménez, both with experience in hit restaurants such as the El Celler de Can Roca and Mugaritz, both from Spain.

Served as good tapas, the small servings of recipes surprise the clients with unexpected mixes, such as the creamy carrot with 'foie gras' and spices bread or the Brazilian 'jerimum' creamy rice with ranch cheese. The dishes can be individually ordered on a tasting menu with six or eight courses. At lunch, there is an economic executive menu of tapas, which includes a sweet version.

Opening year: 2011

Wine cellar: 136 labels.

To go with: a date or friends.

Highlights: besides the creative menu, the restaurant has a great cocktail and cava (the Spanish sparkling) list.

Rua Domingos Fernandes, 548, Vila Nova Conceição, 3045-2154
www.closdetapas.com.br
Mon/Thu 12pm/3pm and 7:30pm/11pm, Fri 12pm/3pm and 7:30pm/12am,
Sat 1pm/4pm and 7:30pm/12am
Cc: M, V; $$$$

Itaim – Vila Nova – Vila Olímpia

Espanhol

EÑE

Ano de inauguração: 2007

Adega: 180 rótulos.

A melhor companhia: para ir a dois ou fazer um almoço de negócios.

Destaque: a cozinha é equipada com utensílios moderníssimos. Um deles é o gastrovac, uma máquina que permite cozinhar a vácuo e foi inventada justamente pelos irmãos Torres.

Os gêmeos catalães Sergio e Javier Torres comandam, em Barcelona, o restaurante Dos Cielos, premiado com uma estrela no Guia Michelin. No Brasil, eles mostram suas criações, baseadas nas mais vanguardistas técnicas de preparo, nas unidades do Eñe instaladas em São Paulo e no Rio de Janeiro.

Embora a dupla assine o cardápio, quem dirige a cozinha diariamente é o chef Chico Farah. As tapas estão no topo da lista dos itens mais pedidos e aparecem em diversas versões – há, por exemplo, pequenas porções de tartare de ostras, de croquetas de jamón ibérico e de ravióli de castanhas e foie gras. Outro prato que ganhou a preferência do público é a paella, que pode levar frutos do mar ou, de um jeito menos usual, combinar carne de pato e feijão de Santarém.

Rua Doutor Mário Ferraz, 213, Jardim Europa, 3816-4333
www.enerestaurante.com.br
seg/sex 12h/15h e 19h/0h, sáb 13h/16h e 20h/1h
Cc: A, D, M, V; $$$

Itaim – Vila Nova – Vila Olímpia

Spanish

Chefs Sergio e Javier Torres e Chico Farah

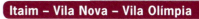

Tartare de ostras — *Oyster tartare*

The Spanish twins Sergio and Javier Torres run, in Barcelona, the restaurant Dos Cielos, awarded with a star in the Michelin Guide. In Brazil, they show all their creations, based on advanced techniques of preparation, at the branches of Eñe, established in São Paulo and Rio de Janeiro.

Although the brothers sign the menu, who daily runs the kitchen is the chef Chico Farah. The tapas are on the top of the list of the most ordered dishes and can be served in different versions – there are, for example, small servings of ostrich tartare, croquetas de jamón ibérico and the nuts and foie gras ravioli. Another dish that is one of the customer's favorite is the paella that might include seafood or, in an unusual presentation, include duck meat and 'Santarém' beans.

Opening year: 2007

Wine cellar: 180 labels.

To go with: a date or for a business lunch.

Highlights: the kitchen is equipped with super modern utensils. This includes the gastrovac, a machine that allows cooking in vacuum and was created by the Torres brothers.

Rua Doutor Mário Ferraz, 213, Jardim Europa, 3816-4333
www.enerestaurante.com.br
Mon/Fri 12pm/3pm and 7pm/12am, Sat 1pm/4pm and 8pm/1am
Cc: A, D, M, V; $$$

Itaim – Vila Nova – Vila Olímpia

Francês

FREDDY

Ano de inauguração: 1935

Adega: 600 rótulos.

A melhor companhia: para ir a dois, com a família ou fazer um almoço de negócios.

Destaque: a casa é famosa por organizar festivais temáticos, como o do filé chateaubriand.

Quase octogenário, o Freddy orgulha-se de ser o mais antigo restaurante francês ainda em funcionamento na cidade. O cardápio é mantido praticamente igual ao da época da inauguração, e estampa clássicos como cassoulet e peito de pato com purê de maçã. Nenhum ingrediente, no entanto, ganha mais atenção no menu que o filé chateaubriand, um bife altíssimo que virou símbolo do lugar e pode ser preparado de diversas maneiras – ao molho madeira, com mostarda, au poivre...

Recentemente, o lendário chef Geraldo Rodrigues, que comandou a cozinha por 50 anos, aposentou-se. E cedeu o lugar para Pedro Santanna, com 16 anos de Freddy. A equipe fiel, o cenário elegante, o cardápio tradicional e a portentosa adega fazem de uma visita ao restaurante uma experiência, no mínimo, especial.

Rua Pedroso Alvarenga, 1170, Itaim Bibi, 3167-0977
www.restaurantefreddy.com.br
seg/sex 12h/15h e 19h/0h, sáb 19h/0h, dom 12h/17h
Cc: A, M, V; $$$$

Itaim – Vila Nova – Vila Olímpia

French

Chef Pedro Santanna

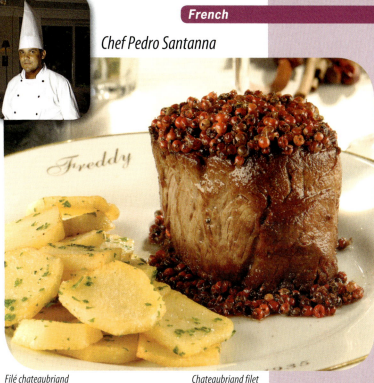

Filé chateaubriand — *Chateaubriand filet*

With almost 80 years of existence, Freddy is proud to be the oldest French restaurant that is still working in town. The menu is almost the same since the restaurant's opening, and includes classics as the cassoulet and the duck breast with apple sauce. However, no ingredient gets more attention on the menu than chateaubriand steak, a tall steak that became a symbol of the place and can be prepared in different ways — madeira sauce, with mustard, au poivre...

Recently, the legendary chef Geraldo Rodrigues, who ran the kitchen for 50 years, retired. He yielded his place to Pedro Santanna, with 16 years of Freddy. The loyal team, the elegant atmosphere, the traditional menu and the wonderful Wine Cellar make a visit to the restaurant become, at least, something special.

Opening year: 1935

Wine cellar: 600 labels.

To go with: a date, family or for a business lunch.

Highlights: the house is famous for organizing theme parties, as the chateaubriand steak.

Rua Pedroso Alvarenga, 1170, Itaim Bibi, 3167-0977
www.restaurantefreddy.com.br
Mon/Fri 12pm/3pm and 7pm/12am, Sat 7pm/12am, Sun 12pm/5pm
Cc: A, M, V; $$$$

Itaim – Vila Nova – Vila Olímpia

Francês

LA BRASSERIE ERICK JACQUIN

Ano de inauguração:
2004

A melhor companhia: para ir a dois, com os amigos ou fazer um almoço de negócios.

Destaque: as sobremesas são tão caprichadas que podem vir à mesa em forma de degustação.

Especialista em foie gras, o chef Erick Jacquin usa o ingrediente em diversas receitas. O fígado de ganso aparece na seção de entradas em uma versão quente, guarnecida de pera e laranja, ou na terrine com compota de figo; entre os pratos principais, ele incrementa o filé-mignon com alcachofras. Para conhecer mais a fundo a culinária praticada por Jacquin, convém solicitar o menu-degustação. Em sete etapas, a sequência pode conter o cordeiro assado lentamente por seis horas, escoltado por lentilhas verdes de Puy.

No espaçoso salão, o clima executivo do almoço dá lugar a um ambiente de luz baixa, mais romântico, no jantar. Em qualquer horário, a clientela acompanha o trabalho da equipe atrás da cozinha envidraçada.

Rua Pedroso Alvarenga, 1088, Itaim Bibi, 3826-5409 r. 107
www.brasserie.com.br
ter/sex 12h/15h30 e 19h/23h30, sáb 12h/17h e 19h/0h30, dom 12h/17h
Cc: A, D, M, V; $$$$$

Itaim – Vila Nova – Vila Olímpia

French

Robalo ao vapor de chá e ervas *Bass à la vapeur*

Chef's Erick Jacquin's specialty is foie gras, which is in many of his dishes. As an entrée, this goose liver based ingredient can be served hot, with pear and orange, or else as a terrine with fig compote. As a main course, it complements the fillet mignon with artichokes. To get deeper into Jacquin's cuisine, you should ask for the tasting menu. Served in seven steps, it may include lamb (slowly roasted for six hours) with Puy lentils.

The hall is perfect for both business meetings at lunchtime, and soft-lighted romantic dinners. While waiting your order, you can watch the cooks working in the glazed kitchen.

Opening year: 2004

To go with: a date, friends or for a business lunch.

Highlights: you should try the delicious dessert tasting.

Rua Pedroso Alvarenga, 1088, Itaim Bibi, 3826-5409 r. 107
www.brasserie.com.br
Tue/Fri 12pm/3:30pm and 7pm/11:30pm,
Sat 12pm/5pm and 7pm/12:30am, Sun 12pm/5pm
Cc: A, D, M, V; $$$$$

Itaim – Vila Nova – Vila Olímpia

Francês

LE MARAIS BISTROT

Ano de inauguração: 2008

Adega: 130 rótulos.

A melhor companhia: para ir a dois ou com os amigos.

Destaque: na bela adega climatizada, com capacidade para 450 garrafas, há bons exemplares de diversas regiões francesas.

Clássicos da cozinha francesa dão forma ao cardápio deste aconchegante bistrô, comandado pela restauratrice Ida Maria Frank. Além dos básicos steak tartare e terrine de foie gras, o comensal também encontra pratos mais inventivos, como o robalo grelhado com aspargos e palmito confit e a costeleta de cordeiro em crosta de ervas ao molho do próprio assado.

Sanduíches, omeletes e sopas completam o menu e aplacam fomes menos intensas. Durante o almoço, a combinação de couvert, entrada, prato principal e sobremesa ganha preço fixo, e pode ser escolhida a partir de três ou quatro sugestões de receitas para cada uma das etapas. A seção doce é outra atração da casa – até os petit fours que acompanham o cafezinho são caprichados.

Rua Jerônimo da Veiga, 30, Itaim Bibi, 3071-2873
www.lemaraisbistrot.com.br
seg/sex 12h/15h e 19h30/0h, sáb 12h/16h e 19h/1h, dom 12h/17h
Cc: A, D, M, V; $$$

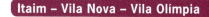

Ida Maria Frank

Costeleta de cordeiro em crosta de ervas — Herb-crusted rack of lamb

Classics of the French cuisine are part of the menu at this comfortable bistro, run by the restauratrice Ida Maria Frank. Besides the basic steak tartare and foie gras terrine, the costumer can also find more inventive dishes as the grilled snook with asparagus and heart of palm confit, and the lamb rib in a crust of herbs with the roasting sauce.

Sandwiches, omellets and soups complete the menu and are ideal for a less intense hunger. During lunch, the combination of the couvert, entry, main dish and dessert has a fixed price and can be chosen from three or four recipes suggestions for each step of the meal. The sweets section is another attraction of the house — even the petit fours that go with the coffee are carefully prepared.

Opening year: 2008

Wine cellar: 130 labels.

To go with: a date or friends.

Highlights: at the beautiful and acclimatized wine cellar, with capacity for 450 bottles, there are good wines from different French regions.

Rua Jerônimo da Veiga, 30, Itaim Bibi, 3071-2873
www.lemaraisbistrot.com.br
Mon/Fri 12pm/3pm and 7:30pm/12am, Sat 12pm/4pm and 7pm/1am,
Sun 12pm/5pm
Cc: A, D, M, V; $$$

Itaim – Vila Nova – Vila Olímpia
Italiano

BIONDI

Ano de inauguração: 2010

Adega: 120 rótulos.

A melhor companhia: para ir a dois ou com os amigos.

Destaque: com menos de 30 anos, o chef Rodolfo de Santis já recebeu diversos prêmios por seu trabalho à frente do Biondi.

O jovem chef italiano Rodolfo de Santis comanda o restaurante em parceria com o paulistano Bruno Previato, que já dirigiu o Four Seasons Hotel des Bergues, em Genebra, na Suíça. Entre os itens mais requisitados do cardápio estão as massas artesanais, como o tagliatelle com lula e abobrinha. Das carnes, sobressai a paleta de cordeiro, guarnecida de polenta cremosa e espinafre, e, dos peixes, o salmão com purê de batata e brie, aspargos e framboesa.

O toque criativo se estende ao setor de sobremesas, que inclui uma degustação de panna cottas e, também, o clássico tiramisù. Todas as receitas são saboreadas em um salão pequeno, mas moderno, com teto e colunas revestidos de madeira e uma janela que toma conta de uma das paredes.

Rua Pedroso Alvarenga, 1026, Itaim Bibi, 3078-5273
www.biondirestaurante.com.br
ter/sex 12h/15h e 19h/0h, sáb 19h/1h, dom 13h/17h
Cc: A, D, M, V; $$$$

Itaim – Vila Nova – Vila Olímpia

Italian

Bruno Previato e Rodolfo de Santis

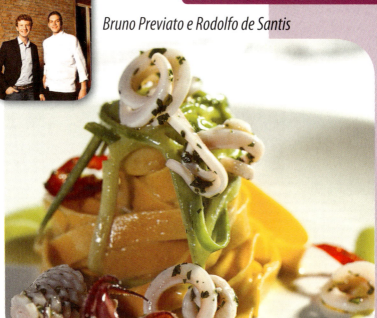

Tagliatelle com lula e abobrinha — *Tagliatelle with squid and zucchini*

The young Italian chef Rodolfo de Santis runs the restaurant with the 'paulistano' Bruno Previato, who already ran the Four Seasons Hotel des Bergues, in Geneva, in Switzerland. Among the most ordered dishes are the artisanal pasta, as the tagliatelle with squid and zucchini. Among the meat, the one that stands out is the lamb shoulder, garnished with creamy polenta and spinach, and among the fish, the frilled salmon with mashed potato and brie, asparagus and raspberry.

The creative touch includes the deserts section, in which is offered a tasting of panna cottas and, also, the classic tiramisù. All recipes are tasted in a small, but modern room, with ceiling and columns covered in wood and a wall-sized window.

Opening year: 2010

Wine cellar: 120 labels.

To go with: a date or friends.

Highlights: with less than 30 years old, the chef Rodolfo de Santis already received many awards for his work in running the Biondi.

Rua Pedroso Alvarenga, 1026, Itaim Bibi, 3078-5273
www.biondirestaurante.com.br
Tue/Fri 12pm/3pm and 7pm/12am, Sat 7pm/1am, Sun 1pm/5pm
Cc: A, D, M, V; $$$$

Itaim – Vila Nova – Vila Olímpia

Italiano

DUE CUOCHI CUCINA

Ano de inauguração: 2005

Adega: 150 rótulos.

A melhor companhia: para ir a dois, com os amigos ou fazer um almoço de negócios.

Destaque: a filial do Shopping Cidade Jardim tem uma varanda com vista panorâmica para a Zona Sul paulistana.

O restaurante ganhou fama pelo bem-executado cardápio assinado pelo chef Paulo Barroso de Barros. Em 2011, ele deixou a sociedade e a cozinha da casa, e, mesmo assim, o Due Cuochi Cucina não perdeu o posto entre os italianos mais respeitados da cidade. Sempre cheio, o local continua sob o comando da restauratrice Ida Maria Frank, que contratou o chef italiano Giampiero Giuliani para assumir as panelas.

Hoje, os clientes que se acomodam no salão podem pedir pratos como o nhoque de mandioquinha com lagostim, abobrinha italiana e tomate ao manjericão, e o leitão ao molho de sálvia e risoto de pera com nozes. Com cardápio bem semelhante, a filial instalada no Shopping Cidade Jardim tem filas de espera tão grandes quanto as da matriz (procure reservar com antecedência).

Rua Manoel Guedes, 93, Itaim Bibi, 3078-8092
www.duecuochi.com.br
seg/sex 12h/15h e 19h30/0h, sáb 12h/16h e 19h30/1h, dom 12h/17h
Cc: A, D, M, V; $$$

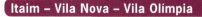

Itaim – Vila Nova – Vila Olímpia

Italian

Giampiero Giuliani e Ida Maria Frank

Nhoque de mandioquinha com lagostim — Cassava gnocchi with crayfish

The restaurant became famous for the well-prepared menu signed by the chef Paulo Barroso de Barros. In 2011, he left the partnership and the restaurant's kitchen and, even so, the Due Cuochi Cucina did not lost its place among the most respected Italian restaurants in town. Always crowded, it is still run by the restauratrice Ida Maria Frank, who hired the Italian chef Giampiero Giuliani to take charge of the kitchen.

Today, the customers who sit at the main room can order dishes as the 'mandioquinha' gnocchi with langoustines, Italian zuchinni, tomato and basil, and the sucking pig with sage and pear and nuts risotto. With a similar menu, the branch established at the mall Cidade Jardim has long waiting lines, just like the main restaurant (try to make a previous reservation).

Opening year: 2005

Wine cellar: 150 labels.

To go with: a date, friends or for a business lunch.

Highlights: the branch at the mall Cidade Jardim has a terrace with a panoramic view to the 'Paulistana' south area.

Rua Manoel Guedes, 93, Itaim Bibi, 3078-8092
www.duecuochi.com.br
Mon/Fri 12pm/3pm and 7:30pm/12am, Sat 12pm/4pm and 7:30pm/1am, Sun 12pm/5pm
Cc: A, D, M, V; $$$

Itaim – Vila Nova – Vila Olímpia

Italiano

EMPÓRIO RAVIOLI

Ano de inauguração: 1998

A melhor companhia: para ir com a família ou fazer uma reunião de negócios.

Destaque: antes da refeição, prove o pão de calabresa, uma das especialidades da casa.

Este agradável restaurante de esquina, comandado pelo famoso chef Roberto Ravioli, é rodeado por janelões que dão vista para a rua. Os vinhos pendurados sobre o bar e um painel divertido em uma das paredes (mostrando a perseguição de um chef atrás de um porco) criam uma atmosfera descontraída, aprovada pelos executivos e funcionários das empresas da região – eles lotam o ambiente todos os dias na hora do almoço.

Apesar do clima informal, o cardápio lista pratos requintados como o raviolone d'oro, raviólis cobertos por creme trufado, recheados com ricota, espinafre e uma gema que se esparrama pelo prato quando o garfo rompe a massa. Mais robusta, a trippa alla toscana nada mais é que uma dobradinha com lombo, linguiça e feijão branco.

Rua Fidêncio Ramos, 18, Vila Olímpia, 3846-2908
www.emporioravioli.com.br
seg/qui 12h/23h, sex/sáb 12h/0h, dom 12h/23h
Cc: A, D, M, V; $$$

Itaim – Vila Nova – Vila Olímpia

Italian

Chef Roberto Ravioli

Porchetta

Under the direction of the famous chef Roberto Ravioli, this pleasant restaurant is located on a corner and has a street view from its numerous windows. The wines hanging from the ceiling over the bar and a funny picture (showing a chef chasing a pig) make it a relaxed environment, which is very appreciated by executives and employees from the local companies – the house is always crowded at lunchtime.

Despite the informal ambient, the menu offers exquisite dishes, as the raviolone d'oro, which consists of ravioli covered with truffle cream, stuffed with ricotta, spinach and a yolk that spreads over the plate when the fork cuts the pasta. The trippa alla toscana is a little sturdier: dobradinha with loin, sausage and white beans.

Opening year: 1998

To go with: family or for a business lunch.

Highlights: before the main course try the pepperoni bread, one of the house's specialties.

Rua Fidêncio Ramos, 18, Vila Olímpia, 3846-2908
www.emporioravioli.com.br
Mon/Thu 12pm/11pm, Fri/Sat 12pm/12am, Sun 12pm/11pm
Cc: A, D, M, V; $$$

Itaim – Vila Nova – Vila Olímpia

Italiano

GIRARROSTO

Ano de inauguração: 2012

Adega: 1.200 rótulos.

A melhor companhia: para ir com a família ou fazer um almoço de negócios.

Destaque: no verso do cardápio, que pode ser levado para casa, está a Gazeta Pandoro, um jornalzinho com dicas gastronômicas e entrevistas de clientes famosos.

Sob a batuta do chef Massimo Barletti e do respeitado Paulo Barroso de Barros, que ganhou fama ao comandar por anos o Due Cuochi Cucina, o Girarrosto é bem mais que um restaurante. Em um espaço com mais de mil metros quadrados cabem três casas diferentes: um bar, uma pizzaria e um grande salão com vista para a envidraçada área de produção de massas. É nesse último ambiente que os clientes provam, além da pasta, os pratos preparados com a ajuda do girarrosto, o espeto giratório que deu nome ao lugar. Nele, assam, por exemplo, a codorna com legumes e a tradicional porchetta (leitão recheado).

Antes de fazer o pedido, vale conhecer o cantinho que surgiu para manter viva a memória do Pandoro, o bar que existiu por quase 60 anos neste mesmo endereço.

Avenida Cidade Jardim, 56, Itaim Bibi, 3062-6000
www.girarrosto.com.br
seg/qui 12h/15h e 19h/0h, sex 12h/15h e 19h/1h, sáb/dom 12h/17h e 19h/1h
(no jantar de domingo, apenas a pizzaria funciona)
Cc: A, D, M, V; $$$

Itaim – Vila Nova – Vila Olímpia

Italian

Chefs Paulo Barroso de Barros e Massimo Barletti

Porchetta

Run by the respected Paulo Barroso de Barros, who became famous when leading the 'Due Cuochi Cucina' for years, and the chef Massimo Barletti, Girarrosto is much more than a restaurant. In a space of more than a thousand square meters, there are three different areas: a bar, a pizzeria and a large room overlooking the glazed area where the pasta is made. This last room is where the customers taste, besides the pasta, the dishes prepared with the help of the girarrosto, the roasting spit, after which the place was named. In this spit are roasted the stuffed quail with vegetables, and the traditional porchetta (stuffed piglet).

Before ordering, it is well worth to visit the place that was created to preserve the memory of Pandoro, the bar that existed for almost 60 years in this same address and became a symbol of São Paulo.

Opening year: 2012

Wine cellar: 1.200 labels.

To go with: family or for a business lunch.

Highlights: on the back of the menu, that can be taken home, there is the 'Gazeta Pandoro', a small newspaper with gastronomic tips and interviews with famous clients.

Avenida Cidade Jardim, 56, Itaim Bibi, 3062-6000
www.girarrosto.com.br
Mon/Thu 12pm/3pm and 7pm/12am, Fri 12pm/3pm and 7pm/1am, Sat/Sun 12pm/5pm and 7pm/1am (on Sunday dinner, it will only be served pizza)
Cc: A, D, M, V; $$$

Itaim – Vila Nova – Vila Olímpia

Italiano

MELLO & MELLÃO TRATTORIA

Ano de inauguração: 2011

Adega: 90 rótulos.

A melhor companhia: para ir com a família ou com os amigos.

Curiosidade: fã de Federico Fellini, o chef pediu à arquiteta Maria Eudoxia Mellão que decorasse a casa como se fosse um cenário de um dos filmes do cineasta.

O chef Hamilton Mello Júnior, mais conhecido como Mellão, conhece a Itália como a palma da mão. Sua mãe e seus avós nasceram no país e ele próprio, na década de 1970, morou lá por três anos. No Brasil, passou pela cozinha dos restaurante Massimo e Sallvattore e inaugurou a pizzaria I Vitelloni, da qual é sócio até hoje.

Em 2011, ele fundou o Mello & Mellão Trattoria, onde se dedica a uma culinária inspirada em várias regiões da Itália e em suas memórias gastronômicas. Entre as receitas que têm atraído a atenção da clientela, está o linguado com uva itália e amêndoas, acompanhado risoto de limão-siciliano. Para a sobremesa, há zabaione ao cardamomo gratinado com frutas.

Rua Pais de Araújo, 184, Itaim Bibi, 3078-0812
www.mellomellao.com.br
seg/sex 12h/15h e 19h/23h30,
sáb 12h30/17h e 19h/0h, dom 12h/17h
Cc: A, D, M, V; $$

Itaim – Vila Nova – Vila Olímpia

Italian

Chef Hamilton Mellão

Linguado com uva itália, amêndoas e risoto de limão-siciliano — Sole with green grapes, almonds and Sicilian lemon risotto

Chef Hamilton Mello Junior, better known as Mellão, knows Italy like the back of his hand. His mother and grandparents were born there and he, in the 1970s, lived there for three years. In Brazil, he worked in the kitchen of Sallvattore's restaurant Massimo, and opened the pizzeria I Vitelloni, where he is still a partner today.

In 2011, he founded the Mellão Mello & Trattoria, where he is dedicated to a cuisine inspired by various regions of Italy and its gastronomic memories. Among the recipes that have drawn the attention of customers, is the sole with green grapes and almonds, accompanied by Sicilian lemon risotto. For dessert, there is the cardamom sabayon gratin with fruits.

Opening year: 2011

Wine cellar: 90 labels.

To go with: family or friends.

Highlights: fan of Federico Fellini, the chef asked the architect Maria Eudoxia Mellão to decorate the house like a scene of one of the filmmaker's movies.

Rua Pais de Araújo, 184, Itaim Bibi, 3078-0812
www.mellomellao.com.br
Mon/Fri 12pm/3pm and 7pm/11:30pm,
Sat 12:30pm/5pm and 7pm/12am, Sun 12pm/5pm
Cc: A, D, M, V; $$

Itaim – Vila Nova – Vila Olímpia

Italiano

POMODORI

Ano de inauguração: 2003

Adega: 200 rótulos.

A melhor companhia: para ir a dois ou fazer um almoço de negócios.

Destaque: além das massas, os pães, os embutidos e os sorvetes são feitos de forma artesanal na cozinha do restaurante.

Depois que o famoso chef Jefferson Rueda deixou a casa, Diogo Silveira assumiu as panelas e o preparo das massas artesanais que estrelam o cardápio. Entre suas criações está o cappellettini de burrata com água de tomate e brotos de manjericão, uma delicada massa quente inserida em um caldo frio – trata-se de uma releitura do tradicional cappelletti in brodo, servida como entrada. Na seção de pratos principais, o nhoque de beterraba com creme de queijo fontina, perfumado por laranja e coberto por pinole, tem atraído a atenção do público.

Na cozinha, a preferência por ingredientes orgânicos, cultivados por pequenos produtores, foi mantida. O salão, no entanto, passou por mudanças: ganhou um novo bar e uma adega climatizada exclusiva para queijos.

Rua Doutor Renato Paes de Barros, 534, Vila Olímpia, 3168-3123
www.pomodori.com.br
ter/qui 12h/15h e 19h/0h, sex 12h/15h e 19h/1h, s
áb 13h/16h e 19h/1h, dom 13h/17h
Cc: A, M, V; $$$$

Itaim – Vila Nova – Vila Olímpia

Italian

Chef Diogo Silveira

Cappellettini de burrata   *Burrata cappellettini*

After the famous chef Jefferson Rueda left the place, Diogo Silveira started leading the pans and the hand-made pasta which features the menu. Among his creations there is the burrata cappellettini with tomato water and basil shoots, a hot delicate pasta immersed in cold water – That is a reinvention on the traditional cappelletti in brodo, served as entree. For the main dish, the beet gnocchi with fontina cheese cream, orange-scented and covered with pine nuts, became a success among clients.

In the kitchen, following a tradition of the restaurant, preference is given to organic ingredients, grown in small farms. The hall, on the other hand, has gone through changes: there is a new bar and a new climate-controlled cheese cellar.

Opening year: 2003

Wine cellar: 200 labels.

To go with: a date or for a business lunch.

Highlights: not only pasta, but also bread, sausage meat and ice-cream are all hand-made, prepared in the restaurant kitchen.

Rua Doutor Renato Paes de Barros, 534, Vila Olímpia, 3168-3123
www.pomodori.com.br
Tue/Thu 12pm/3pm and 7pm/12am, Fri 12pm/3pm and 7pm/1am,
Sat 1pm/4pm and 7pm/1am, Sun 1pm/5pm
Cc: A, M, V; $$$$

Itaim – Vila Nova – Vila Olímpia

Italiano

TRATTORIA ROSTICCERIA PICCHI

Ano de inauguração: 2011

Adega: 150 rótulos.

A melhor companhia: para ir com a família.

Destaque: na rotisseria, as massas da casa estão à venda ao lado de molhos, embutidos e de assados caprichados, como o galeto e a porchetta (leitão recheado).

Depois de fechar o refinado restaurante que mantinha no Itaim Bibi, o chef italiano Pier Paolo Picchi resolveu investir em uma casa mais informal, focada em massas artesanais. Preparadas em uma cozinha à vista dos clientes, elas somam mais de dez variedades no cardápio.

Duas delas têm atraído especial atenção do público: o espaguete com frutos do mar e o pici, uma massa fresca típica da Toscana, preparado à carbonara. Na área de sobremesas, há receitas simples, mas sempre saborosas, como a panna cotta com morangos caramelizados e o pudim de leite.

O belo sobrado em que o restaurante está instalado abriga, além de um salão interno com vista para a massaria, uma varanda, que costuma se encher de famílias no fim de semana.

Rua Doutor Eduardo de Souza Aranha, 318, Vila Nova Conceição, 3842-9000
www.trattoriapicchi.com.br
ter/sáb 12h/0h, dom 12h/17h
Cc: A, D, M, V; $$$

Itaim – Vila Nova – Vila Olímpia

Italian

Chef Pier Paolo Picchi

Pici à carbonara — *Carbonara pici*

After having closed the elegant restaurant in Itaim Bibi hotel, the Italian chef Pier Paolo Picchi decided to keep a more informal house, focusing on handmade pasta. Customers have a view of the kitchen, and the pasta preparation, which will later totalize over ten varieties on the menu.

A couple of them have attracted attention of customers: the spaghetti with seafood and the pici, a serving of fresh carbonara pasta typically found in Tuscany. For dessert, there are quite simple recipes and yet very palatable, like the panna cotta with caramelized strawberries and milk pudding.

At the nice mansion where the restaurant is set there is, besides an inner hall with a view of the pasta preparation room, a balcony where many families spend time together on weekends.

Opening year: 2011

Wine cellar: 150 labels.

To go with: family.

Highlights: at the delicatessen, you will find the hand-made pasta for sale. Also, sauces, sausages and roasts, like cockerel and porchetta (stuffed piglet).

Rua Doutor Eduardo de Souza Aranha, 318, Vila Nova Conceição, 3842-9000
www.trattoriapicchi.com.br
Tue/Sat 12pm/12am, Sun 12pm/5pm
Cc: A, D, M, V; $$$

Itaim – Vila Nova – Vila Olímpia

Italiano

TRE BICCHIERI

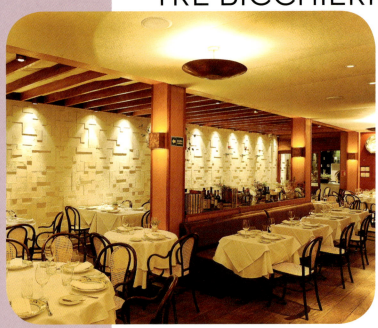

Ano de inauguração: 2010

Adega: 200 rótulos.

A melhor companhia: para ir a dois, com os amigos ou fazer um almoço de negócios.

Destaque: mais da metade da adega é reservada a rótulos da Toscana – há Chiantis e Montalcinos de sobra.

O maître Cid Simão, o sommelier Marcos Freitas e o chef Rodrigo Queiroz não dividem apenas a sociedade do restaurante. Também compartilham a experiência de terem trabalhado no renomado grupo Fasano. Com bons padrões de referência, os três montaram uma casa que, em pouco tempo, se juntou às mais conceituadas da cidade. As razões para a ascendente trajetória estão no cardápio de massas artesanais, em que figuram o pici incrementado com lulas, vôngoles e pimenta fresca, e o pappardelle com ragu de coelho, pimenta-verde e endívia – ambos inspirados na tradicional cozinha da Toscana.

No sofisticado salão, fotos dessa bela região italiana preenchem as paredes ao lado de livros e peças garimpadas em antiquários (um dos quadros data de 1833).

Rua General Mena Barreto, 765, Itaim Bibi, 3885-4004
www.trebicchieri.com.br
seg/qui 12h/15h e 19h/0h, sex/sáb 12h/16h e 19h/1h, dom 12h/17h
Cc: A, D, M, V; $$$

Itaim – Vila Nova – Vila Olímpia

Italian

Chef Rodrigo Queiroz

Risoto de chouriço e polvo — *Chorizo and octopus risotto*

Maître d'hôtel (front-of-house) Cid Simão, sommelier Marcos Freitas and chef Rodrigo Queiroz are not only partners in a restaurant. They also share their experiences after having worked at the renowned group Fasano. Having good reference standards, they set up a house which became, in little time, one of the top restaurants in the city. The reasons for their successful completion are there on the hand-made pasta menu: there you will find the pici garnished with squids, clams and fresh pepper, and the pappardelle with rabbit ragout, green pepper and endive – both inspired by the traditional Tuscan cuisine.

On the walls of the neat hall there are photographs of that beautiful Italian region, along with books and unique items from antique shops (one of the paintings dates to 1833).

Opening year: 2010

Wine cellar: 200 labels.

To go with: a date, friends or for a business lunch.

Highlights: more than half of the labels of the cellar are from Tuscany – there are plenty of Chiantis and Montalcinos.

Rua General Mena Barreto, 765, Itaim Bibi, 3885-4004
www.trebicchieri.com.br
Mon/Thu 12pm/3pm and 7pm/12am,
Fri/Sat 12pm/4pm and 7pm/1am, Sun 12pm/5pm
Cc: A, D, M, V; $$$

Itaim – Vila Nova – Vila Olímpia

Japonês

KINOSHITA

Ano de inauguração: 2008

Adega: 114 rótulos.

A melhor companhia: para ir a dois ou fazer um almoço de negócios.

Destaque: no bar, os coquetéis mostram criatividade similar aos pratos do cardápio. Há, por exemplo, o mojito de pepino e o martini de lichia.

O restaurante descende do antigo Kinoshita, aberto na Liberdade há mais de 30 anos. Na Vila Nova Conceição, a casa reabriu com um elegante projeto assinado por Naoki Otake, especialista em arquitetura oriental, e paisagismo do renomado Gilberto Elkis. Nesse ambiente, os clientes degustam as inventivas receitas de Tsuyoshi Murakami, adepto da chamada kappo cuisine, com foco em ingredientes da época e combinações nada usuais.

Para uma imersão completa, recomenda-se o omakase, o menu-degustação que pode ter oito ou dez etapas de pratos escolhidos pelo próprio chef. Do cardápio regular constam excelentes sushis e boas surpresas como o macarrão de trigo sarraceno com tomate momotaro (variedade de tomate-caqui) e shissô, que é servido frio.

Rua Jacques Félix, 405, Vila Nova Conceição, 3849-6940
www.restaurantekinoshita.com.br
seg/sex 12h/15h e 19h/0h, sáb 12h/16h e 19h/0h
Cc: A, D, M; $$$$$

Itaim – Vila Nova – Vila Olímpia

Japanese

Chef Tsuyoshi Murakami

Macarrão com tomate e shissô   Noodles with tomato and Chinese basil

The restaurant descends from old Kinoshita, which took place in Liberdade more than 30 years ago. In Vila Nova Conceição, it reopened with an elegant design project by the specialist in Oriental architecture Naoki Otake, and landscaping by renowned Gilberto Elkis. At this atmosphere, customers savor Tsuyoni Murakami's inventive recipes – he follows the so-called kappo cuisine, mingling traditional ingredients and not so usual combinations.

For a complete immersion, try the omakase, a tasting menu which may consist of eight or ten portions of dishes chosen by the chef himself. On the regular menu there are excellent sushis and great surprises such as the buckwheat noodles with Momotaro tomatoes (a popular Japanese tomato variety) and shissô, served cold.

Opening year: 2008

Wine cellar: 114 labels.

To go with: a date or for a business lunch.

Highlights: the cocktails at the bar express as much creativity as the dishes on the menu. There is, for instance, the cucumber mojito and the lychee martini.

Rua Jacques Félix, 405, Vila Nova Conceição, 3849-6940
www.restaurantekinoshita.com.br
Mon/Fri 12pm/3pm and 7pm/12am, Sat 12pm/4pm and 7pm/12am
Cc: A, D, M; $$$$$

Itaim – Vila Nova – Vila Olímpia

Japonês

KOSUSHI

Ano de inauguração: 1988

Adega: 12 rótulos.

A melhor companhia: para ir a dois ou com a família.

Destaque: na carta de bebidas há uma boa lista de saquês e shochus, além da cerveja japonesa Sapporo.

Em um moderníssimo ambiente projetado pelo renomado arquiteto Arthur Casas, os clientes podem degustar as receitas preparadas pelo sushiman George Yuji Koshoji. O menu tem sushis à base de vieira, enguia, olho-de-boi e ouriço-do-mar, além dos chamados sashimis new style, feitos de pescados menos comuns, como a anchova negra. Clientes que preferem algo mais tradicional encontram tempurás, yakisobas, ceviche de frutos do mar e porções de filé-mignon ou berinjela feitas na chapa ao molho tarê, missô ou com sal e temperos.

Depois de ficar fechada para reforma, a unidade Kosushi instalada no Shopping Cidade Jardim reabriu com cardápio semelhante ao da matriz.

Rua Viradouro, 139, Itaim Bibi, 3167-7272
www.kosushi.com.br
seg/sex 12h/15h e 19h/1h, sáb 19h/2h, dom 19h/0h
Cc: A, D, M, V; $$$

Itaim – Vila Nova – Vila Olímpia

Japanese

Chef George Yuji Koshoji

Carpaccio de anchova negra *Carpaccio of black anchovy*

At this very trendy atmosphere, designed by the renowned architect Arthur Casas, customers will savor the sushiman George Yuji Koshoji's recipes. There are, on the menu, sushis prepared with scallops, eels, greater amberjack and sea-urchins, besides the so-called new style sashimi, made of less common fish such as black anchovies. Those who look for something more traditional will find tempuras, yakisobas, seafood ceviche and portions of fillet mignon steak or eggplant prepared on the griddle in either tare or miso sauce, or with sauce and spices.

After some time closed for renovation, the Kosushi unit at Shopping Cidade Jardim reopened with a similar menu.

Opening year: 1998

Wine cellar: 12 labels.

To go with: a date or family.

Highlights: it can be found on on the beverages list a good selection of sakes and shochus, and also the Japanese beer Sapporo.

Rua Viradouro, 139, Itaim Bibi, 3167-7272
www.kosushi.com.br
Mon/Fri 12pm/3pm and 7pm/1am, Sat 7pm/2am, Sun 7pm/12am
Cc: A, D, M, V; $$$

Itaim – Vila Nova – Vila Olímpia

Japonês

MOMOTARO

Ano de inauguração: 2011

Adega: 50 rótulos de vinho.

A melhor companhia: para ir com os amigos.

Destaque: a carta de bebidas inclui, além de vinhos, 50 rótulos de saquê.

A casa está dividida em cinco ambientes, projetados pelo arquiteto Roberto Kubota: um bar integrado à adega de saquês, um balcão de sushis, dois agradáveis terraços com teto retrátil e mais um salão com painéis de origami da artista Tânia Nakahara e mesas que dão vista para o jardim assinado pelo renomado Gilberto Elkis.

Neto de japoneses, o chef e sócio Adriano Kanashiro encarrega-se do cardápio. Entre suas especialidades, estão sushis e sashimis criativos como o maguro shigue, um enrolado em forma de bolinha, com atum, ovas de capelim, ciboulette e nori, farofa crocante de wassabi e gergelim. Em breve, o andar superior do imóvel receberá, com reserva, clientes interessados em provar o menu-degustação proposto pelo chef.

Rua Diogo Jácome, 591, Vila Nova Conceição, 3842-5590
www.restaurantemomotaro.com.br
seg/qui 12h/15h e 19h/0h, sex 12h/15h e 19h/0h30,
sáb 12h/0h30, dom 12h/23h30
Cc: A, D, M, V; $$$

Itaim – Vila Nova – Vila Olímpia

Japanese

Chef Adriano Kanashiro

Maguro Shigue

The house is divided into five rooms, designed by architect Robert Kubota, a bar built into the cellar sake, a sushi counter, two nice terraces with retractable roof and another room with panels of the origami artist Tania Nakahara and tables with view to the garden signed by the renowned Gilberto Elkis.

The grandson of Japanese, the chef and partner Adriano Kanashiro is in charge of the menu. Among its specialties are creative sushi and sashimi as the maguro shigue ball-shaped roll, with tuna, capelin roe, chives and nori, wassabi crispy crumbs and sesame seeds. Soon, the upper floor of the building will receive, subject, customers interested in trying the tasting menu offered by the chef.

Opening year: 2011

Wine cellar: 50 wine labels.

To go with: friends.

Highlights: the drinks list includes, besides wine, 50 sake labels.

Rua Diogo Jácome, 591, Vila Nova Conceição, 3842-5590
www.restaurantemomotaro.com.br
Mon/Thu 12pm/3pm and 7pm/12am, Fri 12pm/3pm and 7pm/12:30am,
Sat 12pm/12:30am, Sun 12pm/11:30pm
Cc: A, D, M, V; $$$

Itaim – Vila Nova – Vila Olímpia

Japonês

NAGAYAMA

Ano de inauguração:
1988

A melhor companhia: para ir com os amigos.

Destaque: a casa tem duas salas privativas com tatame, que podem ser reservadas.

O chef An Qiang vem de uma família de chineses com longeva tradição em culinária. Depois de trabalhar no Japão, ele chegou ao Brasil para comandar o Naga, um dos restaurantes japoneses mais conhecidos de São Paulo. Fiel aos pratos clássicos da especialidade, o cardápio lista bons combinados e dá espaço a novidades como a lagosta servida como aperitivo, recém-incluída. Também toma conta dos pedidos a centolla, o gigantesco caranguejo chileno, preparado à moda da casa.

Ao lado do restaurante funciona o Nagayama e o Nagayama Café e, nos Jardins (Rua da Consolação, 3397), há outra unidade da rede, com uma boa seleção de espetinhos no cardápio.

Rua Bandeira Paulista, 369, Itaim Bibi, 3167-6049
www.nagayama.com.br
ter/sáb 19h30/0h30, dom 19h30/23h30
Cc: A, D, M, V; $$$

Itaim – Vila Nova – Vila Olímpia

Japanese

Centolla

Chef An Qiang comes from a family with ancient culinary tradition. After having worked in Japan, he came to Brazil to run the Naga – one of the best-known Japanese restaurants in São Paulo. Faithful to the specialty dishes, the menu has traditional portions and also gives a little room to new creations, such as the lobster served as an appetizer. Another innovation which has been much appreciated is the centolla, the gigantic Chilean crab, house-style.

By the restaurant there is the Nagayama and the Nagayama Café and, in Jardins (Rua da Consolação, 3397), there is another chain unit, with a good variety of skewers on the menu.

Opening year: 1988

To go with: friends.

Highlights: there are two private rooms with tatami, which can be booked.

Rua Bandeira Paulista, 369, Itaim Bibi, 3167-6049
www.nagayama.com.br
Tue/Sat 7:30pm/12:30am, Sun 7:30pm/11:30pm
Cc: A, D, M, V; $$$

Itaim – Vila Nova – Vila Olímpia

Japonês

SHUNDI & TOMODACHI

Ano de inauguração:
2003

A melhor companhia: para ir a dois ou fazer um almoço de negócios.

Destaque: o restaurante tem tatames para quem deseja fazer uma refeição mais reservada.

Com capacidade para acomodar 85 clientes, o belo salão exibe pé-direito alto, luz baixa, espelho d'água e um moderno balcão de sushis. É ali que o sushiman Ronaldo Imai, que retornou ao restaurante depois de passar um tempo afastado, prepara degustações de sushis e sashimis que podem conter apenas receitas frias ou também incluir pratos quentes.

As especialidades de Imai revelam toques criativos. Há, por exemplo, dyo de enguia e sushi de salmão com alevinos, raspas de limão e azeite. Outro atrativo de seu cardápio é a barriga de salmão incrementada com limão-siciliano.

Rua Doutor Mário Ferraz, 402, Itaim Bibi, 3078-6852
www.shundietomodachi.com.br
seg/qua 12h/14h30 e 19h/0h, qui/sex 12h/14h30 e 19h/1h,
sáb 12h/16h e 19h/1h, dom 12h/16h e 19h/22h30
Cc: A, D, M, V; $$$$$

Itaim – Vila Nova – Vila Olímpia

Japanese

Chef Ronaldo Imai

Dyo de enguia — *Eel dyo*

With capacity to sit 85 clients, the lovely main room has a high ceiling, low lightning, a reflective pool and a modern sushi counter. Right there the sushi maker, Ronaldo Imai, who returned to the restaurant after some time away, prepares sushi and sashimi tastings that can include either cold dishes or also hot dishes.

The specialties of the chef reveal a creative touch. There is, for instance, the eel dyo and salmon sushi with fish larvae, lemon zest and olive oil. Another attraction on his menu is the salmon belly with lemon.

Opening Year: 2003

To go with: a date or for a business lunch.

Highlights: the restaurant has tatamis, for the clients who prefer to have a more reserved meal.

Rua Doutor Mário Ferraz, 402, Itaim Bibi, 3078-6852
www.shundietomodachi.com.br
Mon/Wed 12pm/2:30pm and 7pm/12am, Thu/Fri 12pm/2:30pm and 7pm/1am,
Sat 12pm/4pm and 7pm/1am, Sun 12pm/4pm and 7pm/10:30pm
Cc: A, D, M, V; $$$$$

Itaim – Vila Nova – Vila Olímpia

Peruano

LA MAR

Ano de inauguração: 2009

Adega: 300 rótulos.

A melhor companhia: para ir com os amigos ou fazer um almoço de negócios.

Destaque: uma vez por mês, a casa organiza jantares harmonizados (ligue e certifique-se da programação).

  É a unidade paulistana do império gastronômico comandado pelo chef peruano Gastón Acurio, que tem levado a cozinha de seu país para diversas partes do mundo. Estrelas do cardápio, os ceviches são cubos de peixe cru com cebola-roxa, marinados em suco de limão e ají, a pimenta típica. Eles podem ser pedidos em forma de degustação, em quatro versões: com robalo; com salmão, lula e camarão; com atum em marinada de tamarindo, shoyu, açúcar e ají panca; e com peixe, camarão, lulas, polvo e vieiras.

  À frente do fogão, o chef Fábio Barbosa também prepara outras receitas clássicas do Peru. Entre elas, o lomo saltado, um filé-mignon salteado com tomates, cebola e pimenta ao molho de ostras com shoyu, e o arroz criollo, à base de frutos do mar.

Rua Tabapuã, 1410, Itaim Bibi, 3073-1213
www.lamarcebicheria.com
seg/sex 12h/15h e 19h/0h, sáb 12h/16h e 20h/1h, dom 13h/17h
Cc: A, D, M, V; $$$

Itaim – Vila Nova – Vila Olímpia

Peruvian

Chef Fábio Barbosa

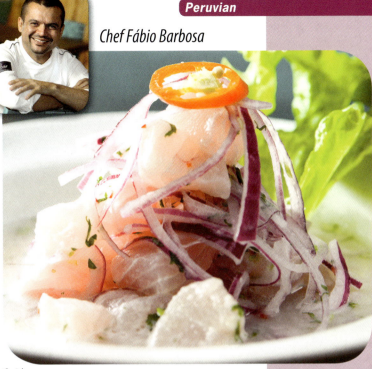

Ceviche

In São Paulo, this is the center of the gastronomic empire headed by Peruvian chef Gastón Acurio, who has spread the cuisine of his country to many different parts of the world. The menu features the ceviches, which are raw fish cubes with purple onion marinated in lemon juice and ají, the typical pepper. They can be ordered for tasting, in four versions: with bass; with salmon, squid and shrimp; with marinated tuna in tamarind sauce, soy sauce, sugar and ají panca; and fish, shrimp, squid, octopus and scallops.

Leading the kitchen, chef Fábio Barbosa also prepares other traditional Peruvian recipes. Some of them are the lombo saltado, a fillet mignon sautéed with tomatoes, onion and pepper in oyster and soy sauce, and the criollo rice, garnished with seafood.

Opening year: 2009

Wine cellar: 300 labels.

To go with: friends or for a business lunch.

Highlights: once a month there is a dinner with wine tasting (call for more information).

Rua Tabapuã, 1410, Itaim Bibi, 3073-1213
www.lamarcebicheria.com
Mon/Fri 12pm/3pm and 7pm/12am,
Sat 12pm/4pm and 8pm/1am, Sun 1pm/5pm
Cc: A, D, M, V; $$$

Itaim – Vila Nova – Vila Olímpia

Pescados

PORTO RUBAIYAT

Ano de inauguração: 2007

Adega: 200 rótulos.

A melhor companhia: para ir a dois, com os amigos, com a família ou fazer um almoço de negócios.

Destaque: separado do salão pela imponente adega, o bar abriga um piano e serve petiscos espanhóis a qualquer hora do dia.

Embora tenha cinco anos de idade, o restaurante mudou-se para este endereço somente em 2011 (antes, funcionava na Rua Leopoldo Couto de Magalhães, no mesmo bairro). No amplo salão, os clientes avistam um comprido viveiro de lagostas, que provê alguns dos crustáceos que serão preparados na cozinha. A cargo do chef espanhol José Luis Candenas, o cardápio inclui pratos preparados à moda de seu país de origem. Uma das atrações, por exemplo, é a merluza à la gallega, uma posta de peixe imersa em caldo de moluscos.

Mantido pelo restaurateur Carlos Iglesias, o endereço foge da especialidade das demais unidades Rubaiyat, que têm nas casas Baby Beef Rubaiyat, focadas em carnes, seus mais tradicionais representantes.

Rua Amauri, 225, Itaim Bibi, 3077-1111
www.restauranteportorubaiyat.com.br
seg/sex 12h/15h e 19h/0h, sáb 12h/0h30, dom 12h/17h
Cc: A, D, M, V; $$$$

Itaim – Vila Nova – Vila Olímpia

Fish

Carlos Iglesias

Merluza à la gallega   *Hake Galician style*

Although it is already five years old, this restaurant was set at this address in 2011 (before that, it was on Rua Leopoldo Couto de Magalhães, in the same quarter). At the spacious hall, customers watch a huge crawfish pond, from which some shellfish are taken to the kitchen. Under the direction of the Spanish chef José Luis Candenas, the menu includes dishes following the traditional cuisine of his place of birth. One of the attractions, for instance, is the merluza à la gallega (or hake Galizian style), which is flitch served in a broth of clams.

Kept by restaurateur Carlos Iglesias, this house differs from the other units of the branch Rubaiyat, mostly represented by the Baby Beef Rubaiyat chain, whose specialty is meat.

Opening year: 2007

Wine cellar: 200 labels.

To go with: a date, friends, family or a business lunch.

Highlights: apart from the hall, by the impressive wine cellar, there is a piano bar where you can order Spanish appetizers at any time.

Rua Amauri, 225, Itaim Bibi, 3077-1111
www.restauranteportorubaiyat.com.br
Mon/Fri 12pm/3pm and 7pm/12am, Sat 12pm/12:30am, Sun 12pm/5pm
Cc: A, D, M, V; $$$$

Itaim – Vila Nova – Vila Olímpia

Português

TRINDADE

Ano de inauguração: 2007

A melhor companhia: para ir com os amigos ou fazer um almoço de negócios.

Destaque: em expansão, a casa abriu, em 2011, uma bela unidade no Shopping Iguatemi de Alphaville.

Dos mesmos donos do requintado A Bela Sintra, nos Jardins, o Trindade tem um clima mais despojado, que inclui sofás em tons de roxo, paredes com tábuas de madeira e um painel que ilustra a cidade do Porto, feito pelo grafiteiro Cobra.

Para começar a refeição, a seção de entradas tem caldos ibéricos como o gaspacho andaluz, uma sopa fria e refrescante de tomate. O cardápio segue com sete receitas à base de bacalhau. Em um delas, o peixe é preparado à Proença: trata-se de uma posta grelhada, guarnecida de ovo, batata assada e grão-de-bico. Apesar de quase metade dos pratos principais levar pescados, há, também, boas opções entre as carnes. Não decepciona o filé de cordeiro ao vinho branco com cogumelos-de-paris, batatas, cebola e ervilhas.

Rua Amauri, 328, Itaim Bibi, 3079-4819
www.trindaderestaurante.com.br
seg/qui 12h/15h30 e 19h/1h, sex/sáb 12h/2h, dom 12h/0h
Cc: A, D, M, V; $$$

Itaim – Vila Nova – Vila Olímpia

Portuguese

Bacalhau à Gomes de Sá — *Gomes de Sá style codfish*

Run by the same owners of the trendy A Bela Sintra in Jardins, Trindade restaurant has a modern place, which includes purple sofas, wooden walls and a large panel picturing Porto city, by the graffiti artist Cobra.

To begin your meal, the entrees' section has Iberian dishes, as the gazpacho andaluz, a cold and refreshing tomato soup. Following, the menu presents seven codfish recipes. One of them is the Proença style, prepared with grilled cod slices, garnished with eggs, roast potatoes and chick peas. Although nearly half of the menu is fish based, there are very good meat options too. An example is the lamb fillet with Paris mushrooms in white wine, potatoes, onions and peas.

Opening year: 2007

To go with: friends or for a business lunch.

Highlights: the enterprise is growing bigger: a new unit was opened in 2011 at Shopping Iguatemi in Alphaville.

Rua Amauri, 328, Itaim Bibi, 3079-4819
www.trindaderestaurante.com.br
Mon/Thu 12pm/3:30pm and 7pm/1am, Fri/Sat 12pm/2pm, Sun 12pm/12am
Cc: A, D, M, V; $$$

Itaim – Vila Nova – Vila Olímpia

Variado

BAR DES ARTS

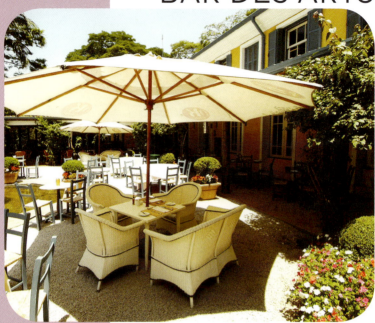

Ano de inauguração: 1995

A melhor companhia: para ir a dois, com a família, com os amigos ou fazer um almoço de negócios.

Destaque: o belíssimo espaço, com 3 mil metros quadrados e muito verde, costuma receber pomposos eventos.

Comandado por Giancarlo Bolla, que também dirige o refinado restaurante La Tambouille, o Bar des Arts é um reduto de tranquilidade no meio do movimentado bairro do Itaim Bibi. Os espaçosos salões, equipados com grandes janelas e algumas obras de arte, ficam ao redor de um agradável jardim, repleto de bananeiras e outras plantas brasileiras.

No almoço, funcionários de empresas da região relaxam nesse ambiente, na companhia de saladas e pratos variados dispostos em um bufê (às quartas e sábados, há feijoada). À noite, a clientela aparece para jantares românticos ou com os amigos, e escolhe a refeição no cardápio. Entre as receitas, está o espaguete com frutos do mar.

Rua Pedro Humberto, 9, Itaim Bibi, 3074-6363
www.leopolldo.com.br
seg/qui 12h/0h, sex/sáb 12h/1h, dom 12h/17h
Cc: A, D, M, V; $$$$

Chef Giancarlo Bolla

Costeletas de tambaqui grelhadas ao molho de limão galego, acompanhadas com farofa de banana da terra

Led by Giancarlo Bolla, who also runs the refined restaurant La Tambouille, the Bar des Arts is a haven of tranquility amid the bustling Itaim Bibi neighborhood. The large rooms with large windows and some works of art are around a pleasant garden, full of banana trees and other Brazilian plants.

At lunch, employees of companies in the region relax in this environment, along with salads and various dishes available on a buffet (on Wednesdays and Saturdays there is 'feijoada'). At night, clients come for romantic dinners or to spend time with friends, and they choose a meal on the menu. Among the recipes is the spaghetti with seafood.

Opening year: 1995

To go with: a date, family, friends or for a business lunch.

Highlights: the beautiful place, with 3 thousand square meters and many plants, often hosts fancy events.

Rua Pedro Humberto, 9, Itaim Bibi, 3074-6363
www.leopolldo.com.br
Mon/Thu 12pm/12am, Fri/Sat 12pm/1am, Sun 12pm/5pm
Cc: A, D, M, V; $$$$

Itaim – Vila Nova – Vila Olímpia

Variado

DRESSING

Ano de inauguração: 1987

Adega: 170 rótulos.

A melhor companhia: para ir com os amigos ou com a família.

Destaque: a casa é uma das mais badaladas da Rua Amauri na hora do almoço.

Com 25 anos de idade, o Dressing trocou a decoração para comemorar o aniversário. Ganhou luminárias em tom cobre assinadas pelo designer britânico Tom Dixon, além de espelhos nas paredes e novas cadeiras em couro.

Em um ambiente assim, de atmosfera descontraída, a clientela prova as receitas variadas preparadas pelo chef Edinaldo Santana. O camarão crocante à moda RJ, acompanhado por arroz negro trufado, divide a preferência do público com o medalhão de filé-mignon ao molho de mostarda e batatas crocantes e o penne com bacalhau, azeitonas pretas, brócolis e vagem holandesa. Antes da refeição, atrai pedidos a polenta cremosa com cogumelos sauté e queijo fontina; depois, é a vez do carpaccio de morango com ganache de chocolate e sorvete de creme.

Rua Amauri, 337, Itaim Bibi, 3167-5347
www.dressing.com.br
seg/qui 12h/15h e 19h30/0h, sex 12h/15h30 e 19h30/1h,
sáb 12h/17h e 19h30/1h, dom 12h/18h
Cc: A, D, M, V; $$$$

Itaim – Vila Nova – Vila Olímpia

Miscellaneous

Chef Edinaldo Santana

Camarão crocante à moda RJ com arroz negro trufado

Crunchy shrimp à la Rio de Janeiro with black truffle rice

The 25 year old restaurant, the Dressing changed the decoration to celebrate its anniversary. It was decorated with copper lamps signed by the British designer Tom Dixon, and also mirrors on the walls and new leather chairs.

In such atmosphere, with a relaxed ambience, the costumers can try the varied recipes prepared by the chef Edinaldo Santana. The crunchy shrimp à la Rio de Janeiro, garnished with black truffle rice, shares the preference of the clients with tenderloin medallion in mustard sauce with crispy potatoes, black olives, broccoli and Dutch pod. Before the main dish, the clients usually order the creamy polenta with sauté mushrooms and fontina cheese; after that, it is time for the strawberry carpaccio with chocolate ganache and vanilla ice cream.

Opening year: 1987

Wine Cellar: 170 labels.

To go with: friends or family.

Highlights: the house is one of the most famous in the street during lunchtime.

Rua Amauri, 337, Itaim Bibi, 3167-5347
www.dressing.com.br
Mon/Thu 12pm/3pm and 7:30pm/12am, Fri 12pm/3:30pm and 7:30pm/1am, Sat 12pm/5pm and 7:30pm/1am, Sun 12pm/6pm
Cc: A, D, M, V; $$$$

Itaim – Vila Nova – Vila Olímpia

Variado

ECCO

Ano de inauguração: 1998

Adega: 130 rótulos.

A melhor companhia: para com os amigos.

Destaque: com o projeto Arte na Amauri, o restaurante seleciona, a cada ano, um grafiteiro diferente para pintar a fachada.

Amplo e moderno, com predominância da cor branca, o salão recebe celebridades e gente bonita em qualquer horário. Está sob o comando dos famosos empresários Sergio Cusin, João Paulo e Pedro Paulo Diniz, do apresentador de televisão Luciano Huck, do arquiteto João Armentano e da restauratrice Mary Nigri.

No cardápio variado, executado pelo chef Francisco das Chagas, influências brasileiras misturam-se às italianas em receitas como o robalo na grelha, servido ao molho de camarão, cogumelos e alcaparras, ao lado de cappellini na manteiga e sálvia. Outras especialidades são o picadinho paulista de filé-mignon, banana à milanesa, arroz, feijão e salada com palmito e a meia-lua de filé-mignon recheada com brie ao molho de funghi, acompanhada por risoto de palmito.

Rua Amauri, 244, Itaim Bibi, 3079-2299
www.eccorestaurante.com.br
seg 12h/15h e 19h30/0h, ter/sex 12h/15h e 19h30/1h, sáb 12h/1h30, dom 12h/0h
Cc: A, D, M, V; $$$$

Itaim – Vila Nova – Vila Olímpia

Miscellaneous

Chef Francisco das Chagas

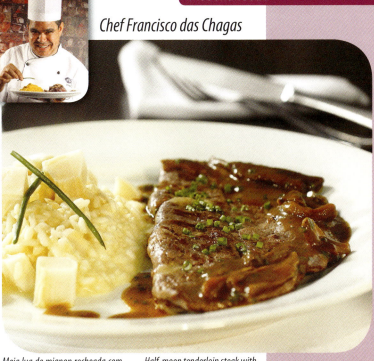

Meia lua de mignon recheada com brie ao molho de funghi secchi com risoto de palmito

Half-moon tenderloin steak with peach palm risotto

Wide and modern, predominantly white, the main room hosts celebrities and beautiful people at any time. Run by the famous businessmen João Paulo and Pedro Paulo Diniz, Sergio Cusin, the television entertainer Luciano Huck, the architect João Armentano and the restauratrice Mary Nigri.

The varied menu, prepared by the chef Francisco das Chagas, mixes Brazilian and Italian influences in recipes as the grilled sea bass, served in shrimp, mushroom and caper sauce, and the capellini in butter and sage. Other specialties are the 'paulista' tenderloin stew, Milanese banana, rice, beans, and salad with heart of palm; and the half-moon tenderloin steak stuffed with brie in fungi sauce, garnished with peach palm risotto.

Opening year: 1998

Wine Cellar: 130 labels.

To go with: friends.

Highlights: with the Art Project of this street (Rua Amauri), the restaurant chooses, every year, a graffiti artist to paint the façade.

Rua Amauri, 244, Itaim Bibi, 3079-2299
www.eccorestaurante.com.br
Mon 12pm/3pm and 7:30pm/12am, Tue/Fri 12pm/3pm and 7:30pm/1am, Sat 12pm/1:30am, Sun 12pm/12am
Cc: A, D, M, V; $$$$

Itaim – Vila Nova – Vila Olímpia

Variado

KAÁ

Ano de inauguração: 2008

Adega: 313 rótulos.

A melhor companhia: para ir a dois, com os amigos, com a família ou fazer um almoço de negócios.

Destaque: o agradável ambiente cria a sensação de que o almoço ou o jantar está sendo realizado ao ar livre, em um lindo jardim.

Vencedora em premiações de design, a casa tem salão com deque, espelho-d'água e jardim vertical de mais de 7 metros de altura, forrado por 7 mil plantas oriundas da Mata Atlântica.

Além da visão, o restaurante também satisfaz o paladar. Focado na cozinha franco-italiana, o cardápio montado pelo chef francês Pascal Valero em parceria com o sócio Paulo Barroso de Barros acerta ao privilegiar ingredientes de qualidade e receitas bem elaboradas. Exemplos dessa harmoniosa combinação são o ravióli de queijo gorgonzola, incrementado por compota de pera e nozes, e o pato com molho de laranja, pequi e batata sautée. Da seção de sobremesas, o mil-folhas de doce de leite e creme de baunilha proporciona o grand finale.

Avenida Presidente Juscelino Kubitschek, 279, Itaim Bibi, 3045-0043
www.kaarestaurante.com.br
seg/sex 12h/15h e 19h/0h, sáb 12h/17h e 19h/1h, dom 12h/17h
Cc: A, D, M, V; $$$$

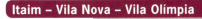

Chef Pascal Valero

Pato ao molho de laranja — Duck in orange sauce

Having won a number of design awards, this house has a spacious hall with a deck, inner water pool and an over 7 meters high vertical garden, covered with over 7 thousand plants from the Atlantic Forest.

Besides the view, the restaurant also pleases taste. Focusing on Franco-Italian cuisine, the menu, by the French chef Pascal Valero along with his partner Paulo Barroso de Barros, gives preference to high-quality ingredients and sophisticated dishes. Some examples of that harmony are the gorgonzola cheese ravioli increased with pear and nuts compote, and the duck in orange sauce, pequi and sautéed potatoes. For dessert, the millefeuille with dulce de leche (a layered custard with milk caramel) with vanilla cream provides the grand finale.

Opening year: 2008
Wine cellar: 313 labels.

To go with: a date, friends, family or for a business lunch.

Highlights: at the pleasant atmosphere, you will have the sensation of having lunch or dinner outdoors, in a beautiful garden.

Avenida Presidente Juscelino Kubitschek, 279, Itaim Bibi, 3045-0043
www.kaarestaurante.com.br
Mon/Fri 12pm/3pm and 7pm/12am,
Sat 12pm/5pm and 7pm/1am, Sun 12pm/5pm
Cc: A, D, M, V; $$$$

Itaim – Vila Nova – Vila Olímpia

Variado

LA TAMBOUILLE

Ano de inauguração: 1971

Adega: 300 rótulos.

A melhor companhia: para ir a dois ou fazer um almoço de negócios.

Destaque: o menu mezzogiorno, servido no almoço, tem preços mais baixos, inclusive nas sugestões de vinho.

Entre os endereços mais tradicionais de São Paulo, o La Tambouille é daquelas casas que costumam servir de cenário para ocasiões especiais. O elegante salão inclui dois pátios cobertos, cercados por plantas, e um piano-bar, entre os quais circulam garçons e maîtres sempre atentos. No cardápio franco-italiano, assinado pelo chef Augusto Piras, há clássicos como o espaguete tuttomare, repleto de lulas, camarões e cavaquinha.

Giancarlo Bolla, o fundador da casa, é um dos restaurateurs mais respeitados da cidade. Além do La Tambouille – que abriu, em 2011, filial em Brasília e está prestes a inaugurar mais uma unidade no Rio de Janeiro –, ele gerencia o Leopolldo (Rua Prudente Correia, 432, Jardim Paulista) e o Bar des Arts (Rua Pedro Humberto, 9, Itaim Bibi).

Avenida Nove de Julho, 5925, Jardim Europa, 3079-6277
www.tambouille.com.br
seg 19h/0h, ter/sex 11h30/15h e 19h/1h, sáb 11h30/17h e 19h/1h, dom 12h/17h e 19h/23h30
Cc: A, D, M, V; $$$$

Itaim – Vila Nova – Vila Olímpia
Miscellaneous

Chef Giancarlo Bolla

Espaguete tuttomare   *Tuttomare spaghetti*

At one of the most traditional addresses in São Paulo, the La Tambouille is the perfect setting for special occasions. The elegant hall includes two covered patios, surrounded by plants, and a piano bar, where many solicitous waiters and maîtres stand. On the Franco-Italian menu – signed by chef Augusto Piras – there are traditional dishes, such as the spaghetti tuttomare, plenty of squids, shrimps and lobsters.

Giancarlo Bolla, founder of the house, is among the most respected restaurateur in the city. Besides La Tambouille – which has, since 2011, a branch in Brasilia and is about to set one more in Rio de Janeiro – he also runs the Leopolldo (Rua Prudente Correia, 432, Jardim Paulista) and the Bar des Arts (Rua Pedro Humberto, 9, Itaim Bibi).

Opening year: 1971

Wine cellar: 300 labels.

To go with: a date or for a business lunch.

Highlights: the mezzogiorno menu, at lunchtime, has cheaper prices – including wine.

Avenida Nove de Julho, 5925, Jardim Europa, 3079-6277
www.tambouille.com.br
Mon 7pm/12am, Tue/Fri 11:30am/3pm and 7pm/1am, Sat 11:30m/7pm and 7pm/1am, Sun 12pm/5pm and 7pm/11:30pm
Cc: A, D, M, V; $$$$

Itaim – Vila Nova – Vila Olímpia

Variado

L'ENTRECÔTE D'OLIVIER

Ano de inauguração: 2009

Adega: 42 rótulos.

A melhor companhia: para ir a dois ou com os amigos.

Destaque: junto com a salada, chegam à mesa pães artesanais e fresquinhos.

O restaurante leva o nome de seu proprietário, o chef francês Olivier Anquier, que comandou, em São Paulo, uma famosa boulangerie e ainda hoje apresenta um programa de culinária na televisão. Em um ambiente informal, com fachada forrada de azulejos coloridos, ele serve apenas um prato: uma porção generosa de entrecôte. As fatias da carne são cobertas por um molho criado pela tia de Olivier, Nicole Gaignier, cuja receita permanece em segredo. Para acompanhar o prato, há batatas fritas, que podem ser repostas à vontade.

Antes da refeição, os garçons servem salada verde ao molho de mostarda e nozes. Depois, vai à mesa o royal de chocolate, uma mousse que chega na quantidade desejada pelo cliente.

Rua Doutor Mário Ferraz, 17, Itaim Bibi, 3034-4808
www.entrecoteolivier.com.br
seg/qui 12h/15h e 19h30/0h30, sex 12h/15h e 19h30/2h,
sáb 12h/2h, dom 12h/23h
Cc: A, D, M, V; $$$$

Itaim – Vila Nova – Vila Olímpia

Miscellaneous

Chef Olivier Anquier

Entrecôte com batatas — *Entrecote with fries*

The restaurant is named after its owner, the French chef Olivier Anquier, who led in São Paulo, the famous boulangerie and, still presents a TV cooking program. In an informal atmosphere, with a façade covered with colored tiles, it only serves one dish: a good serving of entrecote. The slices of meat are covered with a sauce created by Olivier's aunt, Nicole Gaignier, whose recipe remains in Monredo. To accompany the dish, there are French fries that can be freely served.

Before the main dish, the waiters serve a green salad with mustard and nuts sauce. After that, the chocolate royal goes to the table, a mousse that can be ordered in the amount desired by the costumer.

Opening year: 2009

Wine Cellar: 42 labels.

To go with: a date or friends.

Highlights: with the salad, it is also served fresh artisanal breads.

Rua Doutor Mário Ferraz, 17, Itaim Bibi, 3034-4808
www.entrecoteolivier.com.br
Mon/Thu 12pm/3pm and 7:30pm/12:30am, Fri 12pm/3pm and 7:30pm/2am, Sat 12pm/2am, Sun 12pm/11pm
Cc: A, D, M, V; $$$$

Itaim – Vila Nova – Vila Olímpia

Variado

OCTAVIO CAFÉ

Ano de inauguração: 2007

Adega: 45 rótulos.

A melhor companhia: para ir com os amigos ou fazer um almoço de negócios.

Destaque: para os interessados no produto principal da casa, o café, há um curso de barista com novas turmas abrindo ao longo do ano.

Mais que uma cafeteria, a casa é um espaço interativo com 1.200 m² que abriga um salão principal com mesas, um lounge com sofás e poltronas, um jardim interno e um deque com lareira para os dias frios. No cardápio, o café, claro, é o ingrediente mais trabalhado, seja nas bebidas, servidas desde o primeiro horário, ou nos pratos e comidinhas, que entram em cena a partir do meio-dia.

Assinado pela chef Kika Toledo, o menu traz opções à la carte no horário do almoço e do jantar. Destaque para o carro-chefe, filé ao café, servido com batatas rústicas ao alho e alecrim e saladinha de pupunha. O grão, de marca própria, torrado e moído no local, está presente também nas sobremesas como a torta virada de banana, crocante de caju, sorvete de creme e calda de café.

Avenida Brigadeiro Faria Lima, 2996, Itaim Bibi, 3074-0110
www.octaviocafe.com.br
seg/qui 7h45/22h, sex 7h45/23h, sáb 9h/23h, dom 9h/22h
Cc: A, D, M, V; $$$

Itaim – Vila Nova – Vila Olímpia

Miscellaneous

Chef Kyka Toledo

Filé ao café — *Fillet with coffee*

More than a coffee shop, the house is an interactive space of 1,200 m² which has a main hall with tables, a lounge with sofas and couches, an indoor garden and a deck with a fireplace for cold days. On the menu, coffee is, of course, the main ingredient in the drinks, which are served at any time, or the dishes and snacks which are served from noon on.

The menu, signed by chef Kika Toledo, offers a la carte options at lunch and dinner. Highlight for the flagship, fillet with coffee, served with rustic potatoes with garlic and rosemary and hearts of palm salad. The coffee grain is an original brand, roasted and ground at the place, and it is present also in desserts such as banana pie with cashew nuts, vanilla ice cream and coffee syrup.

Opening year: 2007

Wine cellar: 45 labels.

To go with: friends or for a business lunch.

Highlights: for those who are interested in the main product of the house, the coffee, there is a bartender course with new classes throughout the year.

Avenida Brigadeiro Faria Lima, 2996, Itaim Bibi, 3074-0110
www.octaviocafe.com.br
Mon/Thu 7:45am/10pm, Fri 7:45am/11pm, Sat 9am/11pm, Sun 9am/10pm
Cc: A, D, M, V; $$$

Itaim – Vila Nova – Vila Olímpia

Variado

PARIGI

Ano de inauguração: 1998

A melhor companhia: para ir a dois ou fazer um almoço de negócios.

Destaque: o atendimento impecável, comum às casas do grupo Fasano, também é regra no Parigi.

Tão elegante quanto os outros endereços do grupo Fasano, o Parigi difere dos demais por reunir a cozinha italiana e a francesa em um mesmo cardápio – a primeira parte é assinada pelo chef Salvatore Loi; a segunda, por Eric Berland. Clássicos de ambas as especialidades tomam conta dos pedidos, que vão do steak tartare ao linguine com vôngoles. Às quartas e aos domingos, um carrinho passeia entre as mesas levando as carnes cozidas e os acompanhamentos do chamado bollito misto, servido apenas no horário do almoço.

É nesse período, aliás, que a casa fica tomada por homens engravatados, em reuniões de trabalho. À noite, o ambiente tranquilo parece deixar mais à vista a bela decoração, que inclui fotos dos países homenageados no cardápio.

Rua Amauri, 275, Itaim Bibi, 3167-1575
www.fasano.com.br
seg/qui 12h/15h e 19h/0h30, sex 12h/16h e 19h/1h, sáb 19h/1h, dom 12h/17h
Cc: A, D, M, V; $$$$$

Itaim – Vila Nova – Vila Olímpia

Miscellaneous

Chef Eric Berland

Vieiras gratinadas — Scallops au gratin

As elegant as any of the Fasano group branches, the Parigi differs from the others for offering both Italian and French cuisines on a sole menu – the first by chef Salvatore Loi; the other by chef Eric Berland. There are traditional dishes of both specialties, from the steak tartare to linguini with clams. On Wednesdays and Sundays, a barrow goes among the tables serving varieties of cooked meat and side dishes of the so-called bollito misto, at lunchtime.

At this time, by the way, the house is often crowded with businessmen at their meetings. In the evening, the smooth atmosphere seems to emphasize the neat decoration, including photographs of the countries to which the menu pays homage.

Opening year: 1998

To go with: a date or for a business lunch.

Highlights: the impeccable service, typical at Fasano group restaurants, is also a rule at Parigi.

Rua Amauri, 275, Itaim Bibi, 3167-1575
www.fasano.com.br
Mon/Thu 12pm/3pm and 7pm/12:30am, Fri 12pm/4pm and 7pm/1am, Sat 7pm/1am, Sun 12pm/5pm
Cc: A, D, M, V; $$$$$

Itaim – Vila Nova – Vila Olímpia

Variado

PRAÇA SÃO LOURENÇO

Ano de inauguração: 2005

Adega: 170 rótulos.

A melhor companhia: para ir a dois, com a família ou com os amigos.

Destaque: no almoço do fim de semana e em feriados, uma equipe de recreadores toma conta das crianças em um espaço reservado.

As mesas distribuem-se em um lindo espaço pontuado por árvores, lago e muitas plantas. Nesse agradável ambiente, a clientela se instala para petiscar (há antepastos e porções como a de bolinho de bacalhau) ou para almoços e jantares mais demorados.

Ao meio-dia, os pratos são escolhidos em um bufê; no jantar, o serviço é à la carte. Entre as variadas receitas de acento italiano encontram-se a costeleta de cordeiro com risoto à milanesa e saladinha de ervas e o fettuccine ao ragu de calabresa e rúcula. Para encerrar a refeição, as frutas podem ser assadas na lenha e ganhar a companhia de rabanada de brioche e creme inglês. Recentemente, o restaurante abriu uma filial no Shopping Iguatemi de Alphaville, que tenta reproduzir o ambiente arborizado da matriz por meio de plantas penduradas do teto.

Rua Casa do Ator, 608, Vila Olímpia, 3053-9300
www.pracasaolourenco.com.br
seg/qui 12h/15h e 19h/0h, sex 12h/15h30 e 19h/1h,
sáb 12h/17h e 19h/1h, dom 12h/17h
Cc: A, D, M, V; $$$$

Itaim – Vila Nova – Vila Olímpia

Miscellaneous

Costeleta de cordeiro — Lamb chops

The tables are places in a beautiful area with trees, a lake a many plants. In this pleasant atmosphere, the costumers can sit and have a snack (there are antipastos and servings as the cod cake) and, also, have longer lunches or dinners.

At noon, the dishes can be chosen from a buffet; at dinner, the service is à la carte. Among the Italian-influenced recipes there are the lamb chops with milanese risotto and herbs salad, and the fettuccine in calabrese and arugula ragout. To finish the meal, the fruits can be roasted in wood ovens, and be garnished with French toast brioche and English cream. Recently, the restaurant opened a branch at the Mall Iguatemi, in Alphaville, which tries to reproduce the wooded ambience of the main restaurant, with hanging plants.

Opening year: 2005

Wine Cellar: 170 labels.

To go with: a date, family or friends.

Highlights: at lunchtime during weekends and holidays, a recreational team takes care of the children in a reserved area.

Rua Casa do Ator, 608, Vila Olímpia, 3053-9300
www.pracasaolourenco.com.br
Mon/Thu 12pm/3pm and 7pm/12am, Fri 12pm/3:30pm and 7pm/1am, Sat 12pm/5pm and 7pm/1am, Sun 12pm/5pm
Cc: A, D, M, V; $$$$

Itaim – Vila Nova – Vila Olímpia
Variado

RUELLA

Ano de inauguração: 1996

A melhor companhia: para ir a dois.

Destaque: em 2011, a casa abriu uma filial em Pinheiros (Rua Vupabussu, 199), que ostenta um belo jardim.

Quem passa pela movimentada Rua João Cachoeira não imagina que ela esconde um charmoso pedacinho da França no meio de uma despretensiosa viela. Instalado em um beco, o restaurante comandado por Danielle Dahoui até faz esquecer de que se está em São Paulo. O imóvel lembra uma casa provençal e tem atmosfera aconchegante, com sofás, cadeiras antigas, quadros de diferentes tamanhos e relógios nas paredes.

Casais formam o público-alvo, e curtem o ambiente na companhia de delícias francesas com toques contemporâneos. Há, por exemplo, o hambúrguer de cordeiro com queijo de cabra brûlée, farofa de bacon e pasta de hortelã picante sobre brioche. Sabores mais clássicos também encontram espaço no cardápio – o confit de pato é um deles.

Rua João Cachoeira, 1507, Vila Olímpia, 3842-7177
www.ruella.com.br
seg/sáb 20h/1h, dom 13h/17h
Cc: D, M, V; $$$

Itaim – Vila Nova – Vila Olímpia
Miscellaneous

Danielle Dahoui

Hambúrguer de cordeiro — *Lamb hamburger*

People walking in the busy street João Cachoeira does not imagine that it hides a charming piece of France in the middle of the unpretentious alley. Established in an alleyway, the restaurant run by Danielle Dahoui makes the costumers forget that they are in São Paulo. The property resembles a Provencal house and has a cozy atmosphere, with couches, old chairs, paintings in different sizes and wall clocks.

The target customers are young people and enjoy the place in the company of French delights with a Contemporary touch. There are, for example, the lamb hamburger with goat cheese brûlé, bacon 'farofa' and spicy mint paste on brioche. More classic flavors can also be found on the menu – the duck confit is one of them.

Opening Year: 1996

To go with: a date.

Highlights: in 2011, the house opened a branch in Pinheiros (Rua Vupabussu, 199), which has a lovely garden.

Rua João Cachoeira, 1507, Vila Olímpia, 3842-7177
www.ruella.com.br
Mon/Sat 8pm/1am, Sun 1pm/5pm
Cc: D, M, V; $$$

Pinheiros – Vila Madalena

Espanhol

DON CURRO

Ano de inauguração: 1958

Adega: 300 rótulos.

A melhor companhia: para ir com a família ou com os amigos.

Destaque: o portentoso salão esconde uma das cozinhas mais bonitas da cidade, toda revestida de azulejos espanhóis e recheada de equipamentos em cobre.

Francisco Rios Dominguez, o Don Curro, deixou a carreira de toureiro em Sevilha, na Espanha, para abrir o restaurante em São Paulo, em 1958. Sua mulher, Carmen, trouxe as receitas que nunca saíram do cardápio da casa, hoje comandada por seus filhos Rafael e José Maria. A paella, considerada uma das melhores da capital paulista, surpreende os clientes: vai à mesa com enormes exemplares de mariscos e lagostins. Igualmente ricos são os pescados e frutos do mar preparados na chapa.

As seções de sobremesas e de vinhos também seguem à risca a tradição espanhola. Na primeira, há crema catalana e torta de Santiago; na segunda, uma excelente seleção de rótulos do país, muitos deles importados da região de Rioja pelo próprio restaurante.

Rua Alves Guimarães, 230, Pinheiros, 3062-4712
www.doncurro.com.br
ter/qui 12h/0h, sex/sáb 12h/0h30, dom 12h/17h
Cc: A, D, M; $$$

Pinheiros – Vila Madalena

Spanish

Paella

Francisco Rios Dominguez, the Don Curro, left behind his career as a bullfighter in Sevilha, Spain, to set this restaurant in São Paulo, in 1958. His wife, Carmen, brought recipes that have never been taken off the menu of the house, nowadays run by their sons, Rafael and José Maria. The paella, one of the best of São Paulo, always surprises the customers: it is served with huge shellfish and crayfish. Also rich and savory are the fish and seafood prepared on a griddle.

The sections of desserts and wines carefully follow the Spanish tradition too. For the first, there is crema catalana and Santiago pie; for the second, a good selection of labels from that country, many of them are brought from the Rioja region especially to this restaurant.

Opening year: 1958

Wine cellar: 300 labels.

To go with: family or friends.

Highlights: the portentous hall hides one of the most beautiful kitchens in the city, with walls covered with Spanish tiles and filled with copper utensils.

Rua Alves Guimarães, 230, Pinheiros, 3062-4712
www.doncurro.com.br
Tue/Thu 12pm/12am, Fri/Sat 12pm/12:30am, Sun 12pm/5pm
Cc: A, D, M; $$$

Pinheiros – Vila Madalena

Francês

ALLEZ, ALLEZ!

Ano de inauguração: 2005

Adega: 45 rótulos.

A melhor companhia: para ir a dois ou com os amigos.

Destaque: na seção de sobremesas também há clássicos franceses, como o creme brûlée.

O pequeno bistrô de piso quadriculado, com objetos artesanais na decoração, passou anos sob o comando do chef Luiz Emanuel, que o levou à lista das mais importantes premiações gastronômicas de São Paulo.

Depois de sua saída, no início de 2012, a casa continua a servir pratos franceses com padrão semelhante. Do cardápio, fazem sucesso o steak tartare, o peito de pato sobre canapé de endívias caramelizadas em redução de laranja e a especialidade da casa, o jarret de vitelo ao molho de especiarias, acompanhado por minilegumes glaceados e risoto à milanesa.

Durante a semana, no almoço, a clientela também encontra sugestões do dia. Em qualquer horário, convém reservar.

Rua Wisard, 288, Vila Madalena, 3032-3325
www.allezallez.com.br
seg 12h/15h e 20h/23h, ter/sex 12h/15h e 20h/0h,
sáb 13h/16h e 20h/0h
Cc: A, D, M, V; $$$$

Pinheiros – Vila Madalena

French

Jarret de vitelo — Calf jarret in spices sauce

The small bistro with checkered floor, artisanal objects for decoration, was run by the chef Luiz Emanuel for many years, which led him to the list of the most important gastronomic award in São Paulo.

After he left the restaurant, in the beginning of 2012, the house still serves French dishes with similar standards. On the menu, there are famous dishes as the steak tartar, the duck breast on a canapé of caramelized endives in orange reduction, and the house specialty, the calf jarret in spices sauce, accompanied with mini glazed vegetables and Milanese risotto.

During the week, at lunchtime, the clients can also find the suggestion of the day. At any time, a reservation is recommended.

Opening year: 2005

Wine cellar: 45 labels.

To go with: a date or friends.

Highlights: in the desserts section, there are also French classics as the creme brûlée.

Rua Wisard, 288, Vila Madalena, 3032-3325
www.allezallez.com.br
Mon 12pm/3pm and 8pm/11pm, Tue/Fri 12pm/3pm and 8pm/12am,
Sat 1pm/4pm and 8pm/12am
Cc: A, D, M, V; $$$$

Pinheiros – Vila Madalena

Francês

LOLA BISTROT

Ano de inauguração: 2003

Adega: 80 rótulos.

A melhor companhia: para ir a dois ou com os amigos.

Destaque: uma sala privativa, com vista para a cozinha, pode ser reservada por grupos de 15 pessoas.

Com jardim de inverno, piso de ladrilho hidráulico e velas, o aconchegante ambiente sugere romance. E serve de cenário para um almoço ou jantar à francesa, composto pelos pratos da chef e proprietária Daniela França Pinto. Da cozinha, ela libera ostras gratinadas, creme brûlé de milho verde com geleia de pimenta dedo-de-moça e o sempre esperado peixe du jour, preparado em molho de cogumelos e aspargos.

O Lola Bistrot também ficou conhecido por abrigar um requisitado bar à vin. No comprido balcão de madeira, iluminado por globos coloridos, há espaço tanto para quem espera uma mesa quanto para aqueles que preferem ficar por ali mesmo, saboreando um petisco na companhia de drinques e da boa seleção de vinhos em taça.

Rua Purpurina, 38, Vila Madalena, 3812-3009
www.lolabistrot.com.br
seg/sex 12h/15h e 20h/0h, sáb 20h/0h, dom 13h/17h.
Cc: A, D, M, V; $$

Pinheiros – Vila Madalena

French

Chef Daniela França Pinto

Peixe du jour — *Fish "du jour"*

With a winter garden, floor hydraulic tiles and candles, the cozy ambience inspires romance. It is the perfect setting for a French-style lunch or dinner, consisting of the dishes by chef and owner Daniela França Pinto. From the kitchen, she prepares the oyster au gratin, corn brulee cream with red pepper jelly, and the always expected fish "du jour", prepared in mushrooms and asparagus sauce.

Lola Bistrot also became famous for its much appreciated bar à vin. At the long wooden counter, lit by the colored globe chandeliers, there is room for both those who wait a table and for those who would rather prefer to stay right there, savoring appetizers with drinks and a good selection of glasses of wine.

Opening year: 2003

Wine cellar: 80 labels.

To go with: a date or friends.

Highlights: a private room, with view to the kitchen, can be booked for groups, up to 15 people.

Rua Purpurina, 38, Vila Madalena, 3812-3009
www.lolabistrot.com.br
Mon/Fri 12pm/3pm and 8pm/12am, Sat 8pm/12am, Sun 1pm/5pm
Cc: A, D, M, V; $$

Pinheiros – Vila Madalena
Italiano

AGUZZO

Ano de inauguração: 2006

Adega: 120 rótulos.

A melhor companhia: para ir a dois ou fazer um almoço de negócios.

Destaque: depois de incorporar o imóvel vizinho, a casa ampliou o número de lugares de 60 para 90, e ainda ganhou um piso superior reservado a eventos.

Com experiência de sobra no meio gastronômico paulistano, Osmânio Rezende trabalhou no extinto Le Coq Hardy e no grupo Fasano antes de abrir seu próprio restaurante. Em um elegante ambiente, que acaba de ser ampliado, ele atende os clientes e sugere pratos como o filé-mignon à parmegiana, empanado com migalhas de pão feito na casa e gratinado com queijo parmesão e molho de tomates frescos.

A cargo do chef Alessandro Oliveira, o cardápio também traz uma ótima seção de risotos (que inclui o de frutos do mar) e de massas. Nesta, a atração é o fettuccine cortado na chitarra, um tradicional instrumento italiano, servido com ragu de cordeiro e figos ao vinho do Porto. Para encerrar a refeição, o cannoli (um tubinho frito e doce) vem recheado de creme de pistache.

Rua Simão Álvares, 325, Pinheiros, 3083-7363
www.aguzzo.com.br
seg/qui 12h/15h e 19h/0h, sex 12h/15h e 19h/1h,
sáb 12h30/17h e 19h/1h, dom 12h/17h
Cc: A, D, M, V; $$$

Pinheiros – Vila Madalena

Italian

Osmânio Rezende

Pato assado com pimenta-verde   *Roast duck with green pepper*

Having great experience in São Paulo culinary business, Osmânio Rezende had worked at the extinct Le Coq Hardy and the Fasano group before he opened his own restaurant. At the elegant ambience, which has been recently expanded, he hosts the customers and suggests dishes like the fillet mignon parmigiana, breaded with crumbs of bread baked in the very restaurant, and browned with Parmesan cheese and fresh tomato sauce.

Under the direction of the chef Alessandro Oliveira, the menu also offers a good section of risottos (including that with seafood) and pasta. On this last one, the main attraction is the fettuccine cut with the chitarra, a traditional Italian utensil, served with lamb ragout and figs in Port wine. Finally, the cannoli (a sweet fried little tube) is served filled with pistachio cream.

Opening year: 2006

Wine cellar: 120 labels.

To go with: a date or for a business lunch.

Highlights: after its expansion, having added the next-door property to its size, the house increased from 60 to 90 tables, besides a second floor which can be booked for events.

Rua Simão Álvares, 325, Pinheiros, 3083-7363
www.aguzzo.com.br
Mon/Thu 12pm/3pm and 7pm/12am, Fri 12pm/3pm and 7pm/1am, Sat 12:30pm/5pm and 7pm/1am, Sun 12pm/5pm
Cc: A, D, M, V; $$$

Pinheiros – Vila Madalena

Italiano

BUTTINA

Ano de inauguração: 1996

Adega: 200 rótulos.

A melhor companhia: para ir a dois ou com a família.

Destaque: com uma enorme jabuticabeira, o quintal é o lugar preferido dos casais.

Enquanto José Otávio Scharlach recebe os clientes no salão, sua mulher, Filomena Chiarella, toma conta da cozinha. Ali, ela prepara massas fresquinhas e algumas criações próprias, a exemplo do spaghettini di cacao, um espaguete à base de cacau com molho de mascarpone e presunto cru. Às terças, quartas e quintas-feiras, os clientes fiéis batem cartão na casa para provar o famoso orecchiette alla basilicata, uma massa em forma de orelha elaborada de maneira artesanal pela mamma da chef, Maria Palumbo Chiarella.

No dia 29, é a vez do tradicional nhoque ganhar a maioria dos pedidos. Mas ele não está restrito à data: preparado todos os dias, pode ser feito de batata, mandioquinha, azeitonas pretas ou semolina, e acompanhado por uma extensa lista de molhos.

Rua João Moura, 976, Pinheiros, 3083-5991
www.buttina.com.br
ter/qui 12h/14h30 e 20h/23h30, sáb 13h/0h30, dom 13h/17h
Cc: A, D, M, V; $$

Pinheiros – Vila Madalena

Italian

José Otávio Scharlach e Filomena Chiarella

Orecchiette alla basilicata

While José Otávio Scharlach hosts customers at the main dining room, his wife, Filomena Chiarella, leads the kitchen. There she prepares fresh pasta and even some original creations, such as the spagghettini di cacao, which is spaghetti made of cocoa with raw ham and mascarpone sauce. On Tuesdays, Wednesdays and Thursdays, old clients visit the house to savor the famous orecchiete alla basilicata, an ear-shaped pasta handmade by the chef's mamma, Maria Palumbo Chiarella.

Every month, on the 29th day, it is the traditional gnocchi's time. However, it is not bound to the date: at any day it can be ordered, prepared with potato, cassava, black or semolina olives, and served with an extensive list of sauces.

Opening year: 1996

Wine cellar: 200 labels.

To go with: a date or family.

Highlights: having a huge jabuticaba tree (also called Brazilian Grape Tree), the yard is most preferred by couples.

Rua João Moura, 976, Pinheiros, 3083-5991
www.buttina.com.br
Tue/Thu 12pm/2:30pm and 8pm/11:30pm, Sat 1pm/12:30am, Sun 1pm/5pm
Cc: A, D, M, V; $$

Pinheiros – Vila Madalena

Italiano

EMIGLIA

Ano de inauguração: 2011

Adega: 55 rótulos.

A melhor companhia: para ir a dois ou com os amigos.

Destaque: para acompanhar a refeição, opte por uma das caipiroscas que saem do bar caprichadas, como a de abacaxi, hortelã e lima-da-pérsia.

No charmoso salão decorado com madeira de demolição, que acaba em uma convidativa varanda, jovens casais e turmas de amigos desfrutam de um clima descontraído e ao mesmo tempo romântico. Aberto em 2011, o restaurante nasceu depois de uma viagem que os três sócios e amigos fizeram à região norte da Itália. De lá, trouxeram não apenas a ideia de abrir a casa, mas um punhado de receitas que foram aprimoradas e hoje são bem-executadas pelo chef Dalton Rangel.

A maioria dos pedidos se concentra nas pizzas, servidas com massa fininha e crocante sob uma das vinte opções de cobertura. Mas no cardápio há também pratos como massas e o steak tartar, acompanhado de batatas rústicas, além das piadinas, que são sanduíches leves feitos com farinha especial e azeite. A burrata fresca, uma entrada de mussarela de búfala cremosa, tomatinhos e pesto de manjericão, tornou-se hit da casa.

Rua Cinderela, 40, Pinheiros, 2365-6500
www.emiglia.com.br
ter/sex 18h/2h, sáb/dom 12h/15h, 18h/2h
Cc: A, D, M, V; $$$

Pinheiros – Vila Madalena

Italian

Chef Dalton Rangel

Mussarela de búfala cremosa, com tomate sweet e pesto de manjericão

Fresh burrata

At the charming hall, decorated with demolition wood, which ends in an inviting porch, young couples and groups of friends enjoy a relaxed and at the same time romantic atmosphere. Opened in 2011, the restaurant was born after a trip that the three partners and friends took to the northern region of Italy. They brought home not only the idea of opening the restaurant, but a handful of recipes that have been improved and are now well-performed by chef Dalton Rangel.

The most ordered meal are the pizzas, served with thin and crispy pasta under one of the twenty topping options. But on the menu there are also dishes such as pasta and steak tartare with rustic potatoes, besides piadinas, which are light sandwiches made with special flour and oil. The fresh burrata, an entree of creamy mozzarella, tomatoes and basil pesto, became the house's hit.

Opening year: 2011

Wine cellar: 55 labels.

To go with: a date or friends.

Highlights: to go with the meal, try one of the 'caipiroscas,' very well prepared at the bar, like the one with pineapple, mint and Persian lime.

Rua Cinderela, 40, Pinheiros, 2365-6500
www.emiglia.com.br
Tue/Fri 6pm/2am, Sat/Sun 12pm/3pm, 6pm/2am
Cc: A, D, M, V; $$$

Pinheiros – Vila Madalena

Italiano

VINHERIA PERCUSSI

Ano de inauguração: 1985

Adega: 300 rótulos.

A melhor companhia: para ir a dois, com os amigos ou com a família.

Destaque: as massas, os antepastos e as sobremesas podem ser comprados para viagem na rotisseria que funciona no restaurante.

O restaurante é a evolução da vinheria, uma casa de vinhos fundada por Luciano e Maria Grazia Percussi, italianos da Ligúria, em 1985. Silvia e Lamberto, filhos do casal, assumiram o comando do lugar em 1987 e o transformaram em um dos endereços de cozinha italiana mais respeitados de São Paulo.

No cardápio, a chef Silvia relaciona criações como o ravióli recheado de burrata, ao molho de tomates e azeitonas pretas, e o risoto com tomates, cebolas crocantes, pancetta e pimenta. Todas elas podem ser acompanhadas por um dos vinhos dispostos na grande adega da casa, administrada por Lamberto, que também é sommelier. A cada mês, ele elenca sugestões de rótulos a preços promocionais e, vez ou outra, prepara com a irmã cardápios especiais, que incluem a harmonização com vinhos.

Rua Cônego Eugênio Leite, 523, Pinheiros, 3088-4920
www.percussi.com.br
ter/qui 12h/15h e 19h/23h, sex 12h/15h e 19h/0h, sáb 12h/16h30 e 19h/0h, dom 12h/16h30
Cc: A, D, M, V; $$$$

Pinheiros – Vila Madalena

Italian

Os sócios Silvia e Lamberto Percussi

Risoto com tomates, cebolas crocantes, pancetta e pimenta

Risotto with tomatoes, crunch onions, pancetta and pepper

The restaurant is the development of a wine house, founded by Luciano and Maria Grazia Percussi, an Italian couple from Ligúria, in 1985. Silvia and Lamberto, daughter and son of the couple, took the lead of the place in 1987 and transformed it in one of the most respected addresses of Italian Cuisine in São Paulo.

On the menu, the chef Silvia prepares creations as the ravioli stuffed with burrata, in tomato and black olives sauce, and the risotto with tomatoes, crunch onions, pancetta and pepper. All dishes can be paired with wines that are displayed in the big wine cellar of the house, run by Lamberto, who is also a sommelier. Every month, he lists suggestions of labels at promotional prices and, once in a while, he prepares with his sister special menus, which include the pairing with the wines.

Opening year: 1985

Wine Cellar: 300 labels.

To go with: a date, friends or family.

Highlights: the pasta, antipastos and the desserts can be bought to take away in the rotisserie inside the restaurant.

Rua Cônego Eugênio Leite, 523, Pinheiros, 3088-4920
www.percussi.com.br
Tur/Thu 12pm/3pm and 7pm/11pm, Fri 12pm/3pm and 7pm/12am, Sat 12pm/4:30pm and 7pm/12am, Sun 12pm/4:30pm
Cc: A, D, M, V; $$$$

Pinheiros – Vila Madalena

Mediterrâneo

COMPAGNIA MARINARA

Ano de inauguração: 1990

Adega: 400 rótulos.

A melhor companhia: para ir a dois, com a família, com os amigos ou fazer um almoço de negócios.

Destaque: com capacidade para 200 pessoas, o belo salão costuma sediar grandes eventos.

A bela casa fica em um ponto arborizado de um bairro vizinho a Pinheiros. Dentro, exibe um salão elegante, com mesas redondas cobertas por toalhas brancas, cadeiras confortáveis e refinados jogos de louças e talheres, que são trocados conforme a época do ano.

Nesse ambiente, uma clientela fiel se acomoda durante o dia ou à noite para provar receitas à base de pescados, inspiradas pela cozinha mediterrânea da Itália. É o chef Raul Miguel Setti quem comanda o preparo de massas e risotos como o de açafrão com frutos do mar. A grigliata mista de mare também reúne frutos do mar, desta vez grelhados e acompanhados por manteiga e ervas. Para a sobremesa, há sugestões leves, caso da pera cozida em vinho e do carpaccio de abacaxi com sorvete e calda de gengibre.

Avenida São Gualter, 777, Alto de Pinheiros, 3021-0055
www.marinara.com.br
seg/sex 12h/15h e 19h/0h, sáb 12h/16h e 19h/1h, dom 12h/16h
Cc: A, D, M, V; $$$$$

Pinheiros – Vila Madalena

Mediterranean

Chef Raul Miguel Setti

Frutos do mar grelhados com manteiga e ervas — Grilled seafood with butter and herbs

This lovely house is located in a greenery neighborhood close to Pinheiros. Inside, there is an elegant main room, with round tables covered with white towels, comfortable chairs and fine crockery and cutlery, which are changed according to the season of the year.

In this ambience, loyal costumers get ready to try recipes based on fish, inspired by Italian Mediterranean cuisine. The chef Raul Miguel Setti runs the preparation of the pasta and risottos, as the one made with saffron and seafood. The 'mixed grigliata de mare' is also prepared with seafood, but in this version it is grilled and served with butter and herbs. For dessert, there are light suggestions, for instance, the pear cooked in wine and the pineapple carpaccio with ice cream and ginger sauce.

Opening year: 1990

Wine Cellar: 400 labels.

To go with: a date, family, friends or for a business lunch.

Highlights: with capacity for 200 people, the lovely main room usually hosts big events.

Avenida São GualTer, 777, Alto de Pinheiros, 3021-0055
www.marinara.com.br
Mon/Fri 12pm/3pm and 7pm/12am,
Sat 12pm/4pm and 7pm/1am, Sun 12pm/4pm
Cc: A, D, M, V; $$$$$

Pinheiros – Vila Madalena

Variado

AK VILA

Ano de inauguração: 2011

A melhor companhia: para ir a dois, com os amigos ou fazer um almoço de negócios.

Destaque: o cardápio conta com uma boa lista de sanduíches, como o de salmão defumado e cream cheese com dill.

A chef Andrea Kaufmann ganhou notoriedade ao comandar, por três anos, o restaurante AK Delicatessen em Higienópolis, com boas receitas da cozinha judaica. Depois de fechá-lo, ela ressurgiu, em 2011, com a versão da casa na boêmia Vila Madalena. O cardápio ganhou um toque mais autoral e se encheu de receitas que mudam conforme os ingredientes mais frescos da estação. Entre elas, dominam os pedidos a cavaquinha com risoto de limão-siciliano e os lagostins grelhados com spaghetinni na manteiga.

Antes de pedir a refeição, é uma boa atentar para a rica seção de entradas, que inclui o tartare de atum e abacate com chips de batata-doce.

Rua Fradique Coutinho, 1240, Vila Madalena, 3231-4496
www.akvila.com.br
ter/qui 12h/15h e 20h/0h, sex 12h/15h30 e 20h/0h,
sáb 12h/0h, dom 13h/18h
Cc: A, D, M, V; $$$

Pinheiros – Vila Madalena

Miscelanneous

Chef Andrea Kaufmann

Lagostins com spaghettini   *Caryfish with spaghetti*

Chef Andrea Kaufmann has become respected after leading, for three years, the Delicatessen restaurant in Higienópolis, with good recipes of the Jewish cuisine. Some time after having closed it, she returned, in 2011, with a new version of house in the bohemian Vila Madalena. The menu was increased with original inventive dishes, whose fresh ingredients change according to the season. Find among the most appreciated the lobster with Sicilian lemon risotto and the grilled caryfish with spaghetti on butter.

Before ordering, it is good to have a look on the rich entrée section, which includes tuna and avocado tartare with sweet potato chips.

Opening year: 2011

To go with: a date, friends or for a business lunch.

Highlights: find on the menu an extensive list of sandwiches, such as the smoked salmon and cream cheese with dill.

Rua Fradique Coutinho, 1240, Vila Madalena, 3231-4496
www.akvila.com.br
Tue/Thu 12pm/3pm and 8pm/12am, Fri 12pm/3:30pm and 8pm/12am, Sun 1pm/6pm
Cc: A, D, M, V; $$$

`Pinheiros – Vila Madalena`
`Variado`

ARTURITO

Ano de inauguração: 2008

A melhor companhia: para ir a dois, com os amigos ou fazer um almoço de negócios.

Destaque: a chef Paola Carosella varia seus pratos de acordo com os ingredientes mais frescos da estação.

O comprido e moderno salão, com paredes revestidas em madeira e mesas iluminadas por velas, tem um clima ideal para casais. Grupos de amigos também visitam a casa que, desde 2011, passou a abrir no horário do almoço e acompanha a crescente frequência de executivos.

Independentemente da companhia, todos querem provar o menu assinado pela renomada chef Paola Carosella, natural da Argentina. Para começar, há ceviche de ostras e, na sequência, coelho com capellini ao molho de manteiga e cogumelo porcini. As carnes assadas lentamente são outro item requisitado. O bife de cuadril (ou picanha), por exemplo, aparece com lentilha, shiitake e espinafre no menu do meio-dia, que inclui, ainda, uma entrada e uma sobremesa por um preço fixo.

Rua Artur de Azevedo, 542, Pinheiros, 3063-4951
www.arturito.com.br
seg 19h/0h, ter/sex 12h/15h e 19h/0h, sáb 12h30/16h e 19h/0h, dom 12h30/16h
Cc: A, D, M, V; $$$$

Pinheiros – Vila Madalena

Miscelanneous

Brioche French toast

The long and sophisticated room, with walls covered with wood and tables lit by candles, is the perfect atmosphere for couples. Groups of friends also come to the house, which – since 2011 – began to open at lunchtime, receiving an increasing number of executives.

No matter the company, all of them share the single desire of tasting the menu by the renowned chef Paola Carosella, who is from Argentine. For entrée, there is oyster ceviche and, following, rabbit with capellini in brown sauce with porcini mushroom. Meat, slowly roasted, is too much appreciated. The cuandril beef (or top sirloin), for instance, is served with lentils, shiitake mushrooms and spinach at the lunchtime menu, and also includes entrée and dessert for a fixed price.

Opening year: 2008

To go with: a date, friends or for a business lunch.

Highlights: chef Paola Carosella changes her dishes according to the freshest ingredients of the season.

Rua Artur de Azevedo, 542, Pinheiros, 3063-4951
www.arturito.com.br
Mon 7pm/12am, Tue/Fri 12pm/3pm and 7pm/12am, Sat 12:30pm/4pm and 7pm/12am, Sun 12:30pm/4pm
Cc: A, D, M, V; $$$$

Higienópolis

Brasileiro

TORDESILHAS

Ano de inauguração: 1990

Adega: 87 rótulos.

A melhor companhia: para ir com a família ou com os amigos.

Destaque: o restaurante tem uma boa carta de cachaças, e vive promovendo festivais inspirados na cozinha de diversos cantos do Brasil.

Conhecida estudiosa da culinária brasileira, a chef Mara Salles é praticamente uma enciclopédia viva sobre o assunto. Ela sabe tudo sobre ingredientes e receitas típicas das diversas regiões do País, e mostra em seu cardápio um pouco desse conhecimento. Há, nele, espaço para o pato no tucupi da Região Norte, para a moqueca capixaba (feita com urucum, sem azeite de dendê e leite de coco), para o barreado do Paraná, para o tutu mineiro... E, também, para suas criações, como o pirarucu grelhado, regado ao tucupi, e a ripa de costelinha de porco com risoto mulato e couve.

No agradável salão, a clientela se divide entre a área interna, cheia de obras do artesanato brasileiro, e o arborizado quintal com vista para o movimento da cozinha.

Rua Bela Cintra, 465, Consolação, 3107-7444
www.tordesilhas.com
ter/sex, 12h/15h e 19h/0h, sáb 12h/17h e 19h/0h, dom 12h/17h
Cc: A, D, M, V; $$$

Higienópolis

Brazilian

Chef Mara Salles

Pato no tucupi — Duck in tucupi stew

This well-known researcher on Brazilian cuisine, chef Mara Salles, is nearly a living encyclopedia about the subject. She knows everything about ingredients and recipes found typically in the diverse regions of the country, and on her menu she conveys some of this knowledge. She travels from the duck in tucupi stew (North), to the Capixaba fish stew (with annatto, but no palm oil nor coconut milk), to Parana barreado (meat cooked in a clay pan), to the Mineiro tutu (mashed cooked beans)... And there is also room for her own creations, such as grilled arapaima in tucupi broth, and the strips of pork ribs with mulatto risotto and kale.

At the pleasant hall, clients may choose to stay indoors, and appreciate the varieties of Brazilian handcraft, or go outdoors at the yard and watch the kitchen.

Opening year: 1990

Wine cellar: 87 labels.

To go with: family or friends.

Highlights: the restaurant has a good 'cachaça' list, and hosts Brazilian cuisine festivals now and then.

Rua Bela Cintra, 465, Consolação, 3107-7444
www.tordesilhas.com
Tue/Fri 12pm/3pm and 7pm/12am, Sat 12pm/5pm and 7pm/12am, Sun 12pm/5pm
Cc: A, D, M, V; $$$

Higienópolis

Carnes

NORTH GRILL

Ano de inauguração: 2004

Adega: 200 rótulos.

A melhor companhia: para ir com os amigos ou fazer um almoço de negócios.

Destaque: o farto couvert, com pães, manteiga, patê, legumes e molho de cebola, faz as vezes de entrada.

Instalado ao lado dos cinemas do Shopping Frei Caneca, o restaurante acomoda os clientes em um austero e climatizado ambiente. De uma grelha especial, mais inclinada que o comum, saem cortes altos de bife ancho (retirado da parte dianteira do contrafilé), chuleta e costeleta de cordeiro. Como acompanhamento, pode-se selecionar uma das saladas do bufê ou pedir porções de batata, legumes grelhados e arroz, cobradas à parte.

O cardápio assinado pelo chef Manuel Carlos não é restrito às carnes e também cede espaço a uma seção de pescados e frutos do mar, que inclui filé de truta guarnecido de amêndoas e purê de mandioquinha, robalo à belle meunière e bacalhau com batatas ao murro. Em novembro de 2011, a casa inaugurou uma nova unidade na Vila Nova Conceição (Rua Jacques Félix, 365).

Rua Frei Caneca, 569, Shopping Frei Caneca, Consolação, 3472-2038
www.northgrill.com.br
seg/qui 11h30/15h30 e 19h/22h30, sex/sáb 11h30/0h, dom 11h30/18h
Cc: A, D, M, V; $$$

Higienópolis

Meat

Bife de chorizo   *Sirloin strip steak*

Set by the movie theaters at Shopping Frei Caneca, this restaurant welcomes customers to its strict and climate-controlled atmosphere. From a grill – more inclined than usual – comes the high cuts of ancho beef (from the front part of striploin), lamb chuleta and chop. For accompaniment, you can choose one of the salads of the buffet or order portions of potatoes, grilled vegetables and rice, charged separately.

The menu, by chef Manuel Carlos, is not kept to meat only, but also offers a variety of fish and seafood, including the trout fillet, garnished with almonds and mashed cassava, the bass à belle meunière, and cod with potatoes. In November 2011, a new unit was opened in Vila Nova Conceição (Rua Jacques Félix, 365).

Opening year: 2004

Wine cellar: 200 labels.

To go with: friends or for a business lunch.

Highlights: the huge couvert – bread, butter, pâté, vegetables and onion sauce – composes, sometimes, the entrée.

Rua Frei Caneca, 569, Shopping Frei Caneca, Consolação, 3472-2038
www.northgrill.com.br
Mon/Thu 11:30pm/3:30pm and 7pm/10:30pm,
Fri/Sat 11:30pm/12am, Sun 11:30pm/6pm
Cc: A, D, M, V; $$$

Higienópolis

Cozinha contemporânea

CARLOTA

Ano de inauguração: 1995

Adega: 120 rótulos.

A melhor companhia: para ir a dois, com a família ou com os amigos.

Destaque: em frente ao restaurante, funciona o Studio 768, um espaço que sedia eventos, aulas de culinária e jantares especiais.

Dois charmosos sobradinhos de tijolos aparentes, pintados de branco, abrigam o restaurante comandado pela renomada chef Carla Pernambuco. Decorado com objetos artesanais trazidos das viagens da proprietária, o agradável salão de pé-direito alto está sempre movimentado. O motivo é o cardápio repleto de pratos que mesclam ingredientes brasileiros e toques criativos. Dois exemplos dessa miscelânea de sucesso são o camarão crocante com risoto de presunto cru e o filé de robalo grelhado, acompanhado por purê de banana-da-terra e aspargos sauté.

Na seção de sobremesas, uma receita ganhou tanto a aprovação do público que passou a ser reproduzida até mesmo em outros restaurantes. Trata-se do delicado suflê de goiabada, que vai à mesa com calda de catupiry.

Rua Sergipe, 753, Higienópolis, 3661-8670
www.carlota.com.br
seg 19h/0h, ter/qui 12h/16h e 19h/0h, sex 12h/16h e 19h/1h,
sáb 12h/1h, dom 12h/18h
Cc: A, D, M, V; $$$$

Higienópolis

Contemporary cuisine

Chef Carla Pernambuco

Camarão crocante com risoto de presunto cru — *Crunch shrimp with prosciutto risotto*

The two multi-story houses with natural brick, painted in white, have the restaurant run by the famous chef Carla Pernambuco. Decorated with artisanal objects brought from the owner's trips, the place has a high ceiling and is always bustling. The reason is the menu, with many dishes that mix Brazilian ingredients with a creative touch. Two examples of these famous mixtures are the crunchy shrimp with prosciutto risotto and the grilled sea bass, garnished with plantain purée and sautéed asparagus.

In the desserts section, a recipe became so famous among the clients that started to be prepared in other restaurants. It is the delicate guava soufflé that goes to the table with 'catupiry' cheese sauce.

Opening year: 1995

Wine cellar: 120 labels.

To go with: a date, family or friends.

Highlights: in front of the restaurant, there is the Studio 768, a place that has events, cooking classes and special dinners.

Rua Sergipe, 753, Higienópolis, 3661-8670
www.carlota.com.br
Mon 7pm/12am, Tue/Thu 12pm/4pm and 7pm/12am, Fri 12pm/4pm and 7pm/1am, Sat 12pm/1am, Sun 12pm/6pm
Cc: A, D, M, V; $$$$

Higienópolis

Italiano

così

Così Vila Nova Conceição

Ano de inauguração: 2009

Adega: 200 rótulos.

A melhor companhia: para ir com os amigos ou com a família.

Destaque: no piso superior, a máquina de massas datada de 1950, e ainda ativa, fica em uma vitrine à vista dos clientes.

No fim de semana, os clientes fazem fila na frente da casa à espera de uma mesa. Algo que não é, necessariamente, desagradável: o bar, posicionado logo na entrada, provê coquetéis e petiscos para os que aguardam um lugar. Uma vez acomodados na varanda ou no salão, todos avistam a cozinha envidraçada onde Renato Carioni, chef e proprietário, comanda uma equipe especialista em receitas italianas.

Em seu cardápio, as massas artesanais aparecem em uma lista que inclui ravióli de pupunha com camarão e nhoque de mandioquinha com creme de parmesão e lascas de peito de pato seco. Outro prato convidativo é o robalo na argila ao molho de azeitonas. A fórmula de sucesso adotada pela matriz se estende à filial da Vila Nova Conceição (Rua Jacques Félix, 381).

Rua Barão de Tatuí, 302, Santa Cecília, 3826-5088
www.restaurantecosi.com.br
seg/sex 12h/15h e 19h/23h, sáb 12h/16h e 19h/0h, dom 12h/17h
Cc: A, D, M, V; $$$

Higienópolis

Italian

Chef Renato Carioni

Ovo mollet *Mollet egg*

On weekends there is always a line of customers waiting a table at the restaurant. That is not necessarily bad, though: there is a bar at the entrance with appetizers and cocktails for those who are waiting. Once customers get a place at the veranda or in the main room, they can see the chef Renato Carioni through a showcase working with his team, whose specialty is the Italian cuisine.

On the menu, the handmade pasta list includes peach palm ravioli with shrimp and cassava gnocchi with parmesan cream and sliced duck breast. Another inviting dish is the bass on the clay with olive sauce. The same successful specialties is found at the unit at Vila Nova Conceição (Rua Jacques Félix, 381).

Opening year: 2009

Wine cellar: 200 labels.

To go with: friends or family.

Highlights: on the second floor you can see the pasta machine from 1950 still working through a showcase.

Rua Barão de Tatuí, 302, Santa Cecília, 3826-5088
www.restaurantecosi.com.br
Mon/Fri 12pm/3pm and 7pm/11pm,
Sat 12pm/4pm and 7pm to 12am, Sun 12pm/5pm
Cc: A, D, M, V; $$$

Higienópolis

Italiano

JARDIM DE NAPOLI

Ano de inauguração: 1949

A melhor companhia: para ir com a família ou com os amigos.

Destaque: no jantar, o Jardim de Napoli também serve pizzas.

Uma das mais tradicionais cantinas de São Paulo, a casa faz sucesso desde a época da inauguração, no fim dos anos 1940. No salão, decorado com garrafas de Chianti penduradas do teto e toalhas em xadrez, o pedido mais atendido pelos garçons é o mesmo há décadas: polpettone à parmegiana. Inventada pelo proprietário Toninho Buonerba, filho do fundador, a receita consiste em uma enorme almôndega de quase 500 gramas, feita de pedaços moídos de alcatra, coxão-mole e filé-mignon, recheada de queijo mussarela e mergulhada em molho de tomate e parmesão.

A refeição pode, no entanto, ter outros clássicos da cozinha cantineira como protagonista. Dois deles são o ravióli de ricota ao sugo e o espaguete ao vôngole, típico de Nápoles, a região que dá nome à casa.

Rua Martinico Prado, 463, Higienópolis, 3666-3022
www.jardimdenapoli.com.br
seg 12h/15h e 18h30/23h30, ter/sex 12h/15h e 18h30/0h,
sáb 12h/16h e 18h30/0h, dom 12h/17h e 18h30/23h
Cc: A, D, M; $$$

Higienópolis

Italian

Polpettone à parmegiana *Polpettone parmigiana*

This is one of the most traditional canteens in São Paulo and it is famous since its inauguration, in the late 1940's. At the hall, decorated with bottles of Chianti hanging from the ceiling and checkered tablecloths, the most common order has been the same for decades: polpettone parmigiana. It is a huge meat ball made of pieces of beef, topside and fillet mignon, stuffed with mozzarella cheese in tomato sauce and parmesan which weighs nearly 500 grams. It was created by the owner Toninho Buonerba, who is the son of the founder.

However, you can order other classics of the canteen cuisines instead. Two good options are the ricotta ravioli in tomato sauce and spaghetti with clam, typical from Naples, the Italian region after which the restaurant was named.

Opening year: 1949

To go with: family or friends.

Highlights: you can also have pizzas for dinner.

Rua Martinico Prado, 463, Higienópolis, 3666-3022
www.jardimdenapoli.com.br
Mon 12pm/3pm and 6:30pm/11:30, Tue/Fri 12pm/3pm and 6:30pm/12am, Sat 12pm/4pm and 6:30pm/12am, Sun 12pm/5pm and 6:30pm/11pm
Cc: A, D, M; $$$

Higienópolis

Pizzaria

BRÁZ

Ano de inauguração: 1998

A melhor companhia: para ir a dois, com a família ou com os amigos.

Destaque: entre os ingredientes de primeira, o tomate San Marzano vem direto da Itália para incrementar as redondas.

O nome e as fotos em preto e branco nas paredes remetem às típicas casas italianas que surgiram na região do Brás, em São Paulo, no início do século 20.

Assadas no forno a lenha, as pizzas revelam massa de espessura média e coberturas harmoniosas. A de abobrinha com alho, queijo mussarela e parmesão ralado se tornou um ícone, copiado em várias pizzarias da cidade. Também atrai pedidos a tradicional margherita, certificada pela Associazione Verace Pizza Napoletana por cumprir à risca a original receita italiana. Para escoltar as redondas, sai em caldeiretas o famoso chope da rede comandada pela Cia. Tradicional do Comércio, que administra unidades em Pinheiros (Rua Vupabussu, 271) e Moema (Rua Graúna, 125), e nas cidades de Campinas e Rio de Janeiro.

Rua Sergipe, 406, Higienópolis, 3124-3337
www.casabraz.com.br
seg/qui 18h30/0h30, sex/sáb 18h30/1h30, dom 18h30/0h30
Cc: A, D, M, V; $$$

Higienópolis

Pizza

Pizza caprese

The name of the house, along with the photographs which cover its walls, resemble the typical Italian restaurants that appeared in Brás region, in São Paulo, in the early 1920's.

The pizzas are baked in wood-fired brick stove, and that is how they get perfect thickness and harmonious toppings. The one made of zucchini with garlic, mozzarella cheese and grated parmesan has become an icon in such way that other pizzerias around town copied the recipe. The traditional margherita is also a success, having won a certificate from Associazione Verace Pizza Napoletana, stricly following the Italian recipe. To accompany the slices, you can drink the famous draught beer from Cia. Tradicional do Comércio chain, which has units in Pinheiros (Rua Vupabussu, 271) and in Moema (Rua Graúna, 125), besides in the cities Campinas and Rio de Janeiro.

Opening year: 1998

To go with: a date, family or friends.

Highlights: among the high quality ingredients, the San Marzano tomato comes straight from Italy.

Rua Sergipe, 406, Higienópolis, 3124-3337
www.casabraz.com.br
Mon/Thu 6:30pm/12:30am, Fri/Sat 6:30pm/1:30am, Sun 6:30pm/12:30am
Cc: A, D, M, V; $$$

Higienópolis

Pizzaria

VERIDIANA

Ano de inauguração: 2000

Adega: 120 rótulos.

A melhor companhia: para ir a dois ou com a família.

Destaque: posicionado logo na entrada, um pianista embala o jantar com canções suaves e MPB.

A casa entraria facilmente em uma lista dos restaurantes mais bonitos de São Paulo. Instalada em um casarão histórico, tem pé-direito alto, paredes de tijolinho à vista e três charmosos salões – um deles, mais rebaixado, é ideal para casais.

No cardápio, os clientes encontram pizzas clássicas, que, de tempos em tempos, ganham a companhia de sabores menos ortodoxos. Entre as redondas recém-criadas estão a lombarda, que mistura queijo taleggio, uva e mel trufado, e a casablanca, coberta com queijo de cabra holandês, mini-aspargos e pinole. Para encerrar a refeição, a pizza doce ganha queijo brie, chocolate branco Lindt e frutas vermelhas. Sob a direção do proprietário Roberto Loscalzo, a casa mantém uma filial nos Jardins (Rua José Maria Lisboa, 493).

Rua Dona Veridiana, 661, Higienópolis, 3120-5050
www.veridiana.com.br
seg/qui 19h/0h30, sex/sáb 19h/1h30, dom 19h/0h30
Cc: A, D, M, V; $$

Higienópolis

Pizza

Roberto Loscalzo

Pizza margherita

If there was a list of the most beautiful restaurants in São Paulo, this one would certainly be there. It is set in a historic house with high ceilings, brick walls and three charming rooms – the coziest one, is ideal for couples.

On the menu, customers find classic pizzas which, now and then, are made with not so usual flavors. Some examples are the lombarda, which combines taleggio cheese, grapes and truffle honey, and the casablanca, covered with Dutch goat's cheese, asparagus and pine nuts. For dessert, the sweet pizza comes with brie cheese, white chocolate Lindt and red fruits. Under the direction of the owner Roberto Loscalzo, the house has also a unit in Jardins (Rua José Maria Lisboa, 493).

Opening year: 2000

Wine cellar: 120 labels.

To go with: a date or family.

Highlights: at the entrance, a pianist makes your dinner more pleasant with sweet MPB (Brazilian Popular Music) songs.

Rua Dona Veridiana, 661, Higienópolis, 3120-5050
www.veridiana.com.br
Mon/Thu 7pm/12:30am, Fri/Sat 7pm/1:30am, Sun 7pm/12:30am
Cc: A, D, M, V; $$

Higienópolis

Variado

MESTIÇO

Ano de inauguração: 1997

A melhor companhia: para ir a dois, com a família ou fazer um almoço de negócios.

Destaque: vez ou outra, a casa sedia badalados vernissages.

Quem passa em frente ao Mestiço na hora do almoço ou do jantar sempre encontra a calçada tomada por clientes. Eles estão ali à espera de uma mesa no charmoso salão, pintado em tons pastel e enfeitado por obras de arte e fotografias.

Montado pela proprietária Ina de Abreu, o cardápio revela pratos que misturam o acento contemporâneo a ingredientes brasileiros e asiáticos. Na posição de item mais pedido, as cestinhas tailandesas recheadas com frango, milho e especiarias servem de entrada para a maioria das refeições. Depois, a sequência pode se manter asiática com o pad thai (talharim com frango, broto de feijão, amendoim e camarão seco) ou pender para algo mais local como o bife paulista, um chorizo com palmito pupunha à parmegiana.

Rua Fernando de Albuquerque, Consolação, 3256-3165
www.mestico.com.br
seg 11h45/0h, ter/qui 11h45/1h, sex/sáb 11h45/2h, dom 11h45/0h
Cc: A, D, M, V; $$$

Higienópolis

Miscelanneous

Chef Ina de Abreu

Cestinhas tailandesas   Thai baskets

Whoever passes by the Mestiço at dinnertime will always find many customers on the sidewalk. They are waiting a table at the charming hall, with its walls in beige tones decorated with works of art and photographs.

The owner Ina de Abreu has set a menu which combines contemporary flavors with Brazilian and Asian ingredients. The most requested item is the Thai baskets with chicken, corn and spices, which is served as entrée for most dishes. Afterwards, the meal can be kept Asian style, with the pad thai (noodles with chicken, bean sprouts, peanuts and dried shrimp), or you can try some typical flavor, such as the Paulista steak, a chorizo with peach palm parmigiana.

Opening year: 1997

To go with: a date, family or for a business lunch.

Highlights: once in a while the house hosts trendy vernissages.

Rua Fernando de Albuquerque, Consolação, 3256-3165
www.mestico.com.br
Mon 11:45am/12am, Tue/Thu 11:45am/1am, Fri/Sat 11:45am/2am, Sun 11:45am/12am
Cc: A, D, M, V; $$$

Centro

Carnes

TEMPLO DA CARNE MARCOS BASSI

Ano de inauguração: 1978

A melhor companhia: para ir com a família, com os amigos ou fazer um almoço de negócios.

Destaque: as carnes servidas no restaurante são embaladas a vácuo e vendidas em um empório anexo.

O proprietário Marcos Bassi é um especialista em churrasco. Aos oito anos de idade, já vendia miúdos pelas ruas da região do Brás, em São Paulo, e, mais tarde, adquiriu um espaço no Mercado Municipal para comercializar carnes. Seu negócio cresceu, virou um frigorífico famoso e, em 1978, a marca ganhou uma churrascaria. Hoje, o "templo" tem quase mil metros quadrados e conta com um salão para 120 pessoas.

Um dos cortes mais pedidos foi inventado por ele: o bombom, tirado do miolo da alcatra, chega à mesa com acompanhamentos escolhidos pelo cliente (farofa, arroz, mandioca frita ou cozida e cebola assada, entre eles). Antes, o couvert da casa é dos mais fartos, e reúne abobrinha recheada com tomate seco, pimentão, pães, torradas com alho e patês.

Rua Treze de Maio, 668, Bela Vista, 3288-7045
www.marcosbassi.com.br
seg/sáb 11h/0h, dom 11h/18h
Cc: A, D, M, V; $$$

Downtown

Meat

Marcos Bassi

Bisteca fiorentina — Fiorentina steak

The owner Marcos Bassi is a barbecue specialist. At the age of eight he would already sell some meat, such as gizzards, in the streets of Brás region, in São Paulo, and later he got a shop at Mercado Municipal (municipal market) to sell meat. His enterprise grew, became a famous butcher shop, and in 1978 he opened the barbecue house. Nowadays, the 'temple' has nearly four thousand square meters, and room for 120 people.

One of the most requested cuts was created by him: the bombom, which comes from the inner part of the rump, and is served with side dishes chosen by the customer (some options are farofa, rice, cassava chips or boiled cassava and baked onion). The house's buffet is very abundant: it includes zucchini stuffed with dry tomatoes, peppers, bread, toasts with garlic and pâtés.

Opening year: 1978

To go with: family, friends or for a business lunch.

Highlights: the meat served on the restaurant is on sale, vacuum packed, at a shop in the restaurant.

Rua Treze de Maio, 668, Bela Vista, 3288-7045
www.marcosbassi.com.br
Mon/Sat 11am/12am, Sun 11am/6pm
Cc: A, D, M, V; $$$

Centro

Francês

LA CASSEROLE

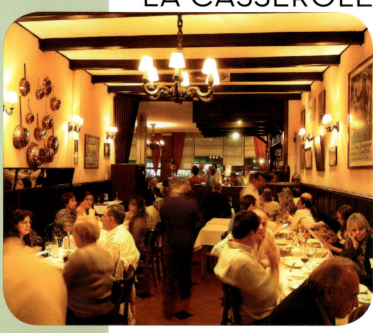

Ano de inauguração: 1954

Adega: 290 rótulos.

A melhor companhia: para ir a dois ou com a família.

Destaque: a casa organiza inúmeros festivais gastronômicos, alguns com música ao vivo. Antes de visitá-la, informe-se pelo telefone.

O quase sexagenário restaurante preserva um irresistível clima de antigamente, reforçado por lustres de outros tempos, pela música francesa na trilha sonora e pela localização, em frente ao mercado de flores do histórico Largo do Arouche. O ambiente nostálgico e charmosíssimo tornou-se, assim, o cenário perfeito para acomodar casais – ao longo dos anos, várias gerações já visitaram o restaurante para um jantar romântico ou uma troca de alianças.

A qualquer hora do dia, não é difícil encontrar a proprietária Marie-France Henry circulando entre as mesas. Filha dos fundadores, ela comanda o restaurante com esmero e mantém no cardápio especialidades como o coq au vin (galo ao vinho) e o cassoulet, hoje preparados pela dupla de chefs Antônio Jerônimo da Silva e Maria Beatriz Périssé.

Largo do Arouche, 346, Centro, 3331-6283
www.lacasserole.com.br
ter/qui 12h/15h e 19h/0h, sex 12h/15h e 19h/1h, sáb 19h/1h, dom 13h/18h
Cc: A, D, M, V; $$$

Downtown

French

Marie-France Henry

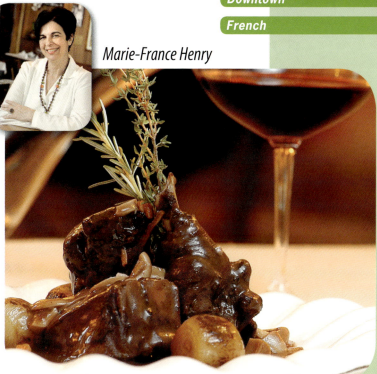

Coq au vin

The nearly sexagenarian restaurant preserves an irresistible ambience of the past, enhanced by chandeliers from other times, the French music, and its location, in front of the flower market of the historic Largo do Arouche. Thus, the charming and nostalgic atmosphere has become the perfect setting for couples — over the years, many generations have been to the restaurant for romantic dinner or proposal.

At any time you will see the owner Marie-France Henry walking among the tables. She is daughter of the founders and runs the restaurant with great care, keeping on the menu specialties as the coq au vin (rooster with wine) and the cassoulet, currently prepared by the chefs Antônio Jerônimo da Silva and Maria Beatriz Périssé.

Opening year: 1954

Wine cellar: 290 labels.

To go with: a date or family.

Highlights: the restaurant hosts a number of gastronomic festivals, some of them with live music. Call for information.

Largo do Arouche, 346, Centro, 3331-6283
www.lacasserole.com.br
Tue/Thu 12pm/3pm and 7pm/12am, Fri 12pm/3pm and 7pm/1am,
Sat 7pm/1am, Sun 1pm/6pm
Cc: A, D, M, V; $$$

Centro

Italiano

FAMIGLIA MANCINI

Ano de inauguração: 1980

Adega: 180 rótulos.

A melhor companhia: para ir com a família ou com os amigos.

Curiosidade: apaixonado por fontes de água, Walter Mancini deu um jeito de instalar uma no meio da cantina, depois de uma reforma em 2010.

Instalada na charmosa Rua Avanhandava, a Famiglia Mancini tem tudo o que se espera de uma autêntica cantina paulistana: vinhos e fitas pendurados do teto, toalhas em xadrez e um cardápio focado em massas cobertas por apurados molhos. Uma delas, a mezzaluna à mamma di lucca, é recheada com mussarela, tomate-seco e manjericão e coberta por molho de tomate, gorgonzola e iscas de filé-mignon. O filé à parmegiana, outro clássico, vai ao forno com mussarela, molho ao sugo e parmesão salpicado.

Sempre animada, a casa pertence à cadeia gerida por Walter Mancini, um dos restaurateurs mais famosos de São Paulo. Na mesma rua, que ele próprio reformou, estão seus outros empreendimentos: a pizzaria Famiglia Mancini, o restaurante italiano Walter Mancini e os bares Camarim 37 e Central 22.

Rua Avanhandava, 81, Bela Vista, 3256-4320
www.famigliamancini.com.br
seg/qua 11h30/1h, qui 11h30/2h, sex/sáb 11h30/3h, dom 11h30/1h
Cc: A, D, M, V; $$

Downtown

Italian

Walter Mancini

Mezzaluna à mamma di lucca

Located on the charming Avanhandava street, the Famiglia Mancini has all that one might expect from a traditional Paulista canteen: wines and ribbons hanging from the ceiling, checkered tablecloths, and a menu with lots of dishes of pasta and yummy sauces. One of them is the mezzaluna à mamma di lucca, stuffed with mozzarela, dried tomatoes and basil, and covered with tomato sauce, gorgonzola and slices of fillet mignon. The steak parmigiana is another classic: it goes to the oven with mozzarella, sugo sauce and sprinkled parmesan.

Having a cheerful ambient, the restaurant is part of the chain led by one of the most famous restaurateurs in São Paulo: Walter Mancini. On the same street, remodeled by himself, are his other enterprises: Famiglia Mancini pizzeria, Walter Mancini Italian restaurant, and the bars Camarim 37 and Central 22.

Opening year: 1980

Wine cellar: 180 labels.

To go with: family or friends.

Highlights: Walter Mancini loves water fountains. After the remodeling in 2010 he set one at the center of his canteen.

Rua Avanhandava, 81, Bela Vista, 3256-4320
www.famigliamancini.com.br
Mon/Wed 11:30am/1am, Thu 11:30am/2am, Fri/Sat 11:30am/3am, Sun 11:30am/1am
Cc: A, D, M, V; $$

Centro

Pizzaria

SPERANZA

Ano de inauguração: 1958

Adega: 120 rótulos.

A melhor companhia: para ir com a família ou com os amigos.

Destaque: na lista de receitas trazidas por dona Speranza estão o ótimo pão de linguiça e a inesquecível pastiera di grano, servida como sobremesa.

O histórico casarão em que a pizzaria está instalada é ícone da região conhecida como Bixiga, um reduto de imigrantes italianos. Em 2011, o lugar foi restaurado pelo arquiteto Roberto Migotto, que criou mais duas salas no andar superior e um belo jardim de flores e temperos.

Sob o comando de Monica Tarallo, neta da italiana dona Speranza, fundadora da casa, o cardápio privilegia as redondas clássicas, como a tradicionalíssima margherita, com queijo mussarela, tomate e manjericão. O apreço por esse sabor – que a pizzaria clama ter introduzido em São Paulo – é tão grande que o disco de margherita não pode ser dividido com nenhuma outra cobertura. O restaurante também serve massas e risotos, e tem uma filial em Moema (Avenida Sabiá, 786).

Rua Treze de Maio, 1004, Bela Vista, 3288-8502
www.pizzaria.com.br
seg/sex 18h/1h30, sáb 18h/2h, dom 18h/1h
Cc: A, D, M, V; $$

Downtown

Pizza

Chef Monica Tarallo

Pizza margherita

The historic mansion where the pizzeria is set is an icon at the region, known as Bixiga – a stronghold for Italian immigrants. The house was remodeled in 2011 by the architect Roberto Migotto, who added two more rooms on the second floor and a beautiful garden with flowers and spices.

Under the direction of Monica Tarallo, whose grandmother is Mrs. Speranza, the founder of the restaurant, the menu gives preference to classic pizzas, such as the traditional margherita, with mozzarella cheese, tomato and basil. The esteem for that flavor – which the pizzeria claims to have introduced in São Paulo – is so high that it must not be served with any other topping. Pasta and risottos are also served, and there is a unit in Moema (Avenida Sabiá, 786).

Opening year: 1958

Wine cellar: 120 labels.

To go with: family or friends.

Highlights: try the recipes brought by Mrs. Speranza: the great pão de linguiça (sausage bread) and the unforgettable pastiera di grano, served as dessert.

Rua Treze de Maio, 1004, Bela Vista, 3288-8502
www.pizzaria.com.br
Mon/Fri 6pm/1:30am, Sat 6pm/2am. Sun 6pm/1am
Cc: A, D, M, V; $$

Zona Sul

Carnes

FOGO DE CHÃO

Ano de inauguração: 1986

Adega: 300 rótulos.

A melhor companhia: para ir com a família, com os amigos ou fazer um almoço de negócios.

Curiosidade: a rede tem mais unidades nos Estados Unidos, onde soma 17 endereços, do que no Brasil, com sete casas espalhadas por São Paulo, Belo Horizonte, Brasília, Salvador e Rio de Janeiro.

É uma verdadeira grife de carnes. Quem entra nos belos salões da rede sai sempre satisfeito, depois de se fartar com o renomado rodízio. Garçons vestindo bombachas passeiam entre as mesas com espetos de picanha, fraldinha, costeleta de cordeiro, costela premium e do recém-criado shoulder steak (retirado da parte dianteira do ombro do boi), todos suculentos e assados de maneira exemplar.

Sem comida japonesa, o apetitoso bufê acomoda saladas, queijos de primeira, pães frescos e frios. Também acompanham as carnes algumas porções pedidas à la carte, como a polenta assada e o pão de queijo. Além desta, há unidades em Santo Amaro (Avenida Santo Amaro, 6824) e na Vila Olímpia (Avenida dos Bandeirantes, 538).

Avenida Moreira Guimarães, 964, Moema, 5056-1795
www.fogodechao.com.br
seg/sáb 12h/16h e 18h/0h, sáb 12h/0h, dom 12h/22h30
Cc: A, D, M, V; $$$

South Zone

Meat

Shoulder steak

It is truly a meat brand. Whoever comes into the chain's beautiful halls always gets out very satisfied after having had barbecue in abundance at the renowned rodízio. Waiters wearing typical South Brazilian garment come and go round the tables with sticks of top sirloin, flank steak, lamb chop, premium rib and the newly created shoulder steak (taken from the ox's front shoulder), all of that juicy and perfectly roasted.

Although there is no Japanese food, the yummy buffet has salads, very good cheese, fresh bread and cold cuts. There are also some portions à la carte, such as baked polenta and pão de queijo (traditional Brazilian bread of cheese). There are other units in Santo Amaro (Avenida Santo Amaro, 6824) and in Vila Olímpia (Avenida dos Bandeirantes, 538).

Opening year: 1986

Wine cellar: 300 labels.

To go with: family, friends or for a business lunch.

Curiosity: the chain has more units in USA (17) than in Brazil, in which there are only seven branches in São Paulo, Belo Horizonte, Brasília, Salvador and Rio de Janeiro.

Avenida Moreira Guimarães, 964, Moema, 5056-1795
www.fogodechao.com.br
Mon/Sat 12pm/4pm and 6pm/12am, Sat 12pm/12am, Sun 12pm/10:30pm
Cc: A, D, M, V; $$$

Zona Sul

Francês

EAU FRENCH GRILL

Ano de inauguração: 2002

Adega: 250 rótulos.

A melhor companhia: para ir a dois, com os amigos ou fazer um almoço de negócios.

Destaque: a clientela também pode pedir menus-degustação de quatro ou seis etapas.

Antes de trabalhar no Eau, instalado no complexo gourmet do hotel Grand Hyatt São Paulo, o chef francês Laurent Hervé comandou o badalado restaurante Maxim's, em Paris. Em 2008, ele assumiu a cozinha da casa paulistana e, como novidade, trouxe na bagagem o chamado french grill, a grelha em que prepara a maioria de suas especialidades.

Com boas credenciais, Laurent criou um cardápio em que as carnes aparecem com destaque, e, depois de grelhadas, podem ganhar acompanhamentos escolhidos à parte. Na lista, tanto as carnes vermelhas como as brancas aparecem identificadas com sua procedência – o contrafilé de bife Wagyu, por exemplo, é australiano. Entre os peixes, a estrela é o robalo pescado no litoral paulista, que chega à mesa crocante, com molho roti, alcaparras, limão-siciliano e salsinha.

Avenida das Nações Unidas, 13301, Grand Hyatt São Paulo, Brooklin Novo, 2838-3207
www.restaurantefrances-eau.com.br
seg/qui 12h/15h e 19h30/23h, sex 12h/15h e 19h30/0h, sáb 19h30/0h
Cc: A, D, M, V; $$$$$

South Zone

French

Chef Laurent Hervé

Robalo crocante — *Crispy bass*

Before working at Eau, at the gourmet complex of Grand Hyatt São Paulo hotel, the French chef Laurent Hervé ran the fancy restaurant Maxim's in Paris. In 2008 he took over the kitchen in São Paulo and brought with him the so-called French grill, with which he prepares most of his specialties.

Having good credentials, Laurent has created a menu in which meat features prominently, and, after grilled, it can be served with accompaniments chosen separately. The meat, both red and white, is listed according to its origin – the Wagyu sirloin steak, for example, is Australian. Among fish, the star is the bass caught in São Paulo coast, which is served crispy with roti sauce, capers, Sicilian lemon and parsley.

Opening year: 2002

Wine cellar: 250 labels.

To go with: a date, friends or for a business lunch.

Highlights: customers can also ask for the tasting-menu in four or six stages.

Avenida das Nações Unidas, 13301, Grand Hyatt São Paulo, Brooklin Novo, 2838-3207
www.restaurantefrances-eau.com.br
Mon/Thu 12pm/3pm and 7:30pm/11pm, Fri 12pm/3pm and 7:30pm/12am, Sat 7:30pm/12am
Cc: A, D, M, V; $$$$$

Zona Sul

Italiano

GRAND CAFFÈ

Ano de inauguração: 2002

Adega: 250 rótulos.

A melhor companhia: para ir com a família ou fazer um almoço de negócios.

Destaque: antecedendo o salão principal do restaurante há um café da Nespresso, com ambiente aconchegante, ideal para finalizar as refeições.

A culinária italiana predomina tanto no cardápio à la carte quanto no bufê de saladas e antepastos, ideal para acompanhar os pratos como massas frescas e filés de peixe. Localizado na torre principal do hotel Grand Hyatt São Paulo, próximo ao lobby, tem vista para a piscina externa e ambiente descontraído, mas sofisticado.

O chef Thierry Buffeteau, que recentemente assumiu toda a área gastronômica do hotel (que inclui outros dois restaurantes, além das áreas de pâtisserie e banqueteria), acumula 15 anos de experiência em outras unidades do Hyatt espalhadas pelo mundo. O chá da tarde durante a semana, a feijoada aos sábados e o brunch aos domingos, servidos com pratos de qualidade, bom atendimento e preços acessíveis, são atrativos que fazem da casa uma opção com excelente custo-benefício.

Avenida das Nações Unidas, 13301, Hotel Grand Hyatt, Brooklin Novo, 2838-3207
www.grandcaffe.com.br
seg/dom 12h/23h30
Cc: A, D, M, V; $$$

South Zone

Italian

Chef Thierry Buffeteau

Tortiglioni ao molho de cogumelos e alho-poró

Tortiglioni with mushroom sauce and leek

Italian cuisine prevails both on a la carte menu and on the buffet with salads and appetizers, ideal for combining with dishes like fresh pasta and fish fillets. Located in the main tower of the Grand Hyatt São Paulo hotel, near the lobby, it overlooks the outdoor pool and has a relaxed yet sophisticated ambience.

The chef Thierry Buffeteau, who recently took over the entire dining area of the hotel (which includes two restaurants, and the patisserie and banquet areas), has accumulated 15 years of experience in other units of the Hyatt worldwide. The afternoon tea during the week, the 'feijoada' on Saturdays, and Sunday brunch, served with fine dishes, good service and affordable prices are reasons that make the house an attractive option with excellent cost-benefit.

Opening year: 2002

Wine cellar: 250 labels.

To go with: family or for a business lunch.

Highlights: before the main hall of the restaurant there is a Nespresso coffee shop, with a cozy environment, which is ideal for going after the meal.

Avenida das Nações Unidas, 13301, Hotel Grand Hyatt, Brooklin Novo, 2838-3207
www.grandcaffe.com.br
Mon/Sun 12pm/11:30pm
Cc: A, D, M, V; $$$

Zona Sul
Italiano

LA GRASSA

Ano de inauguração: 2010

Adega: 80 rótulos.

A melhor companhia: para ir com a família ou com os amigos.

Destaque: as sobremesas também têm acento italiano. Entre elas, há tiramisù e panna cotta de mascarpone.

O nome do restaurante, que, em português, quer dizer "a gorda", é o apelido da cidade de Bolonha, na Itália. Não à toa, o cardápio e a decoração foram inspirados na região, que ostenta uma das cozinhas mais ricas da Bota – dois de seus ingredientes mais típicos, a mortadela e o presunto de Parma, marcam presença no farto balcão de antepastos da casa.

Na cozinha são preparadas massas artesanais como o tortellini in brodo e o ravióli de abóbora na manteiga e sálvia, coberto por avelãs douradas. O filé à parmegiana, comum em cantinas paulistanas, vem guarnecido de batatas rústicas ou salada. E ainda há uma boa seleção de risotos e sugestões de polentas, enriquecidas com tomate e cogumelos, fonduta de gorgonzola ou calabresa picante.

Avenida Juriti, 32, Moema, 3053-9303
www.lagrassa.com.br
ter/qui 12h/15h e 19h/0h, sex 12h/15h e 20h/1h,
sáb 12h/17h e 20h/1h, dom 12h/17h
Cc: A, D, M, V; $$

South Zone

Italian

Ravióli de abóbora na manteiga *Pumpkin ravioli in butter*

The name of the restaurant, that means 'the fat one' in English, is the nickname of Bologna city, in Italy. Well, the menu and the decoration were inspired by that region, which has one of the richest cuisines of the country – two of its most typical ingredients, mortadella and prosciutto, are in the antipasti counter of the house.

In the kitchen is prepared the handmade pasta dishes as the tortellini in brodo and the zucchini ravioli in sage butter garnished with golden hazelnut. The steak parmigiana, typical at canteens in São Paulo, is served with either rustic potatoes or salad. There is also a good selection of risottos and suggestions of polenta, complemented with tomatoes and mushrooms, fonduta di gorgonzola or spicy sausage.

Opening year: 2010

Wine cellar: 80 labels.

To go with: family or friends.

Highlights: the desserts are also typically Italian. Among them there are the tiramisù and the mascarpone panna cotta.

Avenida Juriti, 32, Moema, 3053-9303
www.lagrassa.com.br
Tue/Thu 12pm/3pm and 7pm/12am, Fri 12pm/3pm and 8pm/1am, Sat 12pm/6pm and 8pm/1am, Sun 12pm/5pm
Cc: A, D, M, V; $$

Zona Sul

Natural

MOINHO DE PEDRA

Ano de inauguração: 1994

A melhor companhia: para ir com a família ou com os amigos.

Destaque: os pratos estão sempre fresquinhos, e levam ingredientes funcionais, que fazem bem para a saúde.

O restaurante surgiu para derrubar a máxima de que comida vegetariana não tem graça: no salão, todo mundo comprova que, sim, a cozinha natural é uma delícia. À base de ingredientes orgânicos, os pratos preparados pela chef Tatiana Cardoso mudam todos os dias, e são anunciados em uma lousa. Há, entre eles, o penne integral ao pesto de agrião, missô, tomate, manjericão e queijo de cabra, e a moqueca de palmito. Para a sobremesa, a torta de amêndoas e aveia leva creme de baunilha e pedaços de damasco e mamão.

Boa parte dos produtos usados pela chef, além de chás, granola e até cosméticos orgânicos, estão à venda no empório instalado na entrada do restaurante. Tatiana também ministra cursos de cozinha natural em uma sala da casa.

Rua Francisco de Morais, 227, Chácara Santo Antônio, 5181-0581
www.moinhodepedrarestaurante.com.br
seg/sex 8h30/17h30, sáb 9h/17h
Cc: D, M, V; $$

South Zone

Natural

Chef Tatiana Cardoso

Lasanha de vegetais *Vegetable lasagna*

This restaurant appeared to reply the claim that vegetarian food is boring and tasteless: at the room, everybody confirms that natural cuisine is, in fact, delicious. Made of organic ingredients, the dishes prepared by chef Tatiana Cardoso change every day, and are announced on the blackboard menu. There is among them the penne in pesto with watercress, miso, tomato, basil and goat cheese, and the grilled hearts of palm. For dessert, almond and oat pie with vanilla cream and chunks of apricot and papaya.

Most of the ingredients used by the chef, besides teas, granola, and even organic cosmetics are on sale in the emporium at the entrance of the restaurant. Tatiana also teaches courses on natural cuisine in one of the restaurant's rooms.

Opening year: 1994

To go with: family or friends.

Highlights: the dishes are made with fresh and functional ingredients, which are very healthy.

Rua Francisco de Morais, 227, Campo Belo, 5181-0581
www.moinhodepedrarestaurante.com.br
Mon/Fri 8:30am/5:30pm, Sat 9am/5:30pm
Cc: D, M, V; $$

Zona Sul
Suíço

FLORINA

Ano de inauguração:
1995

A melhor companhia:
para ir a dois.

Destaque: em épocas mais quentes, o restaurante também fica cheio. E os pedidos se concentram em pratos mais leves, como a truta ao molho de ervas.

Referência em cozinha suíça em São Paulo, o Florina vive lotado em noites de inverno – nesse período, fazer uma reserva é imprescindível. Tamanha procura se deve ao ambiente agradável, com mesas divididas entre um salão aquecido por lareira e um terraço junto ao jardim, e também ao cardápio recheado de delícias alpinas.

Boa parte dos pratos saiu do caderno de receitas da família Häfeli, que fundou o restaurante e o comanda ainda hoje na figura das três sócias: a chef Rosalie e suas filhas, Mônica e Cristina. Entre as especialidades, estão o emincé de veau zurichois, iscas de vitela ao molho de cogumelos com batata rösti, e, é claro, as fondues. A de queijos emmenthal e gruyère e a de carne com legumes e molhos variados estão entre as mais requisitadas.

Rua Cristóvão Pereira, 1220, Campo Belo, 5041-5740
www.florina.com.br
ter/qui 19h/0h, sex/sáb 19h/1h, dom 12h/16h
Cc: A, M, V; $$$$

South Zone

Swiss

Chef Rosalie

Fondue de queijo — Cheese fondue

Florina, a renowned Swiss cuisine in São Paulo, is always crowded in winter nights – during this season, making a reservation is essential. Such demand is due to the pleasant atmosphere, with tables divided between a hall heated by a fireplace and a terrace facing the garden, and also the menu teeming with alpine delights.

Most of the dishes came out from the recipe notebook of the Häfeli family, who founded the restaurant and still runs it nowadays, represented by three members: the chef Rosalie and her daughters, Mônica and Cristina. Among the specialties are the emincé de veau zurichois, veal strips in mushroom sauce with rösti potato, and, of course, fondue. The one of gruyère and emmenthal cheese and the one of meat with vegetables and various sauces are among the most requested.

Opening year: 1995

To go with: a date.

Highlights: in warmer seasons the restaurant is also full, and customers prefer ordering the lighter dishes such as trout in herb sauce.

Rua Cristóvão Pereira, 1220, Campo Belo, 5041-5740
www.florina.com.br
Tue/Thu 7pm/12am, Fri/Sat 7pm/1am, Sun 12pm/4pm
Cc: A, M, V; $$$$

Zona Sul
Variado

CANVAS

Ano de inauguração: 2002

Adega: 250 rótulos.

A melhor companhia: para ir a dois ou com os amigos.

Destaque: da carta de vinhos, 200 rótulos são brasileiros – é uma das maiores seleções nacionais entre restaurantes de São Paulo.

Instalado no hotel Hilton São Paulo, o Canvas não tem esse nome por acaso. O ambiente sedia exposições de artistas plásticos e o próprio cardápio tem forma de tela – de tempos em tempos, a casa prepara menus especiais, com imagens de mestres da pintura e receitas inspiradas em suas obras (Matisse já foi um dos homenageados). Aos domingos, há ainda o "ateliê do chef", em que um artista convida os clientes a pintar.

Sob o comando do chef ítalo-holandês Erik Jan Fois, a cozinha é a outra atração do restaurante. Receitas variadas, pinçadas da culinária internacional, compõem o cardápio, a exemplo do robalo com purê de brócolis e molicata de tomate. No almoço, o menu do dia inclui entrada, prato, sobremesa e bebidas não alcóolicas por um preço fixo.

Avenida das Nações Unidas, 12901, Hotel Hilton São Paulo, Brooklin Novo, 2845-0055
www.canvasbarerestaurante.com.br
seg/sex 12h/15h e 19h/0h, sáb 19h/0h, dom 12h/16h e 19h/0h
Cc: A, D, M, V; $$$$$

South Zone

Miscelanneous

Chef Erik Fois

Bife ancho com vagem — *Ancho beef with green beans*

Set at the Hilton São Paulo hotel, the Canvas does not have that name by chance. The environment hosts exhibitions of artists and the menu has the shape of canvas – from time to time, the house prepares special menus with pictures of master painters and recipes inspired by their works (Matisse was one of them). On Sundays there is the "ateliê do chef" (chef's atelier), in which an artist invites customers to paint.

Under the direction of the Italian-Dutch chef Erik Jan Fois, the kitchen is another attraction of the restaurant. Miscellaneous recipes, picked from international cuisine, make up the menu, like sea bass with mashed broccoli and tomato molicata. At lunch, the day's menu includes entree, dessert and soft drinks for a fixed price.

Opening year: 2002

Wine cellar: 250 labels.

To go with: a date or friends.

Highlights: on the wine list, 200 labels are Brazilian – it is one of the biggest national selections among the restaurants in São Paulo.

Avenida das Nações Unidas, 12901, Hilton São Paulo, Brooklin Novo, 2845-0055
www.canvasbarerestaurante.com.br
Mon/Fri 12pm/3pm and 7pm/12am,
Sat 7pm/12am, Sun 12pm/4pm and 7pm/12am
Cc: A, D, M, V; $$$$$

Zona Sul

Variado

CLUB A

Ano de inauguração: 2009

Adega: 350 rótulos.

A melhor companhia: para ir com os amigos.

Destaque: em alguns sábados, a casa organiza uma feijoada na área da piscina, servida das 13h às 19h e acompanhada por uma roda de samba.

Misto de danceteria e restaurante, a casa, antes restrita a associados e convidados, hoje também abre as portas para o público geral. Em um luxuoso ambiente, os clientes se reúnem para o jantar e podem dar sequência ao programa na pista de dança, sem hora para ir embora. Assinado pelo chef Roberto Daidone, o cardápio de estilo contemporâneo mescla influências portuguesas e italianas. Entre as especialidades, estão os pratos à base de bacalhau, como o preparado à Gomes de Sá, e o tradicional arroz de pato.

Com dois bares, uma bela piscina, camarotes, gazebos e espaço para shows de todos os portes (o sistema de som é dos melhores da América Latina), a casa está sob o comando do apresentador Amaury Jr. e do empresário Rubens do Amaral. Aberto em 2009, já se consolidou como point paulistano de gente bonita e celebridades brasileiras e estrangeiras.

Avenida das Nações Unidas, 12559, Sheraton São Paulo WTC Hotel, Brooklin Novo
3043-8343
www.clubasaopaulo.com.br
qui/sáb 21h/último cliente
Cc: A, D, M, V; $$$$

Chef Roberto Daidone

Robalo com mix de cogumelos   *Robalo with mushroom*

A mix of a dance club and a restaurant, the house, which used to be only reserved for associates and guests, now opens its doors also to general costumers. In a luxurious atmosphere, the clients can get together for dinner and can extend the night on the dance floor, with no time for leaving. Signed by the chef Roberto Daidone, the contemporary menu is a combination of Portuguese and Italian influences. The specialties include dishes based on cod, as the one prepared alla Gomes de Sá, and the traditional duck rice.

With two bars, a beautiful pool, private boxes, gazebos and areas for all kinds of shows (the sound system is one of the best in Latin America), Club A is run by the entertainer Amaury Jr. and the businessmen Rubens do Amaral. Opened in 2009, is already a 'point' in the city, with beautiful people, Brazilian and foreign celebrities.

Opening year: 2009

Wine cellar: 350 labels.

To go with: friends.

Highlights: on some Saturdays, the house organizes a 'feijoada' by the pool, which is served from 1pm to 7pm and surrounded by a 'samba' group.

Avenida das Nações Unidas, 12559, Sheraton São Paulo WTC Hotel, Brooklin Novo
3043-8343
www.clubasaopaulo.com.br
Thu/Sat 9pm/the last client
Cc: A, D, M, V; $$$$

Outros bairros

Brasileiro

MOCOTÓ

Ano de inauguração: 1973

A melhor companhia: para ir com os amigos ou com a família.

Destaque: os pratos são bem mais baratos que a média dos restaurantes paulistanos. E a carta de coquetéis e caipirinhas é das mais completas.

Embora fique afastado do badalado circuito gastronômico de São Paulo, o Mocotó vive lotado – há até distribuição de senhas para quem se acumula na fila de espera, formada, sobretudo, nos almoços do fim de semana. Tamanho sucesso se deve ao chef Rodrigo Oliveira, que renovou completamente a casa erguida por seu pai na década de 1970. O ambiente simples, com mesas de madeira e alguns bancos no lugar de cadeiras, continua o mesmo. Mas o cardápio lista, agora, pratos nordestinos e brasileiros em roupagens contemporâneas.

Os dadinhos de tapioca e queijo de coalho fazem sucesso na seção de entradas, e podem ser seguidos por receitas robustas como a costelinha de porco recheada de pernil e guarnecida de abacaxi, mandioca e molho de mel de engenho – servida somente aos sábados.

Avenida Nossa Senhora do Loreto, 1100, Vila Medeiros, 2951-3056
www.mocoto.com.br
seg/sáb 12h/23h, dom 12h/17h
Cc: A, D, M, V; $$

Other neighborhoods

Brazilian

Dadinhos de tapioca *Tapioca cubes*

Although it is far from the trendy gastronomic routes in São Paulo, the Mocotó is always crowded – actually, customers are given waiting tickets while they wait a table, mainly for lunch on weekends. This success is due to the chef Rodrigo Oliveira, who has remodeled the house, initially built by his father in the 1970's. The simple atmosphere is still the same, with wooden tables and benches instead of chairs. However, the menu has got Brazilian dishes and Northeast specialties with contemporary improvements.

The dadinhos de tapioca (tapioca cubes) and curd cheese are much appreciated as entrée, and can be followed by abundant recipes such as the pork chops stuffed with ham and garnished with pineapple, cassava and honey sauce - served only on Saturdays.

Opening year: 1973

To go with: family or friends.

Highlights: the dishes are much cheaper than the average prices in São Paulo. Besides, the cocktails and caipirinha list is very complete.

Avenida Nossa Senhora do Loreto, 1100, Vila Medeiros, 2951-3056
www.mocoto.com.br
Mon/Sat 12pm/11pm, Sun 12pm/5pm
Cc: A, D, M, V; $$

Outros Bairros

Cozinha contemporânea

IT

Ano de inauguração: 2011

Adega: 105 rótulos.

A melhor companhia: para ir a dois, com os amigos ou fazer um almoço de negócios.

Destaque: para uma experiência gourmet, sente-se na coletiva Mesa do Chef, uma extensão da cozinha onde Willian prepara um menu degustação renovado a cada mês.

Recém-chegado ao Brasil, o Hotel Pullman, pertencente à rede francesa Accor, tem um restaurante que se destaca por ser diferenciado. No It, em um ambiente supermoderno e descontraído, os pratos de cozinha contemporânea com influências da culinária brasileira, preparados pelo chef Willian Carvalho, são servidos com o conceito de food to share (comida para dividir).

As pequenas porções de petiscos combinados e dispostos em suportes, chamadas de tasting trees, chegam à mesa em diferentes versões, como do mar, de vegetais e uma tipicamente brasileira, com filé marinado, queijo curado com doce de leite e açafrão, trio de pastéis e bruschetta de parma com queijo gorgonzola e passas. Aos mais tradicionais, o cardápio à la carte traz boas opções como o risoto de limão-siciliano com camarões grelhados e presunto parma.

Rua Joinville, 515, Hotel Pullman, Vila Mariana, 5088-4045
www.itrestaurante.com
seg/sex 7h/11h, 12h/15h e 17h30/24h, sáb/dom 7h/15h e 17h30/24h
Cc: A, D, M, V; $$$

Other neighborhoods

Contemporary cuisine

Chef Willian Carvalho

Risoto de limão-siciliano, camarões grelhados e presunto parma

Sicilian lemon risotto, grilled shrimp and parma ham

Recently arrived in Brazil, the Hotel Pullman, belonging to the French chain Accor, has a restaurant that stands out for being really different. At It, in a super modern and relaxed environment, the contemporary cuisine dishes with Brazilian influences, prepared by chef Willian Carvalho, are served with the concept of 'food to share'.

The small portions of combined appetizers placed in racks, called tasting trees, come to the table in different versions like seafood, vegetables, and one typically Brazilian, with marinated steak, matured cheese with dulce de leche and saffron, a trio of pastries and parma bruschetta with gorgonzola cheese and raisins. For those who are more traditional, the a la carte menu has good options such as Sicilian lemon risotto with grilled shrimp and parma ham.

Opening year: 2011

Wine cellar: 105 labels.

To go with: a date, friends or for a business lunch.

Highlights: for a gourmet experience, sit at the collective 'Mesa do Chef' (Chef's Table), an extension of the kitchen where Willian prepares a tasting menu, renewed every month.

Rua Joinville, 515, Hotel Pulman, Vila Mariana, 5088-4045
www.itrestaurante.com
Mon/Fri 7am/11am, 12pm/3pm and 5:30pm/12pm,
Sat/Sun 7h/3pm and 5:30pm/12pm
Cc: A, D, M, V; $$$

Outros Bairros

Francês

AQUARELLE

Ano de inauguração: 1997

Adega: 40 rótulos.

A melhor companhia: para ir a dois ou fazer um almoço de negócios.

Destaque: aos domingos e feriados serve um brunch com antepastos, pratos quentes e sobremesas, com preço fixo por pessoa, que aumenta se incluir espumante à vontade.

Famoso por seu farto café da manhã e por servir um dos melhores almoços executivos de São Paulo, o Aquarelle tornou-se referência da gastronomia francesa na cidade. O ambiente, aconchegante e requintado, tem decoração inspirada nas brasseries parisienses, berço da rede de hotéis Accor, à qual pertence o Mercure Grand Hotel, onde está instalado o restaurante.

Assinado pelo chef Alicio Pires, o cardápio tem pratos da tradicional culinária francesa com toques de outras culturas. Tanto no bufê, oferecido no almoço de segunda a sábado, quanto no menu à la carte, traz boas opções de frutos do mar, massas e carnes como o carré de cordeiro servido no próprio molho, com flor de sal e thyan de legumes. O mil folhas de baunilha com calda de frutas vermelhas é a sobremesa mais solicitada entre as delícias criadas pela chef pâtissier Andria Shigueno.

Rua Sena Madureira, 1355, Mercure Grand Hotel, Ibirapuera, 3201-0800
www.mercure.com.br
seg/sex 6h/10h, 12h/15h e 19h/23h30, sáb 6h/10h30, 12h/15h e 19h/0h30,
dom 6h/10h30, 12h/16h30 e 19/23h30
Cc: A, D, M, V; $$$

Other neighborhoods

French

Chef Alicio Pires

Carré de cordeiro com flor de sal e thyan de legumes

Rack of lamb with fleur de sel and vegetable tian

Famous for its hearty breakfast and for serving one of the best lunches of São Paulo, Aquarelle has become a benchmark for French gastronomy in the city. The ambience's cozy and refined decor is inspired in Parisian brasseries, cradle of Accor hotel chain, which owns the Mercure Grand Hotel, where the restaurant is set.

Signed by the chef Alicio Pires, the menu features dishes from traditional French cuisine with touches of other cultures. Both the buffet offered at lunch from Monday to Saturday, and the a la carte menu, bring a good selection of seafood, pasta and meat, like rack of lamb served in its own sauce with fleur de sel and vegetable tian. The vanilla mille-feuille with red fruit syrup is the most requested dessert among the delicacies created by pastry chef Andria Shigueno.

Opening year: 1997

Wine cellar: 40 labels.

To go with: a date or for a business lunch.

Highlights: on Sundays and holidays there is a brunch with appetizers, hot dishes and desserts for a fixed price per person, which may increase if you choose to include sparkling wine (you can drink as much as you will).

Rua Sena Madureira, 1355, Mercure Grand Hotel, Ibirapuera, 3201-0800
www.mercure.com.br
Mon/Fri 6am/10am, 12pm/3pm and 7pm/11:30pm,
Sat 6am/10:30am, 12pm/3pm and 7pm/00:30pm,
Sun 6am/10:30am, 12pm/4:30pm and 7pm/11:30pm
Cc: A, D, M, V; $$$

Outros Bairros

Italiano

IL SOGNO DI ANARELLO

Ano de inauguração: 1980

A melhor companhia: para ir com os amigos ou com a família.

Curiosidade: o restaurante é tão tradicional que a rua em que está instalado acabou herdando seu nome.

O proprietário, Giovanni Bruno, é uma figura ilustre na história gastronômica paulistana. Depois de chegar da Itália, ele deu início à carreira como lavador de pratos na cantina Gigetto, onde, nos anos 1950, transformou-se em um dos garçons mais conhecidos e queridos da cidade. Décadas mais tarde, abriu o próprio negócio, o Il Sogno di Anarello, que ainda hoje comanda de perto – é ele quem, todas as noites, prepara as saladas que antecedem a refeição.

No salão, as paredes forradas de fotos, as fitas coloridas, as camisas de futebol e as garrafas de vinho penduradas do teto criam um clima descontraído. É nesse ambiente que a clientela prova pratos clássicos da cozinha italiana, como o ravióli de carne ao molho de quatro queijos.

Rua Il Sogno di Anarello, 58, Vila Mariana, 5575-4266
seg/sex 19h/0h
Cc: A, D, M, V; $$$

Other neighborhoods
Italian

Giovanni Bruno

Salada caprese — Caprese salad

The owner, Giovanni Bruno, is a renowned figure in the history of gastronomy in São Paulo. After arriving from Italy, he began his career as a dishwasher in the Gigetto cafeteria, where, in 1950s, he became one of the most popular and beloved waiters in the city. Decades later, he opened his own business, Il Sogno di Anarello, which he still runs – every night he makes the salad which is served before the meal.

At the hall, the walls covered with photos, colorful ribbons, the soccer shirts and wine bottles hanging from the ceiling give the place a relaxed atmosphere. This is the environment where customers taste classic dishes of Italian cuisine, such as meat ravioli in four cheese sauce.

Opening year: 1980

To go with: a date, friends or family.

Highlights: the restaurant has become so traditional, that the street in which it is placed was named after it.

Rua Il Sogno di Anarello, 58, Vila Mariana, 5575-4266
Mon/Fri 7pm/12am
Cc: A, D, M, V; $$$

Outros bairros

Português

BACALHOEIRO

Ano de inauguração: 2009

Adega: 150 rótulos.

A melhor companhia: para ir a dois, com a família ou fazer um almoço de negócios.

Destaque: no jantar, recreadores tomam conta das crianças, que têm à disposição um animado playground com brinquedos e escorregador.

Em um lindo salão decorado com azulejos em estilo português, acomodam-se clientes interessados nos pratos à base de bacalhau, as estrelas da casa. À lagareiro com batatas ao murro, preparado no forno a lenha com legumes, à Gomes de Sá... São inúmeras as variações de receitas feitas com o famoso peixe. À frente da cozinha, o chef Francisco Everaldo da Silva também prepara outras especialidades da terrinha, a exemplo da paleta de cordeiro marinada no vinho, com feijão-branco.

Para coroar a refeição, a lista dos tradicionais doces portugueses é extensa. A escolha será difícil diante do pastel de Belém, do toucinho do céu, da siricaia do Alentejo e dos ovos moles com amêndoas ou nevados com caramelo.

Rua Azevedo Soares, 1580, Tatuapé, 2293-1010
www.bacalhoeiro.com.br
ter/qui 12h/15h30 e 19h/0h, sex 12h/15h30 e 19h/1h, sáb 12h/1h, dom 12h/17h
Cc: A, D, M, V; $$$

Other neighborhoods

Portuguese

Chef Francisco Everaldo da Silva

Bacalhau à lagareiro — *Lagareiro style codfish*

At a beautiful main room, decorated with Portuguese-style tiles, customers are set comfortably in order to appreciate the main ingredient of the house: cod. There is a great variety of recipes with this famous fish: À lagareiro with potatoes, prepared in the wood oven with vegetables, à Gomes de Sá... Who leads the kitchen is the chef Francisco Everaldo da Silva, and he prepares some other specialties from Portugal, as the leg of lamb with wine marinade accompanied with white beans.

To 'crown' the meal, there is a large list of Portuguese desserts. It will be a difficult choice before the pastel de Belém (pastry), the toucinho do céu (Heaven's bacon), the siricaia do Alentejo and the soft eggs with almonds or sprinkled with caramel.

Opening year: 2009

Wine cellar: 150 labels.

To go with: a date, family or for a business lunch.

Highlights: at dinnertime there are entertainers who take care of your children at a funny playground with toys and a slider.

Rua Azevedo Soares, 1580, Tatuapé, 2293-1010
www.bacalhoeiro.com.br
Tue/Thu 12pm/3:30pm and 7pm/12am, Fri 12pm/3:30pm
and 7pm/1am, Sun 12pm/5pm
Cc: A, D, M, V; $$$

CRÉDITOS DAS IMAGENS (em ordem de alfabética)

A Bela Cintra: Mauro Holanda
A Figueira Rubaiyat: Tadeu Brunelli
Aguzzo: Mauro Holanda
Aizomê: Divulgação
Ak Vila: Divulgação
Allez, Allez!: Divulgação
Amadeus: Divulgação
Antiquarius: Divulgação
Aquerelle: Divulgação
Arábia: Divulgação
Arola Vintetres: Divulgação
Arturito: Divulgação
Ávila: Divulgação
Baby Beef Rubaiyat: Divulgação
Bacalhoeiro: Tadeu Brunelli
Badebec: Gombossy/ Divulgação
Bar des Arts: Divulgação/Tadeu Brunelli
Barbacoa: Divulgação
Biondi: Divulgação
Bistrô de Paris: Marcelo Uchoa / Divulgação
Bolinha: Divulgação
Brasil a Gosto: Divulgação
Bráz: Mauro Holanda / Romulo Fialdini / Divulgação
Buttina: Divulgação
Cantaloup: Tadeu Brunelli
Canvas: Divulgação
Capim Santo: Beto Riginik
Carlota: Divulgação
Chakras: Divulgação
Chef Rouge: Divulgação
Clos de Tapas: Tadeu Brunelli
Club A: Divulgação
Compagnia Marinara: Divulgação
Così: Tadeu Brunelli
D.O.M.: Cassio Vasconcellos
Dalva e Dito: Cassio Vasconcellos
Dinho´s: Tadeu Brunelli / Divulgação
D'Olivino: Divulgação
Don Curro: Divulgação
Dressing: Divulgação
Due Cuochi: Tadeu Brunelli / Divulgação
Dui/ Clandestino: Tadeu Brunelli / Divulgação
Eau French Grill: Divulgação
Ecco: Divulgação
Emiglia: Divulgação
Emiliano: Divulgação
Empório Ravioli: Divulgação
Eñe: Divulgação
Epice: Divulgação
Famiglia Mancini: Divulgação
Fasano: Divulgação
Florina: Divulgação
Fogo de chão: Luna Garcia / Chico / Divulgação
Freddy: Mauro Holanda / Helena de Castro
Gero: Divulgação
Girarrosto: Tadeu Brunelli / Divulgação
Grand Caffè: Divulgação
Il Sogno di Agnarello: Divulgação

It: Divulgação
Italy: Divulgação
Jardim de Napoli: Divulgação
Kaá: Divulgação
Kinoshita: Sergio Coimbra / Divulgação
Kosushi: Tuca Reines / Divulgação
L'Entrecôte d'Olivier: Divulgação
La brasserie Erick Jacquin: Divulgação
La Casserole: Tadeu Brunelli
La Cocotte Bistrot: Divulgação
La Grassa: Lost Art / Divulgação
La Mar: Tadeu Brunelli / Divulgação / Henrique Peron
La Tambouille: Luna Garcia / Divulgação / Artur Fotóg
Le Marais Bistrot: Tadeu Brunelli / Divulgação
Le Vin: Tadeu Brunelli / Divulgação
Lola Bistrot: Tadeu Brunelli / Divulgação
Maní: Divulgação
Marakuthai: Divulgação/Los Art Dede Fedrizzi
Marcel: Divulgação
Maremonti: Tadeu Brunelli
Mello & Mellão Trattoria: Divulgação
Mercearia do Conde: Divulgação
Mestiço: Gladstone Campos / Divulgação
Miski: Divulgação
Mocotó: Divulgação
Moinho de pedra: Divulgação
Momotaro: Divulgação
Nagayama: Divulgação
North Grill: Divulgação
Octavio Café: Mauro Holanda/Divulgação
Parigi: Divulgação
Paris 6: Marco Hovnanian / Divulgação
Piselli: Tadeu Brunelli / Divulgação
Pomodori: Mauro Holanda / Divulgação
Porto Rubaiyat: Divulgação
Praça São Lourenço: Lost Art/Divulgação
Ráscal: Divulgação
Rodeio: Romulo Fialdini / Divulgação
Ruella: Divulgação
Serafina: Divulgação
Shintori : Divulgação
Shundi & Tomodachi: Divulgação
Skye: Divulgação
Speranza: Silmara Ciuffa / Divulgação
Spot: Tadeu Brunelli / Divulgação
Tarsila: Divulgação
Tasca da esquina: Claudia Orlando
Templo da Carne Marcos Bassi: Divulgação
Terraço Jardins: Divulgação
Tordesilhas: Marcos Issa/Argosfoto / Guido Hunn
Trattoria e Rosticceria Picchi: Luna Garcia / Divulgaç
Tre Bicchieri: Tadeu Brunelli
Trindade: Divulgação
Varanda: Tadeu Brunelli / Divulgação
Vento Haragano: Divulgação
Veridiana: Mauro Holanda / Tadeu Brunelli
Vinheria Percussi: Divulgação

© Editora Boccato

editor	André Boccato
administrativo	Maria Aparecida C. Ramos
coordenação editorial	Vanessa Soares
coordenação de produção	Arturo Kleque G. Neto
pesquisa	Henrique de Souza Boccato e Marina Carmona
revisão de texto	Julie Anne Caldas / TopTexto
versão para o inglês	Tatiana Raia e Guilherme Borges / TopTexto
projeto gráfico	Emiliano P. S. Boccato / Luxx books
marketing	Joseane Cardoso
diretor comercial	Marcelo Nogueira

```
Dados Internacionais de Catalogação na Publicação (CIP)
        (Câmara Brasileira do Livro, SP, Brasil)

   Amaury Junior
      The Best Restaurants São Paulo by Amaury Jr.  --
   São Paulo: Editora Boccato, 2012.


      1. Restaurantes - São Paulo (SP) - Guias
   I. The Best Restaurants São Paulo




ISBN 978-85-62247-04-0


08-11529                               CDD-647.958161
```

Índices para catálogo sistemático:
1. Guias : Restaurantes : São Paulo : Cidade
     647.958161
2. Restaurantes : São Paulo : Cidade : Guias
     647.958161
3. São Paulo : Cidade : Restaurantes : Guias
     647 . 958161

Rua dos Italianos, 845 – Bom Retiro – Cep 01131-000
São Paulo – SP – Brasil
Tel.: 11 3846-5141 – contato@boccato.com.br
www.boccato.com.br – www.cooklovers.com.br
www.luxxbooks.com

Rosé de Provence

Livro Os Vinhos da Provence
Peça o livro pela loja virtual:
www.livrariagourmet.com.br

Sabor brasileiro em livros

DOCE BRASIL BEM BOLADO
Morena Leite e Otávia Sommavilla

CORA CORALINA - DOCEIRA E POETA
Cora Coralina

SABOR DO BRASIL
Alice Granato

ATELIER DE RECEITAS - BRIGADEIROS
André Boccato / Equipe CoookLovers

O BRASIL BEM TEMPERADO - NORDESTE
Ana Cecília Nigro Mazzili
Xavier de Mendonça

BRASIL - RITMOS E RECEITAS
Morena Leite

CHURRASCO - UMA PAIXÃO NACIONAL
André Boccato

CAPIM SANTO - RECEITAS PARA RECEBER AMIGOS
Morena Leite

BOM DIA TRANCOSO! - 40 RECEITAS PARA ACOMPANHAR O CAFÉ DA MANHÃ
Sandra Marques

COMIDA TÍPICA DA FAZENDA
Nani Scaburi Varela

Rua Augusta, 2542, Loja 8, Jardins
(entre as ruas Lorena e Tietê)
CEP: 01412-100 - São Paulo - SP
Tel.: (11) 3062-6454
http://www.facebook.com/LivrariaGourmet
http://www.livrariagourmet.com.br